中国商事仲裁法律与实务

（第二版）

COMMERCIAL ARBITRATION IN CHINA
LAW AND PRACTICE

| SECOND EDITION |

孙　巍 / 著

法律出版社
LAW PRESS · CHINA

序　　言

本书第一版问世到现在已是第十个年头。2015 年 Wolters Kluwer 出版《Arbitration in China—A Practitioner's Guide》,是第一版更新后的英文版。经过其后五年的学习、积累和梳理,第二版终得付梓。回首从第一版准备到第二版出版这十年时间,感慨良多。人从而立到不惑,心境从可见的波涛澎湃到渴望的静水流深;眼界愈开阔,愈知己所不能,而更乐于分享和互鉴。这十年,中国仲裁事业的发展可谓波澜壮阔。专注于仲裁的专业人士大量涌现,仲裁机构日益专业化和国际化,法院系统对仲裁支持力度不断加大,这些积极因素都推动着中国仲裁实践朝着更高标准稳步前进。得益于此,第二版对仲裁实务与理论发展的前沿问题着墨更多。

除持续深入钻研仲裁技术细节,我也在思考仲裁制度设计背后体现的核心价值理念。公正和效率是商事仲裁制度的两大追求。受社会环境、历史背景、文化传统等因素的影响,各法域对其理解各有不同。对于公正和效率的追求以及两者的权衡,是一国仲裁发展历程与当前实际情况的综合反映。传统的农业经济环境和长期的重农抑商政策是中国未能自然诞生或者顺利移植商事仲裁制度的重要因素。1994 年制定《仲裁法》时,中国市场经济方兴未艾,缺乏仲裁制度从民间自发诞生的优渥土壤。中国现代仲裁制度是在吸收、借鉴国际仲裁制度的基础上自上而下推行的。地方政府主导组建仲裁机构,使商事仲裁一开始即以机构仲裁的面貌呈现。行政监护以及仲裁机构对仲裁活动的强管理是中国仲裁制度的最大特色之一。当前,中国仲裁案件的增长速度和绝对数量已远非其他任何国家可比。政府更将其定位为化解社会矛盾、维护社会稳定的重要机制。在中国历史上,若两造通过协商、调解仍然无法解决争议,则会把争议交由行政机构即"父母官"进行审理。"父母官"不仅需要根据两造主张和证据进行居中裁判,还需要积极主动地查明真相、定分止争、教化百姓。民众对裁判者也有扶持弱小、实现实质公正的期盼。受此传统及儒家文化影响,中国仲裁员在审理案件时更加注重教化和主持公道的作用,这正是"仲裁与调解相结合"之所以为国人普遍接受却令西方人难以理解的重要原因,也是中国仲裁员更常行使释明权的内心驱动力。在中国历史与现代发展的大背景下来理解中国仲裁,就更能体认国际商事仲裁的某些惯例或许未必是中国仲裁实现公正的有效途径,亦更能理解中国仲裁发展及制度设计中对公正与效率的总体平衡。譬如,中国仲裁就不宜套用普通法系通行的复杂、冗长程序。因为,这一来无法实现快速解决大量纠纷的客观社会需要,二来必然明显增加争议解决成本。从中国当事人的角度来看,简单照搬普通法系仲裁实践的做法必将降低效率,亦未必能够实现当事人所期望的实体公正。因此,中国仲裁制度的设计必须首先以解决本国问题为要务,同时兼顾外国仲裁参与方对公正与效率的理解。中国《仲裁法》未来更新时似宜采用国内仲裁法与国际仲裁法的两分法路径:国内仲裁法突出本土资源解决本土问题,国际仲裁法则遵从国际规则与惯例。鉴于上述,本书第二版仍坚持比较研究的方法,在梳理中国仲裁实践、剖析其问题并探寻解决方案的同时对比性地介绍相关国际仲裁实务与理论。近些年,我在国际仲裁方面的经验逐渐积累,加之参加联合国国际贸易法委员会第二工作组以及各种国际交流和学习的经历,使我在相关领域的比较研究能够更为深入,并可客观呈现于第二版。

此外,第二版在体系上更为完善,比如,增加了"仲裁中的外国法查明""紧急仲裁员程序""仲裁机构/仲裁庭秘书""网上仲裁""仲裁中的第三方资助"等章节。原有章节更为丰富和充实,比如在"庭审"中介绍了更多被广泛使用或者尝试使用的庭审方法,在"中国商事仲裁概况"一章中尝试探讨"中国仲裁的本土化特色"。鉴于最高人民法院更为及时地公布了最新仲裁司法审查案例,第二版删除了第一版中典型案例的请示与汇报,代之以摘要。

从个人角度来讲,我对仲裁理解日益加深,无不与贸仲、北仲、上仲、上国仲、深国仲(深仲)、广仲、石仲、宁仲等仲裁机构对我的信任、给我大量实践和探索机会息息相关。我在贸仲,开始尝试使用争议点清单的方式审理复杂的案件;在北仲和上仲,分别担任中国大陆第一宗和第三宗紧急仲裁员案件的仲裁员;在深国仲(深仲),尝试将股东回购义务与支付回购款义务适当切分;在石仲,尝试使用多份部分裁决的方法分解复杂案件……在相关案件中的所学所感,我都记录在第二版中,试图借此书与同行、读者分享、切磋。

第二版的完成断断续续,历时四年有余。在这样一个耗时费力的系统工程过程中,我的同事给了我巨大支持和帮忙。感谢吴凡合伙人律师、黄兴宇律师、谢晨曦律师、赵颍夫律师、李国林律师、胡佳宁律师、陈素素律师和王子越律师。没有他们,本书实难完成。感谢法律出版社法商分社薛晗社长、责任编辑慕雪丹小姐为本书出版付出的辛劳。诸多朋友为新版完善也给了宝贵建议,恕未能一一列名致谢。

感谢我的家人对我毫无保留的支持!

孙 巍

2020年5月6日

法律、行政法规、司法解释、仲裁规则等全、简称对照表

一、法律

全　　称	简　　称
《中华人民共和国民法典》	《民法典》
《中华人民共和国仲裁法》	《仲裁法》
《中华人民共和国涉外民事关系法律适用法》	《法律适用法》
《中华人民共和国民法通则》	《民法通则》
《中华人民共和国民法总则》	《民法总则》
《中华人民共和国合同法》	《合同法》
《中华人民共和国物权法》	《物权法》
《中华人民共和国公司法》	《公司法》
《中华人民共和国民事诉讼法》	《民事诉讼法》
《中华人民共和国行政诉讼法》	《行政诉讼法》
《中华人民共和国中外合资经营企业法》(已失效)	《中外合资企业法》
《中华人民共和国商标法》	《商标法》
《中华人民共和国著作权法》	《著作权法》
《中华人民共和国专利法》	《专利法》
《中华人民共和国海事诉讼特别程序法》	《海事诉讼特别程序法》
《中华人民共和国公证法》	《公证法》
《中华人民共和国企业破产法》	《企业破产法》
Arbitration Act of 1996	英国《1996 年仲裁法》
International Arbitration Act	新加坡《国际仲裁法》
Arbitration Act	新加坡《仲裁法》

二、行政法规

全　　称	简　　称
《中华人民共和国公司登记管理条例》	《公司登记管理条例》

三、司法解释

全　　称	简　　称
最高人民法院《关于审理民间借贷案件适用法律若干问题的规定》	《民间借贷司法解释》
最高人民法院《关于为自由贸易试验区建设提供司法保障的意见》	《自贸区司法保障意见》
最高人民法院《关于适用〈中华人民共和国仲裁法〉若干问题的解释》	《仲裁法司法解释》
最高人民法院《关于贯彻执行〈中华人民共和国民法通则〉若干问题的意见(试行)》	《民通意见》
最高人民法院《关于适用〈中华人民共和国民事诉讼法〉的解释》	《民事诉讼法司法解释》
最高人民法院《关于适用〈中华人民共和国行政诉讼法〉的解释》	《行政诉讼法司法解释》
最高人民法院《关于适用〈中华人民共和国民事诉讼法〉执行程序若干问题的解释》	《执行程序若干问题解释》
最高人民法院《关于涉外民商事案件诉讼管辖若干问题的规定》	《涉外民商事案件管辖规定》
最高人民法院《关于适用〈中华人民共和国涉外民事关系法律适用法〉若干问题的解释(一)》	《法律适用法司法解释》
最高人民法院《关于审理涉外民事或商事合同纠纷案件法律适用若干问题的规定》(已废止)	《涉外合同纠纷法律适用规定》
最高人民法院《关于人民法院执行工作若干问题的规定(试行)》	《执行工作若干问题规定》
最高人民法院《关于人民法院民事执行中查封、扣押、冻结财产的规定》	《查封、扣押、冻结财产规定》
最高人民法院《关于审理民事案件适用诉讼时效制度若干问题的规定》	《适用诉讼时效制度规定》
最高人民法院《关于适用〈中华人民共和国民法总则〉诉讼时效制度若干问题的解释》	《民法总则诉讼时效制度解释》

续表

全　　称	简　　称
最高人民法院《关于民事诉讼证据的若干规定》(2019)	《证据规定2019》
最高人民法院《关于民事诉讼证据的若干规定》(2008)	《证据规定2008》
最高人民法院《关于民事诉讼证据的若干规定》(2001)	《证据规定2001》
最高人民法院《关于审理仲裁司法审查案件若干问题的规定》	《仲裁司法审查规定》
最高人民法院《关于仲裁司法审查案件报核问题的有关规定》	《仲裁司法审查报核规定》
最高人民法院《关于内地与香港特别行政区相互执行仲裁裁决的安排》	《内地与香港相互执行仲裁裁决的安排》
最高人民法院《关于香港仲裁裁决在内地执行的有关问题的通知》	《香港裁决在内地执行的问题通知》
最高人民法院《关于内地与澳门特别行政区相互认可和执行仲裁裁决的安排》	《内地与澳门相互认可和执行仲裁裁决的安排》
最高人民法院《关于认可和执行台湾地区仲裁裁决的规定》	《认可和执行台湾地区仲裁裁决的规定》
最高人民法院《关于人民法院办理仲裁裁决执行案件若干问题的规定》	《仲裁裁决执行规定》
最高人民法院《关于仲裁司法审查案件归口办理有关问题的通知》	《仲裁司法审查归口办理通知》
最高人民法院《关于审理行政协议案件若干问题的规定》	《行政协议案件规定》
最高人民法院《关于人民法院办理执行异议和复议案件若干问题的规定》	《执行异议和复议规定》
最高人民法院《关于人民法院办理财产保全案件若干问题的规定》	《财产保全规定》
最高人民法院《关于废止1980年1月1日至1997年6月30日期间发布的部分司法解释和司法解释性质文件(第九批)的决定》	《废止部分司法解释和司法解释性质文件(第九批)的决定》
最高人民法院《关于人民法院处理与涉外仲裁及外国仲裁事项有关问题的通知》	《与涉外仲裁及外国仲裁事项有关问题的通知》
最高人民法院《关于人民法院撤销涉外仲裁裁决有关事项的通知》	《撤销涉外仲裁裁决有关事项的通知》

续表

全　称	简　称
最高人民法院《关于审理和执行涉外民商事案件应当注意的几个问题的通知》	《审理和执行涉外民商事案件应当注意问题的通知》
最高人民法院《关于建立经济纠纷大案要案报告制度的通知》	《建立经济纠纷大案要案报告制度的通知》
最高人民法院《关于承认和执行外国仲裁裁决收费及审查期限问题的规定》	《承认和执行外国仲裁裁决收费及审查期限的规定》
最高人民法院《关于适用〈中华人民共和国海事诉讼特别程序法〉若干问题的解释》	《海事诉讼特别程序法若干问题解释》
最高人民法院《关于内地与香港特别行政区法院就仲裁程序相互协助保全的安排》	《内地与香港仲裁保全的安排》
最高人民法院《关于实施〈中华人民共和国仲裁法〉几个问题的通知》	《实施仲裁法几个问题的通知》
最高人民法院《关于确认仲裁协议效力几个问题的批复》	《确认仲裁协议效力批复》
最高人民法院《关于诉前停止侵犯注册商标专用权行为和保全证据适用法律问题的解释》	《诉前停止侵犯商标权行为和保全证据的解释》
最高人民法院《关于严格规范终结本次执行程序的规定(试行)》	《终结本次执行程序规定》
最高人民法院《关于执行案件立案、结案若干问题的意见》	《执行案件立案、结案意见》
最高人民法院《民事案件案由规定》	《民事案由规定》
最高人民法院《关于设立国际商事法庭若干问题的规定》	《设立国际商事法庭规定》
最高人民法院《关于执行我国加入的〈承认及执行外国仲裁裁决公约〉的通知》	《执行纽约公约的通知》
最高人民法院《关于执行案件移送破产审查若干问题的指导意见》	《执行案件移送破产审查意见》
最高人民法院《关于审查知识产权纠纷行为保全案件适用法律若干问题的规定》	《知产纠纷行为保全规定》

四、法院会议纪要及指导性意见

全　称	简　称
最高人民法院《全国法院涉港澳商事审判工作座谈会纪要》	《全国涉港澳商事审判工作纪要》
最高人民法院《第二次全国涉外商事海事审判工作会议纪要》	《第二次全国涉外商事海事审判工作纪要》
最高人民法院《全国法院民商事审判工作会议纪要》	《九民纪要》
江苏省高级人民法院《关于审理民商事仲裁司法审查案件若干问题的意见》	《江苏高院审理仲裁司法审查案件的意见》
北京市高级人民法院《关于立案工作中适用〈民事诉讼法〉若干问题的解答》	《北京高院立案工作中适用〈民事诉讼法〉的解答》
北京市高级人民法院《关于印发修订后的〈北京市法院执行工作规范〉的通知》(2013 年)	《北京市法院执行工作规范》

五、国际条约、联合国文件及其他国际规则

全　称	简　称
《承认及执行外国仲裁裁决公约》	《纽约公约》
《联合国关于调解所产生的国际和解协议公约》	《新加坡调解公约》
《联合国国际贸易法委员会国际商事仲裁示范法》	《国际商事仲裁示范法》
《国际律师协会国际仲裁利益冲突指引》	《IBA 利益冲突指引》
UNCITRALNotes on Organizing Arbitral Proceedings	《贸法会关于安排仲裁程序的说明》
UNICITRAL Secretariat Guide on the Convention on the Recognition and Enforcement of Foreign Arbitral Awards (New York, 1958)	《纽约公约指南》
《联合国国际货物销售合同公约》	CISG

六、仲裁规则及指引

全　称	简　称
《中国国际贸易仲裁委员会证据指引》	《贸仲证据指引》
《联合国国际贸易法委员会仲裁规则》	《贸法会仲裁规则》或《UNCITRAL 仲裁规则》

续表

全　称	简　称
《关于适用〈联合国国际贸易法委员会仲裁规则〉的程序指引》	《适用贸法会仲裁规则的程序指引》
《香港国际仲裁中心机构仲裁规则(2018 版)》	《HKIAC 规则 2018》
《新加坡国际仲裁中心仲裁规则(2016 版)》	《SIAC 规则 2016》
《国际商会仲裁院仲裁规则(2017 版)》	《ICC 规则 2017》
《国际商会仲裁院仲裁规则(2012 版)》	《ICC 规则 2012》
《当事人与仲裁庭在国际商会仲裁规则下参与仲裁程序的指引(2019 版)》	《在 ICC 规则下参与仲裁程序指引 2019》
《国际律师协会国际仲裁取证规则》	《IBA 取证规则》
《国际律师协会国际仲裁利益冲突指引》	《IBA 利益冲突指引》
《伦敦国际仲裁院仲裁规则(2014 版)》	《LCIA 规则 2014》
《美国仲裁协会仲裁规则》	《AAA 规则》
《伦敦海事仲裁员协会仲裁规则》	《LMAA 规则》
《斯德哥尔摩商会仲裁院仲裁规则(2017 版)》	《SCC 规则 2017》
《澳大利亚国际商事仲裁中心仲裁规则(2016 版)》	《ACICA 规则 2016》
《中国国际经济贸易仲裁委员会仲裁规则(2015 版)》	《贸仲规则 2015》
《中国国际经济贸易仲裁委员会仲裁规则(2000 版)》	《贸仲规则 2000》
《北京仲裁委员会仲裁规则(2019 版)》	《北仲规则 2019》
《北京仲裁委员会仲裁规则(2015 版)	《北仲规则 2015》
《上海国际经济贸易仲裁委员会仲裁规则(2015 版)》	《上国仲规则 2015》
《上海国际经济贸易仲裁委员会仲裁规则(2018 版)》	《上国仲规则 2018》
《上海仲裁委员会仲裁规则(2018 版)》	《上仲规则 2018》
《深圳国际仲裁院仲裁规则(2019 版)》	《深国仲规则 2019》
《深圳国际仲裁院仲裁规则(2016 版)》	《深国仲规则 2016》
《深圳国际仲裁院金融借款争议仲裁规则》	《深国仲金融借款争议仲裁规则》
《深圳国际仲裁院海事物流仲裁规则》	《深国仲海事物流仲裁规则》
《深圳国际仲裁院医疗争议仲裁规则》	《深国仲医疗争议仲裁规则》
《深圳国际仲裁院网络仲裁规则》	《深国仲网络仲裁规则》
《深圳国际仲裁院选择性复裁程序指引》	《深国仲选择性复裁程序指引》

续表

全　　称	简　　称
《深圳仲裁委员会仲裁规则(2011 版)》	《深仲规则 2011》
《深圳仲裁委员会仲裁规则(2001 版)》	《深仲规则 2001》
《广州仲裁委员会仲裁规则》	《广仲规则》
《广州仲裁委员会网络仲裁规则》	《广仲网络仲裁规则》
《武汉仲裁委员会网上仲裁规则》	《武仲网上规则》
《横琴自由贸易试验区临时仲裁规则》	《横琴规则》
《济南仲裁委员会仲裁规则(2018 版)》	《济仲规则 2018》
《国际仲裁程序有效行为规则》	《布拉格规则》

七、法院、仲裁及其他机构

全　　称	简　　称
最高人民法院	最高院
高级人民法院	高院
中级人民法院	中院
香港国际仲裁中心	HKIAC
新加坡国际仲裁中心	SIAC
新加坡国际调解中心	SIMC
国际商会仲裁院	ICC
伦敦国际仲裁院	LCIA
伦敦海事仲裁员协会	LMAA
斯德哥尔摩商会仲裁院	SCC
澳大利亚国际商事仲裁中心	ACICA
美国仲裁协会国际争议解决中心	ICDR
美国仲裁协会	AAA
中国国际经济贸易仲裁委员会	贸仲
北京仲裁委员会	北仲
上海国际经济贸易仲裁委员会	上国仲
上海仲裁委员会	上仲

续表

全　　称	简　　称
深圳国际仲裁院(深圳仲裁委员会)	深国仲
广州仲裁委员会	广仲
武汉仲裁委员会	武仲
联合国国际贸易法委员会	联合国贸法会
国际律师协会	IBA

目　　录

第一章　中国商事仲裁概况

第一节　中国仲裁事业发展现状

自1994年《仲裁法》颁布实施以来，仲裁制度在民商事领域蓬勃发展。一方面，国内关于仲裁制度的法律规定日趋完善成熟，规范了仲裁程序以及仲裁机构与法院、行政机关的关系，确立了仲裁独立于诉讼的自愿性争议解决方式的地位；另一方面，中国仲裁机构数量逐步增加，仲裁机构受理的仲裁案件数量也保持高速增长。国内仲裁机构在国际化的道路上稳步迈进，涉外仲裁案件的数量稳步上升，在仲裁规则的设置、仲裁程序的推进上不断借鉴国际经验。近年来，如贸仲、北仲、上仲、上国仲、深国仲、广仲等仲裁机构更加频繁地成为跨国争议当事人的选择。随着互联网技术的发展，国内仲裁机构更是领先于国际，在网络仲裁领域进行不断的探索。

2018年，全国255家仲裁机构共受理案件544,536件，相较于2017年，增长率高达127%；案件标的总额6950亿元，比2017年增加1612亿元，增长率为30%。根据统计，2018年，直辖市设立的5家仲裁委员会受理案件占全国案件总数的3%，但是标的额高达1397亿元，占全国案件标的总额的20%。①

2018年，全国仲裁机构处理各类案件的数量以及标的额主要如下：

表1－1　2018年全国仲裁机构处理各类案件的数量以及标的额

案件类型	数量（件）及占比	标的总额（亿元）及占比
金融类	120,358（22.1%）	2334（33.58%）
房地产类	38,861（7.14%）	449（6.46%）
交通事故赔偿类	19,651（3.61%）	19（0.27%）
买卖类	15,180（2.79%）	385（5.54%）

① 参见中国国际经济贸易仲裁委员会主编：《中国国际商事仲裁年度报告（2018－2019）》，法律出版社2019年版。

续表

案件类型	数量(件)及占比	标的总额(亿元)及占比
建设工程类	10,946(2.01%)	956(13.76%)
物业类	10,014(1.84%)	16(0.23%)
保险类	9084(1.67%)	20(0.29%)
租赁类	8966(1.65%)	195(2.8%)
股权转让类	2518(0.46%)	813(13.13%)
电子商务类	1286(0.24%)	4(0.06%)
土地交易类	834(0.15%)	415(5.97%)
农业生产经营类	533(0.1%)	6(0.09%)
医疗纠纷赔偿类	266(0.05%)	1(0.01%)

由表1-1可知,在仲裁机构受理的案件中,金融类案件数量仍然占有非常大的比例,标的金额也相对较大。股权转让类案件与建设工程类案件的数量占比虽然不高,但是标的金额较大。上述三类案件往往具有单案标的额大、案情复杂、专业性强的特点。仲裁机构在处理这类案件时,可以指定或者由当事人选择有相关从业背景的仲裁员进行审理。仲裁庭可以适用审理范围书、程序会议、程序令等灵活的方式安排仲裁程序,相较于诉讼而言,仲裁效率也较高,具有相当大的优势。

此外,2018年,仲裁机构以调解和解方式结案的案件数量为140,281件,占案件总数的26%,较2017年的调解和解案件数量有所上升,但是与2017年29%调解和解率相比,下降了3个百分点。

2018年,全国范围内的仲裁机构被人民法院裁定撤销仲裁裁决的案件共计64件,占案件总数的0.01%,与2017年0.07%的撤销率相比下降了0.06个百分点;被裁定不予执行仲裁裁决的案件137件,占案件总数的0.03%,与2017年0.04%的不予执行率相比下降了0.01个百分点。[①] 根据北京市第四中级人民法院(以下简称北京四中院)发布的数据,2015年1月至2019年10月,该院受理仲裁司法审查案件1278件,其中确认仲裁协议有效比例达99.25%,维持仲裁裁决的案件比例达99.2%。上述数据说明,中国仲裁裁决质量总体较高,仲裁的公信力正不断提高。[②]

---

① 参见中国国际经济贸易仲裁委员会主编:《中国国际商事仲裁年度报告(2018-2019)》,法律出版社2019年版。

② 参见傅成伟:《北京四中院发布〈仲裁司法审查案件审理规范指南〉》,载 http://www.ccpit.org/Contents/Channel_4132/2019/1214/1229060/content_1229060.htm,最后访问日期:2020年3月3日。

2018 年,共 56 家仲裁机构受理涉外、涉港澳台地区案件 3673 件,与 2017 年基本持平。中国内地(大陆)仲裁机构适用外语、外国法或者国际仲裁规则及其他机构仲裁规则处理案件的能力也得到了极大的提高。以贸仲为例,2018 年,贸仲适用英文、中英文、德文作为仲裁语言的案件为 79 件,并有案件适用包括《ICC 仲裁规则》和《贸法会仲裁规则》或《UNCITRAL 仲裁规则》在内的其他仲裁规则,以及约定适用包括 CISG、哈萨克斯坦法、瑞士法、日本法在内的国际公约或外国法律。①

2018 年,中共中央办公厅、国务院办公厅印发了《关于建立"一带一路"国际商事争端解决机制和机构的意见》,要求坚持纠纷解决方式多元化原则,积极培育并完善诉讼、仲裁、调解有机衔接的争端解决服务保障机制。随着"一带一路"倡议的全面推进,国际商事仲裁已经成为化解"一带一路"建设过程中产生的商事争端的重要争议解决途径,中国仲裁界未来势必会面临专业性更强、案情更复杂、法律制度与文化更加多元化的仲裁案件。这对中国仲裁事业而言,既是机遇,又存挑战。

此外,网络仲裁在国内也得到飞速发展。根据统计,2016 年网络仲裁案件已经突破 20 万件。2018 年有 22 家仲裁机构运用网上仲裁方式,共处理案件 357,008 件,占全国案件总数的 66% 。国内一些主要仲裁机构以仲裁规则条文或者单独制定网络仲裁规则的方式,对网络仲裁进行了全面的规范。例如,广仲于 2018 年制定了《广仲网络仲裁规则》,对于网络仲裁协议、网络仲裁条件、网络开庭以及相应材料送达等问题进行了详细的规定。

第二节 中国仲裁法律体系及变革

一、1994 年《仲裁法》制定前的仲裁制度情况

中华人民共和国成立以后,分别设立了涉外和国内两套仲裁制度。中国涉外仲裁始于 20 世纪 50 年代中期。1954 年 5 月 6 日,中央人民政府政务院通过了《关于在中国国际贸易促进委员会内设立对外贸易仲裁委员会的决定》。1956 年,中国国际贸易促进委员会设立了对外贸易仲裁委员会,并制定了《中国国际贸易促进委员会对外贸易仲裁委员会仲裁程序暂行规则》。对外贸易仲裁委员会成立后,担负起了对外贸易仲裁的使命,中国对外贸易仲裁得到了初步发展。中国涉外仲裁从一开始就遵循国际通行的民间仲裁、自愿仲裁、一裁终局的原则。改革开放之后,为了适应中国对外经贸关系不断发展的需要,1980 年,国务院发布了《关于将对外贸易仲裁委员会

① 参见中国国际经济贸易仲裁委员会主编:《中国国际商事仲裁年度报告(2018 - 2019)》,法律出版社 2019 年版。

改称为对外经济贸易仲裁委员会的通知》。1988 年,国务院又发布了《关于将对外经济贸易仲裁委员会改名为中国国际经济贸易仲裁委员会和修订仲裁规则的批复》。此后,中国的涉外仲裁工作不断向前发展,国际经济贸易仲裁获得了长足的发展,其国际影响也越来越大。

中国国内仲裁的发展历程则要复杂得多。在《仲裁法》实施前主要经历了以下几个阶段:(1)只裁不审阶段。从 1955 年到 1966 年,中国以中央文件的形式规定,对于经济合同纠纷当事人只能通过各级经济仲裁委员会进行仲裁和处理,人民法院不能受理。当事人不服一审裁决的,还可以申请上一级经济仲裁委员会仲裁。(2)仲裁停滞阶段。从 1966 年到 1976 年,仲裁工作几乎停滞。(3)两裁两审阶段。从 1978 年到 1982 年《经济合同法》颁布之前,根据规定,工商行政管理部门对经济合同纠纷实行两级仲裁制度,当事人对第二次仲裁裁决不服的,才可向人民法院起诉。诉讼仍按照两审终审的制度进行。(4)又裁又审阶段。随着 1982 年《经济合同法》的颁布以及 1983 年《经济合同仲裁条例》的发布,中国才真正成立了经济合同仲裁机关,确立了经济合同仲裁制度。自此,当事人可就仲裁或者诉讼作出选择,但是当事人对裁决不服的,仍可向人民法院起诉。(5)或裁或审阶段。1993 年修订的《经济合同法》确定了或裁或审制度。仲裁组织的裁决是终局裁决,当事人不得再向人民法院起诉。[①]

在 1994 年《仲裁法》颁布前的几十年间,中国的国内仲裁带有浓重的行政色彩。有学者论述到,当时仲裁制度在中国,主要是以"行政仲裁"的方式来适应计划经济的要求。首先,在仲裁机构的设置上,当时的仲裁机构基本都附设于行政机构内部。其次,在仲裁立法上,据不完全统计,在《仲裁法》出台之前已有 14 部法律、82 个行政法规和 190 个地方性法规作出了有关仲裁的规定。这些规定并不完全是仲裁法意义上的仲裁,其中多数属于行政仲裁。最后,在仲裁程序和仲裁制度设计上,仲裁程序的启动不以仲裁协议为必备条件,而实行地域管辖和级别管辖、只裁不审或者一裁两审或者两裁两审制度。这种由行政机关管理的仲裁机构对民商事纠纷进行仲裁的制度存在诸多弊端,既有违当事人意思自治的仲裁本质特点,又难以体现出仲裁制度独有的优势,与国际通行的做法相去甚远。[②]

---

① 以上参见杨荣新:《仲裁法理论与适用》,中国经济出版社 1998 年版,第 10 ~ 16 页;叶青主编:《中国仲裁制度研究》,上海社会科学院出版社 2009 年版,第 9 ~ 12 页。

② 参见陈忠谦、马占军:《广州仲裁委员会十年发展述评》,载《仲裁研究》2004 年第 2 期。

二、1994 年《仲裁法》的制定及仲裁法律体系的变革完善

（一）1994 年《仲裁法》的制定

随着中国市场经济体制的逐步确立以及对外开放程度的不断提高，原有的仲裁制度已经远远不能适应经济社会的迅速发展。自 1991 年起，经过 3 年的立法起草与修改，1994 年 8 月 31 日第八届全国人大常委会第九次会议通过了《仲裁法》。《仲裁法》是中国第一部单行的、统一的仲裁法律。《仲裁法》共 80 条，分为总则、仲裁委员会和仲裁协会、仲裁协议、仲裁程序、申请撤销裁决、执行、涉外仲裁的特别规定、附则八章。《仲裁法》统一了中国仲裁制度和有关仲裁的法律法规，确立了协议仲裁、机构仲裁、或裁或审、一裁终局、仲裁独立、仲裁司法监督等原则和制度。《仲裁法》的颁布是中国法律制度实现现代化和国际化的一项重要举措，是中国仲裁发展史上的重要里程碑。

随着 1994 年《仲裁法》的颁布及实施，中国民商事领域原有的行政性仲裁制度逐渐转型为民间性仲裁，有学者将其称为“我国国内仲裁制度由原来的行政性仲裁向统一的民间性仲裁过渡的里程碑”。[①] 例如，1994 年《仲裁法》第 10 条第 1 款规定：“仲裁委员会……不按行政区划层层设立。”第 14 条规定：“仲裁委员会独立于行政机关，与行政机关没有隶属关系……”中国的仲裁机构为仲裁委员会，根据这些规定，中国的仲裁机构脱离了原来对行政机关的附属，开始逐渐成为民间性的仲裁机构，仲裁制度也更加具有民间性。

（二）中国仲裁法律体系的变革与完善

伴随着《仲裁法》的颁布实施，《民事诉讼法》及最高院《民事诉讼法司法解释》对法院与仲裁机构的关系、仲裁保全、仲裁司法审查、仲裁裁决执行等问题作出相应规定，体现了法院对仲裁的支持与监督。

针对仲裁实践中不断出现的新问题，最高院多年来先后发布了多个司法解释，力求回应实践，不断完善仲裁法律制度。主要包括 1997 年 3 月 26 日发布的《实施仲裁法几个问题的通知》、1998 年 10 月 26 日发布的《确认仲裁协议效力批复》、2006 年 8 月 23 日发布的《仲裁法司法解释》、2017 年 12 月 26 日发布的《仲裁司法审查规定》、《仲裁司法审查报核规定》、2018 年 2 月 22 日发布的《仲裁裁决执行规定》等。

针对裁决的认可与执行、仲裁保全等问题，最高院先后发布了《内地与香港相互

---

① 杨荣新：《仲裁法理论与适用》，中国经济出版社 1998 年版，第 7 页。

执行仲裁裁决的安排》《内地与澳门相互认可和执行仲裁裁决的安排》《认可和执行台湾地区仲裁裁决的规定》《内地与香港仲裁保全的安排》,相关当事人的合法权益得到有效保障。

针对外国仲裁裁决,1986 年 12 月 2 日,全国人大常委会发布了《关于我国加入〈承认及执行外国仲裁裁决公约〉的决定》,声明加入《纽约公约》,并对下述事项作出保留:"(一)中华人民共和国只在互惠的基础上对在另一缔约国领土内作出的仲裁裁决的承认和执行适用该公约;(二)中华人民共和国只对根据中华人民共和国法律认定为属于契约性和非契约性商事法律关系所引起的争议适用该公约。"1987 年 4 月 10 日,最高院发布《执行纽约公约的通知》,对于互惠保留声明、商事保留声明作出了详细解释,并规定了承认和执行缔约国仲裁裁决案件的管辖法院、审查程序等。此后,最高院还陆续发布了《与涉外仲裁及外国仲裁事项有关问题的通知》《审理和执行涉外民商事案件应当注意问题的通知》,建立了外国仲裁司法审查中特定情况下的逐级上报制度,有效地保障了外国仲裁裁决在中国的承认与执行。

在中国申请承认与执行外国仲裁裁决的案件数量一直稳中有增。在法院受理的案件中,包括 ICC、SIAC 等多个国际知名仲裁机构作出的裁决,也包括临时仲裁裁决。2018 年,国内法院依据《纽约公约》作出首例承认与执行国际体育仲裁庭(CAS)裁决的裁定。

此外,地方法院按照上报制度就具体个案中的相关仲裁问题向上级法院直至最高院请示时,最高院往往通过复函、批复等形式予以答复。虽然从理论上而言,这类复函并不具有普遍的规范性效力,但是可以体现最高院对于某一问题的具体观点。也正是因此,复函与批复实际上起到了"准司法解释"的作用,为当事人所引用,为各地法院所遵循。例如,最高院在(2013)民四他字第 64 号《关于北京朝来新生体育休闲有限公司申请承认大韩商事仲裁院作出的第 12113 - 0011 号、第 12112 - 0012 号仲裁裁决案件请示的复函》中认为:"根据《中华人民共和国民事诉讼法》第二百七十一条以及《中华人民共和国合同法》第一百二十八条第二款的规定,我国法律未授权当事人将不具有涉外因素的争议交由境外仲裁机构或者在我国境外临时仲裁,故本案当事人约定将争议提交大韩商事仲裁院仲裁的条款属无效协议,且该仲裁协议之效力瑕疵不能因当事人在仲裁程序中未提出异议而得到补正,仲裁庭对本案争议不享有管辖权。"根据这一复函的内容,在案涉争议不具有涉外因素的情况下,当事人不得约定将争议交由境外仲裁,否则仲裁条款无效。

综上,中国目前已形成以《仲裁法》为主体、以《民事诉讼法》相关规定为配套、以最高院多个司法解释为支撑、以最高院个案复函为补充的仲裁法律体系。

第三节　中国仲裁的本土化特色

公平和效率是商事仲裁制度的两大追求。公平包含程序公平与实体公平，公平的内涵受到一国的社会环境、历史背景、文化传统等因素的影响，各法域对公平的内涵理解各有不同。对于效率的追求以及在公平与效率上的均衡与抉择，更是该国仲裁发展历程与当前真实情况的反映。

商事仲裁制度在中国建立和发展的二十多年时间里，仲裁制度进行了多方面的本土化改造和完善。准确认识中国仲裁，需要从仲裁的发展历程与事实状况入手，也需要全面了解中国的法制现状、社会治理理念，解读中国对于公平与效率的价值追求。

一、中国传统文化对于中国仲裁的影响

（一）中国古代社会经济制度抑制了仲裁的产生

仲裁起源于商品化程度较高的市场经济社会。商人交往频繁、社会经济自由，因此由商人之间产生了自治性的、快速高效的仲裁制度。仲裁是商品经济的产物。例如，十三四世纪的意大利商品贸易盛极一时，极大催生了商事仲裁的发展。西方的仲裁制度是由民间自发产生，双方商人在交易过程中如若产生纠纷，为了避免司法程序的烦琐，往往在同行业中推选他们共同信任且有威信的人居中调和或裁断。这一模式逐渐发展成为由双方各自提名一名仲裁员、共同推选一名“公断人”独立作出裁决的模式，从而诞生了临时仲裁制度。① 直到19世纪机构仲裁诞生前，临时仲裁都是西方仲裁的主流制度。

相比之下，中国传统经济以小农经济为主导。小农经济具有脆弱性的特征，土地几乎是小农经济所仰赖的唯一生产资料，一旦天灾人祸发生，农民就非常容易破产。此外，小农经济也具有分散性的特点，一般以家庭为生产单位，自给自足。小农经济需要统一的中央集权组织社会资源维系生产环境的稳定，如需要中央集权调度力量修筑水利工程、共同抵抗外敌等。中央集权制度也呈现出家长制的决策体制，行政权力涉及社会生活的方方面面，行政机构的长官承担了“父母官”的角色。

与此同时，自给自足的小农经济决定了中国传统社会在上层建筑即政治治理方面形成了“重农抑商”的制度。自战国时形成“奖耕战”“抑商贾”，秦汉后“重农抑

---

① 参见张贤达：《中国临时仲裁制度的构建》，载《上海师范大学学报》（哲学社会科学版）2017年第3期。

商”“崇本抑末”,到宋元“专卖”法乃至明清“海禁”,均是“重农抑商”之表现。“重农抑商”的政治制度也使中国社会形成了“士农工商”的社会层级。商人需要四处行商,相比较于士、农、工等阶层具有不稳定性,其地位也相对低下,出行、货物交易都受到官府的严格管控。

另外,中国传统农业经济社会中人口流动性弱,形成了熟人社会的特征。在中国人的社会关系中,无论是从地缘上还是从亲属关系上,形成了以“己”为中心、攀关系、讲交情、不断向外延伸的人际关系网络(被费孝通先生称为“差序格局”),并可以随着人与人之间的“交情”不断延伸。如若两个主体之间产生纠纷,首先倾向于通过协商、和解或第三人调解等非对抗性方式解决,以维护人际关系。如果无法解决,才交由“父母官”进行审判。由此可见,中国传统普遍具有厌诉、无讼的心理,如产生纠纷,先探寻是否能够通过谈判、协商、和解、调解等“有人情味”的手段解决。同样出于人情社会的背景,双方通常在这一阶段就能够达成一致的解决方案,无须有人中立裁判是非对错。这也导致了仲裁等民商事争议解决方式在中国历史上并不盛行。

因此,中国传统农业经济环境,缺少仲裁制度诞生的优渥土壤。不过,在商业活动和国际贸易频繁的明清时期,也产生了案外人处理的非诉讼争端解决机制。商人之间的争议由各地的会馆、公所集众公议,具有一定临时仲裁的特征。清末以来,随着商会的设立,争议解决程序更加规范化、争议解决处理机构常设化,出现了名为“公断”的争议解决模式,类似于机构仲裁。但是,无论是公议还是公断,都未构成现代民法意义上的仲裁制度。中国古代的地方行政长官原则上兼任司法长官,在高度集权的社会中,官方司法救济渠道具有垄断性的特征,民间渠道无法与官方渠道竞争,不具有终局性的特点。

(二)中国传统文化对中国仲裁文化的影响

1. 仲裁庭更多地发挥积极主动的作用

在中国历史上,如若双方通过协商、调解仍然无法解决争议,则会把争议交由行政机构,即“父母官”进行审理。“父母官”不仅需要根据双方所主张的内容、提交的证据进行居中裁判,还需要积极主动地查明真相、定分止争、教化百姓。民众对裁判者也具有扶持弱小、达成实质公平的期盼。例如,中国汉代推行“三老”制度,解决乡里百姓之间纠纷。“三老”即在乡间推选三名最为德高望重的老人担任“乡官”,负责具体处理乡间各种纠纷,并对纠纷的当事方进行教育,实现教化职能。

在中国传统司法史中,“父母官”有时也可超出法律范围而适用伦理、道德等因素进行裁判。比如,西汉时期汉武帝即采纳董仲舒建议,提倡“春秋决狱”,即倡议儒家学者在审理案件的过程中,在国家法律之外,可以适用《春秋》等儒家经典作为审理案件的依据,并由此产生了亲亲相隐(亲属之间隐瞒罪行)、原心定罪(根据人主观心理活动的善良与凶恶来断定是否构成犯罪)等审判原则。

实际上,在中国古代,从事法律活动的官员(如大理寺、刑部官员以及地方审理案件的父母官等)一般是从儒学学生中来选拔。承担文化角色的儒生和担任政治职能的文吏,两者的角色不断交织、融合。[①] 从事法律活动的官员一般需要同时学习法律与儒教经义,这种角色的交融也使在法律审判的工作中,官员更倾向于实质公平、和谐中庸以及遵循礼教的价值取向。

在中国仲裁实践中,仲裁庭的角色也一定程度上受到上述观念的影响,承担的角色不仅仅是公正、居中的裁判者。例如,西安仲裁委员会提出倡导"君子之争、和谐仲裁",秉承"本其心、顺其情、求其理、精其事、促其和"的仲裁服务理念。[②] 西安仲裁委员会倡导仲裁员"秉持良知、投入感情、慎用授权、守住底线","依照循情、明理、适法、息争的逻辑思维和工作方法来办理每一起仲裁案件,做到通人脉、解人脉、遵法脉,最终通过个案的处置,实现仲裁应有的教化功能、认知功能和规范功能"。[③]

在具体实践中,仲裁庭至少在下述几个方面发挥积极主动的作用:

第一,仲裁庭在必要的情况下可以积极主动取证、主动确定鉴定机构、要求当事人提交证据,在查明案件事实的问题上发挥更强的主观能动性。《仲裁法》第 43 条规定:"……仲裁庭认为有必要收集的证据,可以自行收集。"

《贸仲规则 2015》第 43 条也规定了仲裁庭调查取证的权利:"(一)仲裁庭认为必要时,可以调查事实,收集证据。(二)仲裁庭调查事实、收集证据时,可以通知当事人到场。经通知,一方或双方当事人不到场的,不影响仲裁庭调查事实和收集证据……"第 44 条规定了仲裁庭可以主动咨询专家或者指定鉴定人的权利:"(一)仲裁庭可以就案件中的专门问题向专家咨询或指定鉴定人进行鉴定。专家和鉴定人可以是中国或外国的机构或自然人。(二)仲裁庭有权要求当事人、当事人也有义务向专家或鉴定人提供或出示任何有关资料、文件或财产、实物,以供专家或鉴定人审阅、检验或鉴定……"《贸仲证据指引》第 11 条更是规定了仲裁庭可以主动要求一方当事人提交仲裁庭认为必要的任何证据。

在国际仲裁中,仲裁庭一般不会主动引入专家证人,而是由双方当事人各自提交鉴定意见或者聘请专家证人,仲裁庭在双方的专家意见中择其有说服力者而采信之。

---

① 参见阎步克:《士大夫政治演生史稿》,北京大学出版社 2015 年版,第 400 页。

② 参见西安仲裁委员会仲裁员申请页面:http://www.xaac.org/person.php? pid=51,最后访问日期:2020 年 5 月 5 日。

③ 参见张维:《仲裁新理念:少敲槌子多解扣子》,载 http://legal.people.com.cn/n/2014/1113/c188502-26012066.html,最后访问日期:2020 年 5 月 5 日。

中国仲裁中,仲裁庭可以主动安排鉴定机构、指定鉴定人进行鉴定。仲裁庭主动确定鉴定机构,有利于形成中立的鉴定意见,从而明确孰是孰非或分清双方当事人各自的过错。另外,仲裁庭主动安排鉴定机构,也更有利于公平、有效率地解决双方当事人的纠纷,避免双方当事人"自说自话",需要进行多次开庭交锋,从而带来极高的时间成本和出庭费用。

除了鉴定意见之外,中国仲裁机构也可以主动调取证据。例如,在商品房买卖合同纠纷中,就案涉商品房是否取得预售许可证的问题,仲裁庭可以主动向当地住建委发函询问关于房地产开发商是否已经取得商品房预售许可证,从而确定合同是否存在无效的情形。

在中国仲裁中,仲裁庭主动要求一方当事人提供证据也十分常见。比如,在设备买卖合同纠纷中,买方因为设备质量问题要求解除合同并要求卖方退款,虽然买方提供了卖方员工此前确认已经收款的邮件作为证据,以证明设备的全部价款已经支付,但仲裁庭往往也要求买方提供银行流水等证据,以确保双方之间确实存在款项的真实往来、双方当事人确实进行交易的事实,避免虚假仲裁。

第二,仲裁庭更加积极主动地行使释明权,以弥补一方当事人参加仲裁能力、法律认知能力或者举证能力的不足,确保实质性的公平。在中国目前的法治环境下,当事人不一定具有完全平衡的参与仲裁的能力,对仲裁程序熟悉程度有很大差别,甚至当事人所委托的律师水平也参差不齐,有些律师仲裁经验十分有限。在仲裁程序中,仲裁庭也会行使必要的释明权,以保障双方当事人能够充分发表意见、进行举证。

中国目前的法律法规并未对仲裁庭释明权的行使作出明确规定。仲裁庭的释明权行使首先一般参照司法解释中诉讼释明权的规定,其次仰赖于仲裁庭的具体衡量。如上所述,仲裁庭可以要求当事人提供其认为必要的某项证据,否则当事人将承担举证不利的法律后果,这通常也被认为是释明权行使的范畴。

中国仲裁庭行使释明权的范围是相当宽泛的,可以包括程序性的问题,也可以包括实体性的问题。比如,在中国常见的以买卖合同担保民间借贷合同的案件中,参照最高院《民间借贷司法解释》第 24 条规定,如果申请人请求履行买卖合同,仲裁庭应当要求当事人变更仲裁请求,否则仲裁庭将驳回仲裁请求。再如,在买卖合同中,作为卖方的申请人请求解除合同、对方当事人返还原物,如果原物已经毁损、灭失,则仲裁庭可以向申请人释明其返还原物的请求很可能得不到支持,请申请人斟酌是否变更仲裁请求。

2. 东方经验:仲裁庭调解模式

受儒家观念的影响,中国素有"礼之用、和为贵"的文化传统。调解因契合了中华民族"以和为贵"的传统道德和"中庸"的处事方式,为传统儒家思想"息诉止讼"的社会治理观念所推崇和承袭。“调解”一词早在明代宋濂的《故江南等处行中书省左司郎中王公墓志铭》中便有记载:“诸暨戍将谢再兴与部帅王甲有违言,几致乱,上令公调解之。”

调解的传统影响着中国当下的诉讼与仲裁制度。在民事诉讼领域,《民事诉讼法》将调解作为法院行使审判权的方式之一,并且设置了先行调解的原则。法官引导当事人平等自愿自主解决纠纷,解决方案体现当事人双方的共同意志,在调解的过程中逐渐化解当事人恩怨,最终实现案结事了。因此,有法官认为调解是诉讼效益最大和社会效果最佳的解决方式,也是解决执行难和息诉难的有效途径。

在仲裁领域,《仲裁法》第 51 条规定,“仲裁庭在作出裁决前,可以先行调解。当事人自愿调解的,仲裁庭应当调解。调解不成的,应当及时作出裁决。调解达成协议的,仲裁庭应当制作调解书或者根据协议的结果制作裁决书……”这一规定便是中国“仲裁庭调解”模式的法律基础,在国际仲裁实践中被称为“东方经验”。

仲裁庭调解,是指仲裁庭在仲裁案件审理过程中主持调解,是仲裁与调解相结合的方式之一。在仲裁庭调解模式下,仲裁员通常同时担任调解员的角色。受传统文化和观念的影响,纠纷当事人通常认为仲裁庭邀请或者引导当事人通过调解解决争议并不超越仲裁员的职责范围,对仲裁员进行调解这一实践通常也是可以接受的。此外,除了“以和为贵”观念的影响,仲裁庭调解模式也为仲裁庭在法律之外,均衡双方当事人的利益,为当事人提供更好的解决方案,实现案件的实质公平提供可能和空间,有利于仲裁员的教化职能的实现。

例如,在某一系列案件中,申请人向目标公司增资成为其股东,在增资协议中达成了回购条款,回购条件目前已经达成,但基于投资策略的考虑,申请人暂时不打算行使回购请求权、退出目标公司。作为目标公司的股东之一,申请人也向目标公司提供办公场所,并收取相应租金。由于目标公司拖欠租金,申请人申请仲裁,请求目标公司支付租金;同时,出于促进目标公司履行支付租金义务的仲裁策略的考虑,申请人又另外提起仲裁申请,要求目标公司的股东和实际控制人回购股权。申请人并非想通过行使回购权退出目标公司,也不欲与目标公司及其他股东、实际控制人之间形成僵局,只是想收回租金,并向仲裁庭表示其可以就租金问题做出适当让步。在此情况下,仲裁庭积极组织双方调解,达成了如下协议:目标公司支付租金后,申请人撤回股权回购纠纷案件的仲裁申请。这是最符合申请人预期的解决方案,也是最有利于双方当事人的解决方案。

相较于中国的仲裁庭调解模式,国际仲裁中仲裁与调解在传统上是两个相互独立的争议解决机制。中国的仲裁庭调解模式在国际仲裁界也不乏反对和质疑声音,反对观点集中在仲裁庭调解模式对自然公正原则或正当程序原则会产生侵害。由于仲裁员同时担任调解员,其公正性和独立性难以得到保证,调解过程中当事人的陈述对调解员在嗣后的仲裁程序是否产生影响难以确定。不过,考虑到中国的法律传统和实践,应当肯定仲裁庭调解模式的合理性和现实意义。仲裁庭调解契合了中华民族“以和为贵”的传统道德和处事方式,在实践中得到双方当事人的认可。当事人普遍认为仲裁庭邀请或者引导当事人通过调解解决争议并不超越仲裁员的职责范围。此外,仲裁庭调解模式可以有效提高争议解决的效率、使双方当事人以更低的成本取得双赢的纠纷解决效果。从实践结果看,近几年中国仲裁委员会每年以调解(包括和解)结案的比例可以达到30%,甚至更高。虽然也有当事人或者代理人对仲裁庭的调解方式表示不满,但瑕不掩瑜,调解制度在大多数的情况下能够帮助双方当事人低成本、高效率地达成双方都能接受的解决方案,得到了大多数当事人或者代理人的认可。这也反映出中国仲裁庭调解模式确实具有现实意义和价值。此外,值得注意的是,中国的仲裁庭调解模式逐渐受到国际仲裁界的认可,部分国际仲裁机构在修订仲裁规则时加入了仲裁庭调解的模式。[①]

3. 证人证言的采用率较低

相比较于西方“国家—个人”的两元区分,中国传统的人际关系形成一种以己为中心,通过亲属、地缘等形成的人情关系不断对外延伸的差序格局,构成一张复杂的关系网。人们处于不同大小、界限不明的“圈子”之中,并需要受到不同大小的“圈子”中的潜规则、人情关系的制约。比如,“乡谊”就是中国人非常重视的一种地缘关系,即便是此前完全陌生的两个商事主体,如果来自同一家乡、具有相似的成长经历,则在同等条件下做成生意的概率要高于一般人。在中国,邻里关系也可能会是考量的因素,更罔论错综复杂的亲戚关系。

很多人认为,在中国仲裁活动中,证人证言受到这种人际交往关系制约可能性相当大。证人在作证时,有相当大的概率对于自己所处的“圈子”或者人际关系圈抱有一种忠诚、不得罪人、明哲保身的态度,有一些得罪人的事实真相可能不会进行说明。有些人甚至因为害怕得罪人而拒绝出庭作证。即便是在雇佣关系中,雇员对于公司也抱有更加忠诚的态度,公司对于雇员的管制也更为严格。

有一种担心,仲裁庭在审理案件过程中,往往难以发现隐蔽的人情关系,无法判断证人与当事人之间是否确实存在可能导致证言不真实或可信度低的某种人情关系、是否能够单独作为认定案件事实的根据,再加之仲裁庭负有查明事实、公正审判的义务,而当事人伪造证据、隐瞒关键证据构成了国内仲裁裁决撤裁或者不予执行的一项理由。种种因素导致了在中国仲裁活动中,仲裁庭对于证人证言的采信度总体

---

① 参见本书第二十四章。

而言非常低,对于证人证言的客观、真实性审查也非常苛刻。一般而言,仲裁庭较少将证人证言作为认定事实的单独依据。出于仲裁庭采信证人证言较为严苛的考虑,律师提交证人证言作为证据,也会辅以相当多的佐证。

二、中国现代仲裁制度的发展历程对中国仲裁的影响

(一)中国现代仲裁制度的发展历程

1994年《仲裁法》制定,确立了中国民商事仲裁制度。不同于西方仲裁制度自下而上地产生,中国1994年制定《仲裁法》时,市场经济发展方兴未艾,缺乏仲裁制度从民间自发诞生的土壤,因此中国现代仲裁制度是在吸收、借鉴国际仲裁制度的基础上自上而下推行的,即由地方政府主导组建和登记仲裁机构。在中国仲裁体系中,民商事仲裁一开始即是以机构仲裁的面貌呈现的,政府机构往往参照甚至按照事业单位的方式组建仲裁机构。

仲裁制度在中国发展的初期,行政监护有其优势。首先,仲裁制度借力行政机构的权威性,有利于提升仲裁裁决的威权和执行力。在中国,行政机关对于司法系统仍然有不小的影响力,这不仅是通过制度框架的形式表现出来,更是通过财政制度安排体现出来。如果先由民间自发推行临时仲裁制度,很可能会在司法监督方面遭受过于严苛的不公正待遇;在行政机关的佑护之下,能够在一定程度上利用行政系统的影响力来提升仲裁裁决的威权和执行力。① 其次,在行政机构推进仲裁机构发展的模式下,仲裁机构具有行政编制,享有行政福利,有利于在初期吸引更多人才加入仲裁机构进行工作。

(二)中国现代仲裁制度发展历程对仲裁实践的影响

如前所述,中国现代仲裁制度是在政府的主导下产生的,最初采取行政仲裁的形式,即由政府主持仲裁的进行,政府官员担任仲裁员,这对中国仲裁实践造成深刻影响,主要体现在以下几个方面:

1. 仲裁机构的强管理特色

因沿袭行政仲裁的特点,中国仲裁机构普遍对仲裁案件实施强管理。

第一,中国仲裁机构会为其管理的每一个案件指派一名案件秘书。与国际仲裁相比,中国仲裁中的案件秘书相当于同时扮演了案件管理员与仲裁庭秘书的角色。案件秘书不仅需要处理案件大部分的程序性和后勤事务,而且代表仲裁机构对仲裁

---

① 参见汪祖兴:《仲裁机构民间化的境遇及改革要略》,载《法学研究》2010年第1期。

程序进行监督。

第二,在中国仲裁中,仲裁员与仲裁机构存在更为紧密的合作和归属关系。首先,在特定案件中,仲裁员能够被指定是因为其被列入仲裁机构的仲裁员名册。[①] 其次,在被指定之后,仲裁员与当事人之间的一切往来文件、信函均由仲裁机构进行转递或居中沟通。除了在庭审中,仲裁庭与当事人不直接进行沟通。当事人对仲裁员的投诉亦由仲裁机构负责处理,仲裁员无须直接面对当事人。再次,仲裁员的报酬包括在仲裁机构收取的案件受理费中,由仲裁机构另行计算并支付给仲裁员。[②] 最后,仲裁庭作出的所有命令、决定以及裁决都须经仲裁机构审核后方可发出。

2. 法律赋予仲裁机构的重要角色与权力

第一,根据《仲裁法》第 16 条,“选定的仲裁机构”是有效仲裁条款的要件之一,即中国目前只承认机构仲裁。中国至今未承认临时仲裁的合法性的原因主要在于:首先,在西方,仲裁制度起源于临时仲裁,并经历了自下而上的发展历程,而在中国则相反,仲裁制度起源于政府自上而下建立的行政仲裁。从行政仲裁过渡到民间仲裁,立法机构希望循序渐进地进行改革,而临时仲裁的控制、监督、管理难度较大。其次,临时仲裁制度的确立需要高度完善的社会信用体系的支撑,中国目前尚不具备这一条件。最后,临时仲裁程序的顺利运行要求仲裁员和当事人具有较强的仲裁程序把控能力和法律素质,中国仲裁制度建立的时间不长,尚需一段时间的经验积累才能达到这一要求。

第二,中国《仲裁法》第 20 条规定,当事人对仲裁协议效力有异议的,可以请求仲裁机构作出决定或者请求法院作出裁定。据此,在中国法下,仲裁庭的管辖权由仲裁机构或法院决定,仲裁庭无权对其管辖权作出决定,即中国没有确立仲裁庭的自裁管辖权。[③]

第三,在中国的法律制度下,仅法院有权对仲裁中的临时措施(保全措施)作出决定。在提起仲裁前,因情况紧急需要申请保全措施的,当事人可以直接向法院申请。但是,在提起仲裁后,当事人不能直接向法院提出保全措施申请,而是需要向仲裁机构递交申请,再由仲裁机构转递。

三、诉讼制度对于中国仲裁的影响

在很多国家,仲裁制度与诉讼制度是两套独立的体系,且二者在实务操作中差别

---

① 但也有仲裁机构的规则规定,当事人从仲裁员名册之外选定仲裁员的,经仲裁机构确认后可以担任仲裁员,例如《北仲规则 2019》第 64 条、《贸仲规则 2015》第 26 条。

② 但也有例外:《北仲规则 2019》改革了国内传统的案件受理费加案件处理费的收费模式,而适用国际通行的机构管理费加仲裁员报酬的收费方式,并明确仲裁员报酬的计算标准。

③ 实务中,仲裁机构经常授权仲裁庭对仲裁庭的管辖权作出决定。

较大。现代商事仲裁制度对中国而言是个“舶来品”,缺乏国际仲裁中长期以来约定俗称的做法。中国《仲裁法》很多方面的规定都过于原则性、不够细致。因此,中国仲裁中的很多做法都是套用诉讼的相关规定,仲裁中的证据制度便是突出例证之一。

关于仲裁中的证据问题,中国《仲裁法》仅简单地对举证责任、仲裁庭收集证据、鉴定、证据出示与质证、证据保全问题作了原则性的规定。中国仲裁机构的规则中关于证据的规定亦较为简略,大多仅涉及举证、质证、仲裁庭调查取证以及专家报告或者鉴定问题。中国仲裁中亦不存在与《IBA 取证规则》类似的普遍适用的软法。实务中,仲裁中的证据问题通常参照民事诉讼中的证据制度处理。例如,中国民事诉讼实践中对书证的采纳适用“原始文书规则”,即除非存在法定的例外情形,书证的提交者应该提供证据原件。中国仲裁实务也受这一规则影响,要求当事人提交证据原件进行核对。再如,仲裁中仲裁庭通常仿照诉讼的实践,组织当事人对证据的“三性”,即真实性、关联性和合法性进行质证。仲裁与诉讼关于证据问题的诸多类似做法,不一一列举。

再以仲裁中延期作出裁决的情况为例。多数中国仲裁机构的做法是,如果仲裁庭希望延期作出裁决,需要告知秘书,由秘书办理机构内部手续。机构批准延期作出裁决后,再由秘书通知当事人。因此,当事人最终拿到的只是案件需要延期作出裁决的通知,对于其中的缘由却一无所知。这与中国诉讼实践中法院延长审限的做法一致。相比之下,很多国际仲裁机构的规则规定,裁决作出的期限经当事人同意后可延长。并且在国际仲裁中,仲裁庭必须直面当事人,如果仲裁庭没有合理理由延长裁决作出期限,将面临当事人的质疑。

四、中国仲裁现状对中国仲裁制度的影响

中国仲裁所呈现出的特点与中国目前案多人少、小额案件比例非常高以及中国迅速发展与变动的经济环境的现状有关。

在中国经济高速发展的同时,经济纠纷大量出现,各大仲裁机构的受案量逐年攀升。官方数据显示,2019 年贸仲受案量总计 3333 件,北仲受案量总计 6732 件,同年 ICC 受案量为 869 件,HKIAC 受案量 503 件。相比之下,中国仲裁机构面临着相当大的处理案件的压力。中国仲裁机构受案量的增长速度已经远远超过适格仲裁员与办案秘书数量的增长速度,一些仲裁机构已经超负荷运转。

另外,相较于国际仲裁机构,中国仲裁机构的案件标的数额较小。2018 年,全国 255 家仲裁机构共受理案件 544,536 件,标的总额为 6950 亿元,平均每件案件标的额为 127.63 万元人民币;其中贸仲的平均标的额约为 3429.77 万元人民币。相比之下,ICC 2018 年未决案件的平均争议金额为 1.31 亿美元(折合人民币约 9.18 亿元人

民币),2019 年增长到了 1.4 亿美元;SIAC 2018 年机构管理案件平均争议金额为 2614 万美元(折合人民币约 18.538 亿元人民币),远远超过贸仲的案件平均标的额的水准。在中国仲裁案件中,小额案件的数量比例仍然非常高,案件标的数额普遍较低。

此外,在中国高速发展与变动的经济环境下,仲裁程序过于冗长可能给当事人带来其他隐性的损失。比如,在建设工程合同尚未通过仲裁裁决解除的情况下,发包人(也是国有土地使用权人)为了避免合同解除仲裁请求不被支持的风险,往往无法进行重新招标、遴选新的承包方。如果土地长期闲置,则政府很可能作出行政决定收回国有土地。即便政府会退还发包方原先支付的土地出让金,在中国土地使用权出让价格急速增长的情况下,发包方也无法再以相同价格获得类似地段的土地使用权,这给发包方带来极大的损失。

在中国仲裁案多人少、中国经济高速发展与变动的情况下,如果像国际仲裁那样安排冗长的仲裁程序(如多次开庭、进行细致全面的证人盘问),则会造成仲裁程序格外拖延,当事人也需要为此付出高额的时间成本以及参与仲裁成本(如差旅费、证人出庭费用等)。同时,在中国仲裁案件平均标的额较低、小额仲裁案件的占比更高的情况下,如果小额案件的仲裁程序需要付出较高的时间成本与金钱成本,对当事人而言不甚公平,也会打击当事人参与仲裁的积极性。

这也就意味着,中国仲裁的制度设计和实践操作必须考虑仲裁的时间成本和金钱成本。一方面,仲裁机构需要快速、灵活地处理案件,以应对盈千累万的仲裁案件需求;另一方面,也需要尽可能帮助当事人降低仲裁的时间和金钱成本,避免仲裁反而给小额案件当事人带来额外的压力。因此,在中国仲裁现状下,需要格外注重效率的追求。这首先体现在仲裁程序的设计上,中国仲裁相对于国际仲裁更为精简、灵活。

联合国贸法会发布的《贸法会关于安排仲裁程序的说明》中,建议仲裁庭可以在仲裁程序开始时举行案件管理会议,并在会上确定仲裁程序的安排以及程序时间表。《ICC 规则 2017》也有关于案件管理会议的规定,仲裁庭必须组织双方形成审理范围书(Terms of Reference),在审理范围书确定后,任何一方当事人都不能在审理范围书之外提起仲裁请求,除非仲裁庭考虑新的仲裁请求的性质、仲裁程序的所处阶段以及其他相关因素后予以批准。

与之相比,中国仲裁一般不强制要求进行庭前会议或者组织庭前证据核对,而是可以在庭审中一并进行。这在一些证据简单、法律关系明确的案件中,能够缩短仲裁案件审理的时间、极大提高案件审理的效率。当然,在一些较为复杂的案件中,仲裁庭也可以出于庭审效率的考虑,组织庭前或者庭后的证据核对。仲裁庭也并不强制形成审理范围书,双方当事人在案件审理过程中可以随时调整仲裁请求、引入新的案件事实，有利于一次性解决问题。在中国仲裁中，仲裁庭往往以一两次庭审为原则，如非必须，后续的补充证据、质证与答辩可以通过书面形式来完成。这些安排大大提高了普通仲裁程序中的效率，也降低了当事人参与仲裁的费用。在一些非常简单的小额案件中，当事人甚至不用聘请律师来应对仲裁程序，只需要自己出庭或者安排员工出庭即可。

此外，在国际仲裁中，对证人的盘问占据了大部分庭审时间，庭审通常会持续数日甚至数十日。中国仲裁中很少采用证人出庭作证的方式，原因除了前文述及的证人可信度受到仲裁庭非常严格的审查之外，还在于在中国仲裁“案多人少”的局面下，每宗案件都进行证人盘问不具有现实性和可操作性。与之类似，在国际仲裁中普遍适用的《IBA 取证规则》下，文件披露制度的门槛低、适用范围广，当事人互相宽泛地请求提供一定类别的文件的情况十分常见，使文件披露成为一个非常昂贵和耗时的程序。出于效率、成本的考虑，中国仲裁中则很少采用文件披露的做法。

五、总结

如本节开始所述，一国的传统文化、仲裁发展历程与现状共同构成了一国仲裁制度的基因。中国传统文化虽然没有提供现代仲裁制度发展的丰沃土壤，但是为中国仲裁刻上了以和为贵、追求实质公平的烙印。对于中国现代仲裁制度建立的行政监护的政策，一方面，提高了仲裁机构的权威性，为仲裁的发展提供了极其有力的支持；另一方面，某种程度上也让仲裁不可避免地染上了行政化、诉讼化的色彩。中国仲裁案多人少、案件标的额相对较低的现状，也使中国仲裁机构在降低仲裁时间与金钱成本的道路上成为探索者与先锋者。

在中国仲裁拥抱国际仲裁、汲取国际仲裁先进经验的同时，国际仲裁如果意欲落地中国，也需要尊重与了解中国独特的文化与法治环境，方能形成共赢。

第四节　中国商事仲裁发展的新趋势

一、仲裁在发展市场经济、优化营商环境以及“一带一路”建设中的作用日益凸显

发展市场经济、优化营商环境离不开优质、高效、便捷的法律服务，包括纠纷的快速、妥善解决。在众多争议解决机制中，商事仲裁因其高效保密、成本较低、一裁终局、充分尊重当事人意思自治、广泛的国际适用性等特点，越来越受到市场主体的青睐。尤其是在“一带一路”建设中，各方当事人对于这一国际通行的纠纷解决方式更

为认可。

近年来,中国出台的多个文件中均大力支持商事仲裁的发展。例如,2016 年 12 月 30 日,最高院印发了《自贸区司法保障意见》,其中第 9 条明确规定:"……在自贸试验区内注册的外商独资企业相互之间约定商事争议提交域外仲裁的,不应仅以其争议不具有涉外因素为由认定相关仲裁协议无效……在自贸试验区内注册的企业相互之间约定在内地特定地点、按照特定仲裁规则、由特定人员对有关争议进行仲裁的,可以认定该仲裁协议有效……"

又如,2018 年 12 月 31 日,中共中央办公厅、国务院办公厅联合印发《关于完善仲裁制度提高仲裁公信力的若干意见》,指出仲裁是中国法律规定的纠纷解决制度,也是国际通行的纠纷解决方式。充分发挥仲裁在尊重当事人意思自治和便捷、高效解决纠纷等方面的作用,对完善多元化解纠纷机制,公正及时解决矛盾,妥善化解纠纷,维护社会稳定,促进改革开放,保障经济社会持续健康发展具有重要意义。意见明确指出要在规范仲裁机构设立和换届工作、保障仲裁机构依法独立工作、落实当事人意思自治原则、纠正扰乱仲裁发展秩序的行为等方面严格贯彻落实仲裁法律制度。同时要求加快推进仲裁制度改革创新,支持仲裁员选聘和管理,推进仲裁秘书职业化和专业化建设。推进仲裁制度改革创新,支持仲裁融入基层社会治理,积极发展互联网仲裁,推进行业协作和仲裁区域化发展。另外,要求仲裁委员会服务国家全面开放和发展战略,提升仲裁委员会的国际竞争力,加强对外交流合作,深化与港澳台地区仲裁机构合作。

此外,2019 年 10 月 8 日,国务院通过《优化营商环境条例》,于 2020 年 1 月 1 日起施行。其中第六章第 66 条、第 68 条均规定了仲裁在优化营商环境中的重要作用。第 66 条规定:"国家完善调解、仲裁、行政裁决、行政复议、诉讼等有机衔接、相互协调的多元化纠纷解决机制,为市场主体提供高效、便捷的纠纷解决途径。"第 68 条规定:"政府及其有关部门应当整合律师、公证、司法鉴定、调解、仲裁等公共法律服务资源,加快推进公共法律服务体系建设,全面提升公共法律服务能力和水平,为优化营商环境提供全方位法律服务。"

最后,自 1994 年颁布至今未作实质性修改的《仲裁法》,在全国人大常委会 2018 年公布的立法规划中也已被列在第二类"需要抓紧工作、条件成熟时提请审议的法律草案"中。一旦《仲裁法》全面修订完善,中国商事仲裁将释放出更大的发展潜力,得到更加广阔的发展机遇。

二、中国商事仲裁的国际化进程加快

1994 年《仲裁法》颁布至今的二十多年间,中国商事仲裁立足于本土发展,并逐步与国际接轨。在制度设计上,中国仲裁机构积极吸收国际先进仲裁经验,优化中国商事仲裁环境,提高中国仲裁机构的案件处理水平与公信力,使中国仲裁机构越来越多地被选择为国际商事交往中的争议解决机构。

在国际化方面,中国仲裁机构做出了卓越的努力。一方面,随着中国仲裁机构受认可度的提高,中国仲裁机构近年来逐步与海外仲裁机构合作设立联合仲裁中心,或者设立海外分会,以拓展更多的国际仲裁案件。例如,北仲与内罗毕国际仲裁中心正式签署合作协议,设立中非联合仲裁中心北京中心与内罗毕中心。上国仲也与南部非洲仲裁基金会、南部非洲仲裁协会、非洲替代性争议解决中心签署合作协议,组建中非联合仲裁上海中心与约翰内斯堡中心。2018 年,贸仲首个海外分支机构北美仲裁中心在温哥华正式落地。另一方面,中国仲裁机构积极吸收、接轨国际仲裁经验,并化为己用,中国仲裁的专业性、公信力也在不断地提高。例如,中国仲裁机构近年来吸收了国际仲裁中的紧急仲裁员、快速程序、临时措施等制度并付诸实践,赋予当事人更广泛、全面的权利救济途径。北仲于 2019 年发布新的收费标准,将仲裁费用明确区分为仲裁员报酬和机构费用。贸仲、北仲还分别制定了国际投资争端仲裁规则,受理国际投资争端案件。

中国仲裁国际化趋势的另一表征是中国内地接受、吸收境外仲裁机构在内地设立分支机构或者以内地作为仲裁地进行仲裁。最高院于 2013 年 2 月发布的“龙利得案”首次认可了 ICC 在上海仲裁的仲裁协议的效力。2015 年 4 月 8 日,国务院《进一步深化中国(上海)自由贸易试验区改革开放方案》第 11 点也指出:“……支持国际知名商事争议解决机构入驻,提高商事纠纷仲裁国际化程度。探索建立全国性的自贸试验区仲裁法律服务联盟和亚太仲裁机构交流合作机制,加快打造面向全球的亚太仲裁中心。”HKIAC、ICC、SIAC 先后在上海设立了代表处。

此外,如上所述,《自贸区司法保障意见》第 9 条的规定体现出最高院对仲裁机构在自贸区范围内创新改革的支持,冲破传统规定对于涉外因素及临时仲裁的束缚,成为与国际仲裁接轨的改革“试验田”。

三、仲裁程序的设置更加灵活与高效

随着中国仲裁的快速发展,仲裁机构必然会面临形形色色的商事案件。在不同的案件中,当事人对于仲裁程序可能存有不同的期望与需求,仲裁庭在处理案件时也需要对程序做出灵活的安排,以确保兼顾效率与公平公正的价值追求。《仲裁法》及相关司法解释对于仲裁程序的规定较为宽泛、简略,给予中国仲裁机构制定仲裁规则较大的自由空间。随着国际仲裁交流的日益频繁,中国仲裁机构借鉴国际成熟仲裁经验,摘取科技进步与社会发展的硕果,在仲裁程序的设置上愈加灵活与高效。

例如，在ICC规则中富有特色的审理范围书（TOR）、程序会议、程序令的制度，近年来也被吸收到国内仲裁机构的仲裁规则之中。如《贸仲规则2015》第35条规定仲裁庭可以发布程序令、问题清单、制定审理范围书、举行庭前会议。在仲裁员选择的问题上，国内仲裁机构也采取较为灵活的措施，以充分尊重当事人的意思自治。《深国仲规则2019》规定了仲裁员推荐制度，在双方当事人申请或同意的情况下，仲裁院院长可以推荐三名以上的首席仲裁员候选名单，双方当事人通过协商一致选择、排序选择或者排除的方式确定首席仲裁员的选任。

一些国内仲裁机构在《仲裁法》之上进行了大胆的突破。例如，深国仲发布了《深国仲选择性复裁程序指引》，在双方当事人约定的仲裁地不禁止复裁、且双方当事人仲裁条款中约定了可以提请复裁的情况下，可以向深国仲申请复裁。2017年，中国互联网仲裁联盟发布了《中国互联网仲裁联盟临时仲裁与机构仲裁对接规则》，在双方当事人同意提交临时仲裁且适用该规则的情况下，由中国互联网仲裁联盟提供临时仲裁的各项配套服务。并且，在临时仲裁过程中的任何阶段，当事人或仲裁庭均可申请将其转化为机构仲裁。

国内仲裁机构不断注重仲裁程序效率的提高。例如，一方面，适当缩短程序期限，加快程序推进。如《深国仲规则2019》将快速程序答辩期和反请求申请期限缩短为10天、裁决作出期限缩短为组庭之日起2个月内。《深国仲金融借款争议仲裁规则》中设置了7天的答辩期限和反请求期限，并要求仲裁庭在组庭之日起1个月内作出裁决。另一方面，通过设置多份合同仲裁、追加当事人、合并仲裁、合并审理、公证送达、书面审理、网络仲裁等机制，降低纠纷解决成本，提高仲裁案件效率。

此外，当事人对于仲裁协议和仲裁程序也有了更多灵活性和个性化的设计，仲裁机构、法院更加尊重当事人的意思自治。例如，在珠海市中级人民法院（2017）粤04民特39号案中，一方申请撤裁的理由为当事人约定仲裁程序中的送达地址和送达方式违反仲裁规则。法院则认为：各方选定的仲裁委员会的《仲裁规则》第80条规定："仲裁文书可以采用直接送达、邮寄送达、转交送达、电子送达等方式或本会、仲裁庭认为适当的其他送达方式送达，当事人另有约定的，可以从其约定。"各方当事人在仲裁协议中约定了送达地址和邮寄送达方式，还约定即便本人未签收，均视为已送达。以上约定均是各方当事人真实意思表示，应当遵循诚实信用原则予以遵守。《仲裁裁决执行规定》第14条亦明确规定："违反仲裁法规定的仲裁程序、当事人选择的仲裁规则或者当事人对仲裁程序的特别约定，可能影响案件公正裁决，经人民法院审查属实的，应当认定为民事诉讼法第二百三十七条第二款第三项规定的'仲裁庭的组成或者仲裁的程序违反法定程序的'情形……仲裁庭按照仲裁法或仲裁规则以及当事人约定的方式送达仲裁法律文书，当事人主张不符合民事诉讼法有关送达规定的，人民法院不予支持……”

四、仲裁的专业化趋势更为显著

从常规的民间借贷、买卖合同，到建设工程、海事物流、金融产品、医疗纠纷等领域，中国仲裁机构受理的案件类型日趋丰富。不同类型的案件复杂程度、专业领域以及对仲裁程序的要求往往也不相同。以医疗纠纷仲裁为例，该类纠纷可能需要大量的鉴定工作，仲裁员也必须拥有专业的知识才能够处理案件。考虑到传统仲裁规则无法应对特殊类型的案件需求，一些仲裁机构作出改革，专门制定专业案件的特殊仲裁规则。

例如，深国仲制定了《深国仲医疗争议仲裁规则》，并且规定仲裁员应当从《深圳国际仲裁院医疗专业仲裁员名册》中指定或者选任。在该名册中，主要是具有法医学、医学背景或者医学和法学复合背景的仲裁员，能够专业处理医疗纠纷案件中的技术相关问题。深国仲同时还制定了《深国仲海事物流仲裁规则》《深国仲金融借款争议仲裁规则》等专门性规则。此外，在收费标准上，这类案件也不同于一般仲裁案件。

《关于完善仲裁制度提高仲裁公信力的若干意见》中亦明确指出，“……深化仲裁委员会与有关部门和商会等行业组织的协作，扩大仲裁影响力。结合行业特点，研究建立专业仲裁工作平台，培养专业仲裁人员，制定专业仲裁规范，促进仲裁的专业化发展”，“鼓励仲裁委员会根据不同领域、不同行业的实际情况，探索制定专门、专业领域的特别仲裁规则，提升仲裁的专业化服务水平”。

五、调解制度更加得到重视

“和”是中国传统美德。在中国仲裁中，仲裁员除了“定分”即确定法律事实、明晰法律责任的职责之外，还要起到“止争”的作用。除却以裁决方式结案以外，仲裁庭也经常组织仲裁调解，以帮助双方当事人以相对和平的方式解决纠纷。2018 年 1 月 23 日，中央全面深化改革领导小组会议审议通过了《关于建立“一带一路”国际商事争端解决机制和机构的意见》，要求坚持纠纷解决方式多元化原则，充分考虑“一带一路”建设参与主体的多样性、纠纷类型的复杂性以及各国立法、司法、法治文化的差异性，积极培育并完善诉讼、仲裁、调解有机衔接的争端解决服务保障机制，切实满足中外当事人多元化纠纷解决需求；支持“一带一路”国际商事纠纷通过调解、仲裁等方式解决，推动建立诉讼与调解、仲裁有效衔接的多元化纠纷解决机制。在前述的国务院《优化营商环境条例》中也明确提出要完善调解、仲裁等有机衔接、相互协调的多元化纠纷解决机制，整合调解、仲裁等公共法律服务资源。可见，调解不仅在仲裁程序中得到重视，其作为一种独立的争议解决模式，也得到了大力提倡。

为了向当事人提供优质高效的多元化争议解决服务,国内一些仲裁机构设立了调解中心,可以由双方当事人将争议提交调解中心进行调解。例如,北仲 2011 年就成立了调解中心并制定调解规则。贸仲在 2018 年 5 月设立了贸仲调解中心,并制定了《中国国际经济贸易仲裁委员会调解中心调解规则》。其第 2 条规定:"平等主体的自然人、法人和非法人组织之间发生的民商事争议,均可提交中国国际经济贸易仲裁委员会调解中心(以下简称中心)调解。"从其调解范围来看,并不仅限于贸仲管辖或者受理的仲裁案件。贸仲在设立调解中心及制定相应调解规则的同时,也建立了《调解员名册》,可以由双方当事人选择或委托指定。

2019 年 8 月 7 日,中国签署了《新加坡调解公约》。根据《新加坡调解公约》的规定,对于满足公约要求的和解协议,"本公约每一当事人应按照本国程序规定并根据本公约规定的条件执行和解协议"。在国内未来的仲裁实践中,仲裁程序中的和解与调解作为一项替代性争议解决方式,必然也会更加得到重视。

第二章　中国仲裁法律制度

第一节　《仲裁法》

中国第一部单行、统一的仲裁法律——《仲裁法》颁布于1994年。除个别条款在2009年和2017年进行了非实质性修订外，1994年《仲裁法》其他条款均沿用至今。本书写作之时现行有效的《仲裁法》即其2017年修订版共8章80条，规定了中国仲裁制度的基本原则、仲裁机构和仲裁员、仲裁协议、仲裁程序、仲裁监督等一系列问题。

《仲裁法》统一了中国仲裁制度和有关仲裁的法律法规，确立了协议仲裁、机构仲裁、或裁或审、一裁终局、仲裁独立等原则，其颁布是中国仲裁发展史上的重要里程碑。本节主要对中国《仲裁法》适用范围以及基本原则和制度进行介绍，并对《仲裁法》的修改完善提出建议。

一、《仲裁法》的适用范围

仲裁法的适用范围，是指仲裁对何人、何事以及在何时发生作用。中国《仲裁法》第2条规定："平等主体的公民、法人和其他组织之间发生的合同纠纷和其他财产权益纠纷，可以仲裁。"第3条规定："下列纠纷不能仲裁：（一）婚姻、收养、监护、扶养、继承纠纷；（二）依法应当由行政机关处理的行政争议。"第77条规定："劳动争议和农业集体经济组织内部的农业承包合同纠纷的仲裁，另行规定。"根据上述条文的规定，中国《仲裁法》的适用范围主要包括以下几个方面。

（一）对人的适用范围

根据《仲裁法》第2条的规定，《仲裁法》具有广泛的对人适用范围。无论是中国公民、法人和其他组织，还是外国公民、无国籍人、外国企业和其他组织，都可以在中国的仲裁机构进行仲裁活动。

《仲裁法》第2条还要求争议发生于平等主体之间。该条规定看似要求仲裁协议的当事人具有同等的议价能力，且排除私人与政府之间的所有争议。实际上，只要争议不属于行政管理纠纷且当事人之间的法律关系未超出平等民事主体的权利义务范围，就具有可仲裁性，即涉及行政主体的争议并不必然不可提交仲裁。但是实践中，我国内地较少愿意通过仲裁解决政府采购合同争议或政府投资项目建设工程合同争议。我国香港特区的做法则有所不同。在香港，绝大部分的建设工程合同都约定了多层次争议条款，即“协商—调解—仲裁”，无论是否涉及政府。

（二）对事的适用范围

对事的适用范围，是指仲裁机构可以受理的争议事项的范围。根据《仲裁法》第2条的规定，提交仲裁解决的纠纷限于合同纠纷和其他财产权益纠纷。其他财产权益纠纷不限于因财产所有权、使用权产生的纠纷，还包括财产损害赔偿纠纷以及因财产质量而引发的纠纷。例如，因财产侵权而引发的各类纠纷，包括海事侵权纠纷、著作权侵权纠纷、消费者权益侵权纠纷等均具有可仲裁性。消费者因产品缺陷而受伤的，可以依据《民法典》合同编要求对方承担违约责任，也可以依据《中华人民共和国消费者权益保护法》和《民法典》侵权责任编要求对方承担侵权责任，消费者基于违约责任或侵权责任而提出的请求均具有可仲裁性。但是需要注意的是，中国法不允许受害人就同一损害同时主张两种责任，消费者必须择一主张救济。

根据《仲裁法》第3条的规定，婚姻家庭类纠纷与依法应当由行政机关处理的行政争议不属于仲裁的范围。对于该条的详细解读如下：(1)婚姻、收养、监护、扶养、继承类纠纷虽然属于民事纠纷，亦或多或少涉及当事人的财产权益，但往往涉及一定的身份关系。在中国法下，身份关系不能由当事人自由处分，也就不能由当事人意思自治通过仲裁解决。(2)仲裁机构作为民间性的组织，无权代表国家对行政争议作出处理。依法应当由行政机关处理的行政争议，不能采用仲裁方式解决。

实践中对于两类涉及行政主体的有关纠纷是否具有可仲裁性存在较大的争议，一类是土地使用权出让合同纠纷，另一类是政府特许经营协议纠纷。

1. 关于土地使用权出让合同，早期最高院的相关司法解释和审判实践案例均认为，土地使用权出让合同的性质属于民事合同，因此具有可仲裁性。具体而言，一是《中华人民共和国城镇国有土地使用权出让和转让暂行条例》第11条规定：“土地使用权出让合同应当按照平等、自愿、有偿的原则，由市、县人民政府土地管理部门（以下简称出让方）与土地使用者签订。”二是最高院《关于审理涉及国有土地使用权合同纠纷案件适用法律问题的解释》第1条规定：“本解释所称的土地使用权出让合同，是指市、县人民政府土地管理部门作为出让方将国有土地使用权在一定年限内让与受让方，受让方支付土地使用权出让金的协议。”三是最高院2011年修订的《民事案件案由规定》亦将“建设用地使用权出让合同纠纷”确定为民事案由。基于上述内容，土地使用权出让合同适用的是民法的精神和规则。在早期的审判实务中，法院对土地使用权出让合同纠纷也是依据民事案件来审理。[①] 国内许多地方仲裁委员会也都受理土地使用权出让合同纠纷的案件。[②]

然而，2015 年生效的《行政诉讼法》第 12 条[③]以及最高院《行政诉讼法司法解释》第 11 条[④]都明确将行政协议纳入了行政诉讼的受案范围，其后的审判实践中，许多法院都依据前述条文将土地使用权出让合同认定为行政协议。例如，最高院 2016 年 12 月 28 日发布的指导案例 76 号萍乡市亚鹏房地产开发有限公司诉萍乡市国土资源局不履行行政协议案，法院认为：“……行政协议是行政机关为实现公共利益或者行政管理目标，在法定职责范围内与公民、法人或者其他组织协商订立的具有行政法上权利义务内容的协议，本案行政协议即是市国土局代表国家与亚鹏公司签订的国有土地使用权出让合同。”再如，(2016)最高法民终 822 号民事调解书认为：“建设用地使用权出让合同是出让方为实现社会公共利益或者行政管理目标，在法定职责范围内，与公民、法人或者其他组织协商订立的，具有行政法上权利义务内容的行政协议。”

各地法院也出现以土地使用权出让合同系行政协议为由，认定合同中的仲裁条款无效乃至撤销仲裁裁决的案例。例如，湖南省贵阳县人民法院(2019)湘 1021 行初 117 号判决认为：“被告资兴市自然资源局作为行政机关，与原告、第三人签订《国有建设用地使用权出让合同》，是为了合理开发、利用、经营土地，加强土地管理，实现其行政管理目的。该合同属于行政机关与行政相对人签订的行政协议，不是平等主体之间签订的合同。该合同第四十条约定因履行本合同发生争议，提交郴州仲裁委员会仲裁的方式解决，为无效约定。”

但是，在最高院 2019 年 8 月作出的一份民事裁定书[⑤]中，最高院又认为土地使用

---

① 例如，最高院(2003)民一终字第 82 号上诉人时间房地产建设集团有限公司与被上诉人玉环县国土资源局土地使用权出让合同纠纷案。

② 《哈尔滨仲裁委员会 2015 年案件情况分析》，载 http://www.harbin.org.cn/newsshow.php?cid=158cid=1435;《渝西仲裁院发挥仲裁优势化解土地出让合同纠纷成绩显著》，载 http://www.cqac.org.cn/Fast/dynamic/2016/0503/0244573.html，最后访问日期：2020 年 5 月 5 日。

③ 《行政诉讼法》(2014 年)第 12 条规定，“人民法院受理公民、法人或者其他组织提起的下列诉讼：……(十一)认为行政机关不依法履行、未按照约定履行或者违法变更、解除政府特许经营协议、土地房屋征收补偿协议等协议的……”

④ 《行政诉讼法司法解释》(2015 年)第 11 条规定，“行政机关为实现公共利益或者行政管理目标，在法定职责范围内，与公民、法人或者其他组织协商订立的具有行政法上权利义务内容的协议，属于行政诉讼法第十二条第一款第十一项规定的行政协议。公民、法人或者其他组织就下列行政协议提起行政诉讼的，人民法院应当依法受理：(一)政府特许经营协议……”

⑤ (2019)最高法民终 1376 号民事裁定书。

权出让合同是民事合同,理由有三:其一,土地使用权出让是国家作为土地所有权人将土地使用权在一定年限内出让给受让人,从而创设土地使用权物权的一种民事行为。《物权法》也已明确将建设用地使用权列为法定的用益物权。土地行政管理部门在土地使用权出让合同法律关系中,只是代表国家对土地所有权进行处分,并不是以土地管理者的身份出现。其二,国家在以土地所有权人身份从事土地使用权出让行为时,其法律地位是特殊的民事主体,与土地使用权受让人的法律地位完全平等,土地使用权出让合同的订立遵循的是平等、自愿、有偿的原则,合同内容是当事人真实内心意愿的表达。其三,《民事案由规定》已明确将"建设用地使用权出让合同纠纷"列为民事案由。

2019 年 12 月 10 日,最高院发布《行政协议案件规定》,重申行政协议中约定的仲裁条款无效,并在第 2 条对行政协议的范围进行了界定,但并未明确列举国有土地使用权出让合同。

2. 关于政府特许经营协议的可仲裁性问题,此前实务界也存在较大分歧。一种观点认为,政府特许经营协议是行政协议,依据该协议产生的纠纷属于行政争议,而行政争议无法通过仲裁的方式解决。理由在于《行政诉讼法》以及《行政诉讼法司法解释》中对此均明确规定政府特许经营协议属于行政协议。因此,由此产生的争议应通过行政诉讼解决。另一种观点认为,政府特许经营协议属于混合性质的协议,既包括行政权利义务关系,也包括民商事权利义务关系。因此,该协议的民商事约定部分可通过仲裁解决。在《行政诉讼法司法解释》新闻发布会上,最高院行政审判庭有关法官提出,《行政诉讼法司法解释》对行政协议问题的规定突出体现了"两分法",即对于履约问题可适用民事法律规范,对于行政机关单方解除变更协议问题适用行政法律规范。

此外,最高院立案庭曾在特定案件中就政府特许经营协议的混合性质进行分析。[①] 在该案中,最高院认为:从主体层面来看,在政府特许经营协议的履行过程中,双方主体重叠,在民事合同关系中的双方当事人,是相关行政法律关系中的行政主体和行政相对人;从具体争议性质来看,该案影响回购发生及方式的行政行为,与回购过程中就回购依据产生的争议分属不同的法律关系、相互独立;而判断合同性质时应结合争议的具体内容及所针对的行为性质认定。基于上述,最高院最终认定该案争议属于民事争议,不属于行政诉讼的受案范围。

在某省政府与某投资公司申请确认仲裁协议效力案中,申请人某省政府请求法院确认省政府下属的交通厅与投资公司签订的政府特许经营协议中的仲裁条款对省

---

① (2014)民二终字第 40 号民事裁定书。

政府和项目公司无效且无约束力,法院最后认定案涉仲裁条款对省政府不具约束力,对项目公司具有约束力,并未否定该仲裁条款的效力,即认可该政府特许经营协议具有可仲裁性。

最高院《行政协议案件规定》明确将政府特许经营协议列为行政协议。据此,政府特许经营协议纠纷将不可提交仲裁。

3.《仲裁法》第 77 条规定劳动争议和农业集体经济组织内部的农业承包合同纠纷的仲裁,不能适用《仲裁法》的规定,而应当适用其他另行制定的规则。

4. 关于垄断纠纷的可仲裁性。2019 年 8 月,最高院首次作出表态,裁定垄断纠纷在中国不可仲裁。① 原因在于:反垄断法具有明显的公法性质,是否构成垄断的认定超出了合同相对人之间的权利义务关系,不属于《仲裁法》规定的可仲裁范围。需要注意的是,北京高院于 2019 年 6 月在某案件中曾认定垄断纠纷具有可仲裁性。最高院随后的表态具有指导意义,将对中国的反垄断司法实践产生影响。

(三)时间上的适用范围

《仲裁法》在时间上的适用范围,是指《仲裁法》发生法律效力的期间,即从何时开始发生法律效力以及是否具有溯及力。首先,根据《仲裁法》第 80 条的规定,《仲裁法》自 1995 年 9 月 1 日起施行。其次,关于《仲裁法》的溯及力问题。《实施仲裁法几个问题的通知》第 1 条第 1 款规定:"《仲裁法》施行前当事人依法订立的仲裁协议继续有效,有关当事人向人民法院起诉的,人民法院不予受理,应当告知其向依照《仲裁法》组建的仲裁机构申请仲裁。"据此,《仲裁法》同样适用于 1995 年 9 月 1 日之前订立的仲裁协议以及据此提起的仲裁。

二、《仲裁法》的基本原则

仲裁的基本原则,是指在仲裁活动的全过程中起着指导和决定作用的根本原则,是仲裁机构、仲裁员和仲裁当事人进行仲裁活动所必须遵守的基本行为准则。它集中体现了仲裁法的本质,是整个仲裁法的基石。根据《仲裁法》的条文规定,《仲裁法》的基本原则可归纳为:自愿仲裁原则、依据事实和法律仲裁原则以及独立仲裁原则。

(一)自愿仲裁原则

自愿仲裁原则是仲裁制度中最基本的原则,贯穿于仲裁程序始终。其法律依据

---

① 参见(2019)最高法知民辖终 47 号民事裁定书。

包括《仲裁法》第4条"当事人采用仲裁方式解决纠纷,应当双方自愿,达成仲裁协议。没有仲裁协议,一方申请仲裁的,仲裁委员会不予受理"之规定,以及第6条第1款"仲裁委员会应当由当事人协议选定"之规定。

自愿仲裁原则的含义是:首先,采用仲裁方式解决纠纷,必须当事人双方自愿地选择仲裁,达成仲裁协议。没有仲裁协议,一方申请仲裁的,仲裁委员会不予受理。其次,向哪个仲裁委员会申请仲裁,由当事人双方协商选定,仲裁庭的组成形式和仲裁员,也由当事人双方自主选择。再次,在仲裁审理活动中,当事人可以就是否和解或调解进行协商。最后,当事人还可以协商仲裁的庭审方式和是否公开审理。

综上,自愿仲裁原则赋予仲裁当事人解决纠纷极大的自由,指引着仲裁活动朝着有利于更好地解决纠纷的方向发展。

(二)依据事实和法律仲裁原则

"以事实为依据、以法律为准绳"是中国司法活动的基本原则。这一原则对于仲裁这种准司法活动也同样适用。《仲裁法》第7条规定:"仲裁应当根据事实,符合法律规定,公平合理地解决纠纷。"据此,仲裁员审理案件应当以法律和事实为根据,而不能枉法裁决、主观臆断。

仲裁员枉法裁决的后果包括:首先,仲裁裁决可能会因此被撤销或不予执行。《仲裁法》第58条规定:"当事人提出证据证明裁决有下列情形之一的,可以向仲裁委员会所在地的中级人民法院申请撤销裁决:……(六)仲裁员在仲裁该案时有索贿受贿、徇私舞弊、枉法裁决行为的……"其次,枉法裁决的仲裁员个人也应当依法承担法律责任。《仲裁法》第38条规定:"仲裁员有本法第三十四条第四项规定的情形,情节严重的,或者有本法第五十八条第六项规定的情形的,应当依法承担法律责任,仲裁委员会应当将其除名。"《中华人民共和国刑法》第399条之一规定:"依法承担仲裁职责的人员,在仲裁活动中故意违背事实和法律作枉法裁决,情节严重的,处三年以下有期徒刑或者拘役;情节特别严重的,处三年以上七年以下有期徒刑。"

(三)独立仲裁原则

《仲裁法》第8条规定:"仲裁依法独立进行,不受行政机关、社会团体和个人的干涉。"《仲裁法》第14条规定:"仲裁委员会独立于行政机关,与行政机关没有隶属关系。仲裁委员会之间也没有隶属关系。"仲裁机构不应隶属于任何行政机关,具有相对的独立性。仲裁庭依法独立行使仲裁权,任何行政机关、社会团体和个人都不得干预,但需受法院的监督。

整体而言,中国的仲裁机构在独立性方面有诸多不如意,还有很长的路要走。仲裁机构独立性不足必然影响仲裁的公正性,也必然影响仲裁机构的业务发展。

三、《仲裁法》的基本制度

仲裁基本制度,是指在仲裁程序的重要环节或主要问题上起基础作用的重要行为规范和操作规程。不同于基本原则,基本制度比较具体明确,通常在仲裁的某些阶段起作用,具有较强的针对性和实用性。中国《仲裁法》确定的基本制度主要有:或裁或审制度、机构仲裁制度、开庭和不公开仲裁制度、回避制度和一裁终局制度。

(一)或裁或审制度

或裁或审制度是指当事人只能选择仲裁或诉讼之一种方式解决纠纷。《仲裁法》第 5 条规定:"当事人达成仲裁协议,一方向人民法院起诉的,人民法院不予受理,但仲裁协议无效的除外。"当事人之间达成仲裁协议的,只能将纠纷提交仲裁机构进行仲裁,人民法院不予受理。若当事人之间未达成仲裁协议,当事人向仲裁机构申请仲裁的,仲裁机构不能受理,只能向人民法院提起诉讼。《仲裁法》第 26 条进一步规定:"当事人达成仲裁协议,一方向人民法院起诉未声明有仲裁协议,人民法院受理后,另一方在首次开庭前提交仲裁协议的,人民法院应当驳回起诉,但仲裁协议无效的除外;另一方在首次开庭前未对人民法院受理该案提出异议的,视为放弃仲裁协议,人民法院应当继续审理。"

或裁或审制度还体现在,允许当事人既可选择仲裁也可选择诉讼解决纠纷的仲裁协议无效。《仲裁法司法解释》第 7 条规定:"当事人约定争议可以向仲裁机构申请仲裁也可以向人民法院起诉的,仲裁协议无效。但一方向仲裁机构申请仲裁,另一方未在仲裁法第二十条第二款规定期间内提出异议的除外。"

(二)机构仲裁制度

机构仲裁是指由常设仲裁机构进行的仲裁。常设仲裁机构是指固定的、专门从事以仲裁方式解决争议的组织。它制定有自己的组织章程和仲裁规则,设立有自己的办事机构和行政管理制度。常设仲裁机构一般都有仲裁员名单。常设仲裁机构的作用主要是从事有关仲裁方面的行政管理和组织工作,为双方当事人和仲裁庭提供便利条件,如依照有关规定代为指定仲裁员、递送文件和证据材料、为仲裁庭开庭安排秘书、提供场地设施设备、收取仲裁费用等。通过机构仲裁方式处理国际商事争议是比较普遍的做法。

临时仲裁是指不通过常设仲裁机构的协助,直接由双方当事人指定的仲裁员自行组成仲裁庭进行的仲裁。临时仲裁庭处理完争议案件即自动解散。在临时仲裁中,仲裁程序的每一环节都由双方当事人控制。仲裁员的指定方法及其管辖范围或权力,仲裁地点和仲裁程序都由双方当事人决定。临时仲裁的一个显著特点在于它的形式有很大的灵活性,符合当事人的意愿和特定争议的实际情况。临时仲裁的主要不足就是它的有效进行将取决于双方当事人的合作。如果当事人在程序问题上不能达成一致意见,很容易使仲裁拖延误时。如果一开始双方当事人就不能合作,仲裁庭将无法设立,也无现成的仲裁规则可以处理这种情况。这时除非可以根据仲裁地法,寻求仲裁地法院的补救或帮助,否则仲裁将陷入僵局。[①]

《仲裁法》第 16 条规定了有效仲裁协议的三个要素:请求仲裁的意思表示、仲裁事项和选定仲裁委员会。前述规定实际上否定了中国内地进行临时仲裁的合法性,即只能进行机构仲裁。如果一份仲裁协议约定在中国内地通过临时仲裁的方式解决争议,依据《仲裁法》,该仲裁协议是无效的。基于临时仲裁协议而在中国内地进行的仲裁也属于违反法定程序的仲裁,其仲裁裁决也是无效的。

不过,涉外仲裁协议可以约定在境外临时仲裁,中国内地(大陆)法院亦认可我国香港特区、澳门特区、台湾地区及《纽约公约》缔约国的临时仲裁。

此外,最高院《自贸区司法保障意见》规定:“在自贸试验区内注册的企业相互之间约定在内地特定地点、按照特定仲裁规则、由特定人员对有关争议进行仲裁的,可以认定该仲裁协议有效。”此处所指“三特定”的仲裁案件即仲裁地为内地的临时仲裁案件。

(三)开庭和不公开仲裁制度

《仲裁法》第 39 条规定:“仲裁应当开庭进行。当事人协议不开庭的,仲裁庭可以根据仲裁申请书、答辩书以及其他材料作出裁决。”第 40 条规定:“仲裁不公开进行。当事人协议公开的,可以公开进行,但涉及国家秘密的除外。”根据这两条规定,中国仲裁实行开庭和不公开仲裁制度。

开庭仲裁是指双方当事人或代理人参加庭审,仲裁庭依照法律规定的程序,查清案件事实,对案件作出裁决的仲裁活动。开庭仲裁意在赋予当事人合理机会向仲裁庭陈述己方意见。不公开仲裁是指整个仲裁活动不对外公开,包括仲裁裁决不能向社会公布。不公开仲裁制度是仲裁与诉讼的一大区别,被视为是仲裁活动的一项优势,体现了商业活动保密要求。如果当事人协议不开庭或公开仲裁的,则从其约定,这也体现了自愿仲裁的根本原则。如果仲裁案件涉及国家秘密,则一律不公开仲裁。

---

① 参见韩德培主编:《国际私法新论》,武汉大学出版社 1997 年版,第 706 ~ 707 页。

（四）回避制度

仲裁的回避制度，是指如果存在法定的回避理由，使当事人对仲裁员的公正性或独立性产生合理怀疑，该仲裁员不得参与仲裁。

1. 回避的法定理由

《仲裁法》第 34 条规定："仲裁员有下列情形之一的，必须回避，当事人也有权提出回避申请：（一）是本案当事人或者当事人、代理人的近亲属；（二）与本案有利害关系；（三）与本案当事人、代理人有其他关系，可能影响公正仲裁的；（四）私自会见当事人、代理人，或者接受当事人、代理人的请客送礼的。"

2. 回避的种类

回避的种类包括仲裁员自行回避和当事人申请回避。当事人应当在首次开庭前，通过书面形式或口头形式提出回避申请，并说明理由。如果回避事项是在首次开庭之后才知道的，则可以在最后一次开庭终结前提出。

仲裁员是否回避，由仲裁委员会主任决定；仲裁委员会主任担任仲裁员时，由仲裁委员会集体决定。仲裁员因回避或者其他原因不能履行职责的，应当依照《仲裁法》规定重新选定或者指定仲裁员。

以上为对回避制度的简要介绍，详细内容可见本书第十七章"仲裁庭"第三节"仲裁员的回避"。

（五）一裁终局制度

一裁终局制度，是指案件一经仲裁庭作出裁决，该裁决即发生法律效力，任何一方都不能就同一纠纷再向人民法院起诉，或者再向仲裁机构申请仲裁。这一制度的法律依据包括：

《仲裁法》第 9 条第 1 款规定："仲裁实行一裁终局的制度。裁决作出后，当事人就同一纠纷再申请仲裁或者向人民法院起诉的，仲裁委员会或者人民法院不予受理。"

《仲裁法》第 57 条规定："裁决书自作出之日起发生法律效力。"

《仲裁法》第 62 条规定："当事人应当履行裁决。一方当事人不履行的，另一方当事人可以依照民事诉讼法的有关规定向人民法院申请执行。受申请的人民法院应当执行。"

但是，一裁终局制度不排除法院对生效裁决的司法审查权力。《仲裁法》第 9 条第 2 款规定："裁决被人民法院依法裁定撤销或者不予执行的，当事人就该纠纷可以根据双方重新达成的仲裁协议申请仲裁，也可以向人民法院起诉。"据此，如果裁决被人民法院裁定撤销或不予执行的,原仲裁协议不再约束当事人。除非当事人重新达成新的仲裁协议并申请仲裁,否则当事人只能向法院起诉。这一规定与很多其他法域的做法不同,国际上通常的做法是,除非仲裁裁决因仲裁协议不存在、无效被撤销或者当事人另有约定外,裁决被撤销后原仲裁协议仍然有效。值得注意的是,《仲裁法》明确规定如果法院认为重新仲裁比撤销仲裁裁决更为适宜的,可通知仲裁庭重新仲裁,此种情况下原仲裁协议仍然有效。[①]

深国仲 2019 年的仲裁规则在中国内地首次引入了选择性复裁程序。《深国仲规则 2019》第 68 条规定:"(一)在仲裁地法律不禁止的前提下,当事人约定任何一方就仲裁庭依照本规则第八章作出的裁决可以向仲裁院提请复裁的,从其约定。适用本规则快速程序的案件,不适用本条规定的选择性复裁程序……"

但是,选择性复裁程序在中国《仲裁法》规定的一裁终局制度下缺乏依据,因此在中国内地法律制度下应无适用空间。只有在当事人选择的仲裁程序法允许时,选择性复裁程序才有适用的余地。迄今为止,允许对仲裁裁决提起上诉的国家或地区主要包括美国、法国、英国、新加坡、中国香港特区。例如,中国香港特区《仲裁条例》第 73 条规定了当事人对裁决提出质疑的权利,其附表二第 5 条还明确当事人可就裁决中的法律问题向法院提起上诉,法院可决定将裁决发还仲裁庭重新考虑。根据深国仲发布的示范仲裁条款,当事人可在仲裁协议中约定,仲裁地为某一允许对仲裁裁决提起上诉的国家或地区,从而使选择性复裁制度得以适用。

四、《仲裁法》的修订

本书在第一章已经谈到,1994 年《仲裁法》的颁布实施对中国仲裁事业的长足发展起到了巨大的推动作用,并以仲裁机构数量、案件受理量和案件标的额为例做了具体的说明。

《仲裁法》对中国现代仲裁制度的建立、发展和完善作出巨大贡献,此为不争之事实。但是,由于中国整体社会经济生活的日新月异和法制建设的不断完善,《仲裁法》中的许多条文已经逐渐显现出无法满足仲裁实践需要的不足,例如:(1)现行《仲裁法》对当事人意思自治原则的重要性认识不足,对仲裁范围规定过窄,对仲裁协议的要件规定过高,对当事人选择仲裁员的范围规定过严。(2)仲裁程序缺乏应有的灵活性,有诉讼化倾向。比如,第 45 条规定证据应当在开庭时出示,当事人可以质证。若

---

① 《仲裁法》第 61 条规定:"人民法院受理撤销裁决的申请后,认为可以由仲裁庭重新仲裁的,通知仲裁庭在一定期限内重新仲裁,并裁定中止撤销程序。仲裁庭拒绝重新仲裁的,人民法院应当裁定恢复撤销程序。"

按字面含义理解，该条规定排除了书面审理适用的可能性。(3)没有直接赋予仲裁庭决定仲裁协议的效力及对仲裁管辖权问题作出决定的权力。(4)仲裁委员会依然带有一定的行政色彩，没有清除政府部门与仲裁机构之间千丝万缕的联系。比如，尽管《仲裁法》明确说明仲裁委员会具有独立性，但第10条却规定仲裁委员会由地方政府组织有关部门和商会统一组建。仲裁机构在人事安排、预算与支出甚至人员因公出国时间等问题上都需政府审批。(5)法院对仲裁的司法监督和支持不完善[①]等不足。

可见，现行《仲裁法》与现代仲裁制度理念和实践确实存在相当的差距和不足。最高院迄今已经发布了30多个关于仲裁的司法解释及答复，特别是2006年颁布的《仲裁法司法解释》。这些实际上都是在一定程度上对现行的《仲裁法》进行查缺补漏，但这并不能从根本上解决中国《仲裁法》存在的问题。

2006年召开的全国仲裁工作年会会议的主题是：始终坚持发展为第一要务，全力推进仲裁的二次创业。会上，国务院法制办公室就全国仲裁工作所作的部署要求，认真做好《仲裁法》的修改和仲裁制度的改革工作，修改《仲裁法》和改革仲裁制度可以有超前意识，但要适当；要把解决问题作为出发点和落脚点，着力解决"瓶颈"问题；可以借鉴外国的经验，但最终还要立足中国的国情。

此后，《仲裁法》大体上并没有做出改动，仅仅是做出细微的修改。2009年《仲裁法》主要是对第63条、第70条与第71条中涉及《民事诉讼法》条文序号的修改；2017年《仲裁法》主要是对于担任仲裁员条件的表述进行了修改，将"（一）从事仲裁工作满八年的""（三）曾任审判员满八年的"两项修改为"（一）通过国家统一法律职业资格考试取得法律职业资格，从事仲裁工作满八年的""（三）曾任法官满八年的"。

在全国人大2018年公布的立法规划中，《仲裁法》被列在第二类"需要抓紧工作、条件成熟时提请审议的法律草案"中。近年来，立法部门、仲裁实务部门、法学界对仲裁法的修订和完善也展开了比较广泛和热烈的讨论。目前，综合各方面意见，关于修改《仲裁法》的建议主要集中在以下几个方面：(1)强化仲裁委员会的民间性质；(2)明确临时仲裁的法律地位；(3)放宽对仲裁协议要件的规定；(4)法院对仲裁裁决的司法监督。

（一）强化仲裁委员会的民间性质

中国《仲裁法》未对仲裁委员会的性质作出明确规定。仲裁法学界对此有两种观点：一种观点认为仲裁委员会是特殊的事业单位法人，另一种观点认为仲裁委员会是

---

① 参见马占军：《1994年中国〈仲裁法〉修改及论证》，载《仲裁研究》2006年第2期；宋连斌：《理念走向规则：仲裁法修订应注意的几个问题》，载《北京仲裁》2004年第2期。

社会团体法人。两种观点实际上是分别从实然和应然的角度来界定仲裁机构的性质。虽然对此有一定的争议,但是各方都认为仲裁机构的属性应是民间性的,需要逐步淡化直至清除其行政和官方色彩。因此,在《仲裁法》的修订中,大多数人呼吁应该将仲裁委员会明确定位为民间性的社团法人,以加快中国仲裁机构的进一步转型。

(二)明确临时仲裁的法律地位

如前所述,中国《仲裁法》只规定了机构仲裁,没有规定临时仲裁。中国加入的《纽约公约》中明确规定了两种仲裁,中国对于外国的临时仲裁也是承认其效力的。

关于在《仲裁法》的修订中要不要规定临时仲裁,仲裁法学界也有一定的争议。一种观点认为,需要增加临时仲裁的规定,这也是大多数国家的通行做法。该观点的支持者认为目前当事人和仲裁庭具备足够的经验来确保实现临时仲裁制度的特点和灵活性,并且实践表明临时仲裁在当今经济全球化的大趋势下具有极强的生命力和积极作用。另一种观点则认为,中国《仲裁法》不应当对临时仲裁进行规定。其中较具代表性的理由是,建立临时仲裁需要各方面的条件,如社会完善的信用机制、强制执行力、仲裁自身的信誉和水平等,而这些条件目前在中国还不是很成熟,因此在《仲裁法》中加入临时仲裁不应操之过急。

(三)放宽对仲裁协议要件的规定

《仲裁法》第 16 条第 2 款规定:“仲裁协议应当具有下列内容:(一)请求仲裁的意思表示;(二)仲裁事项;(三)选定的仲裁委员会。”第 18 条规定:“仲裁协议对仲裁事项或者仲裁委员会没有约定或者约定不明确的,当事人可以补充协议;达不成补充协议的,仲裁协议无效。”请求仲裁的意思表示、仲裁事项、选定的仲裁委员会是中国法下仲裁协议有效的三个实质要件。

对于《仲裁法》的这一规定,理论界和实务界诟病颇多。其中大多数人认为其与当事人意思自治这一仲裁的根本精神相违背。国际公约或外国法律大多规定只要仲裁协议表明了当事人将他们之间的争议提交仲裁解决的意思表示,该等仲裁协议即应有效。中国《仲裁法》对于“仲裁事项”和“选定的仲裁委员会”的规定过于严格,不利于仲裁的发展。

事实上,司法机关也意识到《仲裁法》的规定过于严苛,并试图予以缓和。《仲裁法司法解释》第 2 条规定:“当事人概括约定仲裁事项为合同争议的,基于合同成立、效力、变更、转让、履行、违约责任、解释、解除等产生的纠纷都可以认定为仲裁事项。”第 3 条规定:“仲裁协议约定的仲裁机构名称不准确,但能够确定具体的仲裁机构的,应当认定选定了仲裁机构。”第 4 条规定:“仲裁协议仅约定纠纷适用的仲裁规则的,视为未约定仲裁机构，但当事人达成补充协议或者按照约定的仲裁规则能够确定仲裁机构的除外。”这些规定实质上都放宽了《仲裁法》所规定的仲裁协议的有效要件。绝大多数仲裁从业人士认为在《仲裁法》的修订中，应该吸收此种精神，并进一步放宽关于仲裁协议的有效要件，不能轻易否定仲裁协议的有效性。

（四）规范法院对仲裁裁决的司法监督

各国仲裁法和相关国际公约均承认内国法院对仲裁裁决的司法审查权，中国亦不例外。《仲裁法》规定对仲裁裁决的司法监督包括撤销仲裁裁决与不予执行仲裁裁决，并对国内仲裁和涉外仲裁的司法监督作了不同规定，可谓“双重双轨制”。前述司法监督机制主要存在以下两个问题：一是对仲裁是否实行内外有别的双轨监督制度；二是如何协调仲裁裁决撤销和不予执行双重监督体制。

1. 根据《仲裁法》的规定，中国法院对涉外仲裁的监督只审查程序而不审查仲裁的实体问题，而对国内仲裁既审查程序问题又审查一定程度的实体问题，内外有别。对于对涉外仲裁的司法监督，仲裁界基本认为是符合国际惯例的。对国内仲裁的司法监督，多数意见认为不宜审查实体问题，应以涉外仲裁裁决的司法审查标准作为内外裁决统一的司法审查标准，理由如下：（1）仲裁的契约性质决定了确定审查范围应充分体现当事人的意思自治的原则，体现一裁终局的特点。随意扩大司法审查的范围，将实体问题纳入司法监督，仲裁权将形同虚设，并严重影响仲裁本身具有的便捷高效的优点。（2）统计发现，最近几年全国仲裁机构的裁决被司法机关撤销、不予执行的平均比例低于1%。[①] 这在一定程度上表明国内仲裁机构的办案质量经得起检验。（3）中国国内仲裁机构已经可以受理涉外仲裁案件，而贸仲等传统涉外仲裁机构也已经可以受理国内案件。这些都表明，根据目前中国仲裁发展的现状，完全可以按照涉外仲裁的审查标准，统一国内裁决和涉外裁决的司法审查范围。

2. 如何协调仲裁裁决撤销和不予执行双重监督体制也是一个问题。在当前中国法律制度下，无论是涉外仲裁还是国内仲裁，均存在申请撤销仲裁裁决与申请不予执行仲裁裁决双重救济途径，并且申请理由基本都是相同的。这对仲裁裁决执行的效率构成较大影响。

（五）仲裁过程中司法监督缺位的问题

目前中国《仲裁法》关于法院对仲裁的监督的规定属于事后监督，法院的监督程

---

① 参见王茜：《我国仲裁机构累计处理案件260万余件》，载http://www.xinhuanet.com/2019-03/28/c_1124297008.htm，最后访问日期：2020年4月22日。

序只能在裁决作出后启动。这导致仲裁过程中仲裁机构或者仲裁庭的违法、违规行为无法得到及时纠正。比如,仲裁委员会拒不按照法律规定转递财产保全文件、仲裁庭严重拖延仲裁程序而迟迟不作出仲裁裁决、仲裁员存在明显不尽职情况,等等。在仲裁法的修改过程中,需要增加仲裁过程中监督的机制设计。

相比之下,英国《1996 年仲裁法》则赋予了英国法院在仲裁过程中监督的权力。该项权力主要体现在英国《1996 年仲裁法》第 24 条关于法院撤换仲裁员的规定之中。其中第 24 条第 1 款规定了法院可以行使这项权力的四种情形:"基于下列理由,仲裁程序的一方当事人(经通知另一方当事人、当事仲裁员和其他仲裁员后)可申请法院撤换仲裁员:(a)存在当事人对该仲裁员的公正性产生具有正当理由的怀疑的事由;(b)该仲裁员不具备仲裁协议所要求的资格;(c)该仲裁员身体或心智上不能进行仲裁程序或对其进行仲裁程序的能力产生具有正当理由的怀疑;(d)该仲裁员拒绝或没有:(i)适当进行仲裁程序,或(ii)合理迅捷地进行仲裁程序或作出裁决。且已经或将对申请方产生实质性的不公正。"

对于上述(d)项的理解,需要同时参考英国《1996 年仲裁法》第 33 条的规定:"(1)仲裁庭应:(a)公平及公正地对待当事人,给予各方当事人合理的机会陈述案件并抗辩对方当事人的陈述,并(b)根据特定案件的具体情况采取合适的程序,避免不必要的延误或开支,以对待决事项提供公平的解决方式。(2)仲裁庭应在进行仲裁程序过程中、在其对程序和证据事项的决定中以及在行使授予它的所有其他权力时,都应遵守该一般义务。"

在 Benaim(UK) Ltd. v. Davies Middleton & Davies Ltd. (No. 2) [2005] EWHC 1370(TCC)中,法官认为:"尽管《1996 年仲裁法》未明确定义仲裁员何种行为属于'没有适当进行仲裁程序',但是一定包括仲裁员未能履行第 33 条规定之义务的情形。"此外,第 24 条第 1 款还要求"对申请方即将或已经造成实质性的不公正"。而对于具体何为实质性的不公正,英国《1996 年仲裁法》将这一问题留给法院依据具体案件具体确定。英国仲裁法咨询委员会(Departmental Advisory Committee on Arbitration Law)在《1996 年仲裁法》的报告中解释道:"这一条款并非允许法院通过判例的方式来告知仲裁庭应如何开展仲裁程序,而是在于通过法院来发现仲裁庭采取不公正程序的少数情形。"①

综上,《仲裁法》的修订是一项重大的系统工程,对此必须慎之又慎,综合各方面意见,吸收世界先进仲裁制度,同时结合中国实际通盘考虑,方可成功。

---

① Departmental Advisory Committee on Arbitration Law Report on the Arbitration Bill, p. 471, para. 106.

第二节 《仲裁法司法解释》

为正确处理涉及仲裁的案件,完善人民法院的仲裁司法审查工作,最高院于2005年12月26日通过了《仲裁法司法解释》,并于2006年8月23日发布,9月8日起施行。

《仲裁法司法解释》的主要内容包括仲裁协议的形式、仲裁协议效力的认定、仲裁协议独立性的补充、请求法院确认仲裁协议效力、审查涉外仲裁协议效力的法律适用、撤销仲裁裁决以及仲裁裁决的执行等内容。

一、关于仲裁协议的形式

《仲裁法》第16条要求仲裁协议必须采取书面形式。但是,对于书面形式的理解,在实务界和理论界容易引起分歧。因此,《仲裁法司法解释》第1条就对此作出了明确的规定:"仲裁法第十六条规定的'其他书面形式'的仲裁协议,包括以合同书、信件和数据电文(包括电报、电传、传真、电子数据交换和电子邮件)等形式达成的请求仲裁的协议。"

二、关于仲裁协议效力的认定

《仲裁法》第16条第2款规定有效的仲裁协议必须具备请求仲裁的意思表示、仲裁事项和选定的仲裁委员会。《仲裁法司法解释》对当事人是否在仲裁协议中约定了上述事项作出进一步阐释。

关于请求仲裁的意思表示,《仲裁法司法解释》第7条规定:"当事人约定争议可以向仲裁机构申请仲裁也可以向人民法院起诉的,仲裁协议无效。但一方向仲裁机构申请仲裁,另一方未在仲裁法第二十条第二款规定期间内提出异议的除外。"因此,或裁或审的约定应视为当事人没有请求仲裁的意思表示。

关于仲裁事项,《仲裁法司法解释》第2条规定:"当事人概括约定仲裁事项为合同争议的,基于合同成立、效力、变更、转让、履行、违约责任、解释、解除等产生的纠纷都可以认定为仲裁事项。"

关于选定的仲裁委员会,《仲裁法司法解释》第3~6条分规定了当事人约定的仲裁机构名称不准确、仅约定了仲裁规则、约定两个以上的仲裁机构、约定某地的仲裁机构的情形下,人民法院如何判断当事人是否约定了仲裁机构。

三、关于仲裁协议独立性的补充

《仲裁法》第19条第1款规定:"仲裁协议独立存在,合同的变更、解除、终止或者无效,不影响仲裁协议的效力。”但该法未就合同成立后未生效、合同成立后被撤销以及合同不存在情况下仲裁条款的独立性问题作出规定。对此,《仲裁法司法解释》第10条补充规定:“合同成立后未生效或者被撤销的,仲裁协议效力的认定适用仲裁法第十九条第一款的规定。当事人在订立合同时就争议达成仲裁协议的,合同未成立不影响仲裁协议的效力。”

四、关于请求法院确认仲裁协议效力

《仲裁法》第20条第1款规定:“当事人对仲裁协议的效力有异议的,可以请求仲裁委员会作出决定或者请求人民法院作出裁定。一方请求仲裁委员会作出决定,另一方请求人民法院作出裁定的,由人民法院裁定。”据此,当事人对仲裁协议效力有异议的,可以请求法院确认仲裁协议的效力。

《仲裁法司法解释》第12条明确了请求法院确认仲裁协议效力案件的管辖:“当事人向人民法院申请确认仲裁协议效力的案件,由仲裁协议约定的仲裁机构所在地的中级人民法院管辖;仲裁协议约定的仲裁机构不明确的,由仲裁协议签订地或者被申请人住所地的中级人民法院管辖。申请确认涉外仲裁协议效力的案件,由仲裁协议约定的仲裁机构所在地、仲裁协议签订地、申请人或者被申请人住所地的中级人民法院管辖。涉及海事海商纠纷仲裁协议效力的案件,由仲裁协议约定的仲裁机构所在地、仲裁协议签订地、申请人或者被申请人住所地的海事法院管辖;上述地点没有海事法院的,由就近的海事法院管辖。”

《仲裁法司法解释》第13条规定了法院不予受理确认仲裁协议效力案件的两种情形:“依照仲裁法第二十条第二款的规定,当事人在仲裁庭首次开庭前没有对仲裁协议的效力提出异议,而后向人民法院申请确认仲裁协议无效的,人民法院不予受理。仲裁机构对仲裁协议的效力作出决定后,当事人向人民法院申请确认仲裁协议效力或者申请撤销仲裁机构的决定的,人民法院不予受理。”

五、关于审查涉外仲裁协议效力的法律适用

《仲裁法司法解释》第16条对审查涉外仲裁协议的效力的适用法律进行了规定:首先,适用当事人约定的法律,以尊重当事人自治原则。其次,当事人未约定法律但选择了仲裁地的,适用仲裁地的法律。最后,如果当事人既未约定法律也未选择仲裁地的,应适用法院地法。

六、关于撤销仲裁裁决

首先,《仲裁法司法解释》明确撤销仲裁裁决案件的事由必须由法律规定。第17

条规定:“当事人以不属于仲裁法第五十八条或者民事诉讼法第二百六十条的规定的事由申请撤销仲裁裁决的,人民法院不予支持。”

其次,《仲裁法司法解释》明确区分了具备可分性的超裁裁决和不具备可分性的超裁裁决。依据第19条的规定,当事人以仲裁裁决事项超出仲裁协议范围为由申请撤销仲裁裁决,审查属实的,人民法院应当撤销仲裁裁决中的超裁部分。但超裁部分与其他裁决事项不可分的,人民法院应当撤销仲裁裁决。

再次,《仲裁法司法解释》明确了《仲裁法》第58条“违反法定程序”的含义,即“违反仲裁法规定的仲裁程序和当事人选择的仲裁规则可能影响案件正确裁决的情形”。

最后,《仲裁法司法解释》第21条明确了在何种情形下人民法院可以通知仲裁庭重新仲裁,即“仲裁裁决所根据的证据是伪造的或对方当事人隐瞒了足以影响公正裁决的证据的”。

七、关于仲裁裁决的执行问题

《仲裁法司法解释》明确了当事人申请执行仲裁裁决的管辖法院。第29条规定:“当事人申请执行仲裁裁决案件,由被执行人住所地或者被执行的财产所在地的中级人民法院管辖。”

八、关于撤销与不予执行仲裁裁决的程序衔接及限制

《仲裁法司法解释》第26条规定:“当事人向人民法院申请撤销仲裁裁决被驳回后,又在执行程序中以相同理由提出不予执行抗辩的,人民法院不予支持。”

第三节　其他重要司法解释

一、《仲裁司法审查规定》

2017年12月26日,最高院发布了《仲裁司法审查规定》,并于2018年1月1日起实施。这是最高院首次对仲裁司法审查作出体系性的规定。《仲裁司法审查规定》结合了各地法院在审理仲裁司法审查案件中面临的问题,对于司法审查案件的类型、管辖权、应当提交的文件材料、受理与审理程序、仲裁协议效力的准据法、裁定的效力等问题作出了统一性的规定。

根据《仲裁司法审查规定》第1条的规定,仲裁司法审查案件包括以下几类:申请确认仲裁协议效力案件、申请执行我国内地仲裁机构的仲裁裁决案件、申请撤销我国

内地仲裁机构的仲裁裁决案件、申请认可和执行港澳台地区裁决案件、申请承认和执行外国仲裁裁决案件以及其他仲裁司法审查案件。

关于案件管辖,《仲裁司法审查规定》第 2 条不再区分国内案件和涉外案件,规定申请确认仲裁协议效力的案件,由仲裁协议约定的仲裁机构所在地、仲裁协议签订地、申请人住所地、被申请人住所地的中级人民法院或者专门法院管辖。

为充分保护当事人的合法权益,《仲裁司法审查规定》第 3 条规定,外国仲裁裁决与人民法院或者中国内地仲裁机构审理的案件存在关联,被申请人住所地、财产所在地均不在中国内地,申请人申请承认外国仲裁裁决的,由受理关联案件的人民法院或者仲裁机构所在地的中级人民法院管辖。

最高院《法律适用法司法解释》第 1 条对于如何判断一项民事关系是否具有涉外因素作出了明确规定。据此,《仲裁司法审查规定》对于判断涉外仲裁协议和涉外仲裁裁决的标准也作出规定,即具有《法律适用法司法解释》第 1 条规定情形的仲裁协议和仲裁裁决为涉外仲裁协议和涉外仲裁裁决。

基于《仲裁法》第 19 条所确定的仲裁协议独立性原则,中国法院在多年司法实践中一直掌握的原则是,当事人如果约定仲裁协议适用的法律,必须作出明确的意思表示,其约定的合同适用的法律,不能当然视为确认合同中仲裁条款(协议)效力的法律。《仲裁司法审查规定》第 13 条对该问题予以明确。

《法律适用法》第 18 条规定:"当事人可以协议选择仲裁协议适用的法律。当事人没有选择的,适用仲裁机构所在地法律或者仲裁地法律。"从支持仲裁的原则出发,《仲裁司法审查规定》第 14 条规定,适用仲裁机构所在地的法律与适用仲裁地的法律将对仲裁协议的效力作出不同认定的,应当适用确认仲裁协议有效的法律作为准据法,最大限度地支持当事人通过仲裁的方式解决纠纷。另外,司法实践中,有的当事人签订的仲裁协议中没有明确约定仲裁机构和仲裁地。《仲裁司法审查规定》第 15 条规定,根据当事人约定的仲裁规则可以确定仲裁机构或者仲裁地的,应认定为《法律适用法》第 18 条中所指的仲裁机构和仲裁地,并据此确定人民法院审查案件应当适用的法律。

对于仲裁司法审查案件中人民法院所作裁定何时生效,是否允许上诉、复议、申请再审等问题,此前的一些司法解释虽然有所涉及,但尚缺乏系统性、全面性。《仲裁司法审查规定》第 20 条对该问题予以明确,即除不予受理、驳回申请、管辖权异议三类裁定外,人民法院在审查仲裁司法审查案件中作出的裁定,一经送达即发生法律效力,均不允许当事人申请复议、上诉或者申请再审。

二、《仲裁裁决执行规定》

2018年2月22日，最高院发布了《仲裁裁决执行规定》，并于2018年3月1日起施行。《仲裁裁决执行规定》主要从以下五个方面作了规定。

一是适用范围。根据《仲裁裁决执行规定》第1条的规定，中国仲裁机构依据《仲裁法》作出的仲裁裁决或者仲裁调解书（包括涉外仲裁）的执行适用本规定。这也就意味着我国港澳台地区及外国仲裁裁决的执行不适用本规定。

二是适当调整仲裁裁决执行实施案件的管辖。根据《仲裁裁决执行规定》第2条第2款的规定，符合下列条件的，经上级人民法院批准，中级人民法院可以指定基层人民法院管辖仲裁裁决执行案件：（1）执行标的额符合基层人民法院一审民商事案件级别管辖受理范围；（2）被执行人住所地或者被执行的财产所在地在被指定的基层人民法院辖区内。但第3款同时明确规定，被执行人、案外人对仲裁裁决执行案件申请不予执行的，负责执行的中级人民法院应当另行立案审查处理；执行案件已指定基层人民法院管辖的，应当于收到不予执行申请后3日内移送原执行法院另行立案审查处理。

三是规定了属于仲裁裁决执行内容不明确不具体的情形，并针对不同情形规定了不同的处理方法。《仲裁裁决执行规定》第3条规定："仲裁裁决或者仲裁调解书执行内容具有下列情形之一导致无法执行的，人民法院可以裁定驳回执行申请；导致部分无法执行的，可以裁定驳回该部分的执行申请；导致部分无法执行且该部分与其他部分不可分的，可以裁定驳回执行申请。（一）权利义务主体不明确；（二）金钱给付具体数额不明确或者计算方法不明确导致无法计算出具体数额；（三）交付的特定物不明确或者无法确定；（四）行为履行的标准、对象、范围不明确；仲裁裁决或者仲裁调解书仅确定继续履行合同，但对继续履行的权利义务，以及履行的方式、期限等具体内容不明确，导致无法执行的，依照前款规定处理。"第4条规定："对仲裁裁决主文或者仲裁调解书中的文字、计算错误以及仲裁庭已经认定但在裁决主文中遗漏的事项，可以补正或说明的，人民法院应当书面告知仲裁庭补正或说明，或者向仲裁机构调阅仲裁案卷查明。仲裁庭不补正也不说明，且人民法院调阅仲裁案卷后执行内容仍然不明确具体无法执行的，可以裁定驳回执行申请。"

四是多措并举遏制对不予执行程序的滥用，防范规避执行行为。主要有：（1）首次限定申请不予执行的期限。即一般情况下，被执行人只能在收到执行通知书后15日内提出申请。（2）明确不予执行申请的一次性提出原则。即对同一仲裁裁决存在多个申请不予执行事由的，应当一并提出；否则，被驳回后再次提出申请的，法院将不予审查。（3）统一不予执行案件的审查标准。人民法院对不予执行仲裁裁决申请的审查依据仅有《民事诉讼法》第237条第2款所列的六项规定。其中,需人民法院审查认定的标准过于原则和笼统,实践中容易引起理解适用尺度不一,导致同案不同执或者扩大适用的情况发生。《仲裁裁决执行规定》第13条至第17条对这些原则性标准作了限定性规定,明确无权仲裁、违反法定程序、伪造证据、隐瞒证据的审查认定标准,对一些明显违背诚实信用原则而申请不予执行仲裁裁决的情形,明确不应予以支持的司法态度。(4)不予执行申请的审查后规定了不同的救济程序。在被执行人申请不予执行的一般情形下,对不予执行、驳回不予执行申请、不予受理不予执行申请,当事人都不能再提出执行异议或申请复议予以救济。人民法院裁定不予执行的,当事人可以根据双方达成的书面仲裁协议重新申请仲裁,也可以向人民法院起诉。人民法院裁定驳回或者不予受理不予执行申请的,仲裁裁决依法应继续执行。(5)做好撤销仲裁裁决与不予执行仲裁裁决两套程序的衔接。具体包括以下规则:①在撤销或不予执行仲裁裁决审查中,当事人的申请被驳回后,其又以相同事由启动另一救济程序的,法院不予支持。②当两个救济程序同时启动时,应以撤销仲裁的诉讼审查程序优先,此时受理不予执行申请的法院应当裁定中止不予执行的审查。撤销仲裁裁决审查后,如仲裁裁决被撤销或者决定重新仲裁的,执行法院的执行程序应当裁定终结,对不予执行申请的审查程序亦应终结;如驳回撤销仲裁裁决申请,应当恢复对不予执行申请的审查。③如果被执行人同时启动了两个审查程序,又撤回撤销仲裁裁决申请的,应视为其一并撤回了不予执行仲裁裁决的申请,应终止对其提出的不予执行申请的审查。

五是创设案外人申请不予执行制度,防范虚假仲裁。根据《仲裁裁决执行规定》第9条的规定,案外人申请不予执行的,应符合以下三个条件:(1)有证据证明恶意仲裁或虚假仲裁损害其合法权益;(2)案外人主张的合法权益所涉及的执行标的尚未执行终结;(3)自案外人知道或者应当知道人民法院对该标的采取执行措施之日起30日内提出。

三、中国内地(大陆)与香港、澳门、台湾地区仲裁事宜的安排

2000年1月24日,最高院发布了《内地与香港相互执行仲裁裁决的安排》,规定了内地或者香港地区作出的仲裁裁决,可以向被申请人住所地或者财产所在地的法院申请执行。

2007年12月12日,最高院发布了《内地与澳门相互认可和执行仲裁裁决的安排》,规定了内地法院和澳门地区法院可以相互认可和执行仲裁裁决。该安排还规定,法院在受理认可和执行仲裁裁决申请之前或之后,可以依当事人的申请对被申请人的财产采取保全措施。

2015 年 6 月 28 日，最高院发布了《认可和执行台湾地区仲裁裁决的规定》，规定中国台湾地区仲裁裁决的当事人可以向人民法院申请认可和执行。中国台湾地区的仲裁裁决包括了常设仲裁机构和临时仲裁庭所作出的裁决，同时也包括仲裁判断、仲裁和解和仲裁调解。该规定明确，人民法院受理认可台湾地区仲裁裁决的申请之前或者之后，可以按照《民事诉讼法》及相关司法解释的规定，根据申请人的申请，裁定采取保全措施。

2019 年 9 月 26 日，最高院发布了《内地与香港仲裁保全的安排》，规定了香港仲裁程序当事人可以在仲裁裁决作出前向内地法院申请保全；内地仲裁机构管理的仲裁程序的当事人，也可以在仲裁裁决作出前向香港高等法院申请保全。

第四节 《纽约公约》

1958 年 6 月 10 日，联合国经济及社会理事会召集的国际商事仲裁会议在美国纽约召开。会议通过了旨在促进仲裁裁决的国际执行的《纽约公约》。公约于 1959 年 6 月 7 日生效，截至 2020 年 2 月 1 日，公约共有 161 个缔约国。[①]

《纽约公约》的两大宗旨是承认和执行仲裁协议与承认和执行外国仲裁裁决。[②]第一，缔约国应当承认仲裁协议的效力。如果缔约国的法院受理一个案件，而就该案件所涉及的事项，当事人已经达成公约所指的仲裁协议时，除非法院查明该项协议无效、未生效或不能实行，应依一方当事人的请求，令当事人将案件提交仲裁。第二，缔约国应承认外国仲裁裁决具有约束力，依照执行地的程序规则予以执行仲裁裁决。在承认或执行其他缔约国的仲裁裁决时，不应在实质上比承认或执行本国的仲裁裁决规定更烦琐的条件或更高的费用。

《纽约公约》对促进仲裁裁决在国际范围内的执行起到了巨大作用，并进而推动仲裁这一争议解决方式在国际商事争议解决中的优先适用。前述功能主要是通过以下几方面的条文设计实现的：[③]第一，确认仲裁裁决的约束力；第二，废除“双重许可”(double exequatur)要求，当事人可直接向执行地法院申请执行仲裁裁决，无须事先经裁决作出地法院许可；第三，穷尽性地列举了法院可以拒绝承认和执行仲裁裁决的事由；第四，由被申请执行人承担证明存在不应承认和执行仲裁裁决的事由的举证责

---

① 《承认和执行外国仲裁裁决公约》，载 https://treaties.un.org/pages/ViewDetails.aspx? src = TREATY&mtdsg_no = XXII - 1&chapter = 22&lang = en，最后访问日期：2020 年 2 月 1 日。

② See Marike R. P. Paulsson, *The* 1958 *New York Convention in Action*, Kluwer Law International 2016, p. 1.

③ Ibid., pp. 9 - 21.

任;第五,允许当事人选择比公约更有利的执行机制。①

一、《纽约公约》的主要内容

《纽约公约》全文共16条,其主要内容包括适用范围、书面仲裁协议要求、允许缔约国作出的保留和拒绝承认与执行的理由。

(一)适用范围

《纽约公约》第1条界定了公约的适用范围:“仲裁裁决,因自然人或法人间之争议而产生且在申请承认及执行地所在国以外之国家领土内作成者,其承认及执行适用本公约。本公约对于仲裁裁决经申请承认及执行地所在国认为非内国裁决者,亦适用之。”据此,《纽约公约》采用了“裁决作出地标准”和“非内国裁决”的双重标准来框定其适用范围,《纽约公约》项下可被承认与执行的裁决也相应地被称为外国裁决和非内国裁决。

《纽约公约》未对“非内国裁决”的含义进行进一步说明,而是交由各缔约国主管机关进行界定。大多数学者认为,“非内国”一词似应包含这样的裁决:裁决虽然是在强制执行地所在国作出的,但由于程序中的某种涉外因素,如适用另一国的程序法,根据该国法律此种裁决作为“外国”裁决对待。②

(二)仲裁协议书面形式要求

仲裁协议应为书面的,即当事人所签订或在互换函电中所载明的仲裁条款或仲裁协议。考虑到科学技术飞速发展,“书面”有了更多的表现形式,联合国贸法会第三十九届会议2006年7月6日通过的《关于1958年6月10日在纽约制定的〈承认及执行外国仲裁裁决公约〉第2条第2款和第7条第1款的解释的建议》中建议各成员国在适用《纽约公约》第2条第2款时,将该款所列示的仲裁协议的书面形式解释为非穷尽的。对仲裁协议的书面形式要件的详细论述,请阅本书第四章第一节的分析。

---

① 《纽约公约》第7条规定:“公约的规定不影响缔约国参加的有关承认和执行仲裁裁决的多边或双边协定的效力,也不剥夺有关当事人在被请求承认或执行某一裁决的国家的法律或条约所许可的方式和范围内,可能具有的利用该仲裁裁决的任何权利,即所谓更优惠条款。”

② 参见赵秀文:《论ICC国际仲裁院裁决在中国的承认与执行》,载《法学》2005年第6期;黄亚英:《外国仲裁裁决论析——基于〈纽约公约〉及中国实践的视角》,载《现代法学》2007年第1期;陈力:《ICC国际仲裁院在我国作成仲裁裁决的承认与执行——兼论〈纽约公约〉视角下的“非内国裁决”》,载《法商研究》2010年第6期。

（三）允许缔约国作出的保留

缔约国可以作互惠保留和商事保留。互惠保留指缔约国以承认及执行在另一缔约国领土内作成之裁决为限。商事保留是指缔约国可以仅承认和执行依据本国法认定为属于商事法律关系的仲裁裁决。至于什么是商事法律关系，各国有不同的认定标准。《国际商事仲裁示范法》第1(1)条脚注所载“商事”一词的定义如下：“对‘商事’一词应作广义解释，使其包括不论是契约性或非契约性的一切商事性质的关系所引起的事项。商事性质的关系包括但不限于下列交易：供应或交换货物或服务的任何贸易交易；销售协议；商事代表或代理；保理；租赁；建造工厂；咨询；工程；使用许可；投资；筹资；银行；保险；开发协议或特许；合营和其他形式的工业或商业合作；空中、海上、铁路或公路的客货载运。”

（四）拒绝承认和执行的理由

《纽约公约》第5条分两款介绍了缔约国可以拒绝承认和执行仲裁裁决的7种情形。其中第1款的5种情形须经当事人申请，缔约国方可拒绝承认与执行有关仲裁裁决，包括：(1)签订仲裁协议的当事人，根据对他们适用的法律，存在某种无行为能力的情况，或者根据仲裁协议所选定的准据法（或未选定准据法而依据裁决地法），证明该仲裁协议无效；(2)被执行人未接到关于指派仲裁员或关于仲裁程序的适当通知，或者由于其他情况未能对案件进行申辩；(3)裁决所处理的事项，非为交付仲裁事项，或者不包括在仲裁协议规定之内，或者超出仲裁协议范围以外；(4)仲裁庭的组成或仲裁程序同当事人间的协议不符，或者当事人间没有这种协议时，同进行仲裁的国家的法律不符；(5)裁决对当事人还没有拘束力，或者裁决已经由裁决地所在国或据其法律作出裁决的国家的主管机关撤销或停止执行。第2款规定的两种情形可以由被请求承认和执行仲裁裁决的国家的主管机关依职权主动查明而适用：(1)依照这个国家的法律，争议的事项不能以仲裁方法解决；(2)承认和执行该项裁决将违反这个国家的公共秩序。

二、《纽约公约》热点问题探讨

《纽约公约》诞生60年以来，在促进仲裁在国际争议解决中的优先适用、促进国际经济合作、统一各缔约国对承认和执行外国仲裁裁决的审查标准上发挥了巨大的作用。学界和实务界围绕《纽约公约》的讨论中，以下两个问题的关注度较高，笔者亦试为探讨、总结。

(一)临时措施的执行

很多仲裁机构的仲裁规则都赋予了仲裁庭作出临时措施的权力,并规定仲裁庭可以裁决的方式作出临时措施。但是仲裁庭作出的临时措施裁决是否可以视为《纽约公约》项下的裁决得到承认与执行,不同法域对此认定不一,也有的法域尚未对此表态。

一方面,一些法域直接通过立法承认域外作出的临时措施可作为裁决得到执行,特别是采纳了《国际商事仲裁示范法》的国家。例如,新加坡《国际仲裁法》即明确规定,《纽约公约》项下的裁决包括仲裁庭在仲裁程序中作出的命令和指示。① 类似的还有马来西亚②和秘鲁③。也有的法域虽然没有在立法层面确立域外作出的临时措施的可执行性,但是已有法院在案例中持支持态度,如美国④、乌克兰⑤和埃及⑥。

另一方面,一些法域否定域外仲裁庭作出的临时措施的可执行性,主要原因在于临时措施具有临时性、可变更性,无法终局性地解决问题。例如,虽然韩国2016年修订的《仲裁法》也引入了《国际商事仲裁示范法》中很多关于临时措施的条款,但是仅认可域内仲裁庭作出的临时措施的可执行性。⑦ 智利最高法院在2010年的一个判例中也拒绝认可域外作出的临时措施在智利的可执行性。⑧ 俄罗斯法院亦在2010年的一个案例中重申了其立场,只有对案件的实体争议作出的终局性的决定才能称为裁

---

① 新加坡《国际仲裁法》(2012)第12(1)条。

② 马来西亚《仲裁法》第19(3)条。

③ 秘鲁《仲裁法》第48(4)条。

④ CE International Resources Holdings LLC v. SA Minerals Ltd et al., 2012 US Dist. LEXIS 176158, 6, 7 (SDNY).

⑤ JKX Oil & Gas plc, Poltava Gas B. V. and Poltava Petroleum JV v. Ukraine, Decision of the Supreme Court of Ukraine, 24 February 2016, available at https://www.italaw.com/sites/default/files/case - documents/italaw7391.pdf.

⑥ Cairo Court of Appeal, 7th Commercial Circuit, Case No. 44/134 JY, Decision dated 9 May 2018; see also Global Arbitration Review, 'Cairo court fills interim measures "void" in Egyptian law', 23 May 2018 (available at https://globalarbitrationreview.com/article/1169888/cairo - court - fills - interim - measuresvoid - in - egyptian - law).

⑦ See Doo - Sik Kim, Jae Min Jeon, Seung Min Lee and Arie Eernisse, 'Korea' in GAR Know - How, Commercial Arbitration, accessible at https://globalarbitrationreview.com/jurisdiction/1004953/korea (accessed on 25 March 2019) ('The amendments make clear that an interim order made by an arbitral tribunal can be recognised and enforced by applying to the court for a decision. However, interim measures will only be enforced by a Korean court if the arbitration is seated in Korea and the order that is made by the arbitral tribunal is compatible with Korean law.').

⑧ See Supreme Court No. 5468 - 2009, Western Technology Services International Inc. (Westech) v. a Chilean company, Cauchos Industriales SA (Cainsa), 11 May 2010 (case described in UNCITRAL's Case Law On Uncitral Texts (CLOUT), dated 23 August 2011 (A/CN.9/SER.C/ABSTRACTS/111), at 5.

决,在俄罗斯得到执行。[①]

(二)公共政策抗辩

公共政策抗辩规定在《纽约公约》第5条第2款(b)项规定:“倘申请承认及执行地所在国之主管机关认定有下列情形之一,亦得拒不承认及执行仲裁裁决:……承认或执行裁决有违执行地国公共政策。”但是《纽约公约》并未进一步界定何为执行地公共政策,而大部分成员国的法律亦未对此进行定义,由法院在个案中进行认定。这在赋予了法院自由裁量空间的同时也引发了公共政策抗辩被滥用的风险。

根据国际律师协会发布的研究报告,公共政策抗辩确实是最常被当事人援引的抗辩理由之一。但是绝大部分国家秉持《纽约公约》支持仲裁、有利执行的精神,均对公共政策进行限缩解释和严格适用。在大多数法域,只有违反根本或基本原则才构成违反公共政策,但不同法系对“根本或基本原则”的理解略有不同。在大陆法系国家,根本或基本原则通常指社会赖以建立的根本原则或价值;而在普通法系国家,公共政策则指向公平、正义、道德等价值理念。

目前为止上报至最高院的仲裁司法审查案件中,有两个批复同意构成违反公共政策的案件较为典型。其中Hemofarm DD. MAG国际贸易公司苏拉么媒体有限公司与济南永宁制药股份有限公司案,最高院复函认为,在中国有关法院就济南永宁制药股份有限公司与合资公司济南—海慕法姆制药有限公司之间的租赁合同纠纷裁定对合资公司的财产进行保全并作出判决的情况下,ICC再对他们之间的租赁合同纠纷进行审理并裁决,侵犯了中国的司法主权和中国法院的司法管辖权,从而同意以违反公共政策不予承认和执行。[②] 另一案中,最高院认为,江苏高院在审理Wicor Holding AG与泰州浩普投资有限公司就同一合资合同项下的另一纠纷时,已作出民事裁定,认定涉案仲裁条款无效,该裁定已经发生法律效力。而涉案仲裁裁决是仲裁员在认定涉案仲裁条款有效的前提下作出的,在内地执行该仲裁裁决将与人民法院的上述生效裁定相冲突,违反内地社会公共利益。[③]

最高院通过复函认定不构成违反公共政策的情形主要包括:第一,违反中国法律的强制性规定并不等同于违反公共政策;第二,不能以仲裁实体结果是否公平合理作

---

① Living Consulting Group AB (Sweden) v. OOO Sokotel (Russian Federation), Presidium of the Highest Arbitrazh Court, Russian Federation, 5 October 2010, A56 - 63115/2009, in Albert Jan van den Berg (ed.), XXXVI Yearbook Com. Arb. 317, 318 (Kluwer 2011).

② 最高院《关于不予承认和执行国际商会仲裁院仲裁裁决的请示的复函》,(2008)民四他字第11号。

③ 最高院《关于不予执行国际商会仲裁院第18295/CYK号仲裁裁决一案请示的复函》,(2016)最高法民他8号。

为认定承认和执行仲裁裁决是否违反中国公共政策的标准;第三,仲裁裁决对中国法律作出否定性评价,并不导致承认和执行该仲裁裁决违反中国公共政策。

三、《纽约公约》在中国的实践

1986 年第六届全国人民代表大会常务委员会第十八次会议决定中国加入《纽约公约》。1987 年 1 月 22 日中国提交了批准书,1987 年 4 月 22 日公约对中国生效。中国在加入公约时作了互惠保留和商事保留声明,表示中国只承认和执行来自缔约国且所解决的争议依中国法律属于商事关系的仲裁裁决。

1987 年 4 月 10 日最高院发布的《执行纽约公约的通知》对商事法律关系作了列举式规定,即"所谓'契约性和非契约性商事法律关系',具体的是指由于合同、侵权或者根据有关法律规定而产生的经济上的权利义务关系,例如货物买卖、财产租赁、工程承包、加工承揽、技术转让、合资经营、合作经营、勘探开发自然资源、保险、信贷、劳务、代理、咨询服务和海上、民用航空、铁路、公路的客货运输以及产品责任、环境污染、海上事故和所有权争议等,但不包括外国投资者与东道国政府之间的争端"。

《纽约公约》项下的仲裁裁决承认与执行的具体问题,详见本书其他章节。

第三章　外国仲裁、涉外仲裁与国内仲裁

第一节　外国或国际仲裁

一、中国法律对外国仲裁的传统界定

中国法院在司法审查过程中针对不同类型的仲裁裁决适用不同的法律规定。厘清外国仲裁、涉外仲裁和国内仲裁的概念及界定范围对法律实务大有裨益。需注意的是，“外国仲裁”这一名词在中国部分司法解释如最高院《涉外民商事案件管辖规定》中称为国际仲裁，本书中统一使用外国仲裁这一表述。在中国传统理论界及实践中，判断外国仲裁的标准只有一个，即裁决是否由外国仲裁机构作出。凡是外国仲裁机构作出的仲裁裁决，无论其裁决作出地是否在中国，都被视为外国仲裁裁决。即便外国仲裁机构在中国作出裁决，也不认为是中国的国内仲裁裁决。[①]

例如，在某钢铁公司申请承认与执行 ICC 作出的 14006/MS/JB/JEM 号仲裁裁决案中，[②]涉案仲裁条款载明：“一切因执行合同或与合同有关的争执，应提交给仲裁地位于中国的国际商会仲裁委员会，按照《联合国货物销售公约》进行仲裁。”后双方因故发生纠纷，申请人某钢铁公司将纠纷提交位于法国巴黎的 ICC 进行仲裁。ICC 于 2007 年 9 月 21 日在中国北京对申请人与被申请人之间的买卖合同作出 14006/MS/JB/JEM 号仲裁裁决。宁波市中级人民法院认定该案在中国的承认与执行应适用《纽约公约》。

二、外国仲裁在《纽约公约》下的不同界定

与中国传统理论界及实践的认定标准不同，《纽约公约》第 1 条第 1 款第一句规定：“仲裁裁决，因自然人或法人间之争议而产生且在申请承认及执行地所在国以外

---

① 李剑强：《内地与香港地区承认与执行仲裁裁决制度之比较及实例分析》，人民法院出版社 2006 年版，第 73 页。

② （2008）甬仲监字第 4 号民事裁定书。该案并未逐级报至最高院，裁定中认为 ICC 在中国的仲裁裁决属于“非内国裁决”的观点及依据可否作为我国法院的主流观点有待进一步观察。

之国家领土内作成者,其承认及执行适用本公约。”这一句采用“地域”标准(Territorial Criterion),即适用《纽约公约》予以承认和执行的仲裁裁决应当是在另一缔约国领土内作出的。[①] 因此,仲裁机构并非判断仲裁裁决籍属的依据,即便是本国的仲裁机构,在他国领土内进行的仲裁,在《纽约公约》下也认定为外国仲裁。

《纽约公约》第 1 条第 1 款第二句规定:“本公约对于仲裁裁决经申请承认及执行地所在国认为非内国裁决者,亦适用之。”据此,如果根据申请承认执行地所在国家的法律,某一裁决被认为是“非内国(Non-domestic)裁决”的,则也适用《纽约公约》。例如,在 Bergesen v. Joseph Muller Corp. 案中,美国第二巡回上诉法院认为,一份在纽约州作出的、双方当事人均为外国公民的裁决属于“非内国裁决”,应适用《纽约公约》。[②]

“非内国裁决”的含义自各国讨论制定《纽约公约》时便极具争议。在《纽约公约》初稿版本中,关于适用范围的判断标准只有“地域”标准这一项,即《纽约公约》适用于“因自然人或法人间之争议而产生且在申请承认及执行地所在国以外之国家领土内作成”的裁决。[③] 但是,这一标准受到了包括意大利、法国等国家的反对。随后,奥地利、比利时、德国、法国、意大利、荷兰、瑞典和瑞士提交了一份八国联合修改意见,认为裁决作出地概念较为抽象,有时难以确定,且部分国家仅将此作为次要考虑标准。[④] 例如,法国最高法院的一份裁定认为,在巴黎进行的适用外国仲裁程序法的仲裁不是法国仲裁。[⑤] 这八个国家认为应根据仲裁过程中适用的程序法来判断裁决的籍属,进而判断是否适用《纽约公约》。

为调和不同国家的观点,经过数轮讨论,《纽约公约》的适用范围采取双重判断标准,第 1 条被修改为:“仲裁裁决,因自然人或法人间之争议而产生且在申请承认及执行地所在国以外之国家领土内作成者,其承认及执行适用本公约。本公约对于仲裁裁决经申请承认及执行地所在国认为非内国裁决者,亦适用之。”不过,《纽约公约》本身未明确定义何为“非内国裁决”,而是交由各国法律规定。根据《商事仲裁国际理事会之 1958 纽约公约释义指南》,各缔约国可以自由决定哪些裁决不被认为是国内裁决。据此,以法国和德国为代表的国家采用“程序”理论(Procedural Theory),即《纽约公约》适用于依据非本国程序法所作出的仲裁裁决。如果将这一标准放到中国

① 高晓力:《司法应依仲裁地而非仲裁机构所在地确定仲裁裁决籍属》,载《人民司法》2017 年第 20 期。

② 710 F. 2d 928 (2d Cir. 1983).

③ UN DOC E/2704 and Corr. l.

④ UN DOC E/CONF. 26/L. 6.

⑤ Ph. Fouchard, l' Arbitrage commercial international (Paris 1961), at pp. 323 et seq.

法环境下，可以这样理解：即便某一仲裁裁决是在中国境内作出，比如ICC的仲裁裁决在北京作出，如果中国法律认定该裁决属于非内国裁决（如仲裁程序依据法国法进行），则该ICC仲裁裁决在中国的承认和执行仍应适用《纽约公约》。

三、最高院对外国仲裁籍属认定的新发展

"外国仲裁"这一概念在《纽约公约》和中国法下的不同界定早已引起法律实务界的高度关注。在2004年山西天利实业有限公司（以下简称天利公司）与香港伟贸有限公司（以下简称伟贸公司）焦炭购销合同纠纷案中，最高院曾以复函的形式确立以仲裁机构籍属确定仲裁裁决籍属的原则。① 天利公司与伟贸公司于1998年6月15日在香港地区签订了一份焦炭购销合同，约定由天利公司向伟贸公司出口焦炭。合同仲裁条款约定："凡与本合同有关的争议，应在香港地区依照国际商会仲裁院仲裁规则和英国仲裁法仲裁，裁决费用由仲裁中败诉的一方承担。仲裁裁决是终局的并对双方具有拘束力。"在履行合同过程中双方发生纠纷，伟贸公司遂将争议提交ICC解决。结果天利公司败诉，伟贸公司向太原市中级人民法院申请承认和执行ICC的仲裁裁决。太原市中级人民法院和山西省高级人民法院认为本案仲裁裁决系在香港地区作出，属于香港地区仲裁裁决，应适用《内地与香港相互执行仲裁裁决的安排》。最高院则认为，由于ICC系在法国设立的仲裁机构，尽管本案仲裁裁决在香港作出，仍属于法国仲裁裁决，适用《纽约公约》。②

2009年12月30日，最高院发布了《香港裁决在内地执行的问题通知》。根据该通知，在香港地区所作的临时仲裁，或者由ICC等外国仲裁机构在香港作出的仲裁裁决，在内地的承认与执行适用《内地与香港相互执行仲裁裁决的安排》。换言之，最高院对境外仲裁裁决籍属的认定标准由仲裁机构的籍属转换为仲裁地。这是最高院对境外仲裁籍属认定的发展。

在2016年华夏人寿保险股份有限公司申请执行ICC仲裁裁决案③中，北京四中院以仲裁地在香港为由，认定裁决籍属为香港，继而适用了《内地与香港相互执行仲裁裁决的安排》。法官提出："依据当事人在仲裁协议中约定的仲裁地点——中国香港特别行政区即仲裁裁决作出地来确认该仲裁裁决国籍。在确定仲裁裁决国籍的基础上，依据《内地与香港相互执行仲裁裁决的安排》关于适用法律和程序的规则对本

---

① 参见最高院（2004）民四他字第6号复函。

② 参见李剑强：《内地与香港地区承认与执行仲裁裁决制度之比较及实例分析》，人民法院出版社2006年版，第74页。

③ 参见（2016）京04认港1号民事裁定书。

案进行审查,并最终对是否应执行仲裁裁决作出认定。”①

在2017年美国某建筑师事务所申请执行贸仲仲裁裁决案中,南京市中级人民法院根据仲裁地(香港)确认仲裁裁决的籍属,继而适用《内地与香港相互执行仲裁裁决的安排》执行了贸仲香港中心的裁决。② 这也体现了中国内地法院在认定仲裁裁决的籍属时不再以仲裁机构籍属作为认定标准,而是重视仲裁地这一概念,根据仲裁地来确定仲裁裁决的籍属。最高院法官在随后的一篇文章中肯定了南京市中级人民法院的论述及所作出的裁定,并阐述了最高院在确定仲裁裁决籍属问题上的意见,即以仲裁地作为判断仲裁裁决籍属的依据。③ 这种判断标准代表了中国仲裁界在这一问题上的广泛共识,判断标准的转变也更加符合国际仲裁理论的潮流。

第二节 涉外仲裁

一、《民事诉讼法》和《仲裁法》的规定

《民事诉讼法》和《仲裁法》对何为涉外仲裁未作明确规定。仅从《民事诉讼法》第274条以及《仲裁法》第65条、第66条、第72条的字面表述看,涉外仲裁应为涉外仲裁机构审理的与涉外经济贸易、运输和海事有关的仲裁案件。

自《仲裁法》颁布施行以来,除中国涉外仲裁机构受理涉外仲裁案件外,由地方政府重新组建的非涉外仲裁机构也开始受理涉外案件。从1998年起贸仲依修订的仲裁规则第2条的规定也开始受理国内仲裁案件。这样,无论涉外仲裁机构还是国内仲裁机构都可以受理涉外仲裁案件,中国事实上已无涉外仲裁机构与国内仲裁机构之区别。因此,《民事诉讼法》和《仲裁法》以仲裁机构为标准划分国内与涉外仲裁的规定与实践脱节。④

二、最高院司法解释对涉外仲裁的规定

最高院曾在《第二次全国涉外商事海事审判工作纪要》第71条全面总结了涉外仲裁的法律依据和判断标准。该条规定:“对在我国境内依法成立的仲裁委员会作出的仲裁裁决,人民法院应当根据案件是否具有涉外因素而适用不同的法律条款进行

① 季境、温志军:《国际商事仲裁裁判国籍籍属的认定》,载《人民司法》2019年第14期。

② 参见(2016)苏01认港1号民事裁定书。

③ 参见高晓力:《司法应依仲裁地而非仲裁机构所在地确定仲裁裁决籍属》,载《人民司法》2017年第20期。

④ 参见成明珠:《涉外商事仲裁的司法审查》,载中国国际经济贸易仲裁委员会华南分会编、韩健主编:《涉外仲裁司法审查》,法律出版社2006年版,第116页。

审查。上述仲裁委员会作出的不具有涉外因素的仲裁裁决，按照《中华人民共和国仲裁法》第五章、第六章和《中华人民共和国民事诉讼法》第二百一十七条①的规定审查；上述仲裁委员会作出的具有涉外因素的仲裁裁决，按照《中华人民共和国仲裁法》第七章和《中华人民共和国民事诉讼法》第二十八章②的规定进行审查。是否具有涉外因素，应按照《最高人民法院关于贯彻执行〈中华人民共和国民法通则〉若干问题的意见（试行）》第一百七十八条的规定确定。”

因此，在司法实践中，判断仲裁裁决是否为涉外仲裁，要看仲裁案件是否具有“涉外因素”，而不依仲裁机构本身作为标准划分。纵观近年来中国法律及司法解释的演变，可以看出最高院对“涉外因素”的理解呈现逐渐扩大的趋势。最高院《民通意见》第 178 条规定：“凡民事关系的一方或者双方当事人是外国人、无国籍人、外国法人的；民事关系的标的物在外国领域内的；产生、变更或者消灭民事权利义务关系的法律事实发生在外国的，均为涉外民事关系。”在早期司法实践中，“涉外”限于法律关系的主体、标的物或法律事实这三个因素中至少有一个因素同外国有联系。③

最高院在 2013 年起施行的《法律适用法司法解释》第 1 条对“涉外”的概念作了更为宽泛地规定。该条规定：“民事关系具有下列情形之一的，人民法院可以认定为涉外民事关系：（一）当事人一方或双方是外国公民、外国法人或者其他组织、无国籍人；（二）当事人一方或双方的经常居所地在中华人民共和国领域外；（三）标的物在中华人民共和国领域外；（四）产生、变更或者消灭民事关系的法律事实发生在中华人民共和国领域外；（五）可以认定为涉外民事关系的其他情形。”最高院对“涉外”的扩大理解体现在以下几点：第一，法律关系主体因素是否“涉外”从仅依据国籍判断扩大到依据“经常居所地”判断。第二，增加了兜底条款，即“可以认定为涉外民事关系的其他情形”，从而对扩大解释“涉外因素”留下余地。

2015 年施行的《民事诉讼法司法解释》第 522 条规定与《法律适用法司法解释》第 1 条相同。

最高院在 2017 年发布的《仲裁司法审查规定》第 12 条规定：“仲裁协议或者仲裁裁决具有《最高人民法院关于适用〈中华人民共和国涉外民事关系法律适用法〉若干问题的解释（一）》第一条规定情形的，为涉外仲裁协议或者涉外仲裁裁决。”至此，最高院以司法解释的形式确定了判断涉外仲裁裁决的标准，即根据《法律适用法司法解释》第 1 条判断是否具有涉外因素。如具有涉外因素，则为涉外仲裁裁决。在《仲裁

---

① 2017 年修订为第 237 条。
② 2017 年修订为第二十六章。
③ 参见江伟、肖建国主编：《仲裁法》（第 3 版），中国人民大学出版社 2016 年版，第 316 页。

司法审查规定》于 2018 年起施行后,司法实践中已有地区法院据此判断仲裁裁决是否为涉外仲裁裁决,并据此适用不同法律规范进行司法审查。[①]

三、法院对“涉外因素”认定的突破:西门子国际贸易(上海)有限公司申请承认和执行外国仲裁裁决案

在最高院于 2017 年 5 月公布的第二批 10 个涉“一带一路”建设典型案例中,法院在西门子国际贸易(上海)有限公司(以下简称西门子公司)与上海黄金置地有限公司(以下简称黄金置地公司)申请承认和执行外国仲裁裁决案[②]中适用《法律适用法司法解释》第 1 条第 5 项的规定,对“涉外因素”的理解采取了灵活而宽泛的立场。

该案的基本案情如下:黄金置地公司与西门子公司是两家注册地均在上海自贸试验区内的外商独资企业。2005 年 9 月,黄金置地公司与西门子公司签订《货物供应合同》,约定西门子公司向黄金置地公司提供相应设备。合同约定争议须提交 SIAC 仲裁解决,实体问题适用中华人民共和国法律。

双方后发生纠纷,黄金置地公司向 SIAC 申请仲裁,西门子公司提出仲裁反请求。经审理,仲裁庭驳回黄金置地公司全部仲裁请求,并支持了西门子公司的仲裁反请求。西门子公司遂向上海市第一中级人民法院(以下简称上海一中院)申请承认和执行仲裁裁决。

黄金置地公司答辩称应驳回西门子公司的申请,理由之一是该案民事法律关系不具涉外因素,双方约定将争议提交外国仲裁机构进行仲裁的仲裁协议应为无效。

上海一中院经审理认为,由于双方当事人均为中国法人,且合同约定的交货地在中国境内,案涉合同表面上看不具备涉外因素。但是,该案“与普通国内合同有明显差异的独特性,可以认定为涉外民事法律关系”。理由主要为以下两点:

第一,该案合同主体具有一定涉外因素。双方当事人均注册在自贸试验区内,且外商独资企业的资本来源、最终利益归属、公司的经营决策一般均与其境外投资者关联密切。在自贸试验区推进投资贸易便利的改革背景下,这些涉外因素应给予必要重视。

第二,案涉合同的履行特征具有涉外因素。合同所约定的设备需先从中国境外运至自贸试验区内进行保税监管,再根据合同履行需要适时办理清关完税手续、从自贸试验区内流转到自贸试验区外,至此货物进口手续方才完成,故合同标的物的流转过程具有一定的国际货物买卖特征。因此,案涉合同的履行因涉及自贸试验区的特

① 参见(2018)粤 06 民特 201 号民事裁定书。

② 参见(2013)沪一中民认(外仲)字第 2 号民事裁定书。

殊海关监管措施的运用，与一般的国内买卖合同纠纷具有较为明显的区别。

据此，上海一中院认为该案合同关系符合《法律适用法司法解释》第1条第5项规定的“可以认定为涉外民事关系的其他情形”，故案涉合同关系具有涉外因素，双方当事人约定将合同争议提交SIAC进行仲裁解决的条款有效。

该案中，法院认定具有“涉外因素”的一个重要原因是当事人双方均为注册在自贸试验区内的外商独资企业。根据中国现行法律规定，外商独资企业在法律地位上为中国法人。如果一个注册在自贸试验区内的外商独资企业与一个注册在自贸试验区外的外商独资企业之间签订合同，或者一个外商独资企业（无论是否注册在自贸试验区内）和一个内资公司之间签订合同，是否属于“可以认定为涉外民事关系的其他情形”还需要司法实践的进一步检验。

第三节　涉台仲裁的立法演变

所谓涉港澳台地区仲裁，一般指由中国内地（大陆）的仲裁机构，在当事人和其他仲裁参与人的参加下，仲裁涉港澳台地区民商事案件的活动以及由此产生的仲裁法律关系的总和。① 在中国内地（大陆），涉港澳台地区案件一直参照适用涉外案件的司法解释，涉港、澳、台仲裁的判断标准也参照前面的涉外仲裁来确定。②

以下重点介绍涉台仲裁在中国大陆立法过程中的演变。在1988年7月3日国务院发布的《关于鼓励台湾同胞投资的规定》第19条中，对仲裁管辖作出如下规定：“台湾投资者在大陆投资因履行合同发生的或者与合同有关的争议，当事人应当尽可能通过协商或者调解解决。当事人不愿协商、调解的，或者协商调解不成的，可以依据合同中的仲裁条款或者事后达成的书面协议，提交大陆或者香港的仲裁机构仲裁……”这说明，在当时，大陆法律对有关台商在大陆投资的争议，将仲裁权局限于大陆和香港地区，尚不接受台湾地区的仲裁。

1994年3月5日《中华人民共和国台湾同胞投资保护法》（以下简称《台湾同胞投资保护法》）颁行，其第14条第2款规定：“当事人不愿协商、调解的，或者经协商、调解不成的，可以依据合同中的仲裁条款或者事后达成的书面仲裁协议，提交仲裁机构仲裁。”比较《关于鼓励台湾同胞投资的规定》，该法取消了对仲裁机构所在地的限制。从表面文字看，仲裁应包括台湾地区仲裁机构在内的任何仲裁机构进行仲裁。

---

① 参见江伟、肖建国主编：《仲裁法》（第3版），中国人民大学出版社2016年版，第338页。

② 参见《民事诉讼法司法解释》第522条；最高院《关于审理涉港澳经济纠纷案件若干问题的解答》第1条规定。

但在1999年12月5日国务院发布的《中华人民共和国台湾同胞投资保护法实施细则》(以下简称《台胞投资法实施细则》)第29条第2款中,又有了不同的表述:"当事人不愿协商、调解的,或者经协商、调解不成的,可以依照合同中的仲裁条款或者事后达成的书面仲裁协议,提交中国的仲裁机构仲裁。大陆的仲裁机构可以按照国家有关规定聘请台湾同胞担任仲裁员。"《台胞投资法实施细则》对仲裁机构又附加了限制,它排除了外国仲裁机构对台商投资争议的管辖权。[①]

海峡两岸关系协会与台湾海峡交流基金会于2012年8月在台北签署并于2013年2月1日起生效的《海峡两岸投资保护和促进协议》(以下简称《投保协议》)第14条约定,一方投资者与另一方自然人或者法人订立商事合同时,可就有关投资所产生的商事争议订立仲裁条款。该条进一步约定:"商事争议的当事双方可选择两岸的仲裁机构及当事双方同意的仲裁地点。如商事合同中未约定仲裁条款,可于争议发生后协商提交两岸的仲裁机构,在当事双方同意的仲裁地点解决争议。"《投保协议》对仲裁机构的范围也有所限定,表述为"两岸的仲裁机构"。

从法律实务看,法院不大可能依据《台胞投资法实施细则》或者《投保协议》不予认可和执行一份外国仲裁机构就台湾地区投资者在大陆投资纠纷所作的仲裁裁决。这一方面是因为《台胞投资法实施细则》或者《投保协议》法律位阶低,不足以更改《台湾同胞投资保护法》的明确规定。另一方面,外国仲裁机构的仲裁如果没有《纽约公约》第5条不予承认和执行的情形,法院也不应仅以《台胞投资法实施细则》的规定而否定外国仲裁。

《台湾同胞投资保护法》于2016年和2019年两次进行修订,对仲裁的规定由前述第14条变更为第13条,但内容未作调整。因此,应当认为外国仲裁机构可对台商投资争议具有管辖权。

第四节 我国香港、澳门、台湾地区仲裁

一、我国香港地区仲裁

在香港地区仲裁受2011年6月1日修订并生效的《仲裁条例》(香港法例第609章)规制。在此之前,香港地区仲裁受1963年制定的《仲裁条例》(香港法例第341章)规制。旧的《仲裁条例》在立法上采取了两分制度,即以1985年《国际商事仲裁示范法》为基础的国际仲裁和以英国1950年《仲裁法》为基础的本地仲裁。[②] 2011年

① 参见林一飞:《中国国际商事仲裁裁决的执行》,对外经济贸易大学出版社2006年版,第132页。
② 参见江伟、肖建国主编:《仲裁法》(第3版),中国人民大学出版社2016年版,第333页。

起修订《仲裁条例》时统一了这两种制度，不再区分本地仲裁和国际仲裁，并将《国际商事仲裁示范法》有效地延伸适用于在香港进行的所有仲裁。2018 年修订时保持了这一体例。

自 2000 年 2 月 1 日起施行的《内地与香港相互执行仲裁裁决的安排》规定："根据《中华人民共和国香港特别行政区基本法》第九十五条的规定，经最高人民法院与香港特别行政区（以下简称香港特区）政府协商，香港特区法院同意执行内地仲裁机构（名单由国务院法制办公室经国务院港澳事务办公室提供）依据《中华人民共和国仲裁法》所作出的裁决，内地人民法院同意执行在香港特区按香港特区《仲裁条例》所作出的裁决。"根据前述规定，香港仲裁应为在香港按香港《仲裁条例》进行的仲裁，其裁决为香港仲裁裁决。需注意的是，前述规定并不排斥临时仲裁，也未将非香港籍的其他国际仲裁机构在香港所作的仲裁裁决排除在外。换言之，只要是在香港根据香港《仲裁条例》所作的仲裁裁决，都应认定为香港仲裁裁决。

2009 年 12 月 30 日，最高院发布了《香港裁决在内地执行的问题通知》。根据该通知，在香港按《仲裁条例》所作的临时仲裁，或者由 ICC 等外国仲裁机构在香港按《仲裁条例》作出的仲裁裁决，在内地的认可与执行适用《内地与香港相互执行仲裁裁决的安排》。如本章第一节所述，这一通知反映出最高院对仲裁裁决籍属认定的发展，即以仲裁地作为判断仲裁裁决籍属的标准。

值得一提的是，就内地与香港地区在投资领域的争议，2017 年 6 月 28 日，商务部副部长高燕与香港财政司司长陈茂波在《内地与香港关于建立更紧密经贸关系的安排》（CEPA）的框架下签署了《投资协议》及《经济技术合作协议》。两份协议均自签署之日起生效，其中《投资协议》于 2018 年 1 月 1 日起正式实施。《投资协议》第三章专门规定了与投资相关的争端解决方式，其中第 19 条、第 20 条分别规定了我国香港地区投资者和内地投资者主张内地和香港相关部门或机构违反《投资协议》规定的义务，且该义务与投资相关，致使投资者或其涵盖投资受到损失或损害时的争端解决方式。如是香港投资者与内地相关部门的纠纷，解决方式包括：（1）争端双方友好协商；（2）由内地的外商投资企业投诉受理机构依据内地一方规定协调解决；（3）由《投资协议》第 17 条所设投资工作小组推动解决；（4）提交内地调解机构调解；（5）内地司法程序解决。如是内地投资者与香港相关部门的纠纷，则解决方式包括：（1）争端双方友好协商；（2）由香港相关部门或机构所设立的投诉处理机制依据香港有关规定解决；（3）由《投资协议》第 17 条所设投资工作小组推动解决；（4）提交香港调解机构调解；（5）香港地区司法程序解决。不过，以上几种争议解决方式并不包括仲裁。

此外，最高院和香港政府律政司于 2019 年 1 月 18 日签署了《关于内地与香港特别行政区法院相互认可和执行民商事案件判决的安排》，大幅度拓宽了可在两个司法管辖区相互执行的判决范围。不过,这一安排并不涉及仲裁裁决的认可与执行,仲裁裁决仍然通过《内地与香港相互执行仲裁裁决的安排》得到认可与执行。

二、我国澳门地区仲裁

澳门地区仲裁制度为“双轨制”,即区分本地仲裁与涉外仲裁。其中,本地仲裁适用1996年公布的《核准仲裁制度》(第29/96/M号法令,经1998年公布的《设立修改核准仲裁制度》修订)。该法令确立及规范了以自愿仲裁为基础的法律制度。此法规为澳门地区首个规范与仲裁相关的法律,填补了澳门地区法律法规在仲裁领域的空白状态。该法规共有44项条文,其包括仲裁标的、仲裁协议、仲裁庭之设立、仲裁程序及原则、仲裁裁决及撤销等六部分主要内容。涉外仲裁适用1998年公布的《核准〈涉外商事仲裁专门制度〉》(第55/98/M号法令),共有9章33项条文,其规定与《国际商事仲裁示范法》基本一致。

除前述第29/96/M号法令和第55/98/M号法令外,中国于2005年7月19日以照会的方式通知联合国秘书长,明确《纽约公约》适用于澳门地区,该通知由第3/2007号行政长官公告命令予以公布。联合国秘书长于2005年7月19日确认收到中国就《纽约公约》领土性延伸至澳门地区的通知书,该通知书自2005年10月20日起生效。据此,《纽约公约》成为澳门地区正式的法律渊源之一。

澳门地区于1996年公布的《订立进行机构自愿仲裁之条件》(第40/96/M号法令)确立了机构自愿仲裁的制度,以机构形式进行自愿仲裁之机构应向澳门政府申请许可。根据该法令在澳门地区设立的仲裁机构包括:(1)消费争议仲裁中心(1998年3月11日成立);(2)澳门律师公会仲裁中心(1998年3月11日成立);(3)澳门世贸仲裁中心(1998年6月15日成立);(4)保险及私人退休基金争议仲裁中心(2002年12月12日成立);(5)澳门楼宇管理仲裁中心(2011年3月28日成立)。

2019年12月11日起施行的《仲裁机构的设立与运作制度》(第36/2019号行政法规)废止了前述第40/96/M号法令,并对在澳门设立仲裁机构作出了统一规定。《仲裁机构的设立与运作制度》第1条规定:“拟在澳门特别行政区设立仲裁机构的实体,应向行政长官申请许可。”澳门法务局负责审查在澳门设立仲裁机构的必要性、代表性、适当性。第3条第2款第3项规定澳门仲裁机构应当由理事会、执行委员会和秘书处构成。第9条要求根据第40/96/M号法令已设立的仲裁机构相应修订其仲裁机构章程,以符合《仲裁机构的设立与运作制度》的规定。

澳门地区法务局于2020年1月15日按照《仲裁机构的设立与运作制度》第6条的规定,公布了获许可进行仲裁的机构名单,包括澳门消费争议仲裁中心、澳门律师公会自愿仲裁中心、澳门世界贸易中心仲裁中心、保险及私人退休基金争议仲裁中心和楼宇管理仲裁中心。①

就内地与澳门地区仲裁裁决的认可与执行,2008 年 1 月 1 日起施行的《内地与澳门相互认可和执行仲裁裁决的安排》第 1 条规定:"内地人民法院认可和执行澳门特别行政区仲裁机构及仲裁员按照澳门特别行政区仲裁法规在澳门作出的民商事仲裁裁决,澳门特别行政区法院认可和执行内地仲裁机构依据《中华人民共和国仲裁法》在内地作出的民商事仲裁裁决,适用本安排。"根据中国目前对仲裁裁决籍属的主流观点,仲裁地为澳门的仲裁裁决属于澳门裁决,具体包括:(1)澳门的仲裁机构适用澳门法律作出的裁决;(2)澳门的仲裁机构适用其他法域法律作出的仲裁裁决;(3)澳门的临时仲裁庭适用澳门法律所做的仲裁裁决;(4)澳门临时仲裁庭适用非澳门法律作出的仲裁裁决;(5)外国仲裁机构或临时仲裁庭在澳门适用澳门法律或其他法域法律作出的仲裁裁决。其中,第(1)类和第(3)类裁决可以适用《内地与澳门相互认可和执行仲裁裁决的安排》。

三、我国台湾地区仲裁

我国台湾地区现行"仲裁法"于 1961 年 1 月 20 日公布,最近一次修订为 2015 年 12 月 2 日。"仲裁法"共 56 条,分为 8 章。其中的规定吸收了联合国《国际商事仲裁示范法》的立法经验,把"仲裁机制中权利和权力的平衡推向新的高度,保障并促进了仲裁程序的便捷进行"。②

长期以来,大陆法院在认可与执行台湾地区仲裁裁决时,均直接适用对台湾地区法院判决认可和执行的规则。1999 年起施行的最高院《关于人民法院认可台湾地区有关法院民事判决的规定》(以下简称《1999 年规定》)与 2009 年起施行的《关于人民法院认可台湾地区有关法院民事判决的补充规定》(以下简称《2009 年补充规定》)把对台湾地区仲裁机构作出的仲裁裁决的认可纳入其中。《1999 年规定》第 19 条载明:"申请认可……台湾地区仲裁机构裁决的,适用本规定。"《2009 年补充规定》第 2 条第 2 款载明:"申请认可台湾地区……仲裁机构裁决的,适用《规定》和本补充规定。"这一安排忽略了仲裁裁决与法院判决的差异,特别是法院在进行司法审查时在审查标准、审查条件上的差异。

有鉴于此,最高院决定针对台湾地区民事判决与仲裁裁决的认可和执行问题分别制定司法解释。2015 年,最高院发布了《关于认可和执行台湾地区法院民事判决

---

① 澳门法务局:《公布仲裁机构名单》,载 https://www.dsaj.gov.mo/WebModules/ShowEvent.aspx?Rec_Id=12091,最后访问日期:2020 年 2 月 4 日。

② 齐树杰、蔡从燕:《海峡两岸商事仲裁法律制度比较研究》,载《台湾研究集刊》1999 年第 2 期。

的规定》,对认可与执行台湾地区法院民事判决作出单独规定,同时宣布《1999 年规定》与《2009 年补充规定》废止。同一年,最高院发布了《认可和执行台湾地区仲裁裁决的规定》,对认可与执行台湾地区仲裁裁决作出单独规定。

就何为台湾地区仲裁裁决,《认可和执行台湾地区仲裁裁决的规定》第 2 条载明:"本规定所称台湾地区仲裁裁决是指,有关常设仲裁机构及临时仲裁庭在台湾地区按照台湾地区仲裁规定就有关民商事争议作出的仲裁裁决,包括仲裁判断、仲裁和解和仲裁调解。"该条确认了台湾地区仲裁裁决的两个必备因素:一是仲裁地因素,即在台湾地区作出;二是仲裁程序规则适用因素,即适用台湾地区"仲裁规定",该"仲裁规定"既包括台湾地区仲裁"法律",亦包括台湾地区的相关仲裁规则。[①] 此外,台湾地区"仲裁法"第 47 条规定,在台湾地区以外作出的裁决以及在台湾地区依据台湾地区以外的规定作成的裁决系外国仲裁裁决。该条所称之外国法律,包含外国仲裁法规、外国仲裁机构仲裁规则及国际组织仲裁规则。据此,按照台湾地区"仲裁法"被认定为外国仲裁裁决的,也不属于台湾地区仲裁裁决。

第五节 国内仲裁[②]

国内仲裁,是指一国的仲裁机构或临时仲裁庭对本国当事人在本国民商事活动中发生的争议所进行的仲裁。国内仲裁是国内当事人之间的仲裁,不含涉外因素。因此判断国内仲裁的标准有两个:一是本国的仲裁机构,二是仲裁不含涉外因素。根据这两个标准,国外仲裁机构作出的仲裁裁决不是国内仲裁,即使其是在本国对本国当事人在本国民商事活动中发生的争议进行仲裁;而国内仲裁机构作出的含有涉外因素的裁决也不是国内仲裁。

在一国领域内发生的民商事纠纷如何解决,可能涉及该国的司法主权以及市场准入问题。根据中国现行法律制度和司法实践,国内当事人就不具有涉外因素的案件约定提请外国仲裁的,仲裁协议无效。最高院民事审判第四庭在《涉外商事海事审判实务问题解答(一)》中认为,"根据《中华人民共和国民事诉讼法》第二百五十七条和《中华人民共和国仲裁法》第六十五条的规定,涉外经济贸易、运输、海事中发生的纠纷,当事人可以通过订立合同中的仲裁条款或者事后达成的书面仲裁协议,提交我国仲裁机构或者其他仲裁机构仲裁。但法律并未允许国内当事人将其不具有涉外因

---

① 郃中林、陈宏宇:《〈关于认可和执行台湾地区仲裁裁决的规定〉的理解与适用》,载《人民司法》2016 年第 7 期。

② 就国内仲裁的司法审查,请参见本书第二十五章。

素的争议提请外国仲裁。因此,如果国内当事人将其不具有涉外因素的合同或者财产权益纠纷约定提请外国仲裁机构仲裁或者在外国进行临时仲裁的,人民法院应认定有关仲裁协议无效"。

一个典型的案例是北京朝来新生体育休闲有限公司申请承认和执行外国仲裁裁决案。① 该案在层报至最高院后,最高院作出(2013)民四他字第64号复函认为:"我国法律未授权当事人将不具有涉外因素的争议交由境外仲裁机构或者在我国境外临时仲裁,故本案当事人约定将争议提交大韩商事仲裁院仲裁的条款属无效协议……故本案所涉仲裁裁决应不予承认。"

与此类似的案例还有上海海匠信息科技有限公司与范丝堂(上海)文化信息咨询有限公司申请确认仲裁协议效力案。② 上海市第二中级人民法院(以下简称上海二中院)认为:"本案内地双方当事人将并无涉港因素的合同争议,约定由香港特别行政区的'香港国际仲裁中心(HKIAC)'进行仲裁的条款无法律依据,本院确认该合同约定的仲裁条款无效。"

需要指出的是,在本章第二节介绍的西门子公司申请承认和执行外国仲裁裁决案中,上海一中院并未突破"当事人将不具有涉外因素的案件约定提请外国仲裁的,仲裁协议无效"这一原则,而是通过适用《法律适用法司法解释》第1条第5项将两个注册在自贸试验区内的外商独资企业间签订的合同解释为"可以认定为涉外民事关系的其他情形",从而认为合同约定将争议提交SIAC仲裁的约定有效。

---

① 参见(2013)二中民特字第10670号民事裁定书。

② (2014)沪二中民认(仲协)字第13号民事裁定书。

第四章　仲 裁 协 议

第一节　仲裁协议的形式要求

一、书面形式是仲裁协议有效的形式要件

仲裁协议是仲裁程序启动的前提与基石，是仲裁合法性、正当性的基础。[①] 书面形式是仲裁协议有效的形式要件，理由在于：第一，书面形式可以证明仲裁协议的存在。有效的仲裁协议排除了法院的管辖，争议双方约定纠纷通过仲裁程序解决，这是相当严肃和重要的步骤。因此，仲裁协议的存在必须证明无误，而证明其存在的方法之一就是要求仲裁协议采用书面形式。[②] 第二，书面形式可以减少当事人就是否存在仲裁协议的争议。[③]

《仲裁法》第 16 条第 1 款规定："仲裁协议包括合同中订立的仲裁条款和以其他书面方式在纠纷发生前或者纠纷发生后达成的请求仲裁的协议。"该条款明确了中国法下的仲裁协议必须是书面的。

仲裁协议的书面形式要件也为世界各国立法和国际仲裁公约所认同。[④]《纽约公约》第 2 条第 1 款规定："当事人以书面协定承允彼此间所发生或可能发生之一切或任何争议，如关涉可以仲裁解决事项之确定法律关系，不论为契约性质与否，应提交仲裁时，各缔约国应承认此项协定。"根据这一规定，只有当仲裁协议采取书面形式时，当事人才可以根据《纽约公约》的规定在《纽约公约》成员国申请承认和执行外国

---

① 参见沈德咏、万鄂湘主编，最高人民法院研究室、民事审判第四庭编著：《最高人民法院仲裁法司法解释的理解与适用》，人民法院出版社 2015 年版，第 149 页。

② "The reason for imposing this requirement is self - evident. A valid agreement to arbitrate excludes the jurisdiction of the national courts and means that any dispute between the parties must be resolved by a private method of dispute resolution, namely arbitration. This is a serious step to take, albeit one that is becoming increasingly commonplace. There exist good reasons, therefore, for ensuing that the existence of such an agreement should be clearly established. This is best done by producing evidence in writing…" Alan Redfern and Martin Hunter, *Law and Practice of International Commercial Arbitration*, Thomson Sweet & Maxwell, 2004, p. 159.

③ Departmental Advisory Committee on Arbitration Law Report on the Arbitration Act 1996, para. 33.

④ Gary B. Born, International Commercial Arbitration (Second Edition), Wolters Kluwer, 2014, p. 658.

仲裁裁决。

联合国贸法会1985年制定的《国际商事仲裁示范法》第7条第2款规定:“仲裁协议应为书面形式。”《国际商事仲裁示范法》被世界很多国家的国内法所采用。例如,新加坡在制定《国际仲裁法》时便吸收了1985年《国际商事仲裁示范法》的很多规定,并明确《国际商事仲裁示范法》在新加坡具有法律效力。新加坡《国际仲裁法》第2A条第(3)款规定:“An arbitration agreement shall be in writing.”

联合国贸法会2006年修订《国际商事仲裁示范法》时对第7条进行了调整,制定了两个备选案文。备选案文一对仲裁协议的形式要件作出了详细规定,第2款保留了“仲裁协议应为书面形式”的要求。第3款至第6款对书面形式的具体表现形式作出了规定。备选案文二则未对书面形式作出要求,仅将仲裁协议定义为“当事人同意将其之间一项确定的契约性或非契约性的法律关系中已经发生或可能发生的一切争议或某些争议交付仲裁的协议”。①

其他一些国家立法虽未直接适用《国际商事仲裁示范法》,但亦要求仲裁协议采用书面形式。例如,英国《1996年仲裁法》第5条第1款规定:“The provision of this Part applies only where the arbitration agreement is in writing, and any other agreement between the parties as any matter is effective for the purposes of this Part only if in writing.”②

二、对书面形式的理解与适用

(一)中国法律法规对仲裁协议书面形式的要求

《仲裁法》第16条第1款、《民事诉讼法》第271条以及《仲裁法司法解释》第1条均对仲裁协议书面形式作出了规定。其中,《仲裁法司法解释》第1条规定:“仲裁法第十六条规定的‘其他书面形式’的仲裁协议,包括以合同书、信件和数据电文(包括电报、电传、传真、电子数据交换和电子邮件)等形式达成的请求仲裁的协议。”

最高院在《涉外商事海事审判实务问题解答(一)》第73问答中载明:“如何理解涉外仲裁协议的书面形式?当事人达成的口头仲裁协议是否有效?答:仲裁协议包括合同中订立的仲裁条款和以其他形式在纠纷发生前或者纠纷发生后达成的请求仲裁的协议。《中华人民共和国仲裁法》、1958年《联合国承认与执行外国仲裁裁决公

---

① 关于联合国贸法会2006年修订《国际商事仲裁示范法》以及两个备选案文的进一步分析见本节下文论述。

② 该条规定来源于英国1950年和1975年仲裁法并参考了1985年《国际商事仲裁示范法》第7条第2款的规定,参见Bruce Harris, Rowan Planterose and Jonathan Tecks, *The Arbitration Act* 1996: *A Commentary*, Blackwell Publishing, 2007, p.46。

约》(简称《纽约公约》)以及《中华人民共和国民事诉讼法》均要求仲裁协议以书面形式达成,因此,当事人订立涉外仲裁协议应当采用书面形式,当事人达成的口头仲裁协议不发生法律效力。依照《中华人民共和国合同法》第十一条的规定,书面形式是指合同书、信件和数据电文(包括电报、电传、传真、电子数据交换和电子邮件)等可以有形地表现所载内容的形式。因此,当事人通过上述方式达成的仲裁协议,都是书面形式的仲裁协议。如果当事人订立的涉外合同援引适用的文件或者合同中载有明确的仲裁协议,也符合书面形式的要求。"①

根据前述规定,中国对仲裁协议的书面形式要求如下:

第一,仲裁协议不要求"一纸"书面的形式。如《仲裁法司法解释》第1条的规定,信件和数据电文(包括电报、电传、传真、电子数据交换和电子邮件)等可以有形地表现所载内容的形式均符合书面的要求。这一规定也体现出国际商事交易中的电子通信功能等同原则,即"电子通信所含信息可以调取以备日后查用的,即满足了书面形式的要求"。②

最高院关于嘉侨企业有限公司(以下简称嘉侨公司)与西安汽车工业公司(以下简称西安公司)之间纠纷的复函体现了这一点。③ 该案中,嘉侨公司与西安公司签署了一份股权转让协议,协议未约定争议解决方式。协议履行过程中双方产生分歧,嘉侨公司遂向西安公司致函,提议"为尽快完成双方股权转让事宜,建议通过西安仲裁委员会来裁定双方股权转让协议是否有效"。西安公司回函称"双方签订的股权转让协议,因双方都未履行,并且该协议也没有报审批机关批准,应视为无效,同意贵公司提议,由西安仲裁委员会进行仲裁"。对此,最高院认为双方通过函件往来的方式达成书面仲裁协议,同意将股权转让协议的效力这一事项提交西安仲裁委员会仲裁。

第二,合同约定解决争议适用其他合同、文件中的有效仲裁条款的,发生合同争议时,当事人应当按照该仲裁条款提请仲裁。④ 实践中,双方当事人很可能签订一系列合同而非一份合同。如果在第一份合同中约定了有效仲裁条款,其余几份合同又明确约定争议解决方式适用第一份合同的相应条款,则应当认为双方当事人就其余几份合同的争议解决达成了书面仲裁协议。

第三,仲裁协议不能通过推定或默示方式达成。这一问题在理论界与实务界曾

---

① 万鄂湘主编、最高人民法院民事审判第四庭编:《涉外商事海事审判指导》(2004年第1辑)(总第7辑),人民法院出版社2004年版。

② 《联合国国际合同使用电子通信公约》(2005年,纽约)第9条第2款。

③ 参见万鄂湘主编、最高人民法院民事审判第四庭编:《涉外商事海事审判指导》(2010年第2辑)(总第21辑),人民法院出版社2010年版,第118页。

④ 《仲裁法司法解释》第11条。

存在争议，但2009年最高院在Concordia Trading B. V. 申请承认和执行国际油、油籽和油脂协会（FOSFA）第3948号仲裁裁决案的复函中明确否认以推定或默示方式达成仲裁协议。①

该案中，Concordia Trading B. V. 起草、印制的合同含有仲裁条款，但合同通过代理人转交给南通港德油脂有限公司后，后者并未签字或盖章予以确认，也没有将合同回传。在双方随后的函件往来中，南通港德油脂有限公司出具的保证函虽然提及了Concordia Trading B. V. 所用的合同编号，但保证函所载的货物数量、价格、保证金等内容与Concordia Trading B. V. 提供的合同条款有实质区别。

最高院认为，《纽约公约》第2条第1款规定仲裁条款必须以书面方式达成，第2条第2款规定"书面协定"是指当事人所签订或在互换函电中所载明的契约仲裁条款或仲裁协定。可见，《纽约公约》并不接受默示的仲裁协议。该案没有充分证据证明Concordia Trading B. V. 和南通港德油脂有限公司之间有仲裁合意并以签署或函件互换的方式达成了书面形式的仲裁条款，不符合《纽约公约》关于仲裁协议书面形式要件的规定，人民法院应不予承认和执行该仲裁裁决。

（二）外国立法及国际仲裁公约对仲裁协议书面形式的规定

1.《纽约公约》的规定

《纽约公约》第2条第2款对"书面协议"作了定义，即"称'书面协定'者，谓当事人所签订或在互换函电中所载明之契约仲裁条款或仲裁协定"。据此，在《纽约公约》下，"书面协议"包括：（1）当事人签署的仲裁协议；（2）当事人签署的合同中的仲裁条款；（3）当事人书信往来中达成的书面的仲裁协议或条款；（4）当事人往来电报中达成的书面的仲裁协议或者条款。

2.《国际商事仲裁示范法》的规定

《纽约公约》施行后，随着科技的发展，电传、传真、邮件等成为商业社会日益普遍的通信方式，国际社会对仲裁这一争议解决方式愈加认可。在1985年《国际商事仲裁示范法》制定之前，联合国贸法会进行了一项调研，研究不同国家的法院如何理解与适用《纽约公约》。结果发现，各国法院在很多方面（包括对书面形式的理解）对《纽约公约》的解释不尽相同。于是，联合国贸法会工作组决定在《国际商事仲裁示范法》中示明几点：第一，现代通信方式满足仲裁协议的书面形式要件；第二，引述载有仲裁协议的其他合同构成书面仲裁协议；第三，在仲裁申请书和答辩书的交换过程中，如一方当事人声称有仲裁协议而对方当事人不予否认的，也构成书面仲裁协议。

---

① 最高院（2009）民四他字第22号复函。

于是,1985 年《国际商事仲裁示范法》第 7 条规定:“……协议如载于当事各方签字的文件中,或载于往来的书信、电传、电报或提供协议记录的其他电讯手段中,或在申请书和答辩书的交换中当事一方声称有协议而当事他方不否认,即为书面协议。在合同中提出援引载有仲裁条款的一项文件即构成仲裁协议,但该合同须是书面的而且这种援引足以使该仲裁条款构成该合同的一部分。”根据以上规定,以下四种形式满足书面仲裁协议的要求:

(1)由当事人签字的文件。这是典型的合同形式,也是《纽约公约》明确规定的形式之一。

(2)载于往来的书信、电传、电报或提供协议记录的其他电讯手段。《纽约公约》表述的是“来往书信、电报中所包含的合同中的仲裁条款或仲裁协议”。《国际商事仲裁示范法》的规定旨在将现代的和未来的通信方式也涵盖其中。《国际商事仲裁示范法》中规定的所谓“记录”是为了确保有某种书面形式的存在。所以,当事人之间的电话沟通是不够的,无法满足“记录”的这一要求。但是,仲裁协议并不要求一定是纸面的形式,能够存储于电脑中,或显示于电脑屏幕上的数据就满足了“记录”或“书面”的要求。

(3)在仲裁申请书和答辩书的交换中,一方当事人声称有仲裁协议,而对方当事人不予否认的,也构成书面仲裁协议。

(4)在合同中提出援引载有仲裁条款的一项文件即构成仲裁协议,如果该合同是书面的而且这种援引足以使该仲裁条款构成该合同的一部分。《国际商事仲裁示范法》明确了即便某一书面合同(合同 A)中没有仲裁条款,只要合同 A 引述了其他文件,而其他文件中有仲裁条款,且引述或者参照能够使仲裁条款并入合同 A 的,则可以认定合同 A 有仲裁条款。需注意的是,合同 A 本身必须是书面的,即应当满足前述第(1)种或第(2)种情形。

联合国贸法会工作组认为《国际商事仲裁示范法》第 7 条仅是对《纽约公约》更为详尽的阐述。[①] 联合国贸法会秘书处在《联合国贸易法委员会国际商事仲裁示范法秘书处的说明》中进一步明确,1985 年《国际商事仲裁示范法》参照 1958 年《纽约公约》要求仲裁协议采用书面形式。它扩大和澄清了该公约第 2 条第 2 款对书面形式所下的定义,增添了“电传或提供协议记录的其他电讯手段”,包括“在申请书和答辩书的交换中当事一方声称有协议而当事他方不否认”这种提交类型,并规定在合同中提出援引载有仲裁条款的一项文件即构成仲裁协议,如果该合同是书面的而且这

① Howard M. Holtzmann and Joseph E. Neuhaus, A Guide to the UNCITRAL Model Law on International Commercial Arbitration: Legislative History and Commentary, Kluwer Law and Taxation Publishers, 1988, p. 262.

种援引足以使该仲裁条款构成该合同的一部分。

随着科学技术的飞速发展,“书面”有了更多的表现形式。联合国贸法会在2006年修订《国际商事仲裁示范法》时,就仲裁协议的定义和形式采取了不同于以往的立法模式。2006年修订的《国际商事仲裁示范法》第7条提供了两个备选案文。其中,备选案文一对书面形式作出了详细规定。备选案文一第3款规定:“仲裁协议的内容以任何形式记录下来的,即为书面形式,无论该仲裁协议或合同是以口头方式、行为方式还是其他方式订立的。”第4款则体现了功能等同原则,规定:“电子通信所含信息可以调取以备日后查用的,即满足了仲裁协议的书面形式要求;‘电子通信’是指当事人以数据电文方式发出的任何通信;‘数据电文’是指经由电子手段、磁化手段、光学手段或类似手段生成、发送、接收或储存的信息,这些手段包括但不限于电子数据交换、电子邮件、电报、电传或传真。”备选案文二的规定则更加简洁:“‘仲裁协议’是指当事人同意将其之间一项确定的契约性或非契约性的法律关系中已经发生或可能发生的一切争议或某些争议交付仲裁的协议。”

可以看出,备选案文一保留了书面形式要求,但是对书面形式作出了宽泛的定义。备选案文二则抛弃了有关书面形式的要求,而只关注仲裁协议的实质性要求。[①]联合国贸法会秘书处在《联合国贸易法委员会国际商事仲裁示范法秘书处的说明》表示,备选案文一沿用原1985年文本的详细结构,而备选案文二在定义仲裁协议时省略了任何形式要求。两种备选案文交由各国考虑,视该国具体需要而定。两种备选案文均意在保证仲裁协议可依《纽约公约》执行。为此,联合国贸法会还通过了一项《联合国国际贸易法委员会第三十九届会议2006年7月6日通过的关于1958年6月10日在纽约制定的〈承认及执行外国仲裁裁决公约〉第2条第2款和第7条第1款的解释的建议》,认为由于电子商务的使用日益广泛,各国案例法及国内立法在关于仲裁协议的形式要求、仲裁程序和仲裁裁决的执行方面的新发展、新实践比《纽约公约》的规定更为有利。因此,联合国贸法会建议各成员国在适用《纽约公约》第2条第2款时,将该款所列举的书面形式解释为非穷尽的。[②] 同时,由于2006年修订后的《国际商事仲裁示范法》第7条两个备选案文都确立了比《纽约公约》第2条规定更为有利的制度,建议各国根据《纽约公约》第7条关于“更为有利的法律规定”之规定,[③]允

---

① Gary Born, International Commercial Arbitration (Second Edition) Volume I, Kluwer Law International, 2014, pp. 1311 - 1312.

② 《纽约公约》第2条第2款规定:“称‘书面协定’者,谓当事人所签订或在互换函电中所载明之契约仲裁条款或仲裁协定。”

③ 《纽约公约》第7条第1款规定:“本公约之规定不影响缔约国间所订关于承认及执行仲裁裁决之多边或双边协定之效力,亦不剥夺任何利害关系人可依援引裁决地所在国之法律或条约所认许之方式,在其许可范围内,援用仲裁裁决之任何权利。”

许“任何利害关系方运用根据被请求依赖仲裁协议的所在国的法律或条约而可能享有的权利,寻求该仲裁协议的有效性获得承认”。这为各成员国更宽松地认定仲裁协议的书面形式提供了有力支持。

3. 英国《1996 年仲裁法》

在国际商事仲裁界,具有里程碑式的另一个重要事件是英国《1996 年仲裁法》的颁布。该法第 5 条第 2 款和第 3 款规定了仲裁协议书面形式的六种情形,包括:

(1)If the agreement is made in writing, whether or not it is signed by the parties(如果仲裁协议本身是书面的,不论其是否经当事人签字)。此处是对《纽约公约》和 1985 年《国际商事仲裁示范法》的突破。无论是《纽约公约》还是 1985 年《国际商事仲裁示范法》都要求第一种情形下的仲裁协议必须经当事人签字。[①] 而英国《1996 年仲裁法》不要求当事人必须签字,这扩大了可以被认定为具有有效书面形式的仲裁协议的范围。

(2)If the agreement is made by exchange of communications in writing(如果仲裁协议是以书面的往来通讯方式达成的)。就通信形式的理解,1958 年《纽约公约》将通信限定为往来书信和电报,1985 年《国际商事仲裁示范法》以列举的方式扩大了往来通信的范围,即书信、电传、电报或提供协议记录的其他电讯手段。英国《1996 年仲裁法》对往来通信的形式不作限定,反映了电子商务发展的趋势,也更具前瞻性。

(3)If the agreement is evidenced in writing(如果仲裁协议能以书面形式证明其存在)。换言之,即便仲裁协议是双方口头达成的,只要能够以书证的形式证明双方曾达成过仲裁协议,即可认定双方之间的仲裁协议符合“书面”要件。这一前卫的规定在《纽约公约》和 1985 年《国际商事仲裁示范法》中都找不到依据。实际上,英国上诉法院早在《1996 年仲裁法》实施 10 年前就已经在 Zambia Steel v. James Clark 案中确认了这一仲裁协议“书面”要件认定标准。[②] 在这宗案件中,卖方发送给买方的报价函中有仲裁条款。双方口头同意了报价函。上诉法院认定:通过买卖双方之间的行为可以推断双方同意报价函;因报价函中包含仲裁条款,进而认定双方之间的仲裁协议满足“书面”要件。

(4)Where parties agree to otherwise than in writing by reference to terms which are in writing, they make an agreement in writing(如果当事人之间达成的仲裁协议没有采用书面形式,但该仲裁协议引述了其他书面仲裁条款的,仲裁协议满足书面要件)。

---

① 《纽约公约》第 2 条第 2 款规定“书面协议”的形式之一是“当事人所签订……之契约”,1985 年《国际商事仲裁示范法》第 7 条规定书面形式之一是“协议如载于当事人各方签字的文件中……”

② (1986) 2 Lloyd's Rep 225, 另参见 Margaret Rutherford John Sims, *Arbitration Act* 1996: *A Practical Guide*, FT Law & Tax, 1996, p. 52。

举例而言,如果当事人之间达成了口头的仲裁协议,并同意该仲裁协议按照双方订立的另一份合同中的仲裁条款执行,则此时双方以口头形式达成的仲裁协议就已经满足了仲裁条款的“书面”要件。本条也是关于引述其他仲裁条款的规定,但与 1985 年《国际商事仲裁示范法》有着明显的区别。1985 年《国际商事仲裁示范法》第 7 条第 2 款规定:“在合同中提出援引载有仲裁条款的一项文件即构成仲裁协议,如果该合同是书面的而且这种援引足以使该仲裁条款构成该合同的一部分。”前述规定中引述其他合同条款的原合同必须是书面的,[①]而英国《1996 年仲裁法》则明确将原合同的形式放宽为非书面形式。

(5) An agreement is evidenced in writing if an agreement made otherwise than in writing is recorded by one of the parties, or by a third party, with the authority of the parties to the agreement(如果仲裁协议没有采用书面形式,但被当事人任何一方或经仲裁协议当事人所授权的第三方所记录,即可认定仲裁协议能以书面形式证明其自身存在)。在适用该条时应当注意,无论是当事人一方记录还是第三方记录,任何一种情形均需获得当事人双方授权。[②] 实务中常见情况有两种:其一,仲裁程序中仲裁员记录的当事人就变更仲裁协议或调整仲裁程序而口头达成的一致意见;[③]其二,是当事人所作的会议记录。

(6) An exchange of written submissions in arbitral or legal proceedings in which the existence of an agreement otherwise than in writing is alleged by one party against other party and not denied by the other party in his response constitutes as between those parties an agreement in writing to the effect alleged(在仲裁或诉讼程序中,一方当事人声称存在非书面的仲裁协议,而对方对此不予反对的,这构成当事人之间的书面的仲裁协议)。这与 1985 年《国际商事仲裁示范法》的规定基本一致。

英国《1996 年仲裁法》第 5 条第 6 款进一步规定:“References in this Part to anything being written or in writing include its being recorded by any means. ”(只要被记录下来,无论是以何种方式,都算作书面的形式。)换言之,即便是以录音的形式存在,这也完全符合书面形式要件。

对于英国《1996 年仲裁法》的跃进式规定,英国仲裁法咨询委员会(Departmental

---

① Howard M. Holtzmann and Joseph E. Neuhaus, *A Guide to the UNCITRAL Model Law on International Commercial Arbitration: Legislative History and Commentary*, Kluwer Law and Taxation Publishers, 1988, p. 264.

② Bruce Harris, Rowan Planterose and Jonathan Tecks, *The Arbitration Act* 1996 *A Commentary*, Blackwell Publishing, 2007, p. 48.

③ Bruce Harris, Rowan Planterose and Jonathan Tecks, *The Arbitration Act* 1996 *A Commentary*, Blackwell Publishing, 2007, p. 48.

Advisory Committee)在其报告中解释说:“We have, however, provided a very wide meaning to the words ‘in writing’. Indeed, this meaning is wider than that found in the Model Law, but in our view, is consonant with Article Ⅱ.2 of the English text of the New York Convention. The non – exhaustive definition in the English text may differ in this respect from the French and Spanish texts, but the English text is equally authentic under Article XVI of the New York Convention itself, and also accords with the Russian authentic text. It seems to us that English Law as it stands more than justifies this wide meaning…In view of rapidly evolving methods of recording we have made clear that ‘writing’ includes recording by any means.”①(然而,我们赋予“书面形式”一词十分宽泛的含义。诚然,这一含义比《示范法》中的含义更加宽泛,但是在我们看来,这符合《纽约公约》英文文本第2.2条的规定。英文文本非穷尽式的定义可能和法文与西班牙本文不相一致,但是根据《纽约公约》第16条的规定,英文文本具有与二者同等的效力,且其与俄文文本的规定是相符的。我们认为英国法律如今的地位足以证明这一宽泛含义的合理性……鉴于记录方法的迅猛发展,我们已经明确了“书面形式”包括以任何方式所作的记录。)

表4－1梳理了在几种不同情形下,根据中国和英国的法律规定,仲裁协议是否符合书面形式:

表4－1 不同情形下中国与英国法律中的仲裁协议中书面形式与否对照

情 形	中国	英国
仲裁协议本身是书面的,且经当事人签署。	符合	符合
仲裁协议本身是书面的,但未经当事人签署。	不符合	符合
仲裁协议包含在当事人电报、电传、传真、电子数据交换和电子邮件中。	符合	符合
当事人通过口头形式达成仲裁协议,并经授权的第三方记录在案。	不符合	符合
在仲裁或诉讼程序中,一方当事人声称存在非书面的仲裁协议,而对方对此不予反对的。	符合	符合
当事人之间达成了口头的仲裁协议,并同意该仲裁协议按照此前双方订立的另一份合同中的仲裁条款执行。	不符合	符合
在某书面合同中援引到载有仲裁条款的另一份文件中。	符合	符合

① Departmental Advisory Committee on Arbitration Law Report on the Arbitration Act 1996, para. 34.

4. 中国香港地区《仲裁条例》

中国香港地区于 2011 年修订《仲裁条例》时，将 2006 年修订的《国际商事仲裁示范法》部分条款纳入其中。《仲裁条例》第 19 条第 1 款规定了仲裁协议的书面形式要求，其内容与 2006 年《国际商事仲裁示范法》第 7 条备选案文一相同。另外，《仲裁条例》第 19 条第 2 款规定，在不影响第 1 款的原则下，仲裁协议如符合以下规定，即属以书面订立："(a)该协议是载于文件之内的，不论该文件是否由该协议的各方签署；或(b)该协议虽然并非以书面订立，但却是在该协议的每一方的授权下，由该协议的其中一方或由第三者记录下来的。"

第二节　仲裁协议的独立性

一、仲裁协议独立性的含义

(一)理论分析

仲裁协议独立性，又称仲裁协议可分性，是指仲裁协议仅应按照其适用的法律单独判断有效性；仲裁协议所属主合同的变更、解除、终止或者无效等，不影响仲裁协议的效力。

仲裁协议独立性原理认为：仲裁条款与合同的其他条款分离而独立存在，仲裁协议与合同分离而独立存在；仲裁协议因主合同的订立而订立，但其效力不会因主合同发生争议或被有权机构确认为无效而失去效力，反而会因此被激活，发挥其作为后置性救济手段的作用，仲裁协议的效力问题和主合同的效力问题应作区别性分析。理论界认为，仲裁协议无论作为合同的一个主要条款写入合同，还是合同订立后又补充或重新达成的仲裁协议，均为一个独立的合同(a separate contract)。[①] 换言之，当事人签订包含仲裁条款的合同时，其间形成的不是一个而是两个合同关系。[②]

仲裁协议独立性原则的目的是防止当事人以主合同无效、未生效、终止等理由否定仲裁协议的效力，继而阻碍通过仲裁程序解决纠纷。这一原则使仲裁协议免受主合同效力的影响，获得最大限度的有效性，从而使仲裁能够最大限度地发挥争议解决效果。"The main practical advantage of this principle is that it constitutes a serious bar, for a party who desires delay or wishes to repudiate his arbitration agreement, to subvert

---

① Gary Born, *International Commercial Arbitration (Second Edition) Volume I*, Kluwer Law International, 2014, p. 764.

② 参见江伟、肖建国主编：《仲裁法》(第 3 版)，中国人民大学出版社 2016 年版，第 57 页。

the arbitration clause by questioning in court the existence or validity of the arbitration agreement [by questioning the validity of the main contract.]"[①](这一原则的主要实际优势在于,它对于希望延迟或者拒绝履行仲裁协议的一方当事人通过在仲裁庭上质疑仲裁协议的存在或有效性[通过质疑主合同]去颠覆仲裁条款,构成了一个严重的障碍。)

(二)中国法律及仲裁规则规定

《民法典》第五百零七条规定:"合同不生效、无效、被撤销或者终止的,不影响合同中有关解决争议方法的条款的效力。"当事人签订仲裁协议的目的是以仲裁的方式解决双方之间可能发生的或已经发生的纠纷。该条款或协议的后果是对民事程序的选择,而民事程序与民事实体在一定的情况下可以而且应该是分离的。类似于票据行为和买卖合同、物权行为和债权行为的关系,当事人签订的仲裁协议相对于本合同来说具有无因性,不因本合同效力的改变而改变。仲裁协议的独立性从根本上来说是符合当事人缔约时的真实意思表示,也是仲裁自愿原则的体现。[②]

《仲裁法》第 19 条第 1 款规定:"仲裁协议独立存在,合同的变更、解除、终止或者无效,不影响仲裁协议的效力。"这里的"仲裁协议",包括当事人在合同中订明的仲裁条款和以其他方式达成的书面仲裁协议。《仲裁法司法解释》扩大了仲裁协议独立性的适用范围,第 10 条规定:"合同成立后未生效或者被撤销的,仲裁协议效力的认定适用仲裁法第十九条第一款的规定。当事人在订立合同时就争议达成仲裁协议的,合同未成立不影响仲裁协议的效力。"

《贸仲规则 2015》第 5 条第 4 款规定:"合同中的仲裁条款应视为与合同其他条款分离的、独立存在的条款,附属于合同的仲裁协议也应视为与合同其他条款分离的、独立存在的一个部分;合同的变更、解除、终止、转让、失效、无效、未生效、被撤销以及成立与否,均不影响仲裁条款或仲裁协议的效力。"《北仲规则 2019》第 5 条规定:"仲裁协议独立存在,其效力应单独判断,无论合同是否成立、变更、解除、终止、无效、失效、未生效、被撤销,均不影响仲裁协议的效力。"

比较两家仲裁机构仲裁规则与《仲裁法》就仲裁协议独立性的规定,仲裁规则规定的更加全面,合同的"成立、变更、解除、终止、转让、无效、失效、未生效、被撤销"等几种情形均不会影响仲裁协议的效力。

---

① Szurski,转引自 Alan Redfern and Martin Hunter, *Law and Practice of International Commercial Arbitration*, Thomson Sweet & Maxwell, 2004, p. 193。

② 参见唐德华、孙秀君主编:《仲裁法及配套规定新释新解》,人民法院出版社 2003 年版,第 214 ~ 216 页。

(三)外国立法及国际商事仲裁规则对仲裁协议独立性的规定

自从1963年法国在Gosset案中承认仲裁协议具有独立性至今,仲裁协议独立性原则已经为世界大多数国家所接受。[①]《国际商事仲裁示范法》第16条规定:“仲裁庭可以对它自己的管辖权包括对仲裁协议的存在或效力的任何异议,作出裁定。为此目的,构成合同的一部分的仲裁条款应视为独立于其他合同条款以外的一项协议。仲裁庭作出的关于合同无效的决定,不应在法律上导致仲裁条款的无效。”《贸法会仲裁规则》第23条第1款规定:“仲裁庭有权力对其自身管辖权作出裁定,包括对与仲裁协议的存在或效力有关的任何异议作出裁定。为此目的,构成合同一部分的仲裁条款,应视为独立于合同中其他条款的一项协议。仲裁庭作出合同无效的裁定,不应自动造成仲裁条款无效。”

英国在起草《1996年仲裁法》时,没有像《国际商事仲裁示范法》和《贸法会仲裁规则》那样将仲裁庭的管辖权和仲裁协议的独立性规定在同一条款中,而是单列第7条,单独、明确地规定了仲裁协议的独立性。[②] 该条规定:“Unless otherwise agreed by the parties, an arbitration agreement which forms or was intended to form part of another agreement (whether or not in writing) shall not be regarded as invalid, non-existent or ineffective because that other agreement is invalid, or did not come into existence or has become ineffective, and it shall for that purpose be treated as a distinct agreement.”(除非当事人另有约定,不能因为协议的无效、不存在或已经失效,而将该协议一部分的仲裁条款视为无效、不存在或已经失效,仲裁协议应被视为可分割的协议。)

1987年《瑞士联邦国际私法》第178条第3款规定:“The validity of an arbitration agreement may not be contested on the grounds that the principal contract is invalid or that the arbitration agreement concerns a dispute which has not yet arisen.”(不得以主合同无效或仲裁协议系针对尚未发生的争议为理由而对仲裁协议的有效性提出异议。)德国1998年《民事诉讼法典》第1040条第1款规定:“The arbitral tribunal may rule on its own jurisdiction and in this connection on the existence or validity of the arbitration agreement. For that purpose, an arbitration clause shall be treated as an agreement independent of the other terms of the contract.”(仲裁庭可以对其管辖权和与此相关的仲

---

① Cour De Cassation, 1 re Civil Chamber, May 7, 1963 (Dolloz, 1963, p. 545).

② However, it seems to us that the doctrine of separability is quite distinct from the question of the degree to which the tribunal is entitled to rule on its own jurisdiction, so that, unlike the Model Law, we have deal with the latter elsewhere in the Bill (Clause 30). See Departmental Advisor Committee on Arbitration Law Report on the Arbitration Bill, para. 43.

裁协议的存在及其效力作出裁定。为此,构成合同一部分的仲裁条款应当被视为一项独立于合同其他条款的协议。)

二、仲裁协议独立性的理解与适用

(一)当事人是否可以排除仲裁协议的独立性

如果当事人在合同中约定:"如果本合同无效,本合同全部条款(包括仲裁条款)也无效。"此时仲裁条款是否仍具有独立性?换言之,如果当事人协商一致同意仲裁条款不具有独立性,那么当事人的这种约定是有效还是无效的?中国法律、司法解释以及仲裁规则对此没有明确规定。一方面,从文义解释出发,《仲裁法》似乎没有赋予当事人在这方面腾挪的空间。中国仲裁机构也认为仲裁条款独立性是法定的,没有授权当事人作相反的约定。因此,前述排除仲裁条款独立性的约定应认定无效。另一方面,既然仲裁协议是当事人对争议解决方式的约定,那么当事人对仲裁协议的独立性,以及其失效或无效的条件作出约定似乎也应属于意思自治的范畴。两种解释都有其合理性,从尊重当事人意思自治的角度,似乎第二种解释更为合理。对比英国《1996 年仲裁法》,其第 7 条就赋予了当事人协议排除仲裁协议独立性的权利("Unless otherwise agreed by the parties...")。

(二)合同未成立与仲裁协议的独立性

实践中,一方当事人起草合同文本或者提供格式合同后,双方经过数轮谈判和修改未能就合同条款达成一致,则合同并未成立。在此情况下,合同中的仲裁条款(特别是在当事人未对该仲裁条款提出异议或者修改意见时)是否约束双方当事人?

《仲裁法司法解释》第 10 条第 2 款规定:"当事人在订立合同时就争议达成仲裁协议的,合同未成立不影响仲裁协议的效力。"最高院认为:"如果双方当事人在谈判过程中未对仲裁条款提出异议,但因对合同其他条款未能达成一致而导致合同未成立,则不能视为双方就其合同争议的解决达成了仲裁协议。因为一方当事人提供含有仲裁条款的合同属于一种要约行为,对方当事人就合同的其他条款提出修改意见属于反要约或者新要约。作为反要约或者新要约的组成部分的仲裁条款,仍然需要对方当事人的承诺才能构成有效的仲裁协议。如果仅仅因为一方当事人提供的合同范本或者格式合同中存在仲裁条款,就不管当事人是否就合同的全部条款包括仲裁条款达成合意,而认定单方拟定的仲裁条款具有约束双方当事人的效力,实践中可能产生极不公平的结果。”①

这一问题比较典型的案例是新加坡益得满亚洲私人有限公司申请承认及执行外国仲裁裁决案，最高院在复函中认为仲裁条款或者仲裁协议独立生效的前提，是有关当事人就通过仲裁解决争议达成合意。② 因此，除非当事人专门就仲裁达成合意，否则含有仲裁条款的合同未成立的，仲裁条款也不成立。

（三）当事人在履行过程中变更原合同的争议解决方式

当事人在履行合同过程中另行签订协议并变更了原合同的争议解决方式的，即使另行签订的协议本身无效，协议中的争议解决条款之独立性和效力也不受影响。以刘某与某食品有限公司中外合资经营企业合同纠纷案③为例，在该案中，双方当事人在合资合同中明确约定了仲裁条款，且该条款依法有效。但在合资合同履行过程中，双方又签订了一份协议书，约定原合资合同及其补充条款作废，同时约定发生争议时由协议签订地人民法院解决。最高院认为，上述争议解决方式的变更是当事人协商一致作出的，虽然协议书未经有关部门批准而不发生法律效力，但根据《合同法》第57条（《民法典》第507条）的规定，变更后的争议解决条款的独立性和效力不受影响，最终认定人民法院对相关纠纷具有管辖权。

第三节　仲裁协议有效性

一、仲裁协议有效性的三要素

《仲裁法》第16条规定了仲裁协议有效性的三个要件（实质要求），即请求仲裁的意思表示、仲裁事项、选定的仲裁委员会。如果一份仲裁协议不具备前述三个要件中的任何一个，该仲裁协议就是无效的。

（一）请求仲裁的意思表示

请求仲裁的意思表示是指仲裁协议当事人同意将争议事项通过仲裁程序解决，通过仲裁程序解决争议必须是明确的、唯一的。

---

① 沈德咏、万鄂湘主编，最高人民法院研究室、民事审判第四庭编著：《最高人民法院仲裁法司法解释的理解与适用》，人民法院出版社2007年版，第99页。

② 最高院（2001）民四他字第43号复函，该案分析另见本书第二十五章第六节。

③ 参见万鄂湘主编、最高人民法院民事审判第四庭编：《涉外商事海事审判指导》（2010年第2辑）（总第21辑），人民法院出版社2010年版，第202页。

(二)仲裁事项

仲裁事项即当事人约定将哪些争议提交仲裁解决。仲裁机构只能在仲裁协议约定的仲裁事项范围内进行裁决,否则法院可以根据当事人的申请撤销或不予执行仲裁裁决。仲裁事项可以是明确的一项或几项,也可以是笼统的与合同有关的全部争议。举例而言,在一份租赁合同当中,当事人可以约定与迟延支付租金有关的事项通过仲裁程序解决,也可以概括地约定与该租赁合同有关的一切事项均通过仲裁程序解决。[①]《仲裁法》第 18 条规定:"仲裁协议对仲裁事项或者仲裁委员会没有约定或者约定不明确的,当事人可以补充协议;达不成补充协议的,仲裁协议无效。"所谓"仲裁事项不明确"应指当事人约定的仲裁事项是什么无法判断,而非排斥当事人概括地约定仲裁事项。《仲裁法司法解释》第 2 条规定:"当事人概括约定仲裁事项为合同争议的,基于合同成立、效力、变更、转让、履行、违约责任、解释、解除等产生的纠纷都可以认定为仲裁事项。"

此外,当事人约定的仲裁事项必须具有可仲裁性,需要遵守《仲裁法》及相关法律法规的规定。如果一项争议不具备可仲裁性,则仲裁机构没有管辖权,只能通过法院或其他途径解决,否则法院可以根据当事人的申请撤销或不予执行仲裁裁决。

《仲裁法》第 2 条规定:"平等主体的公民、法人和其他组织之间发生的合同纠纷和其他财产权益纠纷,可以仲裁。"第 3 条规定:"下列纠纷不能仲裁:(一)婚姻、收养、监护、扶养、继承纠纷;(二)依法应当由行政机关处理的行政争议。"

根据前述规定,依法应当由行政机关处理的行政争议不属于仲裁的范围,原因在于仲裁机构作为民间性的组织,无权代表国家对行政争议作出处理。不过,这一规定并非一概排除私人与政府之间的所有争议。如果某一争议不属于应当由行政机关处理的纠纷且当事人之间的法律关系未超出平等民事主体的权利义务范围,则仍具有可仲裁性。近年来实践中有两类争议较大的案件:一类是土地使用权出让合同纠纷的可仲裁性;另一类是特许经营合同纠纷的可仲裁性。本书第二章已经对此作出分析,此处重点讨论政府和社会资本合作项目合同的可仲裁性。

政府和社会资本合作(Public - Private Partnership, PPP),通常是指公共部门和私营部门(即政府和社会资本)在公共基础设施领域共同合作的项目模式。[②] 中国尚未专门就 PPP 模式出台正式法律法规,仅有国务院、财政部、国家发展改革委等部委或各地方政府发布的相应文件予以规定。根据 2014 年国家发展改革委《关于开展政府

---

① (2003)沪二中民二(民)初字第 64 号民事裁定书。

② 参见李亢:《PPP 的法律规制:以基础设施特许经营为中心》,法律出版社 2017 年版,第 43 页。

和社会资本合作的指导意见》第 1 条,PPP 模式指“政府为增强公共产品和服务供给能力、提高供给效率,通过特许经营、购买服务、股权合作等方式,与社会资本建立的利益共享、风险分担及长期合作关系”。根据 2015 年《关于在公共服务领域推广政府和社会资本合作模式的指导意见》第 1 条,PPP 模式的含义为“政府采取竞争性方式择优选择具有投资、运营管理能力的社会资本,双方按照平等协商原则订立合同,明确责权利关系,由社会资本提供公共服务,政府依据公共服务绩效评价结果向社会资本支付相应对价,保证社会资本获得合理收益”。

PPP 模式具有类似的合同结构,即核心的 PPP 项目合同,以及为履行 PPP 项目而签订的其他合同,组成一个“合同群”。其中,居于核心的 PPP 项目合同,一般是政府与专为 PPP 项目所成立的项目公司签订,有时也会直接与社会资本签订。项目公司则与其他主体签订融资合同、保险合同、工程承包合同、原料供应合同等围绕 PPP 项目开展所必需的合同①。

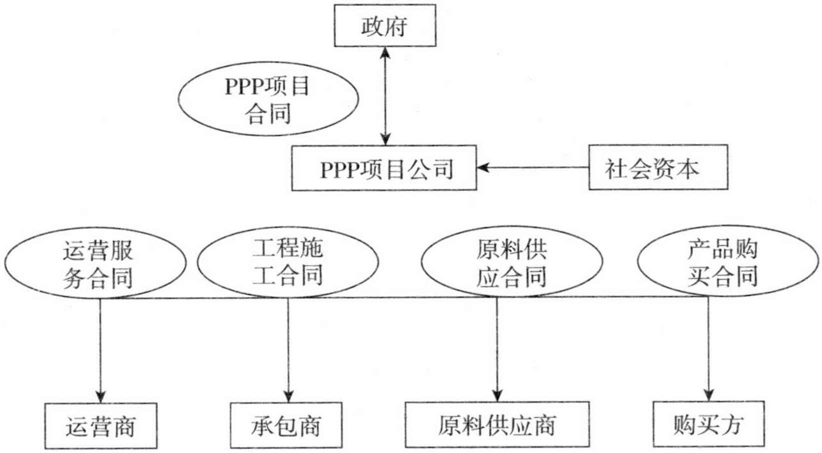

图 4－1　PPP 模式合同结构

PPP 项目公司与其他主体签订的系列合同,与一般民商事合同本质上并无区别,可定性为相应的合同类型并据此判断是否具有可仲裁性。PPP 项目合同涉及政府与社会资本的合作与安排,合同性质认定较为复杂。根据国家发展改革委《关于开展政府和社会资本合作的指导意见》,依合作方式的不同,PPP 项目合同可以包括特许经营协议、政府购买服务协议、股权合作协议等类型,其中特许经营协议方式最为广泛使用。至于争议解决方式,2014 年国家发展改革委制定的《政府和社会资本合作项目通用合同指南》第 73 条以及财政部制定的《PPP 项目合同指南(试行)》第 28 条均

① 参见崔强、王修竹:《论 PPP 合同的可仲裁性》,载通商律师事务所微信公众号,2019 年 11 月 19 日。

规定 PPP 项目合同的争议解决方式包括诉讼与仲裁。在实践中,无论采用哪种合作方式,PPP 项目合同约定通过仲裁解决争议的大量存在。

然而,2015 年施行的《行政诉讼法》第 12 条第 1 款第 11 项将特许经营协议归类为行政协议,明确属于行政诉讼的受理范围。同年出台的《行政诉讼法司法解释》亦明确特许经营协议为行政协议。① 这一规定和司法解释造成了理论与实践中对特许经营协议的性质及可仲裁性的理解分歧,也造成了社会资本对参与 PPP 模式的担忧。

一种观点认为,根据前述规定,特许经营协议是行政协议,由此产生的纠纷属于行政争议,因而不能通过仲裁的方式解决。另一种观点认为,特许经营协议并不必然为行政协议,而应当从实质上判断其性质,如属于民商事合同的,则具有可仲裁性。司法实践中,尽管有前述法律和司法解释的规定,但仍不乏认定特许经营协议属于民商事合同的案例。例如,最高院(2015)民一终字第 244 号裁定书认为:"本案是典型的 BOT 模式的政府特许经营协议……合同涉及的相关行政审批和行政许可等其他内容,为合同履行行为之一,属于合同的组成部分,不能决定案涉合同的性质……应当定性为民商事合同。"北京二中院(2017)京 02 民特 11 号裁定书也将案涉 BOT 特许经营协议认定为民商事合同,从而裁定合同约定的仲裁条款有效。

为统一司法实践,2020 年 1 月起施行的《行政协议案件规定》第 2 条列举了行政协议的类型,明确政府特许经营协议属于行政协议。第 26 条规定,行政协议约定仲裁条款的,人民法院应当确认该条款无效。至此,最高院以司法解释的形式明确了特许经营协议纠纷不可提交仲裁解决。

但需要注意的是,与特许经营协议不同,《行政协议案件规定》并未将 PPP 项目合同的性质一概认定为行政协议。《行政协议案件规定》第 2 条第 5 项规定"符合本规定第一条规定的政府与社会资本合作协议"为行政协议,而第 1 条规定:"行政机关为了实现行政管理或者公共服务目标,与公民、法人或者其他组织协商订立的具有行政法上权利义务内容的协议,属于行政诉讼法第十二条第一款第十一项规定的行政协议。"据此,PPP 项目合同的性质仍要通过个案进行分析,PPP 项目合同的可仲裁性也不能一概而论。最高院在发布《行政协议案件规定》时召开新闻发布会,认为 PPP 项目合同"是行政机关利用社会资本进行相关的基础设施等投资合作的协议,这类协议对国民经济的发展影响巨大。我们考虑到,政府与社会资本合作协议一般情况下是以合同群的方式存在的,它在很多情况下表现为是行政协议,但是在个别的情况下又体现为民事合同。所以我们在司法解释里明确规定,对于符合本司法解释规定的

---

① 《行政诉讼法司法解释》于 2018 年修订,并删去了有关特许经营协议属于行政协议的内容。但是 2018 年《行政诉讼法司法解释》未对特许经营协议的性质作出新的规定。

行政协议定义的政府与社会资本合作协议、PPP 协议是属于行政协议的范围,我们通过对这类协议的审理,能够达到有利于保障国家利益和社会公众利益,有利于保障社会资本方参与公私合作的积极性和安全感,也有利于营造公平、公正的竞争环境”。①

《行政协议案件规定》的出台引起了理论和实务界的强烈讨论,不少学者认为其对 PPP 项目合同性质的规定可能在实践中造成不确定性,产生司法机关和仲裁机构相互推诿的现象。中国正在讨论与制定针对 PPP 模式的专门立法,如正在拟定的中华人民共和国政府和社会资本合作法。根据 2016 年公布的征求意见稿第 49 条规定:“开展政府和社会资本合作,社会资本与实施单位就合作协议发生争议并难以协商达成一致的,可以依法提起民事诉讼或仲裁。”不过,《行政协议案件规定》的出台以及近年来司法理论与实践的发展是否会影响立法,仍待进一步观察。

(三)选定的仲裁委员会

选定的仲裁委员会指当事人必须在仲裁协议中约定由某一个仲裁委员会审理其争议。《仲裁法》第 18 条规定:“仲裁协议对仲裁事项或者仲裁委员会没有约定或者约定不明确的,当事人可以补充协议;达不成补充协议的,仲裁协议无效。”当事人协议选择仲裁机构的名称不准确,是导致仲裁条款无效的重要原因之一。

《仲裁法司法解释》第 3 条规定:“仲裁协议约定的仲裁机构名称不准确,但能够确定具体的仲裁机构的,应当认定选定了仲裁机构。”根据以上规定,如何将约定名称不准确的仲裁机构确定为具体的仲裁机构,这是弹性空间很大的问题。

二、仲裁协议约定外国仲裁机构在中国仲裁的合法性

约定外国仲裁机构在中国仲裁的仲裁协议合法性问题广受关注。在很大层面上,这是中国本土仲裁机构与国际仲裁机构因争夺中国市场而互相博弈的体现,涉及市场准入的问题。如果认可了此种仲裁协议的效力,中国 200 多家仲裁机构将面临国际仲裁机构的巨大竞争压力。

对此,最高院未从司法解释或司法案例层面给出明确的意见。但梳理最高院在过去 20 年中对确认仲裁协议效力案件的答复,似乎可以窥见其倾向性意见及转变过程。在 1996 年的“诺和诺德案”②中,最高院认为:“当事人约定适用 ICC 仲裁规则在

---

① 最高人民法院:《行政协议司法解释精彩问答》,载 http://www.legaldaily.com.cn/zt/node_104692.html,最后访问日期:2020 年 2 月 2 日。

② 最高院法经(1996)449 号复函。

英国仲裁的仲裁协议因无明确的仲裁机构而无法执行。”在2004的“旭普林案”[①]中,最高院也以当事人未明确约定仲裁机构为由认定仲裁协议无效。在随后2006年“达利特案”[②]中,最高院认为:“仅约定适用ICC仲裁规则、仲裁地点在北京的仲裁协议无效。”而在2012年的“泰州浩普投资公司案”[③]中,最高院认为:“依据ICC仲裁规则不能确定仲裁机构,当事人事后亦未能达成补充协议,故认定该仲裁协议无效。”

可见,在较早的案例中,最高院通常是以无法通过仲裁规则确定仲裁机构为由,认定仲裁协议无效,但并未对外国仲裁机构仲裁的合法性作出正面答复。

理论界对此问题有两种截然相反的观点:一种观点认为,该等仲裁协议无效。理由为:既然约定在中国仲裁,则必须强制适用《仲裁法》。《仲裁法》第10条规定,仲裁委员会由直辖市、省会城市和设区的市级人民政府组织有关部门和商会统一组建,且应在省级司法行政部门登记。第16条规定:“仲裁协议包括合同中订立的仲裁条款和以其他书面方式在纠纷发生前或者纠纷发生后达成的请求仲裁的协议。仲裁协议应当具有下列内容:(一)请求仲裁的意思表示;(二)仲裁事项;(三)选定的仲裁委员会。”第18条规定:“仲裁协议对仲裁事项或者仲裁委员会没有约定或者约定不明确的,当事人可以补充协议;达不成补充协议的,仲裁协议无效。”根据前述规定,在中国法下,有效的仲裁协议必须有选定的仲裁委员会,而仲裁委员会又是根据中国法律设立的中国仲裁机构。因此,如果当事人在中国仲裁,适用中国法,但选定的仲裁机构是外国仲裁机构,就违反了前述《仲裁法》第16条和第18条的规定。其仲裁协议无效,仲裁行为和仲裁裁决不合法。

相反的观点则认为,该等仲裁协议合法有效。其理由为:《仲裁法》第10条并非旨在设定“仲裁委员会”的定义,而只是规定中国境内仲裁委员会的设立方式。第16条仲裁协议里“仲裁委员会”规范的要求仅仅意味着禁止临时仲裁,而不是禁止由非中国仲裁机构管理的仲裁。根据以上观点,不应该禁止由非中国仲裁机构管理在中国的仲裁。该观点还引用前述旭普林案的论述。该案仲裁条款为:“仲裁:适用国际商会规则,仲裁地上海。”最高院裁定认为:根据中国的仲裁法,有效的仲裁协议应当包括请求仲裁的意思表示,仲裁事项以及选定的仲裁委员会。在本案中,仲裁条款包含请求仲裁的意思表示,适用的仲裁规则以及仲裁地,但并没有说明仲裁机构,因此仲裁条款应当无效。最高院认定该仲裁协议无效的理由是协议中没有约定仲裁机构。如果仲裁协议中约定了提交ICC仲裁,那就满足了《仲裁法》第16条仲裁协议有

---

① 最高院(2003)民四他字第23号复函。

② 最高院(2006)民四他字第6号复函。

③ 最高院(2012)民四他字第6号复函。

效的法定要件,仲裁协议应当有效。

值得注意的是,ICC 在 2012 年修订了其仲裁规则,明确规定了适用《ICC 仲裁规则》,即同意案件由 ICC 管理,排除了其他仲裁机构适用《ICC 仲裁规则》管理案件的可能。据此,针对当事人仅约定适用《ICC 仲裁规则》且未约定其他仲裁机构的,中国法院难再以无法确定仲裁机构为由,认定仲裁协议无效。①

随着中国仲裁国际化程度的加深,近年来也有地方法院认可了外国仲裁机构在内地仲裁的仲裁协议效力。比较典型的是前述某钢铁公司申请强制执行其与宁波市某进出口有限公司买卖合同纠纷 ICC 仲裁裁决案。② 该案涉案合同的仲裁条款中文表述为:"一切因执行合同或与本合同有关的争执,应提交设在中国北京的国际商会仲裁委员会,按照《联合国货物销售公约》进行仲裁。"英文表述为:"Arbitration: all disputes in connection with this contract or the execution thereof shall be settled by friendly negotiation. If no settlement can be reached the case in dispute shall then be submitted to The Arbitration of the International Chamber of Commerce in China, in accordance with the United Nations Convention on the International Sale of Goods."宁波市中级人民法院裁定该仲裁条款有效。

最高院对待这一问题的观点也在发生变化。在 2013 年安徽省龙利得包装印刷有限公司与 BP Agnati S. R. L. 申请确认仲裁协议效力案中,当事人的仲裁协议约定:"因合同而发生的纠纷由国际商会仲裁院进行仲裁,管辖地应为中国上海(PLACE OF JURISDICTION SHALL BE SHANGHAI, CHINA)"。最高院在复函中认可了这一仲裁条款的效力。③ 在 2013 年宁波市北仑利成润滑油有限公司与法莫万驰公司买卖合同纠纷案中,涉案仲裁条款为:"任何各方之间所产生的……分歧应通过仲裁在北京解决,国际商会的仲裁规则(ICC)和依据其所作的裁决对双方当事人具有约束力。"最高院在复函中同样认可了这一仲裁条款的效力。④ 同时,最高院指出:"2012 年 1 月 1 日生效的国际商会仲裁规则第六条第二款规定,'当事人同意按照仲裁规则进行仲裁,即接受由仲裁院对该仲裁进行管理',故国际商会仲裁院对仅约定适用其规则但未同时约定其他仲裁机构仲裁的合同争议具有管辖权。本案当事人约定适用国际商会仲裁规则但未同时约定其他仲裁机构进行仲裁,应当认为当事人的约定属于'按照约定的仲裁规则能够确定仲裁机构'的情形……"

前述两宗案件似乎显示出最高院开始倾向认同外国仲裁机构在内地仲裁的有效

---

① 参见下文最高院对宁波市北仑利成润滑油有限公司与法莫万驰公司买卖合同纠纷案的复函意见。
② 宁波市中级人民法院(2008)甬仲监字第 4 号民事裁定书。
③ 最高院(2013)民四他字第 13 号复函。
④ 最高院(2013)民四他字第 74 号复函。

性。但由于最高院的复函严格意义上不能被视为法律渊源,因此复函对于未来类似案件是否具有指导意义、能否普遍适用仍待立法和司法实践的检验。

另外,值得关注的是,2019 年 7 月 27 日,国务院发布《中国(上海)自由贸易试验区临港新片区总体方案》,其中第 4 项中提到:“……支持新片区加强国际商事纠纷审判组织建设。允许境外知名仲裁及争议解决机构经上海市人民政府司法行政部门登记并报国务院司法行政部门备案,在新片区内设立业务机构,就国际商事、海事、投资等领域发生的民商事争议开展仲裁业务,依法支持和保障中外当事人在仲裁前和仲裁中的财产保全、证据保全、行为保全等临时措施的申请和执行。”上海市政府于 2019 年 7 月 30 日通过《中国(上海)自由贸易试验区临港新片区管理办法》,其中第 13 条规定:“境外知名仲裁及争议解决机构经市司法行政部门登记并报国务院司法行政部门备案后,可以在新片区内设立业务机构,就国际商事、海事、投资等领域发生的民商事争议开展仲裁业务。”2019 年 11 月 8 日,上海市司法局在第二届中国国际进口博览会的“上海国际仲裁高峰论坛”上印发了《境外仲裁机构在中国(上海)自由贸易试验区临港新片区设立业务机构管理办法》,对境外仲裁机构在上海自贸试验区临港新片区设立业务机构并开展业务提供的更为详细的指引,该办法自 2020 年 1 月 1 日起施行。这一系列规定的出台,是中国政府就允许境外仲裁机构在内地受理和管理仲裁案件的最新尝试,但具体落实和带来的法律问题,仍需立法和司法机关进一步明确,如境外仲裁机构在内地管理仲裁案件的仲裁地是否只能选择中国上海市临港自贸区等。

三、违约纠纷和侵权纠纷竞合时仲裁条款的适用

《仲裁法司法解释》第 2 条规定:“当事人概括约定仲裁事项为合同争议的,基于合同成立、效力、变更、转让、履行、违约责任、解释、解除等产生的纠纷都可以认定为仲裁事项。”

在当事人概括约定仲裁事项时,如果纠纷系违约责任和侵权责任竞合,即使合同一方选择追究侵权责任,仍受合同中仲裁条款的约束,由合同中约定的仲裁机构仲裁。

最高院在(2005)民四他字第 9 号复函中认为:“百事达公司现以安徽饭店利用其控股地位、独自侵占合资公司等为由提起诉讼,该纠纷应当理解为属于合资合同第五十一条约定的‘与本合同有关的一切争议’。因此,对该纠纷双方应提请仲裁机关解决。”最高院通过对个案批复的形式明确了违约责任和侵权责任竞合时仲裁条款仍然有效这一观点。

随后,最高院在《第二次全国涉外商事海事审判工作纪要》第 7 条进一步明确了

此观点。该条规定:“涉外商事合同的当事人之间签订的有效仲裁协议约定了因合同发生的或与合同有关的一切争议均应通过仲裁方式解决,原告就当事人在签订和履行过程中发生的侵权纠纷为由向人民法院提起诉讼的,人民法院不享有管辖权。”

四、瑕疵仲裁条款的类型及分析

瑕疵仲裁协议,亦称为缺陷仲裁协议,是指仲裁事项不够清晰、规范,或者仲裁协议内容不符合法定要求等,致使仲裁程序的启动受阻的仲裁协议。[①] 存在瑕疵的仲裁协议不一定必然无效,需要根据具体情形适用不同法律规定作出判断。

(一)既约定诉讼又约定仲裁(或裁或审)

《仲裁法司法解释》第 7 条规定:“当事人约定争议可以向仲裁机构申请仲裁也可以向人民法院起诉的,仲裁协议无效……”例如,在浙江一顺进出口有限公司与 Mohamed Mohamoud Ould Mohaned 国际货物买卖合同纠纷案中,涉案仲裁条款约定:“……双方均可向中国国际贸易促进委员会对外贸易仲裁委员会提交仲裁,也可以向浙江一顺进出口有限公司所在地法院直接起诉。”最高院在复函中明确此种仲裁协议无效。[②]

尽管如此,法院并不会仅因为仲裁协议使用了“可”提起仲裁的表述就认定其约定不明确。在郑州市某村民委员会与河南某发展有限公司申请确认仲裁条款无效纠纷案[③]中,案涉仲裁条款约定:“在履行本协议中,如发生纠纷,双方应及时协商,如协商不成,任何一方可要求区政府进行调解,如解决不了,可向郑州仲裁委员会申请仲裁解决。”村民委员会认为,该条款的意思是可以向郑州仲裁委员会申请仲裁,而不是应当向郑州仲裁委员会申请仲裁,其实质含义应当是“可以向仲裁机构申请仲裁,也可以向人民法院起诉”,因此应当认定仲裁条款无效。法院认为,从该条款的内容来看,仲裁的意思表示是明确的,仲裁条款中的“可以”主要是表明“任何一方”都有权提起仲裁,而不是“既可以提起仲裁,也可以提起诉讼”,不能导致仲裁条款无效。

在武钢集团国际经济贸易总公司与福州天恒船务有限公司、财富国际船务有限公司海上货物运输合同纠纷管辖权异议案中,案涉仲裁条款约定:“G/A ARBITRATION IF ANY TO BE SETTLED IN HONGKONG WITH ENGLISH LAW TO APPLY;如果仲裁,在香港国际仲裁中心适用英国法律”。最高院在复函中认为[④]:“中

---

① 参见宋建立:《瑕疵仲裁协议的司法审查》,载《人民司法》2018 年第 19 期。

② 最高院(2011)民四他字第 8 号复函。

③ (2009)郑民三初字第 756 号民事裁定书。

④ 最高院(2009)民四他字第 36 号复函。

英文表述虽然不尽一致,但含义均为'如果提起仲裁,在香港适用英国法律'。这一约定是双方当事人对涉案纠纷提起仲裁时的仲裁地点和所适用法律作出的特别约定,不构成双方之间唯一的纠纷解决方式,并未排除诉讼管辖……法院对本案具有管辖权。"该案中最高院认为"if any"这一表述表明双方未明确约定通过仲裁方式解决争议、未排除法院的管辖。这一认定值得商榷。如果某仲裁条款只提及仲裁,而没有提到诉讼,那无论用"may"还是"if any"都应当理解为如果一旦发生争议,"可以"通过仲裁解决,而不能通过诉讼解决。这与"或裁或审"条款是有本质区别的。在 Mangistaumunaigaz Oil Production Association v. United World Trade Inc. 案[①]中,案涉仲裁条款为:"Arbitration, if any, by ICC Rules in London."英国法院认为,"if any"要么应被理解为是多余的,可以被忽略,要么则是应当理解为"如有任何争议发生"(The words if any were either surplusage which could be ignored or an abbreviation for "if any dispute arises")。因此,除非仲裁条款已经混乱得毫无希望(hopeless confusion),否则应尽量认定当事人有将争议提交仲裁的合意。[②]

(二)当事人约定仲裁机构不准确或约定两个仲裁机构

《仲裁法司法解释》第 3 条规定:"仲裁协议约定的仲裁机构名称不准确,但能够确定具体的仲裁机构的,应当认定选定了仲裁机构。"在爱尔建材(天津)有限公司与德国玛莎(集团)股份有限公司、玛莎(天津)建材机械有限公司买卖合同纠纷案中,当事人约定的仲裁机构为"中国或天津对外国际贸易促进委员会"。最高院在复函中认为[③]:"由于'天津对外国际贸易促进委员会'并不存在,且在当事人约定由'中国对外贸易促进委员会'仲裁时可以认为当事人选择的是由'中国国际经济贸易仲裁委员会'进行仲裁,因此,应当认为该仲裁条款符合我国仲裁法的规定,是有效的仲裁条款。"

针对当事人同时选择两个仲裁机构的问题,最高院曾在 1996 年 12 月 12 日作出的法函〔1996〕176 号提到:"本案当事人订立的合同中的仲裁条款约定'合同争议应提交中国国际贸易促进委员会对外经济贸易仲裁委员会或瑞典斯德哥尔摩商会仲裁院仲裁',该仲裁条款对仲裁机构的约定是明确的,亦是可以执行的。当事人只要选择约定的仲裁机构之一即可进行仲裁。"

《仲裁法司法解释》第 5 条规定:"仲裁协议约定两个以上仲裁机构的,当事人可

---

① 1 Lloyd's Rep 619.

② David St John Sutton, Judith Gill, Matthew Gearing: Russell on Arbitration, Sweet & Maxwell, 2015.

③ 最高院(2005)民四他字第 50 号复函。

以协议选择其中的一个仲裁机构申请仲裁；当事人不能就仲裁机构选择达成一致的，仲裁协议无效。”前述司法解释要求当事人在两个以上仲裁机构中先行共同选定一个，否则仲裁协议无效。该等规定变更了最高院法函〔1996〕176号的内容。表面上看这似乎对当事人缔约时的意思自治限制得过于严格，与仲裁程序中当事人意思自治的基本立场不协调。但最高院作出以上调整确有理由：如果采纳由当事人自行选择的方式来追认仲裁条款的效力，在实践中可能会出现以下问题：(1)在当事人分别向不同仲裁机构提起仲裁的情况下，如何确定不同的仲裁机构之间的管辖权分配？在现行的仲裁机构管理模式下，各个仲裁机构之间没有隶属关系，在涉及外国仲裁机构时更是如此。如果当事人分别向不同的仲裁机构申请仲裁，在仲裁机构的管辖权方面，缺乏一个有效的协调机制。(2)如果当事人分别向不同的仲裁机构申请仲裁，各仲裁机构分别作出了仲裁裁决，如何判断不同仲裁裁决的效力？这几乎是此类仲裁条款必然会产生的问题。《仲裁法司法解释》在总结司法实践经验的基础上，对此类仲裁条款的裁判理念进行了调整，在肯定此类仲裁条款并不当然无效的前提下，对当事人的意思自治提出进一步的明确要求，要求当事人以协议的方式明确选择其中一个仲裁机构，如果达不成一致，再认定仲裁条款无效。①

从该条的适用及实际效果看，由于争议发生后双方再共同选择一个仲裁机构往往是比较困难的，此类仲裁协议较多被认定为无效。例如，在山东蓝海生态农业有限公司与被申请人金鹰水产(香港)有限公司申请确认仲裁协议效力案中，涉案仲裁条款约定：“……争议应提交北京中国国际贸易促进委员会对外经济贸易仲裁委员会根据该仲裁机构的仲裁程序进行仲裁，或应提交中国山东东营仲裁机构根据该仲裁机构的仲裁程序进行仲裁。”双方发生争议后始终未能就仲裁机构的选择达成一致。最高院在复函中认为②：“双方当事人虽有明确请求仲裁的意思表示，但约定了两个仲裁机构，且事后未能就仲裁机构的选择达成一致，该仲裁条款无效。”又如，在 Rent Corporation 诉中成宁波进出口有限公司、东莞市建华机械制造有限公司买卖合同纠纷案中，涉案仲裁条款约定：“仲裁由中国国际经济贸易仲裁委员会(CIETAC)按其仲裁规则和程序在上海进行；或者提请宁波仲裁委员会仲裁。”争议发生后，Rent Corporation向东莞市中级人民法院提起诉讼。最高院在复函中认为③：“在当事人一方已经向人民法院提起诉讼的情况下，可以认定双方无法就选择仲裁机构问题达成补充协议，仲裁协议应当认定无效。”

---

① 参见沈德咏、万鄂湘主编，最高人民法院研究室、民事审判庭第四庭编著：《最高人民法院仲裁法司法解释的理解与适用》，人民法院出版社2007年版，第54～55页。

② 最高院(2018)民一他字第25号复函。

③ 最高院(2008)民四他字第4号复函。

实践中还有一种情形,当事人约定了两个仲裁机构,且约定在一个仲裁机构作出裁决后,若一方不服该裁决,再由另一仲裁机构仲裁。此种仲裁条款违反《仲裁法》关于一裁终局的规定,是无效的。

例如,在西恩服务公司与沧州乾成钢管股份有限公司买卖合同纠纷案中,涉案仲裁条款为:"若通过友好协商未能达成协议,则提交中国国际贸易促进委员会对外贸易仲裁委员会,根据该会仲裁程序暂行规定进行仲裁。若一方不服裁决,则再由新加坡国际仲裁中心按照该会的有关规定进行仲裁。"最高院在复函中指出[①]:"仲裁法第九条第一款规定,仲裁实行一裁终局的制度。本案当事人的约定违反了上述一裁终局原则。"该仲裁条款被认定无效。

(三)当事人仅约定仲裁规则而未指明仲裁机构

贸仲在2005年修订的《仲裁规则》第4条第3款[②]规定:"凡当事人约定按照本规则进行仲裁但未约定仲裁机构的,均视为同意将争议提交仲裁委员会仲裁。"北仲2008年修订的《仲裁规则》第2条第2款[③]也规定:"当事人约定适用本规则但未约定仲裁机构的,视为双方当事人同意将争议提交本会仲裁。"贸仲、北仲的前述仲裁规则确定了这样一条推定当事人选定仲裁机构的规则,即如果当事人约定适用贸仲或北仲仲裁规则解决争议,但未约定仲裁机构的,视为选定贸仲或者北仲仲裁。

2006年起施行的《仲裁法司法解释》第4条确定了推定当事人选定仲裁机构的合法性。北仲2008年修订《仲裁规则》第2条第2款的规定就直接源于此。北仲在介绍2008年版《仲裁规则》时提到:"这一款规定的主要是基于《最高人民法院关于适用〈中华人民共和国仲裁法〉若干问题的解释》第四条的规定:'仲裁协议仅约定纠纷适用的仲裁规则的,视为未约定仲裁机构,但当事人达成补充协议或者按照约定的仲裁规则能够确定仲裁机构的除外。'根据这一规定,如果仅约定仲裁规则,也是无效的,除非根据约定的仲裁规则能够确定仲裁机构。最高法院的这种规定也是借鉴了国际惯例,但需要仲裁规则本身予以声明。如果仲裁机构的仲裁规则中没有规定约定适用该仲裁机构的仲裁规则就视为双方同意将争议提交该机构仲裁的,则仲裁协议无效。所以增加这款规定后可以弥补原来仲裁规则的欠缺,以符合司法解释的规

---

① 最高院(2012)民四他字第39号复函。

② 该条在《贸仲规则2015》中为第4条第4款规定:"当事人约定按照本规则进行仲裁但未约定仲裁机构的,视为同意将争议提交仲裁委员会仲裁。"

③ 北仲2015年和2019年修订《仲裁规则》对此规定与2008年版《仲裁规则》规定一致。

定，避免在仲裁管辖权方面给当事人造成麻烦，尤其是保障国际商事案件当事人的利益。”[①]

（四）混合仲裁条款

实践中，有时当事人约定将争议提交某一仲裁机构仲裁，但是适用其他仲裁机构的仲裁规则，这类仲裁条款被称为混合仲裁条款（hybrid arbitration clause）。混合仲裁条款较常见于跨境交易合同中，往往是当事人谈判妥协的结果。

在中国现行法律规定下，仲裁规则并不是判断仲裁协议效力的依据。当事人在混合仲裁条款中通常具有将争议提交仲裁的意思表示，也有确定的仲裁委员会，仲裁条款的效力一般不存在问题。中国主要仲裁机构一般也允许此种约定，如《贸仲规则2015》第4条、《北仲规则2019》第2条、《上国仲规则2015》第3条、《深国仲规则2019》第3条。但是，在实践操作中，混合仲裁条款会给仲裁机构和当事人带来麻烦。例如，A仲裁机构具体如何适用B仲裁机构规则，案件管理、仲裁员选定要如何进行。

近年来最受热议的案例之一即阿尔斯通技术有限公司（下称阿尔斯通）与浙大网新科技股份有限公司（下称浙大网新）申请承认和执行外国仲裁裁决案。[②] 该案涉及新加坡法院和中国法院对混合仲裁条款效力的理解。

浙大网新与阿尔斯通签订了一份《许可协议》。案涉仲裁条款约定：“争议提交SIAC仲裁，适用ICC当时有效的仲裁规则进行。仲裁庭由3位仲裁员组成。”这是典型的混合仲裁条款。

因合同履行中发生争议，阿尔斯通于2004年向SIAC提起仲裁，要求浙大网新支付其许可费。浙大网新向新加坡高等法院提起了撤销仲裁庭就管辖权所作出的部分裁决程序，认为仲裁庭无管辖权，理由之一是此种混合仲裁条款无法执行，是无效的。新加坡高等法院驳回了浙大网新的申请。浙大网新上诉至新加坡上诉法院。新加坡上诉法院认为[③]：“The parties undoubtedly intended to resolve disputes by arbitration and that there is no objection in principle to parties agreeing that one institution should administer an arbitration conducted in accordance with another's rules.”（当事人明确表示将争议提交仲裁，且原则上没有理由否认当事人关于由某一仲裁机构适用另一仲裁机构规则进行仲裁的约定。）于是，新加坡上诉法院支持了新加坡高等法院的认定，认为此种混合仲裁条款有效。

---

① 王红松：《北京仲裁委员会调解规则起草说明》，载北京仲裁委员会/北京国际仲裁中心官网：http://www.bjac.org.cn/news/view? id=1699，最后访问日期：2020年2月2日。

② 浙杭仲（2011）确字第7号民事裁定书。

③ Insigma Technology Co. Ltd. v. Alstom Technology Ltd. [2009] SGCA 24.

SIAC 作出裁决后,阿尔斯通向中国法院提出承认与执行程序。浙大网新认为该案仲裁程序的进行不符合当事人仲裁条款的约定。具体而言,仲裁庭组成不符合《ICC 仲裁规则》的规定。

该案仲裁程序进行时有效的《ICC 仲裁规则》是其 1998 年版本,其中第 8.4 条规定:"争议由三人仲裁庭审理的,每一方当事人均应在其申请书或答辩书中各自指定一名仲裁员供确认……第三名仲裁员担任首席仲裁员,由仲裁院指定,除非当事人对其指定程序另有约定,但即使如此,指定仍须按照第九条的规定经过确认……"而 SIAC 当时有效的仲裁规则为其 1997 年版本,其第 8.1 条规定:"如果将指定三名仲裁员,当事各方应各指定一名仲裁员,并由该两名仲裁员选定第三名仲裁员。该第三名仲裁员将担任仲裁庭的首席仲裁员。"

仲裁过程中,SIAC 邀请两位边裁选定了首席仲裁员。浙大网新认为这一做法不符合《ICC 仲裁规则》的规定,与仲裁协议约定的不一致。

审理本案的杭州市中级人民法院逐级汇报至最高院。最高院复函认为①:"案涉仲裁庭首席仲裁员是由一名边裁提名,另一名边裁不予反对产生的,新加坡国际仲裁中心系根据《新加坡国际仲裁中心仲裁规则》组成的仲裁庭,不符合国际商会仲裁规则有关选任首席仲裁员的规定。对此,浙大网新表示反对新加坡国际仲裁中心的决定,并称此种做法并未反映双方当事人的真实意愿,声称保留就本事项可向仲裁庭行使的所有权利,表明其并未放弃异议权。由此可见,新加坡国际仲裁中心根据《新加坡国际仲裁中心仲裁规则》组成仲裁庭,仲裁庭的组成与当事人在仲裁协议中约定适用的仲裁规则不符。根据《纽约公约》第 5 条第 1 款(丁)项之规定,同意你院拒绝承认与执行案涉裁决的请示意见。"最终,杭州市中级人民法院拒绝承认与执行 SIAC 作出的仲裁裁决。

值得注意的是,中国法院拒绝承认与执行 SIAC 仲裁裁决依据的是《纽约公约》第 5 条第 2 款(d)项之规定,即仲裁程序与当事人约定不符。最高院在复函中并未直接对混合仲裁条款的效力作出评价,但通过复函意见,可以认为其间接认可了该案混合仲裁条款的效力。

北京首信股份有限公司与微软移动(中国)投资有限公司申请撤销仲裁裁决案②也涉及混合仲裁条款的效力问题。北京二中院认为:"贸仲决定适用 1998 年《国际商会仲裁规则》是否妥当,只要其不违反《中华人民共和国仲裁法》第五十八条的规定,则不属本院司法干预的范围。"

---

① 最高院(2012)民四他字第 54 号复函。

② 北京二中院(2015)二中民特字第 13516 号民事裁定书。

从前述两宗案件可以看出,中国法院对混合仲裁条款本身的效力基本持肯定的态度。但不可否认,混合仲裁条款在实践中确实存在较大问题,可能诱发其他情形(如仲裁程序不符合当事人约定等),造成仲裁裁决无法被承认与执行或被撤销。

为了避免瑕疵仲裁条款带来的麻烦,各仲裁机构均提供示范仲裁条款供当事人起草合同文本时使用。例如,贸仲提供的示范条款载明:"凡因本合同引起的或与本合同有关的任何争议,均应提交中国国际经济贸易仲裁委员会,按照申请仲裁时该会现行有效的仲裁规则进行仲裁。仲裁裁决是终局的,对双方均有约束力。"北仲除提供示范仲裁条款外,在其官网上还向当事人详细介绍了如何起草仲裁条款。①

五、仲裁协议无效的后果

仲裁协议无效,则仲裁机构或仲裁庭对案件没有管辖权。如果仲裁裁决所依据的仲裁协议被认定无效,则可能面临无法被承认与执行或被撤销或不予执行的后果。

《纽约公约》第5条第1款规定:"裁决唯有于受裁决援用之一造向声请承认及执行地之主管机关提具证据证明有下列情形之一时,始得依该造之请求,拒予承认及执行:(甲)……或该项协定依当事人作为协定准据之法律系属无效……"据此,仲裁协议无效是法院不予承认与执行外国仲裁裁决的理由之一。

中国《仲裁法》第58条未将仲裁协议无效明确列为撤裁的理由,②但《仲裁法司法解释》第18条规定:"仲裁法第五十八条第一款第一项规定的'没有仲裁协议'是指当事人没有达成仲裁协议。仲裁协议被认定无效或者被撤销的,视为没有仲裁协议。"

此外,需要注意,《仲裁法》第20条第2款规定:"当事人对仲裁协议的效力有异议,应当在仲裁庭首次开庭前提出。"《仲裁法司法解释》第27条进一步明确:"当事人在仲裁程序中未对仲裁协议的效力提出异议,在仲裁裁决作出后以仲裁协议无效为由主张撤销仲裁裁决或者提出不予执行抗辩的,人民法院不予支持。当事人在仲裁程序中对仲裁协议的效力提出异议,在仲裁裁决作出后又以此为由主张撤销仲裁裁决或者提出不予执行抗辩,经审查符合仲裁法第五十八条或者民事诉讼法第二百

---

① 北京仲裁委员会:《如何起草仲裁条款》,载 http://www.bjac.org.cn/page/zc/zctk.html,最后访问日期:2020年2月2日。

② 《仲裁法》第58条规定:"当事人提出证据证明裁决有下列情形之一的,可以向仲裁委员会所在地的中级人民法院申请撤销裁决:(一)没有仲裁协议的;(二)裁决的事项不属于仲裁协议的范围或者仲裁委员会无权仲裁的;(三)仲裁庭的组成或者仲裁的程序违反法定程序的;(四)裁决所根据的证据是伪造的;(五)对方当事人隐瞒了足以影响公正裁决的证据的;(六)仲裁员在仲裁该案时有索贿受贿,徇私舞弊,枉法裁决行为的。人民法院经组成合议庭审查核实裁决有前款规定情形之一的,应当裁定撤销。人民法院认定该裁决违背社会公共利益的,应当裁定撤销。"

一十七条、第二百六十条[①]规定的,人民法院应予支持。"

例如,在南通某建设集团有限公司诉南通某装饰材料有限公司买卖合同纠纷案[②]中,江苏高院认为:"执行申请人在仲裁过程中根据南通仲裁委员会仲裁规则选定了有关仲裁员,其未向本院举证其曾在仲裁过程中向南通仲裁委员主张未订立仲裁条款或仲裁条款无效问题,根据《最高人民法院关于适用〈中华人民共和国仲裁法〉若干问题的解释》第二十七条第一款规定,申请人以未订立仲裁条款为由请求不予执行案涉仲裁裁决,本院不予支持。"

在邵阳县某食品有限公司诉邵阳市湘某食品有限公司申请撤销仲裁裁决纠纷案[③]中,食品公司在仲裁庭开庭前提出管辖权异议,认为案涉争议解决条款既约定仲裁,又约定诉讼,应属无效仲裁协议。邵阳仲裁委员会驳回了该公司的异议,并作出仲裁裁决。后该公司向法院申请撤销该仲裁裁决。湖南省邵阳市中级人民法院认为:"根据《最高人民法院关于适用〈中华人民共和国仲裁法〉若干问题的解释》第二十七条第二款的规定,当事人在仲裁程序中对仲裁协议的效力提出异议,在仲裁裁决作出后又以此为由主张撤销仲裁裁决,经审查符合仲裁法第五十八条或者民事诉讼法第二百一十三条、第二百五十八条规定的,人民法院应予支持。本案双方当事人所约定的仲裁条款属无效的仲裁协议,撤销申请人在仲裁过程中提出了管辖权异议,而邵阳仲裁委员会依据无效仲裁协议进行仲裁违反了法定程序。故申请人提出邵阳仲裁委员会的仲裁程序违法的理由成立,本院予以支持。"法院最终撤销了邵阳仲裁委员会的仲裁裁决。

第四节　仲裁协议的效力

一、仲裁协议的相对性及局限性

仲裁协议是当事人合意的结果,具有相对性。仲裁协议仅约束仲裁协议当事人,而不应约束仲裁协议之外的当事人,这是仲裁协议的效力在主体方面的体现。例如,在广西玉林市恒通有限公司(下称恒通公司)与东迅投资有限公司(下称东迅公司)投资纠纷案[④]中,恒通公司与东迅公司签订了一份合作协议。玉林市人民政府作为恒

---

① 此处应为《民事诉讼法》第237条和第274条。第237条规定了不予执行国内仲裁裁决的依据之一为"当事人在合同中没有订有仲裁条款或者事后没有达成书面仲裁协议的"。第274条规定了不予执行涉外仲裁裁决的依据之一为:"当事人在合同中没有订有仲裁条款或者事后没有达成书面仲裁协议的。"

② (2017)苏执监763号执行裁定书。

③ (2011)邵中民二初字第30号民事裁定书。

④ 最高院(2006)民四他字第24号复函。

通公司的主管部门、路劲基建有限公司作为东迅公司的主管部门,亦在合作协议上签字。但是,合作协议中明确约定合作双方为恒通公司与东迅公司,相应权利义务也仅涉及恒通公司和东迅公司。最高院认为,玉林市人民政府与路劲基建有限公司并非合同当事人,合作协议中的仲裁条款不能约束玉林市人民政府或路劲基建有限公司。

与仲裁形成鲜明对比的是诉讼中的无独立请求权的第三人制度。《民事诉讼法》第 56 条第 2 款规定:"对当事人双方的诉讼标的,第三人虽然没有独立请求权,但案件处理结果同他有法律上的利害关系的,可以申请参加诉讼,或者由人民法院通知他参加诉讼。人民法院判决承担民事责任的第三人,有当事人的诉讼权利义务。"根据以上规定,诉讼程序具有开放性,它可以根据案件情况吸纳无独立请求权的第三人加入诉讼程序中。仲裁程序则是封闭的,它仅适用于仲裁协议当事人,而没有第三人制度。

现代商业社会中的交易纷繁复杂,这不仅体现在交易架构和交易内容上,还体现在多方交易主体的参与。在此情况下,封闭的仲裁程序(即只解决仲裁协议当事人之间的纠纷,不吸纳有利害关系的第三人)有时就无法实现彻底、全面解决争议的目的。这是仲裁协议效力的局限性。在实践中,最明显地体现前述问题的是以下三类合同关系:涉他合同、租赁及转租合同、设立项目公司的合作开发合同。

《民法典》第 522 条第 1 款(同原《合同法》第 64 条)规定由债务人向第三人履行的合同,以及第 523 条(同原《合同法》第 65 条)规定的由第三人向债权人履行的合同在合同法理论上被称为"涉他合同"。涉他合同是对合同相对性原则的突破。"合同相对性原则因社会经济高速发展及商业往来的频繁、复杂而逐渐受到挑战,合同效力扩张到第三人的情形逐渐普遍。例如,涉及第三人利益或义务的涉他合同广泛出现在保险业、运输业、金融业等行业中,各国也逐渐通过判例或者法律明确规定承认涉他合同及相应的效力"。[①] 为了全面、彻底地解决涉他合同纠纷,在民事诉讼程序中允许吸纳涉他合同的第三人作为无独立请求权的第三人参与其中。[②] 但根据最高院《关于在经济审判工作中严格执行〈中华人民共和国民事诉讼法〉的若干规定》第 9

---

① 最高人民法院研究室编著:《最高人民法院关于合同法司法解释(二)理解与适用》,人民法院出版社 2009 年版,第 127 页。

② 最高院《关于适用〈中华人民共和国合同法〉若干问题的解释(二)》第 16 条规定:"人民法院根据具体案情可以将合同法第六十四条、第六十五条规定的第三人列为无独立请求权的第三人,但不得依职权将其列为该合同诉讼案件的被告或者有独立请求权的第三人。"(该规定可能与《民法典》第 522 条第 2 款的"第三人请求权"之规定存在冲突。《民法典》第 522 条第 2 款规定:"法律规定或者当事人约定第三人可以直接请求债务人向其履行债务,第三人未在合理期限内明确拒绝,债务人未向第三人履行债务或者履行债务不符合约定的,第三人可以请求债务人承担违约责任;债务人对债权人的抗辩,可以向第三人主张。"据此,部分"涉他合同"的第三人将可能被列为有独立请求权的第三人参与到诉讼。)

条之规定,如果第三人与原告或者被告之间订有仲裁协议的,人民法院不得将其列为诉讼程序的第三人。在前述涉他合同纠纷中,如果缔约双方之间订有仲裁协议,仲裁庭仅能审理缔约双方之间的纠纷。第三人针对前述缔约方的诉求,或者前述缔约方对于第三人的诉求,以及与第三人有关的履行情况的查证,仲裁庭常常显得无能为力。

值得注意的是,《民法典》生效后,上述现状将有可能得到部分改善。除保留原《合同法》对涉他合同的规定外,《民法典》第522条第2款还规定:"法律规定或者当事人约定第三人可以直接请求债务人向其履行债务,第三人未在合理期限内明确拒绝,债务人未向第三人履行债务或者履行债务不符合约定的,第三人可以请求债务人承担违约责任;债务人对债权人的抗辩,可以向第三人主张。"据此,若法律规定或当事人约定第三人可以直接请求债务人向其履行债务的情况下,第三人即享有履行请求权以及在债务人不履行债务时的违约责任请求权,并作为有独立请求权的第三人参与民事诉讼或仲裁程序。由此,合同中的仲裁条款效力将有可能及于该涉他合同中的第三人。

在租赁及转租合同纠纷中,当事人常有以下两种诉求:(1)租赁关系中的出租方要求解除租赁合同或认定租赁合同无效,并主张次承租人腾退租赁场地;(2)次承租人要求承租人和出租人继续履行合同。在诉讼程序中,出租人或者次承租人实现其诉求是有程序保障的。因案件具体情况不同,出租人可以将次承租人列为被告或者第三人。次承租人也可以将出租人列为第三人。但是,如果租赁合同或者转租合同中任何一个订有仲裁协议的,出租人和次承租人之间直接解决争议的路径就几乎被阻断。此时,租赁合同纠纷和转租合同纠纷并行存在,且一个诉讼解决,一个仲裁解决。这无疑加大了争议解决的成本,延长了争议解决的期限。

中国房地产市场的迅猛发展催生了大量的通过设立项目公司而进行合作开发房地产的交易。在这种交易模式下,合作双方先行签订合作合同,并约定设立项目公司具体操作开发事宜。很多合作合同(尤其当合作一方是外资时)都订有仲裁条款。在房地产开发、销售或者租赁过程中,常出现合作股东之间因利益分配产生争议。此时,仲裁封闭性的局限性再次显现。真正存在纠纷的是股东之间,而股东又是从项目公司获取可分配利润的。这就产生了三个争议主体:两个股东、一个项目公司。仲裁协议的效力约束了股东双方,而无法扩及项目公司。这就导致股东解决与其合作伙伴的之间利益分配之争和股东从项目公司分得红利之争必须通过两个程序(诉讼和仲裁)解决。

在现实商事活动中,与前述三类合同关系相类似的合同还大量存在。仲裁协议效力的局限性也随着争议的发生而逐渐暴露。这给交易主体和法律人一个重要的警示:是否签订仲裁协议以及在哪些当事人之间签订仲裁协议,除了考虑其他因素外,还必须考虑交易模式本身。如果交易模式中存在与缔约双方合同履行关系特别紧密的第三方的,必须在设定争议解决机制中考虑将第三方纳入其中,或者三方共同签订仲裁协议,或者直接将纠纷交由法院通过诉讼程序解决。

二、仲裁协议效力的有限扩张

为使仲裁更加适应现代商业交易模式和安排,中国法学理论及立法实践对仲裁协议相对性的认识不断更新,逐步承认在特定情形下仲裁协议对未签字的当事人具有法律约束力。有学者称这是仲裁协议的“胳膊”正在“伸长”。[①] 主要情形有:

第一,《仲裁法司法解释》第 1 条通过扩大解释《仲裁法》第 16 条“其他书面形式”的范围以使仲裁协议对未签字的当事人生效。[②]

第二,《仲裁法司法解释》第 8 条规定:“当事人订立仲裁协议后合并、分立的,仲裁协议对其权利义务的继受人有效。当事人订立仲裁协议后死亡的,仲裁协议对承继其仲裁事项中的权利义务的继承人有效。前两款规定情形,当事人订立仲裁协议时另有约定的除外。”

例如,在张玮、张露、许惠秀诉李红卫申请确认仲裁协议效力案[③]中,上海一中院认为:“在李红卫与张某签订案涉房地产买卖合同后,张某身故,则张某的法定继承人为张露、许惠秀……依据我国仲裁法司法解释第八条第二款的规定……对张某的法定继承人张露、许惠秀而言,案涉房地产买卖合同中的仲裁条款本身合法有效,对张某的法定继承人张露、许惠秀具有约束力。”

第三,《仲裁法司法解释》第 9 条规定:“债权债务全部或者部分转让的,仲裁协议对受让人有效,但当事人另有约定、在受让债权债务时受让人明确反对或者不知有单独仲裁协议的除外。”[④]实务中,证明存在前述条款中的例外情形的举证责任在受让人一方。例如,在河南省高级人民法院(2018)豫民再 526 号案中,由于受让人未能证明其受让案涉保险单时明确表示反对接受保险单中的仲裁条款,该仲裁条款对受让人发生效力。

需要注意的是,当合同的权利义务已经概括转让以后,权利义务的转让方就不再受仲裁条款的约束。最高院在撤销中国国际经济贸易仲裁委员会(2007)CIETAC 裁

---

① 参见赵健:《长臂的仲裁协议:论仲裁协议对未签字人的效力》,载《北京仲裁》2005 年第 1 期。

② 参见本章第一节分析。

③ (2017)沪 01 民特 815 号民事裁定书。

④ 《仲裁司法解释》第 9 条的规定最早出现在《第二次全国涉外商事海事审判工作纪要》第 61 条。

决第140号仲裁裁决案中对此观点作了明确阐述。①

第四,《民法典》第925条(原《合同法》第402条)规定:"受托人以自己的名义,在委托人的授权范围内与第三人订立的合同,第三人在订立合同时知道受托人与委托人之间的代理关系的,该合同直接约束委托人和第三人;但是,有确切证据证明该合同只约束受托人和第三人的除外。"

根据上述条款,如果第三人在订立合同时知道委托代理关系的存在,合同中的仲裁条款直接约束委托人。例如,在常德市中级人民法院(2019)湘07民特40号案中,受托人在与第三人签订《委托投资合同》时,披露了其与委托人之间的委托代理关系,法院认为委托人应当受到《委托投资合同》中的仲裁条款约束。

第五,最高院于2019年11月8日发布的《九民纪要》第98条规定:"被保险人和第三者在保险事故发生前达成的仲裁协议,对行使保险代位求偿权的保险人是否具有约束力,实务中存在争议。保险代位求偿权是一种法定债权转让,保险人在向被保险人赔偿保险金后,有权行使被保险人对第三者请求赔偿的权利。被保险人和第三者在保险事故发生前达成的仲裁协议,对保险人具有约束力。考虑到涉外民商事案件的处理常常涉及国际条约、国际惯例的适用,相关问题具有特殊性,故具有涉外因素的民商事纠纷案件中该问题的处理,不纳入本条规范的范围。"

关于保险人是否受被保险人与第三者之间仲裁协议约束,中国以往的司法实践中存在裁判观点不一致的情况。在江苏高院(2015)苏商辖终字第00101号案、上海海事法院(2016)沪72民初1058号案、上海市高级人民法院(下称上海高院)(2017)沪民辖终29号案中,法院认为保险人应受被保险人与第三者之间的仲裁协议约束。在最高院《关于中国人民财产保险股份有限公司深圳市分公司诉广州远洋运输公司海上货物运输合同货损纠纷一案仲裁条款效力问题的请示的复函》《关于中国太平洋财产保险股份有限公司北京分公司诉北京中远物流有限公司、天津振华国际船舶代理有限公司、尼罗河航运私有有限公司海上货物运输合同保险代位求偿权纠纷所涉仲裁条款效力问题的请示的复函》以及(2017)最高法民辖监2号案中,最高院表达了相反的观点,认为保险人并非协商订立案涉合同仲裁条款的当事人,故仲裁条款并非保险人的意思表示,除非保险人明确表示接受,否则该仲裁条款对保险人不具有约束力。

因此,为统一裁判观点,《九民纪要》提出在国内案件中,被保险人和第三者在保险事故发生前达成的仲裁协议,对行使保险代位求偿权的保险人具有约束力。在具有涉外因素的民商事纠纷案件中,则需结合适用法律具体分析。

---

① 最高院(2007)民四他字第44号复函。

第五章　仲裁的法律适用

第一节　仲裁协议的法律适用

一、仲裁协议法律适用的独立性

中国相关法律法规与国内仲裁机构的仲裁规则对于仲裁协议效力的独立性均作出了规定。《仲裁法》第19条规定："仲裁协议独立存在，合同的变更、解除、终止或者无效，不影响仲裁协议的效力。仲裁庭有权确认合同的效力。"《贸仲规则2015》第5条第4款规定："合同中的仲裁条款应视为与合同其他条款分离的、独立存在的条款，附属于合同的仲裁协议也应视为与合同其他条款分离的、独立存在的一个部分；合同的变更、解除、终止、转让、失效、无效、未生效、被撤销以及成立与否，均不影响仲裁条款或仲裁协议的效力。"《北仲规则2019》第5条规定："仲裁协议独立存在，其效力应单独判断，无论合同是否成立、变更、解除、终止、无效、失效、未生效、被撤销，均不影响仲裁协议的效力。"《上仲规则2018》第6条规定："仲裁协议独立存在。无论合同是否变更、转让、解除、终止、未生效、无效、被撤销等，均不影响仲裁协议的效力。"

由此可见，无论以主合同中仲裁条款的形式出现，还是以分离于主合同的仲裁协议的形式出现，仲裁协议之效力与主合同之效力都是相互独立、互不影响的。

主合同与仲裁协议属于两个相互独立的法律关系。主合同主要约定了双方当事人实体上的权利与义务，而仲裁协议则是对于双方当事人争议解决程序问题的约定。既然合同的功能和效力上都彼此独立，则判断主合同与仲裁协议效力所适用的准据法自然也可以且应当相互独立。当事人也可以对主合同与仲裁协议分别约定适用的准据法。

二、未约定仲裁协议准据法时的法律适用

如果当事人明确约定了主合同和仲裁协议的法律适用，则一般不会产生争议。实践中，更常见的是未明确约定仲裁协议效力的法律适用。此时，如何具体认定何种法律适用于仲裁协议，决定仲裁协议的效力及含义，并进一步决定仲裁机构/仲裁庭

的管辖权,就成了争论的焦点。

需要注意的是,仲裁协议适用的法律旨在确定仲裁协议的效力,而不规范仲裁程序、仲裁裁决的执行。此外,凡与仲裁协议当事人权利能力和行为能力有关的问题,应当适用权利能力和行为能力有关的准据法,这直接影响仲裁协议的效力。根据《纽约公约》第5条第1款(a)项规定,如若仲裁协议的当事人根据属人法的规定无某项行为能力,则裁决可以予以撤销。① 对于何为自然人的属人法,不同法域的定义不同。对于普通法系国家,权利能力和行为能力通常会指向自然人的住所地法,而大陆法系国家的冲突规则往往指向自然人的国籍法。② 中国《法律适用法》第11条规定:“自然人的民事权利能力,适用经常居所地法律。”第12条第1款规定:“自然人的民事行为能力,适用经常居所地法律。”在判断当事人是否因不具备权利能力或行为能力导致仲裁条款无效的问题上,应当适用判断权利能力与行为能力的准据法。

(一)中国法中的规定

2005年12月,最高院通过会议纪要的形式对仲裁条款准据法的问题作了明确的规定。《第二次全国涉外商事海事审判工作纪要》第58条规定:“当事人在合同中约定的适用于解决合同争议的准据法,不能用来确定涉外仲裁条款的效力……未约定仲裁条款效力的准据法但约定了仲裁地的,应当适用仲裁地国家或者地区的法律。只有在当事人未约定仲裁条款效力的准据法亦未约定仲裁地或者仲裁地约定不明的情况下,才能适用法院地法即中国法律作为确认仲裁条款效力的准据法。”

2006年《仲裁法司法解释》第16条亦规定:“对涉外仲裁协议的效力审查,适用当事人约定的法律;当事人没有约定适用的法律但约定了仲裁地的,适用仲裁地法律;没有约定适用的法律也没有约定仲裁地或者仲裁地约定不明的,适用法院地法律。”

上述会议纪要和司法解释明确了仲裁条款效力不能通过主合同的法律确定。当仲裁协议准据法约定缺失时,则适用仲裁地法律;当未约定仲裁地时或者约定不明时,则适用法院地法律进行认定。

2011年《法律适用法》规定略有不同。其第18条规定:“当事人可以协议选择仲裁协议适用的法律。当事人没有选择的,适用仲裁机构所在地法律或者仲裁地法

---

① Article V of the New York Convention:“1. Recognition and enforcement of the award may be refused, at the request of the party against whom it is invoked, only if that party furnishes to the competent authority where the enforcement is sought, proof that:(a) The parties to the agreement referred to in article Ⅱ were, under the law applicable to them, under some incapacity…”

② 参见宋晓:《属人法的主义之争与中国道路》,载《法学研究》2013年第3期。

律。”相比较而言,《法律适用法》扩充了仲裁协议效力准据法的连接点,“仲裁机构所在地法律”也可以成为仲裁协议准据法之一。《法律适用法》的效力层级高于上述工作会议纪要与司法解释,且属于“新法”,应当适用《法律适用法》中的规定。

2013 年《法律适用法司法解释》第 14 条进一步规定:“当事人没有选择涉外仲裁协议适用的法律,也没有约定仲裁机构或者仲裁地,或者约定不明的,人民法院可以适用中华人民共和国法律认定该仲裁协议的效力。”

根据以上规定,仲裁机构所在地法律与仲裁地法律都可以被法院作为审查仲裁协议效力的准据法,但是并未规定如果二者冲突应当如何选择。对此,2018 年《仲裁司法审查规定》第 14 条作出了补充:“人民法院根据《中华人民共和国涉外民事关系法律适用法》第十八条的规定,确定确认涉外仲裁协议效力适用的法律时,当事人没有选择适用的法律,适用仲裁机构所在地的法律与适用仲裁地的法律将对仲裁协议的效力作出不同认定的,人民法院应当适用确认仲裁协议有效的法律。”即当仲裁地法与仲裁机构所在地法所指向的准据法存在不同时,法院采取使其有效的原则。

(二)比较法的法律规定与相关观点

《国际商事仲裁示范法》第 34(2)(a)条规定:“有下列情形之一的,仲裁裁决才可以被第 6 条规定的法院撤销:(a)提出申请的当事人提出证据,证明有下列任何情况:(i)第 7 条所指仲裁协议的当事人有某种无行为能力情形;或者根据各方当事人所同意遵守的法律或在未指明法律的情况下根据本国法律,该协议是无效的……”由于一般是由仲裁地法院管辖裁决撤销事宜,因此,实际上这一规定也将仲裁条款效力的准据法指向了仲裁地法。

《纽约公约》第 5 条第 1 款(a)项亦规定,如果当事人没有约定仲裁协议适用法律的,根据作出仲裁裁决国家的法律仲裁协议无效的,仲裁裁决可以拒绝承认和执行。[①] 根据该规定,《纽约公约》将仲裁协议所适用的法律指向了作出仲裁裁决国家的法律,即仲裁地的法律。

在英国司法实践中,法院首先会判断当事人是否明示或默示选择了仲裁协议应适用的法律。若当事人已约定,则从其约定。有些判例认为,如当事人约定某种法律适用于整个协议,如常见的“本协议适用某国法律并按某国法律解释”,就可以理解为

---

① Article V of the New York Convention: “1. Recognition and enforcement of the award may be refused, at the request of the party against whom it is invoked, only if that party furnishes to the competent authority where the enforcement is sought, proof that: (a) The parties to the agreement referred to in article Ⅱ were, under the law applicable to them, under some incapacity, or the said agreement is not valid under the law to which the parties have subjected it or, failing any indication thereon, under the law of the country where the award was made;...”

约定该法律既适用于主合同又适用于仲裁条款。

例如,在2012年的Arsanovia Ltd. & Ors v. Cruz City 1 Mauritius Holdings案中,双方在合同中约定:本协议适用印度法。合同还包含了仲裁条款,约定适用LCIA仲裁规则,仲裁地在伦敦。同时仲裁条款还明确要求排除适用印度仲裁法的第一部分。法官认为,仲裁条款的约定表明当事人默示选择印度法来调整仲裁条款。因为当事人明确约定了主合同的适用法律,所以这种行为表明当事人希望仲裁条款也受同一法律约束的意思。此外,仲裁条款明确要求排除适用印度仲裁法的某些条款的事实也支撑着法院的结论,即这种约定表明当事人相信印度法同样适用于仲裁条款。①

本案法官还指出,如果当事方主张约定"本协议适用印度法"本身就意味着明示地约定印度法既适用于主合同又适用于仲裁条款,也可能会得到法院支持。他指出:"本案本来可能涉及当事人是否明确选择仲裁条款应适用的法律的问题。即在当事人约定'本协议'适用印度法并依据印度法解释时,当事人本意应是印度法适用于当事人签署的包括仲裁条款在内的所有条款。于我而言,这是通过当事人的约定可以自然推导出的结论。"②

若英国法院认为当事人没有明示或默示地约定仲裁协议适用的法律,则会参照普通法下对于合同的冲突规则,选择与仲裁协议具有最密切联系的法律。至于主合同准据法和仲裁地法中何者与仲裁条款联系最密切,司法实践中仍有争议,需根据个案情况而定。英国最高法院前任院长Lord Neuberger指出,在这类案件中很难确定仲裁协议的准据法是主合同的准据法还是仲裁地国家的法律。由于该问题实际上是一个合同解释的问题,不可避免地需要参照特定合同的整体条款,并考虑相关背景与

---

① See Arsanovia Ltd. & Ors v. Cruz City 1 Mauritius Holdings[2012] EWHC 3702 at Paragraph 20: "as I see it and as Mr Hirst submitted, where parties have expressly excluded specific statutory provisions of a law, the natural inference is that they understood and intended that otherwise that they understood and intended that otherwise that law would apply. Therefore to my mind the reference of IACA in the arbitration agreement supports the reference to IACA in the arbitration agreement supports the claimants' contention that the parties evinced an intention that the arbitration agreement should be governed by Indian law (except in so far as they agreed otherwise)."

② See Arsanovia Ltd. & Ors v. Cruz City 1 Mauritius Holdings[2012] EWHC 3702 at Paragraph 22: a case for an express choice might have been available even before me. When the parties expressly chose that "This Agreement" should be governed by and construed in accordance with the laws of India, they might be thought to have meant that Indian law should govern and determine the construction of all the clauses in the agreement which they signed including the arbitration agreement.... it seems to me strongly arguable that that is the ordinary and natural meaning of the parties' express words.

商业常识。①

例如,Longmore 法官在一宗上诉案件中将仲裁协议最密切联系的法律确定为仲裁地法律:“当事人未明确约定仲裁条款的准据法导致的问题是,究竟是主合同约定的法律,还是仲裁地的法律与仲裁协议具有最密切的联系?在看我来,答案更可能为仲裁地的法律而非主合同约定的法律。”②

在 Sulamérica Cia Nacional de Seguros SA and Ors v. Enesa Engenharia SA and Ors 案中,Lord Moore - Bick 法官却认为,在双方当事人未明示或者默示约定的情况下,仲裁协议应当适用主合同法律:“原则上,仲裁协议的准据法作为合同的一部分,可能与合同整体的准据法有所不同。但是如果假设在合同没有相反约定的情况下,双方当事人意图用同一法律来管理整个合同关系,则这一假设是公平合理的。”③

第二节　仲裁程序的法律适用

仲裁程序适用的法律一般都规定以下问题:仲裁员的人数、仲裁员指定的方式、仲裁员的权力、证据规则以及法院监督仲裁程序的范围(例如,有关仲裁员的回避、上诉的权利以及由法院决定采取某一临时措施)等。

对于仲裁程序所适用的法律而言,首先应当确定当事人是否对此存在特别约定,

---

① See Sulamérica Cia Nacional de Seguros SA and ors v. Enesa Engenharia SA and Ors, [2012] EWCA Civ 638 at paragraph 50 Per the Master of the Rolls: “Given the desirability of certainty in the field of commercial contracts and the number of authorities on the point, it is, at least at first sight, surprising that it is by no means easy to decide in many such cases whether the proper law of the arbitration agreement is (i) that of the country whose law is to apply to the contract or (ii) that of the country which is specified as the seat of the arbitration. However, once it is accepted that that issue is a matter of contractual interpretation, it may be that it is inevitable that the answer must depend on all the terms of the particular contract, when read in the light of the surrounding circumstances and commercial common sense.”

② See [2007] EWCA Civ 1282. “The question…arises whether, if there is no express law of the arbitration agreement, the law with which that agreement has its closest and most real connection is the law of the underlying contract or the law of the seat of arbitration. It seems to me that if (contrary to what I have said above) this is a relevant question, the answer is more likely to be the law of the seat of arbitration than the law of the underlying contract.”

③ See Sulamérica Cia Nacional de Seguros SA and ors v. Enesa Engenharia SA and Ors, [2012] EWCA Civ 638 at paragraph 11 Per the Master of the Rolls: “Given the desirability of certainty in the field of commercial contracts and the number of authorities on the point, it is, at least at first sight, surprising that it is by no means easy to decide in many such cases whether the proper law of the arbitration agreement is (i) that of the country whose law is to apply to the contract or (ii) that of the country which is specified as the seat of the arbitration. However, once it is accepted that that issue is a matter of contractual interpretation, it may be that it is inevitable that the answer must depend on all the terms of the particular contract, when read in the light of the surrounding circumstances and commercial common sense.”

但实践中双方当事人约定仲裁程序适用法律的情况十分罕见。

比较法上,在当事人不存在约定的情况下,则一般适用仲裁地法。举例来讲,英国《1996 年仲裁法》第 2 条第 1 款规定:"如仲裁地在英格兰和威尔士或北爱尔兰,则适用本编规定。"①该法中的"本编"就包括如何确定仲裁员人数的规则、仲裁员的指定方式、仲裁员的权力、证据规则以及仲裁员的回避等。此外,《1996 年仲裁法》第 1 条(b)项亦规定了双方当事人在不违反公共利益的情况下,双方当事人可以自行约定仲裁程序如何进行。②

中国《仲裁法》规制境内的仲裁活动,境内仲裁机构及仲裁活动应当遵守《仲裁法》的相关规定,各仲裁委员会的仲裁规则也都受其约束。即在中国境内进行的仲裁,如当事人对仲裁程序所适用的法律没有约定,应当适用仲裁地法,即中国的《仲裁法》《民事诉讼法》等。

《仲裁法》在涉及仲裁程序部分仅作出了简要的原则性规定,给予了仲裁机构相当大的仲裁规则制定空间。但是,如果仲裁规则违背了《仲裁法》的强制性规定,如将《仲裁法》中不可仲裁事项列入受理范围、规定仲裁庭人数超过三人、规定裁决并非一裁终局等,则依照仲裁规则作出的裁决很可能因"裁决的事项仲裁机构无权仲裁""仲裁程序违反法定程序"等事由被撤销或不予执行。

此外,在涉及法院职权的规定中,当事人无权进行特别约定(例如,不能约定裁决不受法院司法监督或约定改变仲裁裁决司法审查标准),仲裁规则亦不应对此作出有悖于《民事诉讼法》《仲裁法》的相关规定。

在仲裁协议中,仲裁地的约定不仅是仲裁程序在哪里进行的问题,一般也是仲裁程序准据法的问题。不同国家的法律对仲裁程序的规定存在差异甚至差异很大。比如,很多国家和地区都规定了仲裁庭享有作出中间措施命令或裁决的权力,而中国《仲裁法》则规定保全申请均由仲裁机构转递给法院,再由法院作出裁定,并采取保全措施。还有些仲裁案件历时十多年才作出仲裁裁决,其重要原因就是当事人从仲裁地法律(适用于仲裁程序的法律)中找到了人为拖延仲裁程序的机会。因此,对仲裁地、仲裁程序适用的法律的选择应十分谨慎。

理论上说,当事人可以另行约定仲裁地之外的仲裁程序适用的法律。但是,这时就会出现仲裁地法和当事人约定法律并行适用的情况,这会给当事人造成很多不必

---

① Section 2 (1) of English Arbitration Act 1996: The provisions of this Part apply where the seat of the arbitration is in England and Wales or Northern Ireland.

② Section 1 of English Arbitration Act 1996: The provisions of this Part are founded on the following principles, and shall be construed accordingly—…(b) the parties should be free to agree how their disputes are resolved, subject only to such safeguards as are necessary in the public interest;…

要的麻烦。

举例而言,如果一宗涉外仲裁案件在贸仲仲裁,当事人约定仲裁程序适用英国法。如果当事人想进行财产保全,就会遇到法律适用上的困难。英国法院不会对中国法域内进行的仲裁案件进行财产保全;中国法院显然也不会援引英国法采取财产保全措施;中国法院可能会认为财产保全是依据中国《仲裁法》而赋予当事人的一种救济手段,既然当事人没有选择适用中国法,中国法院就没有法律依据受理财产保全申请。因此,当事人可能会面临无法得到法院支持的尴尬境地。

第三节　仲裁案件实体问题的法律适用

一、中国法对于国内民商事争议和涉外民商事争议的区分

依据案涉争议是否具有涉外因素,中国法对不同的争议作出了区分:国内民商事法律关系争议和涉外民商事法律关系争议。

对于国内民事法律关系,《民法典》第 12 条规定:“中华人民共和国领域内的民事活动,适用中华人民共和国法律。法律另有规定的,依照其规定。”上述规定为强制性规定,不具有任何涉外因素的纯国内民商事法律关系,应适用中国的法律,当事人无权约定选择适用他国的法律。当事人一旦约定适用他国法律的,该等约定应认定无效。倘若某一纯国内民商事争议的仲裁裁决系依据外国法作出,该裁决有可能因为违反公共利益而被法院撤销或不予执行。

对于涉外民事法律关系,《法律适用法司法解释》第 1 条规定:“民事关系具有下列情形之一的,人民法院可以认定为涉外民事关系:(一)当事人一方或双方是外国公民、外国法人或者其他组织、无国籍人;(二)当事人一方或双方的经常居所地在中华人民共和国领域外;(三)标的物在中华人民共和国领域外;(四)产生、变更或者消灭民事关系的法律事实发生在中华人民共和国领域外;(五)可以认定为涉外民事关系的其他情形。”

需要注意的是,《中华人民共和国外商投资法》第 31 条规定:“外商投资企业的组织形式、组织机构及其活动准则,适用《中华人民共和国公司法》《中华人民共和国合伙企业法》等法律的规定。”第 2 条第 3 款规定:“本法所称外商投资企业,是指全部或者部分由外国投资者投资,依照中国法律在中国境内经登记注册设立的企业。”据此,外商投资企业属于中国法人,在没有其他涉外因素的情况下,外商投资企业与其他国内当事人之间的纠纷也应当强制适用中国法律。

在欧盟国家,民商事合同关系往往受到罗马规则Ⅰ号调整。[①] 其规定有:“1. 合同应当由双方当事人所选择的法律所约束;……3. 若双方当事人选择准据法时,所有其他相关因素均位于准据法所在国之外的其他国家,则该其他国家的不能以协议排除的法律规定,仍然适用于双方当事人,不受当事人之间准据法选择的影响;4. 若双方当事人选择准据法时,相关的所有其他因素均位于一个或多个欧盟成员国,则双方当事人选择适用非欧盟成员国的准据法,不影响欧盟法律中不能以协议排除的法律规定(在合适的情形下,还包括前述欧盟法律在相关欧盟成员国的实践)的适用。”假设这样一种情形,合同双方当事人均具有奥地利国籍,合同标的全部位于奥地利,且合同与其他国家无任何联系。若合同当事人约定合同适用中国法的,则奥地利法律、欧盟法律中强制性条款(即不能通过协议约定排除的条款)仍适用于双方当事人,除此之外,适用中国法律。由此可以看出这与中国法律的规定完全不同。

与中国相比,英国《1996 年仲裁法》也赋予仲裁当事人更多的自由。英国《1996 年仲裁法》第 46 条第 1 款规定:“仲裁庭应对争议作出裁决:(a)依照当事人所选择的适用于实体问题的法律,或(b)如当事人同意,根据其所约定的或仲裁庭所决定的其他因素。”该规定并未区分纯国内民商事法律关系和涉外民商事法律关系,因此即使合同属于纯英国国内民商事法律关系的,当事人也可以约定适用其他国家的法律。[②]

二、涉外民商事法律关系的法律适用

(一)适用当事人选择的法律

《法律适用法》第 41 条规定:“当事人可以协议选择合同适用的法律。当事人没有选择的,适用履行义务最能体现该合同特征的一方当事人经常居所地法律或者其他与该合同有最密切联系的法律。”

上述援引的法条是仲裁意思自治原则的基本体现。对于涉外民商事法律关系,

---

① See Regulation (EC) No. 593/2008 on the law applicable to contractual obligations (Rome Ⅰ):1. A contract shall be governed by the law chosen by the parties.... 3. Where all other elements relevant to the situation at the time of the choice are located in a country other than the country whose law has been chosen, the choice of the parties shall not prejudice the application of provisions of the law of that other country which cannot be derogated from by agreement. 4. Where all other elements relevant to the situation at the time of the choice are located in one or more Member States, the parties' choice of applicable law other than that of a Member State shall not prejudice the application of provisions of Community law, where appropriate as implemented in the Member State of the forum, which cannot be derogated from by agreement.

② Section 46(1) of English Arbitration Act: The arbitral tribunal shall decide the dispute—(a) in accordance with the law chosen by the parties as applicable to the substance of the dispute, or(b) if the parties so agree, in accordance with such other considerations as are agreed by them or determined by the tribunal.

除法律另有规定外,当事人有约定的,从其约定。

在国际商事合同中,双方当事人可能同时约定两个国家的法律。例如,两个中国企业就在哈萨克斯坦的工程签署了分包合同,约定同时适用中国法律和哈萨克斯坦法律。如果产生纠纷提起仲裁,则仲裁庭应当如何选择准据法?

一种观点认为,仲裁庭应当同时适用中国法和哈萨克斯坦法律进行裁决。但若两个准据法的规定产生冲突,如对合同本身是否有效的规则冲突,则这一观点无法处理这一问题。

在中国法院的实践中,在双方当事人同时约定了两个准据法的情况下,法院倾向于认定这是准据法约定不明的情形,从而参照适用《法律适用法》的规定,以最密切联系原则确定准据法的适用。

例如,在(2016)粤 0491 民初 361 号案中,双方当事人签署的《借款担保合同》约定,合同纠纷同时适用澳门和中国内地法律。就此,法院认为,在双方当事人约定了两个准据法的情况下,应当参照《法律适用法》第 41 条中关于准据法约定不明的规定。在本案中,由于原告债权人的居住地位于广东省,因而法院认定中国内地法律为双方借贷合同法律关系的准据法。

(二)适用与争议有最密切联系国家的法律

在涉外仲裁中,若当事人没有约定适用法律的,《法律适用法》第 41 条规定,适用履行义务最能体现该合同特征的一方当事人经常居所地法律或者其他与该合同有最密切联系的法律。

"履行义务最能体现该合同特征"通常等同于"特征性履行"这一概念。所谓特征性履行,是指在合同纠纷中,当事人没有明示或者默示选择准据法时,由法院根据合同的性质,以何方的履行最能体现合同的本质特征来决定合同的法律适用。[①] 大陆法系国家常常使用这一概念,包括欧盟制定的罗马规则Ⅰ号。

对于"履行义务最能体现该合同特征"的具体适用,虽然最高院《涉外合同纠纷法律适用规定》目前已经失效,但是仍可以从中了解最高院在其中的立场。

《涉外合同纠纷法律适用规定》第 5 条第 2 款规定:"人民法院根据最密切联系原则确定合同争议应适用的法律时,应根据合同的特殊性质,以及某一方当事人履行的义务最能体现合同的本质特性等因素,确定与合同有最密切联系的国家或者地区的法律作为合同的准据法。(一)买卖合同,适用合同订立时卖方住所地法;如果合同是在买方住所地谈判并订立的,或者合同明确规定卖方须在买方住所地履行交货义务

① 参见李旺:《国际私法》,法律出版社 2011 年版,第 171 页。

的,适用买方住所地法。(二)来料加工、来件装配以及其他各种加工承揽合同,适用加工承揽人住所地法。(三)成套设备供应合同,适用设备安装地法。(四)不动产买卖、租赁或者抵押合同,适用不动产所在地法。(五)动产租赁合同,适用出租人住所地法。(六)动产质押合同,适用质权人住所地法。(七)借款合同,适用贷款人住所地法。(八)保险合同,适用保险人住所地法。(九)融资租赁合同,适用承租人住所地法。(十)建设工程合同,适用建设工程所在地法。(十一)仓储、保管合同,适用仓储、保管人住所地法。(十二)保证合同,适用保证人住所地法。(十三)委托合同,适用受托人住所地法。(十四)债券的发行、销售和转让合同,分别适用债券发行地法、债券销售地法和债券转让地法。(十五)拍卖合同,适用拍卖举行地法。(十六)行纪合同,适用行纪人住所地法。(十七)居间合同,适用居间人住所地法。”在此之外,《涉外合同纠纷法律适用规定》第5条第3款规定:“如果上述合同明显与另一国家或者地区有更密切联系的,适用该另一国家或者地区的法律。”

最密切联系原则给予了法庭相当大的裁量权,其内涵也难以明确。相比之下,特征性履行具有明确、易于执行的特点。特征性履行原则即构成了法院在最密切联系原则上的自由裁量权的一项重要依据。从《涉外合同纠纷法律适用规定》的上述规定来看,法院在考虑何为最密切联系的法律时,将特征性履行作为最密切联系原则优先性考量的因素。只有在合同与另外国家或者地区的法律有更密切的联系时,才适用该国家或者地区的法律。

仲裁庭在根据最密切联系原则确定准据法时,也适宜于首先考虑合同履行的特征。只有在特殊情况下,诸如双方由于税收政策等原因,在双方经常居所地以外的国家或地区进行商业交易,这时由于进行交易的地点相比较于双方经常居所地而言对于合同关系更为密切,可以适用最密切联系原则,选择交易发生国的法律作为准据法。

(三)强制适用中国法

《法律适用法》第4条规定:“中华人民共和国法律对涉外民事关系有强制性规定的,直接适用该强制性规定。”根据中国法律规定,即使当事人事先选择了准据法,但在某些特殊情况下涉外仲裁也应当强制适用中国法。

1. 中外合资经营企业合同、中外合作经营企业合同、中外合作勘探开发自然资源合同

《民法典》第467条第2款规定:“在中华人民共和国境内履行的中外合资经营企业合同、中外合作经营企业合同、中外合作勘探开发自然资源合同,适用中华人民共和国法律。

相比上述条款,《涉外合同纠纷法律适用规定》第8条中规定了另外五类强制适用中国法律的合同,分别为:中外合资经营企业、中外合作经营企业、外商独资企业股份转让合同;外国自然人、法人或者其他组织承包经营在中华人民共和国领域内设立的中外合资经营企业、中外合作经营企业的合同;外国自然人、法人或者其他组织购买中华人民共和国领域内的非外商投资企业股东的股权的合同;外国自然人、法人或者其他组织认购中华人民共和国领域内的非外商投资有限责任公司或者股份有限公司增资的合同;外国自然人、法人或者其他组织购买中华人民共和国领域内的非外商投资企业资产的合同。

需要注意的是,虽然该司法解释已经在2013年因与《法律适用法》相冲突而被废止,但在实践中,一些法院仍然会参照《涉外合同纠纷法律适用规定》确定其余5类合同纠纷所适用的准据法。例如,在天津市高级人民法院(2016)津民终257号案中,某香港公司向内地自然人收购内地公司的股权,后由于香港公司未能向内地自然人支付价款,内地自然人向法院起诉,要求香港公司支付股权转让款与违约金。一审法院天津市第二中级人民法院直接适用上述司法解释确定股权转让合同应当适用中华人民共和国法律,二审法院虽然没有明确引用这一条,但驳回了一审被告的上诉。

2. 涉及公共利益

《法律适用法》第5条规定:"外国法律的适用将损害中华人民共和国社会公共利益的,适用中华人民共和国法律。"

对此《法律适用法司法解释》作出了更加明确的规定,该司法解释第10条规定:"有下列情形之一,涉及中华人民共和国社会公共利益、当事人不能通过约定排除适用、无需通过冲突规范指引而直接适用于涉外民事关系的法律、行政法规的规定,人民法院应当认定为涉外民事关系法律适用法第四条规定的强制性规定:(一)涉及劳动者权益保护的;(二)涉及食品或公共卫生安全的;(三)涉及环境安全的;(四)涉及外汇管制等金融安全的;(五)涉及反垄断、反倾销的;(六)应当认定为强制性规定的其他情形。"

此外,如若当事人有故意制造连接点规避中国法律强制性规定适用的行为,则很可能因为违反《法律适用法司法解释》第11条之规定,而不发生适用外国法律的效力。

本应强制适用中国法而实际适用外国法作出的仲裁裁决,可能会因"违背社会公共利益"而被撤销或不予执行。

三、实体法律关系准据法适用错误的救济

无论是《民事诉讼法》还是《仲裁法》,都没有将准据法适用错误作为人民法院仲

裁裁决司法审查的一项法定事由。仲裁裁决司法审查主要针对程序问题,不涉及实体问题,包括准据法的适用。《纽约公约》的规定亦是如此。所以通常来讲,实体法律关系准据法适用错误的,当事人无法通过仲裁司法审查途径得到救济。

例如,在(2016)京04民特58号撤裁案中,双方当事人并未约定部分条款的准据法,也未就该部分的法律适用达成一致。由于双方当事人营业地都是CISG缔约国,仲裁庭适用CISG进行裁决,CISG没有规定的,仲裁庭依据最密切联系原则适用中国法。当事人向法院申请撤销裁决,理由之一为仲裁裁决适用法律错误,违反仲裁规则。对于该项理由,法院认为,确定仲裁当事人实体权利义务内容的法律适用问题,不属于《仲裁法》第70条、《民事诉讼法》第274条规定的涉外裁决撤销理由,因此法院不予审查。

在案涉争议应当强制适用中国法而当事人约定适用外国法,或者当事人故意制造涉外连接点规避中国法律强制性规定而约定适用外国法等情况下,国内一些机构的仲裁规则将法律适用的决定权赋予仲裁庭。例如,《贸仲规则2015》第49条第2款规定:"当事人对于案件实体适用法有约定的,从其约定。当事人没有约定或其约定与法律强制性规定相抵触的,由仲裁庭决定案件实体的法律适用。"《深国仲规则2019》第51条第2款规定:"当事人对于实体适用法律有约定的,从其约定;当事人没有约定或其约定与仲裁地法律强制性规定相抵触的,由仲裁庭决定。"如果仲裁庭"决定错误",适用了双方当事人约定选择的法律作出裁决的,有可能因为涉及违反法律的强制性规定而以"违背社会公共利益"之理由被撤销或不予执行。

第六章　仲裁中的外国法查明

第一节　仲裁中外国法查明的基本概念

一、外国法的定义

中国法律体系中对于外国法查明的规定,主要体现在《法律适用法》及《法律适用法司法解释》中。例如,《法律适用法》第 10 条规定:“涉外民事关系适用的外国法律,由人民法院、仲裁机构或者行政机关查明。当事人选择适用外国法律的,应当提供该国法律。不能查明外国法律或者该国法律没有规定的,适用中华人民共和国法律。”

虽然前述法条并没有对“外国法”给出明确定义,但一般而言,“外国法”的概念在涉外诉讼领域是不言而喻的。由于法院代表国家行使公权力,具有“国籍”,因此法院地法之外的法律则为外国法。对于中国的涉外诉讼案件而言,中国法以外的法律应被视为外国法。

但是,在仲裁尤其是国际商事仲裁中,仲裁机构或仲裁庭并不行使一国之公权力,其对于案件的管辖权来源于双方当事人仲裁条款的授权而非公权力。并且,仲裁庭一般不具有国籍或籍属的概念,因此,在仲裁中如何定义“外国法”,甚至在仲裁中是否存在“外国法”这一概念,目前理论界是存在争议的。

一种观点认为,“外国法”的定义可以参考《法律适用法》第 10 条的规定,以仲裁机构的国籍作为判断标准。该观点认为:《法律适用法》第 10 条将仲裁机构与法院并列作为外国法的查明主体,所以对于仲裁中“外国法”的概念也应参照涉外诉讼中的标准,以仲裁机构的国籍作为判断外国法的标准。

但是,“以仲裁机构的国籍作为判断外国法的标准”这一观点并未得到广泛认可。外国法之对应概念为“内国法”,对于像 ICC 这种国际性的商事仲裁机构来说,仲裁员可能来自世界各国,仲裁地可能也各不相同,很难说 ICC 的“内国法”究竟为何。例如,ICC 审理的仲裁地位于法国巴黎的一宗仲裁案件中,当事人约定实体法律适用英国法,仲裁庭三位仲裁员都是英国国籍,那么把英国法认为是外国法显然不合理。

再如,双方当事人约定在北仲仲裁并约定实体法律适用中国法,仲裁语言为英文。如双方当事人出于当事人国籍、仲裁语言等考量共同选定了一位美国的独任仲裁员(且没有经过系统中国法教育,当然这种例子比较极端),那么将中国法视为无须查明的非外国法(内国法)也有失妥当。

因此,另有观点认为,在仲裁中特别是国际仲裁中,并不存在与涉外诉讼中"外国法"概念相同的"外国法"。但是,在仲裁实践中,确实可能出现某宗案件的仲裁庭对双方当事人约定适用的实体法不熟悉,需要进行查明的情形。此时所称的"外国法",更多的是基于仲裁庭审理案件需要而查明的法律。因此,我们理解,在仲裁中,外国法应当定义如下:当事人选择适用或者仲裁庭依冲突规则确定的用于解决当事人之间争议的法律,当该法律对于仲裁庭而言是陌生的法律时,该法律应被认定为外国法,并应适用相关规则予以查明。

"外国法"的定义不以仲裁机构或仲裁庭成员的国籍为判断标准,而看适用法律对仲裁庭而言是否陌生。例如,在北仲的一宗独任仲裁员案件中,当事人适用美国纽约州法作为实体法。如果当事人选定或北仲指定的仲裁员仅具有中国法背景,则美国纽约州法律对仲裁员而言就是外国法,需要进行查明。但如果该仲裁员同时具备美国法背景,且获得了美国纽约州的律师执业资格,则纽约州法律对其而言并不应为陌生的"外国法"。仲裁员在审理案件中适用纽约州法律,也不应被理解为所谓的"外国法查明"。

二、外国法查明的责任主体及查明责任的分配

国外通常不要求仲裁机构应依职权查明外国法,而是赋予仲裁庭相关权力,即仲裁庭有权确定仲裁中适用的实体法律,但前提是尊重当事人的意思自治。法律对于仲裁庭的权力也有相应限制。比如,英国《1996 年仲裁法》第 34 条规定,仲裁庭有权确定争议适用的程序法与证据法。[①] 在 Hussman(Europe)Ltd. v. Al Ammen Dev. & Trade Co. 案中,英格兰与威尔士高等法院王座法庭下属的商事法院(Commercial Court)认为:尽管英国《1996 年仲裁法》第 46 条第 1 款(a)项规定仲裁庭应适用当事人选择的法律,[②]如果当事人不能指出所选择法律与英国法律的不同之处,仲裁庭就可以在假设两者内容相同的基础上,依据英国法对争议事项作出决定。因此,在没有

---

① Para(1) Article 34 of EAA(1996):It shall be for the tribunal to decide all procedural and evidential matters, subject to the right of the parties to agree any matter.

② Para(1) Article 46 of EAA(1996): The arbitral tribunal shall decide the dispute -(a) in accordance with the law chosen by the parties as applicable to the substance of the dispute, or (b) if the parties so agree, in accordance with such other considerations as are agreed by them or determined by the tribunal.

相反协议的情况下,仲裁庭可以决定让当事人证明法律的内容。[①]

与上述规定不同,《法律适用法》第10条对于仲裁机构与当事人的查明义务采取双轨制。一方面,仲裁机构有查明外国法的义务;另一方面,双方当事人约定选择适用外国法律的,应当提供外国法律。从文义解释角度看,仲裁机构并非"有权"进行外国法查明,而是负有外国法查明的义务,属于依职权查明。《法律适用法》第10条在国内学界也不乏批评的声音。有学者认为,该条既在第二句中规定了在双方当事人约定适用外国法的情况下应当提供该国法律,又在第一句中将仲裁机构依照职权查明作为首要的基本模式,这有违仲裁中当事人意思自治原则。

此外,如果将仲裁机构或仲裁庭应当依职权查明作为首要原则,那么一旦仲裁机构或仲裁庭未恰当地履行其外国法查明的义务,当事人很难获得救济。原因在于,在诉讼中如果法院没有正确履行外国法查明义务,当事人可以就此上诉。但是仲裁机构或仲裁庭如果没有正确履行外国法查明义务或者错误适用外国法并作出裁决,无论是《纽约公约》还是中国法律,均未明确将此作为撤销裁决或不予承认执行的理由。[②]

在仲裁实践中,出于尊重当事人意思自治原则、避免仲裁庭错误查明法律而当事人无法救济的考量,应将外国法查明的责任在仲裁庭与当事人之间进行合理地分配,在充分尊重当事人意思自治的同时亦追求公正。

对于仲裁庭查明责任与当事人提供/查明责任的分配,适宜通过下列方式展开:

1. 仲裁庭有查明外国法的权力,但当事人可以约定进行排除

一方面,仲裁庭负有公平中立裁决的义务,准确适用法律是公平中立的应有之义;另一方面,双方当事人将案件交予仲裁,亦对仲裁庭能够依据准据法进行公平客观裁量具有预期。因此,应当赋予仲裁庭视案件情况而进行查明的权力。仲裁庭可以独立于双方当事人开展外国法查明,并根据查明情况结合案件事实,适用外国法律。

仲裁庭在主动查明外国法的过程中,应当遵循以下原则:

第一,正当程序原则。仲裁庭主动查明外国法,应给双方当事人就仲裁庭主动查明外国法的方法、内容、途径以充足合理的机会发表意见,以保障双方当事人程序及实体权利。这也有利于减少撤裁或者裁决不予执行的风险。

---

① "It was suggested that, as s.4(1)(a) of the Arbitration Act requires the arbitral tribunal to decide the dispute in accordance."参见 https://www.casemine.com/judgement/uk/5a8ff7cc60d03e7f57eb22f0,最后访问日期:2019年11月2日。

② 参见焦燕:《我国外国法查明新规之检视——评〈涉外民事关系法律适用法〉第10条》,载《清华法学》2013年第2期。

第二,独立查证。仲裁庭在进行外国法查明时,双方当事人所提供的关于外国法律文本或者关于查明的意见,仅能作为仲裁庭查明途径、查明方式的参考。由于外国法的真实文本与双方当事人提供的法律文本可能都不一致,仲裁庭需要特别注意,不能单纯判定采信哪一方的文本或意见,而需要独立通过各种途径查明后再得出结论。

第三,注意考量公共秩序。如果双方当事人所选择的准据法在案件的适用中可能涉及准据法国家的公共秩序,则仲裁庭应当特别注意需要行使查明权力,从而保证裁决的可执行性。例如,双方当事人之间签订了某一机密设备的买卖合同,这一合同可能影响到准据法国家的国家安全或国家秘密。在此情况下,仲裁庭应当特别注意,主动查明准据法国家中是否有关于该类机密设备禁止买卖的规定,以及是否构成合同无效等法律后果。

2. 双方当事人约定适用外国法的,应当提供相关的法律内容

双方当事人约定适用外国法,应当视为当事人对外国法有所了解,因此让当事人提供该外国法更符合合同安排的本意,也更有效率。需要注意的是,即便仲裁庭认为其需要自行主动查明外国法,也不影响双方当事人承担相应的外国法提供义务。

3. 双方当事人没有明确约定适用的准据法,仲裁庭应主动确认、查明准据法并可以要求双方当事人对准据法内容予以提供

如果双方当事人没有明确约定适用的准据法,则仲裁庭应当首先主动确认准据法。具体而言,考察双方当事人是否默示选择;如果无默示,那么仲裁庭有权根据其认为合适的冲突规则(如《法律适用法》第41条确定的最密切联系原则)来确定准据法。① 在确定准据法后,仲裁庭可以自行查明准据法,也可以要求双方当事人提供准据法的相关内容。

例如,仲裁庭可以在审理范围书(Terms of Reference)中,列举本案的待决事项,准据法查明问题亦可纳入其中。如《ICC规则2017》第23条规定,仲裁庭在审理范围书中可以列明待决事项,待决事项可以是事实和法律问题,此处的法律问题可以包括准据法的查明问题。②

---

① 目前的通说是,除非当事人另有约定,仲裁庭有权选择其认为合适的冲突规则。很多国家的仲裁法都赋予了仲裁庭这种裁量权,特别是采纳了UNCITRAL Model Law的国家。Article 28(2) of the UNCITRAL Model Law:"Failing any designation by the parties, the arbitral tribunal shall apply the law determined by the conflict of laws rules which it considers applicable."

② Article 23 of ICC Rules:"As soon as it has received the file from the Secretariat, the arbitral tribunal shall draw up, on the basis of documents or in the presence of the parties and in the light of their most recent submissions, a document defining its Terms of Reference. This document shall include the following particulars… d) unless the arbitral tribunal considers it inappropriate, a list of issues to be determined…"

第二节　仲裁中外国法查明的方法

一、诉讼中外国法查明的方法

就诉讼中的外国法查明方法,2005 年的《第二次全国涉外商事海事审判工作纪要》第 51 条规定:"……当事人可以通过法律专家、法律服务机构、行业自律组织、国际组织、互联网等途径提供相关外国法律的成文法或者判例,亦可同时提供相关的法律著述、法律介绍资料、专家意见书等。当事人对提供外国法律确有困难的,可以申请人民法院依职权查明相关外国法律。"

《法律适用法司法解释》第 17 条规定:"人民法院通过由当事人提供、已对中华人民共和国生效的国际条约规定的途径、中外法律专家提供等合理途径仍不能获得外国法律的,可以认定为不能查明外国法律。"此处至少列明了三种查明方法。对于中国法院而言,中国与几十个国家签订了双边民商事(或民刑事)司法协助条约,其中大多都规定了相互提供法律资料的司法协助义务,法院有时会依据司法协助的条约规定,通过主管机关查明外国法。① 如《中华人民共和国和秘鲁共和国关于民事和商事司法协助的条约》第 3 条规定,司法协助的范围包括"交换法律和司法实践资料"。第 4 条规定了司法协助的联系途径,即法院通过各自指定的中央机关(即中国司法部和秘鲁司法部)直接进行联系,以查明外国法。

二、仲裁中外国法查明的方法

对于仲裁中的查明方法,目前法律与仲裁规则并没有明确的规定。在国际仲裁法规以及其他法域的仲裁规则中,往往也没有对查明方式作出强制性的规定,只有少数国家的法律中作出了指导性的规定,如《荷兰民事诉讼法》第 1044 条规定:②在仲裁庭处理关于《欧洲外国法资料公约》中的外国法查明时,可以寻求海牙地区法院的临时救济法官(Provisional Relief Judge)的帮助。

---

① 参见高晓力:《〈关于适用涉外民事关系法律适用法若干问题的解释(一)〉的理解与适用》,载《人民司法》2013 年第 3 期。

② Article 1044(1) of Dutch Code of Civil Procedure: Unless the parties have agreed otherwise, the arbitral tribunal may, through the intervention of the provisional relief judge of the district court at The Hague, request information as referred to in Article 3 of the European Convention on Information on Foreign Law, done at Lone, 7 June 1968 (Dutch Treaty Series 1968, 142). The provisional relief judge shall send the request, unless it appears to him to be unfounded, to the agency referred to in Article 2 of said Convention as soon as possible and notify the arbitral tribunal thereof.

具体到仲裁庭对于外国法的查明,可分为由仲裁员查明或者聘请专家查明。

第一,通过外国法所在国议会机构或者相关部门所发布的正式法律文本,包括官方发行的法典或其他法律资料以及官方网站所发布的文本(包括译本)。这也是外国法最权威与直接的查明途径,仲裁庭应当首先考虑并优先使用这一途径。比如,美国司法部网站上就有美国已经颁行的联邦法律。[①] 香港律政司网站上也有香港法律的中英文本。[②] 在这一网站上,还指向了香港的电子版法例网站,可以查询香港的判例。[③]

第二,当无法通过上述官方途径进行查明时,仲裁庭可以通过法律数据库、该国法院既往案例、该国法律权威教科书或者专业著作中对于该法条的引用等途径进行查明。在仲裁实践中,常用的法律数据库有 Juris、Westlaw、Lexis Nexis、威科、Beck Online 等。此外,学者或者学术机构经常针对法典或者判例出版较为权威的评注,并作为法院判决、学术写作参考依据。

仲裁员除了要查明成文法的法律条文之外,还应当特别注意查明下述内容:

第一,该国的判例。如英国、美国等判例法国家,法律规则多通过判例确定,仲裁员需要查明该国判例。

以一起适用美国法的仲裁案件为例。2016 年,中国某公关公司(下称 A 公司)与美国纽约州会议公司(下称 B 公司)签订了一份营销公关合同,约定由 A 公司向 B 公司提供在中国的品牌推广服务。合同的争议解决条款约定与合同有关的争议需提交法院按纽约州法律审理。合同签订后,A 公司如约向 B 公司提供了营销公关服务,B 公司未能按期支付服务费。

2017 年,双方签订了一份补充协议,对欠付服务费的支付问题进行了约定。补充协议的争议解决条款约定,对协议的解释及执行发生争议,首先应协商解决,协商不成的,双方同意将争议提交北仲解决。关于补充协议与原合同的效力问题,补充协议约定:补充协议与营销公关合同具有同等法律效力,两合同约定不一致的地方以补充协议为准。

2018 年,A 公司向北仲提起仲裁,主张被申请人未按补充协议的约定如期清偿欠付的服务费。A 公司的仲裁请求为:(1)申请裁决被申请人向申请人支付欠付服务费 1000 万美元;(2)申请裁决被申请人按照合同约定向申请人支付欠款 10% 的违约金;(3)申请裁决被申请人以 1000 万美元为基准,按照中国人民银行同期贷款利率向申

① 参见 https://www.justice.gov/。

② 参见 https://www.doj.gov.hk/eng/index.html。

③ 参见 https://www.elegislation.gov.hk/。

请人支付欠付产生的利息。

在仲裁申请中,申请人同时主张了1000万美元价款迟延给付的违约金与迟延利息。对此问题,仲裁庭在开庭后发出《庭后安排》,请双方当事人就纽约法下合同约定的违约金和迟延付款利息能否同时主张的问题发表意见。申请人提交书面意见,援引了美国《第二次合同法重述》第356条第1款和第354条第1款的规定,认为合同约定的违约金和迟延付款利息可以同时主张。

其中,《第二次合同法重述》第356条第1款规定:"任何一方当事人因违约或获得的赔偿金可以在合同中予以约定,但只是限于可以依据违约所造成的预期或事实的损害以及损害存在的证明难度确定的合理数额。如果合同的某一条款规定了不合理的违约金,则该条款基于公共政策作为对违约的一种惩罚应是不可强制执行的。"第354条第1款规定:"如果当事人的违约属于没有支付确定数额的金钱或没有以固定的或可确定的价款为履行行为,则受损方有权就该项支付到期日起应得的利息获得赔偿,但是应减去违约方有权扣除的部分。"被申请人未出庭亦未发表意见。

仲裁庭对此认为,美国《第二次合同法重述》的性质是学者对司法实践通说的归纳总结,不属于纽约州的法律渊源。仲裁庭通过检索Westlaw数据库及查阅Robert E. Scott所著的美国合同法权威教材Contract Law and Theory查明,根据纽约州法,如果当事人在合同中约定了违约金,在一方违约的情况下,违约方必须向守约方支付合同约定的违约金以弥补守约方遭受的损失。① 另外,本案中,申请人在庭审中承认,其主张的延期付款利息也是补偿性的。因为申请人主张的违约金和延期付款利息的目的均为弥补申请人因被申请人迟延付款遭受的损失,如果裁决一并支持申请人的这两项主张,将使申请人受到双重救济,与纽约州法中禁止重复救济的原则相悖。②

结合以上案例,仲裁庭在查明判例法时,应当注意以下原则:

首先,不能以学说代替法律。例如,上述案件中,申请人依据美国《第二次合同法重述》相关条文来支持其观点,但是美国《第二次合同法重述》的性质是学者对司法实践通说的归纳总结,不属于纽约州的法律渊源。判例在普通法系国家是重要的法律渊源和法官裁判的主要依据。查明一个普通法系的法律规定,一定要查找相关判例,不能只看制定法。并且成文法的规定往往较为原则、抽象,一些具体的问题只能

---

① Truck Rent - A - Center, Inc. v. Puritan Farms 2nd, Inc., et al., 361 N.E.2d 1015, 1018 (1977); JMD Holding Corp. v. Congress Financial Corp., 828 N.E.2d 604, 609 (2005). 在本案中,法官的论证规定即确立了Liquidated Damages(违约金)的规则:[a] liquidated damage provision is an estimate, made by the parties at the time they enter into their agreement, of the extent of the injury that would be sustained as a result of breach of the agreement.

② Parchefsky v. Kroll Bros., Inc., et al., 196 N.E. 308 (1935).

在案例中找到答案。在上述案件中,仲裁庭检索了大量案例,如 Truck Rent - A - Center, Inc. v. Puritan Farms 2nd, Inc., et al., 361 N. E. 2d 1015, 1018 (1977); JMD Holding Corp. v. Congress Financial Corp., 828 N. E. 2d 604, 609 (2005); Parchefsky v. Kroll Bros., Inc., et al., 196 N. E. 308 (1935)等,最终得出违约金与迟延损失不能并存的结论。

其次,注意案例的可适用性、权威性。上述案件中,仲裁庭的"根据纽约州法,在一方违约的情况下,违约方必须向守约方支付合同约定的违约金以弥补守约方遭受的损失"查明结论即为依据美国在此问题上的权威案例 Truck Rent - A - Center 得出。虽然在美国司法实践中,州法院的判决中引用其他州的案例的情况并不罕见,但是仲裁庭最好还是参考当事人所选择的州的案例。

再次,除了正式法律渊源外,还可以参考学者论述等辅助资料,多方求证。比如,在法域中权威的教科书、法律注释书等。

最后,根据保障当事人充分的陈述意见的权利的原则,仲裁庭在查明外国法时,一定要请当事人依据所适用的外国实体法对案件的法律问题发表意见。

即便在大陆法系国家,法院也不乏通过判例来确立规则的先例。如在德国法中,即便《德国民法典》十分发达,德国最高法院仍不乏通过案例对《德国民法典》现行的规则进行限缩解释或者干脆进行实质上的变更。诸如在德国民法的物业服务合同诉讼中,业主团体能够作为当事人提起诉讼,这一规则即是通过德国联邦高等法院的一项裁定(Entscheidung)[①]确定下来的。因此,在查明大陆法系的外国法时,也应当注意是否有类似的案例需要予以参考。

第二,立法机构、司法机构对于法律的说明或解释,以及权威的法条注释或学者观点。

在有些国家,立法机关制定或者修改法律后,往往会出具立法理由书,对立法背景、立法目的、立法理由以及立法过程中的争议进行说明。在实践中,该国的最高法院或者其他有权威性的法院可能就其实践情况针对某一法条的适用发表观点。例如,中国最高院不仅出台了合同法解释等司法解释,还会发布关于某一法律或司法解释的条文释义、理解与适用的专著,以及以民商事审判会议纪要等形式来表明其对于某一法律适用的观点。这些形式的规则在外国法查明中同样应当予以注意。如在德国民法典(BGB)制定的过程中,议会的第一起草和第二起草委员会分别形成了《立法理由书》和《立法会议记录》。这些记录成为德国民法典实务中的重要参考。譬如对于请求权的诉讼时效和形成权的除斥期间的区分,在德国民法典中并未明确使用

① 德国联邦高等法院 2005 年 6 月 2 日的裁定 VZB32/05。

除斥期间的概念,也没有对除斥期间作出一般的规定。但是在1888年《德国民法典》的《立法理由书》中对两者做出了严格区分,从而引起了学理和实务界关于"除斥期间"的讨论(但当时并未使用"除斥期间"一词),并在此后衍生出了除斥期间这一概念。[①] 仲裁员了解到德国民法典制定中的这一立法背景,有利于对德国法中形成权的适用作出裁决。

同样,在某些国家,权威的法条注释或学者观点可能影响到仲裁庭对于案件裁判的观点。例如,投资仲裁中经常引用权威的法条注释或学者观点,双方当事人也可以提供学者的意见作为附件(Annex)向仲裁庭提交。譬如在ICSID进行的Pantechniki S. A. Contractors& Engineers(Greece) vs. the Republic of Albania案裁决中,对于东道国是否已经对投资者尽到了充足的保护责任,东道国阿尔巴尼亚提出了McNair的评论作为依据,认为东道国对投资者尽到与本国国民相同的保护责任与赔偿义务,即可抗辩外国投资者的损失与损害求偿。在本案中,阿尔巴尼亚主张申请人已经得到了与其他所有暴乱受害者(包括国内受害者)相同的待遇(虽然这一待遇低于国际一般标准),其不应当再对外国投资者承担赔偿责任。而申请人主张由于阿尔巴尼亚对本国国民的保护责任与赔偿标准较低,因此东道国对于外国投资者的保护与赔偿应需达到国际一般标准。仲裁庭在裁决中引用了O' Connell在International Law一书中的观点,指出:O' Connell大法官注意到,基于一般性的规则,国家在正常情况下有义务维持适当的政府职能,但由于特殊因素或者环境造成国家混乱的情况下,这种义务可以暂时不予履行。[②] 在德国法中,学者对于德国民法典的注释(Kommentar),在德国学界和司法界都较有权威,可能会影响到司法裁判的结果。仲裁员关注这些内容,一方面有助于对法律条文的理解,另一方面也更有利于增加裁决的说服力。

如果中国法作为一个仲裁案件中的外国法,则全国人民代表大会常务委员会法制工作委员会出具的条文释义、最高院出版的关于某一法律或司法解释的理解与适用等也可以作为仲裁庭查明外国法的参考资料。需要特别注意的是,最高院的司法解释作为对于法律具体适用的一项规定,在中国法院甚至中国仲裁机构国内仲裁中得到广泛的适用。如果中国法被视为外国法,则仲裁庭应当特别注意对司法解释的查明与适用。

关于仲裁庭聘请专家查明,就其性质而言,属于仲裁中的独立专家。当然,当事人也可以聘请专家证人就外国法发表意见,但专家证人仅仅是协助仲裁庭查明法律。

---

① 参见耿林:《论除斥期间》,载《中外法学》2016年第3期。

② See ICSID Case No ARB/07/21 Award, Para. 79, https://www. italaw. com/sites/default/files/case – documents/ita0618. pdf.

仲裁庭聘请专家,既可以由双方当事人共同指定,也可以自行委托查明。仲裁庭自行委托需要考虑到下面两个因素:首先,由于专家是受仲裁庭委托进行外国法的查明,其必须也具有中立性。该外国法专家必须与双方当事人不存在利益冲突,需要出具独立的专家意见。其次,该外国法专家必须具备仲裁所涉及争议的相关外国法知识,仲裁庭应当就专家人选征求当事人意见。

第三节 仲裁中外国法不能查明的问题

一、仲裁中是否存在“外国法查明不能”的问题

在仲裁中是否存在“外国法查明不能”,学者存在争议。反对一方的观点主要是:

第一,仲裁庭的管辖权来源于当事人合同中的仲裁条款,其应当严格遵守当事人选择适用的法律。在当事人没有明确选择实体法的情况下,适用国际私法规则选择准据法属于当事人约定的一项默示规则,仲裁庭也必须严守。从中可以推断出,仲裁庭必须适用外国法(准据法),当当事人无法提供文本时,仲裁庭也必须查明适用,不存在“无法查明外国法”的问题。

第二,对于仲裁庭而言,其并不像法院那样具有“国籍”的概念,更不具有“本国法”的概念,也就没有在无法查明外国法的情况下必须适用中国法或者仲裁地法的义务。

第三,《法律适用法》第10条规定了“不能查明外国法”和“该国法律没有规定”两种情形,前者属于仲裁庭无法找到准据法,全然无法依据准据法进行裁判,后者属于仲裁庭能够找到准据法,但是法律存在漏洞的问题,应当首先适用漏洞解释的规则。该条将两者并列规定在应当适用中国法的条件中,显然是有失偏颇。

但是,仲裁机构或仲裁庭在合理期限内无法查明外国法在实践中是有可能存在的。如果要求仲裁机构或仲裁庭必须要查明该外国法才能作出裁决,容易造成仲裁程序的拖延,不利于保护双方当事人的利益。因此,在仲裁机构或仲裁庭中适用“无法查明外国法”制度,仍然是有必要的。

二、外国法查明不能之后果

外国法不能查明的情况,既包括双方当事人未提供相应法律文本,也包括双方当事人提供法律文本,但是仲裁庭认为应当查明而无法查明的情况。如果双方当事人提供并一致认可某种法律文本,仲裁庭行使查明权力而无法查明,除非双方当事人提供的法律文本明显侵犯公共秩序或者违反准据法国家以及仲裁地的强制性规定,仲

裁庭应当优先适用该法律文本。《法律适用法司法解释》第 18 条规定:“人民法院应当听取各方当事人对应当适用的外国法律的内容及其理解与适用的意见,当事人对该外国法律的内容及其理解与适用均无异议的,人民法院可以予以确认;当事人有异议的,由人民法院审查认定。”

在仲裁庭通过合理期限、合理途径也无法查明的情况下,学说有以下几种观点:

第一种观点是适用最密切联系原则指向的准据法。在无法查明外国法时,其实际也产生了当事人未约定准据法或者准据法有争议的问题,因此可以适用国际法中的最密切联系原则进行确定。

第二种观点是适用仲裁地法。原因在于:首先,当外国法无法查明时,双方当事人相当于未选择法律,选择仲裁地法进行仲裁,有利于保证实体法与程序法适用的统一性;其次,仲裁员对仲裁地国家法律一般比较熟悉,也有利于避免再次查明外国法。

第三种观点是适用一般法律原则以及国际商事惯例。这一观点采取了法律解释学的理论,将外国法无法查明或者无规定的情况视为一项法律规则的漏洞,适用一般法律原则,以弥补成文法的不足。

三、外国法不能查明时的处理方法

《法律适用法》第 10 条第 2 款规定:“不能查明外国法律或者该国法律没有规定的,适用中华人民共和国法律。”由于第 10 条第 1 款将“人民法院、仲裁机构或者行政机关”并列作为外国法查明义务的主体,因此,仲裁机构或仲裁庭在不能查明外国法律或者该国法律没有规定的情况下,也应当适用中国法。该规定在仲裁中的适用值得商榷。

(一)外国法没有规定的情况

外国法没有规定的情况下,属于法律漏洞的问题而非无法查明的问题,应当首先考虑外国法中是否有关于法律漏洞填补解释规则或者相关法律原则可以适用于案件。如无,则可以考虑一般法律原则(如合同严守原则、禁反言原则)或者国际商事惯例。经过了上述方法实在无法解决案件法律适用的情况下,才适用外国法不能查明的相关规则。

(二)外国法本身无法查明的情况

对于外国法本身无法查明的情况下,由于仲裁庭本身并不存在国籍,在国际仲裁中也经常存在仲裁员国籍与仲裁地相去甚远的情况,案件的各项因素也未必与仲裁地存在关联。如果直接认定以仲裁地法作为准据法并不适宜。

对此,仲裁庭应首先根据一般法律原则或者国际商事惯例进行审理。一方面,重新确定准据法对于双方当事人的利益影响重大,并且可能需要进行新的答辩、举证的程序,在能够采取一般法律原则或者国际商事惯例进行审理的情况下,仲裁庭无必要行使权力确定新的准据法。另一方面,一般法律原则或者国际商事惯例也是各国法律一般所遵循的内容,能够最大限度地维持双方当事人选择准据法时的意思自治原则。

在一般法律原则或者国际商事惯例无法解决问题的情况下,应当根据最密切联系原则重新确定准据法。最密切联系原则确定的法律往往也是当事人熟悉的法律,有利于当事人提供法律文本,亦有利于仲裁员对于法律的适用更贴合合同履行的实际情况。

当然,在某些极端情况下,根据最密切联系原则无法确定新的准据法,比如双方当事人都是A国人,合同在A国履行,选择适用的也是A国法,不过选择在B国仲裁,独任仲裁员也是B国人,A国法律相当于仲裁庭的外国法,但是A国法无法查明。此时合同最密切联系原则确定的法律仍然是A国法,仍然无法解决查明的问题。在此情况下,仲裁庭方可以考虑参考法院实践中的做法,辅助采纳仲裁地法。

第七章　仲 裁 规 则

仲裁规则是对仲裁活动应当如何进行的一整套程序性规定。其调整的事项主要包括仲裁程序的启动、仲裁庭的组成、仲裁员的权力与责任、仲裁文书、案件审理过程、仲裁庭的决定、裁决以及仲裁费用,等等。

仲裁规则的制定主体主要为仲裁机构,国际上主流的仲裁机构都有自己的仲裁规则。非仲裁机构制定的仲裁规则中,比较常用的是《贸法会仲裁规则》和《LMAA规则》。此两部规则多用于临时仲裁程序中。

在某一特定的仲裁程序中应该适用何种仲裁规则,通常由当事人之间的仲裁协议确定。因此,仲裁规则也被称为当事人意思自治的延伸。仲裁规则通过仲裁协议适用的途径主要有两种:一是当事人直接在仲裁协议中约定适用某仲裁规则;二是根据一些机构的仲裁规则,如果当事人仅约定将争议提交该仲裁机构审理,而未对适用的仲裁规则作出约定,则视为同意按照该机构的规则进行仲裁,例如《SIAC 规则2016》第 1 条、《HKIAC 规则 2018》第 1 条、《贸仲规则 2015》第 4 条、《北仲规则 2019》第 2 条、《上仲规则 2018》第 4 条第 1 款、《深国仲规则 2019》第 3 条第 1 款。

第一节　仲裁规则与当事人意思自治

由于仲裁规则适用的基础是当事人的意思自治,当事人亦可偏离仲裁规则中的默认程序设计,对仲裁程序中的事项另外作出约定。这也体现在很多仲裁规则中一种常见的措辞"除非当事人另有约定"("unless otherwise provided by the parties")。

一、当事人意思自治的限制

根据《仲裁法》第 58 条之规定,仲裁庭的组成与仲裁程序不得违反法定程序,否则将面临仲裁裁决被撤销的风险。据此,当事人偏离仲裁规则的默认程序设计、对仲裁程序另外作出约定亦不得违反法定程序。对于何为"违反法定程序",《仲裁法司法解释》第 20 条规定:"仲裁法第五十八条规定的'违反法定程序',是指违反仲裁法规定的仲裁程序和当事人选择的仲裁规则可能影响案件正确裁决的情形。”《仲裁裁决执行规定》第14条第1款进一步规定:“违反仲裁法规定的仲裁程序、当事人选择的仲裁规则或者当事人对仲裁程序的特别约定,可能影响案件公正裁决,经人民法院审查属实的,应当认定为民事诉讼法第二百三十七条第二款第三项规定的‘仲裁庭的组成或者仲裁的程序违反法定程序的’情形。”对于当事人对仲裁程序的约定与仲裁法的规定不符,是否可能影响案件正确裁决,则由法院在个案中进行判断。

在国际仲裁中,当事人对仲裁程序的特别约定通常不得违反仲裁程序法的强制性规定。[①] 例如,《国际商事仲裁示范法》第19条第1款规定:“在不违背本法规定的情况下,当事人可以自由约定仲裁庭进行仲裁所应遵循的程序。”联合国贸法会秘书处在对该示范法的解释说明中指出:“第19条保证当事人可自由约定仲裁庭进行仲裁程序所应遵循的程序,但以程序上的强制性规定为限。”[②]

关于何为法律的强制性规定,有学者在其专著中认为,法律的强制性规定是指“立法者希望在任何情形下都被遵守的规定,即使违背当事人或仲裁员的意志”。[③] 例如,《国际商事仲裁示范法》第18条规定,仲裁庭应平等对待当事人,这一规定通常被认为具有强制性,当事人不可协商变更。[④] 英国《1996年仲裁法》对该法中具有强制性的条款作出了明文列举,包括当事人在一些情况下可向法院申请暂停仲裁程序,法院可延长当事人约定的提起仲裁的时限,法定诉讼时效在仲裁中强制适用,等等。[⑤]

二、当事人意思自治与仲裁规则的冲突

在当事人意思自治不违反法定程序限制的情况下,若当事人意思自治与仲裁规则产生冲突,中国法院倾向于支持当事人意思自治优先,以下案例便为典型例证。

在上海一中院2017年审理的某承认与执行外国仲裁裁决案中,[⑥]仲裁协议约定将争议提交SIAC仲裁,仲裁庭应当由三名仲裁员组成。但是,SIAC依据其当时有效的仲裁规则适用快速程序并任命独任仲裁员审理了该案。裁决作出后,申请人向上海一中院申请承认与执行,被申请人依据《纽约公约》第5条第1款(d)项“仲裁庭的组成不符合仲裁条款的约定”提出不予承认和执行。上海一中院认为,“当事人意思

---

① See Gary Born, *International Commercial Arbitration*, 2nd ed., Kluwer Law International 2014, p. 2142.

② 贸法会秘书处关于2006年修正的1985年《国际商事仲裁示范法》的解释说明,第34段。

③ See Jeffrey Waincymer, *Procedure and Evidence in International Arbitration*, Kluwer Law International 2012, p. 183.

④ Ibid.

⑤ See Article 4 “mandatory and non-mandatory provisions” and Schedule 1 “Mandatory provisions of part I” of the Arbitration Act 1996.

⑥ (2016)沪01协外认1号裁定书。

自治是仲裁制度运作的基石，而仲裁庭的组成方式属于仲裁基本程序规则，因此新加坡国际仲裁中心 2013 年第五版仲裁规则第 5.2 条 b 项所规定的‘主席另有决定的除外’不应解释为新加坡国际仲裁中心主席对仲裁庭的组成方式享有任意决定权；相反，在其行使决定权时应当充分尊重当事人关于仲裁庭组成方式的合意，保障当事人的意思自治”，并据此裁定不予承认和执行该裁决。

就此而言，新加坡司法实践则截然相反。在 W Company v. Dutch Company and Dutch Holding Company［2012］1SAA 97 案中，新加坡最高法院认为：“如果当事人约定适用《仲裁规则》，那么其中的快速程序规则也应一并适用，根据快速程序规则并由独任仲裁员审理案件也是当事人意思自治的体现。除非当事人在仲裁条款中明确约定，即使案件适用快速程序进行审理，仲裁庭也应当由三名仲裁员组成。”在 AQZ v. ARA［2015］SGHC 49 案中，新加坡高等法院认为在仲裁协议中约定仲裁庭应由三名仲裁员组成、适用 SIAC 规则的情况下，如果将该约定解释为，无论案件的复杂程度大小、争议金额高低，以及是否适用快速程序，仲裁庭都应当由三名仲裁员组成，显然是不合理的，故 SIAC 主席有权根据 SIAC 规则的规定指定独任仲裁员。

关于快速程序（国内称简易程序）中仲裁庭的人数问题，国内仲裁机构规则通常规定，原则上为一人，但当事人另有约定的除外。例如，《贸仲规则 2015》第 58 条规定：“除非当事人另有约定，适用简易程序的案件，依照本规则第二十八条的规定成立独任仲裁庭审理案件。”

就国际仲裁机构而言，《HKIAC 规则 2018》与国内大多数仲裁机构规则的规定类似，给予当事人自治优先地位。根据《HKIAC 规则 2018》第 42.2（a）条之规定，案件应由一名仲裁员审理，除非仲裁协议约定由三名仲裁员审理。同时，《HKIAC 规则 2018》第 42.2（b）条还特别规定：“若仲裁协议约定了三位仲裁员，HKIAC 应建议当事人将案件提交独任仲裁员。若当事人不同意，案件应提交三名仲裁员。”《SIAC 规则 2016》第 5.3 条与《ICC 规则 2017》第 30.1 条的规定则相反。《SIAC 规则 2016》第 5.3 条规定：“当事人如果同意依照本规则进行仲裁，当案件根据本第 5 条规定的‘快速程序’进行仲裁时，则第 5.2 条的规定应被视为当事人已经同意予以适用，即使其仲裁协议中有相反的约定。”

第二节　近年来中国仲裁机构仲裁规则的修订情况

为更好地保护当事人合意、提高仲裁质量和效率、增强其仲裁服务的竞争力以及顺应国际商事仲裁实践发展的需要，贸仲与北仲均在 2015 年施行了其新修订的仲裁规则。随后，北仲于 2019 年再次修订了仲裁规则，对仲裁费用制度进行了重要改革。

下文将详述这几次修订的主要内容。

一、《贸仲规则 2015》

贸仲 2015 年版仲裁规则是在 2012 年版的仲裁规则基础上完善的。此次修订包含正文部分实质性修订条款 20 条,其中新增条款为 10 条,以及附件部分实质性修订 3 条。修订后的主要变化有:内设部门职能调整、新增关于多份合同仲裁、追加当事人的规定、修订合并仲裁的规定、新增紧急仲裁员制度、调整简易程序适用范围,以及新增香港仲裁特别规定。下文逐项展开分析。

(一)内设部门职能调整

为了提升仲裁的专业性,贸仲改变过去办案和行政由一个部门管理的状况,设立仲裁院。由仲裁院代替原来的总会秘书局及分会秘书处履行管理国际、涉外、国内仲裁案件、提供多元化争议解决服务、开展仲裁及其他替代性争议解决方式的研究、宣传推广工作等与争议解决业务有关的职能;原来的总会秘书局或分会秘书处则履行工作计划实施、财务收支和管理、仲裁员培训和监督等内部管理职能。贸仲此次对内设部门职能的调整也与 SIAC 等国际仲裁机构的做法一致。

(二)新增关于追加当事人、多份合同仲裁的规定,修订关于合并仲裁的规定

1. 追加当事人

《贸仲规则 2015》第 18 条引入了追加当事人的制度,该条规定:"(一)在仲裁程序中,一方当事人依据表面上约束被追加当事人的案涉仲裁协议可以向仲裁委员会申请追加当事人。在仲裁庭组成后申请追加当事人的,如果仲裁庭认为确有必要,应在征求包括被追加当事人在内的各方当事人的意见后,由仲裁委员会作出决定。仲裁委员会仲裁院收到追加当事人申请之日视为针对该被追加当事人的仲裁开始之日。(二)追加当事人申请书应包含现有仲裁案件的案号,涉及被追加当事人在内的所有当事人的名称、住所及通讯方式,追加当事人所依据的仲裁协议、事实和理由,以及仲裁请求。当事人在提交追加当事人申请书时,应附具其申请所依据的证据材料以及其他证明文件。(三)任何一方当事人就追加当事人程序提出仲裁协议及/或仲裁案件管辖权异议的,仲裁委员会有权基于仲裁协议及相关证据作出是否具有管辖权的决定。(四)追加当事人程序开始后,在仲裁庭组成之前,由仲裁委员会仲裁院就仲裁程序的进行作出决定;在仲裁庭组成之后,由仲裁庭就仲裁程序的进行作出决定。(五)在仲裁庭组成之前追加当事人的,本规则有关当事人选定或委托仲裁委员

会主任指定仲裁员的规定适用于被追加当事人。仲裁庭的组成应按照本规则第二十九条的规定进行。在仲裁庭组成后决定追加当事人的，仲裁庭应就已经进行的包括仲裁庭组成在内的仲裁程序征求被追加当事人的意见。被追加当事人要求选定或委托仲裁委员会主任指定仲裁员的，双方当事人应重新选定或委托仲裁委员会主任指定仲裁员。仲裁庭的组成应按照本规则第二十九条的规定进行。（六）本规则有关当事人提交答辩及反请求的规定适用于被追加当事人。被追加当事人提交答辩及反请求的期限自收到追加当事人仲裁通知后起算。（七）案涉仲裁协议表面上不能约束被追加当事人或存在其他任何不宜追加当事人的情形的，仲裁委员会有权决定不予追加。”

根据上述条款，第一，申请人须依据表面上约束被追加当事人的仲裁协议提出追加当事人申请。第二，提出追加当事人申请无时间限制，在仲裁庭组成后，亦可申请追加当事人。第三，申请追加的方式为向贸仲提交书面申请。第四，无论仲裁庭是否已经组成，有权对追加申请作出决定的主体为贸仲自身。第五，追加申请被批准后，新增的当事人有权参与指定仲裁员。

关于有权申请追加当事人的主体，国际仲裁机构规则的规定有两类：一类是仅规定仲裁当事人可以申请追加当事人，如《ICC 规则 2017》第 7.1 条；另一类是规定仲裁当事人可以申请追加当事人，并且非当事人可以申请加入仲裁程序，如《SIAC 规则 2016》第 7.1 条和《HKIAC 规则 2018》第 27.9 条。《贸仲规则 2015》采取的是前一种。

2. 多份合同仲裁

多份合同仲裁是指当事人基于多份合同向仲裁机构提起单一的仲裁程序。《贸仲规则 2015》第 14 条引入了该制度，该条规定：“申请人就多份合同项下的争议可在同一仲裁案件中合并提出仲裁申请，但应同时符合下列条件：1. 多份合同系主从合同关系；或多份合同所涉当事人相同且法律关系性质相同；2. 争议源于同一交易或同一系列交易；3. 多份合同中的仲裁协议内容相同或相容。”

就国际仲裁机构而言，ICC、SIAC、HKIAC 的规则中对多份合同仲裁亦有规定，其中 HKIAC 的规定与《贸仲规则 2015》最为相近。《HKIAC 规则 2018》第 29 条规定：“源于或涉及多于一份的合同的请求可在单个仲裁中提出，但须满足以下条件：a. 导致仲裁的各仲裁协议涉及共同的法律或事实问题；且 b. 请求救济的权利均涉及或源于同一交易或同一系列交易；且 c. 请求所依据的仲裁协议彼此兼容。”两部规则对于多份合同仲裁的条件第一条有所不同，HKIAC 规则要求各仲裁协议涉及共同的法律或事实问题；而贸仲规则要求多份合同为主从合同关系，或多份合同所涉当事人相同且法律关系性质相同。

3. 合并仲裁

中国《仲裁法》未对合并仲裁作出规定。贸仲 2012 年版《仲裁规则》第 17 条第 1 款规定:“经一方当事人请求并经其他各方当事人同意,或仲裁委员会认为必要并经各方当事人同意,仲裁委员会可以决定将根据本规则进行的两个或两个以上的仲裁案件合并为一个仲裁案件,进行审理。”但是将是否合并仲裁的决定权交给双方当事人,在仲裁实践中会遇到很大阻力。由于合并仲裁意味着一次仲裁解决多个争议,被申请人可能需要承担更多的赔偿义务,因此往往不同意合并仲裁。

《贸仲规则 2015》第 19 条对上述条款进行了完善:“(一)符合下列条件之一的,经一方当事人请求,仲裁委员会可以决定将根据本规则进行的两个或两个以上的仲裁案件合并为一个仲裁案件,进行审理。1. 各案仲裁请求依据同一个仲裁协议提出;2. 各案仲裁请求依据多份仲裁协议提出,该多份仲裁协议内容相同或相容,且各案当事人相同、各争议所涉及的法律关系性质相同;3. 各案仲裁请求依据多份仲裁协议提出,该多份仲裁协议内容相同或相容,且涉及的多份合同为主从合同关系;4. 所有案件的当事人均同意合并仲裁。(二)根据上述第(一)款决定合并仲裁时,仲裁委员会应考虑各方当事人的意见及相关仲裁案件之间的关联性等因素,包括不同案件的仲裁员的选定或指定情况……”将合并仲裁的决定权由双方当事人转移给仲裁庭,有利于提高仲裁效率。

关于合并仲裁的条件,大部分国际仲裁机构规则的规定与贸仲类似。例如,《HKIAC 规则 2018》第 28.1 条规定:“经当事人申请,并与当事人和已被确认或指定的仲裁员商议后,HKIAC 有权在以下条件满足时,决定将依本规则正在进行的两个或多个仲裁合并:(a)各方当事人同意合并;或(b)各仲裁中的所有请求均依据同一仲裁协议提出;或(c)请求依据多于一个的仲裁协议提出,而所有仲裁中存在相同的法律或实施问题,请求救济的权利均涉及或源于同一交易或同一系列相关联的交易,且各种仲裁协议彼此兼容。”

(三)新增紧急仲裁员制度

紧急仲裁员制度是近年来国际商事仲裁中新兴的一项制度。该制度允许当事人在仲裁庭组成前,向仲裁机构申请紧急性临时救济,如财产保全、证据保全等。仲裁机构决定受理申请后,将指定一名紧急仲裁员对申请进行审查、作出决定。2006 年,美国仲裁协会国际争议解决中心(ICDR)率先在其仲裁规则中引入紧急仲裁员制度。随后,各大国际仲裁机构相继效仿。《贸仲规则 2015》与国际接轨,在第 23 条第 2 款规定当事人可以向贸仲申请紧急性临时救济,并在附件三专门规定了紧急仲裁员程序。

中国《仲裁法》规定只有法院有权对仲裁当事人的临时措施申请(保全申请)作出决定,因此紧急仲裁员的决定在中国执行缺乏法律依据。但是,一些国家和地区已经在其仲裁法律制度中承认了紧急仲裁员决定的可执行性,当事人可以据此向前述国家或地区有管辖权的法院申请强制执行由中国的仲裁机构作出的紧急仲裁员决定。

(四)调整简易程序适用范围

仲裁中的简易程序是指仲裁庭对于争议金额小、案情比较简单的案件进行审理时适用的一种简便易行的程序,或者争议金额虽大但是经双方当事人同意适用。简易程序的特点是:第一,通常由独任仲裁员进行审理;第二,仲裁程序的各个阶段的时间较短;第三,如果仲裁庭认为没有必要开庭审理,可以决定只依据当事人提交的书面材料和证据进行书面审理。

贸仲 2012 年的仲裁规则规定,除当事人另有约定外,争议金额为人民币 200 万元以下的案件,适用简易程序。《法制日报》2015 年 6 月 13 日发表的文章称,2014 年全国 235 家仲裁委员会一共受理了 113,660 件仲裁案,案件标的总额为 2656 亿元,即案件平均标的额为 233.68 万元;①另外,考虑到贸仲在近年来受理的案件标的额逐步上扬的趋势,贸仲旧规则的 200 万元临界点需要调整。因此,2015 年版仲裁规则将默认适用简易程序的争议金额上限提高到了人民币 500 万元,扩大了简易程序的适用范围,这有利于提高贸仲审理案件的效率。

(五)新增香港仲裁特别规定

2012 年 9 月,贸仲在香港设立了贸仲香港仲裁中心。2012 年《仲裁规则》实施时贸仲香港仲裁中心尚未成立,因此该规则对此未作相应规定。2014 年修订规则时增加了“香港仲裁的特别规定”一章。

《贸仲规则 2015》“香港仲裁的特别规定”的主要内容有:第一,贸仲香港仲裁中心管理案件的程序适用法为香港仲裁法律;第二,其裁决为香港裁决,因此如果当事人需要申请在内地强制执行,需要遵循《内地与香港相互执行仲裁裁决的安排》的相关规定;第三,当事人可以在贸仲仲裁员名册外选定仲裁员;第四,仲裁收费实行机构管理费与仲裁员报酬分别收取的国际惯常做法。

二、《北仲规则 2015》

北仲于 2014 年 12 月 4 日发布《北仲规则 2015》。相较之前的规则,《北仲规则

---

① 参见张维:《去年全国仲裁受案量超 11 万件》,载《法制日报》2015 年 6 月 13 日,第 6 版。

2015》的变化主要有:增强规则的可预期性、更精细的程序设计、赋予仲裁庭必要的裁量权、完善了国际商事仲裁相关的规定。

(一)增强规则的可预期性

《北仲规则 2015》对当事人的一些程序权利、义务再次进行明确,并对不及时行使权利的后果加以明示,以增强规则的可预期性,主要体现在:第一,第 12 条规定当事人有权对仲裁请求或反请求进行变更,并同时规定如果变更过于迟延影响了仲裁程序的正常进行,则有可能不被接受;第二,第 11 条第 2 款规定当事人逾期提出反请求的情况下,仲裁机构或仲裁庭决定是否受理时的考虑因素;第三,第 2 条第 4 款规定当事人在适用规则方面应遵循诚信合作的原则,第 51 条第 3 款规定如果有违反规则情形并导致程序拖延的,仲裁庭可能在分担仲裁费方面予以考虑,并可能引起其他费用的给付义务。

(二)更精细的程序设计

《北仲规则 2015》新增了追加当事人、多方当事人之间互提仲裁请求、合并仲裁等诸多条款。

追加当事人规定在《北仲规则 2015》第 13 条。该条规定:仲裁庭组成前,经北仲同意,当事人可以依据相同仲裁协议申请追加当事人;仲裁庭组成后,除非所有当事人包括被追加的当事人同意,否则不再受理追加当事人的申请。与贸仲追加当事人的规定相比,北仲同样将申请追加当事人的主体限于仲裁当事人。但没有明确规定是由仲裁机构还是仲裁庭对是否追加当事人作出决定,亦未规定将第三人加入仲裁程序后各方当事人包括被追加的当事人有提出管辖权异议的权利,以及被追加的当事人是否有权选定仲裁员或对仲裁庭的组成提出异议。

多方当事人之间的仲裁请求规定在第 14 条:“(一)案件有两个或者两个以上的申请人或被申请人,或者存在追加当事人的情况下,任何当事人均可以依据相同的仲裁协议针对其他当事人提出仲裁请求。仲裁庭组成前,由本会决定是否受理;仲裁庭组成后,由仲裁庭决定是否受理。(二)上述仲裁请求的提出、受理、答辩、变更等事项参照本规则第七条至第十条、第十二条的规定办理。”

上述条款突破传统程序“两造”之间才能相互提出请求的限定,允许多方当事人之间相互提出仲裁请求,以便尽可能便捷高效地解决多方当事人之间的争议,减轻当事人的诉累。这也是中国的仲裁规则首次对多方当事人之间提出仲裁请求作出规定。

合并仲裁规定在《北仲规则 2015》第 29 条,该条规定:“(一)经各方当事人同意,或者一方当事人申请且本会认为必要,本会可以决定将根据本规则进行的两个或两个以上的仲裁案件合并为一个仲裁案件进行审理。除非当事人另有约定,合并的仲裁案件应合并于最先开始仲裁程序的仲裁案件中。(二)在决定是否进行上述合并时,本会将考虑相关仲裁案件所依据的仲裁协议的具体情况、案件之间的关联性、案件程序进行的阶段以及已经组成仲裁庭的案件仲裁员的指定或者选定等情况。”

与贸仲以及大多数国际仲裁机构的规则不同的是,北仲并未明文规定合并仲裁的条件,只是列举了北仲决定是否合并仲裁的考量因素:仲裁案件所依据的仲裁协议的具体情况、案件之间的关联性、案件程序进行的阶段以及已经组成仲裁庭的案件仲裁员的指定或者选定等情况。

(三)赋予仲裁庭必要的裁量权

仲裁庭的自由裁量权,是指在仲裁案件的审理过程中,当法律或仲裁规则没有规定、规定不明、或规定为一个幅度、一个区间时,仲裁庭根据法律基本原则对案件的实体问题及程序问题酌情作出决定的权力。① 与仲裁的灵活性特点相适应,大多数仲裁机构的规则都赋予了仲裁庭较大的自由裁量权。

《北仲规则 2015》亦在适用规则、推进程序、采取审理措施,以及认定证据等方面赋予了仲裁庭较大的灵活性和自由裁量权。例如,第 2 条第 3 款规定:“本规则未明确规定的事项,本会或者仲裁庭有权按照其认为适当的方式推进仲裁程序,以促使当事人之间的争议得到高效和公平的解决。”又如,第 37 条规定:“(一)证据由仲裁庭认定;鉴定意见,由仲裁庭决定是否采纳。(二)仲裁庭在认定证据时,除依照相关法律、行政法规,参照司法解释外,还可以结合行业惯例、交易习惯等,综合案件整体情况进行认定。”

(四)完善国际商事仲裁相关规定

为进一步增强其国际争议解决服务的竞争力,《北仲规则 2015》借鉴国际仲裁的经验,增加或修改了仲裁地、仲裁语言的确定、收费办法、临时措施、紧急仲裁员、友好仲裁等相关规定,详述如下。

1. 明确更加灵活的确定仲裁地的原则

在国际商事仲裁中,仲裁地对仲裁程序的进行以及仲裁裁决的司法审查起着至关重要的作用。仲裁地一般由当事人在仲裁协议中约定。在当事人没有明确约定的情况下,国际仲裁机构的规则中对此的处理方式分为两类:一类是由仲裁机构或仲裁

---

① 参见沈四宝、蒋琪:《浅论仲裁员的自由裁量权》,载《河北法学》2017 年第 3 期。

庭根据案件的具体情况确定,如 SIAC、ICC;[①]另一类是以仲裁机构总部所在地为仲裁地,如 HKIAC(HKIAC 同时规定"除非仲裁庭参酌案件具体情况决定另一仲裁地更为合适")、伦敦国际商事仲裁院(LCIA)。[②] 北仲 2015 年之前的仲裁规则均规定"本会所在地为仲裁地"。《北仲规则 2015》补充规定"本会也可以根据案件具体情况确定其他地点为仲裁地",[③]从而在仲裁地确定上确立了更加灵活的原则。

2. 明确当事人可以约定仲裁程序的语言

在仲裁语言的确定方面,《北仲规则 2015》第 72 条规定当事人有权约定仲裁程序中使用的语言。

在当事人没有约定的情况下的处理,《北仲规则 2015》第 72 条的中文版与英文版存在差异。中文版规定"本会或者仲裁庭可以根据案件具体情况确定使用中文或者其他语言为仲裁程序的语言",意为北仲或仲裁庭只能确定中文或其他语言中的一种为仲裁语言。英文版规定"the BAC or the Arbitral Tribunal, as the case may be, may determine that Chinese and/or any other language(s) shall be used in the arbitral proceedings according to the particular circumstances of the case",意为北仲或仲裁庭可以在中文和其他语言中确定一种或多种作为仲裁语言。前述差异在《北仲规则 2019》中依然存在。

3. 明确国际案件当事人可以约定机构费用和仲裁员报酬相互分开的收费办法

受国内仲裁体制的影响,中国仲裁机构在收费方面一直是将仲裁员报酬和机构费用统一收取。《北仲规则 2015》在这方面作出重大突破,允许国际案件当事人约定将机构的费用和仲裁员的报酬分开,同时允许当事人选择仲裁员报酬的计算方法,既可以选择小时费率,也可以选择按照争议金额的比例确定报酬。这样使当事人在确定费用方面有更大的自主选择空间,同时使费用构成更加透明,更好地满足国际案件当事人的需求。[④]

4. 增加"临时措施"和"紧急仲裁员"条款

在中国目前的法律制度下,仅法院有权采取临时措施(保全措施)。但是,很多国家或地区的法律均赋予仲裁庭采取临时措施的权利,并要求法院执行仲裁庭作出的临时措施决定。《北仲规则 2015》明确规定仲裁庭有作出临时措施决定的权利,[⑤]并

---

① 《SIAC 规则 2016》第 21.1 条、《ICC 规则 2017》第 18.1 条。
② 《HKIAC 规则 2018》第 14.1 条、《LCIA 规则 2014》第 16.2 条。
③ 《北仲规则 2015》第 26 条。
④ 《北仲规则 2015》第 61 条。
⑤ 《北仲规则 2015》第 62 条。

引入了紧急仲裁员制度。[①] 2018 年,香港高等法院就认可并执行了一宗北仲紧急仲裁员决定(由作者本人作出)。这也是中国内地第一宗紧急仲裁员案件,本书第十三章将详述该案件。

5. 明确在当事人没有约定的情况下,仲裁庭有权根据案件情况确定适用的法律,并引入"友好仲裁条款"

国际案件中,在确定法律适用方面,当事人意思自治是优先原则。在当事人没有选择的情况下,北仲 2015 年之前的仲裁规则规定"适用最密切联系法律"。《北仲规则 2015》则将其修改为"仲裁庭有权根据案件情况确定适用的法律",这符合国际通常做法。[②] 同时规定,在当事人约定或同意的情况下,仲裁庭可以依据公平合理原则处理当事人争议,[③]即国际仲裁机构规则中通常所说的友好公断人和公允善良原则。[④] 此规定能够更好地满足当事人对于实体结果之公平与合理性的要求。

三、《北仲规则 2019》

2019 年 7 月 19 日,北仲发布了其新修订的仲裁规则,自 2019 年 9 月 1 日起施行。《北仲规则 2019》最大的亮点是对仲裁收费制度的改革。

在国际仲裁机构管理的案件中,仲裁费主要包括仲裁员报酬、仲裁员开支、机构管理费、专家费用和其他费用。例如,《ICC 规则 2017》第 38.1 条规定:"仲裁费包括仲裁院按照仲裁开始时适用的收费表确定的仲裁员报酬、仲裁员开支和国际商会管理费,也包括仲裁庭聘请专家的费用和开支以及当事人为进行仲裁而发生的合理的法律费用和其他费用。"并且国际仲裁机构的规则中通常会列明仲裁员报酬的计算标准。

中国仲裁机构仲裁费的收取模式主要分为两类:第一类是不区分国内与涉外案件,均采用案件受理费加案件处理费的方式收取仲裁费,仲裁员费用则包括在案件受理费中。前述做法的依据是 1995 年 7 月 28 日国务院办公厅发布的《仲裁委员会仲裁收费办法》。该办法第 2 条规定:"当事人申请仲裁,应当按照本办法的规定向仲裁委员会交纳仲裁费用,仲裁费用包括案件受理费和案件处理费。"第 3 条规定:"案件受理费用于给付仲裁员报酬、维持仲裁委员会正常运转的必要开支。"目前中国大部分仲裁机构均采取这种方式,如上仲、武汉仲裁委员会(下称武仲)、海南国际仲裁委员会、哈尔滨仲裁委员会。第二类是对国内案件和涉外案件采取双轨制的收费模式。

---

① 《北仲规则 2015》第 63 条。
② 《北仲规则 2015》第 69 条第 2 款。
③ 《北仲规则 2015》第 69 条第 3 款。
④ 如《SIAC 规则 2016》第 31.2 条、《HKIAC 规则 2018》第 36.2 条。

国内案件收取案件受理费加案件处理费,涉外案件则采取不同的收费方式。例如,贸仲和深国仲收取固定的1万元立案费加按争议金额确定的仲裁费,而根据《北仲规则2015》,涉外案件的仲裁费包括固定的1万元立案费、按争议金额确定的案件管理费以及按小时费率或者争议金额确定的仲裁员报酬。

在目前国内案件中广泛适用的案件受理费加案件处理费模式下,当事人无法获知仲裁员能够分到的报酬。《北仲规则2019》回应了这一弊端,摒弃《仲裁委员会仲裁收费办法》规定的收费模式,在国内案件与涉外案件中统一适用国际通行的机构管理费加仲裁员报酬的收费方式,并且明确仲裁员报酬的计算标准。

《北仲规则2019》对仲裁费用的改革大大提高了仲裁费用之于当事人和仲裁员的透明度,有利于激发仲裁员的工作积极性。

四、《深国仲规则2019》

2017年12月25日,华南国际经济贸易仲裁委员会与深圳仲裁委员会(下称深仲)合并为深国仲,开创中国仲裁机构合并的先例。2018年11月15日,深国仲审议通过了新修订的《深国仲规则2019》,新规则自2019年2月21日起施行,主要有如下亮点:

(一)选择性复裁制度

一裁终局的高效率特点是商事主体选择仲裁解决纠纷的主要原因之一,但是在一些争议金额巨大、案情复杂的案件中,也存在当事人对一裁终局、有错难纠的顾虑。为了解决这一问题,深国仲2019年的仲裁规则借鉴境外仲裁机构有关仲裁内部上诉的制度设计,首度确立“选择性复裁”制度,在仲裁程序内部给予当事人实体上被“二次救济”的机会。

《深国仲规则2019》第68条第1款规定:“在仲裁地法律不禁止的前提下,当事人约定任何一方就仲裁庭依照本规则第八章作出的裁决可以向仲裁院提请复裁的,从其约定。适用本规则快速程序的案件,不适用本条规定的选择性复裁程序。”据此,选择性复裁程序的适用前提是:第一,仲裁地法律不禁止;第二,当事人约定任何一方可以向仲裁院提请复裁;第三,不适用快速程序的案件。

我国《仲裁法》第9条第1款规定:“仲裁实行一裁终局的制度。裁决作出后,当事人就同一纠纷再申请仲裁或者向人民法院起诉的,仲裁委员会或者人民法院不予受理。”可见,在中国《仲裁法》规定的严格一裁终局制度下,选择性复裁程序无适用空间。

综观其他法域的仲裁立法和司法实践,“一裁终局”并非仲裁的绝对制度或原则,以下试举几例。

英国《1996 年仲裁法》第 58 条规定："除非当事人另有约定，依据仲裁协议作出之裁决是终局的，对当事人以及通过当事人或以其名义提出请求者都具有约束力。本条之规定不影响任何人依据可资利用的仲裁上诉或复审程序或者依据本法对仲裁裁决提出质疑的权利。"

《荷兰民事诉讼法典》第 1050 条规定："只有当事人已经达成协议，才能对仲裁裁决向另一仲裁庭提出上诉……"

我国香港地区《仲裁条例》第 73 条规定："(1)除非各方另有协议，否则仲裁庭依据仲裁协议作出的裁决，属最终裁决，对以下所有的人均具约束力——(a)各方；及(b)透过或借着任何一方提出申索的任何人。(2)第(1)款并不影响任何人作出以下作为的权利——(a)按第 26 或 81 条、附表 2 第 4 或 5 条、或本条例任何其他条文的规定，质疑裁决；或(b)在其他情况下，按任何可用的上诉或复核的仲裁程序，质疑裁决。"

我国澳门地区于 2019 年 11 月 5 日公布并自 2020 年 5 月 5 日起生效的《澳门特别行政区仲裁法》第 67 条规定："仲裁裁决不可提起上诉，但当事人在仲裁裁决作出前约定可向其他仲裁庭提起上诉者除外。"

上述规定均允许当事人通过约定，或根据适用的仲裁规则就仲裁裁决提起内部上诉。当仲裁地为上述国家或地区或者不禁止当事人就仲裁裁决向同一仲裁机构提请复裁的其他国家或地区时，选择性复裁程序可通过当事人约定得到适用。

《深国仲选择性复裁程序指引》还规定，复裁庭由原仲裁庭成员之外的三名仲裁员组成，由仲裁院院长在《深圳国际仲裁院仲裁员名册》中指定。两个以上当事人就同一原裁决提出复裁申请的，由同一复裁庭复裁。申请复裁的，原裁决在提请复裁期限届满前不具有终局效力。

(二)新增首席仲裁员指定方式——推荐排除法

关于首席仲裁员的选任方式，国内仲裁机构的规则大多规定，如果双方当事人在一定期限内未能共同选定或共同委托仲裁机构指定首席仲裁员的，由仲裁机构指定。而关于仲裁机构指定首席仲裁员的方式，实践中运行效果较好的有边裁推选法、当事人推荐排序法、当事人推荐选择法。这几种方式在深国仲 2016 年的仲裁规则中均有体现。

具体而言，《深国仲规则 2016》第 28 条第 3 款规定："当事人可以约定，仲裁院院长也可以决定，首席仲裁员由根据本条第(一)款已确定的两名仲裁员共同指定。除非当事人另有约定，在第二名仲裁员确定之日起 10 日内该两名已确定的仲裁员对首席仲裁员人选未达成一致的,首席仲裁员由仲裁院院长指定。”此为边裁推选法。

《深国仲规则2016》第28条第4款规定:“经双方当事人申请或同意,仲裁院院长可以推荐若干名首席仲裁员候选名单,供双方当事人在本条第(二)款规定的期限内按照各自意愿作先后排序。在推荐人选中,双方当事人迭加排序名列最前的,为双方当事人共同指定的首席仲裁员;迭加排序有两名或两名以上并列最前的,由仲裁院院长在并列人选中确定一名为双方当事人共同指定的首席仲裁员。”此为当事人推荐排序法。

《深国仲规则2016》第28条第5款规定:“经双方当事人申请或同意,仲裁院院长可以推荐若干名首席仲裁员候选名单,供双方当事人在本条第(二)款规定的期限内选择。在推荐人选中,双方当事人的选择有一名相同的,为双方当事人共同指定的首席仲裁员;有两名以上相同的,由仲裁院院长在相同人选中确定一名为双方当事人共同指定的首席仲裁员;没有相同人选的,由仲裁院院长在推荐名单之外为双方当事人指定首席仲裁员。”此为当事人推荐选择法。

《深国仲规则2019》此次新增一种“推荐排除法”的指定方式。《深国仲规则2019》第30条第6款规定:“经双方当事人申请或同意,仲裁院院长可以推荐三名以上首席仲裁员候选名单。双方当事人在收到候选名单之日起5日内可以各排除一名或若干名候选人。首席仲裁员由仲裁院院长在剩余候选名单中指定;候选人均被排除的,由仲裁院院长在候选名单之外指定。”

推荐排除法有助于当事人剔除可能存在利益冲突或者其他不合格情形的仲裁员,深国仲此次新增这种指定方式进一步增强了首席仲裁员指定方式的灵活性。

(三)首度引入“当事人之间自行送达”机制

作为传统机构送达的补充,借鉴境外仲裁有关送达的成熟经验,《深国仲规则2019》引入了当事人之间自行送达的机制。《深国仲规则2019》第6条第5款规定:“经当事人同意,仲裁院或仲裁庭可以决定当事人在提交仲裁文书和证明材料时直接发送其他当事人或发送至仲裁院网络仲裁服务平台提供的在线存储系统,并将送达记录提交仲裁院。送达时间由仲裁院或仲裁庭根据送达记录确定。”

当事人之间自行送达避免了仲裁材料经过仲裁院或仲裁庭转寄造成的时间拖延,使双方当事人能够第一时间收到对方提供的材料。这一举措有利于提高仲裁效率,节约仲裁资源。

(四)压缩快速程序的各类期限

《深国仲规则2019》将“简易程序”变更为“快速程序”,并全面压缩了快速程序的各类期限:答辩期和反请求申请期限缩短为10天、开庭通知为7日前、裁决作出的期限变更为组庭之日起2个月内。这一修改有利于节省当事人时间成本,提高仲裁效率。

(五)增加"合并开庭"制度

《深国仲规则2019》在原有合并仲裁制度的基础上,新增了合并开庭制度。《深国仲规则2019》第19条规定:"两个或者两个以上仲裁案件所涉法律或事实问题相同、相类似或相关联,且仲裁庭组成人员相同的,经当事人同意,可以合并开庭审理。"

(六)专业仲裁规则的制定

深国仲2016年制定了《华南国际经济贸易委员会海事物流仲裁特别规则》和适用《贸法会仲裁规则》相配套的《关于适用〈联合国国际贸易法委员会仲裁规则〉的程序指引》。在《深国仲规则2019》推出的同时,深国仲对上述两部规则进行了修订,并进一步在金融仲裁、网络仲裁、医疗仲裁领域探索,制定了《深国仲金融借款争议仲裁规则》《深国仲网络仲裁规则》《深国仲医疗争议仲裁规则》,以满足特定行业的需求,更加专业化地处理案件。

以《深国仲金融借款争议仲裁规则》为例,该仲裁规则要求被申请人应当自收到仲裁通知7日内提交答辩书或者反请求。在仲裁庭的组成上,除非当事人另有约定或仲裁院另有决定,采取独任仲裁员的制度。在裁决的作出上,仲裁庭应当在组庭之日起1个月内作出裁决。相比较于《深国仲规则2019》,《深国仲金融借款争议仲裁规则》要求双方当事人及仲裁庭在短时间内开展或者推进仲裁程序,符合金融借款争议对于高效率审理的要求。

第三节 《横琴自由贸易试验区临时仲裁规则》

2016年12月30日,最高院发布了《自贸区司法保障意见》,其第9条规定:"……在自贸试验区内注册的企业相互之间约定在内地特定地点、按照特定仲裁规则、由特定人员对有关争议进行仲裁的,可以认定该仲裁协议有效……"此条被认为是最高院承认了符合"三个特定"的临时仲裁的法律地位。

在《自贸区司法保障意见》发布后的3个月,横琴新区管委会和珠海仲裁委员会在横琴自贸片区联合发布了《横琴规则》。根据该规则,如果自由贸易试验区内(不局限于横琴,可以是全国任何一个自由贸易区)注册的企业之间产生纠纷,只要他们在仲裁协议中明确指定适用《横琴规则》,该规则将得到适用。

一、《横琴规则》解读

(一)仲裁庭自裁管辖权

在《横琴规则》颁布之前,中国仲裁实践中始终是由仲裁委员会而非仲裁庭(顶多是授权仲裁庭)对管辖权作出决定。《横琴规则》第9条第4款则规定:"仲裁庭有权对仲裁协议的存在、效力以及仲裁案件的管辖权作出决定……"从而确立了仲裁庭具有自裁权,但法院有权对仲裁程序进行比较强烈干预的格局并没有改变。《横琴规则》第9条第3款仍规定:"当事人对仲裁协议的效力有异议的,可以请求仲裁庭作出决定或者请求人民法院作出裁定。一方请求仲裁庭作出决定,另一方请求人民法院作出裁定的,由人民法院裁定。"

(二)仲裁员的选定与替换

当事人可以直接选定仲裁员,也可以约定选定仲裁员的方式,或者约定指定机构。[①] 当事人没有约定或指定仲裁员机构未能完成指定的,珠海仲裁委员会作为指定仲裁员机构。[②] 指定仲裁员机构有权决定仲裁员辞职或者替换。[③]《横琴规则》在仲裁员的选定和替换方面的规定在很大程度上借鉴了《贸法会仲裁规则》,即确定了指定机构的机制。

《横琴规则》还解决了上文中提到的指定机构本土化的问题,即在当事人没有约定或指定仲裁员机构未能完成指定的,由中国的珠海仲裁委员会作为指定仲裁员机构。不过,针对承担指定机构职责这一工作,ICC、HKIAC等都有专门的规则予以调整,[④]既方便当事人,又有效规范仲裁机构的行为。但到目前为止,公开途径尚未查询到珠海仲裁委员会出台相关规则。

(三)仲裁员的资格

在仲裁制度较为成熟的法域,原则上任何人都可以被选为临时仲裁的仲裁员。中国的信用体系尚有待完善,公民自律性也有待进一步提高。如果马上就允许任何人担任仲裁员的话,仲裁的中立性和专业性恐怕都很难保证。在极端的情况下,甚至会出现一些虚假仲裁侵犯第三人利益的情况。《横琴规则》第20条第2款规定:"选

---

① 《横琴规则》第20条第1款。

② 《横琴规则》第20条第3款。

③ 《横琴规则》第27条。

④ 比如,ICC的Rules of ICC as Appointing Authority和HKIAC的Rules as Appointing Authority。

定或指定的仲裁员应当符合我国《仲裁法》规定的仲裁员条件。”由此将其对仲裁员资格的要求与《仲裁法》挂钩，是比较符合中国国情的安排。

不过，《横琴规则》第21条第3款进一步规定：“珠海仲裁委员会（或由珠海仲裁委员会授权珠海国际仲裁院）作为指定仲裁员机构的，应当在珠海仲裁委员会《仲裁员名册》中指定仲裁员……”不难理解，珠海仲裁委员会对于其自身《仲裁员名册》中的仲裁员的专长和优势更为了解，针对不同案件可以更有针对性地指定仲裁员，这是此款的初衷之一。但是，作为一个地方仲裁委员会，珠海仲裁委员会《仲裁员名册》下的仲裁员多少具有地域局限性。临时仲裁的优势本就在于其灵活性和随意性（这其中就包括仲裁员人选的灵活性和随意性）。如果把珠海仲裁委员会可以选择的仲裁员仅框定在其《仲裁员名册》中，珠海仲裁员会作为指定仲裁员机构的吸引力恐怕会打折扣。

（四）费用和花销

在仲裁员报酬的确定上，《横琴规则》第17条第2款规定：“仲裁员报酬由当事人与仲裁员协商，当事人与仲裁员未能就仲裁员报酬达成一致意见的，若双方当事人约定了指定仲裁员机构，则由该机构确定……”此规定相对简短，基本上只确立了“仲裁员报酬由当事人与仲裁员协商”的原则。与《横琴规则》相比，《贸法会仲裁规则》或许更具有可操作性，后者第41条第3款要求仲裁庭组成后仲裁员第一时间发一封建议函给各方当事人，该建议中应包括仲裁员的具体费率。当事人认为需要的，可以把报价函交给指定仲裁员机构审阅。这样一来，在仲裁程序开始前，当事人就可以对仲裁员报酬有一个合理的预期。

如果费用太高，当事人也有机会及时商议更换仲裁员。这就好比律师与当事人之间建立委托关系要事先确定好律师费。《横琴规则》没有类似《贸法会仲裁规则》的要求，实际操作的时候，有可能在仲裁程序进行到一半或者是仲裁程序已基本完结的时候各方才对仲裁员的报酬产生异议，对当事人及仲裁员都可能产生影响。

除了仲裁员的报酬外，仲裁庭办理案件所需费用按实际支出确定。当事人对办理案件费用的数额有不同意见的，则由指定仲裁员机构确定。①

（五）秘书工作

为推进仲裁程序，经当事人同意，仲裁庭可以使用第三方提供的有偿服务，包括但不限于财务管理、秘书服务、场地租赁、案卷保存、代为送达、协助保全等。当事人

---

① 《横琴规则》第17条第2款。

一方不同意仲裁庭使用有偿服务的,应承担因此而产生的不利后果。①

临时仲裁通常不会有专人提供像机构仲裁那样的秘书服务。因此,《横琴规则》允许仲裁庭使用第三方提供的有偿服务。在国际临时仲裁实践中,有经验的仲裁员也常常会建议当事人将秘书工作委以某个专业的仲裁机构,由该仲裁机构的专职人员来协助案件的程序性事宜,以使仲裁员可以专注于案件的实体问题。HKIAC、SIAC 等仲裁机构都接受这样的委托。仲裁机构所提供的秘书服务不同于仲裁机构担任"指定仲裁员机构"的服务,前者指的是仲裁机构在仲裁程序中对行政性、程序性活动的支持,后者则特指仲裁机构进行的与指定仲裁员有关的活动。以 HKIAC 为例,其提供的秘书服务被称为"Tribunal Secretary Service",HKIAC 对此也有专门的规则(Guidelines on the Use of a Secretary to the Arbitral Tribunal)予以指引。②《横琴规则》没有规定珠海仲裁委员会可以提供秘书服务,目前国内其他仲裁机构可能也尚不接受这样的委托。但从长远来看,为临时仲裁提供秘书服务也不失为国内仲裁机构潜在的业务开拓方向之一。

(六)财产保全

当事人申请保全,可以直接或通过仲裁庭向有管辖权的法院提出。当事人申请保全需要仲裁机构配合的,可向指定仲裁员机构提出请求,指定仲裁员机构不是仲裁机构或者不履行职责的,由珠海仲裁委员会承担该项职责。③

从上文可知,《横琴规则》允许临时仲裁的当事人直接向有管辖权的法院提出保全申请,同时也考虑到《仲裁法》仅允许由仲裁委员会向人民法院转交财产保全申请,故作出了变通的规定,即珠海仲裁委员会原则上应该承担转递财产保全申请的职责。但是,需要强调的是,仲裁财产保全的法律依据为《仲裁法》第 28 条第 1 款规定:"一方当事人因另一方当事人的行为或者其他原因,可能使裁决不能执行或者难以执行的,可以申请财产保全。"④上文已经提到,《仲裁法》是一部关于机构仲裁的法律,其中所谓的"财产保全"指的自然只是机构仲裁的财产保全。也就是说,《仲裁法》没有涉及临时仲裁的财产保全。最高院《自贸区司法保障意见》寥寥数语也没有涉及临时仲裁的财产保全,《民事诉讼法》更没有提到临时仲裁的财产保全。可见,无论是法律法规还是最高院的《自贸区司法保障意见》实际上都没有认可临时仲裁财产保全制度

① 《横琴规则》第 32 条。

② HKIAC: https://www. hkiac. org/sites/default/files/ck _ filebrowser/PDF/arbitration/6ai _ HKIAC _ Guidelines_on_Use_of_Secretary_to_Arbitral_Tribunal. pdf,最后访问日期:2020 年 2 月 3 日。

③ 《横琴规则》第 13 条。

④ 仲裁财产保全分为仲裁前和仲裁中的财产保全。这里仅讨论实践中较为常见的仲裁中财产保全。

的合法性。这种背景下,仅靠《横琴规则》的规定,这一制度就能有效确立并为各地法院所认可吗?答案可能是否定的。

(七)仲裁裁决的转换

裁决书或调解书作出后,一方当事人可以自裁决书或调解书送达最后一名当事人之日起两年内请求珠海仲裁委员会确认裁决书或调解书,珠海仲裁委员会确认后,该临时仲裁视为机构仲裁。①

《横琴规则》之所以作上述规定,很可能是考虑到《民事诉讼法》仅允许法院受理针对"依法设立的仲裁机构的裁决"所提出的强制执行申请,试图为临时仲裁裁决的强制执行扫除障碍。但是,同临时仲裁的财产保全制度类似,除了《横琴规则》这一规定外,临时仲裁的裁决是否可以转换为机构仲裁裁决实际上没有任何法律依据。临时仲裁和机构仲裁,都属于仲裁的基本制度安排。这一制度安排需要法律来创设,其裁决转换也理应由法律来规定。《横琴规则》的这一创新有便利当事人强制执行之美意,但实实在在也有欠缺基本法律依据之嫌。即便珠海仲裁委员会转换了裁决,在对该等经转换的裁决书或调解书进行形式审查的时候,执行法院也不可避免地会提出其是否合法的疑问。考虑到前述情况,对于《横琴规则》所确立的仲裁裁决的转换制度,应审慎判断其可行性。

二、问题与建议

尽管《横琴规则》存在一些问题,但作为新鲜事物,其借鉴了国际较先进的临时仲裁规则,又在一定程度上考虑了中国国情,是中国营造国际化法制化营商环境的重要创新成果,其发布是临时仲裁制度在中国落地的重要事件。但是,总体来讲,在当前法律环境下选择临时仲裁对当事人而言可能存在一定风险。我们将结合问题和建议谈谈以下几点。

第一,在法律层面(尤其是《仲裁法》),临时仲裁缺少立法支持。立法机关若不修改《仲裁法》,临时仲裁难以名正言顺,更难蓬勃发展。

第二,具体条文缺乏对临时仲裁制度的细节支持。比如,当事人明确了要临时仲裁,但没有约定如何选任仲裁员,也没有约定临时仲裁规则的情况下,仲裁地法律应该对于选定仲裁员的程序给出必要的指引。以英国的法律为例,其《1996 年仲裁法》第 18 条规定,当事人没有办法选定仲裁员的,法院有权介入从而帮助当事人选定仲裁员,法院的权力包括:确定仲裁庭的组成人数、确定指定机构或者直接选定仲裁员,

---

① 《横琴规则》第 47 条第 1 款。

等等。瑞士《联邦国际私法法令》(Federal Statute on Private International Law)第179条也规定,在当事人没有就选任仲裁员的事宜达成任何一致意见的情况下,仲裁地法院应该承担起选任仲裁员的责任。

再如,在某些情况下(如仲裁员有不中立的嫌疑),当事人选定的仲裁员是否可以被撤销?这一点《横琴规则》就没有涉及。临时仲裁不同于机构仲裁,在机构仲裁中,如果仲裁员存在异常行为,当事人有可能向仲裁机构反映以使问题得到解决。但在临时仲裁中,当事人唯一面对的就是仲裁员。这种情况下,如果仲裁员的行为存在异常,又不给当事人以救济途径的话,当事人的权利将会受到极大的损害。仍以英国为例,其《1996年仲裁法》第23条规定,当事人可以自由约定撤销仲裁员的机制,在当事人没有约定的情况下,一方当事人也可以向法院申请撤销仲裁员。第24条规定,仲裁员在仲裁程序中存在异常行为时,一方当事人可以申请法院撤销该仲裁员。《国际商事仲裁示范法》第13条也有类似的规定。诸如此类的问题,不一一列举。

因此,全国人民代表大会和最高院等机关有必要通过对临时仲裁以及其他国家的临时仲裁实践的进一步研究,设计出一个更细致全面的临时仲裁体系。仅仅有一两套本土的仲裁规则远远不够,完备的临时仲裁体系还应当包括法律法规在实际操作层面对临时仲裁制度的支持。

第三,《横琴规则》是国内第一部也是目前唯一一部临时仲裁规则。从规则的设置来看,其施行在很大程度上依赖珠海仲裁委员会的支持。要发展临时仲裁,就要调动各仲裁机构的主动性,订立自己的临时仲裁规则,既可以形成良性的竞争,也有助于积累临时仲裁的实践。

第四,临时仲裁中相关专业人员的作用至关重要。一个优秀的仲裁员,可以免去当事人之间很多不必要的麻烦。但是,目前国内的仲裁员大部分还是习惯于机构仲裁制度,在临时仲裁方面相对缺乏经验。除此之外,专业的临时仲裁律师也不可或缺,他们可以帮助当事人在纠纷前阶段确立切实可操作的临时仲裁条款,从而避免在纠纷发生后不必要的矛盾拖延了仲裁程序。一旦真的进入临时仲裁程序,有经验的律师也可以有效协助当事人推进案件。再者,如果法律确立了法院对于临时仲裁的支持制度,法院介入临时仲裁的概率增高,还需要对临时仲裁制度有适当了解和把握的法官。在现阶段,无论是专注于临时仲裁的仲裁员、律师还是法官人才都非常有限,亟待培养。

第八章　中国法下的仲裁时效

第一节　中国法下的仲裁时效概述

诉讼时效是权利人持续不行使民事权利而于期间届满时丧失请求法院保护其民事权利的法律制度。[①] 仲裁时效也同样是督促权利人尽速行使权利的制度。《仲裁法》第74条规定："法律对仲裁时效有规定的，适用该规定。法律对仲裁时效没有规定的，适用诉讼时效的规定。"根据这一规定，向中国仲裁机构提起仲裁应首先确保没有超过仲裁时效。由于目前中国法律、司法解释对仲裁时效没有特别规定，所以，仲裁时效应适用诉讼时效的规定。

《民法典》中也明确了仲裁适用诉讼时效的相关规定。《民法典》第198条规定："法律对仲裁时效有规定的，依照其规定；没有规定的，适用诉讼时效的规定。"此外，提起仲裁也具有中断诉讼时效的效果。《民法典》第195条规定："有下列情形之一的，诉讼时效中断，从中断、有关程序终结时起，诉讼时效期间重新计算：……（三）权利人提起诉讼或者申请仲裁；……"

一、仲裁时效的期间及计算

仲裁时效分为普通的仲裁时效和特殊的仲裁时效。普通仲裁时效是指《民法典》规定的适用于一般民事法律关系的仲裁时效。《民法典》第188条规定："向人民法院请求保护民事权利的诉讼时效期间为三年。法律另有规定的，依照其规定。诉讼时效期间自权利人知道或者应当知道权利受到损害以及义务人之日起计算。法律另有规定的，依照其规定……"仲裁时效也适用这一规定。前述三年就是普通的一般仲裁时效期间。所以，在通常情况下，中国仲裁法下的仲裁时效为三年，从知道或者应当知道权利被侵害时起计算。

最高院《民法总则诉讼时效制度解释》第1条规定："民法总则施行后诉讼时效

① 参见张俊浩主编：《民法学原理》，中国政法大学出版社1997年版，第287页。

期间开始计算的,应当适用民法总则第一百八十八条关于三年诉讼时效期间的规定。当事人主张适用民法通则关于二年或者一年诉讼时效期间规定的,人民法院不予支持。"也就是说,《民法通则》中关于普通仲裁时效与1年短期仲裁时效的区分已不复存在,《民法典》未对《民法总则》关于诉讼时效的规定进行修改,可见在没有特别法规定的情况下,应统一适用3年的仲裁时效。

《民法典》第188条规定:"……自权利受到损害之日起超过二十年的,人民法院不予保护,有特殊情况的,人民法院可以根据权利人的申请决定延长。"前述二十年的规定就是最长仲裁时效期间。如前所述,仲裁时效自权利人"知道或者应当知道"权利受损及义务人之日起算,故可能在权利受损实际发生后多年才发现权利受损或确定义务人,届时仲裁时效才计算。但无论如何,除非根据权利人的申请决定延长最长仲裁时效期间,权利受损发生后满20年权利人就丧失了请求仲裁保护的权利。此外,如后文介绍,仲裁时效期间可以多次中止、中断的,但除非根据权利人的申请决定延长,中止、中断也不能突破自权利受损后20年这一最长仲裁时效期间。最长仲裁时效期间制度也适用于下述特别法规定的仲裁时效。

特殊仲裁时效是指特别法规定的仲裁时效。可以适用于仲裁的特殊仲裁时效主要包括:

1.《民法典》第594条规定:"因国际货物买卖合同和技术进出口合同争议提起诉讼或者申请仲裁的时效期间为四年。"

2.《产品质量法》第45条规定:"因产品存在缺陷造成损害要求赔偿的诉讼时效期间为二年,自当事人知道或者应当知道其权益受到损害时起计算。因产品存在缺陷造成损害要求赔偿的请求权,在造成损害的缺陷产品交付最初消费者满十年丧失;但是,尚未超过明示的安全使用期的除外。"

3.《海商法》第257条规定:"就海上货物运输向承运人要求赔偿的请求权,时效期间为一年,自承运人交付或者应当交付货物之日起计算;在时效期间内或者时效期间届满后,被认定为负有责任的人向第三人提起追偿请求的,时效期间为九十日,自追偿请求人解决原赔偿请求之日起或者收到受理对其本人提起诉讼的法院的起诉状副本之日起计算。"第260条规定:"有关海上拖航合同的请求权,时效期间为一年,自知道或者应当知道权利被侵害之日起计算。"第263条规定:"有关共同海损分摊的请求权,时效期间为一年,自理算结束之日起计算。"第265条规定:"有关船舶发生油污损害的请求权,时效期间为三年,自损害发生之日起计算;但是,在任何情况下时效期间不得超过从造成损害的事故发生之日起六年。"

4.《保险法》第26条规定:"人寿保险以外的其他保险的被保险人或者受益人,向保险人请求赔偿或者给付保险金的诉讼时效期间为二年,自其知道或者应当知道保险事故发生之日起计算。人寿保险的被保险人或者受益人向保险人请求给付保险金的诉讼时效期间为五年,自其知道或者应当知道保险事故发生之日起计算。"

5.《拍卖法》第 61 条第 3 款规定:"因拍卖标的存在瑕疵未声明的,请求赔偿的诉讼时效期间为一年,自当事人知道或者应当知道权利受到损害之日起计算。"第 61 条第 4 款规定:"因拍卖标的存在缺陷造成人身、财产损害请求赔偿的诉讼时效期间,适用《中华人民共和国产品质量法》和其他法律的有关规定。"

同时,《民法典》规定了关于无民事行为能力人或限制民事行为能力人仲裁时效起算的特殊规定。其中,《民法典》第 190 条规定:"无民事行为能力人或者限制民事行为能力人对其法定代理人的请求权的诉讼时效期间,自该法定代理终止之日起计算。"

对于分期债务,《民法典》第 189 条规定:"当事人约定同一债务分期履行的,诉讼时效期间自最后一期履行期限届满之日起计算。"

二、仲裁时效的适用

(一)不适用仲裁时效的情况

对于请求权,《民法典》第 196 条规定:"下列请求权不适用诉讼时效的规定:(一)请求停止侵害、排除妨碍、消除危险;(二)不动产物权和登记的动产物权的权利人请求返还财产;(三)请求支付抚养费、赡养费或者扶养费;(四)依法不适用诉讼时效的其他请求权。"针对上述四项请求权而言,请求权人可以在任何情况下行使,而义务人不得援引诉讼时效的抗辩。

最高院《适用诉讼时效制度规定》第 1 条也规定了若干请求权不适用于时效制度的情形:"当事人可以对债权请求权提出诉讼时效抗辩,但对下列债权请求权提出诉讼时效抗辩的,人民法院不予支持:(一)支付存款本金及利息请求权;(二)兑付国债、金融债券以及向不特定对象发行的企业债券本息请求权;(三)基于投资关系产生的缴付出资请求权;(四)其他依法不适用诉讼时效规定的债权请求权。"

另外,形成权一般不适用仲裁时效,而适用于除斥期间。《民法典》第 199 条规定:"法律规定或者当事人约定的撤销权、解除权等权利的存续期间,除法律另有规定外,自权利人知道或者应当知道权利产生之日起计算,不适用有关诉讼时效中止、中断和延长的规定。存续期间届满,撤销权、解除权等权利消灭。"

(二)仲裁时效的法定性

《民法典》第 197 条规定:"诉讼时效的期间、计算方法以及中止、中断的事由由法律规定,当事人约定无效。当事人对诉讼时效利益的预先放弃无效。"也就是说,当事人不能自己约定仲裁时效的期间、计算方法以及中止、中断事由。当事人也不能预先约定仲裁时效经过后,放弃仲裁时效经过的抗辩权,这一约定属于无效约定。

(三)仲裁庭不能主动适用仲裁时效的规定

《民法典》第193条规定:"人民法院不得主动适用诉讼时效的规定。"《适用诉讼时效制度规定》第3条规定:"当事人未提出诉讼时效抗辩,人民法院不应对诉讼时效问题进行释明及主动适用诉讼时效的规定进行裁判。"

根据上述规定,只有当事人提出了关于仲裁时效的抗辩,仲裁庭才能主动审查该项抗辩是否成立。如果当事人未提出,则仲裁庭也不应当对此进行主动释明或者适用。

第二节 中国法下仲裁时效的中止、中断和延长

中国法下仲裁时效的中止、中断和延长适用诉讼时效中止、中断和延长的法律规定。

一、仲裁时效的中止

仲裁时效的中止是指在仲裁时效期间的最后6个月内,因不可抗力或者其他障碍不能行使请求权的,仲裁时效中止。自中止时效的原因消除之日起满6个月,仲裁时效期间届满。[①]《民法典》第194条规定,仲裁时效中止的法定事由包括:(一)不可抗力;(二)无民事行为能力人或者限制民事行为能力人没有法定代理人,或者法定代理人死亡、丧失民事行为能力、丧失代理权;(三)继承开始后未确定继承人或者遗产管理人;(四)权利人被义务人或者其他人控制;(五)其他导致权利人不能行使请求权的障碍。这一规定吸收了《适用诉讼时效制度规定》第20条的规定。

二、仲裁时效的中断

(一)仲裁时效中断之概念与事由

仲裁时效中断是指因有与权利人怠于行使权利相反的事实,使已经过的时效期

---

① 《民法典》第194条规定:"在诉讼时效期间的最后六个月内,因下列障碍,不能行使请求权的,诉讼时效中止:(一)不可抗力;(二)无民事行为能力人或者限制民事行为能力人没有法定代理人,或者法定代理人死亡、丧失民事行为能力、丧失代理权;(三)继承开始后未确定继承人或者遗产管理人;(四)权利人被义务人或者其他人控制;(五)其他导致权利人不能行使请求权的障碍。自中止时效的原因消除之日起满六个月,诉讼时效期间届满。"

间失去其效力，而须重新起算仲裁时效期间的制度。①《民法典》第 195 条规定："有下列情形之一的，诉讼时效中断，从中断、有关程序终结时起，诉讼时效期间重新计算……"根据该条规定，仲裁时效中断的法定事由包括：(1) 权利人向义务人提出履行请求；(2) 义务人同意履行义务；(3) 权利人提起诉讼或者申请仲裁；(4) 与提起诉讼或者申请仲裁具有同等效力的其他情形。

对于权利人要求债务人履行债务，根据《适用诉讼时效制度规定》第 10 条，《民法通则》第 140 条规定的"当事人一方提出要求"包括：(1) 当事人一方直接向对方当事人送交主张权利文书，对方当事人在文书上签字、盖章或者虽未签字、盖章但能够以其他方式证明该文书到达对方当事人的；(2) 当事人一方以发送信件或者数据电文方式主张权利，信件或者数据电文到达或者应当到达对方当事人的；(3) 当事人一方为金融机构，依照法律规定或者当事人约定从对方当事人账户中扣收欠款本息的；(4) 当事人一方下落不明，对方当事人在国家级或者下落不明的当事人一方住所地的省级有影响的媒体上刊登具有主张权利内容的公告的，但法律和司法解释另有特别规定的，适用其规定。有上述四种情形之一的，应当认为属于"当事人一方提出要求"，产生仲裁时效中断的效力。

此外，根据《民通意见》第 173 条第 2 款的规定，权利人向债务保证人、债务人的代理人或者财产代管人主张权利的，同样可以认定为仲裁时效中断。

对于债务人同意履行义务，法律并未对债务人以何种方式做出同意履行的意思表示作限制性要求，原则上只要债权人能够举证债务人同意履行债务即可。根据《适用诉讼时效制度规定》第 16 条的规定，义务人作出分期履行、部分履行、提供担保、请求延期履行、制定清偿债务计划等承诺或者行为的，都应当认定为《民法通则》第 140 条规定的当事人一方"同意履行义务"，产生仲裁时效中断的效力。

《民法典》并未明确排除《民法通则》中诉讼时效中断规则的适用。《适用诉讼时效制度规定》第 10 条、第 16 条与《民通意见》第 173 条第 2 款之规定是对于"当事人一方提出要求"的解释。《民法典》中"权利人向义务人提出履行请求"即"当事人一方提出要求"之义，上述细化规定也应当被视为"权利人向义务人提出履行请求"的细化规定。因此，上述《适用诉讼时效制度规定》第 10 条、第 16 条与《民通意见》第 173 条第 2 款仍然应当适用于《民法典》中关于诉讼时效中断的规定。

对于权利人申请仲裁产生仲裁时效中断的效力，理论上并无争议。问题是如何界定"申请仲裁"？按照中国的仲裁实践，当事人首先要向仲裁委员会提交仲裁申请书，仲裁委员会审查后会发出仲裁交费通知。如果当事人未按时交费的，按自动撤回

---

① 参见张俊浩主编：《民法学原理》，中国政法大学出版社 1997 年版，第 294 页。

仲裁申请处理;如果当事人按时交费的,则仲裁委员会会发出案件受理通知,并送达申请人和被申请人。[①] 那么,申请人提交仲裁申请书、申请人交费与案件受理通知送达被申请人,诸多节点中,哪个应当或可以被视为仲裁时效的中断?

《适用诉讼时效制度规定》第 12 条规定:“当事人一方向人民法院提交起诉状或者口头起诉的,诉讼时效从提交起诉状或者口头起诉之日起中断。”也就是说,诉讼时效的中断并不以法院受理起诉、原告缴费为要件,只需要向法院起诉即造成诉讼时效的中断。

值得注意的是,《适用诉讼时效制度规定》第 13 条规定:“下列事项之一,人民法院应当认定与提起诉讼具有同等诉讼时效中断的效力:(一)申请仲裁;……”从法律规范的体系上看,上述规定将申请仲裁与提起诉讼列为具有同等时效中断的效力,提起仲裁申请与法院起诉也具有类似的效果。在时效中断的问题上,应当认为当事人一旦提交仲裁申请,也与提交起诉书一样具有同等时效中断效力的事项,而无须申请人缴费或者受理通知到达对方当事人。

最高院民二庭法官在《诉讼时效中断的司法认定》一文中就认为:“《诉讼时效司法解释》第十二条、第十三条、第十五条明确规定权利人向有权机关主张权利均可导致诉讼时效中断,给予原告、债权人以较为宽松的对待……也希望法官、律师、法律实务工作者多从保护债权角度来认识理解。只要起诉后,不论起诉状是否已经送达义务人,诉讼时效均应当中断。”在中国仲裁实践中,当事人提起仲裁和申请人交费之间可能由于仲裁机构办事效率或者审查判断是否具有管辖权等原因而产生时间差,在被申请人无法联系的情况下,仲裁庭的送达亦可能耗费冗长的时间。如若以申请人交费或者仲裁通知送达对方为仲裁时效中断的标准,将会给作为债权人的申请人利益造成损害。时效制度不保护在权利上睡觉的当事人。作为债权人的申请人既然已经积极行使其权利,则不应当使其因为仲裁程序的原因而导致利益受损。

(二)邮寄通知情况下仲裁时效中断的举证责任

如前所述,仲裁时效中断需要由债权人通过请求履行债权、提请诉讼、仲裁等方式进行。如若债权人通过邮寄等方式发出请求履行债权的通知,而债务人主张并未收到通知,则债权人如何完成举证责任,成为仲裁中需要考量或者审查的问题。

对这一问题,最高院于 2003 年针对债权人在保证期间以特快专递向保证人发出逾期贷款催收通知但缺乏保证人对邮件签收或拒收的证据作出(2003)民二他字第 6

① 诉讼程序与此类似。当事人首先要向法院提交起诉状;法院受理后会发出交费通知。如果当事人未按时交费的,按自动撤诉处理;如果当事人按时交费的,则法院会发出立案通知并送达双方当事人。

号复函如下："债权人通过邮局以特快专递的方式向保证人发出逾期贷款催收通知书，在债权人能够提供特快专递邮件存根及内容的情况下，除非保证人有相反证据推翻债权人所提供的证据，应当认定债权人向保证人主张了权利。"根据这一回复，债权人只需要提供特快专递邮件的存根证明其已经将催款通知书寄出，即可以推定其向保证人主张了权利，造成诉讼时效或仲裁时效的中断。

此后，最高院在(2015)民申字第134号案中对于"特快专递的方式"作出了明确的限缩解释。在本案中，原告债权人通过某快递公司向对方当事人寄送催收债务的通知，并向法院提供了该快递公司的寄件存根证明其已经向对方当事人主张了债权。但是，法院认为，2003年最高院答复中规定的邮寄方式是特定的，仅仅是通过邮局的特快专递。由于该快递公司并非邮局，仅是一般的快递公司。因此，原告作为债权人，应当提供邮件回执等证据证明邮件已经到达对方当事人。最高院认为，二审法院判决认为原告债权人未有效催收债权，不产生诉讼时效中断的效力，不属于适用法律确有错误。从最高院的这一裁定而言，当且仅当债权人通过邮局特快专递寄送信件时，才可以仅通过寄件存根就能完成通知送达的举证责任；在通过其他快递公司寄送信件时，仍然需要举证证明信件已经到达对方，法院方才认定债权人已经主张了权利，从而造成诉讼时效或者仲裁时效的中断。

三、仲裁时效的延长

时效的延长是指因特殊情况，法院或仲裁庭对已经经过的诉讼时效或仲裁时效期间给予延展。[①]《民法典》第188条规定："……自权利受到损害之日起超过二十年的，人民法院不予保护；有特殊情况的，人民法院可以根据权利人的申请决定延长。"《民通意见》第169条规定："权利人由于客观的障碍在法定诉讼时效期间不能行使请求权的，属于民法通则第一百三十七条规定的'特殊情况'。"除此之外，如何认定"特殊情况"，中国法律并未作出明确规定，实践中一般由法院根据个案裁量。

另外，需注意的是，根据《民法典》第192条关于诉讼时效的规定，仲裁时效期间届满后，义务人同意履行的，不得以仲裁时效期间届满为由抗辩；义务人已自愿履行的，不得请求返还。

第三节　仲裁时效的法律适用

当涉及国际仲裁时，仲裁时效制度的法律适用有可能成为争议的问题，即仲裁时

---

① 参见张俊浩主编：《民法学原理》，中国政法大学出版社1997年版，第296页。

效究竟是属于程序问题还是实体问题？如果是前者,则在当事人没有特别约定的情况下,一般应当适用仲裁地法律中关于时效的规定;如果是后者,则应当参照相应的法律适用法以确定仲裁时效的准据法。

一、中国法律的规定

《法律适用法》第 7 条规定:“诉讼时效,适用相关涉外民事关系应当适用的法律。”从这一条规定来看,中国法将时效问题纳入实体问题予以考量,随其涉及的法律关系所适用的准据法确定。例如,在仲裁中,如果双方当事人在合同中约定了适用英国法,则仲裁庭在确定仲裁时效的问题时,也应当依据英国法中关于时效的规定予以审理。

实践中可能存在的问题是,案件中如果产生请求权的竞合,则根据不同法律关系所指向的准据法可能存在不同,从而造成仲裁时效期间长短的迥异。例如,双方当事人签署了一项模具合同,订购方委托模具制作方定做一批模具,合同中约定了制作方不得侵犯订购方的任何知识产权,并约定了因合同产生的争议交由内地某仲裁机构仲裁,并适用香港法律。其后,模具制作方在未经订购方许可的情况下,在中国内地生产并销售了侵犯订购方知识产权的产品。在本案中,产生了合同违约与知识产权侵权行为的竞合。如果仲裁庭认为本案属于合同违约,由于双方当事人选择适用香港法律,本案的仲裁时效也应当参照适用香港法律中六年诉讼时效的规定。如果仲裁庭认定本案属于知识产权侵权,依据《法律适用法》第 50 条之规定,则应当适用被请求保护地中国内地的法律,即参照《专利法》中的规定,适用 2 年的仲裁时效。对此类案件,一方面,申请人需要结合案件的实际情况,向仲裁庭确定自己的请求权基础;另一方面,仲裁庭在判断通过何种法律关系确定仲裁时效是否经过时,需要结合案件的实体问题,以权衡裁判结果。仲裁庭最终以合同关系所指向的香港法律作为仲裁时效的准据法,适用 6 年的仲裁时效。

二、仲裁时效问题中冲突规则的选择

需要注意的是,各国冲突规则中,对于仲裁时效属于程序问题还是实体问题的态度不甚相同。

冲突规则是确定准据法的前提,但是对于国际商事仲裁而言,目前的通说为,除非当事人另有约定,仲裁庭有权选择其认为合适的冲突规则。很多国家的仲裁法都赋予了仲裁庭这种裁量权,特别是采纳了《国际商事仲裁示范法》的国家。《国际商事仲裁示范法》第 28 条第 2 款规定:“Failing any designation by the parties, the arbitral tribunal shall apply the law determined by the conflict of laws rules which it considers applicable."(当事人没有指定任何法律的,仲裁庭应当适用其认为适用的法律冲突规范所确定的法律。)《欧洲国际商事仲裁公约》与英国《1996 年仲裁法》中也有类似规定。仲裁庭在选择冲突规则上广泛的自由裁量权意味着,仲裁庭没有适用仲裁地或者任一特定法域的冲突规则的义务。那么,根据上述条文,仲裁庭在选择适用的冲突规则以及根据冲突规则确定准据法时是否受到任何限制?《纽约公约》中不涉及冲突规则的问题,也未将仲裁庭适用冲突规则或者适用法律错误作为不予承认与执行仲裁裁决的理由。有观点认为,因为《纽约公约》要求其缔约国不对裁决中的法律问题进行审查,仲裁庭适用何种冲突规则以决定准据法自然也不在缔约国主管机关的审查范围内。《国际商事仲裁示范法》也未将仲裁庭适用冲突规则错误作为撤销仲裁裁决的理由。在仲裁时效的问题上,仲裁庭也没有必须适用仲裁地法或者其他某一法域冲突规则的义务。

因此,在上述模具合同案中,仍然不排除仲裁庭可以适用其他法域的冲突规则以确定仲裁时效的准据法。实际上,在此案中,由于订购方拖欠模具价款,模具制作方在同一仲裁案件中请求订购方支付价款。在处理价款欠付的问题时,仲裁庭径直适用了当时中国内地的法律,从而认定价款债权的仲裁时效为两年。虽然仲裁庭在处理价款请求时并未表明其认为仲裁时效是实体问题还是程序问题的态度,但是其径直适用仲裁地法中国内地法律,而非根据《法律适用法》确定双方约定的香港法律作为仲裁时效的准据法,表明了仲裁庭认为价款请求权仲裁时效属于程序问题、应当适用仲裁地法律的观点。

不管是订购方拖欠价款,还是制作方违背知识产权保护条款,都是在同一合同项下产生的违约责任。但是,仲裁庭在审理价款请求时认定仲裁时效是程序问题,在审理违背知识产权条款违约赔偿请求时认定仲裁时效是实体问题,导致在同一合同项下的违约责任,指向了两个不同的准据法。

因此,即便仲裁庭拥有选择自己认为适当的冲突规则的权利,但在同一案件中处理仲裁时效问题时,原则上应当保持适用同一冲突规则,避免同类法律问题指向不同的准据法。但是,在适用同一冲突规则可能导致双方当事人利益严重失衡的情况下,仲裁庭也不妨通过适用不同的冲突规则,以达成双方利益的均衡。例如,在某一宗案件中,依据不同的冲突规则,准据法分别指向中国法和 A 国法。申请人的仲裁请求在中国法下适用普通仲裁时效 3 年,在 A 国法下适用特殊仲裁时效 1 年;被申请人的反请求在中国法下适用特殊仲裁时效 1 年,在 A 国法下的仲裁时效为 6 年。如若双方在权利受到侵害后两年提起请求、反请求,在此情况下,仲裁庭处理仲裁请求的时效适用中国法,处理仲裁反请求的时效适用 A 国法,可能是最公平的、也不会造成双方当事人利益失衡的选择。

第九章 仲裁的申请、受理、答辩与撤回

第一节 启动仲裁前置程序的问题

一、多层次争议解决机制一般介绍

仲裁协议可以约定“多层次争议解决机制”，即当事人约定在提交仲裁前应先通过其他的争议解决途径（如友好协商或者调解）解决争议。

“多层次争议解决机制”有诸多优点，特别是前置性的替代性纠纷解决机制往往能够以更省时省力、更高效的方式解决商事纠纷。但如果未经过这些前置性的替代性纠纷解决机制，一方当事人能否径行提起仲裁？

2008 年润和发展有限公司（以下简称润和公司）申请不予执行仲裁裁决案中，润和公司基于合同中“凡因履行本协议所发生的争议，甲乙双方应友好协商解决，如协商不成，任何一方可将争议提交中国国际经济贸易仲裁委员会深圳分会申请仲裁……”的约定，以提起仲裁前未友好协商为由，要求仲裁庭不予执行仲裁裁决。长沙市中级人民法院和湖南省高级人民法院都认为，“由于当事人双方约定的仲裁条款规定提交仲裁争议，应友好协商，协商不成时再提交争议。而受理仲裁申请时，本案申请人并未提交有关双方协商的依据，也未提供已经通知润和公司要求协商解决的依据，因此不予受理仲裁申请”。最高院（2008）民四他字第 1 号复函中认为：当事人虽然在仲裁协议中约定发生纠纷应当协商解决，但其未明确约定协商的期限，约定的内容比较原则，对这一条款应当如何履行和界定在理解上会产生歧义，而结合当事人订立仲裁协议的目的来判断该协议的真实意思，当事人约定的“友好协商”和“协商不成”这两项条件，前项属于程序上要求一个协商的形式，后一项可理解为必须有协商不成的结果，当事人申请仲裁的行为，应视为已经出现了协商不成的结果，因此，在前一项条件难以界定履行标准，而后一项条件已经成立的情况下，仲裁庭有权依据该仲裁协议受理案件。

最高院的上述批复体现出这样一种裁判思维：协商条款要具有执行力，应当约定明确，使双方对这一条款的含义和履行不会产生分歧。如果双方当事人对协商的约

定是笼统的、原则性的，则这种约定就不应视为当事人提起仲裁的前提条件。当事人直接向仲裁机构提起仲裁，应当视为放弃了协商等解决方式。

有学者指出："贸仲认为，协商的进行是以当事人的自愿为前提的，只要任何一方无此意愿，则协商即无法进行；在未进行协商的情况下，一方当事人直接申请仲裁，实际上已经清晰表明了该当事人不再期望通过协商的方式来解决纠纷，即协商在事实上已无法进行。因此，除非当事人在仲裁协议中表明协商及/或调解程序是进行仲裁的前提或前置程序，否则，任何人都不能作随意的扩大解释，不能剥夺另一方依据仲裁协议申请仲裁的权利……无论有无协商期，对于协商程序，贸仲并未将其作为一个必须强制进行的前置程序，而仅仅是一个依据当事人自愿原则选择进行的任意性程序，并不影响当事人即时提起仲裁的权利。"①

该文章反映的贸仲处理思路与最高院批复的态度基本一致：首先，协商是需要双方一致作为才能实现的"软条款"，即使双方当事人事先约定发生争议要协商解决，但能否开始协商行动最终还是取决于当事人是否会落实协商这一事宜。其次，假设一方在争议发生后，无论出于何种原因，没有与对方协商的意愿，而是希望通过约定的仲裁方式尽快解决纠纷，这时，如果再限制该当事人行使申请仲裁的权利是不合理的，也会造成时间的拖延。所以，除非当事人明确约定协商是强制性的，否则不应将仲裁前的协商解释为强制性的前置程序或者必经程序。

实践中，有一些仲裁条款明确约定了协商的期限，比如："凡因本合同引起的或与本合同有关的一切争议，应首先通过双方友好协商解决。未经协商，争议不得提交仲裁机构仲裁。如争议未能于开始协商后三十日内解决，则任何一方均可将争议提交××仲裁委员会仲裁。"据了解，很多仲裁委员会在立案过程中发现类似条款的，一般都会建议当事人在协商期结束以后再申请仲裁。若一方当事人坚持在协商期结束之前申请仲裁，该方当事人需要签署相关文件，声明其已知如此做的风险。

除了约定协商外，当事人也可能在仲裁协议中约定仲裁前需要先调解。包括中国在内的许多国家都建立了"调解"与"仲裁"相结合的制度。同协商的约定一样，当事人可以约定调解为仲裁的前置条件，但是除非调解条款足够明确且当事人约定了调解程序对当事人具有强制约束力，否则大部分国家法院和仲裁庭一般认为当事人不同意调解的行为应被视为成就了可以直接提起仲裁的条件。②

---

① 林一飞：《仲裁前置协商程序》，载《华南仲裁》2009 年第 7 期。

② 参见钱瑾：《裁判思维下多层次争议解决条款解读》，载《黑龙江省政法管理干部学院学报》2016 年第 4 期。

二、FIDIC 语境下的多层次争议解决机制

国际咨询工程师联合会(FIDIC)所发布的 FIDIC 标准合同条款为国际建设工程承包方和业主所广泛采用。1999 年版本的 FIDIC 标准合同条款下的争端裁决委员会(Dispute Adjudication Board,DAB)争议解决机制和 2017 年版本的 FIDIC 标准合同条款下的争端回避和裁决委员会(Dispute Avoidance and Adjudication Board, DAAB)争议解决机制是 FIDIC 标准合同条款的特色之一。

以 2017 年的 FIDIC 标准合同条款为例,其中约定:如果承包商和业主同意由 DAAB 来解决争议,则原则上 DAAB 应该在任一方将争议提交给 DAAB 后的八十四天内做出决定;如果任何一方对 DAAB 作出的决定不满意,可以在二十八天之内发出表示不满的通知;在表示不满通知发出后,双方需要进行二十八天的友好协商,之后才能启动仲裁程序。

多数时候 DAB 和 DAAB 被认为是高效和经济的解决国际建设工程纠纷的机制,但在某些特殊的情况下,DAB 和 DAAB 可能会与仲裁程序产生冲突。

FIDIC 关于 DAB 和 DAAB 的多层次解决机制有很明确的操作指引和要求,往往会被认为是启动仲裁程序的前置条件。即如果没有经过 DAB 或 DAAB 甚至是“友好协商期”,当事人不可以启动仲裁程序。在一些当事人恶意拖延的情况下,FIDIC 的多层次争议解决机制反而会降低纠纷解决的效率。

近几年出现的紧急仲裁员制度也与 FIDIC 的多层次解决机制存在一些冲突,具体而言:

自 2011 年以来,包括澳大利亚国际商事仲裁中心(ACICA)、ICC、SIAC、斯德哥尔摩商会仲裁院(SCC)、HKIAC 和 LCIA 在内的主要国际仲裁机构都制定了紧急仲裁员制度。根据该制度,在仲裁庭组成前,当事人可以向紧急仲裁员申请紧急临时或保全措施。包括 ICC 和 LCIA 在内的一些仲裁机构甚至规定当事人可以在提交仲裁申请前启动紧急仲裁员制度。

随之而来的问题是,2017 年版本的 FIDIC 标准合同条款《通用条件》之附件《DAAB 程序规则》第 5 条“DAAB 的权力”规定“5. 1……当事人赋予 DAAB 以下权力……(h)(ii)决定任何暂时补救办法,如暂时的或保护性的措施”。而《ICC 规则 2017》第 29 条第 6 款明确规定:“在下列情况下,紧急仲裁员规定不予适用:……c)当事人约定适用另一规定采取保全措施、临时措施或类似措施的仲裁前程序。”也就是说,如果当事人赋予了 DAB 或 DAAB 决定“暂时的或保护性的措施”的权力,则不能启动紧急仲裁员制度。

另外,根据 FIDIC 合同条款,只有在特定的“友好协商期”经过后,当事人才可以

启动仲裁。那么,向紧急仲裁员申请紧急临时或保全措施是否算是启动仲裁?换言之,当事人能否在 FIDIC 合同条款所约定的“友好协商期”尚未经过的时候向紧急仲裁员申请紧急临时或保全措施?早期的 ICC 案件中,紧急仲裁员制度被认为是仲裁程序的一部分。但在最近的两个 ICC 案件中,仲裁程序和紧急仲裁员制度被认为是两套独立的程序,当事人不一定要等“友好协商期”经过后才能向紧急仲裁员申请紧急临时或保全措施。

因此,在国际建设工程合同纠纷中,如果当事人完全采纳 FIDIC 标准合同条款,尤其需要注意该条款是否会与潜在的仲裁程序或紧急仲裁员制度产生冲突。如果存在冲突的话,当事人可能需要考虑部分采纳或修改 FIDIC 标准合同条款。

第二节　申请仲裁

仲裁程序的启动始于当事人向仲裁委员会提起仲裁申请。提起仲裁申请需要提交规范的仲裁申请文件。

《仲裁法》第 22 条规定:“当事人申请仲裁,应当向仲裁委员会递交仲裁协议、仲裁申请书及副本。”第 23 条规定:“仲裁申请书应当载明下列事项:(一)当事人的姓名、性别、年龄、职业、工作单位和住所,法人或者其他组织的名称、住所和法定代表人或者主要负责人的姓名、职务;(二)仲裁请求和所根据的事实、理由;(三)证据和证据来源、证人姓名和住所。”

前述原则性规定没有回答:(1)仲裁申请人应提交仲裁协议的原件还是复印件?(2)仲裁申请书应具备怎样的生效要件?(3)除载明当事人情况、仲裁请求、事实、理由和证据外,仲裁申请书是否还需列明其他内容?(4)仲裁申请书中载明的“证据和证据来源、证人姓名和住所”是否需要附相应的证据?(5)仲裁申请文件应提交多少份?(6)如果是代理人向仲裁委员会提交仲裁申请,还应针对代理人的身份提交哪些文件?以下从北仲、贸仲的仲裁规则的规定以及实务的角度对前述问题做具体介绍。

第一,贸仲和北仲在其仲裁规则中并未规定在申请立案时提交的协议应当是原件还是复印件。实务中,仲裁机构一般不要求申请人提交载有仲裁条款的协议的原件,提供清楚的复印件即可。但在庭审中,当事人需要对载有仲裁条款的合同进行质证,届时需要准备原件。另外,如果被申请人以签章不真实、系伪造变造等理由对仲裁协议效力或管辖权提出异议的,则需要提供仲裁协议的原件以便核查。

第二,申请人及/或申请人授权的代理人签名及/或盖章,仲裁申请书方具有效力。①

① 《贸仲规则 2015》第 12 条第 1 款。

仲裁机构在立案时对签章的真实性仅作形式审查。

第三,除载明当事人情况、仲裁请求、事实、理由和证据外,仲裁申请书还需列明申请仲裁所依据的仲裁协议。贸仲推荐的仲裁申请书格式文本中,仲裁协议的位置列在当事人情况以下,仲裁请求之上。

另外,如存在以下情形的,我们建议在仲裁申请书中说明:

1. 约定的仲裁语言不是中文的;

2. 约定的争议适用法律不是中国内地法律的;

3. 约定的仲裁规则不是受案仲裁委员会仲裁规则,而是其他仲裁规则的;

4. 约定选任的仲裁员不在仲裁委员会名册内的;

5. 约定适用的仲裁程序(如普通程序或简易程序)与仲裁规则规定的正常程序不一致的。

提前指出上述特殊情况有利于仲裁委员会在秘书安排、指定仲裁员、确定程序等方面有所准备,避免浪费时间。

第四,仲裁申请书应附证据。《贸仲规则 2015》第 12 条第 2 款、《北仲规则 2019》第 7 条第 1 款第 3 项均要求提供证据。提起仲裁时需要提交证据,但并不要求提交全部证据。仲裁程序开始后,仲裁庭会给争议各方一定的举证期限,在该期限前提交全部证据即可。

第五,依案件适用普通程序还是简易程序审理,需要准备的仲裁申请文件份数有所不同。普通程序审理的,文件一般一式五份。五份文件的分配如下:三位仲裁员每人一份,仲裁委员会存档一份,被申请人一份。如果被申请人人数为两人或两人以上的,增加相应份数。适用简易程序审理的,仲裁庭由一位仲裁员组成,则一般减少两份。如果当事人提出保全申请的,应相应增加份数,以便仲裁委员会向管辖法院转递。[①]

第六,如果是代理人向仲裁委员会提出申请,代理人需同时提交授权委托书[②]及身份证明。律师应提交律师证复印件,有些仲裁机构还要求提交律师事务所函。授权委托书应载明对代理人的授权范围。另外,境外申请人在境外向其代理人出具的授权委托书是否需要办理公证、认证手续?绝大部分仲裁委员会的仲裁规则并未作出此种要求。因此,授权委托书未办理公证、认证在仲裁立案时一般不会构成障碍。不过,如果被申请人以授权委托书未办理公证、认证手续,不认可其真实性,进而不认可代理人的代理行为,申请人可能会面临尴尬。在中国内地,通常认为对境外形成文

---

① 《贸仲规则 2015》第 21 条、《北仲规则 2019》第 16 条。

② 《贸仲规则 2015》第 22 条、《北仲规则 2019》第 18 条。

件的形式真实性的证明方式是办理文件的公证、认证。如果仲裁委员会或者仲裁庭对申请人授权委托书的真实性提出进一步的证明要求，申请人将不得不作一次授权委托书的公证、认证。

第七，在允许的情况下，尽量将仲裁申请书及证据清单等文件的电子稿发送给办案秘书，这有利于提高办案秘书的工作效率，避免重复劳动。实践中不少仲裁机构对当事人也是如此要求的。

第三节 仲裁机构收费

一、费用全额预交的原则

如果仲裁申请文件符合立案要求，仲裁委员会立案庭(处)会按照其收费标准要求仲裁申请人预交全额仲裁费用。全额预交仲裁费用是中国内地仲裁费用制度的一大特点。

国务院1995年发布的《仲裁委员会仲裁收费办法》第6条规定，当事人在“确有困难”的情况下可以缓交仲裁费。但实践中少见仲裁机构批准缓交仲裁费用的情况。标的金额巨大导致仲裁费用过高时，申请人可以尝试与仲裁机构达成较为灵活的支付计划，比如申请在仲裁庭组成之前或第一次庭审前仅交纳一部分的仲裁费用，随着仲裁程序的推进，再逐步缴纳剩余的仲裁费用，但无论如何，仲裁费用需要在仲裁裁决作出之前交纳完毕。

很多知名国际仲裁机构仅要求预交部分仲裁费用就可启动下一步仲裁程序。比如，《ICC规则2017》第37条第1款规定：“在收到仲裁申请书后，秘书长可以要求申请人临时缴付一定数额的预付金，以支付仲裁开支a)在审理范围书拟定之前提出此要求；或b)适用快速程序规则时，在案件管理会议之前提出此要求……”该规则附件三第1条第1款规定：“请求按照国际商会仲裁规则开始仲裁必须同时缴付申请费5000美元，该费用将概不退还，但将充抵申请人应付的费用预付金。”第2款规定：“秘书长根据国际商会规则第37条第(1)款确定的临时预付金数额一般不超过国际商会管理费、按照请求金额确定的仲裁员最低报酬(按后述收费表)以及预计仲裁庭拟定审理范围书或举办案件管理会议的花费的可报销开支数额的总和……”该规则附件三第1条第11款规定：“……费用预付金可以在仲裁过程中任何时候予以调整……”

与部分预付、随时调整的方式收取仲裁预付金不同，[①]中国内地仲裁委员会由仲

① 参见赵菁：《中国国际经济贸易仲裁委员会仲裁规则释义及适用指南》，法律出版社2006年版，第65页。

裁申请人全额预交仲裁费用,只要仲裁申请人仲裁请求不增加,仲裁费用就不增加。

二、仲裁机构收费

(一)国内仲裁机构收费

《仲裁委员会仲裁收费办法》第2条规定:“当事人申请仲裁,应当按照本办法的规定向仲裁委员会交纳仲裁费用,仲裁费用包括案件受理费和案件处理费。”第3条规定:“案件受理费用于给付仲裁员报酬、维持仲裁委员会正常运转的必要开支。”第7条第1款规定:“案件处理费包括:(一)仲裁员因办理仲裁案件出差、开庭而支出的食宿费、交通费及其他合理费用;(二)证人、鉴定人、翻译人员等因出庭而支出的食宿费、交通费、误工补贴;(三)咨询、鉴定、勘验、翻译等费用;(四)复制、送达案件材料、文书的费用;(五)其他应当由当事人承担的合理费用。”

实践中,仲裁案件受理费及处理费的数额一般都和标的金额挂钩。为方便当事人,很多仲裁机构在其官方网站上都提供了仲裁费用的速算链接。

若仲裁程序会产生其他未能被受理费和处理费涵盖的花销,当事人可能会被要求进一步支付费用。比如,仲裁案件在北京审理,一方当事人选择了位于上海的仲裁员,就可能需要支付该仲裁员往返于北京和上海的差旅费。

虽然有当事人觉得仲裁费用高于诉讼费用,但从一次性解决争议这个角度看,两审终审的诉讼花费不见得比仲裁费更低。不过,标的不大的案件通过诉讼程序解决确实可能更划算,仲裁解决的话,仲裁费可能会高过争议金额本身。

(二)国际仲裁机构收费

国际仲裁机构的收费方式有以下几种:

1. 按工作时间计费。以LCIA为例,LCIA收取的费用分为:(1)登记费用,为固定金额1750英镑;(2)LCIA秘书处根据工作量乘以小时费率计算的工作费用(秘书中也存在等级,并与之匹配不同的收费标准);(3)处理仲裁员异议的费用(如有);(4)其他实际费用。

2. 按争议金额计费,比如ICC、SCC、HKIAC和SIAC。这些仲裁机构的收费一般由以下部分构成:(1)登记费;(2)仲裁员报酬(以争议金额为基础计算,也可根据仲裁员与当事人约定以工作小时计算);(3)行政管理费(以争议金额为基础计算);(4)机构和仲裁员其他实际支出。

3. 小时收费加固定费用,比如美国仲裁协会(AAA)。AAA的仲裁员报酬是根据工作量乘以小时费率计算而得。机构管理费按一定的争议金额区间对应固定的管理费,比如15万美元至30万美元争议标的,机构管理费总额是固定的4650美元。

与国际仲裁机构的收费方式相比,国内仲裁机构收费科目一般仅包括案件受理费和案件处理费两项。

(三)北仲收费新规及从北仲收费新规看国内仲裁收费制度的问题

1. 北仲收费新规介绍

2019年7月19日,北仲发布了《北仲规则2019》及附录收费标准,最为显著的特点是对于仲裁费用计算方式的根本性改变。中国仲裁机构的收费方式大多参照《仲裁委员会仲裁收费办法》将仲裁机构收取的费用分为案件受理费和案件处理费。2018年年底,中共中央办公厅、国务院办公厅印发《关于完善仲裁制度提高仲裁公信力的若干意见》,明确提出"按照国家有关规定,建立适应仲裁业务发展的仲裁员报酬制度,合理确定仲裁员报酬标准,规范仲裁员报酬管理工作"。这为仲裁员报酬制度的改革提供了方向性指引。《北仲规则2019》率先不再按照"案件受理费"和"案件处理费"分别计算仲裁费,而是与国际通行方式接轨,统一按照"仲裁员报酬"和"机构费用"分别计算。

这种收费方式的优势在于:第一,增强了仲裁员的独立性和积极性。在中国仲裁实践中,仲裁员一直得不到足够的重视,尤其是仲裁机构与仲裁员之间的地位往往不平等。仲裁员报酬不透明,由仲裁机构单方面决定仲裁员应收取多少报酬,更是加深了这种不平等。《北仲规则2019》将仲裁员报酬与机构费用分割开,而且将仲裁员报酬的比例大大提高,体现了仲裁员和仲裁机构是分别独立且平等地向当事人收取服务报酬,间接强化了仲裁机构与仲裁员之间属于平等合作关系这一理念。在这一基础上,仲裁员的办案的主动性和积极性自然会提高,仲裁案件的质量和效率也会随之提高。第二,保障了当事人的知情权。对当事人来说,"案件受理费"和"案件处理费"的收费模式和根据争议合同标的收取一笔费用没有区别。至于仲裁费中哪些是仲裁员的报酬,哪些是机构管理案件的费用,当事人无从知晓。仲裁机构究其本质是服务的提供方,当事人作为仲裁费用的支付方,有权知晓自己支付的仲裁费中有多少支付给了对自己利益影响重大的仲裁员,有多少支付给了仲裁机构。第三,提高了仲裁机构的活力和竞争力。透明的收费方式有利于提升机构的管理服务水平,体现对仲裁员的尊重,这有利于仲裁机构吸引更多专业的仲裁员,提升仲裁服务质量,增强竞争力。

除了按照"仲裁员报酬"和"机构费用"分别计算仲裁费用这一个变革外,《北仲规则2019》也进行了其他突破性的改革,包括但不限于:

(1)取消了对国际仲裁和国内仲裁收费的区分。本次《北仲规则2019》不再区分国际仲裁和国内仲裁案件的收费,而是统一规定,均分别计算机构管理费和仲裁员报酬。

(2)规定当事人约定情况下仲裁员报酬可以按小时计费。提供法律服务按照其工作小时收费,是相对合理的做法。在某些争议金额较大的案件中,如果采取小时收费,当事人可以在很大程度上控制仲裁费成本。

(3)设定仲裁员报酬、机构费用封顶金额。根据《北仲规则 2019》,北仲对于争议标的额在 25 万元以下的案件将统一收取"仲裁员报酬"12,000 元,"机构费用"5000 元,即总计 17,000 元的仲裁费,并且规定"争议金额 50 亿元(含)以上时,机构费用封顶为 876.1 万元;争议金额 86.82 亿元(含)以上时,仲裁员报酬封顶为 1800 万元"。

2. 从北仲收费新规看国内仲裁收费制度的问题

借北仲仲裁收费改革之东风,此处再进一步探讨国内仲裁收费制度围绕"透明""合理"这两个基本要求还可以做哪些改革和完善。所谓"透明",就是仲裁费用收多少、退多少、分配多少的问题。所谓"合理",就是从当事人角度看收费标准和退费标准的合理性;从仲裁员角度看仲裁员收入占收费比例的合理性;从国家角度看税收课征的合理比例和内容的合理性。仲裁收费问题就是仲裁机构、当事人、仲裁员和国家之间利益平衡问题,而利益平衡又是仲裁事业发展的基础。

(1)仲裁员报酬占仲裁总费用的比例有待进一步提高。本次《北仲规则 2019》确定的仲裁员报酬已达国内各仲裁机构仲裁员报酬的顶级水准。但与国外主流仲裁机构相比,国内仲裁机构对仲裁员仍有让利空间,仍需要进一步突出仲裁员在仲裁中的主要作用和主导地位。仲裁员报酬直接影响了仲裁员群体的专业水平和单个仲裁员对案件的投入程度,进而影响了仲裁的质量。在未来仲裁费用的改革中,国内仲裁机构仲裁员报酬占仲裁总费用的比例可以进一步提高,以鼓励更多优秀法律人从事仲裁业务,仲裁员可以更为积极地参与案件审理,更好地为当事人提供仲裁服务。

(2)国内仲裁机构的仲裁规则中缺少仲裁费用调整机制。国内仲裁机构的仲裁规则对某些特殊情况下仲裁费用的调整缺少科学和合理的规定。具体包括以下几种情形:第一,撤回仲裁申请或撤销案件时的退费问题。《北仲规则 2019》第 42 条第 4 款规定:"撤销案件的情况下,本会有权根据实际情况决定是否退回预收的仲裁费用或者其他费用以及退回的具体金额。"根据该规定,当事人撤回仲裁申请或撤销案件的,北仲可能会退回部分仲裁费用,但退回费用的具体金额、计算方法甚至计算原则均未明确。建议国内仲裁机构根据案件进展节点明确退费比例,或者也可以原则性规定根据案件进展和仲裁庭已经实质开展的工作量进行退费处理,这是仲裁费用透明、合理的一个体现。国内仲裁机构可参考 SCC 等国际仲裁机构的做法,在仲裁规则中明确撤回仲裁申请和撤销案件时确定最终仲裁费用的基本原则,即按照仲裁庭和仲裁机构实际付出的劳动量确定。《斯德哥尔摩商会仲裁院仲裁规则(2010 版)》第 43 条第 3 款规定:"如果仲裁程序根据第 39 条在最终裁决做出前终止,理事会应当根据仲裁程序终止的时间,仲裁庭所付出的劳动以及其他相关情形最后确定仲裁费。"在已经组庭、尚未开庭,仲裁庭尚未产生实质性工作的情况下,应更多地退费,以保证仲裁机构、仲裁庭与当事人之间的利益平衡。

第二,仲裁员工作量明显高于或低于一般标准时的费用调整问题。对于争议金额相同的不同案件,仲裁员的实际工作量可能因案件性质或争议所属行业领域而差别巨大。仲裁机构在向当事人收费以及确定仲裁员报酬时应考虑这些因素,而不宜"一刀切"。在仲裁规则中明确仲裁机构可根据仲裁员和仲裁机构的实际工作量调整最终仲裁费用,将有利于这类问题的解决。例如,《HKIAC 规则 2018》第 10.3 条就规定:"……仲裁庭收费的金额应合理,应考虑争议金额的大小、标的的复杂程度、仲裁庭及任何根据第 13.4 款指定的秘书所花费的时间和案件的其他有关情况,包括但不限于仲裁程序因和解或其他原因终止的情形……"

第三,因仲裁员自身效率原因超期作出裁决时的费用调整问题。近年来某些国内仲裁机构的效率逐步降低,延期裁决情况非常普遍。这日益成为当事人及律师诟病的标靶。一方面,仲裁员报酬不高,如果仲裁机构要求仲裁员投入更多时间和精力,常常会遭到情绪上的抵触。另一方面,中国仲裁机构的普遍实践是,即便仲裁员不够尽职,没有按期裁决,也不会扣减仲裁员报酬。然而,仲裁的本质是仲裁员和仲裁机构为当事人提供的一种服务。当仲裁服务质量明显未达到仲裁员和仲裁机构所做出的承诺时,仲裁机构就应退还部分仲裁费用,仲裁员也应少收报酬,否则会造成实质性地不公平:仲裁机构和仲裁员动辄延期,当事人及其律师毫无办法。仲裁机构和仲裁员未尽职,将直接导致当事人及其律师对仲裁的不满意、不信任。ICC 和 SIAC 等国际仲裁机构均有对仲裁员效率的约束机制。例如,《ICC 规则 2017》附件三《仲裁员费用和报酬》第 2 条第 2 款就明确规定仲裁院确定仲裁员报酬时,应考虑仲裁员的"勤勉和效率"。

(3)仲裁员报酬税收上的利益平衡。根据《仲裁委员会仲裁收费办法》,一直以来国内仲裁案件的收费包括案件受理费和案件处理费,仲裁员报酬包含在案件受理费之中,仲裁机构可自行决定发放仲裁员报酬金额。但仲裁收费早已由行政事业性收费转变为服务性收费,继续按照《仲裁委员会仲裁收费办法》收取案件受理费和案件处理费与当前的实际情况和国际通常实践不符。

《北仲规则 2019》将仲裁费用划分为仲裁员报酬和机构费用,使当事人能够知悉仲裁员报酬的具体金额,是一项有益举措。但《北仲规则 2019》并未明确其在向当事人收取仲裁员报酬中起到的作用和法律地位。SIAC《实务守则(2014 版)》(Practice

Note）第30条就明确规定SIAC仅是仲裁庭收取仲裁员报酬的代理人。参考这一安排，如果将北仲或其他国内仲裁机构在收取仲裁员报酬这一行为上的法律地位定性为仲裁员的代理人，似乎更有利于实现仲裁机构、仲裁员和国家之间在课税问题上的利益平衡：一方面，北仲无须像以前一样以仲裁总费用申报和缴纳增值税，仅需就机构费用纳税；另一方面，仲裁员自行申报和缴纳仲裁员报酬对应的增值税时，可以适用关于增值税"小规模纳税人"的相关规定，未达到一定仲裁员报酬标准的，免征增值税。但需要注意的是，在前述模式下流程方面如何确保仲裁员能依法申报增值税，如何便捷地向当事人开具仲裁员报酬的增值税发票有待与税务机关进一步确认。

《ICC规则2017》附件三《仲裁员费用和报酬》第2条第13款也有类似规定："支付给仲裁员的费用不包括任何可能的增值税（VAT）或其他税费以及相关关税。当事人有义务支付此类税费；但是，此类税款或费用的收取仅为仲裁员和当事人之间的事宜。"

此外，根据2018年年底中共中央办公厅、国务院办公厅印发的《关于完善仲裁制度提高仲裁公信力的若干意见》，国内仲裁机构是"提供公益性服务的非营利法人"。但仅从税收负担角度而言，国内仲裁机构与营利性企业法人没有区别。从根本上来看，仲裁机构、仲裁员承担的税负最终将转化为由当事人承担。过重的税负无疑会加重当事人负担，影响当事人选择通过仲裁解决纠纷的意愿，对于盈利能力较弱的仲裁机构而言还将影响正常运营，不利于多元争议解决机制的发展。很多国家都对本国仲裁领域提供税收优惠政策。以新加坡为例，对于满足一定条件的新加坡非居民仲裁员，其来源于新加坡的仲裁员报酬产生的个人所得税，可享受免税政策。

三、争议金额未确定案件的仲裁费用

某些案件的仲裁请求没有具体明确的金额，如何核定这些案件/仲裁请求的争议金额，进而确定仲裁费用，对仲裁委员会和当事人都很重要。

《仲裁委员会仲裁收费办法》第5条第2款规定："申请仲裁时争议金额未确定的，由仲裁委员会根据争议所涉及权益的具体情况确定预先收取的案件受理费数额。"《仲裁委员会仲裁收费办法》并没有进一步规定仲裁委员会如何根据争议所涉及权益的具体情况确定仲裁费用，各个仲裁机构有一定的自主权。针对同一个或同一类案件，不同仲裁委员会的收费很可能有差异。

北仲发布的《〈北京仲裁委员会案件收费标准〉实施细则》第2条规定："（一）仲裁请求涉及确认合同效力、继续履行合同或者解除、终止、撤销、变更合同的，以合同总标的额作为争议金额。未明确约定合同总标的额的，综合考虑合同的签订、履行情况、违约责任等因素，确定合同总标的额。（二）仲裁请求涉及确认部分合同条款的效

力、继续履行部分合同义务或者解除、撤销、变更部分合同条款的,原则上以该项仲裁请求对应部分的合同标的额作为争议金额;无法判断该项仲裁请求对应部分的合同标的额的,原则上以合同总标的额作为争议金额。(三)仲裁请求涉及其他与确认合同效力、继续履行合同或者解除、终止、撤销、变更合同等仲裁请求类似,足以引起法律关系整体或部分变动的,参照第(一)、(二)款的规定执行。(四)仲裁请求涉及预备性请求的,视为多项独立的仲裁请求,应分项确定争议金额,并以各分项请求的总争议金额作为预备性请求的争议金额。(五)仲裁请求涉及的争议金额以外币为货币单位的,以提起仲裁申请当日中国银行外汇牌价公布的中行折算价为基准,折算成人民币为货币单位的金额作为争议金额。"

据了解,贸仲和上仲也采用类似的标准。

即便有上述北仲的实施细则,实际争议金额究竟是多少,很多时候仍需要仲裁机构"一案一议"进行确定,此时就难免会出现仲裁机构考虑不周全继而收费不合理的情况。比如,在某个案件中,依据案涉股权转让协议,申请人向被申请人支付了10亿元价款,被申请人应将项目公司股权过户至申请人名下。被申请人迟迟未办理股权过户,申请人遂提起仲裁,仲裁请求为"裁决被申请人将其持有的项目公司股权转让给申请人并配合办理工商变更登记手续"。仲裁委员会计算仲裁费时,将10亿元对价全部确定为"争议金额",并据以核算了仲裁费。但实际上,根据案涉股权转让协议,10亿元对价中包括向被申请人提供的6亿元借款,真正的项目公司股权对价仅有4亿元。因为申请人请求的是"裁决被申请人将其持有的项目公司股权转让给申请人并配合办理工商变更登记手续",争议金额自然应该只是项目公司股权的对价。由此也可以看出,仲裁机构的收费仍存在模糊、主观和可能被质疑的地方。

第四节 仲裁申请的受理及发送仲裁通知

经仲裁委员会立案庭(处)初步审查,认为仲裁申请文件符合要求,且仲裁申请人已经按照交费通知交纳仲裁费用的,仲裁委员会正式受理案件。其后,仲裁委员会将案件的受理通知、仲裁规则、仲裁员名册发送给申请人,将仲裁通知/答辩通知连同仲裁申请书及附件、仲裁规则、仲裁员名册发送给被申请人。

《贸仲规则2015》第13条规定:"……(二)仲裁委员会仲裁院收到申请人的仲裁申请书及其附件后,经审查,认为申请仲裁的手续完备的,应将仲裁通知、仲裁委员会仲裁规则和仲裁员名册各一份发送给双方当事人;申请人的仲裁申请书及其附件也应同时发送给被申请人。(三)仲裁委员会仲裁院经审查认为申请仲裁的手续不完备的,可以要求申请人在一定的期限内予以完备。申请人未能在规定期限内完备申请仲裁手续的,视同申请人未提出仲裁申请;申请人的仲裁申请书及其附件,仲裁委员会仲裁院不予留存。"《北仲规则 2019》第 10 条规定:"本会自受理案件之日起 10 日内,将受理通知、本规则和仲裁员名册发送申请人;将答辩通知连同仲裁申请书及其附件、本规则、仲裁员名册发送被申请人。"

实践中的问题是:给申请人的案件受理通知和给被申请人的答辩通知是否同时发送?如果不同时发送,向仲裁申请人送达文件的时间和向被申请人送达文件的时间最长间隔是多久?有时这是仲裁实务中很关键的问题。例如,如果发送时间不一致,答辩通知越晚送达被申请人,就越有利于申请人及时采取财产保全措施。有关仲裁程序中的财产保全问题,详见本书第十四章的介绍。

根据经验,贸仲一般会拒绝申请人提出的推迟几日再向被申请人发送答辩通知等文件的要求。贸仲认为仲裁文件应当同时送达双方;即便不同时送达,也应当尽速送达被申请人。

而北仲仲裁规则中关于受理后 10 天发送文件的规定可以为申请人争取宝贵的财产保全时间。北仲有权依据仲裁规则第 10 条的规定受理案件后先行转递财产保全申请文件至管辖法院,再以 10 日为限向被申请人送达答辩通知等文件。

鉴于届时执行可能遇到的困难,任何争取保全财产措施的失败都将可能导致申请人在仲裁中的努力付诸东流。因此,仲裁实务中贸仲和北仲的这一差异值得当事人和代理律师关注。

第五节　针对仲裁申请的答辩

被申请人应当在收到仲裁委员会发送的答辩通知之日起,仲裁规则规定的期限内向仲裁委员会提交答辩文件。答辩文件包括:答辩书(状)、证据、被申请人的身份证明文件等。答辩书一般应包括以下内容:(1)被申请人信息:被申请人的姓名或名称、住所、便捷的联系方式,法定代表人或主要负责人的姓名、职务等;(2)答辩要点及其所依据的事实和理由。答辩人提交证据应为复印件,而非原件。证据的原件将在后来的举证质证环节中提交。被申请人的身份证明文件依据被申请人是自然人、法人或其他组织不同而不同。如果被申请人是自然人的,应提交身份证或者护照等。如果被申请人是中国内地法人或其他组织的,应提交营业执照或者组织机构代码证。如果被申请人是境外法人的,应提交该法人依法设立及存续的登记文件。被申请人提交的文件份数、代理人的授权委托手续文件与仲裁申请人提交文件一致,详见本章第二节的介绍。

仲裁委员会自收到答辩书之日起在仲裁规则规定的期限内将答辩书发送给申请

人,以便申请人针对被申请人的答辩意见做反驳准备。

提交答辩书不是必须的,被申请人未提交答辩书不影响仲裁程序的推进,仲裁庭也不会仅因被申请人没有提交答辩书而作出对答辩人不利的裁决。不过,如果案件是书面审理的案件,被申请人提交答辩书就十分必要。建议被申请人至少在开庭前提交答辩书,并列明答辩要点和所依据的事实和理由。这是被申请人在仲裁程序中诚信合作的必然要求。如果仲裁庭在庭审前审读了被申请人提交的答辩书,对双方争议焦点就有了预判,会加快庭审的进程,有利于尽速解决争议。有些当事人或其代理律师为了在庭审中有出奇制胜的效果,故意不提交答辩书,而是在庭审中陈明答辩意见,这样做的效果并不理想,有时候反而会降低庭审效率以及答辩的效果。

第六节　仲裁申请的撤回

一、撤回仲裁申请的含义及其法律后果

撤回仲裁申请,是指仲裁委员会受理申请人的仲裁申请后,在仲裁庭作出仲裁裁决之前,申请人撤回仲裁申请,不再请求仲裁庭对该争议案件进行审理并作出仲裁裁决的行为。

撤回仲裁申请有两种情形:第一种情形是申请人主动申请撤回,这其中又包括当事人达成和解的情况下申请人撤回仲裁请求和当事人未经和解申请人撤回请求两种情况。第二种情形是视为撤回仲裁申请的情形,即仲裁委员会受理仲裁申请后,基于仲裁申请人的某种行为,推定其具有撤回仲裁申请的意思表示,从而视为撤回仲裁申请,比如未预缴仲裁费用、经书面通知不出庭或中途退庭以及因当事人自身原因致使仲裁程序不能进行等。

撤回仲裁申请的法律后果有:

1. 仲裁程序终结。撤回仲裁申请的直接法律后果就是导致仲裁程序的终结。对于仲裁庭而言,不能再享有对该案的仲裁权,不能继续行使对该案的审理权和裁决权;对于当事人来讲,亦不得要求仲裁庭继续本案的其他仲裁程序。

在实践中,若存在仲裁反请求,撤回仲裁申请并不影响反请求的继续审理。

2. 仲裁协议效力延续。《仲裁法》第 50 条规定:“当事人达成和解协议,撤回仲裁申请后反悔的,可以根据仲裁协议申请仲裁。”即申请人撤回仲裁申请后,由于某个事件的发生,当事人仍可依据该仲裁协议重新提请仲裁。

就仲裁机构与法院之间对民商事纠纷案件的主管权限而言,由于上述所言仲裁协议的效力延续,申请人撤回仲裁申请后,人民法院仍然无权受理当事人就同一纠纷

提起的民事诉讼。若当事人以书面形式解除仲裁协议,人民法院则获得受理权限。

3. 限于未经部分裁决的仲裁请求。部分裁决是指仲裁庭在审理过程中为了及时保护当事人的合法权益或有利于审理其他问题,对已审理清楚的部分实体争议所作出的裁决。由于部分裁决是对部分实体争议进行的裁决,进行部分裁决的争议在性质上具有可分性。因此,申请人撤回仲裁申请仅对未经先行裁决的部分请求发生效力,不影响已作出的部分裁决的生效。在该情形下,撤回仲裁申请后,已作出部分裁决的争议不能再次进行仲裁,再次提起仲裁的范围受限。

4. 解除财产保全。在仲裁过程中,申请人撤回仲裁申请的,应当同时向仲裁委员会提出解除财产保全的申请,仲裁委员会应当将申请转递受理法院。同时,仲裁委员会应在作出准予撤回仲裁申请或者按撤回仲裁申请处理的决定后将决定书副本提交受理法院,受理法院根据仲裁委员会决定书作出解除财产保全的裁定。

二、中国关于撤回仲裁申请的规定

《仲裁法》第 42 条第 1 款规定:“申请人经书面通知,无正当理由不到庭或者未经仲裁庭许可中途退庭的,可以视为撤回仲裁申请。”第 49 条规定:“当事人申请仲裁后,可以自行和解。达成和解协议的,可以请求仲裁庭根据和解协议作出裁决书,也可以撤回仲裁申请。”但是,《仲裁法》并未规定仲裁当事人非因和解撤回申请的情形。

在当事人达成和解协议的情况下,争议已经得到解决,此时允许申请人撤回仲裁申请并无不妥,被申请人也不会反对申请人撤回申请。“视为撤回仲裁申请”的情形多因为仲裁程序中申请人不作为,“视为撤回仲裁申请”是对其不作为的惩罚,这种情况下,被申请人一般也不会表示反对。

实践中容易出现争议的是仲裁当事人非因和解撤回申请的情形。举例而言,某个案件经过了开庭审理,根据庭审情况,申请人意识到仲裁庭很可能作出对其不利的裁决,因此申请撤回仲裁请求,以达到终结本次仲裁程序的目的。这种情况下,被申请人因为申请人启动仲裁程序,被迫投入了很多的人力和物力。更有甚者,申请人撤回仲裁申请后,很快又重新启动仲裁程序,以达到更换仲裁员的目的。此时被申请人又不得不应诉,再次被迫投入人力和物力。

和《仲裁法》一样,《贸仲规则 2015》同样也只是规定了当事人达成和解协议后撤回请求的情形而未规定仲裁当事人非因和解撤回请求的情形。《贸仲规则 2015》第 47 条规定:“……(五)当事人经调解达成或自行达成和解协议的,可以撤回仲裁请求或反请求,也可以请求仲裁庭根据当事人和解协议的内容作出裁决书或制作调解书……”

与《贸仲规则2015》不同,《北仲规则2019》第43条不仅规定了当事人达成和解协议后可以撤回请求,第42条还规定:“……(一)申请仲裁后,申请人可以撤回仲裁申请,被申请人有反请求的,不影响仲裁庭对反请求进行审理和裁决……”

由此可知,相较《仲裁法》,《北仲规则2019》的规定范围有所扩大。而且《北仲规则2019》未明确限制撤回仲裁申请的时点。也就是说,在极端情况下,即便仲裁庭已经草拟好裁决书,只要裁决书尚未作出,申请人就可以申请撤回仲裁请求。

较《仲裁法》和北仲、贸仲的规定,上仲的规定又略有不同。《上仲规则2018》第20条规定:“(一)仲裁委员会受理仲裁申请、反请求后,当事人可以申请撤回仲裁申请、反请求。是否同意,在仲裁庭组成前提出的,由仲裁委员会决定;在仲裁庭组成后提出的,由仲裁庭决定。(二)申请人撤回仲裁申请,被申请人有仲裁反请求的,不影响仲裁庭对反请求进行审理和裁决。被申请人撤回仲裁反请求的,不影响仲裁庭对申请人的仲裁请求进行审理和裁决。”也就是说,上仲或仲裁庭有权决定是否同意申请人撤回请求。

三、其他国家关于撤回仲裁申请的规定

瑞典1999年《仲裁法》第28条规定:“一方当事人撤回请求,仲裁庭应撤销该部分的争议,除非对方当事人要求仲裁庭就该项请求作出裁决。”即在申请人提出撤回仲裁申请的请求后,若被申请人反对,并要求仲裁庭作出裁决,仲裁庭仍须就申请人的仲裁请求作出裁决。

《国际商事仲裁示范法》第32条第2款规定:“仲裁庭在下列情况下应当发出终止仲裁程序的裁定:(a)申请人撤回其申请,但被申请人对此表示反对且仲裁庭承认最终解决争议对其而言具有正当利益的除外……”《贸法会仲裁规则》第34条也有类似的规定:“1.如在作出裁决之前,当事各方就争议达成了和解协议,仲裁庭应发出命令,终止仲裁程序,或经当事双方请求并经仲裁庭接受,应根据协议的条件以仲裁裁决的形式记录此项和解……2.如在作出裁决之前,由于不是第1款所述的任何理由致使仲裁程序的继续成为不必要或者不可能时,仲裁庭应将其发出终止仲裁程序命令的意向通知当事各方。除非当事一方提出合理的反对理由,仲裁庭应有权力发出此项命令。”

日本《仲裁法》第40条规定:“……在有下列事项之一的情况下,应作出终止仲裁程序的决定:(一)申请人撤回其申请时。但仲裁被申请人对该撤回提出异议,并且仲裁庭认为被申请人对已申请仲裁的民事争议的解决享有合法利益的除外……”

根据以上规定,能否撤回仲裁申请需要被申请人参与发表意见甚至是同意。

四、《仲裁法》和仲裁规则有必要考虑防止申请人滥用权利之设计

申请人撤回仲裁申请是当事人在仲裁程序中行使程序性权利的体现,也是对其权利的自由处分,应当得到尊重。但任何权利的行使都不得损害他人的利益或社会利益,申请人撤回仲裁申请的权利也应当受到一定限制。具体而言,申请人撤回仲裁申请应不损害仲裁程序其他参与方的正当利益。这其中,被申请人的利益是需要重点考虑的问题。

被申请人在仲裁过程中处于相对被动的局面。虽然被申请人可以说服仲裁庭裁决驳回申请人的仲裁请求,但在裁决作出前被申请人始终面临败诉的风险。当申请人撤回仲裁申请后,被申请人的这一风险消失。因此,申请人撤回仲裁申请在一般情况下是符合被申请人利益的。

但是,如果仲裁庭已基本形成了驳回或部分驳回申请人仲裁请求的意见,申请人撤回仲裁请求,或者更甚者,申请人在撤回请求后就同一争议再次申请仲裁,导致被申请人无法在该仲裁程序中最终解决争议,甚至不得不再次参与仲裁程序的,就可能产生"损害被申请人利益"的情形。

中国仲裁实践中,对于申请人在未与对方达成和解的情况下提出撤回仲裁请求的申请,仲裁机构或仲裁庭几乎都会同意,确实可能出现损害被申请人利益的情况。

因此,建议中国《仲裁法》和相关仲裁机构仲裁规则参考域外规定,就未经和解申请人撤回仲裁申请的情况,赋予被申请人发表意见的机会。至于申请人是否可以撤回仲裁申请,最终还是由仲裁机构或仲裁庭视具体情况决定。

另外,仲裁规则也可以进一步规定,撤回仲裁申请的行使以开庭为界限划分为前后两个阶段,前一阶段申请人申请撤回仲裁申请的,原则上仲裁庭或仲裁机构应当直接允许。因为此时仲裁庭尚未实际审理甚至尚未组庭,申请人申请撤回,原则上不会出现损害他人利益的情况。后一阶段申请人要求撤回仲裁申请的,原则上必须由被申请人发表意见,确保程序的公正。

第十章　仲裁管辖异议

第一节　向仲裁委员会提出管辖异议

一、提出管辖异议的事由

有效的仲裁协议是仲裁得以进行的基础,也是仲裁庭获得管辖权的前提。我们通常将当事人主张仲裁委员会对争议没有管辖权的异议称为管辖异议,管辖异议的事由主要包括没有仲裁协议和仲裁协议无效。

仲裁程序必须依赖于仲裁协议的存在方可进行。《仲裁法》第 4 条规定:"当事人采用仲裁方式解决纠纷,应当双方自愿,达成仲裁协议。没有仲裁协议,一方申请仲裁的,仲裁委员会不予受理。"可见,当事人自愿达成仲裁协议是仲裁委员会取得管辖权的前提,若无仲裁协议,一方即可向仲裁委员会提出管辖异议。但能否以没有仲裁协议或者仲裁协议对其没有约束力为由向法院提出管辖权异议,实践中存在争议,我们在本章第三节中详细论述了这一问题。还应当注意,《仲裁法》规定当事人之间的仲裁协议应以书面形式存在,口头仲裁协议是无效的,即使有证据能够证明该口头协议存在。

另外,当事人之间虽存在书面的仲裁协议,但仲裁协议如果无效,一方也可以向仲裁委员会提出管辖异议。根据《仲裁法》第 16 条的规定,仲裁协议有效须具备三个要件:请求仲裁的意思表示、仲裁事项、选定的仲裁委员会。《仲裁法》第 17 条、第 18 条以及《仲裁法司法解释》等进一步规定了仲裁协议无效的情形。因此,如果一份仲裁协议不具备前述三个要件中的任何一个或有其他无效情形,该仲裁协议无效,当事人可以提出仲裁管辖异议。

除了上述两种常见事由外,虽然仲裁协议有效,但当事人认为受理的仲裁机构对于双方争议事项没有管辖权的(例如,认为应当由上国仲管辖,而非贸仲上海分会管辖),亦可提出管辖异议。

二、提出管辖异议的时限

根据《仲裁法》第 20 条第 2 款之规定,当事人认为不存在仲裁协议,或者认为仲裁协议无效的,应当在仲裁庭首次开庭前提出。《贸仲规则2015》第6条第4款规定:"当事人对仲裁协议及/或仲裁案件管辖权的异议,应当在仲裁庭首次开庭前书面提出;书面审理的案件,应当在第一次实体答辩前提出。"《北仲规则2019》第6条第1款规定:"当事人对仲裁协议的存在、效力或者仲裁案件的管辖权有异议,可以向本会提出管辖权异议。管辖权异议应当在首次开庭前以书面形式提出,当事人约定书面审理的,应当在首次答辩期限届满前以书面形式提出。"

如何理解前述规定中的"仲裁庭首次开庭前",目前法律和司法解释对此没有进一步规定。《仲裁法》第26条规定:"当事人达成仲裁协议,一方向人民法院起诉未声明有仲裁协议,人民法院受理后,另一方在首次开庭前提交仲裁协议的,人民法院应当驳回起诉,但仲裁协议无效的除外;另一方在首次开庭前未对人民法院受理该案提出异议的,视为放弃仲裁协议,人民法院应当继续审理。"《仲裁法司法解释》第14条规定:"仲裁法第二十六条规定的'首次开庭'是指答辩期满后人民法院组织的第一次开庭审理,不包括审前程序中的各项活动。"该两条对"法院首次开庭"作了规定。但相关法律法规、司法解释未明确"首次开庭前"是否包括首次开庭当日,这一问题在实践中存在争议。[①] 有仲裁机构在仲裁规则中明确对仲裁协议管辖权提出异议的"首次开庭前"不包括开庭当日。如《深仲规则2011》[②]第12条规定:"当事人对仲裁协议的效力有异议的,应当在仲裁庭首次开庭前(不含开庭当日)以书面形式提出;书面审理的案件,应当在首次答辩期届满前以书面形式提出……"

参照上述规定,按照目前国内仲裁通常实践,在答辩期届满后会组织开庭审理。在开庭之前,被申请人可能会提交书面答辩文件,仲裁庭还可能会安排双方进行证据交换等程序性工作。这些都属于开庭审理之前的准备期间进行的活动,而《仲裁法》的表述是"仲裁庭首次开庭"。因此,当事人只要在仲裁庭第一次开庭前提出管辖异议的,都应当认为没有超过时限。当然,这一规定的合理性仍有讨论空间。例如,被申请人如果在仲裁庭首次开庭前指定了仲裁员,委托了代理人,并提交了书面答辩状就案件实体问题进行答辩,从未就管辖问题提出异议,是否可以推定其认可仲裁庭的管辖权呢?如果其在提交实体答辩后、首次开庭前又提出管辖异议,是否涉及"禁反言"等问题呢?

事实上,将提出管辖异议的时限设置为首次开庭前,广受学界诟病。[③] 过长的异

---

① 参见马会军:《我国仲裁协议效力异议规则的修改与完善》,载《法学评论》2011年第2期(总第166期)。

② 《深国仲规则2019》已将"不含开庭当日"的表述删除。

③ 参见马会军:《我国仲裁协议效力异议规则的修改与完善》,载《法学评论》2011年第2期(总第166期)。

议期使仲裁协议效力长期处于不确定的状态,还会造成仲裁资源的浪费。如在递交答辩状后又递交管辖权异议,如果最终异议被支持,在此之前仲裁机构收取、转递答辩文件,仲裁员审阅答辩材料等为实体审理进行的准备将会徒劳无功。如下文所述,多数国家要求当事人应在第一次实体答辩之前提出管辖异议,这可能更为合理。

《国际商事仲裁示范法》第16条第2款规定:“关于仲裁庭无权管辖的抗辩不得在提出答辩书之后提出……”瑞士《关于国际私法的联邦法》第186条规定,对仲裁庭管辖权的任何异议必须在任何实体答辩前提出。1998年德国《民事诉讼法典》第1040条规定:“关于仲裁庭不具有管辖权的申诉应该在不迟于提出实体答辩书期限内提出。”[①]将提出管辖权异议的时限规定为第一次实体答辩之前的逻辑在于,当事人提交实体答辩即表明其已确认仲裁庭有权处理当事人之间的实体争议,从而在事实上已认可仲裁协议的效力。[②]

《仲裁法司法解释》第13条第1款规定:“依照仲裁法第二十条第二款的规定,当事人在仲裁庭首次开庭前没有对仲裁协议的效力提出异议,而后向人民法院申请确认仲裁协议无效的,人民法院不予受理。”即如果当事人在仲裁庭首次开庭前没有提出管辖异议的,法院不再受理与仲裁协议有关的诉讼案件,也不再受理仲裁委员会业已受理的当事人之间的纠纷。

在(2018)鲁14民特4号案中,申请人请求德州市中级人民法院确认其与被申请人之间的仲裁协议无效。法院经审理认为,申请人与被申请人之间的建设工程施工合同纠纷已由德州仲裁委员会受理并历经三次庭审,申请人未提交证据证明其在仲裁案首次开庭前对仲裁协议的效力提出异议。《仲裁法司法解释》第13条第1款规定:“依照仲裁法第二十条第二款的规定,当事人在仲裁庭首次开庭前没有对仲裁协议的效力提出异议,而后向人民法院申请确认仲裁协议无效的,人民法院不予受理。”《仲裁司法审查规定》第8条第1款规定:“人民法院立案后发现不符合受理条件的,裁定驳回申请。”综上,法院裁定驳回申请人的申请。

此外,仲裁管辖异议的提出还与仲裁裁决的司法审查有关。《仲裁法司法解释》第27条规定:“当事人在仲裁程序中未对仲裁协议的效力提出异议,在仲裁裁决作出后以仲裁协议无效为由主张撤销仲裁裁决或者提出不予执行抗辩的,人民法院不予支持。当事人在仲裁程序中对仲裁协议的效力提出异议,在仲裁裁决作出后又以此为由主张撤销仲裁裁决或者提出不予执行抗辩,经审查符合仲裁法第五十八条或者

---

① 沈德咏、万鄂湘主编,最高人民法院研究室、民事审判第四庭编著:《最高人民法院仲裁法司法解释的理解与适用》,人民法院出版社2007年版,第117~118页。

② 参见于喜富:《论仲裁协议有效性的司法审查——评最高人民法院〈适用仲裁法的解释〉对仲裁协议司法审查制度的新规定》,载《山东审判》2008年第1期。

民事诉讼法第二百一十七条、第二百六十条规定的,人民法院应予支持。”上述规定的逻辑在于“禁反言”,如果当事人没有在仲裁程序中对仲裁协议的效力提出异议,其在仲裁裁决作出后无权以此为由主张撤销仲裁裁决或提出不予执行抗辩。

“在仲裁程序中”对仲裁协议效力提出异议实际指的应是在首次开庭前提出异议。原因在于,首先,在仲裁程序中对仲裁协议效力提出异议的潜在含义是在符合法律规定情况下提出异议。而《仲裁法》第 20 条第 2 款规定,当事人对仲裁协议的效力有异议,应当在仲裁庭首次开庭前提出。其次,实践中,仲裁员通常会在仲裁庭开庭之前,询问当事人对此前程序、仲裁委对本案的管辖是否有异议。只有在当事人回答没有异议后,仲裁程序才会继续推进。在此种情况下,当事人同意对案件进行实体审理,意味着接受仲裁委对案件的管辖。

在(2008)民四他字第 28 号案中,争议双方虽未在仲裁程序启动前达成有效仲裁协议,但仲裁申请人向长春仲裁委员会提起仲裁以后,仲裁被申请人只在仲裁庭第一次开庭和第四次开庭中对仲裁协议效力及仲裁庭管辖权提出异议,并未在仲裁庭首次开庭前对仲裁协议效力提出异议。最高院据此认定仲裁被申请人在仲裁庭首次开庭前已经认可长春仲裁委员会对该纠纷享有管辖权,应视为仲裁案件的双方当事人对将其纠纷提交长春仲裁委员会仲裁已经形成了一致意见,仲裁协议有效。仲裁被申请人虽在仲裁庭第一次开庭时对仲裁协议效力及仲裁庭管辖权提出异议,但已经超过了法律规定的当事人可以对仲裁协议效力提出异议的期限,仲裁协议有效,长春仲裁委员会依法对本案纠纷享有管辖权。本案不应以当事人在合同中没有订立仲裁条款或事后没有达成书面仲裁协议为由,撤销仲裁裁决。

三、提出管辖异议的形式

《仲裁法》只规定了向仲裁委员会提出管辖异议的时限,但并未规定提出管辖异议的形式,即是否必须以书面形式提出。“书面形式”的要求是一些仲裁机构的仲裁规则中规定的,前面列示的《贸仲规则 2015》和《北仲仲裁规则 2019》第 6 条都要求当事人以书面形式提交管辖异议。没有以书面形式提出管辖异议的,仲裁委员会可能会认定当事人没有以适当的形式提出管辖异议,因此不予考虑其管辖异议。

四、对管辖异议的决定

必须明确的是,当事人应当向仲裁委员会而不是仲裁庭提出管辖异议。仲裁委员会是受理管辖异议,并对管辖异议作出决定的机构。但是,仲裁委员会可以授权仲裁庭就当事人的管辖异议作出决定。

例如,《北仲规则 2019》第 6 条第 4 款规定:“本会或者本会授权的仲裁庭有权就仲裁案件的管辖权作出决定……"《贸仲规则 2015》第 6 条第 1 款规定:"仲裁委员会有权对仲裁协议的存在、效力以及仲裁案件的管辖权作出决定。如有必要,仲裁委员会也可以授权仲裁庭作出管辖权决定。"

与中国内地仲裁实务不同,境外仲裁机构的仲裁规则多规定对管辖权异议有决定权的机构应为仲裁庭,即 competence - competence 原则,中文可译为"自裁管辖权原则"①。

《HKIAC 规则 2018》第 19.5 条规定:"只有当 HKIAC 根据表面证据认为本规则下的仲裁协议可能存在或仲裁已依第 29 条恰当启动,仲裁程序才应继续。任何对仲裁庭管辖权的疑问,应由仲裁庭在其组成后依第 19.1 款决定。"第 19.1 条规定:"仲裁庭有权决定其在本规则下的管辖权,包括就仲裁协议的存在、效力或范围提出的任何异议。"根据上述规定可知,在《HKIAC 规则 2018》下,仲裁庭组成之前,只要仲裁程序持续推进,说明 HKIAC 依据表面规则认为仲裁协议存在。但仲裁庭有权对当事人提出的管辖权异议作出与 HKIAC 不同的判断。

《SIAC 规则 2016》第 28.1 条规定:"如果在仲裁庭组成之前,当事人对仲裁协议的存在或者有效性提出异议,或者对新仲管理仲裁案件的资格提出异议,则主簿应当决定是否须将该等异议提交仲裁院。若主簿决定提交,则仲裁院应当依据表面证据决定该仲裁案是否应当继续进行。如果仲裁院认为表面证据不足以得出该结论,则仲裁程序应当终止。主簿或仲裁院所作出的仲裁程序应当继续进行的决定,不影响仲裁庭就自身的管辖权作出决定。"根据《新加坡国际仲裁中心仲裁规则指南》(A Guide To The SIAC Arbitration Rules),在第 28.1 条下,当事人通常可以提出三种不同的关于管辖的异议:(1)仲裁协议不存在;(2)仲裁协议不是有效的;(3)SIAC 不是有管辖权的仲裁管理机构(Not Competent)。但是在第 28.1 条下,当事人不能就仲裁协议的范围提出异议,如申请人的请求超出仲裁协议约定的范围。原因是这一异议需要对案件事实和法律进行分析后才能得出结论,而仲裁院依据表面证据规则不适宜对这一异议作出决定,应由仲裁庭对类似异议作出判断。②

《SIAC 规则 2016》第 28.2 条规定:"仲裁庭有权决定自己的管辖权,包括对仲裁协议的存在、有效性或范围的异议作出决定。构成合同一部分的仲裁协议,应当作为独立于合同中的其他条款的单独协议对待。仲裁庭认定合同无效,在法律上并不导致仲裁协议无效,仲裁庭不能因当事人主张合同不存在或无效而丧失对案件的管辖

---

① 孙南申、胡荻:《国际商事仲裁的自裁管辖与司法审查之法律分析》,载《武大国际法评论》2017 年第 3 期。

② See John Choong, Mark Mangan, Nicholas Lingard, *A Guide to The SIAC Arbitration Rules* (Second Edition), Oxford, p. 190.

权。”这一规定体现出国际仲裁两个非常重要的基本原则,自裁管辖权原则与仲裁协议独立性原则。① 但需要注意的是,虽然上述规定赋予 SIAC 仲裁庭完整的对于管辖权异议的决定权,仲裁庭对于管辖权的决定可能并非最终决定,这取决于仲裁地相关法律的规定。如新加坡《国际仲裁法》、新加坡《仲裁法》均规定,当事人可申请新加坡高等法院对仲裁庭关于管辖权的决定进行审查。②

《ICC 规则 2017》第 6 条第 3 款规定:“如果仲裁请求的任何对方当事人未提交答辩书,或任何当事人对仲裁协议的存在、效力或范围,或对仲裁中提出的全部仲裁请求是否可以在单次仲裁中共同作出裁定,提出一项或多项抗辩,则仲裁程序应继续进行;对于任何管辖权问题,或各项请求是否可以在该次仲裁中作出共同裁定的问题,则应由仲裁庭直接决定,除非秘书长按照第 6 条第 4 款的规定,将有关事项提交仲裁院决定。”第 6 条第(4)款规定:“对于根据第 6 条第(3)款提交仲裁院决定的所有案件,仲裁院应就仲裁是否继续进行以及应在何等范围内继续进行作出决定。如果仲裁院基于表面所见,认为一个仲裁规则要求的仲裁协议可能存在,则仲裁应继续进行。具体而言,(i)仲裁有两方以上当事人的,如果仲裁院基于表面所见,认为一个仲裁规则要求的仲裁协议可能存在,并且该仲裁协议对某些当事人(包括根据第 7 条参与仲裁的任何追加当事人)具有约束力,则仲裁应在这些当事人之间继续进行;以及(ii)仲裁请求是按第 9 条根据多项仲裁协议提出的,如果仲裁院基于表面所见,认为(a)其中某些请求所依据的仲裁协议可以彼此相容,并且(b)所有仲裁当事人可能已约定这些请求可以在单次仲裁中共同作出裁定,则仲裁应针对这些请求继续进行……”上述规定乍看之下未明确秘书长应在何种情况下将管辖权异议提交仲裁院决定。国际商会出版物 The Secretariat's Guide to ICC Arbitration 对此的解读是,实践中,是否将管辖权异议交由仲裁院处理,取决于秘书长的自由裁量,但通常管辖权异议会直接交由仲裁庭决定。③ 对于当事人没有签订仲裁协议或不受仲裁协议约束且当事人没有提出相反证据,或仲裁协议不具有可操作性(Inoperable),或不能指向国际商会仲裁等情况,更可能交由仲裁院依据第 6 条第 4 款作出决定。需要说明的是,尽管 The Secretariat's Guide to ICC Arbitration 是针对《国际商会仲裁院仲裁规则(2012 版)》作出的解读,但 2012 版与 2017 版均未在规则中明确秘书长应将管辖权异议提交仲裁院审查的具体情况,且目前国际商会尚未出台针对 2017 版仲裁规则的

---

① See John Choong, Mark Mangan, Nicholas Lingard, *A Guide to The SIAC Arbitration Rules* (Second Edition), Oxford, p. 191

② Ibid., p. 193.

③ See Jason Fry, Simon Greenberg, Francesca Mazza, *The Secretariat's Guide to ICC Arbitraiton*, ICC Publication No. 729E, p. 69.

官方解读,实践中,The Secretariat's Guide to ICC Arbitration 仍具有较大参考价值。

此外,在中国内地的仲裁实践中,许多仲裁机构的仲裁规则均规定,仲裁委员会或经授权的仲裁庭依表面证据作出有管辖权的决定后,在随后进行的案件实体审理过程中,根据仲裁庭查明的案情,可以再对管辖权问题重新作出相反的决定。

例如,《贸仲规则 2015》第 6 条第 2 款规定:"仲裁委员会依据表面证据认为存在有效仲裁协议的,可根据表面证据作出仲裁委员会有管辖权的决定,仲裁程序继续进行。仲裁委员会依表面证据作出的管辖权决定并不妨碍其根据仲裁庭在审理过程中发现的与表面证据不一致的事实及/或证据重新作出管辖权决定。"此外,《上国仲规则 2015》《深仲规则 2011》也有类似规定。

虽然境外仲裁机构的仲裁规则通常规定对管辖权异议有权作出判断的机构是仲裁庭,而境内仲裁机构的仲裁规则通常规定为仲裁委,但在实务中,对于能依表面证据判断的管辖权问题,即使是境外仲裁机构的仲裁规则,也常常规定仲裁机构可先行作出判断,以免仲裁庭没有管辖权浪费仲裁资源。[①] 而针对需要对案件进行一定程度上的实质审理才能作出判断的管辖权异议,境内仲裁机构通常会授权仲裁庭作出判断。因此,虽然从表面上看,境内境外仲裁机构的仲裁规则对于管辖权异议的判断主体作出了不同规定,但实际上却有异曲同工的效果。

仲裁协议或载有仲裁协议的合同是提起仲裁案件的基础文件。实践中,如果当事人对仲裁协议签字本身的真实性、印章的真实存有异议,可尽早进行鉴定,以帮助仲裁委或其授权的仲裁庭对管辖问题作出认定,避免不受仲裁协议约束的当事人受累于仲裁程序。

在深仲受理的一宗民间借贷纠纷案件中,仲裁委授权仲裁庭对管辖权作出判断。该案中,申请人提起仲裁要求被申请人一、被申请人二、被申请人三偿还借款本金及利息,要求被申请人四、被申请人五、被申请人六对上述债务承担连带责任。被申请人一至被申请人五提交《管辖异议书》,主张申请人提交的《借款担保书》系变造形成,其中的内容并非其真实意思表示,故其与申请人之间不存在有效仲裁条款,仲裁委无权受理本案。仲裁庭开庭审理本案,就管辖权问题进行调查,并询问了双方的观点和意见。几位被申请人在开庭当日提交了《鉴定申请书》。仲裁庭认为,《借款担保书》中载明的仲裁条款为本案仲裁庭管辖权的基础。因此,确有必要审慎判断几位提出管辖权异议的被申请人是否确实在《借款担保书》上签名或盖章,并受仲裁条款的约束。据此,仲裁庭作出《仲裁庭通知书(一)》,决定委托鉴定机构对《借款担保

---

① 根据第 11 版《布莱克法律词典》,表面证据,是指除非存在相反证据,足以支持一项事实或一项判断的证据。

书》进行鉴定。最终,仲裁庭依据鉴定意见及当事人当庭陈述对管辖权作出认定,认为仲裁委对某几位被申请人不具有管辖权。

第二节 向仲裁庭提出管辖异议

一、提出管辖异议的事由

向仲裁庭提出管辖异议的事由主要涉及仲裁庭超出仲裁协议约定的管辖范围而进行审理。在仲裁案件审理过程中,如果当事人认为仲裁庭审理的范围已经超出了仲裁协议约定的管辖范围,当事人有权就仲裁庭超范围审理提出异议。

仲裁庭超范围审理的可能后果是仲裁庭超裁。超裁,即仲裁庭超出当事人约定的仲裁争议解决范围进行审理、裁决,主要涉及两种情形:超出仲裁协议约定的范围和超出仲裁请求的范围。前者指超出当事人合意赋予仲裁庭管辖权的事项范围,而裁决了当事人约定提交裁决争议以外的争议;后者指超出申请人提出仲裁申请时所列明的请求范围,而裁决了当事人请求事项范围之外的事项。法院在对仲裁裁决司法审查过程中会就仲裁庭是否超裁进行审查。如果仲裁庭作出的仲裁裁决没有超裁,但在仲裁审理过程中明显超出范围审理,这种行为实际上也应予纠正。需注意的是,法院对此没有即时介入并纠正的权力,但当事人及其代理人可以就仲裁庭明显超出审理范围提出异议。因为仲裁庭超范围审理本身就没有合法依据。在超范围审理过程中必然会引起当事人在时间、精力和金钱方面不必要的支出,而且也很让人怀疑仲裁裁决(即使没有超裁)是否受到了仲裁过程中超范围审理的影响。

但是,实务中对仲裁庭审理是否"明显超出审理范围"不宜机械、僵化地理解。因为在一些案件中,仲裁庭的审理范围虽然在表面上超出仲裁协议所涵盖的范围,但却是查明案件事实所必需的。另外,在不确定仲裁庭审理的某一问题是否超出仲裁协议范围的情况下,若查明这一问题对于查明案件事实是必要的,建议仲裁员告知当事人并征得当事人书面同意仲裁庭对该问题进行审理,以避免仲裁程序瑕疵导致仲裁裁决被撤销或被裁定不予执行。下述案例正是这样的情况:仲裁庭认为,审理一个表面上可能不受仲裁条款约束的协议对于查明案件事实是必要的。因此,仲裁庭在告知当事人必要性并征得当事人同意后,对该协议的具体约定、履行情况进行了审理。

该案是一起买卖合同纠纷仲裁案。申请人与被申请人签订煤炭买卖合同,约定被申请人向申请人供应煤炭,申请人向被申请人支付一定数额的预付款,煤炭结算款先以预付款冲抵。申请人主张,合同签订后被申请人向申请人供应了一定数量的煤炭,冲抵一部分预付款,对于剩余部分的预付款,被申请人有义务退还申请人,故依据煤炭买卖合同中的仲裁条款向北仲提起仲裁。被申请人则主张双方之间并不存在真实的煤炭买卖关系，而是煤炭代发运关系。在特殊历史时期，山西省人民政府为了加强煤炭运销的管理，对省内煤炭实行煤炭运销统管，外运煤炭必须由煤炭运销公司代销。为此，双方签订委托付款协议，根据该协议，被申请人依据申请人的委托进行付款，风险、责任由申请人自身承担，与被申请人无关。庭审中，通过听取双方当事人的当庭陈述，仲裁庭认为虽然委托付款协议未约定争议解决方式，但其是在双方履行煤炭买卖合同过程中就预付款具体支付及使用方式的约定，与煤炭买卖合同密切相关，对查清案件事实较为重要，仲裁庭有审查的必要。且经仲裁庭当庭询问，双方当事人也同意对委托付款协议的约定和履行情况进行审查。上述做法既有助于仲裁庭查明案件事实，也避免了程序瑕疵，具有参考意义。

为避免仲裁庭超出当事人约定的仲裁协议范围进行审理、裁决，ICC 首创并完善了“审理范围书”制度。《ICC 规则 2017》第 23 条第 1 款规定：“收到秘书处转来的案卷后，仲裁庭即应根据书面材料会同当事人，并按照当事人最近提交的文件，拟定一份文件界定其审理范围。该文件应包括下列内容：

a）各方当事人及在仲裁中代表当事人的任何人士的名称全称、基本情况、地址和其他联系信息；

b）在仲裁过程中的通知或通讯可送达的地址；

c）当事人各自的请求和所请求的救济摘要，连同任何已量化的请求的数额，以及对任何其他请求可能得出的金额估值；

d）待决事项清单，但仲裁庭认为不适宜的除外；

e）每一位仲裁员的姓名全名、地址和其他联系信息；

f）仲裁地；以及

g）可适用的程序规则的详细说明；当事人授权仲裁庭充当友好调解人或以公平合理原则作出裁决的，应予注明。”

审理范围书有诸多优点。例如，它要求仲裁庭在仲裁初始阶段即对案件有初步了解；鼓励当事人明确争议的范围以及需要仲裁庭格外关注的问题；使当事人的口头陈述和书面文件更具有针对性，等等。[①] 在管辖权方面，根据《ICC 规则 2017》第 23 条第 2 款的规定，由于审理范围书需要当事人及仲裁庭签署，故审理范围书还可以修正管辖上的缺陷，如仲裁协议并未明确指向 ICC 仲裁。审理范围书的这一特点，或能便于仲裁庭通过明确某些待查问题，使仲裁协议的范围更加明确，从而解决仲裁庭审

---

① See Jason Fry, Simon Greenberg, Francesca Mazza, *The Secretariat's Guide to ICC Arbitration*, ICC Publication No. 729E, p. 240.

理范围可能超出仲裁协议范围的问题。

《贸法会关于安排仲裁程序的说明》也提到,仲裁庭可在与当事人进行协商的前提下,根据当事人提交的材料列出一份争议点清单(以此对照出没有争议的问题),这对仲裁庭的审理是很有帮助的。[①] 此种在程序适当阶段准备并视需要更新的文件,可以帮助当事人将辩论重点集中在仲裁庭所确定的关键问题上,从而提高仲裁庭效率,减少费用。[②]《贸法会关于安排仲裁程序的说明》是联合国贸法会第二工作组的成果文件,其目的是列出并简要阐明仲裁程序安排的相关事项,它的侧重点是国际仲裁。[③] 虽然这一文件没有强制效力,但具有广泛参考价值。由于《贸法会关于安排仲裁程序的说明》提到的争点清单是仲裁庭与当事人协商后作出的,故其也应能发挥使仲裁协议的范围更加明确的作用,从而解决仲裁庭审理范围可能超出仲裁协议范围的问题。

二、提出管辖异议的时限

如前所述,由于《仲裁法》和贸仲、北仲、上仲、上国仲、深仲等的仲裁规则对当事人向仲裁庭提出管辖异议均未作规定,因此自然也没有明确规定提出管辖异议的时限。但需要注意的是,没有明确规定并不代表当事人在任何时候都可以向仲裁庭提出管辖异议。如果提出管辖异议的时间过晚或者明知超越管辖权而未提出异议,可能会被认为超过时限,无权再提出异议。例如,《贸仲规则 2015》第 10 条规定:“一方当事人知道或理应知道本规则或仲裁协议中规定的任何条款或情事未被遵守,仍参加仲裁程序或继续进行仲裁程序而且不对此不遵守情况及时地、明示地提出书面异议的,视为放弃其提出异议的权利。”《北仲规则 2019》第 3 条规定:“当事人知道或者理应知道本规则或仲裁协议中规定的任何条款或条件未被遵守,但仍参加或者继续参加仲裁程序且未对上述不遵守情况及时向本会或仲裁庭提出书面异议的,视为其放弃提出异议的权利。”

因此,在中国仲裁实务中,当事人应当及时向仲裁庭提出管辖异议。若仲裁庭给予当事人一定的异议期,而当事人在规定期限内没有提出管辖异议,则应当视为当事人同意赋予仲裁庭对相关事项的管辖权,且事后不得以仲裁庭超裁为由向法院申请撤销或不予执行仲裁裁决。

《国际商事仲裁示范法》也规定,当事人应当在仲裁庭超越权力范围时,在仲裁过程中视情况立即提出。英国《1996 年仲裁法》第 31 条第 2 款规定,仲裁程序进行中,

---

① 《解决商事争议:对〈贸易法委员会关于安排仲裁程序的说明〉的修订》,载联合国国际贸易法委员会官网:https://undocs.org/en/A/CN.9/879,最后访问日期:2019 年 10 月 23 日。

② 同上。

③ 同上。

关于仲裁庭超越其实体管辖权的异议，被指超越管辖权的事项一经发生，必须尽快提出。第68条规定："(1)仲裁程序的一方当事人(经通知其他当事人和仲裁庭)可在仲裁程序中以存在影响仲裁庭、仲裁程序或裁决的严重不当行为为由就裁决向法院提出异议。当事人可能会丧失异议权(见第73条)并不应违背第70条第2款和第3款的限制。(2)严重不规范行为是指下列一种或几种不规范行为，且法院认为对申请方已造成或将造成实质性的不公正：……(b)仲裁庭超越其权限……"第73条规定："(1)如仲裁程序的一方当事人参与或继续参与仲裁程序，而没有立即或在仲裁协议约定或仲裁庭允许或本编规定的时间内提出下列异议：……(c)存在不符合仲裁协议约定或本编规定之情势，或者(d)存在其他影响仲裁庭或仲裁程序的不规范行为，则其后不得向仲裁庭或法院提出异议，除非证据表明在其参与或继续参与仲裁程序时并不知晓且以合理谨慎无法发现得以提出异议的理由。"

另外，实践中，在申请人依据一份有效的仲裁协议在约定范围内提出仲裁请求，被申请人提出反请求，但该反请求涉及的内容超出了仲裁协议约定的范围时，申请人可以向仲裁庭提出仲裁管辖异议。若申请人未及时提出管辖异议，并积极参与仲裁程序，则应视为其同意将反请求所涉事项提交仲裁庭审理、裁决。

第三节　向法院提出管辖异议或确认仲裁协议效力之诉

一、因存在仲裁协议而向法院提出管辖异议

当事人以存在仲裁协议为由对法院受理民事案件提出异议的，学理上称为"主管异议"。但司法实务中很多时候还是统称为"管辖异议"，因此本书中沿用"管辖异议"这一表述。

《仲裁法》第26条规定："当事人达成仲裁协议，一方向人民法院起诉未声明有仲裁协议，人民法院受理后，另一方在首次开庭前提交仲裁协议的，人民法院应当驳回起诉，但仲裁协议无效的除外；另一方在首次开庭前未对人民法院受理该案提出异议的，视为放弃仲裁协议，人民法院应当继续审理。"《民事诉讼法司法解释》第216条规定："在人民法院首次开庭前，被告以有书面仲裁协议为由对受理民事案件提出异议的，人民法院应当进行审查。经审查符合下列情形之一的，人民法院应当裁定驳回起诉：(一)仲裁机构或者人民法院已经确认仲裁协议有效的；(二)当事人没有在仲裁庭首次开庭前对仲裁协议的效力提出异议的；(三)仲裁协议符合仲裁法第十六条规定且不具有仲裁法第十七条规定情形的。"

根据前述规定，如果存在仲裁协议，一方当事人向法院起诉，另一方当事人可以

向法院提出管辖异议,且提出的期限是法院首次开庭之前。《仲裁法司法解释》第 14 条就前述规定中的"首次开庭"作出解释,即答辩期满后人民法院组织的第一次开庭审理,不包括审前程序中的各项活动。

根据《仲裁法》第 26 条之规定,如果当事人没有在首次开庭前向法院提出管辖异议的,就视为放弃了仲裁协议,人民法院自此取得了案件管辖权,当事人不得在此后的程序中再以存在仲裁协议为由要求撤销原判决。

但需要注意的是,根据最高院(2008)民四他字第 3 号《关于订有仲裁条款的合同一方当事人不出庭应诉应如何处理的复函》,如果法院受理后发现有仲裁条款,应先确定仲裁条款的效力。如仲裁条款有效,被告经合法传唤未答辩应诉,不能据以认为其放弃仲裁并认定人民法院取得管辖权。如原告仍坚持起诉,法院应驳回原告的起诉。

二、向法院提出确认仲裁协议效力之诉

在仲裁委员会已经立案的情况下,当事人应当在仲裁庭首次开庭前向法院提出确认仲裁协议无效之诉。否则,根据《仲裁法司法解释》第 13 条规定,在仲裁庭首次开庭前没有对仲裁协议的效力提出异议,而后向人民法院申请确认仲裁协议无效的,人民法院将不予受理。仲裁机构对仲裁协议的效力作出决定后,当事人向人民法院申请确认仲裁协议效力或者申请撤销仲裁机构的决定的,人民法院亦不予受理。

在当事人之间的实体争议尚未在仲裁委员会或者法院立案的情况下,当事人有权直接向人民法院提起确认仲裁协议无效之诉。在此情况下,没有对当事人就仲裁协议效力提出异议的期限作出限制。

在法院已经立案的情况下,当事人应当在法院首次开庭前提出异议,否则根据《仲裁法》第 26 条规定,法院将继续审理。当事人提交仲裁协议的,法院应先审查仲裁协议的效力。如果仲裁协议无效,法院仍将继续审理。

实践中,向法院提出仲裁协议效力异议之诉对应的案由是"申请确认仲裁协议效力"。如果当事人之间对仲裁协议的成立没有异议,只是对仲裁协议的效力存在异议,法院会受理案件并对协议效力进行审查。但如果当事人以仲裁协议没有成立,即仲裁协议根本不存在或者仲裁协议对其没有约束力为由申请确认仲裁协议效力,法院应当如何处理,司法实践中存在不同观点。

江苏高院发布的《关于审理民商事仲裁司法审查案件若干问题的意见(2010 修正)》(苏高法审委〔2010〕11 号)第 11 条规定:"申请确认仲裁协议效力的案件指当事人申请人民法院审查和确认仲裁协议是否成立或是否有效的案件。"即江苏高院认为,当事人申请确认仲裁协议不成立属于"申请确认仲裁协议效力"的案件。

在(2016)京04民特28号案中,北京四中院作出不同于上述观点的认定。该案中,申请人主张其不是被申请人提起仲裁所依据的《合伙协议》的签约方,故其与被申请人之间不存在仲裁协议。北京四中院认为,根据《仲裁法》第20条之规定,仲裁当事人对仲裁协议的效力有异议的,可以请求人民法院作出裁定。人民法院应依据《仲裁法》第17条和第18条的规定对当事人之间订立的仲裁协议是否有效加以审查。由于申请人请求确认其与被申请人之间不存在仲裁协议不属于人民法院审理确认仲裁协议效力案件的审查范围,《合伙协议》中的仲裁协议是否约束申请人应由仲裁委员会审查确定。因此,申请人的请求没有法律依据,应予驳回。广州市中级人民法院在(2015)穗中法仲异字第79号案中也持类似观点。

(2019)最高法民特1号案代表了最高院在这一问题上最新的裁判意见:申请确认当事人之间不存在仲裁协议也属于广义的对仲裁协议效力的异议。该案中,被申请人拟受让申请人持有的某公司100%的股权。申请人提出股权转让的重要前提条件是,在转让方与受让方签署《产权交易合同》(即股权转让协议)的同时,受让方与转让方的关联方签署《债权清偿协议》。之后,双方就股权转让、债权清偿的相关事宜展开磋商,并通过邮件传递修改的《产权交易合同》《债权清偿协议》。

多轮磋商后,申请人将签署完毕的《产权交易合同》(草签版)和《债权清偿协议》(草签版)通过邮件发给被申请人,并附言:"附件为我司签署完毕的产权交易合同(草签版)及债权清偿协议(草签版)、项目签约说明函等扫描件,请查收并回复。"被申请人在《产权交易合同》(草签版)及《债权清偿协议》(草签版)上盖章并通过邮件回传给申请人,同时将《NEW POWER ENTERPRISES INC. 100%股权签约说明函》也作为邮件附件发送申请人。《NEW POWER ENTERPRISES INC. 100%股权签约说明函》内容为:可于2017年5月11日与贵司签署《产权交易合同》(草签版)和《债权清偿协议》(草签版);理解《产权交易合同》(草签版)和《债权清偿协议》(草签版)需经北交所进行合规性审核后报中旅公司(申请人母公司)批准签署,最终《产权交易合同》和《债权清偿协议》签署版本以正式版本内容为准;《产权交易合同》和《债权清偿协议》签署形式遵从贵司安排。《产权交易合同》(草签版)和《债权清偿协议》(草签版)约定的争议解决方式均为提交深国仲仲裁。

之后,双方就《产权交易合同》正式签署前相关手续的办理产生纠纷,申请人函告被申请人取消本次股权交易。被申请人遂向深国仲提起仲裁。在仲裁开庭前,申请人向深圳市中级人民法院(下称深圳中院)申请确认仲裁协议不存在。最高院认为本案有重大法律意义,由国际商事法庭审查有利于统一适用法律,且有利于提高纠纷解决效率,故依照《民事诉讼法》第 38 条第 1 款[①]、最高院《设立国际商事法庭规定》[②]第 2 条第 5 项之规定,裁定本案由最高院第一国际商事法庭审查。

最高院经审查认为,本案争议焦点是案涉仲裁条款是否成立。申请人在被申请人申请仲裁后,以仲裁条款未成立为由,向人民法院申请确认双方之间不存在有效的仲裁条款。虽然这不同于要求确认仲裁协议无效,但是仲裁协议是否存在与是否有效同样直接影响到纠纷解决方式,同样属于需要解决的先决问题,因而要求确认当事人之间不存在仲裁协议也属于广义的对仲裁协议效力的异议。《仲裁法》第 20 条第 1 款规定:"当事人对仲裁协议的效力有异议的,可以请求仲裁委员会作出决定或者请求人民法院作出裁定……"据此,当事人以仲裁条款未成立为由要求确认仲裁协议不存在的,属于申请确认仲裁协议效力案件,人民法院应予立案审查。

尽管法律和司法解释没有明确规定,仲裁协议效力司法审查案件的范围是否包括申请确认仲裁协议不存在或仲裁协议对其不具有约束力。但是,当事人之间达成仲裁协议是仲裁委员会有权受理案件的前提,没有仲裁协议也是法定的撤裁与不予执行仲裁裁决事由。因此,如果法院以不存在仲裁协议不属于人民法院审理确认仲裁协议效力案件的审查范围为由不受理此类案件,在仲裁裁决作出之后,当事人极有可能仍会以同样的理由申请撤销或不予执行有关仲裁裁决。此时,若法院对仲裁协议是否成立的认定与仲裁机构不一致,仲裁裁决则会被撤销或不予执行。综上,如果法院在仲裁程序开始之前对仲裁协议是否成立作出认定,将减轻当事人的负担,也更有利于仲裁程序的稳定。

三、法院对仲裁协议效力的优先审查权

如果法院和仲裁委员会均收到仲裁协议效力异议申请,人民法院对仲裁协议效力享有优先审查权。《仲裁法》第 20 条第 1 款规定:"当事人对仲裁协议效力有异议的,可以请求仲裁委员会作出决定或者请求人民法院作出裁定。一方请求仲裁委员会作出决定,另一方请求人民法院作出裁定的,由人民法院裁定。"最高院《确认仲裁协议效力批复》第 3 条、第 4 条都作了进一步规定。第 3 条规定:"当事人对仲裁协议的效力有异议,一方当事人申请仲裁机构确认仲裁协议效力,另一方当事人请求人民法院确认仲裁协议无效,如果仲裁机构先于人民法院接受申请并已作出决定,人民法院不予受理;如果仲裁机构接受申请后尚未作出决定,人民法院应予受理,同时通知

---

① 《民事诉讼法》第 38 条第 1 款规定:"上级人民法院有权审理下级人民法院管辖的第一审民事案件;确有必要将本院管辖的第一审民事案件交下级人民法院审理的,应当报请其上级人民法院批准。"

② 《设立国际商事法庭规定》第 2 条规定:"国际商事法庭受理下列案件:……(五)最高人民法院认为应当由国际商事法庭审理的其他国际商事案件。"

仲裁机构终止仲裁。”第 4 条规定:“一方当事人就合同纠纷或者其他财产权益纠纷申请仲裁,另一方当事人对仲裁协议的效力有异议,请求人民法院确认仲裁协议无效并就合同纠纷或者其他财产权益纠纷起诉的,人民法院受理后应当通知仲裁机构中止仲裁。人民法院依法作出仲裁协议有效或者无效的裁定后,应当将裁定书副本送达仲裁机构,由仲裁机构根据人民法院的裁定恢复或者撤销仲裁案件。”

值得一提的是,仲裁机构启动管辖审查程序的前提是被申请人主动提出管辖权异议申请。实践中,有些仲裁机构为了确定自己的管辖权,在一方当事人提起仲裁请求,但被申请人未提出管辖异议时,或者甚至在未向被申请人送达仲裁文件之前,根据申请人关于请求确定仲裁委员会管辖权的申请,作出其有管辖权的决定。这种做法不符合《仲裁法》等法律法规和相关司法解释的规定。申请人提出仲裁请求,本质上就应视为其确认了仲裁机构的管辖权。仲裁机构不应在被申请人提出管辖异议之前甚至在向被申请人送达之前通过启动管辖权审查程序确认其对案件有管辖权。

四、确认仲裁协议效力之诉管辖法院及审理

《仲裁法司法解释》第 12 条规定了确认仲裁协议效力案件的管辖法院,《仲裁司法审查规定》第 2 条对此进行了修改。根据最新规定,申请确认仲裁协议效力的案件,由仲裁协议约定的仲裁机构所在地、仲裁协议签订地、申请人住所地、被申请人住所地的中级人民法院或者专门人民法院管辖。涉及海事海商纠纷仲裁协议效力的案件,由仲裁协议约定的仲裁机构所在地、仲裁协议签订地、申请人住所地、被申请人住所地的海事法院管辖;上述地点没有海事法院的,由就近的海事法院管辖。

根据《仲裁司法审查规定》第 11 条的规定,人民法院审查申请确认仲裁协议效力案件,应当组成合议庭并询问当事人。虽然前述司法解释没有限定合议庭的组成人员,但在司法实践中,审理申请确认仲裁协议效力案件一般都由审判员组成合议庭,合议庭中不包括人民陪审员。

此外,根据《仲裁司法审查规定》第 20 条的规定,法院就申请确认仲裁协议效力案件所作出的裁定,一经送达即发生法律效力。当事人申请复议、提出上诉或者申请再审的,人民法院不予受理。同时,检察机关也无权就法院的裁定提出抗诉。

第十一章　仲裁反请求

第一节　什么是仲裁反请求

一、仲裁反请求的四个要件

仲裁反请求是由被申请人提出的、针对申请人的独立的仲裁申请。依据《仲裁法》第 27 条之规定:“申请人可以放弃或者变更仲裁请求。被申请人可以承认或反驳仲裁请求,有权提出反请求。”

中国法律法规中对于仲裁反请求并无进一步的细化规定。从各仲裁机构仲裁规则对于反请求的规定来看,仲裁反请求有以下四个要件:

(一)对于反请求双方当事人的要求

仲裁反请求与仲裁本请求的当事人相同,但在仲裁程序中的身份相反。仲裁反请求程序中的申请人就是仲裁本请求程序中的被申请人,而仲裁反请求中的被申请人就是仲裁本请求中的申请人。但需注意的是,如果一宗仲裁案件中具有多个仲裁申请人或者被申请人,则其中一名或多名被申请人亦可以向一名或多名申请人提出仲裁反请求。

(二)对于关联性的要求

仲裁反请求与仲裁本请求一般具有相当的关联性。法律并未规定仲裁反请求与本请求的关联性如何确定,但可以参考民事诉讼中反诉与本诉的关联性规定。《民事诉讼法司法解释》第 233 条规定:“反诉与本诉的诉讼请求基于相同法律关系、诉讼请求之间具有因果关系,或者反诉与本诉的诉讼请求基于相同事实的,人民法院应当合并审理。反诉应由其他人民法院专属管辖,或者与本诉的诉讼标的及诉讼请求所依据的事实、理由无关联的,裁定不予受理,告知另行起诉。”也就是说,只要反诉与本诉基于相同法律关系,或者具有因果关系,或者基于相同事实,则人民法院都应当受理。

对于反请求的关联性,各仲裁机构或仲裁庭的具体尺度把握有所不同。例如,从北仲对于《北仲规则2015》的解释来看，其对于仲裁反请求关联性的要求为“事实上和法律上有牵连的独立的请求”[①]。贸仲对于仲裁反请求之要求为与本请求处于“同一合同关系或法律关系”[②]。上仲则要求反请求的仲裁事项“应当限于与本请求同一仲裁协议的范围之内”[③]。

对于反请求关联性要求的不同，导致了对于下述问题的解答不一致，如果申请人与被申请人之间涉及具有牵连性的数个合同，若申请人就其中一个合同提起仲裁申请，被申请人是否有权就其他合同提起仲裁反请求？比如，申请人与被申请人签订借款合同之后又另外签订了抵押合同，若申请人仅就借款合同提起仲裁申请，被申请人是否有权就抵押合同提起反请求？

从上仲对于反请求的要求而言，就抵押合同提起的反请求并不属于借款合同约定的仲裁协议范围内，也不属于“同一仲裁协议”。从北仲对于反请求的要求而言，抵押合同作为借款合同的担保，可以作为“事实上和法律上有牵连”的反请求提出。

贸仲要求反请求与本请求处于“同一合同关系或法律关系”。对于同一合同关系，其含义较为明确，即本请求与反请求需要基于同一合同。但是对于同一法律关系，则其含义不甚明确。例如，上述基于借款合同的本请求和基于抵押合同的反请求，是否属于同一法律关系？

反请求是被申请人保护其利益的手段，又具有一定效率上的价值追求，避免另行审理、裁决案件的负累。上述案例中，若被申请人只能另行就抵押合同申请仲裁，则不仅为双方当事人带来仲裁的负累，还可能产生两个仲裁裁决不一致的结果。因此，仲裁机构或仲裁庭在审核仲裁反请求时，可以适当放宽对于关联性的要求。要求被申请人只能在同一仲裁协议或同一合同关系中提起反请求，未免过分限制被申请人的利益，亦不利于对案情的查明。在具体的操作上，首先，反请求的提出仍然需要基于双方达成的仲裁条款，这一仲裁条款需要与本请求的仲裁条款指向同一仲裁机构，且反请求的仲裁条款与本请求的仲裁条款需要相容。其次，在牵连性的问题上，可以参照上述《民事诉讼法司法解释》第233条对于反诉的规定，只要基于相同法律关系或者仲裁请求之间具有因果关系，或者反请求与本请求基于相同事实的，仲裁机构或仲裁庭就可以受理被申请人的反请求。

---

① 北仲：《〈新规则〉释义第十一条》，载 http://www.bjac.org.cn/news/view?id=2521，最后访问日期：2019年3月20日。

② 贸仲：《答辩与反请求》，载 http://www.cietac.org/index.php?m=Article&a=show&id=260，最后访问日期：2019年3月20日。

③ 上仲：《当事人如何提出仲裁反请求?》，载 http://www.accsh.org/index.php?m=content&c=index&a=show&catid=43&id=63&menu=10--，最后访问日期：2019年3月20日。

(三)仲裁反请求的独立性

首先,仲裁反请求作为一项独立的仲裁请求,在程序上具有独立性。仲裁反请求应当按照正常的立案程序办理立案、预交费用、案件受理及送达案件受理通知和答辩通知等手续。

其次,仲裁反请求与本请求在发生上也具有独立性。如果申请人撤回了仲裁请求,并不影响仲裁庭继续对反请求的审理与裁决。同样,如果被申请人撤回了仲裁反请求,亦并不影响仲裁庭继续对本请求的审理与裁决。

最后,仲裁反请求也并不必然对本请求进行否定,亦不必然对本请求的事实与法律认定产生影响,有可能是同一合同关系下针对不同事项的一项请求。如在建设工程合同纠纷中,申请人提出要求被申请人履行给付工程款的义务,被申请人若请求申请人交付竣工图纸,则可以被仲裁庭认可为一项仲裁反请求。

(四)仲裁反请求与本请求合并处理

仲裁反请求虽为独立的案件,但因当事人均相同且具有关联性,为便捷地解决纠纷,将仲裁反请求与仲裁本请求合并处理。具体包括合并选定仲裁员、合并审理以及合并作出仲裁裁决等。

二、仲裁反请求与抗辩权

抗辩权是指对抗请求权的权利。从功能上而言,仲裁反请求与抗辩权都起到被申请人保护自身权益之作用。在实践中经常发生的问题是,被申请人提出抗辩权未受到仲裁庭的重视,从而通过提起反请求甚至独立的仲裁请求要求仲裁庭认可其抗辩权。抗辩权与仲裁反请求之间的关系,也属于仲裁庭面临的难题。

(一)在仲裁中可以提出的抗辩权主要类型

《民法典》第 525 条[①]、第 526 条[②]、第 527 条[③]所规定的同时履行抗辩权、先履行

---

① 《民法典》第 525 条规定:“当事人互负债务,没有先后履行顺序的,应当同时履行。一方在对方履行之前有权拒绝其履行请求。一方在对方履行债务不符合约定时,有权拒绝其相应的履行请求。”

② 《民法典》第 526 条规定:“当事人互负债务,有先后履行顺序,应当先履行债务一方未履行的,后履行一方有权拒绝其履行请求。先履行一方履行债务不符合约定的,后履行一方有权拒绝其相应的履行请求。”

③ 《民法典》第 527 条规定:“应当先履行债务的当事人,有确切证据证明对方有下列情形之一的,可以中止履行:(一)经营状况严重恶化;(二)转移财产、抽逃资金,以逃避债务;(三)丧失商业信誉;(四)有丧失或者可能丧失履行债务能力的其他情形。当事人没有确切证据中止履行的,应当承担违约责任。”

抗辩权和不安抗辩权都可以在仲裁程序中提出，用以对抗对方当事人要求履行合同的仲裁请求。

《民法典》第 687 条[①]规定了一般保证人的先诉抗辩权，若主合同债务未经仲裁或审判，且未经过强制执行仍无法履行，一般保证人可以援引此条先诉抗辩权，对抗要求承担保证责任的仲裁请求。

《民法典》第 192 条[②]规定了诉讼时效届满的抗辩权，被申请人可以基于仲裁时效已经届满对抗申请人的仲裁申请。

除此之外，实践中一些形成权也能起到抗辩的作用：《民法典》第 568 条规定："当事人互负债务，该债务的标的物种类、品质相同的，任何一方可以将自己的债务与对方的到期债务抵销；但是，根据债务性质、按照当事人约定或者依照法律规定不得抵销的除外。当事人主张抵销的，应当通知对方。通知自到达对方时生效。抵销不得附条件或者附期限。"根据前述规定，行使抵销权是当事人的法定权利。但在仲裁程序中，如果申请人依据一份合同提起仲裁请求，而被申请人主张以另一份合同项下的债务相抵销的，因两份合同的仲裁协议相互独立（甚至另一份合同可能没有仲裁协议），仲裁庭无权审查另一份合同项下的债务情况，自然也无权确认抵销权抗辩成立与否。但若有以下特殊情况，可例外处理：（1）如果另一份合同项下的债务业已经过诉讼或仲裁程序的认定，该债务情况无须仲裁庭审理、认定，仲裁庭可以将已经认定的债务作为一项事实，在本案合同的纠纷中径行认定债务抵销是否成立。（2）如果当事人就两份合同签署了一份仲裁协议，仲裁庭有权审查另一份合同的债务的成立情况，但此时需要当事人就此提出仲裁反请求。

还可能起到抗辩权作用的类似权利有《民法典》第 582 条要求对方减少价款的权利和《民法典》第 563 条规定的合同解除权。

（二）抗辩权能否作为反请求提出

对于上述抗辩权能否作为反请求而提出，仍然需要从该项抗辩权能否作为独立的请求提出进行分析。

对于《民法典》第 525 条、第 526 条、第 527 条规定的同时履行抗辩权、先履行抗

---

① 《民法典》第 687 条规定："当事人在保证合同中约定，债务人不能履行债务时，由保证人承担保证责任的，为一般保证。一般保证的保证人在主合同纠纷未经审判或者仲裁，并就债务人财产依法强制执行仍不能履行债务前，有权拒绝向债权人承担保证责任，但是有下列情形之一的除外：（一）债务人下落不明，且无财产可供执行；（二）人民法院已经受理债务人破产案件；（三）债权人有证据证明债务人的财产不足以履行全部债务或者丧失履行债务能力；（四）保证人书面表示放弃本款规定的权利。"

② 《民法典》第 192 条第 1 款规定："诉讼时效期间届满的，义务人可以提出不履行义务的抗辩。"

辩权和不安抗辩权、《民法典》第 687 条的先诉抗辩权以及《民法典》第 192 条规定的诉讼时效届满的抗辩权,都是以对方提出请求权为前提的。如果申请人撤回其仲裁申请,则这些权利将不可能作为一项独立的请求向仲裁庭提出。另外,从涉及的争议数量来看,此类抗辩权与申请人的仲裁本请求实际涉及的是同一争议事项,其作用仅仅在于阻止申请人请求权的行使。如果认为这些抗辩权需要以反请求形式提出,可能涉及反请求的仲裁费用问题,向被申请人收取费用亦不合理。

对于抵销权、减价权、解除权这一类实质是形成权的"抗辩权",一方面,这些权利能够在本请求中阻止对方当事人请求权的实现,可以仅仅作为一项抗辩权行使;另一方面,即便本请求不存在,被申请人也可以行使抵销权、减价权和解除权,其作用不仅仅在于阻止申请人请求权的实现。因此,仲裁庭可以受理被申请人就此类形成权所提出的反请求,当然被申请人也可以仅作为一项抗辩在本请求案件的审理中提出。

针对减价、解除合同的反请求或抗辩,一般与本请求处于同一合同关系,仲裁庭可以受理反请求或抗辩,并在同一案件中进行审理。但是,对于抵销权的行使而言,进行主动抵销的被申请人债权与被动抵销的申请人债权未必具有牵连关系或同属一法律关系,甚至被申请人债权也未必有仲裁条款。在是否可以抵销的问题上,仲裁庭需要审查被申请人债权与本案债权是否到期、数额以及债权性质能否抵销等实质性因素。如果被申请人提出抵销权的反请求,其作为一项独立的请求,在仲裁庭考虑是否受理时,仍然需要确保对于抵销权的仲裁反请求具有管辖权,同时也需要考虑关联性的要件。即便被申请人仅仅提出行使抵销权的抗辩,由于主动抵销债权的基础法律关系未必约定了和本请求相同或者相容的仲裁条款,仲裁庭是否能够对抵销权是否成立进行审查,也是存在疑问的。

例如,申请人提起仲裁请求,请求被申请人支付买卖合同的价款,被申请人提出反请求,请求以申请人欠付的建设工程合同工程款抵销买卖合同的价款,但是,建设工程合同约定的争议解决方式为诉讼。在此情况下,仲裁庭受理被申请人的反请求是不恰当的。首先,反请求亦属于一项单独的请求,在仲裁庭对于工程款的请求没有管辖权的情况下,不应当予以受理。其次,即便以最宽泛的"基于相同法律关系或者仲裁请求之间具有因果关系,或者反请求与本请求基于相同事实的"牵连关系标准,上述工程款和买卖合同价款也未必具有牵连关系。因此,除非双方当事人就工程价款问题交由仲裁庭仲裁达成一致,否则被申请人主张抵销无权以反请求的形式提出。如果申请人对工程价款作出了自认,或者法院已经作出生效法律文书认定工程款的事实以及具体数额的情况下,被申请人行使抵销权也仅适宜于作为一项抗辩提出。如果主动抵销的工程价款未经确认、存在异议,则无论是以反请求还是抗辩的形式提出,仲裁庭如若进行审查,都存在超出管辖权的问题。

针对抵销权行使的管辖权的问题,2004 年生效的《瑞士国际仲裁规则》第 21 条第 5 款作出了创新性的规定[①]:即便抵销抗辩所依据的法律关系并非仲裁条款的范畴,或者落入其他仲裁条款或法院选择条款,仲裁庭亦有权对抵销的抗辩进行审理。但是,这一规定也招致了学者批评,主要理由即仲裁庭可以对仲裁条款范围之外的抵销权事宜进行审理,实际上严重违反了仲裁庭的管辖权来源于仲裁条款授权的原则。

在中国仲裁实践中,有时会要求被申请人就抵销的事项提出反请求。一方面,是为了使仲裁庭能够对主动抵销的债权进行全面审查,规避违反法律法规、仲裁规则或者超裁的风险;另一方面,也能够确保当事人明确抵销债权范围、金额、性质等内容。在主动抵销的债权数额多于被动抵销债权的情况下,亦能避免被申请人需要另外提起仲裁请求剩余金额、增加负累。

在国际仲裁实践中,一般允许被申请人以抗辩的方式行使抵销权。比如,在《HKIAC 规则 2018》中,明确将抵销答辩(set – off defence)与反请求、交叉请求并列,作为答辩的事项。不过,当提起抵销的抗辩时,仲裁机构一般都要求抵销权人参照提起仲裁请求的规定缴纳费用。例如,《ICC 规则 2017》第 37 条第 7 款[②]即表明,如果一方当事人提出行使抵销权,在确定仲裁费用的预缴时,应当参照一项单独的仲裁请求的规定,将抵销考虑到其中,因为对于抵销的审理可能要求仲裁庭斟酌额外的事项。

第二节 仲裁反请求的提出、受理及答辩

被申请人如有仲裁反请求,应在仲裁规则规定的期限内向仲裁委员会书面提出。但是,各仲裁机构对于反请求提出的时间要求不一致。《贸仲规则 2015》第 16 条第 1 款规定:"被申请人如有反请求,应自收到仲裁通知后 45 天内以书面形式提交……"《北仲规则 2019》第 12 条第 1 款规定:"被申请人如有反请求,应当自收到答辩通知之日起 15 日内提交反请求申请……"《ICC 规则 2017》第 5 条则要求被申请人在收到

---

① Article 21(5) of Swiss Rules of International Arbitration:"The arbitral tribunal shall have jurisdiction to hear a set – off defence even if the relationship out of which the defence is said to arise is not within the scope of the arbitration clause, or falls within the scope of another arbitration agreement or forum – selection clause."

② Article 37(7) of ICC Rules 2017: If one of the parties claims a right to a set – off with regard to any claim, such set – off shall be taken into account in determining the advance to cover the costs of the arbitration in the same way as a separate claim insofar as it may require the arbitral tribunal to consider additional matters.

秘书发送的仲裁申请书30日内提交答复,如有反请求,需要随着答复一同提交。[①]《HKIAC规则2018》要求被申请人在收到仲裁通知30日内提交答复,反请求、抵销答辩或者交叉请求应当尽可能随被申请人答复发出。

如果超出期限提出反请求,在仲裁庭未组成的情况下,一般由仲裁机构考量反请求的必要性、逾期时间以及是否会造成程序不必要拖延等因素决定是否受理。如果仲裁庭已经组成,则由仲裁庭决定。例如,《贸仲规则2015》第16条规定:"……被申请人确有正当理由请求延长反请求期限的,由仲裁庭决定是否延长反请求期限;仲裁庭尚未组成的,由仲裁委员会仲裁院作出决定。"但是,即便被申请人逾期提交反请求且未提前申请延长期限,仲裁庭亦有权决定是否接受该反请求。

根据《民事诉讼法司法解释》第232条的规定,在案件受理后、法庭辩论结束前,被告都可以提出反诉。在仲裁中,为了避免被申请人以过迟提交反请求的方式拖延仲裁程序,仲裁庭可以参照这一规定,谨慎受理庭审辩论结束后提出的反请求申请。

仲裁反请求立案所应提交的文件与提起仲裁请求所提交的文件一致,不再赘述。请阅第九章第二节的介绍。

经仲裁委员会审查,认为仲裁反请求符合立案条件的,仲裁委员会向仲裁被申请人签发交费通知书。仲裁被申请人按照交费通知书的指示全额预交仲裁费用后,仲裁委员会正式受理仲裁反请求。其后,仲裁委员会向被申请人送达案件受理通知等文件,向申请人送达答辩通知等文件。申请人应按照答辩通知的指示向仲裁委员会提交答辩书,这与仲裁本请求的处理流程一致。

在案件审理过程中,仲裁庭会将仲裁本请求与反请求合并审理。当事人或者代理律师向仲裁庭提交的代理意见也可以将本请求和反请求的意见在一份意见书中论述,不必分列两个文件。仲裁庭通常都将仲裁反请求和本请求的裁决在一份仲裁裁决书中作出。

---

① Article 5 of ICC Rules: Within 30 days from the receipt of the Request from the Secretariat, the respondent shall submit an Answer (the "Answer") which shall contain the following information: ...Any counterclaims made by the respondent shall be submitted with the Answer and shall provide...

第十二章　追加当事人、多份合同仲裁与合并仲裁

实践中常见两方或两方以上的主体就同一个交易或同一系列交易签署多份合同，这些合同中都有相同的仲裁条款。例如，债权人与债务人签署借款合同，与保证人签署保证合同；又如，某买受人与房地产开发商就5套商品房签署5份商品房买卖合同。这涉及多份合同项下的争议能否在同一仲裁案件中合并提出仲裁申请的问题。

实践中还会见到多个主体签署了同一份合同，如多个投资人签署同一份增资协议，对赌失败后多个投资人依据相同的仲裁条款分别提起多宗股权回购纠纷仲裁案件；还有多个主体签署了内容基本相同的多份合同，如多个买受人与房地产开发商签署多份商品房买卖合同，开发商逾期交房后多个买受人依据相同内容的仲裁协议先后提起多宗仲裁案件。这涉及多宗仲裁案件能否合并为一个仲裁案件进行审理的问题。

实践中亦会出现申请人提起仲裁时可能遗漏了相关当事人，或者被申请人认为案外人才应当承担责任，抑或案外人希望加入仲裁程序等情形。这就涉及在仲裁程序中能否追加当事人、如何追加的问题。

如果按照传统的每个仲裁程序解决两个主体之间的一个合同争议的模式，同一纠纷或多个纠纷需要提起多个仲裁程序，分别审理，不仅耗费大量资源，还可能出现“案结事未了”“同案不同判”“同案不同速”的问题，难以高效快捷地解决纠纷。为应对这些问题，国内外仲裁机构陆续在其仲裁规则中引入了关于追加当事人、多份合同仲裁以及合并仲裁的规定。

第一节　追加当事人

中国法律未对仲裁中追加当事人制度作出规定，近年来，一些中国仲裁机构已在其新修订的仲裁规则中引入该制度。

一、申请追加/加入的主体

通常情况下,仲裁案件的原当事人可以向仲裁机构或仲裁庭申请追加新的当事人,例如申请人申请追加被申请人,或被申请人申请追加另外一位当事人共同承担连带责任。而就案外人是否可以申请加入案件,中国仲裁机构规则的规定不一。

一些机构仲裁规则规定,案外人在经双方当事人同意后,可向仲裁机构申请加入案件。例如,《深国仲规则 2019》第 20 条第 2 款规定:“经当事人和案外人一致同意后,案外人可以书面申请加入仲裁程序。是否接受,由仲裁庭作出决定;仲裁庭尚未组成的,由仲裁院作出决定。”又如,《上国仲规则 2015》第 31 条规定:“在仲裁程序中,双方当事人可经案外人同意后,书面申请增加其为仲裁当事人,案外人也可经双方当事人同意后书面申请作为仲裁当事人。案外人加入仲裁的申请是否同意,由仲裁庭决定;仲裁庭尚未组成的,由秘书处决定。”

贸仲和北仲的仲裁规则只规定了案件当事人申请追加当事人的情形,未规定案外人申请加入的情形。

国际仲裁机构规则中关于追加当事人的规定也分为以上两种。《ICC 规则 2017》仅规定当事人有权申请追加当事人,未规定案外人是否可以申请加入案件。《HKIAC 规则 2018》与《SIAC 规则 2016》则不然。《HKIAC 规则 2018》第 27.9 条规定,希望被加入仲裁的新增当事人应向 HKIAC 所有其他当事人和任何已被确认或指定的仲裁员传送追加申请。《SIAC 规则 2016》第 7.1 条规定,在仲裁庭组成之前,非案件当事人可以向主簿提出申请,要求作为申请人或被申请人加入正在进行的仲裁程序中。第 7.8 条规定,在仲裁庭组成之后,非案件当事人可以向仲裁庭提出前述申请。与上述深国仲和上国仲的规则相比,HKIAC 和 SIAC 的规则并未规定案外人申请加入必须征得案件原当事人同意。

二、追加当事人的条件

意思自治是仲裁的基石,将案外人加入仲裁程序必须基于各方当事人包括被追加的当事人的合意。因此,中国仲裁机构规则多数要求被追加的当事人表面上受案涉仲裁协议约束,或者要求当事人根据相同的仲裁协议提出追加申请。此种情形不需要被追加当事人的同意,类似于诉讼中的追加被告。例如,《贸仲规则 2015》第 18 条第 1 款规定,在仲裁程序中,一方当事人依据表面上约束被追加当事人的案涉仲裁协议可以向仲裁委员会申请追加当事人。《北仲规则 2019》第 14 条第 1 款规定,仲裁庭组成前,经本会同意,当事人可以依据相同仲裁协议在案件中申请追加当事人。《深国仲规则 2019》第 20 条第 1 款的规定与前述北仲的规定类似。

如前所述，根据《深国仲规则 2019》和《上国仲规则 2015》，经当事人和案外人一致同意，该案外人可以申请加入案件，或者由当事人申请其加入。该案外人与当事人之间可能有仲裁协议，也可能没有仲裁协议。在没有仲裁协议的情况下，虽然各方一致同意该案外人作为当事人，但为慎重起见，实务中仲裁机构通常会要求各方当事人订立一份新的书面仲裁协议，并基于此接受追加当事人/案外人加入申请。

国际仲裁机构规则通常亦规定，申请追加当事人的条件为案涉仲裁协议表面上约束新增当事人，或者各方当事人包括新增当事人一致同意，即满足前述两个条件之一即可。例如，《HKIAC 规则 2018》第 27.1 条与《SIAC 规则 2016》第 7.1 条。

三、追加当事人的程序

（一）申请追加的期限

由于新的当事人的加入会对既有仲裁程序产生影响，一些仲裁机构规则对申请追加的时间作出了限制。例如，《北仲规则 2019》第 14 条规定："（一）仲裁庭组成前，经本会同意，当事人可以依据相同仲裁协议在案件中申请追加当事人……（三）仲裁庭组成后，除非申请人、被申请人及被追加的当事人均同意，否则不再接受追加当事人的申请。"多数仲裁机构规则未作出此种规定，即仲裁庭组成后亦可决定接受追加当事人的申请，并不需要取得所有当事人的一致同意，如贸仲、深国仲、上国仲。但贸仲规定此种情况下"应在征求包括被追加当事人在内的各方当事人的意见后，由仲裁委员会作出决定"。

国际仲裁机构的规则中作出此种限制的并非少数，如《ICC 规则 2017》第 7.1 条规定，当事人在确认或任命任何仲裁员后，不得再追加当事人，除非包括追加当事人在内的全体当事人另行同意。《斯德哥尔摩商会仲裁院仲裁规则（2017 版）》（下称《SCC 规则 2017》）第 13.2 条规定，除非 SCC 委员会另有决定，答辩书提交之后提出的追加当事人申请将不被考虑。《HKIAC 规则 2018》第 27.3 条亦规定，除非存在特殊情况，追加当事人申请最迟应于答辩书中提出。《SIAC 规则 2016》则未规定申请追加当事人的时间限制。

（二）申请追加的方式

国内仲裁中，申请追加当事人或加入仲裁程序通常须以书面形式向仲裁机构提出。一些仲裁机构规则对追加申请的内容作出了指引，其中《贸仲规则 2015》之规定较为详细。其第 18 条第 2 款规定："追加当事人申请书应包含现有仲裁案件的案号，涉及被追加当事人在内的所有当事人的名称、住所及通信方式，追加当事人所依据的仲裁协议、事实和理由,以及仲裁请求。当事人在提交追加当事人申请书时,应附具其申请所依据的证据材料以及其他证明文件。"《北仲规则 2019》第 14 条第 2 款规定:"申请追加当事人应当提交追加当事人申请书,申请书的内容及受理、答辩等事项,参照本规则第七条、第九条至第十一条的规定办理。"深国仲、上国仲的规则未就此作出规定。

国际仲裁机构规则中,接受追加申请的主体多与其内部机构设置以及申请追加的时间有关。例如,《ICC 规则 2017》第 7.1 条规定,如果任何当事人希望追加仲裁当事人,应向秘书处提交针对该追加当事人的仲裁申请书。又如,《SIAC 规则 2016》第 7.1 条和第 7.8 条分别规定,组庭前的追加申请应向主簿提出,组庭后的追加申请应向仲裁庭提出。HKIAC 的规定与 ICC、SIAC 有所不同。根据《HKIAC 规则 2018》第 27.4 条、第 27.5 条以及第 27.9 条,希望追加当事人的一方或者希望被加入的非当事人应向 HKIAC、所有其他当事人和任何已被确认或指定的仲裁员传送追加申请。

上述国际仲裁机构规则中普遍对追加申请的内容作出了详细指引。例如,《SIAC 规则 2016》第 7.2 条规定:"根据第 7.1 条要求新增当事人的申请必须包括以下内容:a. 待决仲裁的案件编号;b. 包括被追加的新增当事人在内的所有当事人及其代表(若有)、任何在待决仲裁中被提名或被指定的仲裁员的名字、地址、电话号码、传真号码和已知的电子邮件地址;c. 新增当事人是被追加为申请人之一还是被申请人之一;d. 第3.1(c)条和第 3.1(d)条规定的信息;e. 如果申请是根据第 7.1(b)条提出的,关于当事人同意追加的信息以及该等同意的文件副本(如可能);以及 f. 支持该项申请的事实与法律依据的简要说明。"

(三)对追加申请的审查及决定

关于对追加申请的决定主体,国内仲裁机构规则的规定主要分为两种:一种规定一律由仲裁机构决定,如《贸仲规则 2015》与《北仲规则 2019》;另一种以仲裁庭是否已组成为界,若尚未组成由仲裁机构或其内设机构决定,若已组成则由仲裁庭决定。例如,《深国仲规则 2019》第 20 条第 1 款规定,对于在仲裁庭组成之前提出的追加申请,是否接受由仲裁院决定,仲裁庭组成之后提出的申请则由仲裁庭决定。又如,《上国仲规则 2018》第 31 条规定,仲裁庭组成之前的追加申请由秘书处决定,组成之后由仲裁庭决定。

国际仲裁机构多数采取了上述后一种做法。例如,《SIAC 规则 2016》第 7.4 条规定,仲裁庭组成之前由 SIAC 仲裁院决定是否批准追加当事人的申请,第 7.10 条规定仲裁庭组成之后由仲裁庭决定是否批准。《HKIAC 规则 2018》在第 27.1 条作出了类似规定。此外,SIAC 与 HKIAC 的规则中还规定,仲裁机构或仲裁庭对是否批准追加当事人申请的决定,不影响仲裁庭后续对由此决定引起的管辖权异议作出决定的权力。①

(四)追加当事人对仲裁程序的影响

追加当事人对仲裁程序的影响主要体现在仲裁庭的组成方面。就此而言,贸仲与深国仲的规则均规定,在仲裁庭组成之前追加当事人的,规则中关于选定或委托指定仲裁员的程序也适用于新增的当事人,即新增当事人与原案件当事人均有权参与仲裁员的选任。《北仲规则 2019》未区分仲裁庭是否组成,其第 20 条第 6 款规定,在追加当事人的情况下,被追加的当事人可与申请人或被申请人作为一方选定仲裁员。并且特别规定,如未能共同选定该方仲裁员的,则仲裁庭全部成员均由主任指定。上国仲的规则中就此未明确作出规定。实务中,在上国仲审理的案件中,在仲裁庭组成之前被追加的当事人亦有权参与仲裁员的选任。

在仲裁庭组成之后追加当事人的,新增当事人是否有权影响仲裁庭的组成,国内仲裁机构规则的规定存在较大差异。《贸仲规则 2015》第 18 条第 5 款规定,仲裁庭应就已经进行的包括仲裁庭组成在内的仲裁程序征求被追加当事人的意见,被追加当事人要求选定或委托仲裁委员会主任指定仲裁员的,双方当事人应重新选定或委托仲裁委员会主任指定仲裁员。《深国仲规则 2019》第 20 条第 3 款规定,仲裁庭已组成,仲裁庭接受追加当事人请求的,由仲裁庭继续审理。任何未参与仲裁庭组成程序的当事人视为放弃此项权利,但不影响该当事人根据本规则第 33 条的规定申请仲裁员回避的权利。

就国际仲裁机构而言,《SCC 规则 2017》第 13.8 条规定,如果新增当事人对任何已指定的仲裁员提出异议,SCC 委员会可以撤销对该仲裁员的指定,无论此时仲裁庭是否已经组成。《HKIAC 规则 2018》第 27.13 条规定,在仲裁庭组成之前追加当事人,HKIAC 可撤销任何对仲裁员的确认或指定并应指定仲裁庭。指定时可考虑或不考虑任何一方当事人的提名。《HKIAC 规则 2018》未对仲裁庭组成之后追加当事人对仲裁庭组成的影响作出规定。《SIAC 规则 2016》第 7.12 条规定,无论仲裁庭是否已组成,在追加当事人申请得到批准后,任何未进行仲裁员的提名或以其他方式参与仲裁庭组成程序的当事人,将被视为放弃仲裁员的提名或以其他方式参与仲裁庭组成程序的权利,但是,不影响该当事人要求仲裁员回避的权利。据此,在《SIAC 规则 2016》项下,新增当事人无权参与仲裁庭的组成。

需要注意的是,在一些仲裁机构的实务操作中,当事人申请追加当事人需要支付

---

① 参见《HKIAC 规则 2018》第 27.2 条、《SIAC 规则 2016》第 7.10 条。

一笔额外的仲裁费,而前述要求往往不会体现在仲裁机构的规则中。因此,在个案中考虑追加当事人时,建议与办案秘书就此进行核实。

第二节 多份合同仲裁

多份合同仲裁,是指在仲裁立案时,申请人将基于多份合同项下的争议一并提出仲裁申请,即申请人只需要准备一份仲裁申请书。如果仲裁机构予以受理,则将申请人的仲裁申请立为一个案件,由一个仲裁庭来审理。

中国法律未对多份合同仲裁制度作出规定(在诉讼中有类似制度),但是近年来一些中国仲裁机构已在其新修订的仲裁规则中引入该制度。

《贸仲规则 2015》在其第 14 条引入了多份合同仲裁制度,该条规定:“申请人就多份合同项下的争议可在同一仲裁案件中合并提出仲裁申请,但应同时符合下列条件:1. 多份合同系主从合同关系;或多份合同所涉当事人相同且法律关系性质相同;2. 争议源于同一交易或同一系列交易;3. 多份合同中的仲裁协议内容相同或相容。”

其中多份合同中的仲裁协议相容是指,各仲裁条款之间就仲裁机构、仲裁地、适用法律、仲裁语言、仲裁庭的组成等事项不存在相互冲突的约定。举例而言,如果一份合同的仲裁协议约定独任仲裁员,另一份合同的仲裁协议约定三位仲裁员组成仲裁庭,则属于仲裁协议不相容。

回到本章开头的举例,债权人与债务人签署借款合同,与保证人签署保证合同,由于(1)多份合同系主从合同关系;(2)争议源于同一交易;(3)多份合同中的仲裁协议内容相同,故债权人在申请仲裁时可将债务人和保证人共同列为被申请人,就借款合同和保证合同下的争议在同一仲裁案件中合并提出仲裁申请,要求债务人偿还借款,保证人承担保证责任。

某买受人与房地产开发商就 5 套商品房签署 5 份商品房买卖合同,由于(1)多份合同所涉当事人相同且法律关系性质相同;(2)争议源于同一系列交易;(3)多份合同中的仲裁协议内容相同,故该买受人可就该 5 份商品房买卖合同下的争议在同一仲裁案件中合并提出仲裁申请,无须提起 5 宗仲裁案件。

北仲亦在其 2019 年修订的仲裁规则中引入了多份合同仲裁制度。《北仲规则 2019》第 8 条规定:“(一)在满足以下各项条件时,当事人可以就多份合同项下的争议在同一案件中合并申请仲裁:1. 多份合同的仲裁协议内容相同或相容;2. 多份合同存在主从合同关系;或多份合同当事人相同且仲裁标的为同一种类或有关联。(二)当事人就多份合同合并申请仲裁的,由本会根据实际情况决定是否同意。”需要注意的是,在此次新规出台之前的实务操作中,北仲通常会允许当事人就属于同一法律关系或主从合同关系、主体相同且包含相同的仲裁条款的多份合同合并提出仲裁申请。但是由于此前的仲裁规则中均未对多份合同仲裁制度作出规定,当事人对能否运用这一制度存在不确定性,也容易引起被申请人对规则依据的质疑。《北仲规则 2019》正式确立多份合同仲裁制度,回应了实务中的问题,值得肯定。

需要注意的是,贸仲和北仲关于多份合同仲裁应满足的条件的规定略有差异,这可能导致有些案件在北仲可以适用多份合同仲裁,在贸仲不能适用多份合同仲裁。

例如,A 和 B 之间既存在借款合同,又存在买卖合同,两份合同完全无关,但两份合同下 B 均欠付 A 款项。按照《北仲规则 2019》,由于(1)两份合同的仲裁协议内容相同;(2)两份合同当事人相同且仲裁标的为同一种类,故 A 可以就借款合同和买卖合同下的争议在同一案件中合并申请仲裁。而按照《贸仲规则 2015》,虽然两份合同的仲裁协议内容相同,当事人相同,但因法律关系性质不同,争议也并非源于同一交易或同一系列交易,则 A 无法就借款合同和买卖合同下的争议在同一案件中合并申请仲裁,其只能提起两宗案件。

此外,从规则表述上来看,只要满足条件的,申请人就可以合并提出仲裁申请,贸仲就应当同意,而北仲则是“由本会根据实际情况决定是否同意”。

国际仲裁机构规则中对多份合同仲裁的规定与上述贸仲、北仲的规定大致相同。例如,《HKIAC 规则 2018》第 29 条规定:“源于或涉及多于一份的合同的请求可在单个仲裁中提出,但须满足以下条件:(a)导致仲裁的各仲裁协议涉及共同的法律或事实问题;且(b)请求救济的权利均涉及或源于同一交易或同一系列相关联的交易;且(c)请求所依据的各仲裁协议彼此兼容。”

第三节　合 并 仲 裁

合并仲裁是指在仲裁程序进行中,将同一仲裁机构已启动的两个或两个以上相互独立存在但有关联性的案件合并为一个案件进行审理的仲裁制度。中国法律未对合并仲裁作出明文规定,但是一些仲裁机构的规则中已经确立了该项制度。

一、仲裁规则关于合并仲裁的规定

(一)合并仲裁的条件及决定

贸仲在其 2012 年的仲裁规则中引入了合并仲裁制度,该版规则第 17 条第 1 款规定:“经一方当事人请求并经其他各方当事人同意,或仲裁委员会认为必要并经各方当事人同意,仲裁委员会可以决定将根据本规则进行的两个或两个以上的仲裁案件合并为一个仲裁案件,进行审理。”根据前述条款,贸仲进行合并仲裁的前提是经各方当事人同意,这使合并仲裁在实践中受到很大阻力。

《贸仲规则 2015》第 19 条对上述条款进行了完善,列举出了四种合并仲裁的情形:第一,各案仲裁请求依据同一个仲裁协议提出;第二,各案仲裁请求依据多份仲裁协议提出,该多份仲裁协议内容相同或相容,且各案当事人相同、各争议所涉及的法律关系性质相同;第三,各案仲裁请求依据多份仲裁协议提出,该多份仲裁协议内容相同或相容,且涉及的多份合同为主从合同关系;第四,所有案件的当事人均同意合并仲裁。只要满足所列四项条件之一,贸仲就可以根据一方当事人的请求直接决定合并仲裁,而无须额外征得各方当事人的同意。但是,规则也规定在决定合并仲裁时,贸仲应考虑各方当事人的意见及相关仲裁案件之间的关联性等因素,包括不同案件的仲裁员的选定或指定情况。

回到本章开头的举例,多个投资人签署同一份增资协议,对赌失败后多个投资人依据相同的仲裁条款分别提起多宗股权回购纠纷仲裁案件。根据上述规定,由于“各案仲裁请求依据同一个仲裁协议提出”,只要一方当事人(如被申请人)请求合并仲裁,贸仲就可以直接决定合并仲裁。

前文所举的 A 与 B 之间的借款合同纠纷和买卖合同纠纷,虽然在贸仲规则下无法适用多份合同合并申请制度,但如果双方当事人同意,则两宗案件可以合并仲裁。

北仲在其 2015 年修订的仲裁规则中引入了合并仲裁制度,《北仲规则 2019》沿用了 2015 版规则的规定。《北仲规则 2019》第 30 条规定:“(一)经各方当事人同意,或者一方当事人申请且本会认为必要,本会可以决定将根据本规则进行的两个或两个以上的仲裁案件合并为一个仲裁案件进行审理。除非当事人另有约定,合并的仲裁案件应合并于最先开始仲裁程序的仲裁案件中。(二)在决定是否进行上述合并时,本会将考虑相关仲裁案件所依据的仲裁协议的具体情况、案件之间的关联性、案件程序进行的阶段以及已经组成仲裁庭的案件仲裁员的指定或者选定等情况。”与贸仲的规定不同的是,北仲并未明文规定合并仲裁的条件,仅列举了北仲决定是否合并仲裁的考量因素。

关于合并仲裁的条件,国际仲裁机构规则的规定多数与贸仲类似。例如,《HKIAC规则 2018》第 28.1 条规定:“经当事人申请,并与当事人和已被确认或指定的仲裁员商议后,HKIAC 有权在以下条件满足时,决定将依本规则正在进行的两个或多个仲裁合并:(a)各方当事人同意合并;或(b)各仲裁中的所有请求均依据同一仲裁协议提出;或(c)请求依据多于一个的仲裁协议提出,而所有仲裁中存在相同的法律或事实问题,请求救济的权利均涉及或源于同一交易或同一系列相关联的交易,且各种仲裁协议彼此兼容。”

实践中,仲裁机构在决定是否合并仲裁时,通常还会考虑以下几个因素:合并后是否有利于降低争议解决的成本;是否存在必须由一个仲裁庭审理的证据,以维护证据的保密性或者避免对证据的认定不一致;基于案件事实,当事人是否存在互负义务的情形,使在一个仲裁程序中厘清当事人的权利义务关系更为公平、高效;仲裁庭是否具备审理拟合并的案件的能力。[①]

关于合并仲裁的决定主体,中国仲裁机构规则普遍规定为仲裁机构。多数国际仲裁机构规则亦如此,也有一些仲裁机构规则将该事项的决定权赋予仲裁庭。例如,《SIAC 规则 2016》第 8.9 条规定,在给予所有当事人发表意见的机会并考虑案件情况后,仲裁庭应当决定对于根据第 8.7 条的规定提出的合并仲裁申请是否全部或部分予以批准。

(二)合并仲裁后程序的衔接

多个仲裁案件合并为一个案件将产生程序衔接的问题,主要体现在以下两个方面:仲裁庭的组成问题及合并之前仲裁机构或仲裁庭作出的行为、决定的效力问题。

第一,关于仲裁庭的组成。中国多数仲裁机构规则规定,除非各方当事人另有约定,合并的仲裁案件应合并至最先开始的案件。除此之外,未对合并后案件仲裁庭的组成作出进一步规定。由此推知,合并后案件也应当是由最先开始的案件的仲裁庭审理。例如,《深国仲规则 2019》第 18 条第 2 款规定:"除非当事人另有约定或者仲裁院另有决定,合并的仲裁案件应合并于最先开始仲裁程序的仲裁案件。"《贸仲规则 2015》第 19 条第 3 款、《北仲规则 2019》第 30 条第 1 款的规定与前述条款类似。

多数国际仲裁机构规则亦规定,合并的仲裁案件原则上应合并至最先开始的案件,[②]同时对合并后案件的仲裁庭组成作出了规定。例如,《HKIAC 规则 2018》第 28.8 条规定:"当 HKIAC 决定合并两个或多个仲裁,所有这些仲裁的当事人应视为已放弃提名仲裁员的权利,且 HKIAC 可撤销任何对仲裁员的确认或指定。HKIAC 应指定仲裁庭,指定时可考虑或不考虑任何一方当事人的提名。"《SIAC 规则 2016》第 8.9 条、第 8.10 条的规定与前述条款相似。

第二,关于合并之前仲裁机构或仲裁庭作出的行为、决定的效力问题,多数中国仲裁机构规则未作出明文规定。例如,《贸仲规则 2015》仅规定仲裁案件合并后,在

---

① See Jeffrey Waincymer, *Procedure and Evidence in International Arbitration*, Kluwer Law International 2012, p. 559.

② 例如,《SIAC 规则 2016》第 8.5 条、《HKIAC 规则 2018》第 28.6 条。

仲裁庭组成之前,由贸仲仲裁院就程序的进行作出决定;仲裁庭组成后,由仲裁庭就程序的进行作出决定。《深国仲规则 2019》规定类似。

就此而言,《HKIAC 规则 2018》第 28.9 条规定:"依第 28.8 款撤销对仲裁员的确认或指定不影响:(a)仲裁员在其确认或指定被撤销前已作出的任何行为或指令的效力;(b)仲裁员依附录 2 或附录 3(以适用者为准)收取费用和开支的权利;和(c)提出任何适用时效或任何规则或规定的请求或答辩的日期。"《SIAC 规则 2016》第 8.11 条的规定与前述条款相似。即合并仲裁后,被撤销的仲裁员作出的任何行为、命令或裁决继续有效。由此推理,合并仲裁不影响合并之前仲裁机构或仲裁庭作出的行为、决定的效力。

此外,虽然合并仲裁后为一宗案件,但不必然意味着仲裁庭只能作出一份裁决。《深国仲规则 2019》规定,仲裁案件合并后,仲裁庭有权就当事人之间的争议分别或一并作出仲裁裁决。《上国仲规则 2015》规定,除非当事人一致同意作出一份裁决书,仲裁庭应就合并的仲裁案件分别作出裁决书。贸仲和北仲就此问题未作出明确规定。

二、合并仲裁与合并开庭/审理

将多个案件合并开庭审理与合并仲裁的概念不同,最根本的区别在于合并开庭的案件仍然是不同的案件,并未被合并为一个案件。关于合并开庭的条件,《深国仲规则 2019》第 19 条规定:"两个或者两个以上仲裁案件所涉法律或事实问题相同、相类似或相关联,且仲裁庭组成人员相同的,经当事人同意,可以合并开庭审理。"《北仲规则 2019》第 29 条第 1 款的规定与前述条款类似:"在满足以下各项条件时,仲裁庭可以将两个或两个以上的仲裁案件合并审理:1. 仲裁标的为同一种类或者有关联;2. 经一方当事人申请并征得其他当事人同意;3. 仲裁庭组成均相同。"

在上海二中院(2018)沪 02 民特 2 号案中,申请人主张的撤裁理由之一是,仲裁庭将三个不同当事人之间的不同种类仲裁标的、不同法律关系的两个案件合并仲裁,违反法定程序。法院审查后认为,案涉《材料安装合同》争议仲裁案和《材料供货合同》争议仲裁案系分别立案,有各自的案号,相关仲裁文件亦系分别发送。仲裁审理过程中虽基于两案存在关联而一起开庭,但申请人亦确认其于开庭结束后签署两份庭审笔录,可见仲裁机构对前述两个争议案的审理不属于《仲裁规则》所规定的合并仲裁情形。法院进一步认为,当事人在仲裁过程中已依法享有了申请、答辩、举证、质证等仲裁程序权利,并未因两案一起开庭而丧失陈述意见的权利,且申请人未在仲裁庭审中对两案一起开庭提出异议。因此,法院对申请人的此项撤裁理由未予采纳。

三、合并仲裁与多份合同仲裁

如本章第二节所介绍,多份合同仲裁是在立案阶段即基于多份合同下的争议一并提出仲裁申请,如果仲裁机构予以受理,则将申请人的仲裁申请立为一个案件。据此,合并仲裁与多份合同仲裁的本质区别是,合并仲裁是将已启动的多个案件合并为一个案件,而多份合同仲裁从始至终只有一个案件。

在北京二中院(2017)京02民特9号案中,申请人(即仲裁案件被申请人)主张案涉《借款协议》与《房产借款抵押合同》不应合并仲裁,仲裁庭的合并行为违反了仲裁规则关于合并仲裁的规定,构成违反法定程序的撤裁情形。法院经审理后认为,从本案仲裁案件的受理和审理经过看,仲裁机构根据《借款协议》、《房产借款抵押合同》以及被申请人(即仲裁案件申请人)的书面仲裁申请受理案件,并不存在将正在进行的两个或两个以上的仲裁案件合并为一个仲裁案件进行审理的事实。因此,法院认为申请人提出的违反法定程序的撤裁理由缺乏事实依据,不予采纳。由该裁定可以看出,事实上,本案应是多份合同仲裁,而非合并仲裁。

第十三章　紧急仲裁员程序

第一节　紧急仲裁员程序概述

近年来,不少仲裁机构为满足当事人紧急性临时救济之需要,在修订各自仲裁机构规则时进行了制度引进,设立特别程序框架,紧急仲裁员程序也就应运而生。一般而言,紧急仲裁员程序是指在机构仲裁中,一方当事人在启动仲裁前或之后无须等待正式仲裁庭的组成,即可向仲裁机构申请委任紧急仲裁员签发仲裁裁决书或命令,以作出临时措施的制度。

最早对紧急仲裁员程序作出规定的是 ICDR,[①]其在 2006 年版《仲裁规则》第 37 条首次规定,一方当事人可在仲裁庭组成前委任一名紧急仲裁员(Emergency Arbitrator)。紧急仲裁员仅处理当事人有关申请临时救济的问题,其作出的决定对嗣后正式组成的仲裁庭没有约束力,可以被变更或撤销。[②]

由于紧急仲裁员程序为当事人在仲裁程序伊始申请临时救济提供了可能,自 ICDR 创设这一制度以来,国际上主要仲裁机构纷纷将其纳入各自的仲裁规则中。ICC、SCC、SIAC、ACICA、HKIAC 均在修订各自仲裁规则时加入了紧急仲裁员程序。

根据 SIAC 官网数据显示,自其在 2010 年版《仲裁规则》中增加紧急仲裁员程序以来,截至 2017 年 3 月 31 日,共受理当事人提起的 57 例紧急仲裁员程序案件,具体审理结果如表 13－1 所示:[③]

---

① Gary Born, *International Commercial Arbitration* (*Second Edition*) *Volume II*, Kluwer Law International, 2014, pp. 2451－2453.

② 2006 年 ICDR《仲裁规则》第 37 条("Emergency Measures of Protection")。

③ 参见 http://www.siac.org.sg/2014－11－03－13－33－43/facts－figures/statistics,最后访问日期:2020 年 2 月 1 日。

表 13－1　2010 年 7 月 1 日至 2017 年 3 月 31 日 57 例紧急仲裁员程序案件审理结果

紧急仲裁员程序审理结果（2010 年 7 月 1 日至 2017 年 3 月 31 日）	
批准	24 件
批准（经双方达成一致）	4 件
批准（其中一部分）	5 件
未作出决定（申请人撤回申请）	6 件
拒绝	16 件
尚在审理中	2 件
总计	57 件

部分国家和地区在修订本国或本地区仲裁法时，也增加了紧急仲裁员制度的规定。例如，新加坡修订《国际仲裁法》时，在第 2 条中将紧急仲裁员纳入"仲裁庭"的定义范围中。① 我国香港地区《仲裁条例 2018》第三部分第 22A 条规定："紧急仲裁员是指为处理各方在仲裁庭组成前提出的紧急协助申请，而根据各方协议或采用的仲裁规则（包括常设仲裁机构的规则）委任的紧急仲裁员。"

第二节　紧急仲裁员程序的特征

一、紧急仲裁员程序的时间要求

紧急仲裁员程序最大的特点之一就是"紧急"。因此，无论是仲裁机构指定紧急仲裁员，还是仲裁员审理并作出决定，时间要求均较一般仲裁程序高。

多数国际仲裁机构规定应在决定受理或收到当事人申请的 1～2 个工作日内指定仲裁员。例如，SIAC、ACICA 和 HKIAC 规定应在 1 个工作日或 24 小时内完成紧急仲裁员的指定；ICC 规定为 2 个工作日。

对于紧急仲裁员作出决定的时间要求，SCC 和 ACICA 规定应自案卷移交至紧急仲裁员后 5 日内作出。SIAC 和 HKIAC 规定紧急仲裁员自案卷移交后 14 日内作出决定，而 ICC 规定为 15 日。

可见，紧急仲裁员程序对仲裁员提出了很高的要求。仲裁员要在收到案卷到作

---

① 新加坡《国际仲裁法》第 2 条第（1）款规定："arbitral tribunal means a sole arbitrator or a panel of arbitrators or a permanent arbitral institution, and includes an emergency arbitrator appointed pursuant to the rules of arbitration agreed to or adopted by the parties including the rules of arbitration of an institution or organization."

出紧急裁决或命令的这段时间内,将紧急仲裁的事宜作为最优先处理的事项之一,尽快推进仲裁程序并作出决定。

二、紧急仲裁员程序的进行方式

多数仲裁机构赋予紧急仲裁员较大的自由裁量权,但要求紧急仲裁员给予当事人合理陈述意见的机会。例如,《ICC 规则 2017》附件五第 5 条规定:“紧急仲裁员应考虑请求书的性质和紧迫性,采用其认为适当的方式进行有关程序。在任何情形下,紧急仲裁员均应公平和中立行事,确保各当事人均有合理的陈述机会。”《SIAC 规则 2016》附则 1 第 7 条允许仲裁员以电话会议、视频会议、交换陈述书等方式替代亲自出庭的传统方式。

三、紧急仲裁员程序的实体审查标准

关于紧急仲裁员作出决定时应考虑的因素和遵循的标准,多数仲裁机构的仲裁规则并无明确规定,赋予紧急仲裁员较大的自由裁量权。

《澳大利亚国际商事仲裁中心仲裁规则(2016 版)》列出了几点判断标准,其中附件一第 3.5 条规定:

“Before the Emergency Arbitrator orders or awards any Emergency Interim Measure, the party requesting it shall satisfy the Emergency Arbitrator that:

(a) irreparable harm is likely to result if the Emergency Interim Measure is not ordered;

(b) such harm substantially outweighs the harm that is likely to result to the party affected by the Emergency Interim Measure if the Emergency Interim Measure is granted; and

(c) there is a reasonable possibility that the requesting party will succeed on the merits, provided that any determination on this possibility shall not affect the liberty of decision of the Arbitral Tribunal in making any subsequent determination.”(紧急仲裁员在作出紧急临时救济措施决定或裁定前,申请人需要向紧急仲裁员证明:

(a)若不采取临时救济措施,其将遭受难以弥补的损害;

(b)前述损害明显超过若采取临时救济措施可能对被申请人造成的影响;

(c)申请人在实体上有胜诉的合理可能性,但紧急、仲裁员对胜诉可能性的判断不影响嗣后仲裁庭作出任何后续决定的自由裁量权。)

根据该标准,紧急仲裁员决定采取临时救济措施的前提是申请人同时证明以下三点:首先,如果不采取临时措施,将发生不可挽回的损害;其次,上述损害显著超出如采取临时措施将可能给被申请人带来的损害;最后,申请人在案件实体审理中有合理的胜诉可能性(但紧急仲裁员的判断不影响后续仲裁庭的判断)。

SCC 于 2017 年 6 月发布了一份关于紧急仲裁员程序的操作指引(Practice Note),梳理了 SCC 在 2015 年至 2016 年期间受理的紧急仲裁员程序,提出紧急仲裁员在判断是否决定采取申请人提出的临时救济时应考虑以下五方面因素:管辖权(jurisdiction)、实体胜诉可能性(hance of success on merits)、紧急性(urgency)、损失难以弥补(irreparable harm)和比例/恰当性(proportionality)。

四、紧急仲裁员决定或裁决的效力及执行

紧急仲裁员决定一旦作出,即对当事人产生约束力。但是,多数仲裁机构的仲裁规则均规定紧急仲裁员作出的决定及其理由对嗣后正式组成的仲裁庭不具有约束力,仲裁庭可以变更或废止紧急仲裁员决定(如《SIAC 规则 2016》附则 1 第 10 条)。此外,若仲裁庭作出最终裁决的,除非仲裁庭认为紧急仲裁员的决定继续有效,则紧急仲裁员决定对当事人也不再具有约束力(如《贸仲规则 2015》附件三第 6 条第 6 款)。

由于紧急仲裁员的决定并非一种具有终局性的决定或裁定,各国对其是否属于《纽约公约》下所指的"裁决"、能否根据《纽约公约》在外国得到承认与执行存在争议。

为解决紧急仲裁员决定的可执行性问题,联合国贸法会在 2006 年修订《国际商事仲裁示范法》时规定,仲裁庭作出的临时措施具有约束力,法院应予执行。其中,第 17H(1)条规定:"仲裁庭发出的临时措施应当被确认为具有约束力,并且除非仲裁庭另有规定,应当在遵从第 17I 条各项规定的前提下,经向有管辖权的法院提出申请后加以执行,不论该措施是在哪一国发出的。"第 17I(1)条对可拒绝承认或执行临时措施的情形作出了规定,而第 17I(2)条规定受理承认或执行请求的法院不应在作出裁定时对临时措施的实质内容进行审查。

部分国家或地区通过修订仲裁法的方式回避了关于紧急仲裁员及其所作决定的法律性质的争论。例如,新加坡《国际仲裁法》将"紧急仲裁员"纳入"仲裁庭"的定义范围中,并在第 12(6)条规定仲裁庭命令或指令应当具有同法院判决一样的执行力(All orders or directions made or given by an arbitral tribunal in the course of an arbitration shall, by leave of the High Court or a Judge thereof, be enforceable in the same manner as if they were orders made by a court and, where leave is so given, judgment may be entered in terms of the order or direction)。

中国香港地区修订《仲裁条例》时在第 22B(1)条则进一步明确规定:"紧急仲裁

员根据有关仲裁规则批给的任何紧急济助,不论是在香港或香港以外地方批给的,均可犹如具有同等效力的原讼法庭命令或指示般,以同样方式强制执行,但只有在原讼法庭许可下,方可如此强制执行。”

另一些国家和地区通过司法实践,认可了紧急仲裁员决定的可执行性。例如,在 2013 年 Yahoo v. Microsoft 案中,美国纽约南区法院承认紧急仲裁员作出的让双方维持现状(继续履行合同)的命令有效,认为紧急仲裁员作出了“实质上终局”的禁令,且未超出仲裁员作出救济措施的权限。[①]

需要注意的是,中国现行法律规定仅有法院拥有作出临时措施的权力,而未赋予仲裁庭相同的权力。根据《仲裁法》第 28 条及第 46 条的规定,当事人申请财产保全或证据保全的,仲裁委员会应当将当事人的申请提交法定有管辖权的人民法院。《民事诉讼法》第 272 条规定:“当事人申请采取保全的,中华人民共和国的涉外仲裁机构应当将当事人的申请,提交被申请人住所地或者财产所在地的中级人民法院裁定。”因此,在现有法律框架下,中国仲裁机构并未被赋予作出有关保全措施或采取临时措施和初步命令的权力,紧急仲裁员作出的决定无法(或者说很难,这取决于中国法院是否会在中国法律尚未调整的情况下采取尝试性突破)在中国内地执行。根据《仲裁法》和《民事诉讼法》的规定,在中国内地的类似救济措施只能通过仲裁前或仲裁中向法院申请保全来进行。实际上,截至本书出版之日,尚无在中国内地执行紧急仲裁员决定的案例,中国法院对这一问题的态度仍未可知。

不过,虽然《仲裁法》以及《民事诉讼法》未赋予仲裁庭作出临时措施的权力,紧急仲裁员决定的临时措施可能难以在中国内地强制执行,但是这既不意味着当事人不可在中国内地仲裁中申请临时措施,也不意味着仲裁庭在中国内地不可以决定临时措施。考虑到临时措施(行为保全、财产保全以及证据保全)实际执行地的法律可能认可紧急仲裁员决定的合法性和有效性,紧急仲裁员程序在中国内地是具有现实意义和必要性的。例如,在一起国内仲裁中,若其中一方当事人有大量财产位于某一可以强制执行临时救济措施的法域,那另一方就可以通过紧急仲裁员程序申请临时救济措施(如财产保全),并在该法域申请强制执行。北仲在 2017 年年末受理的中国内地首例适用紧急仲裁员程序的仲裁案件在香港顺利获得了香港高等法院原讼法庭的执行命令。关于这一案件的分析,请见本章第四节。

---

① Yahoo!, Inc. v. Microsoft Corp., 2013 WL 5708604, Case No. 13 CV 7237 (PART I), S. D. N. Y. Oct. 21, 2013.

第三节　中国部分仲裁机构对紧急仲裁员程序的规定

一、贸仲规定

贸仲在2015年修订《仲裁规则》时，在附件三中增设了紧急仲裁员程序，并作出了详细规定。贸仲对增加紧急仲裁员程序的意义和必要性评价如下：①

"第一，紧急仲裁员程序是国际仲裁发展中出现的新制度，也是一项重要制度，它反映了仲裁庭组庭前临时救济措施的重要性，代表了国际仲裁规则的发展方向，有利于保障当事人合法权利的实现，推进仲裁的发展。第二，符合当事人意思自治的仲裁意愿。根据中国仲裁法的规定：'当事人采用仲裁方式解决纠纷，应当双方自愿，达成仲裁协议。'根据当事人的意思自治，当事人约定及授权紧急仲裁员采取紧急措施，符合我国法律规定的当事人自愿仲裁的基本原则。如所适用的法律未赋予紧急仲裁员决定以法律效力，紧急仲裁员决定应对双方当事人具有约束力。第三，适应贸仲委香港仲裁中心管理仲裁案件的需要。贸仲委在香港设有分会，贸仲委香港仲裁中心管理案件的程序法为香港法律。根据香港仲裁条例规定，紧急仲裁员作出的紧急救济具有相同于法院命令的同等效力。因此新规则有必要规定紧急仲裁员程序。第四，增加当事人依据紧急仲裁员决定在某些国家和地区申请强制执行的可能性。如果执行地法律赋予紧急仲裁员决定以强制执行的法律效力，当事人可以依据紧急仲裁员决定申请强制执行，新规则增加紧急仲裁员程序无疑将有利于保护相关当事人的合法权益。第五，作为法院采取临时措施的必要补充。紧急仲裁员作出的紧急救济可能是法院无法作出的临时措施，是对法院临时措施的必要补充，有利于及时保护当事人的合法权益，降低损失，在实践中具有重要意义。此外，境外当事人在仲裁程序中申请紧急救济无须办理公证认证文件，比法院手续简便，更容易得到当事人的青睐。"

《贸仲规则2015》对紧急仲裁员程序的规定主要在以下几个方面：②

（一）紧急仲裁员程序的申请

申请紧急仲裁员程序的当事人（下称申请人）应在仲裁庭组成之前，向管理案件的仲裁委员会仲裁院或分会/仲裁中心仲裁院提交紧急仲裁员程序申请书。紧急仲裁员程序申请书应包括以下内容：（1）所涉及的当事人名称及基本信息；（2）引发申

---

① 于健龙：《关于修订贸仲委〈仲裁规则〉的说明——贸仲委新版〈仲裁规则〉2015年1月1日施行》，载《人民法院报》2014年11月19日，第7版。

② 《贸仲规则2015》附件三。

请的基础争议及申请紧急性临时救济的理由；(3)申请的紧急性临时救济措施及有权获得紧急救济的理由；(4)申请紧急性临时救济所需要的其他必要的信息；(5)对紧急仲裁员程序的适用法律和语言的意见。申请人提交申请书时应附具申请所依据的证据材料以及其他证明文件，包括但不限于仲裁协议和引发基础争议的有关协议。

申请人应预缴紧急仲裁程序费用。申请人向贸仲北京总会或其他分会申请的，应预付紧急仲裁员程序费用人民币30,000元，该费用包括紧急仲裁员的报酬和仲裁委员会管理费。申请人向贸仲香港仲裁中心申请的，申请费用依据小时计费。各方当事人应承担的紧急仲裁员程序费用的比例，由紧急仲裁员在决定中一并作出。

（二）申请的受理及紧急仲裁员的指定

根据申请人提交的申请书、仲裁协议及相关证据，仲裁委员会仲裁院经初步审查决定是否适用紧急仲裁员程序。如果决定适用紧急仲裁员程序，仲裁委员会仲裁院院长应在收到申请书及申请人预付的紧急仲裁员程序费用后1日内指定紧急仲裁员。在仲裁委员会仲裁院院长指定紧急仲裁员后，仲裁委员会仲裁院应立即将受理通知及申请人的申请材料一并移交给指定的紧急仲裁员及被申请采取紧急性临时救济措施的当事人，并同时将受理通知抄送给其他各方当事人及仲裁委员会主任。

如普通仲裁员一样，当事人对被指定的紧急仲裁员的公正性和独立性产生合理怀疑时，可以书面提出要求该紧急仲裁员回避的申请。但是，对于当事人提出紧急仲裁员回避的申请，贸仲有严格的时限要求。当事人收到紧急仲裁员的声明书及/或书面披露后，如果以紧急仲裁员披露的事实或情况为理由要求该仲裁员回避，应于收到紧急仲裁员的书面披露后2日内书面提出。当事人以其他理由要求该仲裁员回避，应于得知回避事由后2日内提出。紧急仲裁员是否回避，由仲裁委员会仲裁院院长决定。如果决定紧急仲裁员予以回避，仲裁委员会仲裁院院长应在作出回避决定后1日内重新指定紧急仲裁员。除非当事人另有约定，紧急仲裁员不得接受选定或指定担任所涉案件仲裁庭的组成人员。

（三）紧急仲裁员程序的进行

紧急仲裁员应尽可能在接受指定后2日内，制定一份紧急仲裁员程序事项安排。紧急仲裁员应结合紧急救济的类型及紧迫性，采用其认为合理的方式进行有关程序，并确保给予有关当事人合理的陈述机会。紧急仲裁员可以要求申请紧急救济的当事人提供适当的担保作为实施救济的前提条件。

(四)紧急仲裁员的决定

紧急仲裁员有权作出必要的紧急性临时救济的决定,并且应在紧急仲裁员接受指定后 15 日内作出。紧急仲裁员的决定应写明采取紧急救济措施的理由。紧急仲裁员决定对双方当事人具有约束力。当事人可以依据执行地国家或地区有关法律规定向有管辖权的法院申请强制执行。

如果紧急仲裁员认为存在不必采取紧急性临时救济措施或因各种原因无法采取紧急性临时救济措施等情形,可以决定驳回申请人的申请并终止紧急仲裁员程序。如果当事人提出请求并说明理由,紧急仲裁员或组成后的仲裁庭有权修改、中止或终止紧急仲裁员的决定。紧急仲裁员的决定在下列情况下不再具有效力:(1)紧急仲裁员或仲裁庭终止紧急仲裁员决定的;(2)仲裁委员会仲裁院院长作出紧急仲裁员应予回避决定的;(3)仲裁庭作出最终裁决,除非仲裁庭认为紧急仲裁员的决定继续有效;(4)在作出裁决书之前申请人撤回全部仲裁请求的;(5)仲裁庭未能在紧急仲裁员决定作出后 90 日内组成的。该期限可以由当事人协议延长,仲裁委员会仲裁院也可以在其认为适当的情形下,延长该期限;(6)仲裁庭组成后,仲裁程序中止持续 60 日的。

二、北仲规定

北仲在 2015 年修订《仲裁规则》时增加了关于紧急仲裁员程序的规定,并在 2019 年修订时作了进一步规定。《北仲规则 2019》第 63 条规定:"(一)组成仲裁庭之前,当事人需要申请临时措施的,可以依据有关法律规定向本会提出指定紧急仲裁员的书面申请。是否同意,由本会决定。(二)当事人的书面申请应写明:当事人基本信息;申请临时措施相对方当事人的有效送达方式;申请指定紧急仲裁员及采取临时措施的理由;申请临时措施的具体内容;其他必要的内容。(三)本会同意指定紧急仲裁员的,应在当事人按照本规则附录 2 的标准预交相应费用后 2 日内在仲裁员名册中指定一名紧急仲裁员,并将指定情况通知当事人。(四)除非当事人另有约定,本会或紧急仲裁员可以采取电子送达方式向当事人送达相关文件。(五)紧急仲裁员的信息披露、回避等事项,参照本规则第二十二条、第二十三条的规定办理。(六)紧急仲裁员有权采取其认为适当的方式就当事人的临时措施申请进行审查,但应保证当事人有合理陈述的机会。(七)紧急仲裁员应当于指定之日起 15 日内作出相关决定、指令或裁决,并说明理由,该决定、指令或裁决由紧急仲裁员签字并加盖本会印章后发送当事人。(八)当事人对紧急仲裁员作出的相关决定、指令或裁决有异议的,有权自收到相关决定、指令或裁决之日起 3 日内向紧急仲裁员提出修改、中止或撤销相关决定、指令或裁决的申请,是否同意由紧急仲裁员决定。(九)除非当事人另有约定,紧急仲裁员不再担任与临时措施申请有关的争议案件的仲裁员。(十)紧急仲裁员在上述程序中作出的相关决定、指令或裁决,对仲裁庭不具有约束力。仲裁庭可以修改、中止或撤销紧急仲裁员作出的相关决定、指令或裁决。"

三、上仲规定

上仲于2018年修订《仲裁规则》时亦加入了紧急仲裁员程序。《上仲规则2018》第69条规定:"(一)案件受理后至仲裁庭组成之前,当事人根据有关法律规定需要申请临时措施的,可以向仲裁委员会提出指定紧急仲裁员的书面申请。是否同意,由仲裁委员会决定。(二)仲裁委员会同意指定紧急仲裁员的,应由主任及时在仲裁员名册中指定一名紧急仲裁员,并将指定情况通知当事人。(三)紧急仲裁员的信息披露、回避等事项,参照本规则第二十九条、第三十条的规定处理。(四)紧急仲裁员有权采取其认为适当的方式就当事人的临时措施申请进行审查,但应保证当事人有合理陈述的机会。(五)紧急仲裁员应当于接受指定之日起十五日内作出相关决定、指令或裁决,并说明理由;该决定、指令或裁决由紧急仲裁员签字并加盖仲裁委员会印章后发送当事人。(六)紧急仲裁员的权力以及紧急仲裁员程序至仲裁庭组庭之日终止。除非当事人另有约定,紧急仲裁员不再担任与临时措施申请有关的争议案件的仲裁员。(七)紧急仲裁员在上述程序中作出的相关决定、指令或裁决,对仲裁庭不具有约束力。仲裁庭可以修改、中止或撤销紧急仲裁员作出的相关决定、指令或裁决。"

中国仲裁机构在近几年修订仲裁规则时以新增独立附件或新增条款的方式对紧急仲裁员程序作出了规定。虽然方式略有不同,但各仲裁机构规定的原则和内容基本相同,且与本章第二节介绍的国际仲裁机构紧急仲裁员程序规则基本一致,这也体现出中国仲裁机构和仲裁规则国际化程度的不断加深,以实现与国际商事仲裁实践的对接。

第四节 中国仲裁机构紧急仲裁员程序的实践

一、中国内地首例紧急仲裁员程序案件

北仲于2017年年末受理了中国内地首例适用紧急仲裁员程序的仲裁案件。该案申请人通过申请北仲紧急仲裁员颁布的临时措施,在我国香港地区顺利获得了香港高等法院原讼法庭的执行命令。①

① 笔者担任该案的紧急仲裁员。

（一）紧急仲裁员程序的启动

该案适用《北仲规则2015》，根据第63条第1款规定，在收到申请人关于紧急仲裁员程序的申请后，北仲有权进行初步审查，确定双方当事人之间是否存在有效仲裁协议、仲裁协议中是否明确排除紧急仲裁员程序的适用，以及双方在仲裁协议中是否约定了其他仲裁前置程序等，进而决定是否同意受理。该案中，北仲经初步审查，同意受理申请人的申请，并于同日指定该案紧急仲裁员（第1日）。

（二）紧急仲裁员程序的进行

多数仲裁机构赋予紧急仲裁员较大的裁量权对程序事项作出安排。《北仲规则2015》第63条第6款也规定："紧急仲裁员有权采取其认为适当的方式就当事人的临时措施申请进行审查，但应保证当事人有合理陈述的机会。"

该案自北仲同意受理紧急仲裁员程序申请至紧急仲裁员决定的作出共耗时11日。紧急仲裁员在被指定的当日（即第1日），作出了第一号程序令，对紧急仲裁员程序进行的方式和时间表作出了规定：（1）被申请人应于不迟于第5日提交书面答辩文件；（2）于第6日进行听证；（3）如双方当事人希望在听证后提交进一步补充文件，应于不迟于第10日下午6点前提交；（4）紧急仲裁员总结了一份"争议点清单"，并建议双方在听证及书面文件中围绕清单中的焦点问题发表意见。

双方在该案中均有效遵守了程序令的要求，在听证于第6日进行后，申请人于第8日提交了补充意见，被申请人于第10日提交了补充意见。紧急仲裁员于第11日作出了紧急仲裁员决定。

该案中，紧急仲裁员采取了三种方式提高紧急仲裁员程序的进行效率。第一，建议双方通过电子邮件以电子形式提交文件，以减少文件传输的时间。第二，事先梳理"争议点清单"，使双方都能够将其论点集中在该案的关键问题上，这为紧急仲裁员作出决定留下了很多时间和精力。第三，考虑到双方当事人和紧急仲裁员均在不同的地方，紧急仲裁员决定通过电话会议进行听证。在听证期间，双方都能够充分展示他们的论点。为了确保双方都有合理的机会陈述案件，紧急仲裁员在听证结束时重申，根据第一程序令规定的时间表，双方均有"第二次机会"在电话会议后提交进一步的陈述。

（三）实体审查标准及结论

《北仲规则2015》对紧急仲裁员实体审查标准赋予了较大自由裁量权。该案中，紧急仲裁员在借鉴、对比了ICC、SCC、ACICA、HKIAC各自的仲裁规则后，认为该案

应适用以下审查标准:

1. 申请人之仲裁请求是否有合理的胜诉可能。紧急仲裁员认为,在考虑胜诉可能性时应格外谨慎,不宜直接认定申请人和被申请人观点孰对孰错,而主要应审查申请人是否提供了初步证据,证明其具有合理的胜诉可能性。该案中,经审阅申请人及被申请人提交的书面文件并听取双方观点,紧急仲裁员认为申请人已初步证明(prima facie)其具有胜诉可能性。

2. 情况是否紧迫,若不采取临时措施是否可能对申请人造成难以弥补的损害,且该损害是否显著超出采取临时措施时可能对被申请人带来的损害。申请人主张被申请人恶意转移资产,并申请对其作出限制措施。紧急仲裁员认为,采取临时措施(即限制被申请人处分或转移财产)的后果是暂缓、延迟被申请人的交易安排,并不会导致被申请人财产的减损。与此相反,如果不采取临时措施,被申请人转让债权等安排在客观上会造成被申请人资产的转移,影响其偿债能力。不采取临时措施可能对申请人造成难以弥补的损害。

3. 申请人请求采取的各项临时措施是否具有合理性及可执行性。实务中,申请人常会寻求以下几种临时救济措施:(1)命令被申请人披露财产信息;(2)限制被申请人处置财产;(3)命令被申请人不得在任何司法区域采取任何行为阻碍本决定的执行,包括在法院提起任何诉讼、申请等程序;(4)命令被申请人不得通过暗示、鼓励等方式让其他人代表其作出本决定所涉及临时措施有关的行为。

紧急仲裁员认为:(1)披露财产信息的要求不是一种"紧急"的救济,申请人也不应当利用紧急仲裁员程序获取被申请人的财产情况,以供其在后续程序中使用。(2)限制被申请人处置财产是一种合理的临时救济措施,但应仅限于申请人明确提出的财产范围之内。(3)命令被申请人不得提起诉讼、申请等程序是对被申请人诉权的侵害,不应被支持。被申请人的基本程序法权利不能因为紧急仲裁员程序被限制甚至褫夺。并且被申请人在法院提起诉讼或申请程序的,需要依据管辖地的法律判断其行为的合理性,如果其行为客观上阻碍了紧急仲裁员决定的执行,本案在进入实体审理后,仲裁庭会考虑被申请人的行为是否构成仲裁程序中的不诚信。(4)为保证紧急仲裁员决定的顺利和有效执行,命令被申请人不得通过暗示、鼓励等方式让其他人代表其作出本决定所涉及临时措施有关的行为,是合理的要求,应当支持。

该案中,紧急仲裁员部分支持了申请人的临时救济措施申请,限制被申请人转移特定财产,并指令其不得通过暗示、鼓励等方式让其他人代表其作出本决定所涉及临时措施有关的行为。该案的紧急仲裁员决定在香港顺利获得了香港高等法院原讼法庭的执行命令。

（四）紧急仲裁员程序中的担保

《北仲规则 2015》第 63 条虽未明确规定申请临时措施的一方当事人需要提供担保，但第 62 条第 1 款规定："……如果必要，仲裁庭有权要求申请临时措施的当事人提供适当的担保。"这里的"仲裁庭"也应包括紧急仲裁员，紧急仲裁员也有权要求申请人提供适当担保。

对比其他国内外仲裁机构的仲裁规则，其中不少直接规定了紧急仲裁员有权要求申请人提供适当担保，例如：

《贸仲规则 2015》附件三第 5 条第 2 款规定："紧急仲裁员可以要求申请紧急救济的当事人提供适当的担保作为实施救济的前提条件。"

《HKIAC 规则 2018》附录 4 第 17 条规定："紧急仲裁员应有权指令申请紧急救济的当事人提供适当的担保。"

《SIAC 规则 2016》附则 1 第 8 条规定："中期裁决或者紧急救济命令可以要求申请救济的当事人，提供适当的担保作为实施救济条件。"

《SCC 规则 2017》正文部分第 37 条"临时措施"第（2）款规定："仲裁庭可以指令由申请临时措施的当事人为该措施提供适当的担保。"而附件二第 1 条第（2）款规定："紧急仲裁员拥有仲裁规则第 37 条第（1）至（3）款所规定的权力。"

关于担保金额的确定，由于请求仲裁庭采取临时措施，与申请诉讼保全较为类似，担保数额也可以参照处理。根据《北仲规则 2015》，请求指定紧急仲裁员并采取临时措施的时间是"案件受理后至组成仲裁庭之前"，故与诉讼保全而非诉前保全更为相似。

最高院《财产保全规定》第 5 条第 1 ~ 2 款规定："人民法院依照民事诉讼法第一百条规定责令申请保全人提供财产保全担保的，担保数额不超过请求保全数额的百分之三十；申请保全的财产系争议标的的，担保数额不超过争议标的的价值的百分之三十。利害关系人申请诉前财产保全的，应当提供相当于请求保全数额的担保；情况特殊的，人民法院可以酌情处理。"

该案中，申请人提供了与其仲裁请求金额相当的担保，这一比例已经远高于前述规定中的比例。

另外，需要注意的是，该案的紧急仲裁员决定在香港地区执行，而香港《仲裁条例》赋予了仲裁员作出临时救济措施并要求提供担保的权力。故该案中对临时救济措施的担保由北仲直接负责处理，申请人将作为担保的保单原件交存至北仲保管，保单中载明的受益人为被采取保全措施的一方。紧急仲裁员在紧急仲裁员决定中载明如日后发生索赔，在相应诉讼程序中，被申请人或者有关司法机构可以至北仲调取保单。由于中国并不是采取《国际商事仲裁示范法》的国家，且《民事诉讼法》和《仲裁法》规定只有法院有作出临时措施的权力,因此,仲裁机构通常不会自行处理临时措施担保事宜或保存担保凭证,而是将是否要求提供担保、提供担保的形式及金额等事宜交由法院决定和实施。若日后在内地仲裁中出现紧急仲裁员程序的,在现有法律框架下,担保事宜可能仍应交由法院和执行法官处理。

二、中国内地第三例紧急仲裁员程序案件

上仲于2019年受理了一宗适用紧急仲裁员程序的仲裁案件,该案是中国内地第三例紧急仲裁员程序案件。[①] 该案申请人在仲裁立案当天同时提交了财产保全申请,申请冻结被申请人名下财产。上仲依据相关法律规定,将财产保全申请转交有管辖权法院。

申请人在提起仲裁后、仲裁庭组成前,依据《上仲规则2018》第69条的规定,向上仲提出指定紧急仲裁员的申请。上仲经审查,同意受理申请人的申请,并指定了紧急仲裁员。该案自紧急仲裁员接受指定至作出紧急仲裁员裁定共耗时7天。

该案为股权转让纠纷,申请人的仲裁请求,其一是要求被申请人转让案涉股权,其二是赔偿申请人损失。在判断申请人提出的临时措施是否具有合理性时,被申请人提出,申请人在仲裁立案时即已经申请了仲裁财产保全,此时再申请临时救济措施,要求就涉案股权进行财产保全属于重复申请;该案中有关法院已作出保全裁定,申请人的临时措施是重复且没有必要的。申请人表示,申请仲裁时的财产保全针对的是其要求被申请人赔偿损失的仲裁请求,而临时措施针对的是其要求被申请人转让股权的仲裁请求,因此两者并不重复。

该案中,紧急仲裁员认为判断临时措施的合理性,需要看临时措施与其仲裁请求的关系,以及法院作出的财产保全裁定是否覆盖了申请人仲裁请求主张的事项及相应金额。该案中,申请人提出的仲裁财产保全针对的是其赔偿损失的仲裁请求,不涉及其关于股权转让的请求,且法院裁定的保全金额以申请人主张的赔偿损失数额为上限。因此仲裁财产保全与临时措施是相互独立的两项请求,相互间并不冲突,申请人的临时措施申请不属于重复保全。同时,由于申请人请求的临时措施为冻结被申请人持有的A公司30%股份,而申请人的仲裁请求仅要求被申请人转让A公司10%股份,紧急仲裁员认为如冻结被申请人持有的A公司30%的股份,会出现超标的额保全的情况。最终,紧急仲裁员部分支持了申请人的临时措施请求,同意冻结被申请人持有的A公司10%股份。

前述两宗紧急仲裁员程序案件,为中国仲裁的创新提供了实例支持,也体现出中国仲裁理论与实践的国际化程度日益加深。

---

① 笔者担任该案紧急仲裁员。

第十四章　仲裁财产保全

第一节　仲裁财产保全制度介绍

仲裁地为中国内地的仲裁案件,一方当事人因另一方当事人的行为或者其他原因,可能导致仲裁裁决不能执行或者难以执行的,可以申请财产保全。当事人申请财产保全的,仲裁委员会应当将当事人的申请提交人民法院。[①] 仲裁财产保全分为仲裁中的财产保全和仲裁前的财产保全。仲裁中的财产保全是指仲裁案件受理后进行的财产保全。仲裁案件受理前,利害关系人因情况紧急,不立即申请保全将会使其合法权益受到难以弥补的损害的,可直接向有管辖权的人民法院申请采取仲裁前的财产保全。[②]

在理解仲裁财产保全制度时,应格外关注以下几点:

一、通常情况下不适用于仲裁地为中国内地以外的仲裁

无论是仲裁前的财产保全还是仲裁中的财产保全通常都仅适用于仲裁地为中国内地的仲裁。理论界与实务界逐渐普遍认为,中国内地法院根据仲裁地,而非仲裁机构所在地,确定仲裁裁决的籍属。[③] 所以,仲裁地在中国内地以外的仲裁不属于国内仲裁,不适用《仲裁法》和《民事诉讼法》的规定,也就不适用其中关于财产保全的规定。此外,国内法律尚未就外国仲裁机构在中国内地进行仲裁作出明确规定,该类仲裁也无法适用国内的仲裁财产保全制度。

需要注意的是,域外海事仲裁程序的财产保全存在不同于上述一般观点的特殊规定。《海事诉讼特别程序法若干问题解释》第 21 条第 2 款规定:"外国法院已受理相关海事案件或者有关纠纷已经提交仲裁,但涉案财产在中华人民共和国领域内,当

---

① 《仲裁法》第 28 条。

② 《民事诉讼法》第 101 条。

③ 参见季境、温志军:《国际商事仲裁裁判国籍籍属的认定》,载《人民司法》2019 年第 14 期;高晓力:《司法应依仲裁地而非仲裁机构所在地确定仲裁裁决籍属》,载《人民司法》2017 年第 20 期。

事人向财产所在地的海事法院提出海事请求保全申请的,海事法院应当受理。”根据这一规定,有管辖权的法院可以受理当事人在域外海事仲裁程序进行中向中国内地法院提交的保全申请。例如,在宁波海事法院(2010)甬海法仲保字第1号案中,宁波海事法院依据《海事诉讼特别程序法》第17条、《海事诉讼特别程序法若干问题解释》第21条第2款之规定,支持当事人于域外仲裁程序进行中向其提出的保全申请。又如,在武汉海事法院(2016)鄂72财保427号案中,武汉海事法院在HKIAC仲裁案的当事人提供相应担保后,认为保全申请符合现有法律规定,依照《仲裁法》第28条、《民事诉讼法》第103条的规定,裁定支持了申请人提出的仲裁中财产保全申请。

除上述域外海事仲裁程序的特殊规定外,2019年4月2日,最高院与香港律政司签署了《内地与香港仲裁保全的安排》。根据该安排的规定,就仲裁地为香港的仲裁,当事人可以向内地有管辖权的法院提交保全申请。《内地与香港仲裁保全的安排》的内容将在下文详细介绍。

二、仲裁前的财产保全制度

《民事诉讼法》第101条规定了仲裁前财产保全制度:“利害关系人因情况紧急,不立即申请保全将会使其合法权益受到难以弥补的损害的,可以在提起诉讼或者申请仲裁前向被保全财产所在地、被申请人住所地或者对案件有管辖权的人民法院申请采取保全措施。申请人应当提供担保,不提供担保的,裁定驳回申请。人民法院接受申请后,必须在四十八小时内作出裁定;裁定采取保全措施的,应当立即开始执行。申请人在人民法院采取保全措施后三十日内不依法提起诉讼或者申请仲裁的,人民法院应当解除保全。”根据这一规定,仲裁前财产保全是在非常急迫的情况下为申请人提供的一种紧急救济措施。申请人不用通过仲裁机构可以直接向法院申请保全,有助于提高保全效率,可以最大化地保证申请人的利益。

但需要说明的是,因缺失具体的配套规定,各地法院掌握尺度不一,导致实践中申请仲裁前财产保全的比例很低,法院受理和裁定同意采取保全措施的比例更低。申请仲裁前财产保全的结果具有较大不确定性,所花费的时间甚至往往长于申请仲裁中财产保全。有鉴于此,如果法律法规能够细化申请和受理仲裁前财产保全的要求,建立受理法院和相关仲裁机构的沟通渠道,适当放宽申请和受理条件,并由当事人对其申请保全的紧迫性和正确性提供担保,可能将更有利于仲裁前财产保全制度发挥其应有的作用。

三、仲裁中的财产保全制度

仲裁中的财产保全应按照《仲裁法》第28条第2款处理,即“当事人申请财产保全的，仲裁委员会应当将当事人的申请依照民事诉讼法的有关规定提交人民法院”。根据前述规定，财产保全应由仲裁委员会转递给人民法院。故如果当事人希望申请仲裁中的财产保全，必须是已经提交了仲裁申请、预交了仲裁费，并已完成立案。

四、通常情况下当事人无须就不能执行或难以执行仲裁裁决举证

虽然《仲裁法》将申请仲裁财产保全的理由表述为“因另一方当事人的行为或者其他原因，可能使裁决不能执行或者难以执行”，但在申请财产保全时，一般法院并不要求财产保全申请人就“因另一方当事人的行为或者其他原因，可能使裁决不能执行或者难以执行”进行举证，只要申请人陈述前述理由即可。实际上，如果要求申请人对此进行举证，很大程度相当于实质性地排除了当事人申请财产保全的权利。因为在中国内地的仲裁或诉讼案件中，要证明这一点的难度非常大。

然而，实践中亦有法院认为，根据《仲裁法》第28条的规定，仲裁中的财产保全前提条件是申请财产保全具有“必要性”，据此要求申请人提交保全必要性说明甚至相关证据，并对是否具有必要性进行实质性审查。但是，何为具有“必要性”，现行法律法规并没有具体、明确的标准，这导致法院对这一问题具有极大的自由裁量权。在仲裁财产保全实践中，有些法院内部就“必要性”设定了极为严格的认定标准，如要求申请人证明被申请人已被多个债权人起诉，或申请保全的资产已被多个债权人在先采取保全措施，或者提供证据证明被申请人正在转移被申请保全的资产（如正在公开挂牌转让）。前述认定标准明显过于严格，导致很多案件的申请人实质上丧失了申请仲裁财产保全的权利。对于“必要性”的具体标准，今后的法律法规应给予具体、明确的规定，以让申请人、管辖法院在申请和审查时有法可依。在现行法律法规对“必要性”的标准规定不明且申请人已提供足额担保的情况下，管辖法院内部不宜设定过于严格的审查标准，否则申请人将无法及时采取财产保全措施，后续的执行工作也将更为困难。

第二节　财产保全的申请

一、提交财产保全申请

利害关系人提出仲裁前的财产保全申请，应当将财产保全申请文件提交有管辖权的法院。

当事人提出仲裁中的财产保全申请，应当将财产保全申请文件提交仲裁委员会。一般情况下，仲裁委员会在接收财产保全申请文件时都会出具文件接收的收据。这

份收据是当事人已经提交财产保全申请及仲裁委员会有义务依法转递财产保全申请的证明,当事人应妥善保管。

在当事人提出仲裁中的财产保全申请以后,仲裁委员会将当事人提交的财产保全申请书、仲裁申请书或仲裁反请求申请书、证据、授权委托书、企业法人营业执照或境外企业存续证明文件、法定代表人身份证明书连同仲裁委员会转函各一份转递给管辖法院,并在仲裁案卷中留存一份备案。

实践中还有另一种提交仲裁中财产保全申请文件的方式,即仲裁案件立案后,仲裁委员会将财产保全申请文件和仲裁委员会转函放入加盖仲裁委员会印章的密封袋,由申请人直接将密封袋提交有管辖权的法院。这种做法在一定程度上可以缩短保全申请文件在仲裁委员会和管辖法院之间转递所需的时间,但有的法院不接受这种由申请人直接提交的方式。

值得注意的是,实践中有的仲裁委员会无正当理由拒不将申请人的仲裁中保全申请转递法院或拖延转递,而申请人自己向法院提交申请法院又不受理。在此情况下,现行法律法规并未给予申请人救济措施。实际上,不允许当事人直接向法院申请仲裁中财产保全可能不但没有明显意义,反而可能影响当事人行使申请财产保全的正当权利。一方面,此前最高院《关于适用〈中华人民共和国仲裁法〉若干问题的解释(征求意见稿)》第 12 条规定:"仲裁案件的当事人直接向人民法院申请保全或调查取证的,人民法院不予受理。"最终该条规定未被正式发布实施的《仲裁法司法解释》采纳,表明最高院在《仲裁法司法解释》起草中对于这一规定是否有实际意义没有形成一致意见。另一方面,《民事诉讼法》规定仲裁前财产保全由当事人直接向法院申请,这也说明当事人直接向法院申请仲裁财产保全并无障碍。此外,参考国外司法实践,普遍的做法也是由当事人或其代理律师直接向法院提交申请,而非由仲裁机构转递。

因此,法律法规可能有必要明确,如果当事人对其财产保全申请提供了担保并向法院作出了非恶意采取保全措施的承诺,就应当允许当事人自行向法院提交仲裁中财产保全申请(应当附上仲裁案件受理通知),这将更加有利于发挥财产保全制度的价值,防止仲裁机构侵犯当事人申请仲裁中财产保全的权利。

二、财产保全申请文件

申请仲裁前财产保全时,当事人应提交以下文件:(1)财产保全申请书原件;(2)证据、授权委托书、财产保全申请人和被申请人主体信息资料;(3)财产信息或线索清单;(4)担保文件。根据《民事诉讼法》第 101 条的规定,申请仲裁前财产保全的,申请人应当提供担保。此外,尽管《民事诉讼法》和《仲裁法》并未将提供担保作为仲裁中财产保全的必备条件，但司法实践中，人民法院通常会要求申请人提供担保，如不提供担保，人民法院通常不会受理或会裁定驳回其财产保全申请。

当提出仲裁中的财产保全申请时，当事人除了向仲裁委员会提交上述文件以外，还需要提交仲裁申请书或仲裁反请求申请书一式一份。

三、财产保全申请书中列明的内容

根据《财产保全规定》第 1 条的规定，财产保全申请书应当包括以下事项：(1) 申请保全人与被保全人的身份、送达地址、联系方式；(2) 请求事项和所根据的事实与理由；(3) 请求保全数额或者争议标的；(4) 明确的被保全财产信息或者具体的被保全财产线索；(5) 为财产保全提供担保的财产信息或资信证明，或者不需要提供担保的理由；(6) 其他需要载明的事项。

需注意的是，申请财产保全的金额不能超过仲裁请求的金额。如果仲裁请求是交付物品或者其他财产权利的，如商标、股权等，财产保全的范围一般限定于该争议标的。

第三节　财产保全的受理、担保、保全措施及保全错误赔偿责任等

一、管辖法院

根据《财产保全规定》第 3 条的规定，仲裁过程中，当事人申请财产保全的，应当通过仲裁机构向人民法院提交申请书及仲裁案件受理通知书等相关材料。人民法院裁定采取保全措施或者裁定驳回申请的，应当将裁定书送达当事人，并通知仲裁机构。

根据《民事诉讼法》第 101 条、《实施仲裁法几个问题的通知》和最高院《执行工作若干问题规定》第 11 条、第 12 条之规定，当事人申请仲裁财产保全的，国内仲裁案件由被申请人住所地或者财产所在地的基层人民法院管辖；属涉外仲裁案件的，由被申请人住所地或者财产所在地的中级人民法院管辖。

值得注意的是，司法实践中各地法院可能会根据实际情况对受理仲裁财产保全的管辖法院作出另行规定。例如，北京高院《关于印发修订后的〈北京市法院执行工作规范〉的通知》(2013 年) 第 6 条规定，申请仲裁前或仲裁过程中，当事人申请财产保全的，由被申请人住所地或被申请保全的财产所在地的中级人民法院受理、作出裁定并执行。除前述情况外，实践中还有地方法院依据最高院规定的一审民商事案件级别管辖标准，结合申请人申请保全金额来确定管辖法院的级别。

二、财产保全担保与反担保

《民事诉讼法》第100条第2款规定:“人民法院采取保全措施,可以责令申请人提供担保,申请人不提供担保的,裁定驳回申请。”第101条规定:“……申请人应当提供担保,不提供担保的,裁定驳回申请……”根据前述规定,法院可以要求仲裁中财产保全申请人提供担保,实践中一般情况下法院均会要求提供担保。仲裁前财产保全申请人必须提供财产保全担保。

《财产保全规定》第5条规定:“人民法院依照民事诉讼法第一百条规定责令申请保全人提供财产保全担保的,担保数额不超过请求保全数额的百分之三十;申请保全的财产系争议标的的,担保数额不超过争议标的价值的百分之三十。利害关系人申请诉前财产保全的,应当提供相当于请求保全数额的担保;情况特殊的,人民法院可以酌情处理。财产保全期间,申请保全人提供的担保不足以赔偿可能给被保全人造成的损失的,人民法院可以责令其追加相应的担保;拒不追加的,可以裁定解除或者部分解除保全。”根据前述规定,法院要求提供财产保全担保的,仲裁中的财产保全担保数额不超过请求保全数额的30%,仲裁前财产保全担保数额一般应相当于请求保全数额。

实务中,通常无论国内仲裁还是涉外仲裁,法院都要求当事人提供财产保全担保。各法院对担保额占保全额的比例有不同的要求,对担保方式也有不同的规定。担保方式包括申请人提供物的担保或现金担保,第三人提供信用担保、物的担保或现金担保,专业机构提供的信用担保,等等。现阶段,法院普遍接受保险公司提供的财产保全责任险保单保函。相较于其他担保方式,该种担保方式效率更高、成本更低。如果当事人拒绝按照法院的要求提供财产保全担保,法院很可能将驳回财产保全申请。法院作出的驳回财产保全申请决定不能上诉。

被申请人向法院申请解除保全的,也需要提供担保,实务中俗称反担保。《民事诉讼法》第104条规定:“财产纠纷案件,被申请人提供担保的,人民法院应当裁定解除保全。”《民事诉讼法司法解释》第167条规定:“财产保全的被保全人提供其他等值担保财产且有利于执行的,人民法院可以裁定变更保全标的物为被保全人提供的担保财产。”《财产保全规定》第22条规定:“财产纠纷案件,被保全人或第三人提供充分有效担保请求解除保全,人民法院应当裁定准许。被保全人请求对作为争议标的的财产解除保全的,须经申请保全人同意。”

根据上述规定,被申请人申请解除保全措施且提供更利于执行的担保的,法院应解除已采取的保全措施。但如果被保全的财产是争议标的的,被申请人申请解除保全需要经过申请保全人的同意。例如,在房屋买卖合同纠纷仲裁案中,申请人作为买受人申请查封系争房产后，被申请人申请解除对该房产的查封必须经申请人同意。

需要特别注意的是，由于反担保本身风险较大，一些担保公司要求当事人提供保证金或不动产抵押担保后才愿意承接反担保业务。此外，经向部分保险公司咨询，银保监会已经停止发布反担保类产品保单的批文，故截至本书写作时，保险公司不能开展此项业务。因此，以现金、有价证券、不动产等提供反担保一般更容易被法院所接受。

三、保全财产信息的提供责任

《财产保全规定》第 10 条第 1 款规定："当事人、利害关系人申请财产保全，应当向人民法院提供明确的被保全财产信息。"第 10 条第 2 款规定："当事人在诉讼中申请财产保全，确因客观原因不能提供明确的被保全财产信息，但提供了具体财产线索的，人民法院可以依法裁定采取财产保全措施。"第 11 条第 1 款规定："人民法院依照本规定第十条第二款规定作出保全裁定的，在该裁定执行过程中，申请保全人可以向已经建立网络执行查控系统的执行法院，书面申请通过该系统查询被保全人的财产。"

根据前述规定，一般仅在诉讼财产保全案件中，法院才会通过网络执行查控系统帮助因客观原因不能提供明确财产信息但提供了具体财产线索的当事人查询被保全人财产。在仲裁财产保全司法实务中，法院一般认为财产保全申请人负有向法院提供被保全财产信息的责任，如果申请人不能提供财产信息，其不利后果由申请人自行承担。即使申请人提供了具体财产线索，法院也不主动去查询仲裁财产保全案件中被保全财产的情况。财产保全申请人对此应有所预期，并在准备申请财产保全之前就应当尽量查找被保全财产的信息。

四、财产保全裁定

法院受理财产保全申请，经审查符合财产保全条件，将作出财产保全裁定。法院的执行员根据财产保全裁定采取具体的财产保全措施。财产保全被申请人不得就财产保全裁定提起上诉，但可以申请法院复议一次。复议期间不停止裁定的执行。①

中国法律没有直接规定案外第三人有权对财产保全措施或保全标的提出异议，但财产保全措施属于中国法下的"执行程序"，一般可参照《民事诉讼法》的相关规定处理。《民事诉讼法》第 225 条规定："当事人、利害关系人认为执行行为违反法律规定的，可以向负责执行的人民法院提出书面异议。当事人、利害关系人提出书面异议

---

① 参见《民事诉讼法》第 108 条。

的,人民法院应当自收到书面异议之日起十五日内审查,理由成立的,裁定撤销或者改正;理由不成立的,裁定驳回。当事人、利害关系人对裁定不服的,可以自裁定送达之日起十日内向上一级人民法院申请复议。”第227条规定:“执行过程中,案外人对执行标的提出书面异议的,人民法院应当自收到书面异议之日起十五日内审查,理由成立的,裁定中止对该标的的执行;理由不成立的,裁定驳回。案外人、当事人对裁定不服,认为原判决、裁定错误的,依照审判监督程序办理;与原判决、裁定无关的,可以自裁定送达之日起十五日内向人民法院提起诉讼。”因此,案外第三人可根据《民事诉讼法》第225条、第227条的规定对保全措施或保全标的提出异议。执行异议的相关内容详见本书“仲裁裁决的执行”章节。

五、财产保全具体措施

具体的财产保全措施主要包括查封、冻结、扣押、变卖保存价款等,前述财产保全措施根据被保全的财产不同而不同。简要介绍如下:

1. 如被保全财产是不动产的,法院对该不动产采取查封措施。现场查封不动产的,法院应当张贴封条或公告。如果该不动产已经进行了权属登记(如房屋或土地的权属登记),法院应当向权属登记部门送达财产保全的裁定、协助执行通知。

2. 如被保全财产是存款、债券、股权、股票、基金份额等,法院可根据具体情况采取扣押、冻结措施。

3. 如被保全财产是动产的,如车辆、机器设备、电器等,法院采取扣押或查封措施。如被保全的动产在权属登记部门进行了权属登记,如车辆、船舶、航空器等,法院还应当向相关登记机关送达财产保全的裁定、协助执行通知。

4. 如果被保全的财产属于季节性不宜保存的鲜活物品,如蔬菜、鱼、海鲜等,法院可以责令当事人及时处理,由人民法院保存价款;必要时,人民法院可予以变卖,保存价款。①

人民法院冻结被保全人的银行存款的期限不得超过1年,查封、扣押动产的期限不得超过2年,查封不动产、冻结其他财产权的期限不得超过3年。申请保全人申请延长期限的,人民法院应当在查封、扣押、冻结期限届满前办理续行查封、扣押、冻结手续,续行期限不得超过前款规定的期限。人民法院也可以依职权办理续行查封、扣押、冻结手续。②

---

① 参见最高人民法院执行局编:《人民法院执行办案指引》,人民法院出版社2018年版。

② 参见《民事诉讼法司法解释》第487条。

六、财产保全申请错误的赔偿责任

《民事诉讼法》第 105 条规定:"申请有错误的,申请人应当赔偿被申请人因保全所遭受的损失。"最高院《关于当事人申请财产保全错误造成案外人损失应否承担赔偿责任问题的解释》规定:"根据《中华人民共和国民法通则》第一百零六条、《中华人民共和国民事诉讼法》第九十六条等法律规定,当事人申请财产保全错误造成案外人损失的,应当依法承担赔偿责任。"据此,申请财产保全不是没有风险的。如果申请财产保全错误,申请人应当赔偿被申请人或案外人因财产保全所遭受的损失。

从既有的财产保全错误损害赔偿案例的视角来看,现阶段财产保全错误损害赔偿责任的认定标准如下:①

(一)申请人存在过错

对于保全错误的责任承担,一般是以申请人在申请时存在过错作为要件,不能仅以申请人的诉讼请求未得到支持作为充分条件。

最高院公报案例(2018)最高法民申 2027 号宜兴市建工建筑安装有限责任公司与张欣、张学山申请诉中财产保全损害赔偿责任纠纷案的裁判要旨中表明:"……如果仅以保全申请人的诉讼请求是否得到支持作为申请保全是否错误的依据,必然会对善意当事人依法通过诉讼保全程序维护自己权利造成妨碍,影响诉讼保全制度功能的发挥。而且,《中华人民共和国侵权责任法》第六条和第七条规定,侵权行为以过错责任为原则,无过错责任必须要有法律依据,但《中华人民共和国侵权责任法》所规定的无过错责任中并不包含申请保全错误损害赔偿责任。因此,申请保全错误,须以申请人主观存在过错为要件,不能仅以申请人的诉讼请求未得到支持为充分条件。"该案裁判要旨中还指出:"由于当事人的法律知识、对案件事实的举证证明能力、对法律关系的分析判断能力各不相同,通常达不到司法裁判所要求的专业水平,因此当事人对诉争事实和权利义务的判断未必与人民法院的裁判结果一致。对当事人申请保全所应尽到的注意义务不应过于苛责。"

至于申请人应尽怎样的注意义务,以下几种态度和标准值得关注:

第一,申请人的注意义务不必达到法院的判断标准,只需达到当事人的通常水平即可。如四川省高级人民法院(2018)川民终 1023 号张华清、成都地奥制药集团有限公司因申请诉中财产保全损害责任纠纷二审民事判决书中,对于被告(保全申请人)

---

① 需要说明的是,下述的诉讼财产保全错误损害赔偿责任纠纷案件的裁判要旨对于仲裁财产保全错误损害赔偿责任纠纷案件同样适用。

在申请保全时认定事实错误作出如下说明:"就地奥公司、宏能公司诉张华清、沿河煤矿等矿产权侵权纠纷案的诉讼过程,结合本院及最高人民法院判决书分析,重审后对地奥公司享有探矿权和采矿权的时间点的认识发生变化是导致该案判决结果与原审时发生变化的重要因素,地奥公司已尽到普通注意义务,是否败诉不是衡量其是否恶意诉讼的唯一标准。由此本院认定,地奥公司申请财产保全并无明显过错。"

第二,法院会结合法律专业人士对于案件是否存在争议,来判断申请人是否已经尽到注意义务。如重庆市高级人民法院(2018)渝民申929号四川平凡商贸有限公司与丰都晶鑫矿业有限公司、岑小军申请诉中财产保全损害责任纠纷申请再审民事裁定书中,由于检察机关对于是否进行审判监督存在分歧,重庆市高级人民法院认为:"专门的法律监督机关在案件经过法院一审、二审后,尚且对同一案件存在不同认识,更何况刚处于一审诉讼阶段的普通诉讼当事人晶鑫矿业公司、岑小军。"因此,作为保全申请人的当事人无法合理预测其请求能否得到法院支持,其对于保全错误不具有过错。

另外,对于申请保全金额超过实际判决支持的金额,申请人是否必然存在过错这一问题,一般认为:只要申请人有证据证明对方存在违约等需要承担责任的行为,通常认定为不存在过错。

如最高院(2015)民申字第1147号陈应桂、福建省东泉建筑工程有限公司与宁化县永龙房地产开发有限公司建设工程施工合同纠纷案中,被告(保全申请人)申请保全数额远高于实际判决的数额,最高院裁定认为:"陈应桂与永龙公司之间存在真实的建设工程施工合同关系,陈应桂起诉永龙公司要求支付拖欠工程款,就其诉讼请求提供了相应证据,且经法院两审认定,永龙公司确实存在欠付工程款的事实,故应当认为陈应桂在该案诉讼过程中申请财产保全,系为将来生效判决得以顺利执行,保障其合法民事权益的实现,就该申请陈应桂并依法提供了担保,故二审判决认为陈应桂申请财产保全不具有主观上故意或重大过失的过错,不构成法律规定的申请错误并无不当。"

同样,如最高院(2015)民申字第115号陈云青与陈世伟、薛宏勇申请再审民事裁定书中表明:"经一审法院、二审法院审理,认定陈云青延期交船时间长达302天,违约明显。但因陈世伟对于其损失举证不足,法院仅支持了906000元的违约金(二审判决误写为船期损失),对于其他诉请,包括570万元的船期损失,未予支持。同时,法院还支持了陈世伟主张的诉前保全申请费5000元。因此,二审判决未认定陈世伟申请保全错误并无不当。"

(二)保全错误与被申请人损失之间存在因果关系

保全错误需要与被申请人的损失存在因果关系,否则,申请保全人不应该为被申请人的损失承担责任。

最高院公报案例(2012)民申字第1282号李正辉与柴国生因财产损害赔偿纠纷案中,由于原告即被申请人属于上市公司高管,根据法律规定在离职后半年内无法出售其所拥有的股份,因此法院认为保全与否不影响禁售期内股份无法出售的事实,对这一时段内股票价值的变动未进行考量。

对于市场变动较大的标的,法院会考量被申请人是否已经做出有关措施避免价格贬损。如最高院公报案例(2017)最高法民终118号青岛中金实业股份有限公司、滨州市中金豪运置业有限责任公司侵权责任纠纷案的二审民事判决书中,对于市场价格的波动所造成的损失,最高院表示:"《最高人民法院关于人民法院办理财产保全案件若干问题的规定》第二十条规定,'财产保全期间,被保全人可以请求对被保全财产自行处分,人民法院经审查,认为不损害申请保全人和其他执行债权人合法权益的,可以准许,但应当监督被保全人按照合理价格在指定期限内处分,并控制相应价款。被保全人请求对作为争议标的的被保全财产自行处分的,须经申请保全人同意。人民法院准许被保全人自行处分被保全财产的,应当通知申请保全人;申请保全人不同意的,可以依照民事诉讼法第二百二十五条规定提出异议。'……被保全人依据前述司法解释规定有权选择对被保全财产是否处分,被保全人未请求或者其请求不当而未获人民法院准许的,被保全财产因市场变化而产生的价值贬损,系被保全人应自行承担的风险,与申请财产保全行为没有直接的因果关系。但申请保全人不同意被保全人自行处分的,则被保全人因不能行使处置权而发生的财产损失与申请保全人的行为有直接的因果关系,在财产保全错误时应由申请保全人承担相应的赔偿责任……"即当被保全人可以请求自行处分但是未请求或者作出不当请求的,其应当对市场价格变动自行承担责任。

有时被申请人所受到的实际财产损失是因法院的错误保全造成的,而非申请人错误申请造成的,如法院超标的查封,理论上应由法院承担责任。

七、财产保全后的申请仲裁期限

根据《民事诉讼法》第101条的规定,如果申请人在人民法院采取保全措施后30日内不申请仲裁的,人民法院应当解除保全。

根据《仲裁法》及仲裁实务,仲裁立案程序可以划分以下四个阶段:(1)当事人申请仲裁;[①](2)仲裁机构审查;(3)当事人缴费;(4)仲裁委员会受理。因此,在理解仲裁前财产保全30日期限时,应当严格按照字面理解,只要财产保全申请人在30日内

---

① 申请仲裁的含义参见《仲裁法》第21条、第22条。

向仲裁委员会提交了仲裁申请书及其他立案文件,就视为已经“申请仲裁”了。当然,如果当事人没有按期缴费,将被视为放弃申请仲裁,仲裁前财产被保全应予解除。如果仲裁委员会决定不予受理,仲裁前财产保全措施也应解除。

第四节 《内地与香港仲裁保全的安排》

2019年4月2日,内地与香港地区签署了《内地与香港仲裁保全的安排》。这是香港回归后,内地与香港地区签署的第七项司法协助安排,也是内地与其他法域签署的第一份有关仲裁保全协助的文件。

《内地与香港仲裁保全的安排》的条文可以大致分为两个部分:一是规定香港仲裁程序的当事人可以向内地法院申请保全;二是规定内地仲裁程序的当事人可以向香港法院申请强制令及其他临时措施。

一、香港仲裁程序的界定

《内地与香港仲裁保全的安排》第2条规定:“本安排所称‘香港仲裁程序’,应当以香港特别行政区为仲裁地,并且由以下机构或者常设办事处管理:(一)在香港特别行政区设立或者总部设于香港特别行政区,并以香港特别行政区为主要管理地的仲裁机构;(二)中华人民共和国加入的政府间国际组织在香港特别行政区设立的争议解决机构或者常设办事处;(三)其他仲裁机构在香港特别行政区设立的争议解决机构或者常设办事处,且该争议解决机构或者常设办事处满足香港特别行政区政府订立的有关仲裁案件宗数以及标的金额等标准。以上机构或者常设办事处的名单由香港特别行政区政府向最高人民法院提供,并经双方确认。”

依据以上规定,“香港仲裁程序”是以香港为仲裁地,并由机构或者常设办事处管理的仲裁程序。这意味着《内地与香港仲裁保全的安排》中的香港仲裁程序仅限于以香港为仲裁地的机构仲裁,而不包括临时仲裁。

二、保全申请程序及受理保全申请的管辖法院

《内地与香港仲裁保全的安排》第3条规定:“香港仲裁程序的当事人,在仲裁裁决作出前,可以参照《中华人民共和国民事诉讼法》《中华人民共和国仲裁法》以及相关司法解释的规定,向被申请人住所地、财产所在地或者证据所在地的内地中级人民法院申请保全。被申请人住所地、财产所在地或者证据所在地在不同人民法院辖区的,应当选择向其中一个人民法院提出申请,不得分别向两个或者两个以上人民法院提出申请。当事人在有关机构或者常设办事处受理仲裁申请后提出保全申请的,应

当由该机构或者常设办事处转递其申请。在有关机构或者常设办事处受理仲裁申请前提出保全申请，内地人民法院采取保全措施后三十日内未收到有关机构或者常设办事处提交的已受理仲裁案件的证明函件的，内地人民法院应当解除保全。”

依据上述规定，在有关机构或者常设办事处受理仲裁申请前，当事人（利害关系人）应直接向内地有管辖权的中级人民法院申请保全。

三、申请保全需提交的材料

根据《内地与香港仲裁保全的安排》第 4 条的规定，向内地人民法院申请保全的，应当提交下列材料：（1）保全申请书。（2）仲裁协议。（3）身份证明材料：申请人为自然人的，应当提交身份证件复印件；申请人为法人或者非法人组织的，应当提交注册登记证书的复印件以及法定代表人或者负责人的身份证件复印件。（4）在有关机构或者常设办事处受理仲裁案件后申请保全的，应当提交包含主要仲裁请求和所根据的事实与理由的仲裁申请文件以及相关证据材料、该机构或者常设办事处出具的已受理有关仲裁案件的证明函件。（5）内地人民法院要求的其他材料。身份证明材料系在内地以外形成的，应当依据内地相关法律规定办理证明手续。根据最高院《证据规定 2019》《第二次全国涉外商事海事审判工作纪要》的相关规定，这一证明手续应为公证、认证或其他证明手续。

《第二次全国涉外商事海事审判工作纪要》第 39 条规定：“对当事人提供的在我国境外形成的证据，人民法院应根据不同情况分别作如下处理：（1）对证明诉讼主体资格的证据，应履行相关的公证、认证或者其他证明手续；（2）对其他证据，由提供证据的一方当事人选择是否办理相关的公证、认证或者其他证明手续，但人民法院认为确需办理的除外。对在我国境外形成的证据，不论是否已办理公证、认证或者其他证明手续，人民法院均应组织当事人进行质证，并结合当事人的质证意见进行审核认定。”《证据规定 2019》第 16 条规定：“当事人提供的公文书证系在中华人民共和国领域外形成的，该证据应当经所在国公证机关证明，或者履行中华人民共和国与该所在国订立的有关条约中规定的证明手续。中华人民共和国领域外形成的涉及身份关系的证据，应当经所在国公证机关证明并经中华人民共和国驻该国使领馆认证，或者履行中华人民共和国与该所在国订立的有关条约中规定的证明手续。当事人向人民法院提供的证据是在香港、澳门、台湾地区形成的，应当履行相关的证明手续。”

《证据规定 2019》第 16 条明确了通常情况下域外证据应当由证据所在国公证机关予以公证，并经中国驻该国使领馆予以认证。需要提示的是，对于在港澳台地区形成的证据，相关证明手续略有不同。以香港为例，如果身份证明材料在香港形成，需根据相关规定办理公证及转递手续。具体而言，根据最高院、司法部联合发布的《关于涉港公证文书效力问题的通知》(司发通〔1996〕026 号),在涉港案件中,对于发生在香港的有法律意义的事件和文书,当事人应当提交《涉港公证文书效力问题的通知》中列明的委托公证人出具的并经司法部中国法律服务(香港)有限公司审核加章转递的公证证明。

此外,虽然《内地与香港仲裁保全的安排》未明确规定保全申请书需要办理公证、认证等证明手续,但保全申请书作为域外仲裁程序当事人向内地法院提交的有重要法律意义的文书,其上很可能有当事人法定代表人或其他负责人的签字以及法人公章等信息,内地不少法院谨慎起见可能要求申请人履行相应证明手续。如果当事人聘请了律师代为提交保全申请,则相应授权委托书也应履行公证、认证等证明程序。

四、保全申请书应载明的事项

根据《内地与香港仲裁保全的安排》第 5 条的规定,保全申请书应当载明下列事项:(1)当事人的基本情况:当事人为自然人的,包括姓名、住所、身份证件信息、通讯方式等;当事人为法人或者非法人组织的,包括法人或者非法人组织的名称、住所以及法定代表人或者主要负责人的姓名、职务、住所、身份证件信息、通讯方式等。(2)请求事项,包括申请保全财产的数额、申请行为保全的内容和期限等。(3)请求所依据的事实、理由和相关证据,包括关于情况紧急,如不立即保全将会使申请人合法权益受到难以弥补的损害或者将使仲裁裁决难以执行的说明等。(4)申请保全的财产、证据的明确信息或者具体线索。(5)用于提供担保的内地财产信息或者资信证明。(6)是否已在其他法院、有关机构或者常设办事处提出本安排所规定的申请和申请情况。(7)其他需要载明的事项。

第十五章　行为保全

第一节　行为保全制度介绍

一、行为保全制度概述

早在20世纪80年代，中国民事诉讼领域就确立了财产保全和证据保全制度。但直到2012年，行为保全的相关规定才首次出现在修订后的《民事诉讼法》中。

2012年修订的《民事诉讼法》施行之前，行为保全主要适用于海事强制令以及知识产权领域。

《海事诉讼特别程序法》第51条规定："海事强制令是指海事法院根据海事请求人的申请，为使其合法权益免受侵害，责令被请求人作为或者不作为的强制措施。"当事人可以在仲裁前或仲裁中申请海事强制令。法院可以责令申请海事强制令的当事人提供担保，当事人不提供的，应当驳回其申请。常见的海事强制令包括强制放船、强制放单、强制放货等。

2001年中国加入世界贸易组织后，根据《与贸易有关的知识产权协议》的相关规定，在修订专利法、商标法和著作权法等知识产权相关法律法规时，增加了行为保全制度，即权利人和利害关系人有证据证明他人正在实施或者即将实施侵权行为，如不及时制止将使其合法权益受到难以弥补的损害的，可以在起诉前向法院申请采取责令停止有关行为的措施，并规定了申请条件和审查标准、解除条件等。最高院亦于2001年6月、2002年1月先后颁布了《关于对诉前停止侵犯专利权行为适用法律问题的若干规定》和《诉前停止侵犯商标权行为和保全证据的解释》。

2012年修订的《民事诉讼法》首次规定了行为保全。2017年修订的《民事诉讼法》全文保留了之前新增的行为保全规定。

《民事诉讼法》第100条规定："人民法院对于可能因当事人一方的行为或者其他原因，使判决难以执行或者造成当事人其他损害的案件，根据对方当事人的申请，可以裁定对其财产进行保全、责令其作出一定行为或者禁止其作出一定行为；当事人没有提出申请的，人民法院在必要时也可以裁定采取保全措施。人民法院采取保全措施,可以责令申请人提供担保,申请人不提供担保的,裁定驳回申请。人民法院接受申请后,对情况紧急的,必须在四十八小时内作出裁定;裁定采取保全措施的,应当立即开始执行。"第 101 条规定:"利害关系人因情况紧急,不立即申请保全将会使其合法权益受到难以弥补的损害的,可以在提起诉讼或者申请仲裁前向被保全财产所在地、被申请人住所地或者对案件有管辖权的人民法院申请采取保全措施。申请人应当提供担保,不提供担保的,裁定驳回申请。人民法院接受申请后,必须在四十八小时内作出裁定;裁定采取保全措施的,应当立即开始执行。申请人在人民法院采取保全措施后三十日内不依法提起诉讼或者申请仲裁的,人民法院应当解除保全。"

在中国民事诉讼法中,行为保全是指要求被申请人作出或者禁止被申请人作出某种行为,如禁止被申请人处分标的物、要求被申请人停止实施侵权行为等。[①] 采取行为保全措施的目的是避免申请人遭受不可弥补的损害。由于实践中存在许多需要通过行为保全措施保护当事人合法利益的情形,因此,迫切需要建立涵盖所有民事领域的行为保全制度。例如,侵权案件中,需要责令加害人立即停止加害行为;离婚案件中,一方为争夺子女的监护权,往往转移、藏匿子女,需要立即制止这种行为;租赁合同纠纷中,有时需要强制出租人退出建筑物等。[②] 基于此,中国在 2012 年修订《民事诉讼法》时,规定了行为保全制度。

为总结审判经验,解决审判实践中出现的新情况和新问题,进一步完善行为保全制度在知识产权与竞争纠纷领域的实施,根据修订后的《民事诉讼法》关于行为保全的规定,最高院制定了《知产纠纷行为保全规定》。该司法解释于 2018 年 12 月底公布,并于 2019 年 1 月 1 日开始施行。

《知产纠纷行为保全规定》共 21 条,主要包括以下四方面内容:一是程序性规则,具体包括申请主体、管辖法院、申请书及载明事项、审查程序、复议等。二是实体性规则,具体包括行为保全必要性的考量因素、行为保全措施的效力期限等。三是行为保全申请有错误的认定及因申请有错误引发的赔偿诉讼的管辖、行为保全措施的解除等。四是同时申请不同类型保全的处理、申请费等其他问题。

二、仲裁行为保全制度

如上所述,《民事诉讼法》第 100 条对诉讼中行为保全进行了规定,第 101 条对诉讼前、仲裁前行为保全进行了规定,但《民事诉讼法》《仲裁法》均未明确规定仲裁中

---

① 参见王胜明主编:《中华人民共和国民事诉讼法释义》(最新修正版),中国法制出版社 2012 年版,第 229 ~ 230 页。

② 同上书,第 231 ~ 232 页。

的行为保全。

实践中,有当事人在仲裁程序中向法院申请行为保全并被支持的案例(“某百货公司申请禁止某置业公司对其所承租场所采取停水、停电、清场等措施仲裁行为保全案”[①],“江苏中超投资集团有限公司、杨飞与深圳市鑫腾华资产管理有限公司股权转让纠纷案”[②],详见下文)。另外,从法理的角度,既然《民事诉讼法》明确规定了利害关系人可以在仲裁前申请行为保全,则没有理由不允许当事人在仲裁中申请行为保全。因为行为保全的根本目的在于,通过采取保全措施,保护当事人的权益免受难以弥补的损害。既然当事人在启动仲裁程序前可能面临“不立即申请保全将会使其合法权益受到难以弥补的损害”的情况,那么其在启动仲裁程序后,仍然可能面临此种情况。并且,启动仲裁程序相比未启动仲裁程序,进一步表明当事人认为自己的权益受到侵害。因此,尽管《民事诉讼法》《仲裁法》未明确规定仲裁中的行为保全,但当事人应有权在仲裁中申请行为保全。

在理解仲裁行为保全制度时,应注意行为保全通常不适用于外国仲裁。近年来,中国内地司法实践逐渐认可以仲裁地判断裁决籍属的观点。[③] 仲裁地不在中国境内的仲裁,不适用中国民事诉讼法,也就无法依据民事诉讼法的相关规定向中国法院申请行为保全。

但需要注意的是,域外海事仲裁程序中的当事人以及一些在香港进行的仲裁程序中的当事人,可依据相关特别规定向中国内地法院申请行为保全。

《海事诉讼特别程序法若干问题解释》第 41 条第 2 款规定:“外国法院已受理相关海事案件或者有关纠纷已经提交仲裁的,当事人向中华人民共和国的海事法院提出海事强制令申请,并向法院提供可以执行海事强制令的相关证据的,海事法院应当受理。”根据《海事诉讼特别程序法》第 51 条的规定,海事强制令是指海事法院根据海事请求人的申请,为使其合法权益免受侵害,责令被请求人作为或者不作为的强制措施,其实质是行为保全。

中国法院认可境外仲裁程序的当事人依据《海事诉讼特别程序法若干问题解释》第 21 条第 2 款申请财产保全,故也应认可境外仲裁程序的当事人依据《海事诉讼特别程序法若干问题解释》第 41 条第 2 款申请海事强制令。

---

① 参见《某百货公司申请禁止某置业公司对其所承租场所采取停水、停电、清场等措施仲裁行为保全案》,载北大法宝:https://www.pkulaw.com/pfnl/a25051f3312b07f37b3d3495578866dac81b6dacfc766722bdfb.html?keyword=189%e5%8f%b7%e7%be%8e%e7%bd%97%e5%9f%8e%e7%99%be%e8%b4%a7%e5%85%ac%e5%8f%b8,最后访问日期:2019 年 5 月 7 日。

② 参见(2018)苏 02 民初 577 号。

③ 参见季境、温志军:《国际商事仲裁裁判国籍籍属的认定》,载《人民司法》2019 年第 14 期;高晓力:《司法应依仲裁地而非仲裁机构所在地确定仲裁裁决籍属》,载《人民司法》2017 年第 20 期。

另外,根据《内地与香港仲裁程序相互协助保全的安排》的规定,以香港为仲裁地,并由特定机构或者常设办事处管理的仲裁程序当事人可以向内地法院申请财产保全、证据保全、行为保全。当事人亦可在启动仲裁前向内地法院申请保全,但在内地法院采取保全措施后30日内,有关机构或者常设办事处需提交已受理仲裁案件的证明函件。否则,内地法院将解除保全。

香港律政司官方网站公布了截至2019年10月21日这些机构或者常设办事处的名单,其中包括HKIAC、贸仲香港仲裁中心、ICC亚洲事务办公室、香港海事仲裁协会、华南(香港)国际仲裁院、一邦国际网上仲调中心。[①] 本书第十四章"仲裁财产保全"章节已对香港仲裁程序当事人向内地法院申请财产保全的管辖法院、需提交的材料、保全申请书需载明事项等进行了介绍。就这些内容,香港仲裁程序当事人向内地法院申请财产保全与申请行为保全具有一定的相似性,此处不再赘述。

三、行为保全困境概述

总体上,行为保全在中国面临启动、执行等方面的困难。

(一)行为保全"启动难"

《民事诉讼法》第100条规定采取诉中行为保全措施的标准是"难以执行或者造成当事人其他损害的"。第101条规定,诉前、仲裁前采取行为保全措施的标准是"情况紧急,不立即申请保全将会使其合法权益受到难以弥补的损害的"。上述规定中,"难以执行""难以弥补""其他损害"等表述较为概括,其优点是灵活机动,给予法官较大的自由裁量权。但缺点是标准过于模糊,裁判者适用困难。[②] 直接的结果是裁判者为避免保全错误,更加审慎甚至保守地对待保全申请。例如,实践中,很多法院将"情况紧急"作为作出行为保全裁定的必要条件。[③] 但实际上,就诉中行为保全,《民事诉讼法》未将"情况紧急"列为需满足的条件。

(二)行为保全"执行难"

造成行为保全"执行难"的原因可能包括:(1)行为执行立法较为不完善、依据不

---

① 参见《〈关于内地与香港特别行政区法院就仲裁程序相互协助保全的安排〉——根据第二条确认资格的申请结果》,载香港律政司网站:https://www.doj.gov.hk/sc/public/interim_measures_outcome.html,最后访问日期:2020年2月3日。

② 参见朱永华:《民事诉讼法下行为保全制度适用分析》,载《法治与社会》2019年第10期。

③ 参见罗维鹏:《民事诉讼中行为保全的操作难题与应对》,载《光华法学》2019年第1期。

明;(2)行为执行惩戒力度较弱。[①]

1. 行为保全制度自2012年纳入《民事诉讼法》,最高院未出台单独针对行为保全的细化规定。而针对财产保全,最高院曾于2016年出台《财产保全规定》。各地方法院也有针对财产保全的实施细则,如《北京市高级人民法院财产保全若干问题的规定》。目前,解决行为保全在执行中出现的问题多参照财产保全的相关规定,然而,财产保全制度本身也不完善,这导致行为保全执行难的问题更加突出。[②] 实践中,由于行为执行立法缺乏,执行法官对行为执行的一些基本问题认识模糊且存在差异。

2. 行为执行惩戒力度较弱也是导致执行困难的原因之一。行为执行惩戒力度较弱体现在两方面:

(1)缺乏间接执行制度。通常行为执行可分为作为和不作为,作为可分为可替代行为和不可替代行为。有观点认为,行为执行不能主要存在于不可替代行为的执行案件中。原因在于可替代行为可由第三人替代履行,故不存在不能执行的问题;不作为行为的执行通常要求当事人保持消极容忍的态度,如果违反,可直接进行惩戒。[③] 但不可替代行为的执行案件,由于缺乏间接执行制度,推进执行举步维艰。间接执行是法院用裁判书列明的待履行行为之外的其他方式对被执行人施加压力,促使被执行人完成判决内容,如罚款、拘留。[④] 间接执行独立于对妨害执行行为采取强制措施,是独立的制度。无论是大陆法系国家还是英美法系国家,不可替代行为执行案件赖以解决的一个重要制度就是间接执行制度。[⑤] 例如,离婚案件中判决每月探视一次,但被执行人每次都不让申请执行人探视,在法院介入后强制执行时又很配合,此种情况下可能无法适用妨害执行行为的强制措施。但能否以间接执行,如采取罚款、拘留等方式迫使义务人自觉执行,实践中存在争议。[⑥]

(2)拒不执行判决、裁定罪对行为执行威慑力较小。根据全国人民代表大会常务

---

① 参见李志增、刘祖一、李冰、王明振:《完善执行制度机制　破解行为执行难题——河南郑州中院关于行为执行不能案件的调研报告》,载《人民法院报》2019年8月22日,第8版。注:本篇文章是郑州市中级人民法院课题组针对行为执行难的问题,对2014~2018年郑州地区法院执行不能案件进行调研后写作的。虽然行为保全裁定的执行只是行为执行案件中的一部分,但本篇文章的调研结果对行为保全执行难这一问题应具有一定的参考价值。

② 参见罗维鹏:《民事诉讼中行为保全的操作难题与应对》,载《光华法学》2019年第1期。

③ 参见李志增、刘祖一、李冰、王明振:《完善执行制度机制　破解行为执行难题——河南郑州中院关于行为执行不能案件的调研报告》,载《人民法院报》2019年8月22日,第8版。

④ 参见罗维鹏:《民事诉讼中行为保全的操作难题与应对》,载《光华法学》2019年第1期。

⑤ 参见李志增、刘祖一、李冰、王明振:《完善执行制度机制　破解行为执行难题——河南郑州中院关于行为执行不能案件的调研报告》,载《人民法院报》2019年8月22日,第8版。

⑥ 参见李志增、刘祖一、李冰、王明振:《完善执行制度机制　破解行为执行难题——河南郑州中院关于行为执行不能案件的调研报告》,载《人民法院报》2019年8月22日,第8版。

委员会《关于〈中华人民共和国刑法〉第三百一十三条的解释》和最高院《关于审理拒不执行判决裁定刑事案件适用法律若干问题的解释》的规定,构成拒不执行判决、裁定罪的实体标准有12项,其中针对行为执行的只有一项,即"拒不交付法律文书指定交付的财物、票证或者拒不迁出房屋、退出土地,致使判决、裁定无法执行的"。对于作为执行标的的其他行为,在何种情形下会达到兜底的"情节严重"的标准,目前相关法律和司法解释均没有作出明确规定,极大限制了拒不执行判决、裁定罪的威慑力。[①]由于法律规定模糊,裁判者不敢大胆适用,实践中对拒绝执行行为追究刑事责任的案件非常少。[②]

从比较法的角度看,许多普通法系的法庭有权对不主动履行保全行为的当事人科以"藐视法庭"(contempt)的相应惩罚措施。[③] 例如,在一宗仲裁被申请人拒不履行仲裁庭作出的临时措施(要求被申请人提交担保、禁止被申请人向国外转移财产)的案件中,纽约州南区地方法院认为被申请人构成藐视法庭(civil contempt),并要求其缴纳按日递增的罚款。[④]

第二节 行为保全的申请

一、提交行为保全申请

当事人提出仲裁前的行为保全申请,应当将行为保全申请文件提交有管辖权的法院。当事人提出仲裁中的行为保全申请,应当将行为保全申请文件提交仲裁委员会指定的承办仲裁案件的秘书。在仲裁委员会指定办案秘书前,可向仲裁委员会提交。一般情况下,办案秘书在接收行为保全申请文件时都会出具接收文件的收据。这份收据是当事人已经提交行为保全申请及仲裁委员会有义务依法转递行为保全申请的证据,当事人应妥善保管。

在当事人提出仲裁中的行为保全申请以后,仲裁委员会的办案秘书会将当事人提交的行为保全申请书、仲裁申请书或仲裁反请求申请书、证据、授权委托书、企业法

---

① 参见李志增、刘祖一、李冰、王明振:《完善执行制度机制 破解行为执行难题——河南郑州中院关于行为执行不能案件的调研报告》,载《人民法院报》2019年8月22日,第8版。

② 同上。

③ C V Giabardo, 'Disobeying Courts' Orders - A Comparative Analysis of the Civil Contempt of Court Doctrine and of the Image of the Common Law Judge', 10 J. Civ. L. Stud. (2018), at 38, available at https://digitalcommons.law.lsu.edu/jcls/vol10/iss1/5.

④ CE International Resources Holdings LLC v. SA Minerals Ltd Partnership, 2013 WL 324061, at 3, 4 (SDNY).

人营业执照或境外企业存续证明文件、法定代表人身份证明书连同仲裁委员会转函各一份转递给管辖法院，并在仲裁案卷中留存一份备案。

二、行为保全申请文件

申请仲裁前行为保全，利害关系人应当提交以下文件：(1)行为保全申请书原件；(2)证据、授权委托书、行为保全申请人和被申请人主体信息资料；(3)担保文件。

当提出仲裁中的行为保全申请时，当事人除了向仲裁委员会提交上述文件以外，还需要额外向仲裁委员会提交仲裁申请书或仲裁反请求申请书一式一份，以便仲裁委员会向管辖法院转递。

三、行为保全申请书中建议列明的内容

《民事诉讼法》及相关司法解释并未明确行为保全申请书应列明的内容，但从《知产纠纷行为保全规定》中我们可以借鉴普通案件行为保全申请书应载明的内容。

《知产纠纷行为保全规定》第4条规定："向人民法院申请行为保全，应当递交申请书和相应证据。申请书应当载明下列事项：(一)申请人与被申请人的身份、送达地址、联系方式；(二)申请采取行为保全措施的内容和期限；(三)申请所依据的事实、理由，包括被申请人的行为将会使申请人的合法权益受到难以弥补的损害或者造成案件裁决难以执行等损害的具体说明；(四)为行为保全提供担保的财产信息或资信证明，或者不需要提供担保的理由；(五)其他需要载明的事项。"

第三节　行为保全的受理、保全措施

一、管辖法院

《民事诉讼法》第101条第1款规定："利害关系人……可以在提起诉讼或者申请仲裁前向被保全财产所在地、被申请人住所地或者对案件有管辖权的人民法院申请采取保全措施。"因此就仲裁前行为保全，可以向被申请人住所地人民法院申请。对于仲裁中的行为保全，《民事诉讼法》《仲裁法》等法律法规、司法解释未明确规定管辖法院。

在本书第十四章"仲裁财产保全"章节中，我们介绍了申请仲裁中财产保全的管辖法院：根据《民事诉讼法》第101条、《实施仲裁法几个问题的通知》第2条和《关于执行工作若干问题的规定》第11条、第12条之规定，国内仲裁案件由被申请人住所地或者财产所在地的基层人民法院管辖；属涉外仲裁案件的，由被申请人住所地或者

财产所在地的中级人民法院管辖。实务中,对于仲裁中行为保全的管辖法院通常参照上述关于仲裁中财产保全的规定进行,即国内仲裁案件可由被申请人住所地的基层人民法院管辖,涉外仲裁案件可由被申请人住所地的中级人民法院管辖。

有些地方法院对仲裁行为保全作出特别的管辖规定。北京高院《立案工作中适用〈民事诉讼法〉的解答》对仲裁前、仲裁中的财产及行为保全的管辖作出如下规定:"13……适用《中华人民共和国仲裁法》进行仲裁的纠纷,仲裁前和仲裁中的保全申请由被保全财产所在地、被申请人住所地的中级人民法院管辖。"

二、行为保全担保

《民事诉讼法》第100条第2款规定:"人民法院采取保全措施,可以责令申请人提供担保,申请人不提供担保的,裁定驳回申请。"第101条规定,利害关系人申请仲裁前行为保全,"……申请人应当提供担保,不提供担保的,裁定驳回申请"。根据前述规定,仲裁前行为保全申请人必须提供担保。如前所述,《民事诉讼法》《仲裁法》未对仲裁中行为保全制度作出明确规定,自然也未对仲裁中行为保全是否要提供担保作出规定。就诉讼中行为保全申请,法院可以责令申请人提供担保。司法实践中,法院通常会要求诉中行为保全申请人提供担保,如不提供担保,法院通常会裁定驳回行为保全申请甚至直接不予受理。① 对于仲裁中的行为保全申请,应也是如此。

针对担保数额,《民事诉讼法司法解释》第152条规定:"……申请诉前行为保全的,担保的数额由人民法院根据案件的具体情况决定。在诉讼中,人民法院依申请或者依职权采取保全措施的,应当根据案件的具体情况,决定当事人是否应当提供担保以及担保的数额。"《知产纠纷行为保全规定》第11条规定:"……申请人提供的担保数额,应当相当于被申请人可能因执行行为保全措施所遭受的损失,包括责令停止侵权行为所涉产品的销售收益、保管费用等合理损失。在执行行为保全措施过程中,被申请人可能因此遭受的损失超过申请人担保数额的,人民法院可以责令申请人追加相应的担保。申请人拒不追加的,可以裁定解除或者部分解除保全措施。"

从比较法的角度看,美国法认为行为保全的担保数额应当根据中间禁令(Interlocutory Injunction)可能对双方当事人造成的损害衡量。② 具体而言,法官应当听取双方当事人对担保数额的意见,在双方没有足够证据证明时,根据自由裁量决定。但在自由裁量时要考虑被申请人可能的损失及损失的可预见性,通常包括被申请人在

---

① 参见刘君博:《保全程序中担保的提供与担保数额的确定——〈民事诉讼法〉司法解释第152条的意义及其理解适用》,载《法律适用》2015年第8期。

② 参见李曼:《民事行为保全担保制度的完善路径》,载《当代法学》2018年第3期。

中间禁令有效期所减少的利益以及为完成中间禁令所花费的成本。[①] 例如,专利案件中因使用替换专利而重新缴纳的专利税、因停止某一行为而遭受的合同利润损失、中间禁令导致工期延误而增多的建造成本等。[②]

三、行为保全的具体情形及措施

在本章开篇,我们已经讨论到,行为保全面临"启动难"和"执行难"的困境。除传统上海事强制令、知识产权领域行为保全申请外,行为保全申请得到支持的难度通常很大。实践中法院支持当事人行为保全申请的案件,散见于各类纠纷中,被保全的行为也具有一定多样性。为使读者对行为保全案件有更为直观的认识,我们通过案例简要梳理司法实践中曾经出现的典型的行为保全情形及措施。由于行为保全案件较少,下述既有仲裁行为保全案件,也有诉讼行为保全案件。

(一)在排除妨害纠纷中申请行为保全

根据《民事案由规定》,排除妨害纠纷是物权纠纷。实践中,当事人在向法院起诉排除妨害纠纷时,常常向法院申请行为保全,以便及时阻止对方当事人继续妨害行为。

在江某诉儋州市某村委会村民小组等排除妨害纠纷案[③]中,江某起诉要求村民小组停止侵权,拆除位于争议地块的建筑物。江某在起诉前提出行为保全申请,并提供相应担保(一处房产)。一审法院作出(2015)儋民保字第 43 号民事裁定书,裁定被申请人村民小组停止在争议地上施工,保持土地现状。

(二)申请限制债务人、担保人出境

实践中,为确保判决顺利履行,有法院支持了债权人提出的限制债务人、担保人出境的行为保全申请。

在某银行股份有限公司长春分行与王某某、北京某投资有限公司及姚某借款合同纠纷案[④]中,银行向法院申请限制担保人王某某出境,并提供担保。吉林市中级人民法院经审查后支持了当事人的保全申请。

在西某某、李某某、肖某玲、肖某双、吉林省某置业有限公司、长春市某房地产开发

---

① 参见李曼:《民事行为保全担保制度的完善路径》,载《当代法学》2018 年第 3 期。
② 同上。
③ 参见(2017)琼 97 民终 566 号。
④ 参见(2014)长民四初字第 119 号、(2014)长民四初字第 119 - 2 号。

有限公司借款合同纠纷案①中,债权人西某某在诉讼中向法院申请行为保全,要求限制担保人李某某、肖某双出境,并提供担保。法院经审查后支持了西某某的保全申请。

(三)依据竞业禁止约定申请行为保全

针对类似竞业禁止的约定,在员工方违约致使雇主方因此起诉时,有法院支持了雇主提出的要求法院责令员工遵守竞业禁止约定的行为保全申请。② 在该案中,员工(乙方)与雇主(甲方)在合作协议中约定,"乙方承诺在合作期间内,不得在与甲方存在或可能存在竞争关系的现有及未来的网络直播平台及移动端应用程序(包括但不限于某直播等平台)以任何形式进行或参与直播,包括任职、兼职、挂职或免费直播;不得承接竞争平台的商业活动。"之后,员工在约定的合作期间从雇主方离职,入职雇主竞争对手。雇主因此以员工违反合作协议为由向法院提起诉讼,要求员工赔偿违约金。同时,雇主向法院申请行为保全。法院支持了雇主的申请,裁定被申请人(员工)不得在雇主直播平台之外的其他网络直播平台开展网络主播活动或开展相关相似的任何形式的合作行为;被申请人(员工新入职公司)不得以任何形式将被申请人(员工)作为其直播主播进行推广或录制、使用、发布(直播或转播)、播放被申请人(员工)直播视频内容。但在该案中,被申请人(员工及其新入职公司)均未履行法院作出的行为保全裁定。根据判决书所载,法院已对不执行该裁定的员工及新入职公司按妨碍民事诉讼进行了处理,但判决书中未明确具体处理措施。

在类似"主播跳槽案"③中,原告雇主常常依据双方在雇佣合同中的约定,向法院申请行为保全,禁止被告主播到竞争平台工作。法院基本都准许了原告的申请,但相应行为保全裁定几乎未得到履行。相关生效判决中基本也未载明被保全人不履行行为保全裁定的后果,这反映了实践中行为保全执行难的问题。

(四)在租赁合同纠纷中申请禁止断水断电

在"某百货公司申请禁止某置业公司对其所承租场所采取停水、停电、清场等措施仲裁行为保全案"④中,被申请人置业公司以书面通知提出解除双方之间的租赁合同,并明确告知其将对租赁场所停水、断电、清场。百货公司根据租赁合同中的仲裁

---

① 参见(2015)长高开民初字第 1075 号、(2015)长高开民初字第 1075 - 2 号。

② 参见(2018)粤 01 民终 13951 号。

③ 参见(2015)鄂洪山民商初字第 00739 号、(2018)粤 03 民终 4623 号、(2018)粤 01 民终 19178 号。

④ 参见"某百货公司申请禁止某置业公司对其所承租场所采取停水、停电、清场等措施仲裁行为保全案",载北大法宝:https://www. pkulaw. com/pfnl/a25051f3312b07f37b3d3495578866dac81b6dacfc766722bdfb. html? keyword = 189% e5% 8f% b7% e7% be% 8e% e7% bd% 97% e5% 9f% 8e% e7% 99% be% e8% b4% a7% e5% 85% ac% e5% 8f% b8,最后访问日期:2019 年 5 月 7 日。

条款向贸仲申请仲裁，请求继续履行合同，并提出依法禁止被申请人置业公司对其所承租场所采取停水、停电、停止空调供应、增加新的围挡、清场等措施，以保障其正常经营秩序的保全申请。法院经审理认为，鉴于合同未被确认解除前，双方当事人应该依照合同约定继续履行各自义务，置业公司单方采取停水、停电、清场等措施以收回租赁场地的行为，必然使百货公司遭受损失。故置业公司采取停水、停电、停止空调供应、清场等措施收回租赁场地的行为，应予禁止。综上，法院裁定支持申请人的行为保全申请。

（五）在公司决议纠纷中申请行为保全

在公司决议纠纷中，有些当事人为避免公司决议履行带来的损害，在判决前向法院申请禁止（中止）履行有关公司决议。在朱某某诉某集团公司决议撤销纠纷案①中，原告朱某某向法院起诉，请求撤销某集团公司免去其公司董事长职务的决议。在诉讼中，朱某某同时申请中止履行涉案公司决议，并提供担保。武汉市洪山区人民法院裁定支持朱某某的行为保全申请。

（六）申请禁止行使股东权利

在股权转让纠纷中，有当事人申请禁止对方就争议股权在仲裁裁决作出前行使股东权利。在江苏某投资集团有限公司、杨某与深圳市某资产管理有限公司股权转让纠纷案②中，江苏某投资集团有限公司、杨某就其与深圳市某资产管理有限公司的股权转让纠纷向上仲申请仲裁，并在仲裁中向宜兴市人民法院申请行为保全，请求禁止后者在仲裁裁决书作出前就其持有的25,360万股江苏某控股股份有限公司股份行使股东权利，并提供担保。宜兴市人民法院在审理后支持了申请人提出的保全申请。

（七）对学区房对应的学籍申请行为保全

在王某某诉廖某某房屋买卖合同纠纷案③中，原告与被告签订了房屋买卖合同。但此后，因该房屋系学区房，房屋升值，被告拒绝继续履行合同。原告遂起诉要求被告继续履行房屋买卖合同，同时向法院提出行为保全申请，要求对被告名下的涉案房屋所对应的学籍进行冻结，禁止其使用该房屋对应学籍，并提供现金担保。

---

① 参见（2015）鄂洪山民商初字第00798号、（2015）鄂洪山民商初字第00393号。

② 参见（2018）苏02民初577号。

③ 参见（2016）京0108民初16170号。

法院经审理后认为,在原被告签订的房屋买卖合同补充协议中,被告曾承诺涉案房屋为某小学学区房,且学区名额未被使用。现被告表示要求解除合同,并计划于2016年6月中下旬使用涉案房屋学区名额登记报名该小学。根据现行规定,由于该学位在6年内只能使用一次,被告一旦使用该学位会给原告带来不可弥补的损失,且时间紧迫。法院认为原告的申请符合《民事诉讼法》第100条关于行为保全的规定,遂作出禁止使用涉案房屋及该房屋对应的户口的学位的民事裁定。

(八)在请求确认争议标的物所有权时,申请禁止对方继续使用争议标的物

在海南某医院管理咨询有限公司与某国际医院有限公司合作协议纠纷仲裁案①中,原告公司向法院提出禁止医院继续使用原告所有的相关医疗设备的行为保全申请,得到法院支持。

本案中,该医院与三家公司共同签署了《合作协议》。《合作协议》就合作建设生殖健康与不孕不育科室("IVF中心")的具体内容、方式、期限以及IVF中心运营、管理作了详细的约定,包括申请人负责购买IVF中心所需的大型医疗设备,费用由原告承担。同时,这些设备被告医院代表申请人进口,记入医院账目下,但设备所有权实际归属于申请人。之后,双方发生纠纷,三家公司以医院为被申请人向贸仲申请仲裁。

在仲裁进行过程中,申请人向海南省第一中级人民法院提出行为保全及证据保全申请。就行为保全,申请人请求:(1)裁定被申请人允许申请人进入IVF中心,使申请人可以搬离其放置于IVF中心的由申请人所有的医疗装置、设备和物品,或将该等物品交付贵院指定的第三方保管("申请人物品");(2)裁定被申请人停止清点、使用、转移、出售或以其他方式处置申请人物品;(3)裁定被申请人妥善保管申请人物品,使其不得受损或灭失,直至申请人将申请人物品从IVF中心搬离;(4)裁定被申请人暂停IVF中心的所有营业活动,直至申请人将申请人物品从IVF中心搬离。就证据保全,申请人请求:(1)对被申请人的设备台账、财务账册进行复印或拍照;(2)请求对IVF中心内的医疗设备、装修、实验室和储藏室的库存物品等进行拍照、录像;(3)清求对该IVF中心内的临床操作手册、规章制度、实验室操作手册、定价策略及检查项目等文件,以及被申请人为申请人类辅助生殖技术试运营批复所提交的申请文件进行复印或拍照;(4)请求对被申请人或IVF中心医生出诊的相关文件,包括被申请人医生的出诊记录、工作记录等文件,进行复印或拍照。某保险公司海南省分公司为申请人提出的行为保全申请及证据保全申请提供担保。

---

① 参见(2019)琼96行保1号、(2019)琼96证保1号。

海南省第一中级人民法院经审查后认为，在仲裁案中，因为申请人请求确认医疗设备属于申请人所有，故申请人请求保全的医疗设备属于涉案标的物。而IVF中心是独立的科室，停止使用这些设备对医院的其他活动影响不大。有初步证据表明申请人的合法权益将受到被申请人的侵害，如不采取仲裁行为保全措施，将会给申请人的合法权益造成损害或者使其损害扩大。因此，根据《民事诉讼法》第100条的规定，申请人请求被申请人停止使用IVF中心的医疗设备，有事实根据和法律依据，应予支持。鉴于被申请人医院已接收需要辅助生殖治疗的患者，为了保护患者的利益，除为保存已提取的精卵、培育胚胎需要使用IVF中心的医疗设备外，被申请人不得再使用IVF中心的医疗设备，被申请人IVF中心不得再接受新的患者。关于申请人请求将设备搬离等其他行为保全申请不符合法律规定，法院不予支持。

就证据保全申请，海南省第一中级人民法院认为，申请人请求复印、拍照双方合作期间IVF中心相关文件材料，符合法律规定，应予准许。关于IVF中心的医疗设备的证据保全，法院在财产保全中已经查封IVF中心的医疗设备，故就证据保全申请不再重复保全。关于保全实验室和储藏室的库存物品，因申请人没有提供物品清单，标的物不明确，法院不予支持。综上，裁定支持申请人提出的第一、三、四项证据保全申请，驳回第二项证据保全申请。

上述案件具有以下共同特点：(1)当事人为防止自身权益受到侵害或判决难以执行向法院申请行为保全；(2)多数案件有较为明显的紧迫性，不立即采取保全措施将会对当事人造成难以弥补的损害；(3)当事人基本上提供了担保。特别值得一提的是，在上述“王某某诉廖某某房屋买卖合同纠纷案”中，法院依据当事人申请对学区房学籍进行了保全。这一案件具有一定的启发性：行为保全并不拘泥于某一种特定行为，故应当大胆尝试运用行为保全制度维护自身合法权益。

第四节　临时措施域外执行的现状

一、临时措施域外执行的概念

临时措施是国际仲裁中的概念，与中国法语境下的保全相对应。临时措施是指法院或仲裁庭根据一方当事人的申请，可以在其认为有必要时，决定对另一方当事人的财产、持有的证据或有关行为采取临时性强制措施。实践中，当临时措施指向的财产、证据、行为不在仲裁地境内时，当事人需要向域外法院申请强制执行。

就仲裁临时措施，大多数国家采取的立法模式为，临时措施决定既可以由法院作出,也可以由仲裁庭作出。[①] 例如,英国《1996 年仲裁法》第 44 条第 1 款规定:"Unless otherwise agreed by the parties, the court has for the purposes of and in relation to arbitral proceedings the same power of making orders about the matters listed below as it has for the purposes of and in relation to legal proceedings."大意是除非当事人另有约定,为仲裁程序之目的,法院有权就仲裁程序作出与下列事项相关的命令;法院的这一权利与其在诉讼程序中作出相应命令的权力相同。第 44 条第 2 款进一步规定了第 1 款中的'事项"(matters)包括证据保全、查封扣押财产、颁布禁令等。根据上述规定,法院有权在仲裁程序中颁布临时措施。《LCIA 规则 2014》第 25.1 条规定,仲裁庭有权基于一方当事人就临时措施提出的申请,且在给予所有其他当事人合理的回应上述申请的机会后,颁布临时措施。新加坡《仲裁法》第 31 条第 1 款规定:"The Court shall have the following powers for the purpose of and in relation to an arbitration to which this Act applies:...(b) securing the amount in dispute...(d) an interim injunction or any other interim measure."大意是法院有权在仲裁程序中冻结争议钱款,作出禁令或颁布其他临时措施。《SIAC 规则 2016》第 30.1 条规定:"当事人申请禁令或者提出其他任何临时救济的,仲裁庭可以发出命令或者作出裁决,给予其认为适当的救济。仲裁庭有权命令请求救济的一方当事人提供与申请救济有关的合适的担保。"即新加坡的立法模式也是法院和仲裁庭都有权在仲裁中颁布临时措施。

本节只讨论仲裁庭颁布的临时措施在域外的执行问题。原因是承认、执行法院颁布的临时措施,其实质是法院判决、裁定在域外承认与执行的问题。这与仲裁庭颁布的临时措施在域外执行面临的问题存在不同(如执行依据可能不同)。

二、临时措施域外执行的依据

(一)国际条约

1.《纽约公约》

就《纽约公约》能否成为执行临时措施的依据,各国观点不同。有观点认为《纽约公约》项下的裁决应具有终局性,而临时措施因有可能被更改或撤销,不具有终局性,故无法依据《纽约公约》执行。Resort Condominiums International Inc. v. Ray Bolwell and Resort Condominiums, Pty. Ltd.(下称 RCI 案)是关于这一问题的典型案例。Resort Condominiums International Inc.(下称 RCI 公司)因与 Ray Bolwell and

---

① 参见胡海帆:《国际商事仲裁中临时措施可执行性问题研究》,载中国国际贸易促进委员会官网:http://www.ccpit.org/Contents/Channel_3488/2014/1011/422304/content_422304.htm,最后访问日期:2020 年 2 月 6 日。

Resort Condominiums, Pty. Ltd.(下称 RBRC 公司)就分时业务发生纠纷,RCI 公司在美国提起仲裁。分时业务的主要内容是:双方均有权按照协议的约定使用对方的设备。仲裁中,RCI 公司向仲裁庭申请临时措施,要求禁止 RBRC 公司在仲裁进行的过程中继续履行双方的分时业务协议,并且不能与其他任何第三方缔结类似协议。仲裁庭准许了临时措施。RCI 公司在向澳大利亚昆士兰州上诉法院申请执行上述临时措施时,法院拒绝依据《纽约公约》承认与执行这一裁决。理由是仲裁庭作出临时措施具有明显的中间性与程序性,无法终局地解决当事人之间的争议或者无法终局地解决当事人之间的权利问题。换句话说,临时措施可能会被作出它的仲裁庭撤销、终止、更改,故在这个意义上,临时措施不属于《纽约公约》下的裁决。① 许多国家的法院都认可上述观点,如阿根廷、奥地利、加拿大、意大利、希腊、土耳其、日本、新加坡等。②

但也有观点认为,临时措施虽然可以在任何时间被仲裁庭更改、终止或撤销,但是部分临时措施在特定的时间内决定了当事人之间的权利义务分配。③ 例如,一些美国的法院认为临时措施的目的是在终局裁决作出之前,在特定阶段明确当事人之间的权利与义务。在这个意义上,临时措施是终局的。④ 换句话说,当仲裁庭所颁布的临时措施旨在解决一个独立的、具体的以及与主要争议可分离的问题时,该临时措施就是终局的。⑤ 此时,适用《纽约公约》承认与执行临时措施裁决应没有障碍。

2. 其他多边、双边条约

《欧洲国际商事仲裁公约(1961)》第 6 条第 4 款规定,仲裁当事人可以向法院申

---

① 参见 Resort Condominiums International Inc. v. Ray Bolwell and Resort Condominiums, Pty Ltd. ,Case No. 389 (Queensland Sup. Ct, 29 Oct 1993)。

② 参见 G Bermann, Recognition and Enforcement of Foreign Arbitral Awards: The Interpretation and Application of the New York Convention by National Courts, in Bermann (ed.), Recognition and Enforcement of Foreign Arbitral Awards 1, 15 (Springer 2017) ("it appears that a clear majority of jurisdictions that have addressed the question - doing so less often by express statutory language than by judicial interpretation or academic consensus - decline to treat provisional measures as awards, thereby excluding them from coverage of the Convention's guarantee of recognition and enforcement', citing the volume's national reports from Argentina, Austria, Canada, Croatia, the Czech Republic, Greece, Italy, Japan, the Netherlands, Norway, Russia, Singapore, Switzerland, Taiwan and Turkey")。

③ 参见 Gerold Herrmann, *Does the World Need Additional Uniform Legislation on Arbitration*? Arbitration International, 1999, Volume 15, Issue 3, pp. 211,230。

④ 参见 Southern Seas Navigation Ltd. v. Petroleos Mexicanos, 606 F. Supp. 692, 694 (S. D. N. Y. 1985); Island Creek Coal Sales Co. v. Gainesville, 729 F. 2d 1046, 1049 (6th Cir. 1984)。

⑤ 参见胡海帆:《国际商事仲裁中临时措施可执行性问题研究》,载中国国际贸易促进委员会官网:http://www.ccpit.org/Contents/Channel_3488/2014/1011/422304/content_422304.htm,最后访问日期:2020年2月6日。

请执行仲裁临时措施。[①] 西班牙先后分别与捷克斯洛伐克、法国、意大利签署的有关民商事判决和仲裁裁决承认和执行的双边条约中,涉及执行仲裁临时措施的问题。[②]

(二)国内法

2006 年修改后的《国际商事仲裁示范法》在第 17H 条明确规定,仲裁庭作出的临时措施具有约束力;无论临时措施在哪国作出,当事人均可向有管辖权的法院申请人执行(详见下文)。一些以修改后的《国际商事仲裁示范法》作为蓝本起草国内法的国家,认可域外的仲裁临时措施在其国内执行。

根据联合国贸法会统计,全球有 80 多个国家共 100 多个法域以《国际商事仲裁示范法》为基础制定了国内法,其中有超过 30 个法域依据的是 2006 年修改后的《国际商事仲裁示范法》。[③] 即可能有超过 30 个法域吸收和借鉴了《国际商事仲裁示范法》规定仲裁庭作出的临时措施可以域外执行的规定。

也有一些国家依据礼让、互惠、支持仲裁等理论执行境外仲裁临时措施。国际上,司法与仲裁的关系发展的一般趋势是,司法对仲裁的监督与控制逐步弱化,而支持与协助则不断强化,支持仲裁已成为各国普遍遵行的立法指导思想和司法政策。[④]

三、《国际商事仲裁示范法》的借鉴意义

2006 年,经过一系列的讨论与研究,联合国贸法会第二工作组对《国际商事仲裁示范法》进行修订,并在第 17 条就临时措施的承认和执行问题进行了专门规定。这对各国在这一问题上的立法、实践都具有较大的借鉴意义。

首先,《国际商事仲裁示范法》在第 17H 条[⑤]明确了仲裁庭作出的临时措施具有约束力。无论临时措施在哪国作出,当事人均可向有管辖权的法院申请执行。但当

---

① 参见邹晓乔:《国际商事仲裁中的临时措施域外执行研究》,武汉大学 2016 年博士学位论文。

② 同上。

③ See https://uncitral.un.org/en/texts/arbitration/modellaw/commercial_arbitration/status, visit on Feb 18, 2020.

④ 参见于喜富:《国际商事仲裁的司法监督与协助》,知识产权出版社 2006 年版,第 461 页。

⑤ 《国际商事仲裁示范法》第 17H 条"承认和执行"规定:

"(1)仲裁庭发出的临时措施应被确认为具有约束力,并且除非仲裁庭另有规定,应在遵守第 17I 条各项规定的前提下,经向有管辖权的法院提出申请后加以执行,不论该措施是在哪一国发出的。

(2)正在寻求或已经获得对某一项临时措施的承认或执行的当事人,应当将该临时措施的任何终结、中止或修改迅速通知法院。

(3)受理承认或执行请求的国家的法院如果认为情况适当,在仲裁庭尚未就担保作出决定的情况下,或者在这种决定对于保护第三方的权利是必要的情况下,可以命令请求方当事人提供适当担保。"

事人有义务将该临时措施的任何终结、中止或修改迅速通知法院，并根据法院的裁定提供担保。

其次，《国际商事仲裁示范法》在第17I条[①]规定了有限的拒绝执行事由，包括未按要求提供担保，仲裁庭或有管辖权的法院已将临时措施终结或终止，执行该项临时措施不属于法院权限范围，仲裁争议标的不能通过仲裁来解决，执行该项临时措施违背法院地国的公共政策等。这限制了法院的自由裁量权，促进了临时措施的执行。

临时措施的域外执行是现阶段国际商事仲裁实践所面临的一个主要问题。如何针对中国的现实情况，学习、借鉴《国际商事仲裁示范法》对临时措施执行制度的规定，从而使中国的商事仲裁法律制度符合国际发展趋势，是中国仲裁学界目前应当研究的重要课题。

---

① 《国际商事仲裁示范法》第17I条“拒绝承认或执行的理由”规定：

“(1)只有在下列任何情形下，才能拒绝承认或执行临时措施：

(a)应临时措施所针对的当事人的请求，法院确信：

(i)这种拒绝因第36条(1)(a)(i)、(ii)、(iii)或(iv)条中所述的理由而是正当的；或

(ii)未遵守仲裁庭关于与仲裁庭发出的临时措施有关的提供担保的决定的；或

(iii)该临时措施已被仲裁庭终结或中止，或被已获此项权限的仲裁发生地国法院或依据本国法律准予采取临时措施的国家的法院所终结或中止的；或

(b)法院认定：

(i)临时措施不符合法律赋予法院的权力，除非法院决定对临时措施作必要的重新拟订，使之为了执行该临时措施的目的而适应自己的权力和程序，但并不修改临时措施的实质内容的；或

(ii)第36条(1)(b)(i)或(ii)条中所述任何理由均适用于对临时措施的承认和执行的。

(2)法院根据本条第(1)款中所述的任何理由作出的任何裁定，效力范围仅限于为了申请承认和执行临时措施。受理承认或执行请求的法院不应在作出这一裁定时对临时措施的实质内容进行审查。”

第十六章　仲裁证据保全

第一节　证据保全制度介绍

对于仲裁地为中国内地的仲裁案件,在证据可能灭失或者以后难以取得的情况下,当事人可以向有管辖权的法院申请证据保全。实践中,证据可能灭失的情况包括证人因年事已高,患有疾病,有可能即将死亡,应及时取证;作为证据的物品有腐坏、变质、消灭的可能,应及时将物品的外形、特征等记成笔录,或进行拍照和录像,并将物品及时处理等。证据以后难以取得的情况如作为证据的书证将被存档封存,以后很难调取等。

在理解证据保全制度时,应注意以下几点:

一、证据保全规定散见于各项法律法规,缺乏统一性

除《民事诉讼法》对证据保全进行了规定外,《仲裁法》《商标法》《著作权法》《专利法》等法律法规和相关司法解释中也存在证据保全的相关规定。这些关于证据保全的规定之间既有相同之处,又存在一定差异。

《民事诉讼法》第 81 条规定:“在证据可能灭失或者以后难以取得的情况下,当事人可以在诉讼过程中向人民法院申请保全证据,人民法院也可以主动采取保全措施。因情况紧急,在证据可能灭失或者以后难以取得的情况下,利害关系人可以在提起诉讼或者申请仲裁前向证据所在地、被申请人住所地或者对案件有管辖权的人民法院申请保全证据。证据保全的其他程序,参照适用本法第九章保全的有关规定。”根据《民事诉讼法》的规定,申请证据保全的条件为证据可能灭失或以后难以取得。申请证据保全的主体为案件的当事人,也可由法院主动采取证据保全措施。《民事诉讼法》未对证据保全进行明确规定的,参照《民事诉讼法》第九章保全的有关规定。

《仲裁法》第 46 条规定:“在证据可能灭失或者以后难以取得的情况下,当事人可以申请证据保全。当事人申请证据保全的,仲裁委员会应当将当事人的申请提交证据所在地的基层人民法院。”第 68 条规定:“涉外仲裁的当事人申请证据保全的,涉

外仲裁委员会应当将当事人的申请提交证据所在地的中级人民法院。”《仲裁法》关于证据保全的规定与《民事诉讼法》基本一致。

《商标法》第 66 条规定:“为制止侵权行为,在证据可能灭失或者以后难以取得的情况下,商标注册人或者利害关系人可以依法在起诉前向人民法院申请保全证据。”该条是《商标法》对商标侵权纠纷诉前证据保全的规定,与《民事诉讼法》的规定基本一致。

2002 年最高院颁布的《诉前停止侵犯商标权行为和保全证据的解释》,对于商标侵权纠纷诉前证据保全的适用法律问题进行了较为具体、明确的规定,其中一些规定与《民事诉讼法》关于诉前证据保全的一般规定不同。例如,根据该司法解释第 2 条,管辖法院为侵权行为地或者被申请人住所地对商标案件有管辖权的人民法院,这与《民事诉讼法》第 81 条管辖法院的规定有所不同。又如,该司法解释第 3 条规定了申请证据保全所需提交的具体文件和载明内容,而《民事诉讼法》并未对此进行规定。再如,该司法解释第 12 条规定对于可能造成被申请人财产损失的,法院应要求申请人提供担保,这与《民事诉讼法》第 101 条诉前证据保全必须提供担保的规定不同。还如,该司法解释第 20 条规定商标注册人或者利害关系人在人民法院采取保全证据的措施后 15 日内不起诉的,人民法院应当解除裁定采取的措施,这与《民事诉讼法》第 101 条规定的 30 日起诉期限不同。

《著作权法》第 51 条规定:“为制止侵权行为,在证据可能灭失或者以后难以取得的情况下,著作权人或者与著作权有关的权利人可以在起诉前向人民法院申请保全证据。人民法院接受申请后,必须在四十八小时内作出裁定;裁定采取保全措施的,应当立即开始执行。人民法院可以责令申请人提供担保,申请人不提供担保的,驳回申请。申请人在人民法院采取保全措施后十五日内不起诉的,人民法院应当解除保全措施。”与《民事诉讼法》关于诉前证据保全的规定不同的是,著作权侵权纠纷案诉前证据保全中,法院可以要求申请人提供担保,而非必须提供担保;采取保全措施后的起诉期限为 15 日,而非 30 日。

《专利法》第 67 条规定:“为了制止专利侵权行为,在证据可能灭失或者以后难以取得的情况下,专利权人或者利害关系人可以在起诉前向人民法院申请保全证据。人民法院采取保全措施,可以责令申请人提供担保;申请人不提供担保的,驳回申请。人民法院应当自接受申请之时起四十八小时内作出裁定;裁定采取保全措施的,应当立即执行。申请人自人民法院采取保全措施之日起十五日内不起诉的,人民法院应当解除该措施。”与《民事诉讼法》关于诉前证据保全的规定不同的是,专利权侵权纠纷案诉前证据保全中,法院可以要求申请人提供担保,而非必须提供担保。采取保全措施后的起诉期限为 15 日,而非 30 日。

综上所述,证据保全的规定散见于各项法律法规,缺乏统一性。特别是在诉前证据保全方面,《商标法》《著作权法》《专利法》等知识产权法律法规及相关司法解释均作出了不同于《民事诉讼法》的规定,实践中应予特别关注。需要进一步说明的是,《商标法》《著作权法》《专利法》等知识产权法律法规对于证据保全的规定主要适用于知识产权侵权纠纷案件,该类案件主要由法院管辖,但该等规定仍对仲裁证据保全具有一定的参考和借鉴意义。

二、通常情况下不适用于仲裁地为中国内地以外的仲裁

无论是仲裁前的证据保全,还是仲裁中的证据保全,通常都仅适用于仲裁地为中国内地(大陆)的仲裁。理论界与实务界逐渐普遍认为,中国内地法院根据仲裁地,而非仲裁机构所在地,确定仲裁裁决的籍属。[①] 所以,仲裁地在中国内地(大陆)以外的仲裁属于外国仲裁或港澳台地区仲裁,不适用《仲裁法》和《民事诉讼法》中关于证据保全的规定。此外,法律尚未就外国仲裁机构在中国内地(大陆)进行仲裁作出明确规定,对于该类仲裁也无法适用国内的仲裁证据保全制度。

需要注意的是,域外海事仲裁程序的证据保全存在不同于上述一般观点的特殊规定。《海事诉讼特别程序法若干问题解释》第 47 条第 2 款规定:"外国法院已受理相关海事案件或者有关纠纷已经提交仲裁,当事人向中华人民共和国的海事法院提出海事证据保全申请,并提供被保全的证据在中华人民共和国领域内的相关证据的,海事法院应当受理。"根据这一规定,有管辖权的中国海事法院可以受理当事人在域外海事仲裁程序提交的证据保全申请。

除上述域外海事仲裁程序的特殊规定外,《内地与香港就仲裁程序相互协助保全的安排》规定,就仲裁地为香港的仲裁,当事人可以向内地有管辖权的法院提交财产保全、证据保全、行为保全申请。《内地与香港就仲裁程序相互协助保全的安排》中关于证据保全的规定与财产保全一致,在本书"仲裁财产保全"章节已经进行介绍,故本章不再赘述。

三、证据保全分为仲裁前证据保全和仲裁中的证据保全

仲裁前的证据保全是在仲裁尚未申请的情况下采取的一种紧急措施。《民事诉讼法》第 81 条第 2 款规定:"因情况紧急,在证据可能灭失或者以后难以取得的情况下,利害关系人可以在提起诉讼或者申请仲裁前向证据所在地、被申请人住所地或者

---

① 参见季境、温志军:《国际商事仲裁裁判国籍籍属的认定》,载《人民司法》2019 年第 14 期;高晓力:《司法应依仲裁地而非仲裁机构所在地确定仲裁裁决籍属》,载《人民司法》2017 年第 20 期。

对案件有管辖权的人民法院申请保全证据。”这里的规定和本书“仲裁财产保全”章节中仲裁前财产保全的规定相类似。由于仲裁还没有正式申请,此时为了保证保全效率,由当事人直接向管辖法院申请仲裁前证据保全。

仲裁中的证据保全是在仲裁申请业已受理的情况下的中间措施。仲裁申请没有正式受理,仲裁程序中的证据保全就不会受理。这和仲裁程序中的财产保全是一致的。

四、证据保全的申请主体

根据《民事诉讼法》第81条第2款的规定,仲裁前证据保全的申请由利害关系人直接提交法院。对于“利害关系人”的理解,全国人大常委会法制工作委员会在《中华人民共和国民事诉讼法释义》中作出了解释:由于尚未进入仲裁程序,所以还不存在当事人,只能是利害关系人,即民事权益可能受到损害或者与他人发生民事权益纠纷的人。是否属于利害关系人,应当由人民法院审查判断予以确定。

根据《民事诉讼法》和《仲裁法》的规定,仲裁案件的当事人有权提出仲裁中证据保全申请。除仲裁案件当事人之外的任何其他人或组织,包括仲裁庭、仲裁委员会,都无权申请证据保全。根据《仲裁法》第46条的规定,仲裁中证据保全申请应先提交仲裁委员会,由仲裁委员会转递法院。国内主要仲裁机构的仲裁规则也均对此进行了明确。例如,《北仲规则2019》第十七条规定:“……(二)证据可能灭失或者以后难以取得的情况下,当事人可以提出证据保全申请。(三)当事人向本会提出上述申请的,本会将当事人的申请转交至有管辖权的法院……”

五、证据保全申请人需详述证据保全的理由

在提出证据保全申请时,申请人需充分说明证据可能灭失或者以后难以取得的理由。这有利于管辖法院准确判断是否应当受理证据保全申请。特别需要注意的是,在提出仲裁前证据保全的时候,利害关系人还需要特别向法院说明保全的紧迫性,即利害关系人来不及申请仲裁就可能面临证据灭失或难以取得的情况。

然而,尽管《民事诉讼法》《仲裁法》《商标法》《著作权法》《专利法》等多部法律法规和相关司法解释对证据保全制度进行了规定,但这些规定中均未对证据“可能灭失或者以后难以取得”的认定标准进行细化,也未能检索到各地方法院对此发布相关实操指引。因此,实践中法院如何认定证据“可能灭失或者以后难以取得”具有较大的自由裁量权。从中国裁判文书网公布的仲裁证据保全裁定书来看,法院一般不会对裁定采取证据保全措施的理由进行论述,通常仅在“本院认为”部分简单表述为

"证据保全申请符合法律规定"。[①]

值得注意的是,实务中有法院认为,除《民事诉讼法》明确规定的证据"可能灭失或者以后难以取得"的条件外,申请证据保全的另一个必要条件为"当事人无法通过其他手段获得证据"。这类法院主要是受《诉前停止侵犯商标权行为和保全证据的解释》第3条第2款的影响。根据该条款,在商标侵权纠纷案件中,利害关系人向人民法院提出诉前保全证据的申请,申请书应当载明申请的理由,包括证据可能灭失或者以后难以取得,且当事人及其诉讼代理人因客观原因不能自行收集的具体说明。

六、保全证据的效力

对于经保全证据的效力认定问题,实务中一般做法是申请证据保全一方将所取得的证据向法院或仲裁庭出示,由另一方对该证据进行质证。对被保全的证据进行质证是必要的。质证主要将从两个方面展开:一是针对证据保全行为的正当性;二是针对被保全证据与证明对象之间的关联性。[②]

七、当事人、仲裁委员会、仲裁庭和法院在证据保全程序中的分工

根据《民事诉讼法》的规定,仲裁前证据保全由利害关系人直接向有管辖权的法院申请,有管辖权的人民法院作出证据保全裁定,并采取证据保全措施。

对于仲裁中的证据保全,根据《民事诉讼法》和《仲裁法》的规定,一般经以下程序:(1)当事人认为有必要采取证据保全时,向仲裁委员会提出申请。(2)仲裁委员会在收到证据保全申请后,应提交证据所在地有管辖权的人民法院。(3)人民法院在收到由仲裁委员会转来的证据保全申请后,如果认为有必要的,作出准许保全的裁定,并在裁定中指出保全的证据种类、时间、地点和保全方法。(4)如人民法院不接受申请人的申请,应作出裁定,并说明不采取保全措施的理由。

需要注意的是,对于国内的涉外商事仲裁案件,根据一些仲裁机构的仲裁规则,仲裁庭可以根据当事人申请,采取其认为适当的临时措施,采取临时措施的决定可以仲裁庭决定、中间裁决或者有关法律认可的其他方式作出。然而,目前国内缺失由法院执行仲裁庭作出的临时措施决定的法律依据,故无法通过仲裁庭的临时措施决定达到让国内法院采取证据保全措施的目的。

---

① 参见成都市中级人民法院(2018)川01财保13号裁定书、苏州市城厢区人民法院(2014)相仲保字0001号和广州市花都区人民法院(2016)粤0114证保1号裁定书等。

② 参见许少波:《民事证据保全制度研究——以法院为中心的分析》,南京师范大学2008年博士学位论文。

第二节　证据保全的申请

一、提交证据保全申请

利害关系人提出仲裁前的证据保全申请,应当将证据保全申请文件直接提交有管辖权的人民法院。

当事人提出仲裁中的证据保全申请,应当将证据保全申请文件提交仲裁委员会指定的承办仲裁案件的秘书。一般情况下,办案秘书在接收仲裁中的证据保全申请文件时都会出具文件接收的收据。这份收据是当事人已经提交证据保全申请及仲裁委员会有义务依法转递证据保全申请的证据,当事人应妥善保管。当事人提出仲裁中的证据保全申请以后,仲裁委员会的办案秘书会将当事人提交的证据保全申请书、仲裁申请书或仲裁反请求申请书、证据、授权委托书、企业法人营业执照或境外企业存续证明文件、法定代表人身份证明书各一份转递给管辖法院。当事人提交的另一份证据保全申请书留仲裁委员会的仲裁案卷中备案。需要注意的是,无论仲裁委员会还是仲裁庭都无义务告知另一方当事人证据保全事宜。

二、证据保全申请文件

《民事诉讼法》《仲裁法》及相关司法解释未对证据保全的申请文件进行明确规定。根据实务经验,提出证据保全申请时,申请人应提交以下文件:(1)证据保全申请书原件;(2)证据保全相关的证据、授权委托书、企业法人营业执照或境外主体存续证明文件、法定代表人身份证明书;(3)证据保全担保文件(视情况);(4)被保全证据的信息清单,包括申请保全证据的具体内容、范围、所在地点,请求保全的证据能够证明的事实。当事人可以在申请证据保全时提交,也可以在法院受理证据保全申请以后直接提交给法院。但建议当事人在申请证据保全时同步提交,以避免后续补交造成的程序拖沓。

三、证据保全申请书中建议列明的内容

结合《证据规定 2019》①《诉前停止侵犯商标权行为和保全证据的解释》②等司法

① 《证据规定 2019》第 25 条规定:"当事人或者利害关系人根据民事诉讼法第八十一条的规定申请证据保全的,申请书应当载明需要保全的证据的基本情况、申请保全的理由以及采取何种保全措施等内容。"

② 《诉前停止侵犯商标权行为和保全证据的解释》第 3 条第 2 款规定:商标注册人或者利害关系人向人民法院提出诉前保全证据的申请,应当递交书面申请状。申请状应当载明:(1)当事人及其基本情况;(2)申请保全证据的具体内容、范围、所在地点;(3)请求保全的证据能够证明的对象;(4)申请的理由,包括证据可能灭失或者以后难以取得且当事人及其诉讼代理人因客观原因不能自行收集的具体说明。

解释的规定和一般实务经验,我们建议申请人在证据保全申请书中详细列明:(1)当事人基本情况;(2)证据的基本情况,包括证据的具体内容、范围、所在地点等;(3)争议发生的背景;(4)仲裁请求或可能提出的仲裁请求,以及相关的仲裁请求的理由;(5)申请证据保全的理由以及采取何种保全措施,包括证据可能灭失或者以后难以取得、且当事人及其诉讼代理人因客观原因不能自行收集的具体说明,待保全证据与本案待证事实的关联性等。

第三节 证据保全的受理、保全方式、担保等

一、证据保全的管辖法院

根据《仲裁法》第46条、第68条和《执行工作若干问题规定》第11条、第12条之规定,在国内仲裁过程中,当事人申请证据保全的,由证据所在地基层人民法院裁定并执行。涉外仲裁程序中的证据保全,由证据所在地的中级人民法院裁定并执行。根据《内地与香港就仲裁程序相互协助保全的安排》第3条的规定,香港仲裁程序的当事人在仲裁裁决作出前,可以参照《民事诉讼法》《仲裁法》以及相关司法解释的规定向证据所在地的内地中级人民法院申请证据保全。

二、证据保全担保

《民事诉讼法》第100条第2款规定:"人民法院采取保全措施,可以责令申请人提供担保,申请人不提供担保的,裁定驳回申请。"第101条第1款规定:"利害关系人因情况紧急,不立即申请保全将会使其合法权益受到难以弥补的损害的,可以在提起诉讼或者申请仲裁前向被保全财产所在地、被申请人住所地或者对案件有管辖权的人民法院申请采取保全措施。申请人应当提供担保,不提供担保的,裁定驳回申请。"《证据规定2019》第26条规定:"当事人或者利害关系人申请采取查封、扣押等限制保全标的物使用、流通等保全措施,或者保全可能对证据持有人造成损失的,人民法院应当责令申请人提供相应的担保。担保方式或者数额由人民法院根据保全措施对证据持有人的影响、保全标的物的价值、当事人或者利害关系人争议的诉讼标的金额等因素综合确定。"

据此,对于仲裁中的证据保全,法院有权自行决定是否由申请人提供担保。人民法院采取的证据保全措施限制保全标的物使用、流通,或者保全可能对证据持有人造成损失的,应当由申请人提供担保。对于仲裁前的证据保全,申请人应当提供担保。

实务中,无论被保全的证据的价值和保全方式,法院大多都会要求申请人提供担

保,担保方式包括申请人提供物的担保或现金担保、第三人提供信用担保、物的担保或现金担保,专业机构提供的信用担保,等等。举例而言,根据广州市花都区人民法院(2016)粤0114证保1号民事裁定书,申请人申请对微信聊天记录、银行往来记录进行证据保全,由担保人提供房产作为担保。再如,根据北京市房山区人民法院(2017)京0111证保3号民事裁定书,申请人申请对银行柜台监控录像进行证据保全,由申请人提供保险公司保函作为担保。

三、证据保全费用

对于保全案件,《诉讼费用交纳办法》仅规定了有具体保全金额案件的费用标准,未对申请证据保全的费用进行规定。实践中,各法院的收费标准也并不统一。例如,根据北京市房山区人民法院(2017)京0111证保3号民事裁定书,该案的证据保全费为30元。又如,根据天津市东丽区人民法院(2018)津0110民初3868号之三民事裁定书,该案的证据保全费为500元。再如,根据广东省东莞市第二人民法院(2018)粤1972民初5696号之二号民事裁定书,该案的证据保全费为2000元。

四、证据保全裁定

人民法院在收到证据保全申请后,如果认为有必要的,就应作出准许保全的裁定,并在裁定中指出保全的证据种类、时间、地点和保全方法。如人民法院不接受申请人的申请,应作出裁定,并说明不采取保全措施的理由。证据保全裁定是终局性的,不可上诉。在证据保全过程中真正困难的,是打消法院疑虑,向法院说明待保全的证据有必要由法院进行保全,申请人不能通过其他方式获取证据。如果法院认为待保全的证据当事人可以自行取得或与案件无关,则很可能不会受理证据保全申请。

五、证据保全的方式

人民法院同意证据保全申请后,会作出保全裁定,并在裁定中指明应保全何种证据,以及在什么时间、什么地点、用什么方法实施保全。保全证据的范围,应当限于申请人申请的范围。

《证据规定2019》第27条规定:"人民法院进行证据保全,可以要求当事人或者诉讼代理人到场。根据当事人的申请和具体情况,人民法院可以采取查封、扣押、录音、录像、复制、鉴定、勘验等方法进行证据保全,并制作笔录。在符合证据保全目的的情况下,人民法院应当选择对证据持有人利益影响最小的保全措施。"因此,保全证据的方法,可根据证据的不同形式采取不同的措施。

例如,对书证,可以复制拍照;对物证,可以录像、拍照、制作勘验笔录;对证人证言,可以预先询问、制作笔录、录音、录像等。根据《证据规定 2019》第 23 条的规定[①],人民法院对视听资料、电子数据采取证据保全措施的,应当要求被调查人提供原始载体,提供原始载体确有困难的,可以提供复制件。提供复制件的,人民法院应当在调查笔录中说明其来源和制作经过。

不管采取何种方法,均应客观、真实地反映证据情况,且应选择对证据持有人影响最小的方式。同时,人民法院在进行证据保全时,可以要求当事人或者诉讼代理人到场。保全证据的材料,由人民法院存卷保管,以备将来使用。

六、证据保全后的申请仲裁期限

根据《民事诉讼法》第 81 条和第 101 条的规定,如果申请人在人民法院采取保全措施后 30 日内不申请仲裁的,人民法院应当解除保全。根据《仲裁法》及仲裁实务,仲裁立案程序可以划分以下四个阶段:(1)当事人申请仲裁;[②](2)仲裁机构审查;(3)当事人缴费;(4)仲裁委员会受理。因此,在理解仲裁前证据保全 30 日期限时,应当严格按照字面理解,只要证据保全申请人在 30 日内向仲裁委员会提交了仲裁申请书及其他立案文件,就视为已经“申请仲裁”了。当然,如果当事人没有按期缴费,将被视为放弃申请仲裁,仲裁前证据保全应予解除。如果仲裁委员会决定不予受理,仲裁前证据保全措施也应解除。

第四节 公证证据保全

一、公证证据保全介绍

除向人民法院申请证据保全外,中国有权实施民事证据保全的主体还包括公证机构。《公证法》第 11 条规定:“根据自然人、法人或者其他组织的申请,公证机构办理下列公证事项:……(九)保全证据……”据此,证据保全是《公证法》规定的公证机构业务之一。法院和公证机构共同构成了中国证据保全双轨制运行的格局。

《民事诉讼法》第 69 条规定:“经过法定程序公证证明的法律事实和文书,人民法院应当作为认定事实的根据,但有相反证据足以推翻公证证明的除外。”据此,经公证保全的证据,除非公证证明被其他证据推翻,否则法院或仲裁庭应作为认定事实的

---

① 《证据规定 2019》第 23 条规定:“人民法院调查收集视听资料、电子数据,应当要求被调查人提供原始载体。提供原始载体确有困难的,可以提供复制件。提供复制件的,人民法院应当在调查笔录中说明其来源和制作经过。人民法院对视听资料、电子数据采取证据保全措施的,适用前款规定。”

② 申请仲裁的含义参见《仲裁法》第 21 条、第 22 条。

依据。

二、公证证据保全与法院证据保全的比较

相较于向法院申请证据保全,对于申请人而言,委托公证机构进行证据保全有诸多的优势。简要概括如下:①

第一,申请人对于公证机构的选择更为灵活,地域的限制较之法院管辖而言更少。根据中国公证员协会《关于办理保全证据公证的指导意见》,公证证据保全可由申请人住所地、行为或者事实发生地的公证机构受理。

第二,公证证据保全更为简便、高效。公证机构对取证措施的实施更为快速,申请人申请保全的时间不受严格限制,可随时进行。对于稳定性差、破坏性强的证据,有时申请人不一定有充足时间向法院申请保全,法院也不一定能够立即组派人员采取保全措施。此外,公证证据保全也无须满足严格的申请条件。

第三,在一定程度上,公证证据保全的成本更低。向法院申请证据保全一般需由申请人提供担保措施。而公证证据保全无须申请人提交担保措施,有利于降低申请人的成本。

第四,对于仲裁前证据保全,采用公证保全方式的效力更为持久。如向法院申请,则法院采取保全措施后 30 日内需提起仲裁,否则法院应解除保全措施。而采用公证保全方式则不受 30 日期限的限制。

第五,公证机构内部已建立错证追究制度,因公证证据的准确性问题给权利人造成损害的,公证机构将承担赔偿责任。《公证法》第 43 条第 1 款规定:"公证机构及其公证员因过错给当事人、公证事项的利害关系人造成损失的,由公证机构承担相应的赔偿责任;公证机构赔偿后,可以向有故意或者重大过失的公证员追偿。"然而,对于法院而言,目前尚没有对法院因民事证据保全存在过错而应承担相关责任的规定。

尽管有上述优势,公证证据保全仍无法完全取代法院证据保全。主要原因在于,法院是司法机关,在进行证据保全的时候可以采取强制措施,包括查封、扣押等。而公证机关无法强制要求除申请人以外的主体提供或出示相关证据,也无法采取查封、扣押等强制性措施。

三、仲裁机构不能作为公证证据保全的申请主体

需要特别注意的是,虽然公证证据保全的程序非常灵活,但在仲裁案件中,申请公证证据保全的主体仍应为当事人,而不能是仲裁机构或仲裁庭。根据《仲裁法》第

① 参见胡思博:《民事证据保全主体选择竞合论》,载《福建法学》2013 年第 1 期。

46 条的规定,仲裁案件中,当事人申请证据保全的,只能由仲裁机构将申请转交法院,仲裁机构或仲裁庭不应直接委托公证机构进行证据保全。

在太原市中级人民法院审理的(2017)晋 01 民特 4 号案件中,当事人申请撤销仲裁裁决的一项主要理由为:根据相关法律规定,当事人申请证据保全,仲裁委员会应当将当事人的申请提交证据所在地的基层人民法院,而太原仲裁委员会委托公证机构进行证据保全,程序违法。最终,太原中院认为:被申请人在仲裁案件审理期间向太原仲裁委员会申请证据保全,太原仲裁委员会委托太原市城北公证处进行证据保全,程序不符合《仲裁法》第 46 条的规定。依照《仲裁法》第 58 条、第 59 条、第 60 条规定,裁定撤销太原仲裁委员会作出的(2015)并仲裁字第 442 -2 号裁决。

法院的该等认定理据充分与否另当别论,但公证证据保全程序规范的重要性可见一斑。就上述裁定文书披露的内容来看,当事人申请的应该是公证证据保全。该项公证,属于当事人举证的范畴,当事人可自行向公证处申请公证;当然,即便是法院证据保全,根据《仲裁法》第 46 条、第 68 条的规定,也应由当事人申请,仲裁委员会无权自行作出证据保全命令或自行向法院申请,只能将当事人的申请转交法院处理。①

---

① 参见环中仲裁团队:《仲裁委员会委托公证处保全证据,裁决被撤销(山西案例)》,载"环中商事仲裁"微信公众号,2017 年 8 月 8 日。

第十七章　仲　裁　庭

第一节　仲裁庭的组成方式

仲裁庭是承担仲裁当事人争议任务的临时组织。当事人向仲裁委员会申请仲裁时，需要根据仲裁案件的实际情况组成仲裁庭。仲裁权来源于当事人的仲裁协议授权，因而仲裁庭采用何种组成方式也由当事人自愿选择。同时，为了保证当事人权利的正当行使，许多国家对仲裁庭的组成方式作了一定限制。《仲裁法》第 30 条规定："仲裁庭可以由三名仲裁员或者一名仲裁员组成。由三名仲裁员组成的，设首席仲裁员。"据此，中国仲裁庭的组成方式分为独任制仲裁庭和合议制仲裁庭。

独任制仲裁庭，是指由一名仲裁员组成仲裁庭，对当事人提交的仲裁案件进行审理和裁决的组织形式。当事人约定由一名仲裁员组成仲裁庭的，应当由当事人共同选定或共同委托仲裁委员会主任指定仲裁员。独任制的优点在于经济、迅速。但独任仲裁员的个人素质、业务水平等对案件的正确裁决影响较大。中国许多仲裁机构在仲裁规则中规定，对于争议标的额较小的案件，适用简易程序，由独任仲裁员审理案件。

合议制仲裁庭，是指由三名仲裁员组成仲裁庭，对当事人提交的仲裁案件进行集体审理和评议裁决的组织形式。合议制仲裁庭设立首席仲裁员，主持案件的审理和裁决工作。仲裁庭对案件进行集体审理，在评议裁决时一人一票，按照仲裁庭多数意见作出裁决。当仲裁庭就案件不能形成多数意见时，应当按照首席仲裁员的意见作出裁决。

中国《仲裁法》并未规定在何种情况下组成合议制仲裁庭，在何种情况下组成独任制仲裁庭，仲裁庭的组成方式由双方当事人自愿协商选择。在仲裁实践中，可能会出现当事人在规定的期限内没有就仲裁庭的组成方式达成一致意见的情形。在这种情况下，为了保证仲裁活动的顺利进行，《仲裁法》第 32 条规定："当事人没有在仲裁规则规定的期限内约定仲裁庭的组成方式或者选定仲裁员的，由仲裁委员会主任指定。"比如，《贸仲规则 2015》第 25 条就规定："……（二）除非当事人另有约定或本规则另有规定,仲裁庭由三名仲裁员组成。"

一些国家的仲裁法规定,在当事人未约定仲裁庭的组成方式时,必须由三名仲裁员组成合议庭审理。例如,德国《民事诉讼法典》第1034条规定:"当事人可自由决定仲裁员的数目。如无此类决定,仲裁员应为三人。"《国际商事仲裁示范法》第10条也规定:"(1)当事人可以自由确定仲裁员的人数。(2)未作此确定的,仲裁员的人数应为三名。"

但是,国际上也有不同的立法例。例如英国,其《1996年仲裁法》第15条第3款规定:"如对仲裁员人数没有约定,仲裁庭应由独任仲裁员组成。"英国仲裁法咨询委员会就此解释:"聘用三位仲裁员的费用将是一位仲裁员的三倍,这些额外的费用,在当事人选择的时候由他们承担比较合适,而不应该强加给他们。"("The employment of three arbitrators is likely to be three times the cost of employing one, and it seems right that this extra burden should be available if the parties so choose, but not imposed on them.")①

国际仲裁机构的规定不尽相同。《SCC规则2017》第12条规定:"(1)当事人可以约定仲裁员人数。(2)如果当事人未约定仲裁员人数,理事会应根据案件的复杂性、争议金额或其他相关情形决定仲裁庭应当由一名或三名仲裁员组成。"《ICC规则2017》第12条第2款规定:"当事人没有约定仲裁员人数的,仲裁院应任命一名独任仲裁员,除非仲裁院认为案件争议需要指定三名仲裁员……"《SIAC规则2016》第9.1条作出了与《ICC规则2017》类似的规定。《LCIA规则2014》第5.8条规定:"除非当事人另有书面约定,或者仲裁院根据案情确定组成三人仲裁庭,否则应指定一名独任仲裁员。"

第二节 仲裁员的选定或指定程序

一、仲裁选定或指定仲裁员程序

(一)审理程序及仲裁员的人数

《仲裁法》第30条规定:"仲裁庭可以由三名仲裁员或者一名仲裁员组成。由三名仲裁员组成的,设首席仲裁员。"根据前述规定,中国所有的仲裁机构受理的案件,仲裁员人数或者三名或者一名。中国仲裁机构的仲裁规则普遍允许当事人自由约定

---

① Departmental Advisory Committee on Arbitration Law Report on the Arbitration Bill (1996年2月)第79段。

仲裁员是三名还是一名,但这些仲裁规则也同时设置了“简易程序”,即当案件争议标的低于特定金额时,除非当事双方另有约定,适用简易程序,由独任仲裁员组成仲裁庭审理。[①] 反之高于前述标准的,除非当事人双方另有约定,适用普通程序,由三名仲裁员组成仲裁庭审理。贸仲和北仲将两种程序的争议金额标准确定为 500 万元。[②]

《贸仲规则 2015》第 63 条规定:“仲裁请求的变更或反请求的提出,不影响简易程序的继续进行。经变更的仲裁请求或反请求所涉争议金额分别超过人民币 500 万元的案件,除非当事人约定或仲裁庭认为有必要变更为普通程序,继续适用简易程序。”《北仲规则 2019》第 58 条第 2 款规定:“仲裁请求的变更或者反请求的提出、变更导致案件争议金额超过 500 万元的,不影响简易程序的进行。任何一方当事人认为影响的,可以向主任申请变更为普通程序。是否同意,由主任决定。”第 58 条第 1 款规定:“简易程序进行中,各方当事人共同申请或者一方当事人申请、其他当事人同意的,可以将简易程序变更为普通程序。”也就是说,根据贸仲和北仲的仲裁规则,即便经变更后的仲裁请求或反请求所涉争议金额超过适用“简易程序”的金额,简易程序原则上不再改变,仍延用独任仲裁。

在当事人约定或仲裁庭认为有必要变更为普通程序的情况下,《北仲规则 2019》第 58 条第 4 款则规定:“仲裁庭组成后简易程序变更为普通程序的,当事人应当自收到程序变更通知之日起 5 日内,按照本规则的规定各自选定或者各自委托主任指定一名仲裁员。除非当事人另有约定,原独任仲裁员作为首席仲裁员。新仲裁庭组成前已进行的审理程序是否重新进行以及重新进行的范围,由新仲裁庭决定;新仲裁庭决定审理程序全部重新进行的,本规则第四十八条、第六十八条规定的期限自新仲裁庭组成之日起计算。”

将简易程序变更为普通程序会增加仲裁费用。北仲允许当事人协商确定预交比例。若当事人无法协商确定时,则由北仲决定。若当事人未能按照北仲要求预交仲裁费用时,程序不予变更。[③]

(二)仲裁员名册制度

《仲裁法》第 13 条第 3 款规定:“仲裁委员会按照不同专业设仲裁员名册。”第 25 条第 1 款规定:“仲裁委员会受理仲裁申请后,应当在仲裁规则规定的期限内将仲裁规则和仲裁员名册送达申请人,并将仲裁申请书副本和仲裁规则、仲裁员名册送达被

---

① 例如,《贸仲规则 2015》第 58 条,《北仲规则 2019》第 54 条。
② 《贸仲规则 2015》第 56 条,《北仲规则 2019》第 54 条。
③ 《北仲规则 2019》第 58 条第 3 款。

申请人。”从前述规定可知,中国的仲裁员名册制度是强制性的。

国内的仲裁机构均有各自的仲裁员名册,不过目前有不少仲裁机构在尝试突破现阶段的强制仲裁员名册制度的限制。《贸仲规则2015》第26条规定:“(一)仲裁委员会制定统一适用于仲裁委员会及其分会/仲裁中心的仲裁员名册;当事人从仲裁委员会制定的仲裁员名册中选定仲裁员。(二)当事人约定在仲裁委员会仲裁员名册之外选定仲裁员的,当事人选定的或根据当事人约定指定的人士经仲裁委员会主任确认后可以担任仲裁员。”《北仲规则2019》第19条规定当事人从北仲提供的仲裁员名册中选择仲裁员,第64条规定当事人从仲裁员名册外选定仲裁员的,应当向北仲提供候选人的简历和具体联系方式,经北仲确认后可以担任仲裁员。虽然有前述关于仲裁员名册适度开放的规定,但是长期以来,根据仲裁委员会的实践来看,仲裁员名册以外的人员被选定为仲裁员的情况还是比较少见。

被列入仲裁员名册的仲裁员不仅符合《仲裁法》第13条规定的资质,而且是经过仲裁委员会遴选所确认的,通常而言,具备较高的专业素质和业务能力。仲裁员名册制度在一定程度上起到了保证仲裁员水准和公正的效果,这是其优势所在。但是,强制的仲裁员名册制度也存在不可避免的缺陷,其中之一是过度限缩了当事人选择仲裁员的范围。

世界大多数国家的仲裁法都未提及仲裁员名册制度,包括《国际商事仲裁示范法》、英国《1996年仲裁法》及美国《联邦仲裁法》。

不少国际仲裁机构采用推荐名册制。推荐名册制度,是指当事人指定仲裁员时并不受名册的限制,可以任意选择名册内或名册外的仲裁员。以HKIAC为例,《HKIAC规则2018》第7条规定当事人可以自己提名仲裁员,HKIAC还发布了《仲裁员委任实务指引》,为当事人选定合适的仲裁员提供了详细的指导。

(三)独任仲裁员的选定或指定

《仲裁法》第31条第2款规定:“当事人约定由一名仲裁员成立仲裁庭的,应当由当事人共同选定或者共同委托仲裁委员会主任指定仲裁员。”第32条规定:“当事人没有在仲裁规则规定的期限内约定仲裁庭的组成方式或者选定仲裁员的,由仲裁委员会主任指定。”也就是说,独任仲裁员的产生方式为:先由当事人协商共同选定;如果当事人无法协商共同选定,可以共同委托仲裁委员会主任指定;如果当事人在仲裁规则规定的期限内既未共同选定仲裁员,也未共同委托仲裁委员会主任指定仲裁员,则仲裁委员会主任有权径行指定独任仲裁员。

值得注意的是,对于上述仲裁委员会主任受当事人共同委托指定独任仲裁员,或在当事人之间未达成一致时径行指定独任仲裁员的情形,《仲裁法》并未规定指定时限,国内几个主要仲裁机构的仲裁规则也没有作出规定。国际上一些知名仲裁机构如ICC、HKIAC、SIAC、SCC或LCIA的仲裁规则也没有对指定独任仲裁员的期限作出强制规定。

(四)三名仲裁员的选定或指定

《仲裁法》第31条第1款规定:"当事人约定由三名仲裁员组成仲裁庭的,应当各自选定或者各自委托仲裁委员会主任指定一名仲裁员,第三名仲裁员由当事人共同选定或者共同委托仲裁委员会主任指定。第三名仲裁员是首席仲裁员。"也就是说,三名仲裁员的产生方式为:当事人各自选定一名仲裁员,第三名仲裁员由当事人协商一致共同选定。当事人也可以委托仲裁委员会主任指定仲裁员及/或首席仲裁员。如果当事人在仲裁规则规定的期限内未选定其各自应选定的仲裁员及/或首席仲裁员,仲裁委员会主任有权径行指定仲裁员及/或首席仲裁员。

对于三人组成的仲裁庭,《贸仲规则2015》第27条规定,申请人和被申请人应各自在收到仲裁通知后15天内选定或委托仲裁委员会主任指定一名仲裁员,双方当事人共同选定或共同委托仲裁委员会指定首席仲裁员。双方当事人可以各自推荐一至五名候选人作为首席仲裁员人选。双方当事人的推荐名单中有一名人选相同的,该人选为双方当事人共同选定的首席仲裁员。有一名以上人选相同的,由仲裁委员会主任根据案件的具体情况在相同人选中确定一名首席仲裁员。推荐名单中没有相同人选时,由仲裁委员会主任指定首席仲裁员。

无论是贸仲还是北仲的仲裁规则都没明确规定仲裁委员会主任指定首席仲裁员的时限,这给仲裁委员会留下了一些灵活操作的空间。

(五)多方当事人对仲裁员的选定

如果案件存在两个或两个以上的申请人或者两个或两个以上的被申请人(即多方当事人)时,多方的申请人或被申请人应当共同协商选定或者共同委托仲裁委员会主任指定一名仲裁员。

在申请人方或被申请人方未能就选定或者委托主任指定仲裁员达成一致意见的,《北仲规则2019》第20条第5款规定,自最后一名当事人收到仲裁通知书之日起15日内未能就选定或委托仲裁委员会主任指定仲裁员达成一致意见时,由仲裁委员会主任指定。需要注意的是,这里北仲只是替未能就选定或者委托主任指定仲裁员达成一致意见的一方指定仲裁员。独任仲裁员或者首席仲裁员的选定比照前述方式办理。

贸仲的规定则不同。《贸仲规则2015》第29条第3款规定,如果申请人方及/或被申请人方未能在相应时限内选定或委托指定一名仲裁员,则由仲裁委员会主任指定仲裁庭全部三名仲裁员。贸仲的前述规定和 SIAC 的规定类似。《SIAC 规则 2016》第 12.2 条规定:"如仲裁案有多于两个当事人,且需要指定三位仲裁员时,作为申请人一方的当事人应当共同提名一位仲裁员,作为被申请人一方的当事人应当共同提名一位仲裁员。担任首席仲裁员的第三名仲裁员应当根据第 13.3 条进行指定。如果从仲裁程序开始之日起的第二十八天内,或者在当事人约定或由主簿指定的期限内,未能就上述共同提名达成一致,则院长应当指定全部三位仲裁员,并指定其中一位仲裁员担任首席仲裁员。"

对于追加当事人的,《贸仲规则 2015》第 18 条第 5 款规定:"在仲裁庭组成之前追加当事人的,本规则有关当事人选定或委托仲裁委员会主任指定仲裁员的规定适用于被追加当事人。仲裁庭的组成应按照本规则第二十九条的规定进行。在仲裁庭组成后决定追加当事人的,仲裁庭应就已经进行的包括仲裁庭组成在内的仲裁程序征求被追加当事人的意见。被追加当事人要求选定或委托仲裁委员会主任指定仲裁员的,双方当事人应重新选定或委托仲裁委员会主任指定仲裁员。仲裁庭的组成应按照本规则第二十九条的规定进行。"《北仲规则 2019》第 20 条第 6 款规定:"在追加当事人的情况下,被追加的当事人可与申请人或被申请人作为一方选定仲裁员;未能共同选定该方仲裁员的,则仲裁庭全部成员均由主任指定。"

另外,需要说明的是,中国内地法律未允许当事人约定受案仲裁委员会之外的机构为指定仲裁员的机构,国内仲裁机构的仲裁规则也都规定受案仲裁机构同时就是指定仲裁员的机构。根据《贸法会仲裁规则》第 6 条、第 7 条的规定,仲裁员的"指定机构"可由争议双方约定,并不必然是受案仲裁机构。

(六)开列名单的方式在选定首席仲裁员程序中的运用

以开列名单的方式确定首席仲裁员,在中国内地仲裁机构的仲裁规则中很常见,但实际应用却很少,也未引起充分的重视。《北仲规则 2019》对开列名单的方式确定首席仲裁员的规定在内地仲裁机构中堪称典型。《北仲规则 2019》第 20 条规定:"……(三)双方当事人应当自被申请人收到仲裁通知之日起 15 日内共同选定或者共同委托主任指定首席仲裁员。双方当事人也可以在上述期限内,各自推荐一至三名仲裁员作为首席仲裁员人选;经双方当事人申请或者同意,本会也可以提供五至七名首席仲裁员候选名单,由双方当事人在本会规定的期限内从中选择三至四名仲裁员作为首席仲裁员人选。推荐名单或者选择名单中有一名相同的,为双方当事人共同选定的首席仲裁员;有一名以上相同的,由主任根据案件具体情况在相同人选中确定,确定的仲裁员仍为双方当事人共同选定的首席仲裁员;推荐名单或者选择名单中没有相同的人选，由主任在推荐名单或者选择名单之外指定首席仲裁员。（四）双方当事人未能依照上述规定共同选定首席仲裁员的，由主任指定……”

将北仲开列名单选定首席仲裁员的制度与《贸法会仲裁规则》开列名单选定仲裁员制度相比较，[①]两者至少有以下几点不同：

1.《贸法会仲裁规则》开列名单程序既适用于选定独任仲裁员，也适用于选定首席仲裁员。北仲开列名单方式仅适用于选定首席仲裁员。

2.《贸法会仲裁规则》开列名单程序是默认程序，在当事人无法共同选定独任仲裁员或首席仲裁员时自动使用，除非双方当事人同意不使用或指定机构认为不宜使用。而北仲的开列名单方式只有双方当事人申请或同意时才使用。

3.《贸法会仲裁规则》开列名单程序中的名单由指定机构提供。而北仲开列名单程序中的名单既可以由当事人提供，也可以由仲裁委员会提供。

4.《贸法会仲裁规则》开列名单程序选定仲裁员是通过当事人否决某些仲裁员、确定剩余特定仲裁员的方式实现。而北仲开列名单的方式是通过各方推荐候选人，以确定候选人的形式实现首席仲裁员的特定化。

二、首席仲裁员选定/指定方式的比较

如上所述，中国内地仲裁的首席仲裁员由当事人协商一致共同选定。当事人也可以共同委托仲裁委员会主任指定首席仲裁员。当事人在仲裁规则规定的期限内未选定或委托指定首席仲裁员，仲裁委员会主任有权径行指定首席仲裁员。

《贸法会仲裁规则》第9条第3款规定，由双方当事人选定仲裁员，再由双方选定的仲裁员共同选定首席仲裁员。如果两名仲裁员无法共同选定首席仲裁员，由指定机构指定。HKIAC也采用此种方式。[②]

《SIAC规则2016》第11.3条规定：“除非当事人对第三位仲裁员的提名程序另有约定，或者按照当事人约定的程序在当事人约定或者主簿确定的期限内仍然未能完成对仲裁员的提名时，则第三名仲裁员应当由院长指定，并且该第三名仲裁员应当担任首席仲裁员。”

LCIA的规则较为复杂。该机构有专门指定仲裁员的组织——仲裁院（LCIA Court）。根据《LCIA规则2014》第5.9条的规定，指定仲裁员时，仲裁院应适当考虑当事人书面同意的选择仲裁员的特定标准或方法。根据《LCIA规则2014》第7.1条规定，当事人也有权提名仲裁员供仲裁院考虑（实践中仲裁院通常也认可当事人的提

---

① 参见《贸法会仲裁规则》第8条第2款和第9条第3款。

② 《HKIAC规则2018》第8.1(d)条。

名),但是仲裁院发现当事人的提名人选不遵守《LCIA 规则 2014》第 5.3 ~5.5 条的要求时,可拒绝指定该人。其中,《LCIA 规则 2014》第 5.3 条规定,所有仲裁员应始终保持公正和独立于当事人;仲裁员不应在仲裁中作为任何一方的代理人。无论委任前或委任后,仲裁员都不应就争议的实体或结果为任何当事人提供建议。另外,《LCIA 规则 2014》第 7.3 条规定当事人不得在无书面协议时单方提名独任仲裁员或首席仲裁员。

《ICC 规则 2017》第 12 条第 4 款规定:"如果当事人约定由三人仲裁庭解决争议,每一方当事人均应各自在其申请书或答辩书中提名一名仲裁员以供确认。当事人未提名仲裁员的,由仲裁院任命。"第 12 条第 5 款规定:"如果争议由三人仲裁庭审理,担任首席仲裁员的第三名仲裁员由仲裁院任命,除非当事人约定另一种任命程序……"第 13 条第 2 款规定,当事人选定的仲裁员或根据相应程序选定的首席仲裁员必须得到秘书长的确认。如果秘书长认为某位仲裁员不能得到确认,此事应提交仲裁院。第 13 条第 1 款规定:"仲裁院在确认或任命仲裁员时,应考虑各位仲裁员的国籍、住所、与当事人或其他仲裁员国籍国的其他关系,以及该仲裁员是否有时间和能力在本仲裁规则下进行仲裁。秘书长根据第 13 条第(2)款确认仲裁员人选时,本款规定同样适用。"

第三节 仲裁员的回避

一、《仲裁法》第 34 条的解读与修改建议

无论是当事人选定的还是仲裁委员会指定的仲裁员,都不是当事人的利益代言人,都应当公正、独立的审理案件。

《仲裁法》第 34 条对可能导致仲裁员偏私的情形作了列举,并确定为仲裁员的法定回避情形:"仲裁员有如下情形之一的,必须回避,当事人有权提出回避申请:(一)是本案当事人或者当事人、代理人的近亲属;(二)与本案有利害关系;(三)与本案当事人、代理人有其他关系,可能影响公正仲裁的;(四)私自会见当事人、代理人,或者接受当事人、代理人的请客送礼的。"

北仲和贸仲的仲裁规则都规定,如果仲裁庭披露了可能引起对其公正性和独立性产生合理怀疑的任何事实或情况的,当事人没有在规定期限内申请仲裁员回避的,不得以仲裁员曾经披露的事项为由申请该仲裁员回避。那么,如果仲裁员披露的情形属于《仲裁法》第 34 条规定的情形,当事人未及时申请回避,是否仲裁员就可以不回避了呢?《仲裁法》第 34 条第一句的表述为"仲裁员有下列情形之一的,必须回避,

当事人也有权提出回避申请……”这是一个典型的禁止性规定的表述,不会因当事人的弃权或当事人一致同意而不适用。

《IBA利益冲突指引》将仲裁员披露及回避情形分为四类:(1)不可弃权的红色清单;(2)可弃权的红色清单;(3)橙色清单;(4)绿色清单。

“不可弃权的红色清单”规定了不能被当事人所弃权(或放弃)的四种情形,即凡出现这四种情形,有关仲裁员必须披露并回避,无论当事人意见如何。这四种情形是:“1.1　一方当事人与仲裁员为同一人,或者,仲裁员是参与仲裁的一方当事人的法人代表。1.2　仲裁员是一方当事人的经理、董事或监事,或对一方当事人具有类似控制影响。1.3　仲裁员在一方当事人或案件结果中具有重大经济利益。1.4　仲裁员经常为指定方当事人或指定方当事人的关联公司提供咨询,并且该仲裁员或他或她的律师事务所从咨询中获取重大经济收入。”之所以将这四种情形列为当事人不可放弃的情形,国际律师协会仲裁与ADR委员会任命的国际仲裁专家组成的工作组(下称工作组)认为:“工作组支持这样的观点,即任何人均不得为自己的法官,亦即仲裁员与当事人不得为同一人。工作组认为,这一原则不能被当事人所放弃。同一原则应适用于作为仲裁当事人的法律实体的法人代表(如董事会成员)或某些在争议事项中具有重大经济利益的人士。因为这一原则的重要性,这一不可弃权的情形被列为一项一般标准,示例载于不可弃权的红色清单。”

第二类“可弃权的红色清单”则包括了各种重大但不严重的情形。由于这些情形的重大性,只有仲裁员和仲裁机构或是其他指定机构(如有)知悉利益冲突情形的存在但当事人仍明确地表示愿意该人担任仲裁员时,这些情形才能被认为是可以放弃的。

第三类“橙色清单”是对(视具体案件的事实而定)从当事人角度看可能引起对仲裁员的公正性或独立性的合理怀疑的情形之非穷尽列举。仲裁员有义务披露此类情形。在所有这些情形中,如果当事人没有在仲裁员披露后及时提出异议,则推定当事人各方已经接受了该仲裁员。

第四类“绿色清单”是对从有关客观角度看,表面不存在且实际不存在利益冲突的具体情形的非穷尽式列举。为此,仲裁员对绿色清单中规定的情形没有义务进行披露。

事实上,各国可能因不同的文化、历史、社会及法律环境而对《IBA利益冲突指引》中的各类“清单”中的情形有不同的认识。比如,在有些国家,可能会认为某些“可弃权红色清单”的情形应被列为“不可弃权的红色清单”。但无论如何,将仲裁员披露及回避情形作分类而不是“一刀切”地规定,是相对科学、合理的做法。

《仲裁法》第34条第一句的表述“仲裁员有下列情形之一的,必须回避,当事人也有权提出回避申请……”是一个典型的禁止性规定的表述。换言之,《仲裁法》第34条并未授权当事人可以通过合意而放弃适用该条规定。因此,如果将这一条规定的情形套用《IBA利益冲突指引》的四大类,则应属于“不可弃权的红色清单”。

但如果将《仲裁法》第34条的性质理解为当事人不可弃权的禁止性规定,那么其内容应满足两个条件:第一,仲裁员应予回避的情形属于除非有关仲裁员回避否则利益冲突绝对不可避免的情况;第二,仲裁员应予回避的情形应当规定得明确、具体。

《仲裁法》第34条规定的第一种情形是仲裁员“是本案当事人或者当事人、代理人的近亲属”。这一情形属于仲裁员与当事人不应为同一人的禁止性情形。当这一情形出现时,仲裁员必须回避,否则会产生不可避免的利益冲突。将其列为强制性规定,应属合理。

《仲裁法》第34条规定的第二种情形是仲裁员“与本案有利害关系”。“利害关系”表述不明确、不具体。如果案件一方当事人是上市公司,而一位仲裁员持有上市公司的很少量股票。因为仲裁员是案件当事人的小股东,理论上仲裁员与案件有利害关系,上市公司的胜败对仲裁员而言构成利害关系。但事实上,这位仲裁员在多大程度上会因为自己持有的少量股票而倾向于上市公司呢?这家上市公司的胜败与否,对这位仲裁员的收益构成多大影响呢?如果将“利害关系”一概认定为构成仲裁员必须回避,且当事人不可弃权的情形,似乎规定得过于苛刻。这种情形完全可以通过仲裁员披露,当事人异议的机制解决。即如果有利害关系,无论利害关系有多大,仲裁员都应当如实向当事人披露。由当事人判断该利害关系是否对仲裁员的公正、独立构成影响。如果当事人认为构成影响,通过提出异议的方式,仲裁员回避。当然,仲裁员认为存在利害关系,不希望担任本案的仲裁员,可以主动申请回避。

《仲裁法》第34条规定的第三种情形是仲裁员“与本案当事人、代理人有其他关系,可能影响公正仲裁的”。如果将这一情形也认定为仲裁员必须回避、当事人不可弃权情形,那就是明显的代当事人定夺、越俎代庖了。什么是“其他关系”?“可能影响公正仲裁”是由当事人主观判断标准衡量,还是由合理的知情第三人客观判断标准衡量?这都是模糊不清、在仲裁实务中经常出现争议的地方。第三种情形同样可以通过仲裁员披露,当事人申请回避,或仲裁员主动回避机制处理,根本不需要以法律强制性规定的形式过度干涉。

《仲裁法》第34条规定的第四种情形是仲裁员“私自会见当事人、代理人,或者接受当事人、代理人的请客送礼的”。实际上,这些都属于仲裁员违反法律规定、违反职业道德的行为。有此情形发生的,仲裁员必须回避。法律以禁止性规定的形式确保仲裁员遵守法律规定和职业操守,应属合理。

根据以上分析,《仲裁法》第 34 条存在以下问题:第一,第 34 条第二种、第三种列举的当事人不得弃权的强制性规定情形不合理;第二,没有规定仲裁员应予披露和回避情形的一般原则。如果对《仲裁法》第 34 条作修改,我们建议三种修改方案:

第一种修改方案:删除仲裁员必须回避的第二、三种情形,保留第一、四种情形。这一修改的好处在于原法条变动不大,法律仍以强制性规定的形式对仲裁程序中仲裁员必须回避、当事人不得弃权的情形加以明确。而其他回避情形,交由仲裁委员会的仲裁规则规定。

第二种修改方案:原则性地规定仲裁员应予披露和回避的标准,即存在可能导致对仲裁员的公正性和独立性产生合理怀疑的情形。需注意的是,此时《仲裁法》将不对当事人不得弃权的情形作特别规定,具体披露和回避情形由各仲裁委员会在仲裁规则中规定,或者由仲裁委员会在仲裁员执业规范中规定。

第三种修改方案:《仲裁法》既列明当事人不得弃权的强制性规定情形(删除原法条中第二、三种情形,保留第一、四种情形),也规定仲裁员应予披露和回避的一般原则。该方案的好处在于《仲裁法》以当事人不得弃权的法律强制性规定的形式,将除非仲裁员回避否则利益冲突无法避免的情形加以明确规定,为仲裁程序正义所最不能容忍的情形划定范围。同时,《仲裁法》关于仲裁员披露及回避情形的原则性规定,也为仲裁委员会进一步明确仲裁员应予披露和回避的具体标准作出原则性指引。

前面提到了在《仲裁法》第 34 条中应增补仲裁员披露和回避的一般标准"对仲裁员的公正性和独立性产生合理怀疑情形"。借鉴《国际商事仲裁示范法》和其他国家的法律规定,有助于加深仲裁员对应当披露和回避的这个一般标准的认识。《国际商事仲裁示范法》第 12 条规定了一个标准——"可能引起对其公正性或独立性产生正当怀疑的任何情况"。根据这一标准,只要存在导致当事人对仲裁员的公正性和独立性产生合理怀疑的情形,就构成了仲裁员应当主动披露,或者当事人有权据此申请仲裁员回避的理由。香港《仲裁条例》直接适用《国际商事仲裁示范法》的前述规定。德国民事诉讼法仲裁程序 1036(1)也作了与《国际商事仲裁示范法》一致的规定。英国《1996 年仲裁法》第 24(1)(a)条也规定了当事人对仲裁员公正性合理怀疑标准。中国内地《仲裁法》第 34 条可以考虑采纳这一国际主流标准。

除"可能引起对其公正性或独立性产生正当怀疑的任何情况"这一标准外,《国际商事仲裁示范法》在第 12 条中还规定了另外一个标准"不具备当事人约定的资格"。作为当事人自治的重要内容,审理当事人之间纠纷的仲裁员应当具备怎样的资格,这一点可以由当事人约定,并构成仲裁程序中仲裁员回避的重要事由。中国《仲裁法》对此没有规定,在《仲裁法》修改时建议关注这一点。

二、仲裁规则对仲裁员应予回避情形的规定

在仲裁程序中,仲裁员不仅要遵守《仲裁法》,同时也要遵守仲裁规则。各国法律一般都是规定了仲裁程序中的基本原则、基本程序,更多的细节则交由仲裁规则规定。仲裁规则在仲裁程序中发挥的作用比《仲裁法》更明显。因此,有必要从制度层面考察仲裁规则对仲裁员披露义务和回避的规定。

(一)仲裁员的披露义务

虽然《仲裁法》中没有规定仲裁员有披露义务,大部分中国仲裁机构在各自的仲裁规则中规定了仲裁员的披露义务。例如,《贸仲规则 2015》第 31 条规定:"(一)被选定或被指定的仲裁员应签署声明书,披露可能引起对其公正性和独立性产生合理怀疑的任何事实或情况。(二)在仲裁程序中出现应披露情形的,仲裁员应立即书面披露。(三)仲裁员的声明书及/或披露的信息应提交仲裁委员会仲裁院并转交各方当事人。"在实践中,仲裁员在接受选定/指定时,需要签署书面声明,并且由仲裁委员会转交给各方当事人。但需要注意的是,仲裁员的披露义务不会因为签署书面声明而终止。随着仲裁程序的推进,仲裁员的披露义务持续存在。

另外,《贸仲规则 2015》和《北仲规则 2019》都对当事人以仲裁员披露的事项为由申请回避作出了时限限制,并且当事人在规定的期限内没有申请回避的,不得再以仲裁员曾经披露的事项为由申请回避。例如,《贸仲规则 2015》第 32 条第 1 款规定:"当事人收到仲裁员的声明书及/或书面披露后,如果以披露的事实或情况为理由要求该仲裁员回避,则应于收到仲裁员的书面披露后 10 天内书面提出。逾期没有申请回避的,不得以仲裁员曾经披露的事项为由申请该仲裁员回避。"

2019 年 10 月 22 日,北仲制定了《北京仲裁委员会仲裁员信息披露指引》(试行版)(以下简称《北仲仲裁员信息披露指引》)。该《北仲仲裁员信息披露指引》对北仲乃至整个中国仲裁行业的发展都将起到相当积极的作用,但当中也有若干条款有待进一步斟酌和完善。

比如,《北仲仲裁员信息披露指引》第 3.10 条参考了《IBA 利益冲突指引》第 3.1.3条(The arbitrator has, within the past three years, been appointed as arbitrator on two or more occasions by one of the parties, or an affiliate of one of the parties),将"仲裁员在三年内曾五次(含)以上被当事人选定为仲裁员(集团或关联案件认定为一次)"列为"仲裁员应当披露的情形"。《北仲仲裁员信息披露指引》第 3.11 条参考了《IBA 利益冲突指引》第 3.1.8 条(The arbitrator has, within the past three years, been appointed on more than three occasions by the same counsel, or the same law firm),将

“仲裁员在三年内曾五次(含)以上被相同代理人或相同律师事务所选定为仲裁员(集团或关联案件认定为一次)”也列为“仲裁员应当披露的情形”。贸仲近期起草了《仲裁员行为考察规定》(讨论稿),其中第7条第9款也有类似的规定[①]。

中国的仲裁实践与国际仲裁实践毕竟有一定差异,中国的仲裁机构在参考国际经验时应考虑直接移植国际仲裁规则中的内容是否符合中国仲裁的实际情况。

第一,在国际仲裁中,各主要国际仲裁机构的仲裁员名册通常不是封闭的名单,是推荐名单,当事人可在名册外选择仲裁员。同时,国际仲裁的案件数量整体不大,与各仲裁机构的仲裁员数量基本匹配。因此,当事人和代理人重复选任某一仲裁员的情况较容易避免。反观中国仲裁,各仲裁机构的仲裁员名册原则上强制适用,只有在极少数案件中才能在名册外选择仲裁员。北仲的《仲裁员名册》相较于国际仲裁机构的仲裁员名册而言,在册仲裁员人数少。具体到某特定领域(如航空、知识产权以及信用保险领域等)的仲裁员人数则更少。再考虑特定案件中代理人对可选仲裁员的信任、认可程度,仲裁员的有效供给不足。从需求方面看,北仲和贸仲受理案件数量大,近几年增量更是迅猛。在此情况下,高素质仲裁员的需求较前些年更大、更迫切。从仲裁员未来有效供给看,高素质仲裁员队伍的培养不是一朝一夕所能完成。中国仲裁尚处在发展阶段,仲裁员队伍需要逐渐发展壮大,培养出一批真正专业能力过硬、恪守公平正义、时间精力充裕、值得当事人充分信任、能够做出符合法律和商业实践裁决的仲裁员尚需一定时日。因此,中国仲裁不能全面移植国际仲裁的利益冲突规则。北仲《仲裁员信息披露指引》第3.10条和第3.11条及贸仲《仲裁员行为考察规定》(讨论稿)第7条第9款设定的标准对于中国仲裁而言过于严苛。如果施行,将使当事人选任他们认为合适的仲裁员的权利受限,影响仲裁案件的审理效率和质量,这也不利于仲裁机构的发展。

第二,近年来,中国律师事务所的规模逐渐扩大,律师专业化程度在进一步加深。同一律师事务所中专门从事争议解决业务的律师数量增速明显。在仲裁员名册封闭且特定类型案件可选仲裁员有限的情况,严格地以事务所为单位限制仲裁员的选定将极大限制规模化、专业化律师事务所的健康发展。在此种情况下,《北仲仲裁员信息披露指引》第3.11条及贸仲《仲裁员行为考察规定》(讨论稿)第7条第9款以代理律所为单位限制仲裁员选定次数缺乏一定合理性。

第三,虽然仲裁员具有《北仲仲裁员信息披露指引》第3.10条、第3.11条及贸仲

---

① 贸仲《仲裁员行为考察规定》(讨论稿)第7条第9款规定:“仲裁员在两年内曾经接受同一当事人,代理人或律师事务所指定担任仲裁员超过三次(或者三年六次)的,关联案件或同类型案件不受此数量限制。”

《仲裁员行为考察规定》(讨论稿)第7条第9款的情况并不当然构成利益冲突,在向当事人披露后,只要当事人不反对便可继续任仲裁员。但是,鉴于中国仲裁实践中仍具有特色鲜明的、强烈的对抗性,不难预见仲裁员披露后,当事人有较大概率提出异议和回避要求,使仲裁员实际上无法接受选定。这一方面可能降低案件审理的效率和质量,另一方面也可能诱使当事人通过恶意要求仲裁员回避而拖延甚至影响仲裁程序。

第四,在国际仲裁中,仲裁员通常可以获得较为可观的报酬,因此可能与选任其的当事人构成利益关系,如果仲裁员被同一当事人或代理人选任的频次过高,则可能影响其独立性。但是,在国内仲裁中,客观上讲仲裁员的报酬并不具有太大吸引力,仲裁员接受选任的原因更多的是在于尊重当事人的选择,使当事人在案件中感受到公平正义。仲裁员与当事人或其代理人通常不会因此形成利益安排,这往往也难以影响仲裁员的独立性。因此,《北仲仲裁员信息披露指引》第3.11条及贸仲《仲裁员行为考察规定》(讨论稿)第7条第9款的规定并无必要。

第五,在《北仲仲裁员信息披露指引》说明中载明第3.10条和第3.11条中的"仲裁员"仅指边裁。在制定《北仲仲裁员信息披露指引》时,应当将首席和边裁放在相同地位上予以考量,无论是首席还是边裁,均应是公正和独立的。因此,《北仲仲裁员信息披露指引》不应假设当事人选定的边裁就可能偏袒该当事人,从而对边裁和首席(或者独任仲裁员)适用不同的规范和披露要求。

综上,改进仲裁程序的出发点和落脚点最终在于仲裁效率和质量(公信力)的提升。中国国内仲裁机构在制定仲裁员信息披露规则时要充分考虑中国仲裁及法律市场的实践情况以及仲裁行业发展的阶段性特点,因地制宜地借鉴国际经验。

(二)当事人申请回避的一般原则和要求

由于《仲裁法》第34条是强制性规定,仲裁委员会的仲裁规则不得违反该规定,这导致中国许多仲裁委员会的仲裁规则在仲裁员回避问题上仅重复《仲裁法》,没有什么创新或补救。

《贸仲规则2015》作了有益的尝试。该规则第32条第2款规定了当事人申请仲裁员回避的情形:"当事人对被选定或者被指定的仲裁员的公正性和独立性产生具有正当理由的怀疑时,可以书面提出要求该仲裁员回避的请求,但应说明提出回避请求所依据的具体事实和理由,并举证。"《深国仲规则2019》第33条第2款也规定:"当事人对被指定的仲裁员的公正性和独立性产生合理怀疑时,可以书面提出回避申请,但应说明具体理由,并提供相应证据。"

前述仲裁规则的规定与《国际商事仲裁示范法》第12条规定的"对仲裁员的公

正性和独立性产生合理怀疑情形”这一标准一致。许多国际仲裁机构的仲裁规则同样采用了“合理怀疑”标准,如《ICC 规则 2017》第 11 条第 1 款和第 14 条第 1 款,《贸法会仲裁规则》第 11 条和第 12 条,《美国仲裁协会仲裁规则》第 7 条和第 8 条。作同样或类似规定的还有《LCIA 规则 2014》第 5.4 条、第 5.5 条和第 10.3 条,《SIAC 规则 2016》第 10 条,《SCC 规则 2017》第 14 条和第 15 条,等等。

“公正性”和“独立性”是衡量仲裁员道德标准两个重要方面。“独立性”涉及的是仲裁员与一方当事人的关系,“公正性”主要涉及仲裁员主观的思想状态。对于何为“合理的怀疑”,上述规定并未解释,《IBA 利益冲突指引》则做了相关介绍。《IBA 利益冲突指引》在第一部分“公正、独立和披露的一般标准”中,首先确立了“仲裁员的独立和公正需要贯穿整个仲裁程序”的原则。就“合理的怀疑”之判断标准,《IBA 利益冲突指引》指出:“如果一个掌握相关事实和情形的理性的第三人,能得出某个仲裁员在做出其认定时可能被除了当事人所展示的案件事实以外的其他因素所影响的结论时,怀疑就是合理的。”与前述立法及仲裁规则有所不同的是英国《1996 年仲裁法》第 24 条第 1 款(a)项。该条规定:“Power of court to remove arbitrator. (1) A party to arbitral proceedings may (upon notice to the other parties, to the arbitrator concerned and to any other arbitrator) apply to the court to remove an arbitrator on any of the following grounds— (a) that circumstances exist that give rise to justifiable doubts as to his impartiality...”(仲裁程序方可基于可能对仲裁员公正性产生合理怀疑为由向法院提出异议。)前述规定没有采用《国际商事仲裁示范法》第 12 条中关于独立性和公正性合理怀疑标准,而是只要求对仲裁员的公正性产生合理怀疑。英国仲裁法咨询委员会就此解释说,除非缺乏独立可能导致对公正性的合理怀疑,否则将缺乏独立性作为一个撤销仲裁员资格的理由意义不大;而且关于是否独立,也可能引发诸多不必要的争论。①

三、仲裁员回避处理程序

《仲裁法》第 36 条规定:“仲裁员是否回避,由仲裁委员会主任决定;仲裁委员会主任担任仲裁员时,由仲裁委员会集体决定。”此外,如果一方当事人申请回避,而另一方当事人表示同意,或者被申请回避的仲裁员获知后主动退出,则该仲裁员不再参加案件审理。

就仲裁员回避处理程序,国内仲裁机构的仲裁规则与《仲裁法》规定基本一致。

---

① Department Advisory committee on Arbitration Law Report on the Arbitration Bill(1996 年 2 月)第 100 段至第 104 段。

第四节　仲裁员的更换

当仲裁员因死亡、健康等原因退出案件或因被申请回避等原因不能再履行其职责时,应当更换。

一、仲裁员更换的方式

仲裁员更换的方式通常与仲裁员的选任或指定方式一致。因而,新仲裁庭的组成方式也与原仲裁庭的组成方式一致。例如,《贸法会仲裁规则》第14条第1款规定更换仲裁员应适用指定或选定仲裁员的程序。《贸仲规则2015》第33条第3款规定:"在仲裁员因回避或更换不能履行职责时,应按照原选定或指定仲裁员的方式在仲裁委员会仲裁院规定的期限内选定或指定替代的仲裁员。当事人未选定或指定替代仲裁员的,由仲裁委员会主任指定替代的仲裁员。"《北仲规则2019》第23条第4款规定:"被更换的仲裁员由当事人选定的,当事人应当自收到通知之日起5日内重新选定;由主任指定的,主任另行指定。重新选定或者指定仲裁员后5日内,本会将重新组成仲裁庭通知发送当事人……"

《贸法会仲裁规则》第14条第2款规定,"经一方当事人的请求,如果指定机构确定,鉴于案情特殊,有理由取消一方当事人指定替代仲裁员的权利,在给予各方当事人和其余仲裁员发表意见的机会之后,指定机构可以:(a)指定替代仲裁员;或(b)在审理终结后,授权其他仲裁员继续进行仲裁并作出决定或裁决。"何种情形属于第14条第2款规定的"特殊"情形?联合国贸法会工作组注意到实务中出现了这样的情形:仲裁员(尤其是当事人委任的仲裁员)为了一方当事人的利益,假辞职或拒绝参与仲裁庭的合议,导致仲裁程序被拖延甚至重新审理。[①] 为了最大限度地降低仲裁员假辞职或作为权益之计的辞职对于整个仲裁进程的不利影响,联合国贸法会在《贸法会仲裁规则》中新设了第14条第2款。当指定机构经一方当事人请求判断仲裁员的辞职属于恶意辞职的,即可行使自由裁量权来剥夺当事人指定仲裁员的权利。HKIAC在《HKIAC规则2018》中借鉴适用了这一规则,其中第12.2条规定:"如经一方当事人申请,HKIAC认为考虑到案件的特殊情况,可合理剥夺当事人提名替代仲裁员的权利,HKIAC在给予各方当事人和剩余仲裁员表达意见的机会后,可以:a. 指定替代仲裁员;或b. 授权剩余仲裁员继续仲裁并作出任何决定或裁决。"

---

① 参见联合国贸法会第二工作组报告A/CN. 9/WG. II/WP. 143第51段至第57段;A/CN. 9/614第67段至第69段。(2006年9月11日至15日)

二、仲裁员更换的影响

仲裁员的更换会影响仲裁程序,其中最受关注的是已进行的仲裁程序是否因仲裁员的更换而重新进行?

通常来说,仲裁员应依据当事人提供的证据和庭审时的辩论来作出裁决。若仲裁员的更换发生在首次开庭前,那么新任仲裁员仍有机会处理实体争议。在这种情形下,已进行的仲裁程序无须重新进行。但是,若仲裁员的更换发生在首次开庭后,新任仲裁员对案件的了解相对来说更少,则已经进行的仲裁程序可能有必要重新进行。

《仲裁法》第 37 条第 2 款规定:“因回避而重新选定或者指定仲裁员后,当事人可以请求已进行的仲裁程序重新进行,是否准许,由仲裁庭决定;仲裁庭也可以自行决定已进行的仲裁程序是否重新进行。”《贸仲规则 2015》第 33 条第 4 款规定:“重新选定或指定仲裁员后,由仲裁庭决定是否重新审理及重新审理的范围。”《北仲规则 2019》第 23 条第 4 款规定:“……重新组成仲裁庭后,当事人可以请求已进行的审理程序重新进行,是否必要,由仲裁庭决定;仲裁庭也可以自行决定已进行的审理程序是否重新进行以及重新进行的范围……”

相较而言,《贸法会仲裁规则》第 15 条则是规定在替换仲裁员的情况下原则上仲裁庭应继续进行审理。其规定:“如果一名仲裁员被替换,应从被替换的仲裁员停止履行职责时所处的阶段继续进行程序,除非仲裁庭另有决定。”

对于独任仲裁员或首席仲裁员被更换的特殊情况发生时应如何处理,中国《仲裁法》和贸仲、北仲的仲裁规则未作出特别说明。这种情况下,仍然适用《仲裁法》第 37 条第 2 款规定,由仲裁庭自行决定。对此,SIAC 有不同规定。《SIAC 规则 2016》第 18 条规定:“……如果独任仲裁员或首席仲裁员被更换的,除非当事人另有约定,否则,此前进行过的任何开庭均应当重新进行。”

第五节　仲裁员缺席对仲裁裁决的影响

从现有判例看,仲裁员缺席将可能直接导致仲裁裁决被撤销或不予承认和执行,因为这很可能构成“仲裁庭的组成或者仲裁的程序违反法定程序,与仲裁规则不符”。在马绍尔群岛第一投资公司申请承认和执行英国伦敦临时仲裁庭仲裁裁决案中,最高院在(2007)民四他字第 35 号复函中明确表示:本案仲裁庭虽由三名仲裁员组成,但是有一位仲裁员因故并未参与仲裁的全过程,没有参与最终仲裁裁决的全部审议。因此,仲裁庭的组成或仲裁程序与当事人之间仲裁协议的约定不符,也与仲裁地英国的法律相违背。根据《纽约公约》第 5 条第 1 款(d)项的规定,该仲裁裁决不应予以承认和执行。

第十八章　代　理　人

第一节　代理人资格

一、代理人资格的一般理解

仲裁代理人是指根据法律规定或者当事人的委托，以仲裁当事人的名义，在代理权限范围内代理一方当事人进行仲裁活动的人。基于代理权的来源不同，可以将仲裁代理人分为法定代理人和委托代理人。法定代理人是指根据法律规定享有代理权的人。委托代理人是指根据当事人、法定代理人的授权委托享有代理权的人。

（一）法定代理人

《仲裁法》并未明确规定法定代理制度，但是当无民事行为能力人、限制民事行为能力人涉及仲裁时，可以参照《民事诉讼法》第57条之规定："无诉讼行为能力人由他的监护人作为法定代理人代为诉讼。法定代理人之间互相推诿代理责任的，由人民法院指定其中一人代为诉讼。"无诉讼行为能力人包含无民事行为能力人与限制民事行为能力人，其监护人即法定代理人，可以代理参与仲裁。至于监护人的范围，可以依据《民法典》第一编第二章第二节"监护"的相关规则进行确定，此不赘述。

与诉讼有所区别的是，如果无诉讼行为能力人的法定代理人之间互相推诿代理责任，由于仲裁庭并非公权力机构，其无法指明其中一人代为仲裁。针对这一问题，无论是《仲裁法》还是各仲裁机构的仲裁规则中都没有规定。对此，仲裁庭可以参照《民事诉讼法》第150条之规定："有下列情形之一的，中止诉讼：……（二）一方当事人丧失诉讼行为能力，尚未确定法定代理人的……"

就国内的仲裁机构而言，大多规定了在必要情况下程序中止的规则。例如，《贸仲规则2015》第45条第1款规定："双方当事人共同或分别请求中止仲裁程序，或出现其他需要中止仲裁程序的情形的，仲裁程序可以中止。"《北仲规则2019》第45条第2款规定："出现特殊情况需要中止仲裁程序的，仲裁程序可以中止。特殊情况消失后，仲裁程序恢复。"如果无法确定法定代理人，则实际上剥夺了当事人进行仲裁的权利。因此，仲裁庭应当中止仲裁程序，留待有关当事人依据《民法典》第 31 条的规定，向法院申请确定监护人，由监护人参加仲裁。

（二）委托代理人

《仲裁法》第 29 条规定："当事人、法定代理人可以委托律师和其他代理人进行仲裁活动……"此条规定了仲裁委托代理制度。《仲裁法》对委托代理人的资格并未作特殊限制。《贸仲规则 2015》第 22 条规定："当事人可以授权中国及/或外国的仲裁代理人办理有关仲裁事项。当事人或其仲裁代理人应向仲裁委员会仲裁院提交授权委托书。"可见，在《贸仲规则 2015》中对仲裁委托代理人的资格也没有作出特殊限制。

英国《1996 年仲裁法》、德国《民事诉讼法》、瑞典《仲裁法》和美国《统一仲裁法》等都未对仲裁代理人的资格作出特别规定。联合国《国际商事仲裁示范法》也是如此。可见，对于仲裁代理人的资格，在仲裁法中一般不予限制，只要是具有完全民事行为能力的人，都可以接受委托成为仲裁委托代理人。这实际上是仲裁意思自治原则的必然要求。

（三）法定代表人与公章持有人及其委托的代理人之冲突

在公司治理中，法定代表人与公司公章持有人并非同一人是较为常见的情况。例如，两方公司共同设立项目公司进行房地产开发，可能会约定法定代表人由某一方担任，公章由另一方持有。

在公司参与仲裁的案件中，在法定代表人意思与加盖公章的文书意思不一致的情况下，则产生公司仲裁代理权的争夺。例如，公章持有人通过加盖公章的授权委托书，委托律师与对方当事人和解，法定代表人则以授权委托书并非公司真实意思、律师无权代理为由，向仲裁庭表示拒绝和解。在此情况下，加盖公章的授权文件所授权的代理人与法定代表人之间，哪个能够代理或者代表公司进行仲裁活动呢？

法院在处理加盖公章文件与法定代表人之间的冲突时，如公司章程或者公司权力机构没有对法定代表人作出限制，法院一般认定法定代表人具有代表公司从事诉讼活动的权限。例如，在最高院审理的（2017）最高法执监 412 号案中，最高院即表明："公章是公司对外作出意思表示的重要外在表现形式，一般情况下，公章持有者具有公司授权，盖有公章的文书反映了公司的意思。但文书盖有公章，仅使该文书具有代表公司意思的外在形式要素，在公章持有者非基于公司意思持有公章等情况下，盖有公章的文书并不当然代表公司意思。同时，法定代表人是公司的诉讼意志代表主体，在公司章程或者公司权力机构对法定代表人代表权没有作出限制的情况下，法定代表人以公司名义从事的民事诉讼活动，一般即应视为公司的诉讼行为，其法律后果由公司承受。在盖有公章的文书与法定代表人意思表示不一致情况下,如果公司章程或者权力机构对究竟是法定代表人还是盖有公司公章的文书代表公司意志做出过明确意思表示的,应是公司意思自治的范畴,宜按公司意思认定。"

但是,如果法定代表人可能是损害公司利益主体、涉及公司内部纠纷的情况下,则法院也可能会认定持有公司公章的人可以代表公司意志。例如,在北京一中院审理的(2013)一中民初字第13957号案中,公司通过盖章的文件起诉公司的法定代表人兼董事,要求其承担公司利益损害赔偿责任。关于公司是否有诉权的问题上,法院认为,公司利益责任纠纷属于公司内部纠纷,公司法定代表人与公司公章分离,表明公司内部意志并不一致。在此情况下,法定代表人还是持章人代表公司应当根据公司意思自治原则认定。在本案中,由于被告具备公司法定代表人和公司利益责任主体的双重身份,存有利益冲突,且公司另外两名董事利益一致且与被告的利益相对抗,能够通过董事会决议代表公司。另外,法定代表人本身也未对此提出异议。因此,法院认定持有公司公章人能够代表公司意志,在法定代表人作为损害公司利益责任纠纷的主体时,公章持有人有权代表公司起诉法定代表人。

由此可见,在法定代表人、公章持有人及其委托的代理人在仲裁程序中存在意思相左的情况时,仲裁庭原则上应当以法定代表人的意思表示为准。但是,如若法定代表人本人是仲裁案件的当事人且与公司的利益相对抗,在此情况下,应当认定公章持有人可以代表公司意志并委托代理人。

二、仲裁员能否担任该仲裁机构案件代理人

(一)北仲禁止仲裁员担任本会案件代理人的规定

在一些具体的仲裁规则、仲裁员守则或仲裁案件中,仲裁代理人的资格可能会受到限制,这主要是与利益冲突、回避事宜等有关。例如,北仲2006年发布、至今仍然有效的《仲裁员守则》第9条规定:"仲裁员不得在本会的仲裁案件(包括申请撤销或不予执行本会仲裁裁决的案件)中担任代理人……"也就是说,一旦成为北仲的仲裁员,该仲裁员就不得在北仲审理的仲裁案件中担任仲裁代理人。国内外绝大部分仲裁机构未作此限制。

对于北仲仲裁员禁止担任本会案件代理人规定的去存,理论界与实务界也有过相当多的讨论。

针对2006年版的《仲裁员守则》,北仲的解释如下:"关于仲裁员能否在仲裁委员会代理案件问题,一直以来争论激烈。事实上,2001年修改《仲裁员守则》时就对这个问题展开过讨论。当时考虑到国际上并没有禁止仲裁员做仲裁案件代理人的通

例,因而只是对仲裁员担任代理人的行为进行了规范,并未一律禁止。此次修改主要考虑我国实行的是机构仲裁,当事人只能从机构的仲裁员名册中选择仲裁员,而仲裁机构的仲裁员人数有限,范围较窄,加上仲裁员之间合作共事、经验交流日益频繁,因而很可能产生在此案担任代理人,在他案中又与此案仲裁员共为仲裁庭组成人员的情况。这会影响仲裁的公正性。虽然多年的工作经验表明,仲裁庭能否公正审理取决于仲裁庭成员的自身素质,而不是代理人是不是仲裁员。而且,随着仲裁员披露制度的实行,这种情况可通过仲裁员回避等措施来避免。但是,因仲裁员担任代理人,造成仲裁庭组成人员的回避,延缓案件审理进程,这对回避的仲裁员以及当事人来说很不公平,在一定程度上降低了当事人对仲裁程序公正与仲裁裁决的认同。鉴于公正是仲裁的灵魂和生命,维护当事人的合法权益是本会考虑一切问题的出发点,经过权衡利弊,我们还是决定明确禁止仲裁员代理本会的仲裁案件(包括代理执行与撤销本会仲裁裁决的案件)。另外,牺牲自身利益,对容易引发当事人合理怀疑的行为进行规避,维护仲裁委员会的公信力和仲裁员队伍的整体形象,也是仲裁员的责任。而且,作还是不作仲裁员是一种自愿的可选择的行为。我们相信广大仲裁员(包括曾在本会代理仲裁案件的仲裁员)会理解本会的这一决定。"①

北仲的前述规定是针对国内仲裁领域存在的仲裁员之间相互指定这一流弊下的一剂猛药。这样的果敢尝试毫无疑问值得赞赏,但其可能存在的副作用也不容忽视。

实证研究中,有三个重要问题值得关注:第一,北仲的这一禁止性规定在多大程度上得到当事人及其代理人的认可?第二,北仲因为这一禁止性规定在多大程度上流失了优秀的律师(包括可成为而未成为以及已经成为而放弃资格的)仲裁员?第三,这一禁止性规定是否确实有必要存在?

就第一个与第二个问题,《仲裁员守则》的禁止性规定导致了一些优秀的律师不愿担任北仲仲裁员。有些已经列入仲裁员名册的律师在权衡了现实收益之后,可能会选择放弃北仲仲裁员资格。对于当事人而言,可能会增加其寻找并委托有丰富的仲裁员实践经验的律师的难度。

就第三个问题,《仲裁员守则》中规定仲裁员对于可能引起当事人对其公正性或独立性产生合理怀疑的任何事由有进行书面披露的义务。如北仲仲裁员担任仲裁代理人可能引起当事人对本案仲裁员公正性或独立性产生合理怀疑,则可以由当事人提出异议,或者由本案仲裁员予以披露,而无须"一刀切"地禁止北仲仲裁员担任北仲

---

① 王红松:《2004 年关于北京仲裁委员会〈仲裁员守则〉、〈仲裁员聘用管理办法〉、〈关于提高仲裁效率的若干规定〉的修改说明》,载 http://bjac.org.cn/page/ckzl/szsm2004.html,最后访问日期:2020 年 5 月 21 日。

案件的仲裁代理人。

另一个值得关注的问题是,北仲为何禁止本会仲裁员代理不予执行与撤销本会仲裁裁决的案件?依照狭义解释,北仲的仲裁员不得在其自己裁决的仲裁案件后续不予执行程序或撤销程序中担任代理人,这无可厚非。如果依照广义理解,北仲的仲裁员不得在关于任何北仲仲裁裁决的不予执行或撤销程序中担任代理人。显然,从文义解释看,本条应采用广义解释,但我们未见北仲对这一规定的说明。我们也很难从公正和效率的角度为这一规定找到合理性依据。揣摩其含义,北仲似乎担心其仲裁员因掌握更多的内部信息而在仲裁裁决不予执行程序和撤销程序中对北仲构成不利的影响。从公开、公平、公正的角度考虑,这一禁止性规定的实际意义应审慎评估。

(二)《律师和律师事务所违法行为处罚办法》对律师仲裁员担任代理人的规定

值得注意的是,司法部《律师和律师事务所违法行为处罚办法》(2010 年)第 7 条规定:“有下列情形之一的,属于《律师法》第四十七条第三项规定的律师‘在同一案件中为双方当事人担任代理人,或者代理与本人及其近亲属有利益冲突的法律事务的’违法行为:……(五)曾经担任仲裁员或者仍在担任仲裁员的律师,以代理人身份承办本人原任职或者现任职的仲裁机构办理的案件的。”《律师法》第 47 条规定:“律师有下列行为之一的,由设区的市级或者直辖市的区人民政府司法行政部门给予警告,可以处五千元以下的罚款;有违法所得的,没收违法所得;情节严重的,给予停止执业三个月以下的处罚:……(三)在同一案件中为双方当事人担任代理人,或者代理与本人及其近亲属有利益冲突的法律事务的……”

以上规定可似乎可作两种文义理解。第一种理解为,如果律师同时具有或曾经具有仲裁员身份,那么他就不得以代理人身份承办原任职或现任职的仲裁机构办理的案件,否则就是违法行为,要受到司法行政部门的行政处罚。换言之,如果某位律师担任过一个仲裁委员会的仲裁员,他将永远不得在该仲裁机构的任何案件中担任代理人。这实际上也是对律师仲裁员在仲裁案件中代理人资格的最苛刻的限制。

第二种理解为,如果律师同时具有或曾经具有仲裁员身份,那么他就不得以代理人身份承办他自己在原任职或现任职的仲裁机构中曾经办理的案件。换言之,律师不能在同一宗案件中,担任了仲裁员,再担任代理人。这种解释与此前的立法一脉相承。

前述办法出台以后,很多身为律师的仲裁员感到其业务可能会受到了重大影响。有仲裁机构也与司法部沟通,希望对此条作出狭义的解释,即第二种解释。目前,没有见到官方的解释意见。从立法技术角度看,这条规定的文义含混不清,这也必然造成适用尺度的混乱。

从立法权限角度看，如果按照第一种文义解释，该规定存在违反《立法法》之嫌疑。《立法法》第 80 条规定："国务院各部、委员会、中国人民银行、审计署和具有行政管理职能的直属机构，可以根据法律和国务院的行政法规、决定、命令，在本部门的权限范围内，制定规章。部门规章规定的事项应当属于执行法律或者国务院的行政法规、决定、命令的事项。没有法律或者国务院的行政法规、决定、命令的依据，部门规章不得设定减损公民、法人和其他组织权利或者增加其义务的规范，不得增加本部门的权力或者减少本部门的法定职责。"显然，本办法作为司法部的部门规章，应当在法律的框架内，为执行法律而制定。但如果按照第一种文义解释，本办法已经明显超过《仲裁法》和《律师法》对代理人所作的规定，属于明显超越立法权限立法。

(三)《律师执业管理办法》对于律师担任仲裁代理人的特别规定

2016 年《律师执业管理办法》第 28 条第 3 款规定："律师不得担任所在律师事务所其他律师担任仲裁员的案件的代理人。曾经或者仍在担任仲裁员的律师，不得承办与本人担任仲裁员办理过的案件有利益冲突的法律事务。"也就是说，对于律师担任仲裁员主要有以下两种限制：第一，同一案件中的代理人与仲裁员不得是同一律师事务所的律师；第二，对于其担任过仲裁员的案件，律师不得再承办与此案件有利益冲突的法律事务。

相比较于上述《律师和律师事务所违法行为处罚办法》的全面禁止规定，这一规定显然放宽了对于作为仲裁员的律师担任代理人的要求，不再要求律师不能在其担任仲裁员的仲裁机构代理案件。但是，两个具有相同位阶、制定机关也相同的"办法"则产生了适用上的分歧。

《立法法》第 92 条规定了新法优于旧法的原则："同一机关制定的法律、行政法规、地方性法规、自治条例和单行条例、规章，特别规定与一般规定不一致的，适用特别规定；新的规定与旧的规定不一致的，适用新的规定。"也就是说，《律师执业管理办法》第 28 条第 3 款的规定应当作为律师担任仲裁员案件利益冲突的相关规定。结合上述关于立法权限的问题，《律师执业管理办法》相比之下也更加契合《律师法》第 47 条第 3 款的相关规定，能够融洽法律与部门规章之间的关系。

但是，需要注意的是，《律师和律师事务所违法行为处罚办法》仍然属于现行有效的部门规章。律师在担任仲裁员时，仍会一定程度上将《律师和律师事务所违法行为处罚办法》作为指引，在担任仲裁员时也会更为审慎，为了避免利益冲突的风险而降低担任仲裁员的积极性。司法部作为两个办法的立法机关，有必要对于条文的适用作出解释，明确律师在仲裁机构担任代理人的边界。

第二节 境外律师及外国律师事务所驻华代表机构代理仲裁程序

《贸仲规则2015》第22条规定:“当事人可以授权中国及/或外国的仲裁代理人办理有关仲裁事项……”《北仲规则2019》没有仲裁代理人资格的规定,仅在第18条规定“当事人委托代理人进行仲裁活动的,应当向本会提交载明具体委托事项和权限的授权委托书”,并未排除外国律师担任仲裁代理人。

《外国律师事务所驻华代表机构管理条例》第15条规定了外国律师事务所代表机构及其代表只能从事不包括中国法律事务的五类活动:(1)向当事人提供外国律师事务所律师已获准从事律师执业业务的国家法律的咨询,以及有关国际条约、国际惯例的咨询;(2)接受当事人或者中国律师事务所的委托,办理在该外国律师事务所律师已获准从事律师执业业务的国家的法律事务;(3)代表外国当事人,委托中国律师事务所办理中国法律事务;(4)通过订立合同与中国律师事务所保持长期的委托关系办理法律事务;(5)提供有关中国法律环境影响的信息。

司法部《关于执行〈外国律师事务所驻华代表机构管理条例〉的规定》第32条规定:“下列行为,应当认定为《条例》第十五条规定的‘中国法律事务’:……(二)就合同、协议、章程或其他书面文件中适用中国法律的具体问题提供意见或证明;(三)就适用中国法律的行为或事件提供意见和证明;(四)在仲裁活动中,以代理人身份对中国法律的适用以及涉及到中国法律的事实发表代理意见或评论……”根据以上规定可知:

首先,驻华代表机构及其代表不得以代理人身份对中国法律的适用以及涉及中国法律的事实发表意见或评论。但是,这一条款并未对驻华代表机构代表担任仲裁代理人作出限制,即便该仲裁程序适用中国法律。换言之,驻华代表机构代表可以在内地仲裁案件中担任代理人,只是不得对中国法律的适用以及涉及中国法律的事实发表代理意见或评论。

需要注意的是,根据《外国律师事务所驻华代表机构管理条例》第16条的规定,驻华代表机构不得聘用中国执业律师;聘用的辅助人员不得为当事人提供法律服务。这就意味着,除经注册的代表本人之外,驻华代表机构的其他人员(无论是法律专业背景的顾问还是其他辅助人员),都不得以该代表机构工作人员身份为当事人代理内地仲裁案件。

其次,上述条例和规定并未明确外国律师事务所律师能否在仲裁活动中以代理人身份对中国法律的适用以及涉及中国法律的行为或事实发表意见或评论。但根据前述立法精神与“举重以明轻”的原则,该外国律师也不得以代理人身份对中国法律的适用以及涉及中国法律的事实发表代理意见或评论。

值得注意的是,在北京一中院(2013)一中民特字第6539号案中,法院对于外国律师担任仲裁代理人的问题进行了回答。仲裁申请人提交的仲裁申请书中,代理人为两名外国公民,并在代理人名字前写有律所的名称。裁决作出后,仲裁被申请人向法院提出撤销裁决的申请,其理由在于仲裁申请人在仲裁过程中委托外国律师以律师身份参与仲裁,违反了程序性法律规定。仲裁申请人对此答辩称,两名代理人是作为外国公民、而非律师身份作为仲裁代理人,在仲裁文件上载明的二人相关信息,是对于其个人情况的说明和作为联络地址的载明,不能作为其以何种身份参与仲裁的证据。对此,法院裁定,在仲裁申请书中反映的代理人名字前面写有某律师事务所的名称,并不等同于该代理人就是以该律师事务所的律师身份代理仲裁案件,因此,认为仲裁被申请人(即撤裁申请人)的主张缺乏事实依据。

法院的这一裁定认为外国律师可以公民身份进行仲裁代理行为,对于是否可以律师身份代理仲裁案件则并没有进行回答。实际上,无论以外国公民身份还是明确以律师的身份代理仲裁案件,都不影响外国律师作为仲裁代理人的作用,也不违反《仲裁法》等相关规定。

相比之下,香港《仲裁条例》第63条则规定:"《法律执业者条例》(第159章)第44条(非法执业为大律师或公证人的罚则)、第45条(不合资格人士不得以律师身份行事)及第47条(不合资格人士不得拟备某些文书等),不适用于——(a)仲裁程序;(b)为仲裁程序的目的而提供意见及拟备文件;或(c)就仲裁程序作出的任何其他事情,但如该事情是在与以下的法院程序相关连的情况下作出的,则属例外——(i)因仲裁协议而产生的法院程序;或(ii)在仲裁程序的过程中产生的法院程序,或是仲裁程序所导致的法院程序。"香港《法律执业者条例》第44条、第45条、第47条规定了不是律师不得以律师身份行事,不是大律师不得以大律师身份行事,不是律师不得拟就法律文书。根据前述规定,在HKIAC仲裁中,"当事人可以自由选择代表、顾问和律师,无论其资格和国籍如何"。"在这方面,香港是亚洲最自由的地方之一。但是向法院提出任何与仲裁有关的申请,必须由有香港律师或大律师资格的事务所或出庭律师代理"。①

第三节　授权委托手续文件

仲裁程序代理人依据授权委托书的授权范围代理仲裁案件。一个实务中常出现

---

① 莫石、郑若骅编著:《香港仲裁实用指南》,傅宇、刘京编译,法律出版社2004年版,第30页。

的问题是:外国当事人在境外签署的授权委托书是否要作公证和认证?中国《仲裁法》对此未作规定。《贸仲规则 2015》第 22 条、《北仲规则 2019》第 18 条、《上仲规则 2018》第 18 条等关于授权委托书的条款,都只规定当事人或其仲裁代理人应向仲裁委员会仲裁院提交授权委托书,但并未规定该授权委托书是否要做公证和认证。很多仲裁机构都认为代理人提供了授权委托书的原件即满足了真实性的初步要求,无须办理公证、认证手续;如果对方当事人对授权委托书的真实性有异议,需提供反驳证据。这种观点确有道理。因为仲裁毕竟不同于诉讼,将诉讼的严格程序要求强加于仲裁,会使仲裁诉讼化,丧失其应有的特征。

贸仲(2008)中国贸仲京裁字第 0044 号裁决撤销案值得关注。

在本案中,仲裁申请人与仲裁第一被申请人合作方签署了《合作合同书》与《生产车间经济责任承包书》,两份合同都约定由贸仲管辖。仲裁第二被申请人担保方是一家香港地区的公司,向仲裁申请人出具《担保函》,载明:其自愿为仲裁申请人与合作方合作项目中的经济责任承包行为担保。在该份《担保函》上存有担保方的印章与其负责人的个人签字,但是《担保函》中并未注明是否接受贸仲管辖。后由于合作方未能向仲裁申请人支付承包金与滞纳金,仲裁申请人将合作方、担保方作为仲裁被申请人提起仲裁。

在仲裁过程中,第二被申请人即担保方委托了内地律师事务所的律师。律师先后向仲裁庭出示了三份授权委托书,其中第一份、第二份在开庭前出具,但是并未经过公证。内地律师代表第二被申请人担保方提交了《关于同意管辖及继续审理的函》,同意由仲裁庭管辖。贸仲据此做出了《管辖权决定书》,确定其对于担保事项具有管辖权。在仲裁庭于庭审中释明后,内地律师在庭后补充了第三份经过公证的授权委托书。后贸仲作出了裁决,要求第二被申请人与第一被申请人承担连带责任。

后来,第二被申请人向法院申请撤销贸仲裁决,理由之一是其并未向仲裁庭提交《关于同意管辖及继续审理的函》,也未曾委托律师向仲裁庭提交类似的函件。第二被申请人与申请人之间不具有仲裁条款,争议不应当由仲裁庭管辖。

北京高院在向最高院的《关于撤销中国国际经济贸易仲裁委员会(2008)中国贸仲京裁字第 0044 号裁决的请示》中主张了下述观点,由于第一份、第二份授权委托书未经公证,第二被申请人对两份授权委托书予以否认,且第三份授权委托书并未对内地律师同意管辖的函件进行追认,故而认定内地律师无权代理第二被申请人同意管辖,第二被申请人与申请人之间的仲裁协议并未达成,贸仲要求第二被申请人承担连带责任的裁决应当撤销。

最高院向北京高院作出了(2009)民四他字第 1 号复函。在复函中,最高院认为,尽管第二被申请人主张第一份、第二份授权委托书因为未经公证而无效,但是庭审结束后,内地律师按照承诺补办了第三份授权委托书并进行公证,这一行为可以视为第二被申请人担保方对于代理人仲裁行为的追认。就仲裁条款是否达成的问题,最高院认为,《仲裁法》第20条第2款规定:“当事人对仲裁协议效力有异议的,应当在仲裁庭首次开庭前提出。”内地律师在庭审中并未对管辖权提出异议,而是进行了实体答辩,可以认为是放弃了异议权利,仲裁庭对担保争议的管辖权成立。

本案虽然最高院并未明确表明第一份、第二份未经公证授权委托书是否有效,但是从“追认”一词似乎表明,如果本案没有后来的“追认”,第一份、第二份未经公证的授权委托书的效力可能会存在问题。

《民事诉讼法》第264条规定了境外形成授权文书的公证认证要求:“在中华人民共和国领域内没有住所的外国人、无国籍人、外国企业和组织委托中华人民共和国律师或者其他人代理诉讼,从中华人民共和国领域外寄交或者托交的授权委托书,应当经所在国公证机关证明,并经中华人民共和国驻该国使领馆认证,或者履行中华人民共和国与该所在国订立的有关条约中规定的证明手续后,才具有效力。”但是,这一条文仅规定了诉讼程序中境外形成的授权委托书应当进行公证认证,并未规定仲裁中也必须进行公证认证。在仲裁实践中,一般并不强制要求境外形成的授权文书进行公证认证,仅在特殊情况下,如仲裁庭或对方当事人对该方代理人的代理权限或者正当授权确有合理怀疑时,仲裁庭可以要求当事人就授权委托书进行公证认证。

第十九章　仲裁机构/仲裁庭秘书

第一节　国内仲裁机构秘书的职责

仲裁机构秘书是仲裁机构内履行案件管理、协调、服务职能的专职人员，仲裁机构通常会为其受理的每一个案件指定一名案件秘书。虽然仲裁规则中关于秘书的规定通常只有寥寥数语，但实务中仲裁机构秘书的作用不容小觑，原因在于其在仲裁的各个环节都承担了重要的职责。仲裁机构秘书的主要职责如下：

第一，立案咨询、审查、受理、仲裁费用核算、出具仲裁费用缴纳通知。需要注意的是，当前一些仲裁机构实行立案与办案相分离的制度。在该制度下，有专门的立案秘书负责立案阶段的咨询、审查、受理等工作，案件受理后的各种程序性事项等工作则交由办案秘书负责。有的仲裁机构未做以上严格区分，负责立案的秘书也承担部分案件办理工作。

第二，向法院转递仲裁保全申请文件。根据《民事诉讼法》和《仲裁法》的相关规定，仲裁当事人向法院提出保全申请需经仲裁机构转递，实务中也是由秘书具体负责保全申请文件的转递工作。

第三，协助仲裁庭组成的工作。指定仲裁员是仲裁当事人最为重要的权利之一。在当事人怠于行使该权利，或者双方当事人无法就仲裁员的选任达成一致的情况下，仲裁机构的规则通常都规定由机构代为指定仲裁员。就机构指定仲裁员的产生方式，各仲裁机构基本都有一套内部流程。但由于问题的敏感性，大部分仲裁机构都不将其流程对外界公开。目前仲裁机构指定仲裁员的产生方式主要有两种：一种是直接由管理层（如副秘书长或者秘书长）推荐人选，报主任审批；另一种是赋予办案秘书一定的参与权，先由办案秘书提出人选建议，再经由其所处的处室/部门负责人层层汇报至主任审批。

办案秘书参与指定仲裁员工作的合理性在于，办案秘书（特别是具有一定工作经验的办案秘书）长期在案件上直接与仲裁员合作、交流，对仲裁员的专业领域、专业水准、审理效率、办事风格和脾气秉性都较为了解，因而可以为案件推荐合适的仲裁员人选。与此同时,由于推荐仲裁员人选的权力的不透明性,实践中需要预防和避免其被不正当利用、寻租的现象。

此外,实践中秘书还需负责推动仲裁庭组成程序,无论其是否有推荐仲裁员人选的权力。仲裁机构的规则通常规定,裁决作出的期限从仲裁庭组成之日起算。但是对于从仲裁程序启动至仲裁庭组成的期限,仲裁机构的规则多数未作出明文规定,这一空缺造成的影响主要有二:一是仲裁程序启动后,案件进展的速度很大程度上取决于办案秘书协调组庭程序的效率;二是实务中,由于办案秘书工作繁忙或其他原因未及时推进仲裁庭组成工作,进而导致仲裁程序拖延。这一现象已并非罕见,值得引起仲裁机构的注意。

第四,仲裁庭与当事人之间的文件转递。实务中,当事人与仲裁庭通常不进行直接的文件往来,而是由办案秘书充当中间枢纽,这也是办案秘书的一项重点工作。办案秘书需要将当事人向仲裁庭提交的文书转递给仲裁庭,并抄送给其他各方当事人,并将仲裁庭作出的各类决定、命令、安排等文件送达给各方当事人。

第五,程序性文书的制作及送达。在仲裁庭组成之前,案件受理通知、仲裁通知、组庭通知、限期提交材料通知等程序性文件,一般都由办案秘书制作。在仲裁庭组成之后,办案秘书也会根据仲裁庭的指示,以仲裁庭的名义起草各类程序性文件,或者协助仲裁庭起草前述文件,并送达各方当事人。

第六,审理前的调解。组庭通知、开庭通知送达给双方当事人后,如果双方当事人愿意调解,经仲裁庭许可或指示,办案秘书可以组织双方进行庭前调解。调解后,办案秘书应向仲裁庭汇报调解情况。

第七,协调开庭时间。仲裁庭组成后,办案秘书会询问各位仲裁员方便开庭的时间,并最后确定开庭时间。在开庭时间安排上,一些办案秘书也会征求当事人的意见,体现对仲裁当事人的尊重。

第八,开庭前的准备工作。在庭审即将开始之时,办案秘书需核对双方当事人、代理人的到场情况、双方当事人提交的主体资格材料、授权文件,并负责与当事人沟通文书提交的情况,与仲裁庭沟通截至开庭之日案件的最新进展情况。

第九,记录庭审内容、制作庭审笔录。庭审记录是一项较具挑战性的工作。办案秘书很难做到有言必录,经验丰富的办案秘书会详略得当地记录庭审内容。但是越来越多当事人、代理人对庭审笔录的完整性、准确性提出更高的要求。为此,一些仲裁机构聘请专业的外部速录员记录庭审内容,秘书则负责核对和审查。如此不仅减轻了办案秘书的压力,也有利于促进庭审效率的提高。

第十,协助仲裁庭调查取证和勘验。需要注意的是,办案秘书的角色是协助仲裁庭做好现场记录与协调工作,不能代替仲裁庭进行调查取证和勘验,否则可能使当事人质疑仲裁庭的审理职能转移给了秘书,构成程序违法。

但是,如果仲裁规则规定,仲裁庭可以委托秘书进行调查取证、勘验等,则另当别论。例如,《广仲规则》第 39 条第 1 款规定:"仲裁庭认为必要时,可以自行或者委托办案秘书调查事实、收集证据,但须有两名以上工作人员在场并制作笔录。"在这种情况下,办案秘书进行的调查取证是经仲裁庭授权的行为,且具有仲裁规则的依据,其合法性当无疑义。

第十一,负责处理案件鉴定的程序工作。如案件需要鉴定,办案秘书需负责处理各项鉴定程序事宜,如组织双方当事人选定鉴定机构、确定鉴定机构后的沟通协调、鉴定程序开展后的各类程序服务、鉴定意见书送达等工作。

第十二,记录仲裁庭合议。出于保密性的要求,记录仲裁庭合议的工作很少由外聘速录员实施,而是交由办案秘书负责。办案秘书应对合议中仲裁员表达的不同意见如实记录,并严格保密。

第十三,对仲裁程序合法性进行监督。办案秘书作为仲裁机构的工作人员,代表机构全程参与案件程序,必然需要承担仲裁机构的监督职能。办案秘书需要对仲裁过程中仲裁庭、当事人的一切行为进行监督,对仲裁机构及其自身的行为进行自查,确保符合仲裁法、仲裁规则以及当事人的约定。如果仲裁庭在处理特定程序性事宜时出现考虑不周、欠妥的情况,办案秘书应予以适当提示。若仲裁程序推进缓慢,办案秘书应适当敦促。经验丰富、对仲裁程序的诸多细节、敏感问题具有深刻理解与把握的秘书,更要在前述情形下积极发挥作用。

与此同时,由于仲裁庭是案件中唯一的审判者,办案秘书不得逾越边界,对案件实体问题的走向、裁决的作出施加影响。例如,在庭审中,办案秘书不可未经仲裁庭同意,直接引导庭审程序的进行。又如,如果当事人有和解迹象,仲裁庭要求当事人在庭审结束后一定期限内向秘书报告和解的进展、结果,此时秘书与当事人沟通时应十分谨慎,不应直接规劝或以任何方式暗示当事人达成和解,尤其是提议以某种条件或方案达成和解。

第十四,协助专家委员会研讨案件。对于疑难案件或者案件中的疑难问题,根据仲裁机构的建议需要组织专家委员会进行研讨的,办案秘书应负责联系专家委员会成员、组织会议,并做好研讨会的记录工作。

第十五,参与裁决书起草。一些仲裁机构会要求办案秘书撰写裁决书的程序和事实部分,或者根据仲裁庭的裁决思路起草裁决书初稿,以节省仲裁庭的时间,提高案件审结效率。但也有仲裁机构基于秘书不得干预案件实体问题的审理的原则,明令禁止办案秘书参与裁决书的起草。

第十六,核对仲裁庭作出的裁决书、调解书、决定等文书,协调各位仲裁员审阅、签字。若有持不同意见、拒签裁决书的仲裁员,办案秘书需告知其出具书面意见,并负责后续的上报、加盖公章、文书送达等工作。

第十七,评价仲裁员的履职情况。在仲裁程序中,办案秘书代表仲裁机构全程与仲裁员紧密合作,对仲裁员是否尽职、是否有不当行为、是否达到期待的水准都较为了解。因此,很多仲裁机构要求办案秘书在案件终结后,对仲裁员的履职情况作出评价,供仲裁机构参考。

第十八,结案归档。案件审结以后,办案秘书需将全部案件材料整理归档。

第十九,仲裁庭的报酬计算。目前中国仲裁机构大多采取"案件受理费 + 案件处理费"的方式收取仲裁费。仲裁员报酬包括在案件处理费中,其具体金额需要秘书根据各仲裁机构的内部规定计算。秘书通常需要制作仲裁员报酬审批表,经层层审批后,提交至仲裁机构财务部门处理。

第二节　国际仲裁中的仲裁庭秘书

在国际仲裁中,仲裁机构通常会为其管理的每一个案件指定一名案件管理员,其主要职责是作为机构一方的联系人跟进案件中需要机构行使管理职责或提供协助的事项,如仲裁员的选任与回避、裁决的送达。除此之外,案件管理员不负责在仲裁庭和当事人之间转递文件或者居中沟通,无须为仲裁庭提供协助,通常不出席庭审。仲裁庭有权在征求双方当事人意见后,委任一名仲裁庭秘书协助其处理案件,以提高仲裁庭的审理效率,降低当事人需要支付给仲裁员的费用。通常而言,案件管理员的费用包括在机构管理费中,而仲裁庭秘书的费用则参照仲裁庭费用的计算方式来确定。在一定程度上来讲,国内仲裁机构秘书职责等于国际仲裁中案件管理员加仲裁庭秘书职责。

一、仲裁庭秘书的选任

如上文所述,在国内仲裁中,办案秘书是仲裁机构的专职人员,仲裁机构通常会为每一个案件指派一名办案秘书。办案秘书的职能是代表仲裁机构行使管理、服务和监督的职能。与国内实践不同,国际仲裁中的仲裁庭秘书是由仲裁庭选任的,协助仲裁庭主要处理行政性、程序性实务的人员。一个案件中并不必然会任用仲裁庭秘书,而是由仲裁庭根据案件的具体情况决定。

国际仲裁机构通常都要求,仲裁庭在决定任用秘书前应当征求当事人的意见。例如,HKIAC《仲裁庭秘书使用指引》(Guidelines on the Use of a Secretary to the Arbitral Tribunal,2014 年 6 月 1 日生效)第 2.3 条规定:"An arbitral tribunal may, after consulting with the parties, appoint or remove a secretary at any stage of the arbitration."(在仲裁程序的任何阶段,仲裁庭在征求当事人意见后,可决定任用或免除仲裁庭秘书。)有的仲裁机构明确规定,如果当事人提出异议,仲裁庭不得任用秘书。例如,《ICC 仲裁程序指引》(2019 年 1 月 1 日生效)第 182 段规定:"The arbitral tribunal shall make clear to the parties that they may object to such proposal and an administrative secretary shall not be appointed if a party has raised an objection."(仲裁庭应明确告知各方当事人,他们可以反对该等提议。若有一方当事人提出反对,则不得指定仲裁庭秘书。)

关于仲裁机构工作人员可否担任仲裁庭秘书,国际仲裁机构的态度大相径庭。其中 ICC 持否定态度,《ICC 仲裁程序指引》第 180 段规定:"Administrative secretaries must satisfy the same independence and impartiality requirements as those which apply to arbitrators under the Rules. ICC staff members are not permitted to serve as administrative secretaries."(仲裁庭秘书必须满足仲裁规则对仲裁员的独立性及中立性的相同要求。国际商会的工作人员不得担任仲裁庭秘书。)可见,ICC 认为 ICC 工作人员担任仲裁庭秘书,与其独立性和公正性的要求不符。与之不同,HKIAC《仲裁庭秘书使用指引》第 2.5 条规定:"A member of the HKIAC Secretariat may be appointed as a tribunal secretary subject to confirmation regarding his or her availability, impartiality and independence in accordance with paragraph 2.2. Such Secretariat member shall not act as a case manager in the same arbitration."(在签署工作时间保障、公正性和独立性确认声明后,HKIAC 秘书处成员可担任仲裁庭秘书。但是该等成员不得在同一案件中担任案件管理员。)

二、仲裁庭秘书的职责

仲裁庭秘书的主要职责是在程序性、行政性事宜上协助仲裁庭。HKIAC《仲裁庭秘书使用指引》第 3.3 条对仲裁庭秘书的职责进行了列举,包括:"(a) transmitting documents and communications on behalf of the arbitral tribunal; (b) organising and maintaining the arbitral tribunal' files and locating documents; (c) organising hearings and meetings; (d) attending hearings and meetings; taking notes or minutes or keeping time; (e) proofreading and checking citations, dates and cross – references in procedural orders, directions, and awards, as well as correcting typographical, grammatical or calculation errors; (f) preparing, collecting and transmitting the arbitral tribunal's invoices; and (g) handling all other organisational and administrative matters which do not fall into the scope of responsibilities of HKIAC."(代表仲裁庭转递文件和来往函件;协助仲

裁庭整理案卷;组织庭审和会议;参加庭审和会议并做好记录或控制时间;校对程序令、指令、裁决中的引用、日期、交叉引用以及改正拼写、语法、计算错误;制作、收集、转递仲裁庭的账单;处理不属于 HKIAC 职责范围的其他组织性和行政性事宜。)

此外,一些机构的指引中还规定仲裁庭秘书可以在实体问题上协助仲裁庭。例如,HKIAC《仲裁庭秘书使用指引》第 3.4 条规定:"Unless the parties agree or the arbitral tribunal directs otherwise, a tribunal secretary may provide the following assistance to the arbitral tribunal, provided that the arbitral tribunal ensures that the secretary does not perform any decision – making function or otherwise influence the arbitral tribunal's decisions in any manner:(a) conducting legal or similar research; collecting case law or published commentaries on legal issues defined by the arbitral tribunal; checking on legal authorities cited by the parties to ensure that they are the latest authorities on the subject matter of the parties' submissions;(b) researching discrete questions relating to factual evidence and witness testimony;(c) preparing summaries from case law and publications as well as producing memoranda summarizing the parties' respective submissions and evidence."(除非当事人或者仲裁庭另有约定,仲裁庭秘书可以在如下事项上协助仲裁庭,条件是仲裁庭秘书不得行使仲裁庭的决策权或以任何形式影响仲裁庭的决定:进行法律检索、收集判例和公开发表的法律问题研究;研究各项独立的事实证据和证言;起草归纳各方陈述和证据的备忘录。)《ICC 仲裁程序指引》第 185 段所列仲裁庭秘书的职责也将"起草程序令、裁决书事实部分(包括程序历史、大事记、当事人观点归纳)初稿、进行法律研究"包括在内。

但是仲裁庭秘书不得替代仲裁庭行使其基本职责,特别是不得行使专属于仲裁庭的决策权。例如,《ICC 仲裁程序指引》第 184 段规定:"The tasks entrusted to an administrative secretary shall in no circumstances release the arbitral tribunal from its duty to personally review the file. Under no circumstances may the arbitral tribunal delegate its decision – making functions to an administrative secretary. Nor shall the arbitral tribunal rely on an administrative secretary to perform on its behalf any of the essential duties of an arbitrator."(仲裁庭委托秘书从事的工作不得免除仲裁庭亲自审阅文件的职责;仲裁庭不得把决策权下放给秘书,不得由秘书行使仲裁庭的基本职责。)再如,HKIAC《仲裁庭秘书使用指引》第 3.2 条规定:"The arbitral tribunal shall not delegate any decision – making functions to a tribunal secretary, or rely on a tribunal secretary to perform any essential duties of the tribunal."(仲裁庭不得把决策权下放给秘书,不得由秘书行使仲裁庭的基本职责。)第 3.6 条规定:"A request by the arbitral tribunal to a tribunal secretary to prepare notes, memoranda or drafts shall in no circumstances release the arbitral tribunal from its duty personally to review the relevant files and materials, and to draft any substantive parts of its orders, decisions and awards."(秘书按照仲裁庭的指示从事的工作,不能免除仲裁庭亲自审阅案卷、起草裁决和裁定的实体部分的职责。)

第三节 案件秘书对仲裁的影响

一、办案秘书居中沟通可能引发的问题

如上所述,仲裁中通常是由办案秘书负责仲裁庭与当事人之间的文件转递,并在庭审之外代表仲裁庭与当事人沟通,仲裁庭与当事人不直接进行沟通。这种制度避免了仲裁庭与当事人单方接触,也在一定程度上缓冲了当事人之间的对抗情绪。与此同时,此种制度安排可能引发的问题也值得关注。

一是办案秘书假借仲裁庭名义与当事人沟通的问题(当然也不排除办案秘书误以为仲裁庭希望其与当事人沟通)。虽然这种情况极少发生,但确实存在。例如,在一宗仲裁案中,庭审结束后办案秘书打电话给申请人,极力劝说申请人和解,并表示这是仲裁庭的意见。申请人为了表示对仲裁庭的尊重,同意再参加一次调解程序。调解程序开始时,申请人发现仲裁庭并没有积极要求双方调解的意思。相反,仲裁庭以为是当事人双方均希望调解才同意这次调解程序。被申请人代理人在此次调解程序中又打悲情牌、企图获得仲裁庭同情。这不禁让人对这次调解的实际策划和推动者产生揣测。

二是办案秘书居中沟通成为不称职仲裁员的自保屏障的问题。以实务中较为常见的延期作出裁决的情况为例。多数仲裁机构的做法是,如果仲裁庭有意愿延期作出裁决,需要告知秘书,由秘书办理机构内部手续。机构批准延期作出裁决后,再由秘书通知当事人。因此,当事人最终拿到的只是案件需要延期作出裁决的通知,对于其中的缘由却一无所知。

仲裁员的权力来自当事人的授权。如果仲裁庭不能按期裁决,理应事先告知当事人,并说明缘由。由于案情复杂需要延长审限的情况确有出现,但是也有不少案件延期作出裁决的原因是仲裁员未及时起草裁决。此种情况下,仲裁庭不用直面当事人,而是由秘书居中沟通,便成为仲裁庭的自保屏障。

反观国际仲裁的通行实践,仲裁庭必须直面当事人,若因仲裁员不称职未能按时作出裁决,面对当事人的质疑,仲裁庭无法提供合理的解释。此外,一些国际仲裁机构的规则中规定,当事人对作出裁决期限延长拥有一定的话语权。例如,《HKIAC 规

则2018》第31.2条规定："宣布程序终结后，仲裁庭应通知HKIAC和当事人预计向当事人传送裁决的日期。裁决不得晚于仲裁庭宣布整个仲裁程序或其任何阶段（如适用）审理终结之日后的三个月内作出。该期限可经当事人同意后延长或在适当情况下由HKIAC延长。"又如，《SIAC规则2016》第32.3条规定，仲裁庭应当在宣布审理程序终结之日起45天内，向主簿提交裁决书草案，但主簿同意延期或者当事人对裁决期限另有约定的除外。

综上，办案秘书作为仲裁庭与当事人的沟通枢纽，此项制度具有一定的优势，但也可能给秘书借仲裁庭名义行事创造空间，削弱当事人对仲裁程序的知情权，并为仲裁员的不称职行为提供了保护屏障。就此而言，《ICC仲裁程序指引》第186段规定，仲裁庭秘书不应当阻碍仲裁员之间、仲裁员与当事人之间、仲裁员与秘书处之间的直接沟通，可资国内仲裁机构借鉴。

二、案件秘书影响案件的审理

近年来，在国际仲裁中，以尤科斯仲裁案（Yukos）为代表的一系列案件中仲裁庭秘书影响案件审理的问题引发业界关注。

尤科斯石油公司曾是俄罗斯最大的石油企业，于2006年8月宣告破产。2005年2月，尤科斯公司的三大股东分别在常设国际仲裁院依据UNCITRAL规则向俄罗斯政府提起临时仲裁，主张俄罗斯恶意进行税务核算并启动刑事程序侵犯了尤科斯的财产权益，三个仲裁案件共计索赔1142亿美元，由同一个三人仲裁庭通过一个程序审理。

在第一次审理时，仲裁庭任命了一位仲裁庭秘书，协助仲裁庭的联络沟通工作。案件历时10年，于2014年7月作出最终裁决，裁决俄罗斯赔偿三位申请人共计500亿美元。2015年，俄罗斯向海牙地方法院申请撤销裁决。申请撤裁的一个重要理由即仲裁庭秘书过多干预了仲裁实体问题的审理，成为第四名仲裁员，仲裁庭没有恰当地履行职责，违反了荷兰《民事诉讼法》。俄罗斯主张，该案中，仲裁庭秘书在裁决的实体部分工作上付出的时间甚至超过了仲裁员，并且根据俄罗斯聘用的司法语言学家对裁决书的语言鉴定结果，裁决书实体部分95%的内容为仲裁庭秘书起草。

海牙地方法院经审理认为，俄罗斯申请撤裁第一条理由即缺乏有效的仲裁协议足以构成撤销裁决的理由，因此未对俄罗斯主张的其他四条撤裁理由是否成立作出认定。但是尤科斯案件仍然给仲裁庭秘书影响案件审理的问题敲响了警钟。

《仲裁法》未对办案秘书作出明文规定，多数仲裁机构的规则亦未设定办案秘书的职责范围界限。但是《仲裁法》规定，仲裁庭组成或者仲裁的程序违反法定程序构成撤销仲裁裁决的理由。如果办案秘书实质上影响案件的审理，以至于事实上成为"隐形"的仲裁员，则存在法院以此为由撤销仲裁裁决的可能性。

第二十章　证　　据

证据是当事人进行仲裁、证明自己主张的根据，也是仲裁庭查清案件事实、分清是非、作出公正裁决的基础。

关于仲裁中的证据问题，《仲裁法》仅简单地对举证责任、仲裁庭收集证据、鉴定、证据出示与质证、证据保全问题作了原则性的规定。国内仲裁机构的规则中关于证据的规定亦较为简略，大多仅涉及举证、质证、仲裁庭调查取证以及专家报告或者鉴定问题，如《贸仲规则 2015》[①]《上国仲规则 2015》[②]《深国仲规则 2019》[③]。在中国仲裁实务中，其余有关证据的问题则通常参照民事诉讼中的证据制度处理。

世界其他国家的仲裁法律与国际仲裁机构的规则多数也仅对证据问题作了原则性的规定。与国内仲裁不同，国际仲裁中很少适用诉讼程序中的证据制度，而是交由当事人自行对证据规则进行约定。目前在国际仲裁证据领域适用最广泛、影响最大的规则是国际律师协会制定的《IBA 取证规则》。该规则融合了两大法系在证据问题上的做法，但大部分条文规定仍然与英美法传统下的证据规则更为接近，如强调双方当事人在举证中的主动性，仲裁庭处于较为被动的地位。该规则全文共 9 个条款，涉及证据披露、证人证言、证人的询问规则、专家证人、证据的认定以及特权保护等问题。此外，在国际仲裁证据领域，《贸法会关于安排仲裁程序的说明》中关于证据的规定也具有一定参考意义。

2015 年 2 月，贸仲发布了《贸仲证据指引》。根据贸仲的说明，该指引的制定结合了贸仲的仲裁规则和仲裁实践，并借鉴了中国民事诉讼中的证据制度与《IBA 取证规则》。该指引不构成贸仲仲裁规则的组成部分，经当事人约定适用方可适用。

2018 年 12 月 14 日，来自 30 个国家（主要是大陆法系国家）的代表组成的工作组在布拉格通过了《布拉格规则》。《布拉格规则》以大陆法系传统下的纠问式审理为特色，强调仲裁庭在调查取证、程序管理以及限制当事人过分举证上发挥更为积极的

---

① 参见《贸仲规则 2015》第 41 ~ 44 条。

② 参见《上国仲规则 2015》第 37 ~ 40 条。

③ 参见《深国仲规则 2019》第 42 ~ 45 条。

作用，致力于在取证和高效管理仲裁程序方面，为国际仲裁的当事人尤其是来自大陆法系的当事人提供更多规则选项。

本章在介绍中国仲裁中的证据制度时，将参考民事诉讼中的相关规定和仲裁实践，并适当介绍《IBA 取证规则》《贸法会关于安排仲裁程序的说明》《贸仲证据指引》《布拉格规则》的相关规定。

第一节 证据的种类

《仲裁法》未对证据的种类作出规定，参照《民事诉讼法》第 63 条对证据的分类以及中国仲裁实务，仲裁中的证据通常亦可分为以下八类：当事人陈述、书证、物证、视听资料、电子数据、证人证言、鉴定意见、勘验笔录。

一、当事人陈述

当事人陈述在仲裁中是指当事人就有关案件的事实情况向仲裁庭所作的陈述，其形式包括在庭审中以口头形式作出和在仲裁申请书、答辩状、代理词等书面材料中作出两种，内容包括当事人自己说明的案件事实和对另一方当事人陈述的承认。

当事人对于己不利的事实的承认称为自认。根据《证据规定 2019》第 3 条之规定，对于一方当事人自认的事实，另一方当事人无须举证证明。《证据规定 2019》第 4 条规定了当事人不置可否的情况下视为自认的情形："一方当事人对于另一方当事人主张的于己不利的事实既不承认也不否认，经审判人员说明并询问后，其仍然不明确表示肯定或者否定的，视为对该事实的承认。"

关于代理人的自认问题。《证据规定 2008》规定，未经特别授权的代理人对事实的承认直接导致承认对方诉讼请求的，不视为当事人的自认。《证据规定 2019》第 5 条则规定，除授权委托书明确排除的事项外，代理人的自认视为当事人的自认，不再区分特别授权与一般授权。

关于不适用自认的情形。《民事诉讼法司法解释》第 92 条规定，对于涉及身份关系、国家利益、社会公共利益等应当由人民法院依职权调查的事实，不适用自认的规定。《证据规定 2019》第 8 条进一步规定涉及五种情形的事实，不适用有关自认的规定。除了上述涉及身份关系、国家利益、社会公共利益外，还包括"当事人有恶意串通损害他人合法权益可能的"等情形。此外，《民事诉讼法司法解释》第 92 条与《证据规定 2019》第 8 条均规定，自认的事实与已经查明的事实不符的，人民法院不予确认。

关于自认的撤销。《证据规定 2019》第 9 条规定，在下列两种情况下，当事人在法庭辩论终结前撤销自认的，人民法院应当准许：第一，经对方当事人同意的；第二，自认是在受胁迫或者重大误解情况下作出的。

根据《民事诉讼法》《证据规定 2019》，当事人应当就案件事实作真实、完整的陈述。人民法院认为有必要的，可以要求当事人本人到场，就案件的有关事实接受询问。而国内仲裁中较少出现仲裁庭要求当事人本人必须到场接受询问的情形。此外，无论是诉讼还是仲裁，当事人陈述不能单独作为认定案件事实的根据。

二、书证

书证是用文字、符号、图形等所记载或反映的思想内容来证明案件事实的证据，常见的书证包括合同、往来信函、票据、证照等。

中国民事诉讼司法实践中对书证的采纳适用“原始文书规则”，即除非存在法定的例外情形，书证的提交者应该提供证据原件。该规则的法律依据为《民事诉讼法》第 70 条第 1 款的规定：“书证应当提交原件。物证应当提交原物。提交原件或者原物确有困难的，可以提交复制品、照片、副本、节录本。”《证据规定 2019》第 61 条亦规定：“对书证、物证、视听资料进行质证时，当事人应当出示证据的原件或者原物。但有下列情形之一的除外：（一）出示原件或者原物确有困难并经人民法院准许出示复制件或者复制品的；（二）原件或者原物已不存在，但有证据证明复制件、复制品与原件或者原物一致的。”另外，根据《证据规定 2019》第 90 条的规定，无法与原件核对的复制件不能单独作为认定案件事实的根据。

仲裁实务虽也受“原始文书规则”的影响，但通常而言，远较民事诉讼程序更为弹性。如果一方出示的书证为复制件，另一方对书证的真实性提出异议，仲裁庭仍可以视该证据能否与其他证据、事实相互印证来决定是否予以采信。

如果当事人提交的书证之语言不同于仲裁语言，是否需要提交相应的译本，对此大多数中国仲裁机构将决定权赋予仲裁庭。例如，《贸仲规则 2015》第 81 条第 3 款规定：“当事人提交的各种文书和证明材料，仲裁庭或仲裁委员会仲裁院认为必要时，可以要求当事人提供相应的中文译本或其他语言译本。”《深国仲规则 2019》第 5 条第 5 款、《上国仲规则 2015》第 60 条第 3 款的规定与之类似。实务中，仲裁庭在决定提交方是否需要提供译本时，通常会征询另一方当事人的意见。

北仲的规定有所不同。《北仲规则 2019》第 33 条第 6 款规定：“除非当事人另有约定或者本规则另有规定，提交的外文证据材料和书面文件应当附有中文译本。仲裁庭认为必要时，可以要求当事人提供其他语言的译本。”实务中一些中外合资项目中当事人可能在合同中约定，日后若因合同引发争议并启动仲裁程序，双方提交的证据资料的语言可以为中文或者英文。在这种情况下，依据上述规定就不需要提供中文译本。

在北京四中院(2015)四中民(商)特字第00152号案中,申请人主张的撤裁理由之一是“仲裁庭对被申请人提交的外文书证未经翻译即予认定”。法院根据贸仲规则的规定,认为仲裁庭或贸仲可以根据审理需要决定是否要求当事人提供译本,故对申请人的此项撤裁理由不予采纳。

如果案涉仲裁规则并未赋予仲裁庭决定当事人应否提交译本的权力,而仲裁庭对当事人提交的外文书证未经翻译即予以认定,这是否构成违反法定程序?对这一问题的判断,需考虑未翻译是否影响另一方当事人对书证发表意见,以及是否会影响案件的公正裁决。

三、物证

物证是以物品的存在、外形、特征、性质等标志来证明案件事实的证据。常见的物证是合同或其他财产权益争议的标的物。诉讼程序中,物证的收集方法主要有提取、勘验和扣押。由于仲裁庭的权力是基于当事人的授权,不具有国家强制力,仲裁庭通常无法采取扣押的方式收集物证。

同书证一样,物证也需要出示原物,除非出示原物确有困难并经仲裁庭准许出示复制品,或者原物已不存在,但有证据证明复制品与原物一致。无法与原物核对的复制品不能单独作为认定案件事实的根据。

四、视听资料

视听资料是指用录音、录像等存储的数据和资料来证明案件事实的证据,包括录音资料和影像资料。视听资料具有较大的科学性、真实性和可靠性,但是也容易被利用科技手段剪辑、篡改、伪造。有鉴于此,《民事诉讼法》第71条规定:“人民法院对视听资料,应当辨别真伪,并结合本案的其他证据,审查确定能否作为认定事实的根据。”《证据规定2019》第15条第1款规定:“当事人以视听资料作为证据的,应当提供存储该视听资料的原始载体。”即“原件、原物”之概念。第90条规定,存有疑点的视听资料不能单独作为认定案件事实的根据。仲裁实务中,对于一方当事人提交的视听资料,仲裁庭亦会仔细甄别,且通常在能够与其他证据相互印证的情况下方予以采纳。

关于私自录制采集的视听资料能否被采信的问题,最高院最早在1995年《关于未经对方当事人同意私自录制其谈话取得的资料不能作为证据使用的批复》中将“未经对方当事人同意私自录制其谈话”的行为界定为不合法行为。而在《证据规定2001》中,第68条将非法证据限定于“以侵害他人合法权益或者违反法律禁止性规定的方法取得的证据”的范围。在对此条的释义中,最高院也指出,1995年批复的规定过于严厉,且实践中一方当事人同意对方录制其谈话的情形极其罕见。按照批复的规定,法官即使确信证据资料内容真实也无法对权利人予以保护。除以侵害他人合法权益(如违反社会公共利益和社会公德、侵犯他人隐私等)或违反法律禁止性规定的方法(如擅自安装窃听器进行窃听)取得的证据外,其他情形不得视为非法证据。①

此后的司法实践也体现了上述释义的观点。例如,在最高院(2015)民提字第212号案中,法院认为,当事人私自采集的录音能够客观反映双方合作的相关事宜,与本案的基本事实密切相关,应当采纳。根据《证据规定2001》中"以侵害他人合法权益或者违反法律禁止性规定的方法取得的证据,不能作为认定案件事实的依据"的规定,"不合法的私自录音行为"应当理解为对涉及对方当事人的隐私场所进行的偷录并侵犯对方当事人或其他人合法权益的行为。本案中的录音系在公共场所录制,并未侵犯任何人的合法权益,故对该录音证据予以采纳。此后,《民事诉讼法司法解释》第106条进一步规定:"对以严重侵害他人合法权益、违反法律禁止性规定或者严重违背公序良俗的方法形成或者获取的证据,不得作为认定案件事实的根据。"

在仲裁实务中,对于一方当事人提交的私自录制采集的视听资料,如果没有其他上述不合法的事由,仲裁庭亦通常不会认为该证据不合法。

五、电子数据

电子数据是2012年《民事诉讼法》增加的一种证据种类。《民事诉讼法司法解释》第116条规定,电子数据是指通过电子邮件、电子数据交换、网上聊天记录、博客、微博客、手机短信、电子签名、域名等形成或者存储在电子介质中的信息。《证据规定2019》第14条规定:"电子数据包括下列信息、电子文件:(一)网页、博客、微博客等网络平台发布的信息;(二)手机短信、电子邮件、即时通信、通讯群组等网络应用服务的通信信息;(三)用户注册信息、身份认证信息、电子交易记录、通信记录、登录日志等信息;(四)文档、图片、音频、视频、数字证书、计算机程序等电子文件;(五)其他以数字化形式存储、处理、传输的能够证明案件事实的信息。"

关于电子数据的提供,《证据规定2019》第15条第2款规定:"当事人以电子数据作为证据的,应当提供原件。电子数据的制作者制作的与原件一致的副本,或者直接来源于电子数据的打印件或其他可以显示、识别的输出介质,视为电子数据的原件。"

关于电子数据的审核认定。《证据规定2019》第90条规定,存有疑点的电子数

---

① 王宝发编著:《〈最高人民法院关于民事诉讼证据的若干规定〉释义》,法律出版社2002年版,第119页。

据不能单独作为认定案件事实的根据。第 93 条规定："人民法院对于电子数据的真实性，应当结合下列因素综合判断：（一）电子数据的生成、存储、传输所依赖的计算机系统的硬件、软件环境是否完整、可靠；（二）电子数据的生成、存储、传输所依赖的计算机系统的硬件、软件环境是否处于正常运行状态，或者不处于正常运行状态时对电子数据的生成、存储、传输是否有影响；（三）电子数据的生成、存储、传输所依赖的计算机系统的硬件、软件环境是否具备有效的防止出错的监测、核查手段；（四）电子数据是否被完整地保存、传输、提取，保存、传输、提取的方法是否可靠；（五）电子数据是否在正常的往来活动中形成和存储；（六）保存、传输、提取电子数据的主体是否适当；（七）影响电子数据完整性和可靠性的其他因素。人民法院认为有必要的，可以通过鉴定或者勘验等方法，审查判断电子数据的真实性。"第 94 条规定："电子数据存在下列情形的，人民法院可以确认其真实性，但有足以反驳的相反证据的除外：（一）由当事人提交或者保管的于己不利的电子数据；（二）由记录和保存电子数据的中立第三方平台提供或者确认的；（三）在正常业务活动中形成的；（四）以档案管理方式保管的；（五）以当事人约定的方式保存、传输、提取的。电子数据的内容经公证机关公证的，人民法院应当确认其真实性，但有相反证据足以推翻的除外。"

在诉讼仲裁实践中，微信聊天记录作为证据提交已日益常见。上述《证据规定2019》第 14 条亦将即时通信信息列为电子数据的形式之一。实务中，一方提交的微信聊天记录能否被裁判者采信主要取决于以下几点：第一，另一方是否认可其真实性；第二，在另一方否认真实性的情况下，提交方能否证明聊天主体的身份；第三，提交方能否在原始载体上播放或展示聊天记录。

在中山市第一人民法院（2014）中一法民三初字第 16 号案中，法院没有采信原告提交的微信聊天记录，原因包括：第一，该聊天记录只是截图打印件和音频刻录光盘，经法院通知，原告未能提交该聊天记录的原件以及相应的原始载体，也没有向本院演示相关聊天记录的取得过程，故仅凭其提交的聊天记录的打印件和音频刻录光盘，法院无法核查相关聊天记录的完整性、真实性以及与原件是否一致；第二，微信用户目前无须实名认证，在原告提交的聊天记录并不完整的情况下，单纯从聊天记录的内容难以推断双方当事人的身份、款项的性质以及是否实际支付等。

六、证人证言

证人是指除仲裁参加人之外的，因了解有关事实而向仲裁庭作证的人。证人就其知道的案件事实所作的陈述为证人证言。

关于证人的身份限制问题，《证据规定 2019》第 67 条规定："不能正确表达意思的人，不能作为证人。待证事实与其年龄、智力状况或者精神健康状况相适应的无民事行为能力人和限制民事行为能力人,可以作为证人。"

关于证人证言的证明力,根据《证据规定 2019》第 90 条之规定,下列两类证人证言不能单独作为认定案件事实的根据:第一,无民事行为能力人或者限制民事行为能力人所作的与其年龄、智力状况或者精神健康状况不相当的证言;第二,与一方当事人或者其代理人有利害关系的证人陈述的证言。

需要注意的是,在中国仲裁实务中仲裁庭更多地依赖书证来发现事实,证人证言的使用频率和采信度并不高。证人证言的相关问题下文会再详述。

七、鉴定意见

鉴定意见是指依法接受聘请或者指定的具有专门知识和技能的鉴定人,运用专门知识和技能,对案件的专门性问题进行分析、研究所得出的结论性意见。仲裁中常见的鉴定有工程造价鉴定、产品质量鉴定、印章鉴定、笔迹鉴定、文书鉴定、技术鉴定等。

根据《民事诉讼法》《证据规定 2019》,诉讼中的鉴定包括当事人申请鉴定和法院依职权委托鉴定。双方当事人应当协商确定或由法院指定具备相应资格的鉴定人。人民法院应当组织当事人对鉴定材料进行质证。未经质证的材料,不得作为鉴定的根据。《证据规定 2019》第 36 条第 1 款规定:"人民法院对鉴定人出具的鉴定书,应当审查是否具有下列内容:(一)委托法院的名称;(二)委托鉴定的内容、要求;(三)鉴定材料;(四)鉴定所依据的原理、方法;(五)对鉴定过程的说明;(六)鉴定意见;(七)承诺书。"

当事人可以对鉴定书提出异议。对于当事人的异议,人民法院应当要求鉴定人作出解释、说明或者补充。当事人在收到鉴定人的书面答复后仍有异议的,人民法院应当通知有异议的当事人预交鉴定人出庭费用,并通知鉴定人出庭。鉴定人应当就鉴定事项如实答复当事人的异议和审判人员的询问。鉴定人拒不出庭作证的,鉴定意见不得作为认定案件事实的根据。当事人可以申请有专门知识的人出庭,代表其对鉴定意见进行质证。

《证据规定 2019》第 40 条第 1 款规定:"当事人申请重新鉴定,存在下列情形之一的,人民法院应当准许:(一)鉴定人不具备相应资格的;(二)鉴定程序严重违法的;(三)鉴定意见明显依据不足的;(四)鉴定意见不能作为证据使用的其他情形。"

仲裁中鉴定的相关问题下文会再详述。

八、勘验笔录

勘验笔录,是指为查明一定的案件事实而对与案件争议有关的现场或者物证所进行勘验和检查从而形成的笔录。实践中对于现场以及无法提交的物证等,应当由勘验人员对物证或现场进行勘验,从而取得反映案件事实情况的证据。勘验人一般由仲裁员或仲裁庭指定的人员担任,并应严格按照法定程序进行。

《证据规定 2019》第 43 条规定:“人民法院应当在勘验前将勘验的时间和地点通知当事人。当事人不参加的,不影响勘验进行。当事人可以就勘验事项向人民法院进行解释和说明,可以请求人民法院注意勘验中的重要事项。人民法院勘验物证或者现场,应当制作笔录,记录勘验的时间、地点、勘验人、在场人、勘验的经过、结果,由勘验人、在场人签名或者盖章。对于绘制的现场图应当注明绘制的时间、方位、测绘人姓名、身份等内容。”

国际仲裁中与勘验现场或物证类似的做法是对实物证据的查验。《IBA 取证规则》第 7 条规定,经一方当事人请求或仲裁庭自行决定,仲裁庭可自行或要求专家对现场、财产、机器、货物、系统、工序或文件进行查验。仲裁庭应当与当事人协商后决定查验的时间和具体安排。当事人与其代理人有权参加查验。

《贸法会关于安排仲裁程序的说明》对查验的规定更为细致。其第 108 段指出,在一些案件中,仲裁庭可能需要对书证之外的实物证据进行认定,如通过查验货物、财产或参观现场的方式。查验的结果可作为定案证据,也可起到阐释案件事实的作用,帮助仲裁庭更好理解案件。根据该说明第 110 段至第 112 段,如果仲裁庭认为需要查验现场、财产或货物,可以考虑其是否有必要亲自参加查验,是否可以进行虚拟查验以提高效率、降低成本。如果要进行实地查验,仲裁庭需要考虑查验的时间、费用分担、确保查验的安排使双方当事人能够参加。如果被查验的现场、财产或货物在一方当事人的控制下,建议仲裁庭允许另一方当事人在查验之前参观查验地点,以便其提前熟悉将被查验的对象并提醒仲裁庭注意查验地点的其他证据。

第二节　证据的提供

一、证明责任

(一)“谁主张,谁举证”

《仲裁法》第 43 条第 1 款规定:“当事人应当对自己的主张提供证据。”此规定与中国诉讼实践中的“谁主张,谁举证”的证明责任分配原则一致。

《民事诉讼法司法解释》第 90 条规定:“当事人对自己提出的诉讼请求所依据的事实或者反驳对方诉讼请求所依据的事实,应当提供证据加以证明,但法律另有规定的除外。在作出判决前,当事人未能提供证据或者证据不足以证明其事实主张的,由负有举证证明责任的当事人承担不利的后果。”

根据上述规定,“谁主张,谁举证”的证明责任分配原则具有两层含义:一是行为上的证明责任,即当事人为了免于不利的事实认定及败诉的后果而提交证据;二是结果上的证明责任,即如果不能使仲裁庭形成主要事实为真实的心证,则承担该主要事实之法律效果不发生的不利益。

(二)举证责任倒置

法律也规定了在一些例外情形下,不由主张权利一方举证,而由另外一方举证,即举证责任倒置,例如:

《公司法》第63条规定:“一人有限责任公司的股东不能证明公司财产独立于股东自己的财产的,应当对公司债务承担连带责任。”

《消费者权益保护法》第23条第3款规定:“经营者提供的机动车、计算机、电视机、电冰箱、空调器、洗衣机等耐用商品或者装饰装修等服务,消费者自接受商品或者服务之日起六个月内发现瑕疵,发生争议的,由经营者承担有关瑕疵的举证责任。”

《劳动争议调解仲裁法》第6条规定:“发生劳动争议,当事人对自己提出的主张,有责任提供证据。与争议事项有关的证据属于用人单位掌握管理的,用人单位应当提供;用人单位不提供的,应当承担不利后果。”

《证据规定2008》第4条规定了八类适用举证责任倒置的侵权纠纷案件[①]:“(一)因新产品制造方法发明专利引起的专利侵权诉讼,由制造同样产品的单位或者个人对其产品制造方法不同于专利方法承担举证责任;(二)高度危险作业致人损害的侵权诉讼,由加害人就受害人故意造成损害的事实承担举证责任;(三)因环境污染引起的损害赔偿诉讼,由加害人就法律规定的免责事由及其行为与损害结果之间不存在因果关系承担举证责任;(四)建筑物或者其他设施以及建筑物上的搁置物、悬挂物发生倒塌、脱落、坠落致人损害的侵权诉讼,由所有人或者管理人对其无过错承担举证责任;(五)饲养动物致人损害的侵权诉讼,由动物饲养人或者管理人就受害人有过错或者第三人有过错承担举证责任;(六)因缺陷产品致人损害的侵权诉讼,由产品的生产者就法律规定的免责事由承担举证责任;(七)因共同危险行为致人损害的侵权诉讼,由实施危险行为的人就其行为与损害结果之间不存在因果关系承担举证责任;(八)因医疗行为引起的侵权诉讼,由医疗机构就医疗行为与损害结果之间不存在因果关系及不存在医疗过错承担举证责任。有关法律对侵权诉讼的举证责任有特殊规定的,从其规定。”需要说明的是,由于可仲裁性的问题和/或双方未订立仲裁条

---

① 此条在《证据规定2019》中已被删除。

款的情况,上述规定并不完全适用于仲裁。

(三)免证事实

免证事实是当事人对于其主张的事实需要举证证明的另一个例外。《证据规定2019》第10条规定:"下列事实,当事人无须举证证明:(一)自然规律以及定理、定律;(二)众所周知的事实;(三)根据法律规定推定的事实;(四)根据已知的事实和日常生活经验法则推定出的另一事实;(五)已为仲裁机构的生效裁决所确认的事实;(六)已为人民法院发生法律效力的裁判所确认的基本事实;(七)已为有效公证文书所证明的事实。前款第二项至第五项事实,当事人有相反证据足以反驳的除外;第六项、第七项事实,当事人有相反证据足以推翻的除外。"

值得注意的是,在《民事诉讼法司法解释》第93条关于免证事实的规定中,"已为仲裁机构的生效裁决所确认的事实"无须举证证明,除当事人有相反证据足以推翻的除外。《证据规定2019》将其修改为"当事人有相反证据足以反驳的除外",说明仲裁裁决所确认的事实的证明效力有所下降。

二、举证期限

举证期限是指当事人提交证据的期限。设定举证期限,特别是要求被申请人限期提交答辩证据的目的是让当事人尽早、按时提交证据,以便提高仲裁庭的审理效率,以及避免证据突袭。

《仲裁法》未对举证期限进行规定,多数仲裁机构规则赋予了仲裁庭决定举证期限以及决定是否采纳逾期提交的证据的权力。例如,《贸仲规则2015》第41条第2款规定:"仲裁庭可以规定当事人提交证据的期限。当事人应在规定的期限内提交证据。逾期提交的,仲裁庭可以不予接受……"《北仲规则2019》第33条、《深国仲规则2019》第42条、《上国仲规则2015》第37条与之类似。

还有一些仲裁机构的规则中直接规定举证期限,实践中也不乏有仲裁机构在受理案件以后直接向当事人发送仲裁通知,并设定举证期限。前述做法均有待商榷。首先,无论是在复杂案件还是在普通案件中,在争议焦点以及待证问题确定之前就确定举证期限,会给律师、当事人准备证据造成很大困扰,也往往形同虚设,因为当事人总有时间和机会在庭后提交补充证据。其次,设定举证期限是仲裁庭组织庭审的基本权力之一。仲裁机构在立案后就直接让当事人限期举证,有越俎代庖之嫌。

对于争议点和待证问题较多的案件,较为合适的做法是仲裁员尽早举行庭前会议,确定争议焦点和待证问题,然后综合争议各方的举证能力和审理经验等,确定合理的举证期限。

三、仲裁庭调查取证

《仲裁法》第 43 条第 2 款规定:“仲裁庭认为有必要收集的证据,可以自行收集。”多数仲裁机构的规则中亦对仲裁庭调查取证作出了规定。例如,《贸仲规则 2015》第 43 条规定:“(一)仲裁庭认为必要时,可以调查事实,收集证据。(二)仲裁庭调查事实、收集证据时,可以通知当事人到场。经通知,一方或双方当事人不到场的,不影响仲裁庭调查事实和收集证据。(三)仲裁庭调查收集的证据,应转交当事人,给予当事人提出意见的机会。”《北仲规则 2019》第 34 条、《深国仲规则 2019》第 44 条、《上国仲规则 2018》第 38 条的规定与之类似。

基于上述规定,仲裁庭的调查取证属于自由裁量权的范围,而不是其义务。实践中仲裁庭很少行使这一权利,原因主要有三:首先,仲裁庭调查取证缺少强制执行力的支持。与法院的司法权不同,仲裁权仅对双方当事人有约束力,对案外第三人没有强制约束力。因此,仲裁庭自行调查取证也很难得到相关单位或人员的积极配合,并不比当事人自行取证容易。其次,随着《民事诉讼法》及相关司法解释的颁布实施,当事人承担证明责任的法律观念不断加强,法院调查取证成为例外,这一观念也在仲裁领域得到延伸。最后,仲裁庭自行调查收集证据需耗费较多的时间和精力。而在国内仲裁中仲裁员报酬标准偏低,导致仲裁员缺乏动力自行取证。

相比之下,世界其他法域的仲裁法很多都规定了法院协助仲裁中证据获取的制度。例如,英国《1996 年仲裁法》第 44 条规定,法院有权命令从证人处取证,命令查验、拍摄、保全、保管、扣押任何和案件有关的财产,以及为了前述目的命令允许某人进入被一方当事人控制的现场。瑞士《联邦国际私法法典》第 184 条规定,如果有必要获得国家强制力协助取证,仲裁庭或者一方当事人经仲裁庭同意可请求仲裁地法院协助。新加坡《国际仲裁法》第 13 条与新加坡《仲裁法》第 30 条均规定,仲裁协议缔约方有权向法院申请发出传票,强制证人作证或要求相关方出具文件。《国际商事仲裁示范法》第 27 条亦规定:“仲裁庭或者当事人经仲裁庭同意可以向本国有管辖权的法院申请协助取证……”香港《仲裁条例》第 55 条即采纳了前述规定。

《民事诉讼法》第 64 条第 2 款规定:“当事人及其诉讼代理人因客观原因不能自行收集的证据,或者人民法院认为审理案件需要的证据,人民法院应当调查收集。”在仲裁实务中,亦存在一些证据当事人因客观原因无法自行收集,且对案件审理具有重要性。为了缓解当事人的举证压力,促进案件公平、高效的解决,确有必要在中国内地引入法院协助仲裁中证据获取的制度。

四、书证提出命令制度与文件披露制度

(一) 书证提出命令制度

在中国诉讼实践中,对于在对方当事人控制之下的证据,承担举证责任的一方可请求法院责令对方提交。此种做法的依据是《民事诉讼法司法解释》第 112 条的规定:“书证在对方当事人控制之下的,承担举证证明责任的当事人可以在举证期限届满前书面申请人民法院责令对方当事人提交。申请理由成立的,人民法院应当责令对方当事人提交,因提交书证所产生的费用,由申请人负担。对方当事人无正当理由拒不提交的,人民法院可以认定申请人所主张的书证内容为真实。”这也被称为“书证提出命令制度”。

书证提出命令制度有利于解决特定情况下当事人举证困难的问题,促进案件事实的查明。《证据规定 2019》进一步完善了书证提出命令制度,对申请条件、审查程序、书证提出义务范围以及不遵守书证提出命令的后果进行规定,并将视听资料和电子数据纳入“书证提出命令”的适用范围。

关于申请条件,《证据规定 2019》第 45 条第 1 款规定:“当事人根据《最高人民法院关于适用〈中华人民共和国民事诉讼法〉的解释》第一百一十二条的规定申请人民法院责令对方当事人提交书证的,申请书应当载明所申请提交的书证名称或者内容、需要以该书证证明的事实及事实的重要性、对方当事人控制该书证的根据以及应当提交该书证的理由。”

关于审查程序,《证据规定 2019》第 46 条规定:“人民法院对当事人提交书证的申请进行审查时,应当听取对方当事人的意见,必要时可以要求双方当事人提供证据、进行辩论。当事人申请提交的书证不明确、书证对于待证事实的证明无必要、待证事实对于裁判结果无实质性影响、书证未在对方当事人控制之下或者不符合本规定第四十七条情形的,人民法院不予准许。当事人申请理由成立的,人民法院应当作出裁定,责令对方当事人提交书证;理由不成立的,通知申请人。”

关于书证提交的情形和范围,《证据规定 2019》第 47 条第 1 款规定:“下列情形,控制书证的当事人应当提交书证:(一)控制书证的当事人在诉讼中曾经引用过的书证;(二)为对方当事人的利益制作的书证;(三)对方当事人依照法律规定有权查阅、获取的书证;(四)账簿、记账原始凭证;(五)人民法院认为应当提交书证的其他情形。”

关于不遵守书证提出命令的后果,《证据规定 2019》第 48 条第 1 款规定:“控制书证的当事人无正当理由拒不提交书证的,人民法院可以认定对方当事人所主张的

书证内容为真实。”第 95 条规定:“一方当事人控制证据无正当理由拒不提交,对待证事实负有举证责任的当事人主张该证据的内容不利于控制人的,人民法院可以认定该主张成立。”

但是,书证提出命令制度尚未在国内诉讼与仲裁实践中广泛适用,原因可能在于:第一,证据由对方单独掌握控制的情况本身较为少见,绝大多数情况下都在己方手中或者双方均掌握;第二,国内裁判者与当事人受“谁主张,谁举证”的观念影响较深,即使存在证据由对方掌握的情况,当事人可能无法想到利用书证提出命令制度要求对方出示,或者当事人提出此等请求后,裁判者往往不予理会;第三,申请书证提出命令的条件较高,申请人应当提供申请提交的书证名称或者内容、对方控制该书证的根据。换言之,该书证必须首先存在,并且申请人对该书证的内容有足够的了解,同时还要能证明由对方控制。

此外,就国内仲裁而言,当事人很少申请仲裁庭命令另一方当事人出具在其控制之下的证据的原因还包括,《仲裁法》与大多数仲裁机构的规则中均未明确规定书证提出命令制度,提出此种申请缺乏依据。

(二)文件披露制度

在国际仲裁中,当事人申请仲裁庭命令另一方当事人出具在其控制之下的证据的现象则较为普遍,这种做法被称为“文件披露制度”。

《IBA 取证规则》第 3.3 条规定,披露请求须满足四个条件:第一,申请方须充分界定要求对方出示的文件的类型(如邮件、信函、合同文本)、时间段、涉及的当事人、文件的性质(如涉及价格磋商的往来文件)、可搜索的关键词等,并说明让对方提供所请求的文件材料不会给对方造成不合理的负担;第二,披露请求须说明请求披露的文件与案件的关联性;第三,披露请求须说明请求披露的文件对案件处理结果的重要性;第四,有合理理由证明这些文件材料在对方的占有、保管或控制之下。

如前所述,在国内书证提出命令制度下,申请人仅能就其确定存在且知道内容的特定书证提出请求。在《IBA 取证规则》规定的文件披露制度下,申请人只需界定所申请出示的文件的类型、时间段、涉及的当事人、文件的性质。文件披露制度的门槛更低、适用范围更广。在适用《IBA 取证规则》的案件中,当事人互相宽泛地请求提供一定类别的文件的情况十分常见,文件披露也往往是一个非常昂贵和耗时的程序。

《贸仲证据指引》第 7 条也对特定披露请求制度进行了规定,其第 1 款规定:“一方当事人可请求仲裁庭指令对方当事人披露某一特定书证或某一类范围有限且具体的书证(‘特定披露请求’)。请求方需阐明请求理由,详细界定该有关书证,以及说明该书证的关联性和重要性。仲裁庭应安排对方当事人对特定披露请求发表意见。

对方不反对该请求的，应按照请求披露相关文件。对方反对的，由仲裁庭决定是否准许该请求。”

与《IBA 取证规则》下的特定文件披露制度相比，在申请条件方面，《贸仲证据指引》规定申请人也需对所请求披露的文件进行界定，并证明该文件的重要性和相关性，但并未明确要求申请人说明对方提供所请求的文件不会产生不合理的负担，以及文件在对方的占有、保管或控制之下。不过，依据《贸仲证据指引》第 7 条第 3 款规定，经对方当事人要求，仲裁庭驳回特定披露请求的理由包括“披露将使披露方承受不合理的负担”及“要求披露的证据不在披露方占有或控制之下或很可能已经灭失”。因此，如对方提出异议，申请人仍需就这两项情形予以说明。

《布拉格规则》对文件披露作出了很多限制，以避免当事人滥用披露制度、拖延程序。首先，其第 4.2 条确立了“鼓励仲裁庭和当事人避免任何形式的文件披露，包括电子取证”的一般规则。其次，第 4.3 条规定，当事人不能请求披露“一类类别的文件”，而只能请求披露特定文件，与我国书证提出命令的要求相同。第 4.4 条进一步规定，文件披露请求必须在案件管理会议上提出，并说明其要求对方提供证据的理由。除非特别例外的情况，当事人在案件管理会议后提出的任何文件披露请求将不被获准。

关于被请求方对文件披露请求的回应，《IBA 取证规则》第 3.4 条、第 3.5 条规定，对于一方提出的披露请求，被请求方如果不持异议则应自动提交相关文件。如不同意则应向仲裁庭和其他方书面说明反对理由，反对理由必须属于第 9.2 条的范围或者是披露请求未满足第 3.3 条中的任何条件。

关于仲裁庭对文件披露请求的决定，《IBA 取证规则》第 9.2 条规定，仲裁庭可经一方当事人请求或自行决定某些证据不需要出示，理由包括：第一，证据跟案件没有关联性或对裁决结果没有重大影响；第二，具有法律特权、不适宜披露；第三，出示该些被请求的证据会给被请求人造成不合理的负担；第四，有合理理由证明被请求的文件材料被毁损或丢失；第五，涉及商业秘密、技术秘密；第六，涉及政治敏感问题；第七，其他仲裁庭基于程序的经济性、适当性和公平原则认为无须出示的理由。《贸仲证据指引》第 7 条第 3 款的规定与此类似。

如果被请求方拒不配合披露，仲裁庭通常会对其作出不利推定。就此而言，《IBA 取证规则》第 9.5 条规定，如果一方当事人对某出示请求未及时提出异议且不能作出合理解释，也未出示该出示请求中请求出示的任何文件资料，或者未出示仲裁庭要求出示的任何文件资料，则仲裁庭可以推断此文件资料与该方当事人的利益相悖。《布拉格规则》第 10 条亦规定：“如果一方当事人不遵守仲裁庭的命令或指令，且无正当事由，仲裁庭可以在其认为适当的情况下对于该当事人的个案或具体事项进行不利推定。"《贸仲证据指引》第23条的规定与此类似。

国际仲裁实务中通常以雷德芬表格(Redfern Schedule)将特定文件披露申请的流程表格化。该表格因其首先的使用者、英国著名律师Alan Redfern而得名。该表格由当事人的请求、请求的理由、对方对请求的意见,以及仲裁庭的决定等栏目组成,清晰实用。

五、证据的特权保护

证据的特权保护是指拒绝向法院或仲裁庭提供特定证据的权利。对于受特权保护的信息,法院或仲裁庭不应命令当事人或证人提供,也不应采纳。证据特权制度的出发点在于保护特定的社会关系或利益,在很多国家的诉讼仲裁程序中都得到认可。

《IBA取证规则》第9条涉及四类证据特权保护:一是当事人与律师之间的沟通享有特权保护;二是当事人出于和解目的进行的沟通,通常称为"不受损害特权";三是商业秘密特权;四是政治敏感性问题特权。

中国法律和多数仲裁机构的规则中尚未对证据的特权保护作出系统性规定,仅有一些零散涉及。例如,《民事诉讼法司法解释》第107条规定:"在诉讼中,当事人为达成调解协议或者和解协议作出妥协而认可的事实,不得在后续的诉讼中作为对其不利的根据,但法律另有规定或者当事人均同意的除外。"《证据规定2019》第47条规定:"下列情形,控制书证的当事人应当提交书证:……前款所列书证,涉及国家秘密、商业秘密、当事人或第三人的隐私,或者存在法律规定应当保密的情形的,提交后不得公开质证。"《贸仲证据指引》第19条规定:"(一)根据仲裁庭认为适当的、免于披露义务的规则,仲裁庭可决定对当事人提交的某项证据不予采纳,尤其是那些律师与客户之间的保密通讯或涉及当事人之间和解谈判的证据。(二)仅在调解程序中披露的证据和信息在仲裁中不具有可采纳性,不得作为仲裁裁决的依据。"

六、证人证言的提供

如前所述,在中国仲裁实务中仲裁庭更多地依赖书证来发现事实,证人证言的使用频率不高。在国际仲裁实务中,受普通法系传统影响,证人证言是仲裁庭认定事实的重要依据,向证人取证往往占据了庭审的大部分时间。

国际仲裁中的证人包括事实证人与专家证人。其中专家证人的作用是通过提供客观的专家意见,帮助仲裁庭理解案件,与《民事诉讼法》规定的"有专门知识的人"类似。专家证人主要分为法律专家、技术专家和损害赔偿专家(或称"定损专家")。

关于证人准备的合法性问题,不同法域的认定不一。英国法下禁止律师指导如何作证,但可以培训证人提前熟悉作证的情况,如法院的设施和环境、作证的程序、作证的基本注意事项。① 美国的做法则较为宽松，律师可以向证人指出如何回答问题更为有利，只要不构成协助或明知证人提供虚假证据即可。法国和瑞士禁止律师在国内诉讼中接触证人，但允许律师在国际仲裁中接触与准备证人。中国法未对此作出规定。

就国际仲裁而言，部分国际仲裁机构的规则明确允许当事人和律师事先接触证人，如《SIAC 规则 2016》第 25.5 条规定："任何当事人或者当事人代表与其有意安排出庭的证人或潜在证人在证人出庭提供口头作证之前的会面都是准许的。"《LCIA 规则 2014》第 20.5 条的规定与此类似。《IBA 取证规则》第 4.3 条亦规定，当事人的律师可以与该方的证人事先讨论其将要作出的证言。而关于允许对证人进行准备与培训的程度，前述规则均未明确规定。在这方面国际律师协会制定的《国际仲裁当事人代理指引》可以提供参考，其第 20 条至第 24 条规定："20. 一方当事人之代理人可以协助证人及专家准备证人证言与专家报告。21. 一方当事人之代理人应尽可能确保证人证言反映的是证人自己相关事实、事件及情况的描述。22. 一方当事人之代理人应尽可能确保专家报告反映的是专家自己的分析和意见。23. 一方当事人之代理人不得引诱或鼓励证人作伪证。24. 为了讨论或准备可能的证言，一方当事人之代理人可以在与证人或专家见面或互动，只要符合以下原则：所提供的证据应反映证人自己对相关事实、事件的描述或情况或专家自己的分析或意见。"

中国仲裁机构的规则亦未对证人的准备进行规定。实务中当事人或其代理律师在庭审之前与证人接触甚至准备的行为，通常不会被仲裁庭和另一方当事人质疑。

关于证人证言的格式与内容，《IBA 取证规则》第 4.5 条列举了证言须具备的五方面内容：证人基本信息、对事实完整且详细的描述、最初准备证言所使用的语言和仲裁程序中应当使用的语言、证人对真实性的确认、签字及日期和地点。《贸仲证据指引》的规定略有不同，其第 8 条第 2 款规定，书面证言应包括证人的姓名、地址、与各当事人间的关系以及个人背景介绍，对有关争议事实的详细说明及其信息来源，以及出具证言的日期和证人本人的签名。

无论是在国内还是国际仲裁中，证人证言通常是由代理律师辅助完成，原因主要在于律师的专业知识、技能以及对案件的深入研究使其更能够把握，如何表述证人知道的事实对己方会更有利。律师在辅助证人准备证言时，需要注意以下事项：第一，证人证言的内容只能是证人所知的事实，不能就法律问题发表意见，不要使用法言法语，切忌将证人证言变成"律师证言"；第二，对于证人没有十足把握的事实或者是传闻证据，应坦承说明。

---

① Regina v. Momodou and another (2005) EWCA Crim 177.

关于证人证言的提交。《IBA 取证规则》第 4.4 条规定,如果证人出庭,仲裁庭可以要求证人在规定的时间提交该名证人的书面陈述。《贸仲证据指引》第 8 条第 2 款规定,证人应在庭审前提交其书面证言。国内仲裁实践中,证人证言通常在开庭前提交或者在开庭时随证人出庭一并提交。

关于证人出庭的问题,《证据规定 2019》第 68 条规定,人民法院应当要求证人出庭作证,接受审判人员和当事人的询问。但是,双方当事人同意证人以其他方式作证并经人民法院准许的,证人可以不出庭作证。无正当理由未出庭的证人以书面等方式提供的证言,不得作为认定案件事实的根据。此外,第 69 条第 1 ~ 2 款规定:"当事人申请证人出庭作证的,应当在举证期限届满前向人民法院提交申请书。申请书应当载明证人的姓名、职业、住所、联系方式,作证的主要内容,作证内容与待证事实的关联性,以及证人出庭作证的必要性。"第 70 条第 2 款规定:"当事人申请证人出庭作证的事项与待证事实无关,或者没有通知证人出庭作证必要的,人民法院不予准许当事人的申请。"对于"有专门知识的人",当事人亦可申请出庭作证,是否准许由法院决定。

在国内仲裁中,一方当事人申请证人(包括有专门知识的人)出庭作证的,仲裁庭通常都会准许,除非申请证人出庭作证的事项确实与待证事实无关或者待证事实对于裁决结果无实质性影响。如果证人无正当理由未出庭作证,对于其出具的证人证言,由于无法确保真实性,仲裁庭通常会不予采信。

《IBA 取证规则》第 8.1 条规定,双方应将其请求出庭的证人告知仲裁庭和另一方当事人,经任何一方当事人请求或仲裁庭要求,证人应当出庭作证,除非仲裁庭允许证人以视频会议或其他类似方式参加开庭。据此,证人是否应当出庭由当事人和仲裁庭决定。

《布拉格规则》第 5.2 条则规定,哪些证人需要出庭接受询问完全由仲裁庭决定。第 5.5 条规定,仲裁庭可要求一方当事人提供某一证人的证言而不参加开庭。第 5.3 条规定,无论是在证人证言提交之前或之后,如果仲裁庭认为,该证人证言与案件不相关、不重要、不合理地加重负担、重复或者为解决争议所不必要,仲裁庭可以决定不在庭审期间传唤该证人。第 5.4 条规定,对不出庭证人的证言,仲裁庭也可予以适当考虑。

关于证人的询问,《证据规定 2019》规定,审判人员可以对证人进行询问。当事人及其诉讼代理人经审判人员许可后可以询问证人。人民法院认为有必要的,可以要求证人之间进行对质。"有专门知识的人"的询问方式类似,审判人员可以对有专门知识的人进行询问。经法庭准许,当事人可以对有专门知识的人进行询问,当事人各自申请的有专门知识的人可以就案件中的有关问题进行对质。国内仲裁中与诉讼类似但更为灵活，一般由仲裁庭主导证人质询程序，当事人也可提问。国际仲裁实务中通常采取普通法系的“询问—盘问—再询问”模式，即由提出证人的一方先向证人提问，再由对方提问，最后提出证人的一方可以补充提问。在一些国际仲裁案件中，仲裁庭也可能安排双方的专家证人当庭“对质”。

《IBA取证规则》与《布拉格规则》均规定，对证人的询问应在仲裁庭的控制下进行，如果仲裁庭认为询问的问题与案件无关、多余、不影响案件结果或基于其他原因，仲裁庭可回绝此类问题。①《证据规定2019》第78条规定类似，当事人及其诉讼代理人对证人的询问与待证事实无关，或者存在威胁、侮辱证人或不适当引导等情形的，审判人员应当及时制止。国内仲裁中通常也是如此，不仅仲裁庭有权随时制止，另一方当事人也有权申请仲裁庭及时制止。《布拉格规则》第5.9条还规定，在听取当事人意见后，仲裁庭还可作出其他限制，包括规定询问证人的顺序、询问证人的时长或被允许的问题类型或在其认为适当的情况下召开证人会议。

七、仲裁中的鉴定

《仲裁法》第44条第1款规定：“仲裁庭对专门性问题认为需要鉴定的，可以交由当事人约定的鉴定部门鉴定，也可以由仲裁庭指定的鉴定部门鉴定。”据此，在仲裁中，仲裁庭有权决定是否进行鉴定。一些仲裁机构的规则中也对此作出了规定。例如，《北仲规则2019》第35条第1款规定：“当事人申请鉴定且仲裁庭同意，或者当事人虽未申请鉴定但仲裁庭认为需要鉴定的，可以通知当事人在仲裁庭规定的期限内共同选定鉴定人或者由仲裁庭指定鉴定人。”《深国仲规则2019》第45条第1款规定：“仲裁庭认为有必要，或者当事人提出请求且经仲裁庭同意的，仲裁庭可以决定聘请专家进行鉴定、审计、评估、检测或咨询，并提供专家报告。”

是否进行鉴定属于仲裁庭的自由裁量权范围。在上海二中院(2017)沪02民特354号案中，申请人的撤裁理由之一为仲裁庭拒绝了申请人提出的笔迹鉴定申请，违反了仲裁规则的规定。法院认为，根据《上国仲规则2015》第39条第1款之规定，当事人可就案件中的专门问题提出咨询或鉴定申请，由仲裁庭决定是否同意。故仲裁庭经审查后作出不予同意鉴定的决定，并未违反仲裁规则。因此，对于申请人的此项撤裁理由，法院不予采纳。

虽然《仲裁法》和大多数仲裁机构的规则中都规定，仲裁庭认为有必要的可自行委托鉴定，但是由于鉴定费用通常需要预付，仲裁庭往往考量需要鉴定的事项属于哪一方的举证责任，再建议由该方申请鉴定，这与释明权也相关。《证据规定2019》第

① 参见《IBA取证规则》第8.2条、《布拉格规则》第5.9条。

30 条第 1 款规定:"人民法院在审理案件过程中认为待证事实需要通过鉴定意见证明的,应当向当事人释明,并指定提出鉴定申请的期间。"例如,在建设工程纠纷中,当事人经常会对建设工程的质量产生争议,此时仲裁庭可以区分以下情形决定建议哪一方申请鉴定:如果建设工程经竣工验收合格,或者未经竣工验收但发包人擅自使用后,发包人主张工程存在质量缺陷,但未提出反驳证据,或者提供的证据不足以证明的,建议由发包人申请工程质量鉴定。

如前所述,是否进行鉴定属于仲裁庭的自由裁量权范围。但是,仲裁庭决定不予鉴定的,不影响申请鉴定的当事人自行委托鉴定,其自行委托鉴定的结论可以提交仲裁庭,作为该方的证据。对于一方自行委托鉴定的结论,另一方不认可的,委托方可从以下三方面进行举证:(1)鉴定机构、鉴定人具有法定资质资格;(2)鉴定所依据的技术资料具有真实性,或者已经对方认可;(3)鉴定人可以出庭接受询问。主张不予采信的另一方当事人可以从以下几方面举证进行反驳抗辩:(1)鉴定机构、鉴定人与鉴定申请人或抗辩人存在利害关系;(2)鉴定机构、鉴定人与鉴定结果存在利害关系;(3)鉴定机构、鉴定人具有鉴定资质资格瑕疵;(4)鉴定所依据的技术资料不具有真实性,或者未经抗辩人认可;(5)鉴定所依据的技术资料有缺漏;(6)鉴定过程、鉴定程序违法;(7)鉴定取样、分析、计算等存在足以影响鉴定结果的错误;(8)存在可能导致该鉴定意见错误的其他重大程序或实体瑕疵。

关于鉴定人的出庭问题。《仲裁法》第 44 条第 2 款规定:"根据当事人的请求或者仲裁庭的要求,鉴定部门应当派鉴定人参加开庭。当事人经仲裁庭许可,可以向鉴定人提问。"据此,要求鉴定人员出庭接受询问是仲裁当事人的一项程序权利。

在乌鲁木齐市中级人民法院(2016)新 01 民特 274 号案中,法院即根据《仲裁法》第 44 条之规定认为,申请人对于《工程造价意见书》持有异议,要求相关鉴定人员出庭接受质询,仲裁庭应当准许。且《工程造价意见书》是认定案件事实的重要证据,直接影响当事人权益的维护。仲裁机构未按照《仲裁法》的规定通知鉴定人员出庭,构成违反法定程序。

值得注意的是,目前中国很多仲裁机构的规则中均未明确,当事人要求鉴定人出庭的,鉴定人应当出庭,而是规定当事人申请鉴定人出庭的,仲裁庭可以要求鉴定人出庭。例如,《贸仲规则 2015》第 43 条第 3 款规定,一方当事人要求专家或鉴定人参加开庭的,经仲裁庭同意,专家或鉴定人应参加开庭,并在仲裁庭认为必要时就所作出的报告进行解释。《北仲规则 2019》第 35 条第 5 款、《上国仲规则 2015》第 39 条第 5 款的规定类似。

第三节　证据的审查认定

证据的审查是指裁判者在当事人的参与下对证据的真伪进行辨别的活动。证据的认定是指裁判者在证据的审查的基础上，对证据进行综合分析，决定证据的取舍，并最终确定证明力的活动。

一、质证

仲裁中的质证是指当事人在仲裁庭的主持下，对当事人提出的证据的真伪和证明力进行说明、质疑、辩论。《仲裁法》第45条规定："证据应当在开庭时出示，当事人可以质证。"仲裁机构的规则也普遍规定，对于开庭审理的案件，开庭前已经提交的证据应当在开庭时出示，由当事人质证。例如，《贸仲规则2015》第42条第1款、《北仲规则2019》第37条第2款、《深国仲规则2019》第43条第1款。

仲裁实务中，仲裁庭通常仿照诉讼的实践，组织当事人对证据的"三性"，即真实性、关联性和合法性进行质证。在这方面存在三个问题：第一，绝大多数仲裁裁决并不会像法院判决一样，对每一项证据进行认定（当然也不是每份判决都会详细载明证据的认定）。完全复制诉讼中的质证做法的意义有待商榷。第二，实务中常见一些仲裁员狭隘、片面地理解了"三性"标准，忽略了证据的根本目的是证明案件的事实。具体表现在，在代理律师要对证据证明内容加以反驳时，仲裁员以代理律师的质证意见未围绕"三性"展开为由制止，并要求代理律师仅发表关于"三性"的意见。第三，实务中亦常见律师机械地按照"三性"发表意见，如仅仅陈述"认可真实性，不认可关联性和合法性"，而不解释不认可的原因，仲裁员也常常听之任之，如此质证便成了走过场。

关于庭后提交的证据的质证问题，仲裁机构规则的规定分为两类：一类是规定仲裁庭决定不再开庭审理的，可要求当事人在一定期限内提交书面质证意见，如《北仲规则2019》第37条第3款、《上国仲规则2015》第40条第3款；另一类是规定当事人同意书面质证的，应当在仲裁庭规定的期限内提交书面质证意见，如《贸仲规则2015》第42条第2款、《深国仲规则》第43条第2款。

在北京二中院（2018）京02民特4号案中，申请人主张的撤裁理由是，其庭后提交的证据未经开庭质证，违反法定程序。法院认为，根据仲裁规则的规定，对于当事人庭后提交的证据且当事人同意书面质证的，可以进行书面质证。本案仲裁庭组织双方当事人对申请人庭后提交的证据进行了书面质证，该种做法并不违背仲裁规则关于质证程序的规定，故对申请人的该项主张不予支持。

实务中，建议仲裁庭在庭审中征求当事人的意见，是否同意对庭后提交的证据进行书面质证,并将其记入笔录,以免当事人日后提出异议。

国际仲裁中则没有类似中国的当庭对书证进行出示和质证的程序。关于书证的可采性、关联性、重要性和证明力等问题,双方通常会在其提交的文书中发表意见。

二、证据的审查判断原则及证明标准

《仲裁法》并未规定仲裁庭对证据的审查判断原则及标准。《证据规定 2019》中关于证据的审查判断原则规定可供参考。第 85 条第 2 款规定:"审判人员应当依照法定程序,全面、客观地审核证据,依据法律的规定,遵循法官职业道德,运用逻辑推理和日常生活经验,对证据有无证明力和证明力大小独立进行判断,并公开判断的理由和结果。"第 88 条规定:"审判人员对案件的全部证据,应当从各证据与案件事实的关联程度、各证据之间的联系等方面进行综合审查判断。"

在诉讼中,证明标准是指法院认定主要事实所要达到的证明程度,即法官内心判断事实真伪的分界线。

《民事诉讼法司法解释》第 108 条规定:"对负有举证证明责任的当事人提供的证据,人民法院经审查并结合相关事实,确信待证事实的存在具有高度可能性的,应当认定该事实存在。对一方当事人为反驳负有举证证明责任的当事人所主张事实而提供的证据,人民法院经审查并结合相关事实,认为待证事实真伪不明的,应当认定该事实不存在。法律对于待证事实所应达到的证明标准另有规定的,从其规定。"

《民事诉讼法司法解释》第 109 条和《证据规定 2019》第 86 条第 1 款规定:"当事人对欺诈、胁迫、恶意串通事实的证明,以及对口头遗嘱或者赠与事实的证明,人民法院确信该待证事实存在的可能性能够排除合理怀疑的,应当认定该事实存在。"

根据上述规定,诉讼活动中的证明标准原则上为高度盖然性标准,特殊事实适用排除合理怀疑标准。国内仲裁实务中,仲裁庭通常也会按照这一证明标准来认定事实。

国际仲裁中不存在普遍适用的证明标准。《IBA 取证规则》第 9.1 条规定,仲裁庭应对证据的可采性、关联性、重要性和证明力作出决定。这一方面赋予了仲裁庭在审核认定证据方面的自由裁量权,另一方面也是仲裁庭应承担的义务,即仲裁庭必须对证据的四个问题做出判断,以履行事实裁判者的职责。

国际仲裁中证据的可采性是指仲裁庭是否可以对该证据予以审查和考虑。典型的不具有可采性的证据有:第一,未能在仲裁庭规定时间内提交的证据,除非当事人提出合理的理由,否则相关证据不具有可采性;第二,属于特权范畴的证据;第三,无法辨别内容的证据。关联性是指证据与其要证明的事实之间具有客观联系。重要性是指某项证据对某一事实认定的结果具有重要性。就证明力而言,当前国际仲裁中未对各类证据的证明力大小做出固定的区分,而是交由仲裁庭自由心证。

第二十一章　庭　审

第一节　开庭的时间和地点

在中国内地，仲裁庭组成以后，仲裁委员会会向各方当事人发出《组庭通知》。随后，案件秘书会联络本案仲裁员确定适宜的开庭时间。尽管法律未作明文规定，但案件秘书通常会考虑当事人及其代理人的时间安排。经与仲裁庭协商确定开庭时间后，仲裁委员会向各当事人发出《开庭通知》。很多时候仲裁委员会会同时发出《组庭通知》和《开庭通知》。

中国内地许多仲裁委员会的仲裁规则规定，一旦确定开庭时间后应及时通知当事人，以便当事人有足够的时间做开庭准备。例如，《贸仲规则 2015 年》第 37 条第 1 项规定："开庭审理的案件，仲裁庭确定第一次开庭日期后，应不晚于开庭前 20 天将开庭日期通知双方当事人……"对于简易程序或国内仲裁案件，仲裁庭至少应提前 15 天将开庭日期通知当事人。① 北仲则规定普通仲裁程序中至少应提前 10 天通知当事人，简易仲裁程序中至少应提前 3 天通知当事人。②

当事人有正当理由的，可以申请延期开庭，但贸仲和北仲均要求当事人必须至少在开庭日期前 5 天提出申请。再次开庭审理的日期及延期后开庭审理日期的通知及其延期申请，不再受上述规定的限制。

开庭地点并不等同于仲裁地。仲裁地（seat of arbitration/place of arbitration）属于法律概念，除非双方当事人另有特约，仲裁程序中应当适用仲裁地的程序法，仲裁地的法院对于仲裁程序具有司法审查的权力。一般而言，一个仲裁案件中仅有一个仲裁地。仲裁地点（venue of arbitration）并非法律专用术语，其可能包括开庭地点、合议地点等，不影响仲裁程序法或者实体法的适用。一个仲裁案件可能包括多个仲裁地点，如一个案件先后分别在中国内地与我国香港地区开庭审理，则该案件至少有中国内地与我国香港地区两个仲裁地点。开庭地点则指仲裁庭开庭审理案件的地点。

---

① 参见《贸仲规则 2015》第 61 条和第 69 条。

② 参见《北仲规则 2019》第 31 条和第 57 条。

《贸仲规则 2015》第 36 条规定:“(一)当事人约定了开庭地点的,仲裁案件的开庭审理应当在约定的地点进行……(二)除非当事人另有约定,由仲裁委员会仲裁院或其分会/仲裁中心仲裁院管理的案件应分别在北京或分会/仲裁中心所在地开庭审理;如仲裁庭认为必要,经仲裁委员会仲裁院院长同意,也可以在其他地点开庭审理。”《北仲规则 2019》第 28 条规定:“(一)开庭审理在本会所在地进行。当事人另有约定的,从其约定。(二)当事人约定在本会所在地以外的其他地点开庭的,承担由此发生的费用。当事人应当在本会规定的期限内按照约定或者仲裁庭确定的比例预交上述费用。未预交的,在本会所在地开庭。”由此可见,一般情况下,仲裁案件的开庭地点在仲裁机构所在地。当事人对开庭地点另有约定的,从其约定。

第二节 程序会议及程序令

一、程序会议

在国际仲裁中,仲裁庭一经组成就须尽快召开程序会议。在重大、复杂的国际仲裁案件中,程序会议以及确定仲裁后续安排的时间表是进入开庭审理前的必经程序。

在联合国贸法会发布的《贸法会关于安排仲裁程序的说明》中,为了向双方当事人及时说明仲裁程序的安排及推进方式,联合国贸法会建议仲裁庭可以在仲裁程序开始时会面或举行案件管理会议,并在会上确定仲裁程序的安排以及程序时间表。在第一次程序会议(First procedural meeting)中,《贸法会关于安排仲裁程序的说明》中所涉及的诸多问题通常能够得到解决,双方当事人与仲裁庭也得以对程序问题达成共识。

仲裁庭也可以举行另外的后续程序会议(subsequent procedural meetings),后续程序会议同样有助于仲裁庭和当事人为仲裁程序做好准备,目的在于保证效率。后续程序会议可能适用于以下情况:重新评估是否需要提交进一步的意见,是否需要提交进一步的证据以及讨论开庭安排的相关事项。随着仲裁程序的进展,程序时间表也进一步更新。

在程序会议中形成的决定可以由仲裁庭在相关阶段进行重新审查与变更。但是,仲裁庭必须对程序安排的变更持谨慎的态度,尤其是当双方当事人已经基于程序安排采取了某些措施的时候。此外,仲裁庭不应当对双方当事人达成一致的安排进行变更,除非取得了双方当事人的一致同意。

程序会议成果的记录可以多种形式呈现,取决于其重要程度,可能包括程序令、纪要(summary minutes)或者双方当事人与仲裁庭的一般性质的交流记录等。

《ICC 规则 2017》第 23 条、第 24 条确定了审理范围书(Terms of Reference)、案件管理会议(Case Management Conference)及程序时间表的制度。

其中,第 23 条规定了审理范围书在 ICC 仲裁案件中的强制适用。当收到来自于秘书局的材料时,仲裁庭即应当在案件材料的基础上或者会同当事人,按照当事人最近提交的文件,拟定一份界定仲裁庭审理范围的文件。审理范围书确定后,任何一方当事人都不能在审理范围书范围之外提起新的仲裁请求,除非由仲裁庭考虑新的仲裁请求的性质、仲裁程序的阶段以及其他相关因素后予以批准。①

第 24 条规定:"1. 在拟订审理范围书时,或在拟定后尽可能短的时间内,仲裁庭应召集案件管理会议,与当事人协商可以根据第 22 条第(2)款采取的程序措施……2. 上述会议期间或之后,仲裁庭应制定一份其打算为仲裁而遵循的程序时间表。该程序时间表及其任何修改内容均应通知仲裁院和各方当事人。3. 为确保持续有效地管理案件,仲裁庭经进一步召集案件管理会议或以其他方式与当事人协商后,可以采取进一步程序措施或修改程序时间表。4. 案件管理会议可以采用亲自出席、视频会议、电话或类似通信方式进行。当事人没有约定的,应由仲裁庭确定会议召开的方式。仲裁庭可要求各方当事人在案件管理会议召开之前提交案件管理提案,并可要求当事人亲自或委派内部代表出席该当事人的任何案件管理会议。"根据《在 ICC 规则下参与仲裁程序指引 2019》,在快速仲裁条款适用的情况下,案件管理会议应当在当事人递交仲裁申请 15 日内进行。

程序会议或者案件管理会议往往形成程序时间表。根据《贸法会关于安排仲裁程序的说明》,程序时间表可以用来确定当事人提交书面陈述、证人陈述、专家报告以及书面证据的时间限制,同时可以载明开庭审理的暂定日期。双方当事人和仲裁庭在准备程序时间表时,也应考虑准据法或者适用的仲裁规则中是否有关于仲裁程序时间限制的法定或者强制性的规定。②

---

① Article 23 of ICC Rules 2017:1. As soon as it has received the file from the Secretariat, the arbitral tribunal shall draw up, on the basis of the documents or in the presence of the parties and in the light of their most recent submissions, a document defining its Terms of Reference...After the Terms of Reference have been signed or approved by the Court, no party shall make new claims which fall outside the limits of the Terms of Refrence Wnless it has been authouried to do so by the arbitral tribwnal, Which shall consider the natwre of such new claims, the stage of the arbitration and other relevant cirawmstances.

② Para 13 of UNCITRAL Notes: If a procedural timetable is established, it may serve, for instance, to indicate time limits for the communication of written statements, witness statements, expert reports and documentary evidence, so that the parties may plan early in the arbitral proceedings. A procedural timetable may include provisional dates for hearings. In preparing the procedural timetable, the parties and the arbitral tribunal may also wish to consider whether any statutory and/or mandatory time limits on the duration of the arbitral proceedings are provided for in the applicable arbitration law or arbitration rules.

我国一些仲裁机构的仲裁规则中有类似程序会议的规定。例如,《贸仲规则2015》第35条第5款规定:"除非当事人另有约定,仲裁庭认为必要时可以就所审理的案件发布程序令、发出问题单、制作审理范围书、举行庭前会议等……"《北仲规则2019》第36条规定:"仲裁庭有权根据审理需要采取制作案件审理日程表、发出问题单、举行庭前会议、制作审理范围书等各项审理措施……"《上仲规则2018》第37条第5款规定:"仲裁庭为提高案件的审理质效,可以发布程序指令、发出问题清单、举行庭前会议、召开预备庭、制作审理范围书等,也可以就证据材料的交换、核对等作出相应的安排。"《深国仲规则2019》第36条第3款规定:"仲裁庭认为必要时,可以发布程序指令、发出问题清单、举行庭前会议、议定审理范围、要求当事人进行庭前证据交换、要求当事人披露相关文件、要求当事人共同拟定争议焦点问题、在适用法律许可的范围内行使释明权。"

中国内地仲裁机构的仲裁庭很少在正式开庭之前召开程序会议。很多人觉得没有必要、多此一举,一般问题都可以在正式庭审程序中解决。这大概与中国仲裁大环境对程序问题未予充分重视有关。不过中国内地仲裁机构直接开庭的方式亦有其益处。仲裁庭与当事人的第一次见面往往就是开庭之时,当事人需要在开庭前就全面做好准备,这使仲裁庭在第一次开庭时就能全面了解案件的程序和实体问题,如无必要则无须第二次开庭审理。相比较于国际仲裁案件要求先进行程序会议再正式开庭的模式,可能更具有效率。由于不召开程序会议是我国仲裁机构主流做法,当事人与代理律师可以根据案件审理的实际情况行使程序权利,仲裁庭也可以据此对仲裁程序适时作出相应安排,以保障双方当事人的利益。没有程序会议,未必会在多大程度上减损仲裁的公正性。

二、程序令

程序令是指仲裁庭就仲裁程序问题向双方当事人发出的指令。程序令可能在庭前、庭审中以及庭后发出,对于双方当事人具有拘束力。程序令不涉及对于事实问题的认定,仅仅是对于仲裁程序问题所作出的指令与引导,可能包括对于证据规则、仲裁日程与开庭安排所作出的命令,也可能包括要求双方当事人提交或者填写某项文件、提供某项信息等。

ICC管理的仲裁案件中,程序令是仲裁庭调整安排仲裁程序的常见手段。在召开庭前会议后,可能会根据庭前会议双方当事人协商的成果以及仲裁庭的意见,向双方当事人发出第一号程序令。在第一号程序令中,仲裁庭通常会列明双方当事人的信息、案件情况、仲裁请求、仲裁庭的组成以及仲裁秘书的信息、仲裁时间表、材料提交的要求、仲裁地、仲裁语言等内容。在后续的流程中,可以根据案件的具体进展作出第二号、第三号等程序令对程序的安排进行补充、变更。在复杂的国际商事仲裁中，程序令有助于当事人了解仲裁程序并相应作出安排。

需要注意的是，虽然国际仲裁程序中，一般当事人可以选择适用多种语言，但是程序令通常只能和裁决一样，使用双方当事人选定的正式语言作出。例如，《贸法会关于安排仲裁程序的说明》第 25 段规定，当事人与仲裁庭可以选择多种仲裁语言中的一种语言作为仲裁程序的权威语言（authoritative language）。在仲裁程序中，可以适用多种语言，但是程序令和裁决只能以双方当事人选定的权威语言作出。[①]

当事人如果不遵循程序令，则可能需要承担一定的责任。例如，《贸法会关于安排仲裁程序的说明》第 48 段指出，仲裁庭在决定费用的分担时，可以考虑双方当事人在仲裁中的行为，包括未能遵守仲裁庭作出的程序令。[②]

部分国内仲裁机构在仲裁规则中也规定了程序令。例如，《贸仲规则 2015》第 35 条第 5 款即规定："除非当事人另有约定，仲裁庭认为必要时可以就所审理的案件发布程序令、发出问题单、制作审理范围书、举行庭前会议等。经仲裁庭其他成员授权，首席仲裁员可以单独就仲裁案件的程序安排作出决定。"

程序令的制度也在国内得到一定的实践。例如，在某一建设工程案件中，仲裁庭在第一次开庭确定争议点后，向双方当事人发送争议点清单及第一号、第二号程序令，要求双方当事人填写争议点清单，就争议点表明主张并提供证据或理由。其后，由于被申请人申请鉴定，仲裁庭向双方当事人发送第三号程序令，要求其就鉴定机构的问题发表意见；发送了第四号程序令，要求双方当事人就仲裁庭委托鉴定的事项以及鉴定范围发表意见；发送了第五号程序令，安排双方当事人在工程项目现场商定鉴定事宜；发送第六号程序令，安排双方当事人对于鉴定费用的预缴分配。仲裁庭通过发布程序令的形式，安排双方当事人就案件争议点、鉴定程序等问题发表意见，并将双方当事人提供的材料送达对方当事人，同时也作出程序进展的时间安排。

相较于仲裁机构通知，程序令尤其是第一号程序令可以对仲裁程序作出整体安排。在仲裁程序中，程序令可以根据案件的实际情况，作出更加灵活与细节的安排。比如，仲裁庭可以根据庭审的情况，要求双方当事人填写争议点对比表，以明确双方当事人的争议点以及依据、分歧所在。但是，在目前国内仲裁实践中，程序令的适用

---

① Para. 25 of UNCITRAL Notes: ... As an alternative, the parties and the arbitral tribunal may decide that that one of the languages will be designated as authoritative for the purpose of the arbitral proceedings (such that any of the multiple languages could be used during the proceedings, but procedural orders and arbitral awards, for example, would be issued only in the authoritative language).

② Para 48 of UNCITRAL Notes: In allocating costs, the arbitral tribunal may also consider certain conduct of the parties. Conduct so considered might include a party's: (a) failure to comply with procedural orders of the arbitral tribunal...

仍然较少,值得进一步探讨。

第三节 开庭审理的流程

许多中国仲裁机构的仲裁规则就开庭审理的程序赋予了仲裁庭相当的弹性。例如,《贸仲规则 2015》第 35 条规定:"(一)除非当事人另有约定,仲裁庭可以按照其认为适当的方式审理案件。在任何情形下,仲裁庭均应公平和公正地行事,给予双方当事人陈述与辩论的合理机会。(二)仲裁庭应开庭审理案件,但双方当事人约定并经仲裁庭同意或仲裁庭认为不必开庭审理并征得双方当事人同意的,可以只依据书面文件进行审理。(三)除非当事人另有约定,仲裁庭可以根据案件的具体情况采用询问式或辩论式的庭审方式审理案件。(四)仲裁庭可以在其认为适当的地点以其认为适当的方式进行合议。(五)除非当事人另有约定,仲裁庭认为必要时可以就所审理的案件发布程序令、发出问题单、制作审理范围书、举行庭前会议等。经仲裁庭其他成员授权,首席仲裁员可以单独就仲裁案件的程序安排作出决定。"

上述开庭审理的程序不具有强制性,仲裁庭是否按照上述方式组织庭审,取决于仲裁庭自身的偏好,尤其是首席仲裁员的偏好。

在中国仲裁实务中,开庭审理的流程通常如下:

1. 宣布开庭。在首席仲裁员或独任仲裁员宣布开庭后,仲裁庭会核对当事人及其代理人是否出庭以及出庭人员的身份。《仲裁法》第 42 条规定:"申请人经书面通知,无正当理由不到庭或者未经仲裁庭许可中途退庭的,可以视为撤回仲裁申请。被申请人经书面通知,无正当理由不到庭或者未经仲裁庭许可中途退庭的,可以缺席裁决。"仲裁庭会告知当事人有关的仲裁权利与义务,介绍仲裁庭组成,询问当事人是否提出回避申请和管辖权异议,对此前已进行的仲裁程序是否有异议等。

2. 当事人陈述。仲裁庭会要求当事人分别陈述其仲裁请求、反请求、答辩意见以及主张所依据的事实和理由。

3. 举证和质证。无论是当事人收集的证据,还是仲裁庭自行调取的证据,都需在庭上出示。当事人有权就另一方当事人提供的证据进行质证。证人经当事人提前申请可出庭作证,双方当事人及仲裁庭均可询问证人。

4. 仲裁庭询问。仲裁庭会就其关心的问题(主要是事实问题)向一方或双方当事人询问,当事人予以回答,必要时会结合证据或法律规定。

5. 归纳争议焦点。通常情况下,以上程序结束后,仲裁庭会归纳出案件争议焦点。争议焦点一般是会影响案件认定的事实或者法律问题。当事人及其代理人认为争议焦点需要补充、细化或者完善的,可以直接向仲裁庭提出意见,由仲裁庭决定是否接受。

6. 辩论。围绕仲裁庭归纳的争议焦点,辩论通常按照下列顺序进行:申请人首先发言,其次是被申请人发言。有时视情况还会进行第二轮甚至第三轮辩论。辩论过程中仲裁庭认为有需要当事人澄清或补充的问题、意见也会提出。

7. 调解。辩论结束后,仲裁庭通常会询问当事人是否同意调解,并视情况安排当庭调解或庭后调解。如果当事人不同意的,则不再组织调解。

8. 最后陈述。《仲裁法》第 47 条规定:"当事人在仲裁过程中有权进行辩论。辩论终结时,首席仲裁员或者独任仲裁员应当征询当事人的最后意见。"开庭审理结束前,仲裁庭通常会要求双方当事人作最后陈述。

最后陈述是双方当事人及代理人对庭审意见的总结以及补充,对于双方当事人而言,是其结合庭审的实际发表观点的重要机会。但是,在中国仲裁实践中,经常出现的问题是仲裁庭不希望当事人发表一个综合、全面的最后陈述,而是基于开庭时间等考量希望双方当事人简短地发表最后陈述,将双方当事人本应当庭发表的意见挪到庭后代理意见、补充证据等书面内容之中。当事人或者代理人因为仲裁庭的这一倾向,也仅仅是形式上表达坚持仲裁请求或者答辩意见,使最后陈述失去实质性的作用。这一倾向与国际商事仲裁实践存在重要区别。

实际上,庭审中的最后陈述有利于仲裁庭与双方当事人及时总结庭审辩论中的争议点,便于双方当事人根据实际情况进一步明确、重申、强调甚至是调整己方观点及策略。同时,最后陈述也有利于仲裁庭在后续审阅案件材料、安排庭后程序以及作出裁决时更有针对性。仲裁庭不应当一味追求庭审的效率而使最后陈述形式化,应当充分保证双方当事人的利益,使其在最后陈述阶段能够有效发表意见。

9. 庭后程序安排。根据庭审情况,仲裁庭会安排之后的程序事宜,包括提交补充证据、代理意见,甚至是二次开庭等。

10. 阅签庭审笔录。实务中仲裁委员会都会制作庭审笔录,这项工作通常由案件秘书负责。

在中国仲裁实践中,庭审参与人员往往对笔录都格外重视。有时候为了确保笔录准确,所有人都跟着笔录录入的速度发表意见,甚至随时更正、补充秘书录入的文字,以致严重影响了庭审效率。

庭审笔录对于仲裁程序确实重要,需要保证真实、准确、完整。但庭审时间宝贵,对于庭审笔录的过度重视又导致庭审效率低下,影响仲裁庭在有限的时间内充分了解案情、双方当事人充分发表意见。仲裁机构在庭审笔录的问题上,需要想办法兼顾二者。

对此,北仲、贸仲、深国仲等仲裁机构最新的解决方法是将大部分案件的庭审笔录交由专业的外部速录员记录,所产生的费用由仲裁机构承担。这一处理方式,一方面减少了办案秘书的压力,另一方面也有利于促进庭审效率的提高。为了解决庭审笔录导致庭审效率低下的问题,贸仲审理的案件仲裁庭视情况也会提供庭审要点,归纳案件争议焦点以及辩论点,同时,会要求当事人签字确认。

此外,语音转换软件使仲裁员与当事人、代理人的发言可以较为快速、准确地转化为文字。如果语音转换软件的录入方式得到推广,则无须由秘书录入或者聘请速录员。既可以极大地提高庭审效率,又可以确保仲裁的保密性,是未来发展的重要趋势。

在开庭结束后,仲裁员、当事人、代理人及证人等须在庭审笔录上签字。当事人、代理人或者证人如果认为笔录中对其陈述内容有不准确或遗漏之处的,可以在笔录上径行更正,或者要求秘书更正后重新出具笔录。具体如何操作为宜,依各仲裁机构之习惯而定。

实务中,当事人一般很少拒绝签署庭审笔录。即使拒绝的,也不会影响仲裁程序。仲裁机构通常在仲裁司法审查时向法院提供庭审笔录以协助法院了解案件。

此外,实践中有些仲裁委员会允许当事人对笔录进行复印或者拍照,有些则不允许。庭审笔录记载了双方当事人在庭审中所发表的主张、仲裁庭对于双方当事人的询问、对于程序的推进与安排。对于当事人而言,庭审笔录有助于其明确双方的主张以及争议点,从而在仲裁的后续程序中采取更有针对性的行动。仲裁机构应当允许当事人留存庭审笔录,维护其程序与实体的利益。

第四节　对目前通行开庭审理方式的反思

如前所述,目前通行的开庭审理流程和方式是当事人陈述、举证质证、归纳争议焦点、辩论和最后陈述。这一照搬于法院民事诉讼的程序安排随着复杂案件日益增多而逐渐凸显其弊病。

首先,在举证质证阶段,很多仲裁员和律师习惯了所谓“三性”(真实性、合法性和关联性)的套路表述。庭审中,常常听见仲裁员让一方当事人就对方提交的证据的“三性”发表意见。而代理人则顺着这一套路说:真实性不认可,关联性不认可,合法性也不认可。真实性为什么不认可,是文件伪造吗?关联性具体指什么,为什么不认可?合法性有什么问题?有些仲裁员会跟进询问这些疑问,有些则听之任之,庭后由其自行判断。有些律师会主动解释为什么不认可一份证据,有些则搪塞而过。这种粗放的质证非常不利于查明案件事实。

在实践中,有些仲裁庭往往会本末倒置地将宝贵的庭审时间花费在证据原件与复印件的核对上。对于证据原件与复印件，仲裁庭可以在开庭之前安排庭前会议由双方当事人直接核对，以明确哪些原件与复印件可能存在不一致需要进一步审查、哪些证据的真实性可能存在问题。如果原件与复印件不存在问题则无须再在庭审中予以审查。如果对于证据真实与否确有疑问的，再由双方当事人在庭审程序中发表质证意见，由仲裁庭进行实质上的审查。

其次，这一庭审流程人为地割裂了证据、争议焦点和辩论之间的关系。很多仲裁员习惯了各个严格切分好的环节，举证质证阶段只允许当事人就证据“三性”发表意见，不允许当事人展开发表意见。辩论阶段也只允许当事人阐述意见，不再具体援引证据。但是，证明、辩论的过程本身就是用证据来论证，证据最大的作用正是用来阐明观点、意见。说证据而不许论述观点，论述观点而不说证据，这是现有庭审流程广受诟病的原因之一。

再次，当案件争议焦点比较多时，现有的庭审流程很难看出来各方就某一个争议焦点都有哪些证据可以佐证。庭审没有围绕争议焦点形成有效的对抗，观点和理据没有鲜明的对比，仲裁庭也容易遗漏审理要点。

最后，归纳争议焦点这一环节常见问题是焦点归纳得太宽、太大，对案件审理没有多少实际意义，如仲裁庭将争议焦点归纳为“被申请人是否违约”。

为解决这一问题，建议对较为复杂的案件采用争议焦点对比表（Scott Schedule/List of Points at Issue）的方式审理案件。简单的对比表样本见表 21－1：

表 21－1　争议焦点对比

争议焦点	申请人观点及理据	被申请人观点及理据
1		
2		

这种审理方式的基本要求包括：第一，仲裁员要做好庭前阅卷，能够尽量详尽、准确地归纳、总结争议焦点。第二，仲裁庭的争议焦点清单应征求当事人意见，请当事人进一步补充、完善和细化。第三，仲裁庭最终定稿的争议焦点清单是双方举证及提供其他理据的指引。第四，双方分别填写清单中己方观点和理据，然后由仲裁庭或者办案秘书合并表格。针对每一个争议焦点，当事人要明确其观点，并列明证据、法律法规、司法解释、判例等。第五，庭审时，仲裁庭按照争议焦点逐一审理。当事人则针对争议焦点逐一阐述其观点，举证、论述、辩论。这样，每个争议焦点问题都审得清楚明确，当事人在每一个争议焦点上理据是否充分也容易看得明白，仲裁庭更容易制作裁决。

第五节 仲裁庭的释明权

一、释明权的基本概念

所谓仲裁庭的释明权,是指当事人在仲裁过程中的请求、声明、主张、举证等不清楚、不明确、不充分,进而可能影响案件的实质审理结果时,仲裁庭以提问、询问、提醒、启发等方式,使当事人对自己的请求、声明、主张、举证等进行补充、澄清、明确的职权。

释明权源自于德国,是职权主义审理模式下的产物。在国际商事仲裁中,受到辩论主义审理模式的影响,仲裁庭所能发挥的作用是有限的,对于仲裁庭行使释明权以平衡双方当事人的能力抱有极其谨慎与警惕的态度。不过,在新近的国际仲裁实践中,这一观点也有一定程度转变。例如,《布拉格规则》第2.4条规定了仲裁庭可以在案件管理会议或其后的仲裁程序中,在其认为合适的情况下向当事人提示其认为双方不存在争议的事实以及其认为双方存在争议的事实、对于双方有争议的事实以及仲裁庭认为能够证明当事人相关立场的证据类型、仲裁庭对于作为当事人立场基础的法律依据的理解、当事人以及仲裁庭为了确定请求和答辩的事实和法律依据可以采取的行动,以及对于当事人证明责任的分配、仲裁请求、争议点、当事人提供的证据的证明力及相关性等事项的观点。仲裁庭表达上述初步观点,不应当被视为仲裁庭缺乏独立性和公正性,也不构成仲裁员失职的理由。第3.1条规定了仲裁庭有权且应当就采取积极主动的态度查明其认为与争议的结论有关的案件事实受到鼓励,但这并不排除当事人的举证责任。

相对而言,在国内仲裁中,由于受到职权主义审理模式的影响以及仲裁当事人"法律能力"不甚均衡的现实,仲裁庭行使释明权是较为常见的情形。

仲裁庭的释明权可能涉及对仲裁程序问题的释明,也可能涉及对案件实体问题中的法律和事实问题的释明。中国法律、法规中并没有对仲裁庭释明权的行使作出规定。仲裁庭释明权的行使往往关系到案件事实的查明、当事人主张的阐明,涉及双方当事人的利益。因此,仲裁庭在行使释明权时需要予以特别的关注,从而保证仲裁的公平、公正以及双方当事人利益的平衡。

二、中国现行法律法规中对于释明权的规定

最高院通过多项司法解释规定了法院行使释明权的情形,仲裁实务中可参考适用。一些主要的司法解释列举如下:

(一)《民事诉讼法司法解释》

《民事诉讼法司法解释》第198条规定:"诉讼标的物是房屋、土地、林木、车辆、船舶、文物等特定物或者知识产权,起诉时价值难以确定的,人民法院应当向原告释明主张过高或者过低的诉讼风险,以原告主张的价值确定诉讼标的金额。"

第268条规定:"对没有委托律师、基层法律服务工作者代理诉讼的当事人,人民法院在庭审过程中可以对回避、自认、举证证明责任等相关内容向其作必要的解释或者说明,并在庭审过程中适当提示当事人正确行使诉讼权利、履行诉讼义务。"

(二)《证据规定2019》

《证据规定2019》第2条规定:"人民法院应当向当事人说明举证的要求及法律后果,促使当事人在合理期限内积极、全面、正确、诚实地完成举证。"

第4条规定:"一方当事人对于另一方当事人主张的于己不利的事实既不承认也不否认,经审判人员说明并询问后,其仍然不明确表示肯定或者否定的,视为对该事实的承认。"

第6条第2款规定:"必要共同诉讼中,共同诉讼人中一人或者数人作出自认而其他共同诉讼人予以否认的,不发生自认的效力。其他共同诉讼人既不承认也不否认,经审判人员说明并询问后仍然不明确表示意见的,视为全体共同诉讼人的自认。"

第30条第1款规定:"人民法院在审理案件过程中认为待证事实需要通过鉴定意见证明的,应当向当事人释明,并指定提出鉴定申请的期间。"

(三)《适用诉讼时效制度规定》

《适用诉讼时效制度规定》第3条规定:"当事人未提出诉讼时效抗辩,人民法院不应对诉讼时效问题进行释明及主动适用诉讼时效的规定进行裁判。"参照这一规定,在仲裁时效的问题上,如若当事人未提出抗辩,仲裁庭不应对仲裁时效问题进行主动释明。

(四)《关于审理买卖合同纠纷案件适用法律问题的解释》

《关于审理买卖合同纠纷案件适用法律问题的解释》第27条规定:"买卖合同当事人一方以对方违约为由主张支付违约金,对方以合同不成立、合同未生效、合同无效或者不构成违约等为由进行免责抗辩而未主张调整过高的违约金的,人民法院应当就法院若不支持免责抗辩,当事人是否需要主张调整违约金进行释明。一审法院认为免责抗辩成立且未予释明,二审法院认为应当判决支付违约金的,可以直接释明并改判。”

参照这一规定,在申请人基于买卖合同请求违约金的情况下,如果被申请人主张合同不成立、未生效或者不构成违约等进行免责抗辩,但是没有主张调整过高的违约金的,仲裁庭应当就若不支持免责抗辩,被申请人是否需要主张调整违约金进行释明。

(五)《民间借贷司法解释》

《民间借贷司法解释》第24条规定:“当事人以签订买卖合同作为民间借贷合同的担保,借款到期后借款人不能还款,出借人请求履行买卖合同的,人民法院应当按照民间借贷法律关系审理,并向当事人释明变更诉讼请求。当事人拒绝变更的,人民法院裁定驳回起诉。”

参照这一规定,在以买卖合同作为民间借贷合同担保的情况下,如果一方当事人要求履行买卖合同,则仲裁庭应当主动释明要求其变更为民间借贷合同关系及仲裁请求。需要注意的是,如果买卖合同与民间借贷合同约定了不同的仲裁机构,则仲裁庭无须向当事人释明变更仲裁请求(因对民间借贷合同无管辖权),而应当直接驳回当事人的仲裁申请。

除了上述司法解释的规定之外,一些地方高级人民法院也对民事诉讼中法院的释明作出了规定。这些规定都是仲裁实践的有益参考。例如,上海高院发布了《上海市高级人民法院民事诉讼释明指南》,对于行使释明的原则、释明的范围、限制以及方式和时间作出了规定。例如,该指南第7条规定:“当事人主张的法律关系性质或民事行为的效力与法院根据案件事实作出的认定不一致的,法官应当告知当事人可以变更诉讼请求。当事人主张的法律关系性质或效力明显有误的,法官可以视情况即时释明;当事人主张的法律关系性质或效力存有较大争议,法官一时难以认定的,法官在释明时应当贯彻谨慎原则。在告知当事人变更诉讼请求时,应当告知当事人变更诉讼主张或诉讼请求并不意味着其必然胜诉。”

三、仲裁庭释明权的尺度

除却上述规定以外,法院或者仲裁庭对于释明权的适用则由法官或者仲裁员的自由裁量确定。仲裁庭在必要情况下行使释明权,一方面是为了使当事人能够准确、充分参与庭审,进行辩论,仲裁庭也能够有效地查明案件事实、明晰法律关系;另一方面,仲裁庭行使释明权不能形成偏袒某一方或者对某一方过苛的印象,从而影响到案件公平的审理。

仲裁庭在行使释明权时应考虑以下因素:

第一，仲裁庭行使释明权是为了使仲裁庭与双方当事人都能够得到有效沟通，并且平衡双方当事人的举证和辩论权利。仲裁庭行使释明权时，应当秉持这一原则，不能偏袒一方当事人，也不能代替当事人做决定。例如，在买卖合同纠纷案件中，作为卖方的申请人请求解除合同并要求作为买方的被申请人返还原物。但是，原物已经毁坏无法返还。在此情况下，返还原物的仲裁请求即便得到支持，也无法得到执行，申请人还需要另外提起仲裁进行索赔，不仅造成费用上的双重负担，而且造成程序上的负累。此时，仲裁庭宜向当事人释明，询问其是否变更仲裁请求为要求赔偿损失。但是，如果申请人坚持要求返还原物的仲裁请求，则仲裁庭应当遵循当事人的意思，不应当超出其请求范围进行裁决。此外，即便当事人同意变更仲裁请求，仲裁庭也不宜提示当事人索赔金额的范围以及如何进行举证。

第二，仲裁庭在行使释明权时，可参照司法解释的相关规定，并遵循相应的法理。例如，在某一分包合同纠纷中，总承包商与分包商约定工程款的支付条件为总承包工程整体竣工验收合格。分包商所负责的分包工程已经竣工验收合格，但由于分包商未能获取总承包工程竣工验收的材料，从而无法举证工程款支付的条件是否已经满足，也无法计算利息。由于分包商并非总承包合同的当事人，出于合同相对性的考量，分包商无法获知总承包工程的整体竣工时间。因此，仲裁庭有必要行使释明权，要求总承包商承担相应的总承包工程尚未整体竣工验收合格的举证责任。

四、对于仲裁庭释明的救济

如若仲裁庭违反法律、法规或者不合理地行使释明权造成双方当事人利益失衡，当事人能否通过申请撤销裁决予以救济，是存在争议的问题。《仲裁法》第 58 条、第 70 条规定了仲裁裁决可以被撤销的几种法定情形，其中并不包括仲裁庭不合理地行使释明权。

从相关案例来看，仲裁庭不适当地行使释明权本身并不构成一项撤裁事由。例如，在重庆市第一中级人民法院（以下简称重庆一中院）审理的（2018）渝 01 民特 156 号案中，在第一次与第二次庭审后，由于庭后评议形成了两种不同的意见，仲裁庭认为案涉合伙合同的相关事实有待进一步查清，且涉及合同性质与效力的问题应当释明，故仲裁庭进行了第三次庭审，向双方当事人释明案涉合伙合同系“名为合伙、实为借贷”，并给予了双方当事人变更仲裁请求和补充证据的期间。裁决作出后一方当事人向法院申请撤销本案裁决，理由之一即仲裁庭违反释明的原则和惯例进行释明。

重庆一中院认为：“关于专家咨询的条件和程序以及释明的条件和程序，仲裁法和仲裁规则并未有明确的规定，是否进行以及何时进行专家咨询以及释明，属于仲裁庭自由裁量的范围，不属于撤销仲裁裁决案件审查的范围。”也就是说，在仲裁法和仲裁规则没有规定的情况下,法院认为仲裁庭行使释明权与否完全属于其自由裁量的范围,法院一般无权对此进行审查。

但是,如若仲裁庭不适当地行使释明权构成了《仲裁法》第 58 条规定的仲裁程序违反法定程序、超裁,甚至仲裁员存在索贿受贿、徇私舞弊、枉法裁决行为等撤裁事由,则裁决可能被撤销。例如,在前文提到的以买卖合同作为民间借贷合同担保的案件中,出借人请求履行买卖合同且经释明拒绝变更仲裁请求,而仲裁庭直接裁决被申请人应按照民间借贷合同返还借款本息。在这种情况下,因裁决内容超出当事人仲裁请求的范围构成超裁,裁决应予撤销。

第六节 书面审理

在中国,书面审理的仲裁案件比例较低,一方面是因为当事人及其代理人更倾向于开庭审理,认为这样更能把意见表达清楚;另一方面是仲裁庭也希望通过开庭这一程序更好地了解案情,了解当事人。

《仲裁法》第 39 条规定:“仲裁应当开庭进行。当事人协议不开庭的,仲裁庭可以根据仲裁申请书、答辩书以及其他材料作出裁决。”根据前述规定以及各仲裁委员会的仲裁规则,书面审理的法定条件是当事人双方同意,否则程序违法,构成撤销仲裁裁决的理由。台湾桦庆塑胶制品有限公司申请撤销贸仲作出的(2002)贸仲裁字第 0039 号裁决案极为典型。在本案中,最高院作出(2002)民四他字第 44 号《关于撤销中国国际经济贸易仲裁委员会〔2002〕贸仲裁字第 0039 号裁决一案的请示的复函》[①]认为:“仲裁庭在审理台湾桦庆塑胶制品有限公司与烟台开发区塑料制网有限责任公司合作经营合同纠纷一案中,未经双方当事人同意即对台湾桦庆塑胶制品有限公司提出的反请求进行书面审理,违反了仲裁规则的规定,属于民事诉讼法第二百六十条第一款规定的‘仲裁程序与仲裁规则不符’的情形,依法应当予以撤销。”

越来越多的仲裁机构推出了网络仲裁制度。在网络仲裁中,双方当事人往往不经过开庭审理的流程,有些网络仲裁规则甚至明确规定采取书面审理。以广仲为例,《广仲网络仲裁规则》第 24 条第 1 款规定:“仲裁庭对网络仲裁案件进行书面审理。仲裁庭可以通过本会网络仲裁平台向当事人发出问题单,当事人应当自收到该问题单之日起五日内通过本会网络仲裁平台作出说明,逾期未说明的,视为放弃说明的权利。”同时,《广仲网络仲裁规则》第 24 条第 2 款、第 3 款规定在必要的情况下可以网

---

① 万鄂湘主编、最高人民法院民事审判第四庭编:《中国涉外商事海事审判指导与研究》(2003 年第 3 卷)(总第 6 卷),人民法院出版社 2004 年版,第 122 页。

上开庭:“(二)仲裁庭认为必要时,可以通过网络视频庭审、网上交流、电话会议等适当的方式审理案件,但应当确保公平对待各方当事人。(三)仲裁庭按照本条第(二)款规定网上开庭审理案件的,应当提前五日将开庭时间和庭审方式通知双方当事人。当事人申请延期的,应当在审理前两日提出,是否延期,由仲裁庭决定。”网络仲裁的兴起,使相当大一部分的案件通过书面审理的方式进行。在网络仲裁中,双方当事人签署网络仲裁协议时,实际上已经基于网络仲裁规则就书面审理达成一致,仍然未脱离《仲裁法》关于书面审理规定的范畴。

在网络交易与在线交易引发的网络仲裁案件中,书面审理不失为简洁、快速、高效的好方法。但是,网络仲裁书面审理应当保证双方当事人,尤其是被申请人参与仲裁程序、受送达与通知的权利。与书面审理相关的电子送达产生的问题是,由于未必能确认手机号码、电子邮箱是本人使用,故而受送达人的基本仲裁权利得不到保障。仲裁裁决即便作出,也可能不被法院执行。例如,在呼和浩特市中级人民法院审理的(2018)内01执269号案中,法院在裁定书中指出:“《中华人民共和国民事诉讼法》第八十七条第一款规定,判决书、裁定书、调解书不得采用电子送达的方式进行送达,最高人民法院《关于进一步加强民事送达工作的若干意见》第八条规定,有拒绝确认送达地址、规避送达等情形的,可以以约定的地址为送达地址,该规定实质上赋予了受理机关核实送达地址的义务,从而保障当事人权利。特别是裁决书采用电子送达会影响仲裁裁决的公信和权威以及当事人的权利,进而影响到社会主义市场经济健康发展,损害社会公共利益。仲裁一裁终局,裁决书是直接发生法律效力的文书,故仲裁送达方式在法律没有特别规定的前提下,应当参照民事诉讼的送达方式。”在这里,法院认为,仲裁委员会在受理仲裁请求后,应当先行核实被送达人的联系方式及送达地址是否发生变化,在未核实的情况下直接采用电子送达,不能保证受送达人对仲裁员名册的知情权和对仲裁员回避、提供证据、答辩、申请撤销裁决等法律规定的基本权利,属于《民事诉讼法》第237条“仲裁庭的组成或者仲裁的程序违反法定程序”的情形。有关网络仲裁的具体介绍可见本书第二十二章。

除了网络仲裁之外,书面审理在解决小额群体性纠纷的仲裁案件中可能具有重大作用。例如,某互联网服务公司与客户签署的服务合同中约定了仲裁条款。在互联网服务公司无法提供服务、产生大量小额群体纠纷的情况下,互联网服务公司与其诸多客户之间是难以就书面审理达成一致意见的。在此情况下,如果每一个申请人都就小额赔偿案件提请仲裁并进行庭审,不管是对于申请人、仲裁庭,还是仲裁机构而言,成本都是巨大的。即便考虑合并仲裁的情况,也很难囊括提起仲裁时间不同、位于不同城市的诸多申请人。在小额群体纠纷案件中,允许一方当事人申请、仲裁庭自行根据案件情况决定书面审理,或者第一宗案件开庭审理、此后相同案件书面审理的制度就尤为重要。

此外,中国许多仲裁机构近年来都设置了紧急仲裁员程序,亦对于国际仲裁机构采取的快速仲裁程序体现出较为热衷的态度。在紧急仲裁员程序和快速仲裁程序中,出于对作出决定、指令、裁决等的时效性要求,也可以确定允许一方当事人申请、仲裁庭根据案件情况决定书面审理的制度。

第二十二章 网上仲裁

随着科技的发展，纠纷解决机制日益多元化，纠纷解决方式也逐步与科技相契合，进而逐步实现成本与效果相衡的最优。近年来，互联网商业模式（如互联网金融等）的迅猛发展，催生了大批单案标的小、类型化明显的案件。这些案件的涌入对传统仲裁的效率提出了更高的要求。在这样的背景下，网上仲裁（也称网络仲裁或互联网仲裁）应运而生。网上仲裁，是指通过互联网进行仲裁的争议解决方式。在网上仲裁模式下，案件申请与受理、被申请人答辩、组庭、证据交换及质证、审理、文件提交、裁决作出、送达归档等各个程序均可以通过网络实现。

从网上仲裁产生的背景来看，网上仲裁最初主要运用于互联网金融类案件。但随着网络技术与商业模式的发展，因网上交易产生的民商事争议甚至其他能够适用网上仲裁程序的民商事争议都可以被纳入网上仲裁的范围。国内一些仲裁机构近年来专门出台了网上仲裁规则，理论上只要是当事人约定争议适用网上仲裁程序的，都可以按照网上仲裁规则通过互联网进行仲裁。网上仲裁属于新兴事物，其涉及的内容与问题较多，囿于篇幅本章将主要从网上立案、电子送达、审理方式三个重要环节阐述网上仲裁取得的发展与面临的挑战。

第一节 网上立案

网上仲裁通常是通过网上立案，但并非所有通过网上立案的案件都属于网上仲裁。很多仲裁机构尚未有网上仲裁制度与规则，但也在积极利用互联网技术提高案件审理效率，网上立案就是例证。近年来，仲裁机构一直在进行提高立案效率的尝试，在网上立案环节成果初现。以北仲、广仲、上仲、深仲等为代表的一批仲裁机构取得了一定成果。

一、发展概述

2012 年，广仲实施网上立案，2014 年推出网络仲裁平台，2016 年实施微信立案，在此之前还专门制定了《广仲网络仲裁规则》。《仲裁法》规定下可以受理的案件,均可在广仲进行网上立案。目前广仲的在线仲裁系统已经相对完善,当事人可以通过广仲官方系统以及与广仲系统对接的第三方系统提交立案申请。只要材料齐全,符合立案要求并完成费用缴纳,即可立案,无须现场确认。

2015年,北仲建立网上立案系统,当事人通过手机号码即可注册,还可绑定微信账号,使用方便。立案当事人可进入系统进行预约,预约成功后,立案秘书对基本信息进行初步审核,导入办案平台,方正式进入收案阶段。通过网上预约,当事人不仅可以提前检查、确认材料信息,还能够缩短现场立案时间、提高立案效率。

2016年,武仲推出"武仲云"平台,可实现案件管理、程序管理、数据管理和电子送达等全流程在线功能,并于2019年8月1日正式实施《武仲网上规则》。其依托电子签名系统所建立的网络化构架及功能完备的电子通道服务,可确保案件当事人的全流程在线操作及程序性权利。

2016年3月11日,深仲于广东省自贸区前海片区设立了深仲网上仲裁中心,提供网上立案、送达、开庭等全流程及证据固化存储等云服务。《深圳仲裁委员会网络仲裁规则》也于2017年5月1日起正式施行。伴随着深圳国际仲裁院与深仲的合并,整合升级的仲裁机构推出了更为优化的服务系统。《深圳仲裁委员会网络仲裁规则》也更新为《深国仲网络仲裁规则》。

当事人登录深国仲官网 www. sccietac. org,点击"在线服务"。首次登录需要完成个人账户的注册工作,注册账号可反复使用,另立案件无须再次注册。律师事务所可以整体注册一个账户,再在账户中添加具体的律师信息。登录系统后,选择"申请提交案件信息",根据提示分步输入当事人、代理人、请求信息等案件信息。当事人输入并提交案件信息后,将立案所需纸质书面材料递送深仲,即可立案。案件进行过程中,登录系统,可以进行上传案件材料附件、选择仲裁员、查看案件进度等操作。

2017年,上仲正式开通网上在线立案平台。仲裁申请人或其代理人可以通过上仲官方网站进行网上立案申请,填写并上传仲裁申请材料。上仲通过网络平台对仲裁申请材料是否齐备进行审核。如符合条件,则以电话或短信途径通知当事人预缴费用。当事人将仲裁费预缴至上仲银行账户后,上仲正式立案。上仲的网上立案系统无须当事人进行用户注册,可以直接进入系统进行立案操作。

二、网上立案范围

如前所述,随着网络技术的发展,一些仲裁机构逐步规定所有案件都可以通过网上立案(但不一定是网上仲裁案件)甚至网上仲裁。例如,在《武仲网上规则》下,不仅可以对金融机构的传统业务提供仲裁服务,还可对互联网环境下所产生的电子交易争议及其他可适用网上仲裁的民商事争议进行网上仲裁。在《深国仲网络规则》下，因网络交易产生的争议及其他商事争议可以提交网上仲裁。在《广仲网络仲裁规则》下，因网络交易产生的争议及非因网络交易产生的争议均可以提交网上仲裁。但也有一些仲裁机构仅针对特定类型的案件（如互联网金融类案件）适用网上仲裁及立案，并没有明确规定网上仲裁可适用于其他类型案件。

从目前国内仲裁机构的实践来看，一方面，仲裁机构可以在仲裁规则或网上仲裁规则中明确适用网上立案、网上仲裁的案件范围；另一方面，双方当事人可以通过仲裁协议约定的方式，选择适用网上仲裁。例如，“因本合同引起的或与本合同有关的争议，各方均同意提交××仲裁委员会，按照申请时该会现行有效的网络仲裁规则进行网上仲裁”。

三、网上仲裁保全

根据目前《仲裁法》的规定，在仲裁程序中当事人申请财产保全的，保全申请文件由仲裁机构转递法院，再由法院进行审查、裁定和实施。对此，北仲与北京一中院进行了网上保全的对接安排，可作为网上仲裁保全的先行经验。

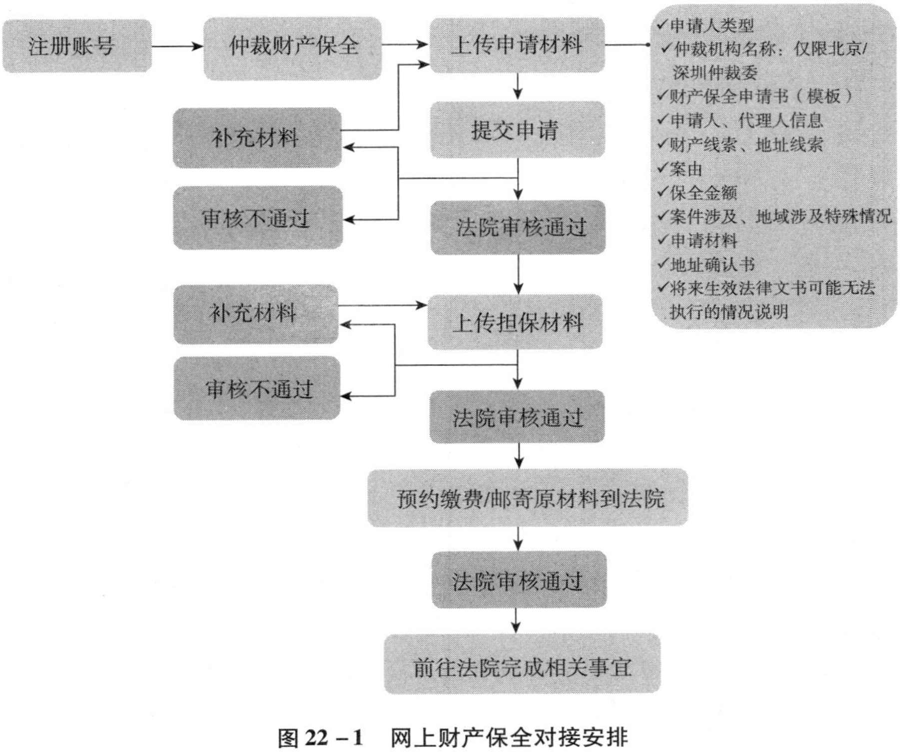

图 22-1　网上财产保全对接安排

（以上流程示意图依据北京一中院网上财产保全服务平台：http://bjbq.86court.com/index.htm/? type=0 制作）

网上保全旨在提高案件效率,降低成本,但实践中存在法院审阅不及时的问题。虽然部分法院建立了财产保全网上立案机制,但法院立案庭的工作人员可能并不经常登录网上立案系统查看申请人的立案申请。登录间隔时间为每周一次甚至更长,导致网上立案保全花费更多时间,与其初衷相悖。因此,申请人拟通过网上办理保全立案时,建议提前与管辖法院沟通确认网上立案所花费的时间及注意事项,必要时可变更为现场办理立案手续。

第二节 电子送达

仲裁兼具公正及效率两大价值目标的追寻,其效率性追求凸显的价值更是优于诉讼程序。在送达环节,仲裁文书若未能由被申请人签收,将会严重影响仲裁程序的效率,甚至面临被申请人主张仲裁程序违反法定程序的风险。在网上仲裁领域,电子送达的合法有效性问题更甚。无法确定电子送达地址、无法证明电子送达的有效完成等问题仍然存在。

一、网上仲裁领域的尝试

《仲裁法》中并没有关于电子送达的相关规定。《民事诉讼法》第 87 条第 1 款规定:“经受送达人同意,人民法院可以采用传真、电子邮件等能够确认其收悉的方法送达诉讼文书,但判决书、裁定书、调解书除外。”“经受送达人同意”作为严苛条件成为适用电子送达的前提,且明确指出判决书、裁定书、调解书不适用电子送达。在仲裁领域,许多仲裁机构的规则参照此处对电子送达进行规定,部分仲裁机构将全程线上送达(电子送达)用于网络仲裁案件中。

广仲关于电子送达的规定较具代表性,主要体现在《广仲网络仲裁规则》第 9 条至第 11 条,该规则是广仲规则的组成部分。《广仲网络仲裁规则》关于电子送达的主要规定总结如下:

第一,确定电子送达地址。对此,广仲采取两种方式:其一,如果当事人事先在仲裁协议或者交易合同中约定电子邮箱及移动通信号码(包括但不限于手机号码、微信账号、QQ 账号)的,该信息可作为其电子送达地址和号码;其二,当事人在申请仲裁或者答辩时,应当向仲裁委员会确认自己的电子送达地址。如果当事人未约定也未向仲裁委员会确认的,则其在案涉网络交易中使用的或者在案涉交易网站注册时填写的电子邮箱或者移动通信号码,可以作为其电子送达地址或者号码。

第二,电子送达程序。广仲的电子送达可以采用传真、电子邮件、移动通信等即时收悉的特定系统作为送达媒介。相关媒介发送成功的日期为送达日期,但允许当事人通过举证来推翻。

第三,特殊情形的送达。如果广仲或者一方当事人经合理查询仍不能找到受送达人的电子送达地址或者号码,广仲可以通过其网络仲裁平台为受送达人生成电子邮箱,作为其电子送达地址。就此,广仲按照《广仲规则》第49条向受送达人邮寄送达仲裁通知,并告知仲裁委员会为其生成的电子邮箱及密码。如果受送达人确认前述电子邮箱或者另行提供新电子邮箱,则可据此对其进行电子送达。如果受送达人未确认电子邮箱,广仲按照上述邮寄送达的相关规定向受送达人送达有关案件材料。

武仲建设有"云平台",《武仲网上规则》第13条规定:"本会云平台立案的仲裁案件,采用电子送达方式送达裁决书、调解书、撤案决定书以及其他仲裁文书、通知等文件。根据案件程序进行的具体情况,本会或者仲裁庭也可以决定辅助采用邮寄送达或者其他适当的方式向当事人送达仲裁文件。"第14条规定:"当事人可以在仲裁协议或者合同中约定电子邮箱、移动通信号码、微信账号等,作为其电子送达地址或者号码。当事人在申请仲裁或者答辩时,应当向本会确认自己的电子送达地址或者号码。当事人未约定也未向本会确认的,其在网上交易或者网上仲裁程序中使用的或者在网站注册时填写的电子邮箱、移动通信号码、微信帐号等,可以作为其电子送达地址或者号码。当事人在网上仲裁过程中变更电子送达地址,应当通知本会;未通知的,视为未变更。"第15条第1款规定:"除裁决书、调解书、撤案决定书以外的仲裁文书、通知和其他文件可以采用电子邮件、短信、微信、电话及通过本会云平台送达的方式进行送达。裁决书、调解书、撤案决定书应当通过本会云平台或者采用电子邮件送达的方式进行送达。"

二、电子送达的困境与突破

高效便捷是电子送达的生命力所在,但其合法有效性在实践中仍易引发争议。一方面,送达的效力容易被受送达人借助网络的"非面对面"特点,用以否认本人系受送达人进而否认送达的效力;另一方面,电子送达中受送达人的权益也容易受到侵犯,需要进行价值平衡。确保送达效率的同时,也兼顾其合法有效性,给予受送达人适当的权益保障及救济途径。

(一)关于"受送达人同意"

在中国现行的法律和司法解释规定下,"受送达人同意"成为民事诉讼领域电子送达的前提。有观点认为仲裁领域的电子送达应当依据仲裁规则而非《民事诉讼法》的相关规定,即可以突破"受送达人同意"的前提条件。例如,《广仲网络仲裁规则》《武仲网上规则》均未规定电子送达需要受送达人同意,其背后的法理基础在于既然当事人选择网上仲裁并适用该网上仲裁规则,就视为同意接受该网上仲裁规则的约束,包括同意适用电子送达。

广州市中级人民法院在(2018)粤01民特955号申请撤销仲裁裁决案中认可仲裁文书向双方在合同中约定的电子邮箱或手机号码送达的做法,这说明部分法院在仲裁司法审查案件中认可了仲裁机构基于网络仲裁规则进行电子送达的合法有效性。《仲裁裁决执行规定》第14条第2款规定,仲裁庭根据仲裁规则进行送达,当事人以该送达不符合《民事诉讼法》为由提出异议的,法院不予支持。该条款也对上述观点提供了支持。

但也有观点认为,仲裁电子送达应该受《民事诉讼法》的约束,不仅表现在应取得受送达人同意,还表现在仲裁裁决书不适用电子送达。若认为仲裁领域的电子送达受《民事诉讼法》约束,则必然受"受送达人同意"的限制,从而为电子送达的合法有效性制造了一定的障碍。

《贸法会仲裁规则》要求电子送达地址须经特别授权,即要求电子送达地址明确约定或者经授权用于仲裁程序。由此,仅在合同中一般性地约定电子邮箱等作为电子通信地址,而没有明确该地址在仲裁程序中作为送达地址,由此进行的电子送达不被认可。《HKIAC规则2018》则认为只要电子地址符合受送达人使用、合同约定、最后一个为人所知的地址等条件,即可适用电子送达。

(二)电子送达的证明

从现行法律规定来看,仲裁机构作为送达程序的发起方,如果不能形成电子送达的第三方的客观证据,往往无法证明其电子送达的合法有效性,从而面临受送达人否认送达效力的阻碍。此外,电子送达可否适用"阅读主义",即以送达到达后,受送达人表现出来的反馈信息或数据特征,判断其是否已经"阅读"受送达的信息并据此确认送达的有效性,也存在争议。

针对以上问题,如何保存、证明电子送达记录成为一个尚未完全解决的法律问题。实践中,有些仲裁机构会将送达记录进行截图和可视化归档,但送达记录仍没有普遍标准。有些仲裁机构与外部平台合作建构电子送达系统,各方之间进行数据共享,生成送达回执。在此基础上开发送达取证系统,将送达过程中的相关数据特征、网页截图进行留证,使电子送达"确已送达"有据可循。

一些仲裁机构的仲裁规则对以上问题进行了回应。例如,《武仲网上规则》第15条第2款、第3款规定:"系统显示发送成功或者云平台签收成功的日期为送达日期,但受送达人证明到达其特定系统的日期与本会对应系统显示发送成功的日期不一致的,以受送达人证明到达其特定系统的日期为准。如有证据证明当事人已登录本会云平台查阅了本会发送的相关仲裁文件，虽未点击签收的，系统显示发送成功日期为送达日期。”第16条规定：“采用电子邮件方式送达的，本会云平台实时记录电子邮件发送和接受的邮箱，发送的时间、送达的仲裁文书、通知和其他文件的名称，并自动记录电子邮件发送成功网页存卷备查。通过本会云平台进行送达的，本会云平台实时记录当事人签收的时间、送达的仲裁文书、通知和其他文件的名称，并自动生成送达回执存卷备查。采用短信、微信等方式送达的，本会云平台自动记录收发的移动通信号码、微信账号、发送时间、送达的仲裁文书、通知和其他文件的名称，并自动记录短信、微信的送达内容以存卷备查。采用电话方式送达的，由送达人告知受送达人仲裁文书、通知和其他文件的内容，并记录拨打、接听的电话号码、通话时间、送达仲裁文书、通知和其他材料的内容，通话过程应当录音并上传本会云平台以存卷备查。”

《深国仲网络规则》第10条规定：“（一）仲裁院可以通过网络仲裁服务平台、手机短信、传真、电子邮件、即时通讯等一种或多种电子方式进行送达。（二）仲裁院向当事人发送的仲裁文件，有以下情形之一的，视为送达：1. 仲裁院将文件发送至当事人约定的电子送达地址；2. 仲裁院向当事人发出在网络仲裁服务平台查看或下载文件的通知；3. 受送达人回复已收到送达材料，或者根据送达内容作出相应仲裁行为的；4. 受送达人的媒介系统反馈受送达人已阅知，或者有其他证据证明受送达人已经收悉的。（三）网络系统显示发送成功的日期即为送达日期，但受送达人证明到达其特定系统的日期与仲裁院对应系统显示发送成功的日期不一致的，以受送达人证明到达其特定系统的日期为准。”

三、电子送达下的裁决执行问题

有效送达是程序正义的最基本要求和保障。在实践中，常因为各种原因，导致仲裁文书无法有效送达仲裁被申请人，仲裁被申请人由此申请撤销或者不予执行仲裁裁决。网上仲裁的裁决因为电子送达环节而被申请撤销或不予执行的风险更甚，如上所述主要表现在电子送达能否突破受送达人同意及仲裁裁决是否可以经由电子送达等方面。

《仲裁裁决执行规定》第14条第2款规定，仲裁庭根据仲裁规则进行送达，当事人以该送达不符合《民事诉讼法》为由提出执行异议的，法院不予支持。如上所述，部分法院在仲裁裁决司法审查案件中认可仲裁机构基于仲裁规则（网络仲裁规则）进行电子送达的合法有效性，即认为仲裁领域电子送达的适用不受《民事诉讼法》的制约。如河北省高级人民法院在（2019）冀执复552号案中认为，“仲裁裁决书能否采用电子送达，应根据仲裁委员会的相应送达规则确定，不能直接适用或参照《中华人民共和国民事诉讼法》第八十七条第一款的规定”。

但仍有一些案件对仲裁领域的电子送达持否定态度。如呼伦贝尔市中级人民法院在(2019)内07执87号仲裁裁决执行案中认为:(1)仲裁的送达当然适用民事诉讼的规定,理由为仲裁一裁终局,裁决文书直接发生法律效力,故在法律没有明确规定的情况下应当适用《民事诉讼法》;(2)裁决书不能通过电子送达,除了不符合民事诉讼法的规定以外,还因为"裁决书采用电子送达会影响仲裁裁决的公信和权威以及当事人的权利,进而影响到社会主义市场经济健康发展,损害社会公共利益";(3)即使事先约定了电子送达地址,但仲裁机构仍有在送达前核实的义务,需要事先与受送达人电话核实后才能进行电子送达。

中国目前已有电子签名法,且实践中已经具备了较为成熟的电子文书原件验证较为成熟的技术,故通过电子送达的裁决书的原件验证已不是太大问题,仅因裁决书采取电子送达而径行拒绝执行有待商榷。

第三节　审理方式

一、线上审理及书面审理

网络仲裁案件的审理方式有别于普通案件,一是原则上采用线上审理方式(包括网上开庭),二是书面审理的方式得到较多运用,甚至原则上不开庭审理。《仲裁法》第39条规定:"仲裁应当开庭进行。当事人协议不开庭的,仲裁庭可以根据仲裁申请书、答辩书以及其他材料作出裁决。"这里的"当事人协议不开庭",应理解为既包括当事人在仲裁协议中明确约定不开庭,也包括依据适用的仲裁规则不开庭。

例如,《广仲网络仲裁规则》第24条规定:"(一)仲裁庭对网络仲裁案件进行书面审理。仲裁庭可以通过本会网络仲裁平台向当事人发出问题单,当事人应当自收到该问题单之日起五日内通过本会网络仲裁平台作出说明,逾期未说明的,视为放弃说明的权利。(二)仲裁庭认为必要时,可以通过网络视频庭审、网上交流、电话会议等适当的方式审理案件,但应当确保公平对待各方当事人……"第25条第3款规定:"双方当事人一致同意或者仲裁庭认为案件复杂的,可以将案件转为线下按照《仲裁规则》审理。"

《深国仲网络规则》第23条规定:"(一)仲裁庭对网络仲裁案件原则上不开庭审理。(二)仲裁庭认为必要时,可以通过网络视频庭审、网络交流、电话会议等适当的方式审理案件,也可以决定在线下开庭,但其它环节仍在线上进行。(三)按照本条第(二)款规定开庭审理的案件,应不迟于开庭前5日通知双方当事人。"第28条规定:"在网络仲裁过程中,当事人请求或仲裁院、仲裁庭认为必要时,仲裁院可以根据案件具体情形将网络仲裁程序的部分或者全部变更为《仲裁规则》规定的仲裁程序。"

《武仲网上规则》第38条规定:"当事人可以自收到受理通知书或者仲裁通知书之日起3日内选择网上开庭方式。当事人未选择或者未能选择一致的,仲裁庭采用非同步电子交互形式进行网上开庭。"第39条规定:"采用非同步电子交互形式审理案件的,仲裁庭与申请人、被申请人以及其他仲裁参与人应当在规定的期限内依据各自选择的时间按照本规则的规定采用电子交互方式完成相应的仲裁活动。非同步电子交互审理流程中每个环节的启动均应通过电子方式送达当事人。"第40条第1款规定:"除质证外,非同步电子交互审理还包括以下程序:(一)仲裁庭可以通过本会云平台向当事人发送问题函的形式进行仲裁庭调查。当事人应当在收到问题函后24小时内作出回复。(二)当事人在收到仲裁庭发出的辩论通知后48小时内不分先后发表辩论意见。(三)当事人在收到仲裁庭发出的陈述通知后24小时内向仲裁庭进行最后陈述。"第41条规定:"仲裁庭采用同步视频形式审理案件的,应当于开庭3日前将开庭时间和庭审方式通知双方当事人。同步视频庭审应当全程录音、录像并存储。"第44条第1款规定:"在网上仲裁过程中,双方当事人一致同意或者本会、仲裁庭认为必要时,案件转为线下审理。"

针对网上仲裁固有的特征,原仲裁庭亲历性、现场性、直接言词性的强度被削弱,无论是当事人、代理律师还是仲裁员都需要适应网上仲裁这一特点,并确保不因此而减损案件代理、审理效果及当事人权益。

二、证据提交及审查

网络仲裁作为从线下到线上运用现代信息技术解放"司法生产力"的重要举措,也不可避免的对一些固有司法属性形成挑战。例如,在举证质证层面,网上仲裁有其电子证据的特殊性并面临传统证据的客观性考验。如何确保提交的电子证据未被篡改,如何证明电子证据的生成时间,如何认定电子证据和线下真实原件主体的对应性及一致性等均成为网上仲裁举证质证环节不可忽视的问题。

实践中网络仲裁的证据提交有以下几个特点和要求:

第一,证据应通过网络仲裁平台提交。

第二,电子数据证据因其特点可以直接提交。所谓电子数据,是指通过电子邮件、电子数据交换、网上聊天记录、博客、微博、手机短信、电子签名、域名等形成或者存储在电子介质中的信息。通常包括但不限于下列信息、电子文件:(1)网页、博客、微博客、朋友圈、贴吧、网盘等网络平台发布的信息;(2)手机短信、电子邮件、即时通信、通信群组等网络应用服务的通信信息;(3)用户注册信息、身份认证信息、电子交易记录、通信记录、登录日志等信息;(4)文档、图片、音视频、数字证书、计算机程序等电子文件。

第三,对书证、物证、视听资料、鉴定意见及勘验笔录等其他非电子数据证据,当事人应当转换成能够有形地表现所载内容并可以随时调阅的电子数据后提交。转换方式通常包括扫描、翻拍、转录等方式进行电子化处理。

第四,在一些情况下,仲裁庭可以就案件涉及的相关问题向网络服务提供商、物流配送公司、第三方支付平台、电子认证服务机构及电子证据固化提供者等调查事实,收集证据。

仲裁庭在对电子证据进行审查时,除了与一般案件相同的审查证据的真实性、关联性、合法性之外,还有以下特殊性:

第一,在审查电子数据的真实性时,应当重点考虑以下因素:(1)电子数据生成、收集、存储、传输所依赖的计算机系统等硬件、软件环境是否安全、可靠;(2)电子数据生成主体和时间是否明确,表现内容是否清晰、客观、准确;(3)电子数据的存储、保管介质是否明确,保管方式和手段是否妥当;(4)电子数据提取和固定的主体、工具和方式是否可靠;(5)电子数据的内容是否存在增加、删减、修改及不完整等情形;(6)电子数据是否可以通过特定形式得到验证。

第二,对当事人提交的电子数据,如果通过电子签名、可信时间戳、哈希值校验、区块链等证据收集、固定和防篡改的技术手段或者通过电子取证存证平台认证,能够证明其真实性的,仲裁庭应当确认。

第三,采用以下方式保障的电子数据,应视为满足法律、法规规定的原件形式要求:(1)电子数据生成时即向公证机构申请公证;(2)电子数据生成时向依法设立的电子认证服务提供者(如可信时间戳服务机构)申请认证;(3)电子数据自生成时,符合《电子签名法》中关于电子数据原件及书面形式的规定;(4)其他能够保证自形成时起,内容保持完整、未被更改的电子数据。①

此外,虽然网络仲裁中证据都是以电子形式提交、质证和审查,但如果当事人或仲裁庭对某份非电子数据证据(如线下形成的书证)的真实性存在异议,则依然有线下另行组织证据核对的可能及必要性。

---

① 以上内容参见《广仲网络仲裁规则》第12~14条、《深国仲网络规则》第11~13条、《武仲网上规则》第17~21条。

第二十三章　仲 裁 裁 决

第一节　裁决书的要素

从结构上看,中国仲裁实践中的裁决书一般会包括以下几部分:

1. 首部。裁决书首部一般包括以下内容:(1)裁决书名称;(2)裁决书案号;(3)仲裁各方当事人、仲裁代理人的姓名或名称以及基本情况;(4)仲裁程序概述等。

2. 案情。裁决书案情一般包括以下部分:(1)申请人陈述,即申请人的仲裁请求以及所依据的事实、理由;(2)被申请人答辩;(3)申请人举证;(4)被申请人质证;(5)被申请人举证;(6)申请人质证;(7)申请人代理意见;(8)被申请人代理意见。

3. 仲裁庭意见。仲裁庭意见的内容因案而异。比较常见的是先列出案件争议焦点,然后就争议焦点仲裁庭逐项陈述意见。

4. 裁决正文。裁决正文原则上需要与申请人的仲裁请求一一对应。存在反请求的情况下,仲裁庭会就本请求和反请求一并作出裁决。如果对于本请求和反请求没有全部予以支持,仲裁庭一般会在裁决书的主文最后加上一句"驳回各方当事人的其他仲裁请求和反请求"等类似字样。在这一部分还会列明仲裁费用的承担。

5. 尾部。裁决书尾部会载明裁决自作出之日生效。仲裁员签名、仲裁机构盖章、作出日期等信息也体现在尾部。

第二节　作出裁决的期限

《仲裁法》并未明确作出仲裁裁决的期限,这一问题由各个仲裁委员会的仲裁规则来确定。例如,就适用普通程序的涉外仲裁案件,《贸仲规则 2015》第 48 条第 1 款规定:"仲裁庭应在组庭后 6 个月内作出裁决书。"就适用普通程序的国内仲裁案件,《贸仲规则 2015》第 71 条第 1 款规定:"仲裁庭应在组庭后 4 个月内作出裁决书。"就适用简易程序的案件,《贸仲规则 2015》第 62 条第 1 款规定,仲裁裁决应在仲裁庭组庭后的3个月内作出。《北仲规则2019》则规定普通程序中仲裁裁决应在组庭后4个月内作出,简易程序中仲裁裁决应在75天内作出。

仲裁规则规定的作出裁决的期限起算时间一般为仲裁庭组成之日,而非案件受理之日。案件受理之后,仲裁委员会需向当事人送达仲裁通知。仲裁员需经当事人选定或仲裁机构指定,仲裁员经选定或指定后,需披露可能导致当事人对其独立性、公正性产生合理怀疑的信息,以及仲裁委员会向当事人传达仲裁员披露的信息,以便当事人提出回避申请。任何一方当事人提出回避申请,仲裁庭的组成就会不可避免地推迟。因此,实务中,案件受理后通常需经过比较长的一段时间才会组成仲裁庭。

另外,尽管有上述审限规定,实务中裁决作出期限长于仲裁规则规定的时间并不罕见。原因在于:仲裁庭可向相应仲裁委员会请求延长作出裁决的期限,多数情形下仲裁委员会都会批准这一请求。《贸仲规则2015》第48条第2款规定:"经仲裁庭请求,仲裁委员会仲裁院院长认为确有正当理由和必要的,可以延长该期限。"《北仲规则2019》也有类似的规定,其中第48条规定:"……有特殊情况需要延长的,由首席仲裁员提请秘书长批准,可以适当延长。"

由于上文援引的仲裁规则均未明确何种情形属于"正当情形",仲裁庭可基于很多不同的原因申请延长期限。比如,新证据的出现、在原期限内取证有困难、当事人意图协商解决争议,等等。即使推迟审限的真实原因与仲裁程序无关,仲裁庭也可以"案件复杂"为由申请延期,并且大部分时候仲裁委员会也难以找到拒绝的理由。

实务中大标的案件仲裁程序拖延的情况尤其严重。中国的仲裁机构普遍宣称其审理、结案效率高,但如果单看标的额过亿元的案件,数据不容乐观。大标的案件审理、结案效率低很大程度上将制约中国仲裁事业的发展,各仲裁机构有必要慎重考虑和注意提高大标的案件的结案效率。

无论是国内仲裁还是国际仲裁,高效率的仲裁程序和尽速作出裁决都是仲裁机构的愿景。为促使仲裁庭尽快审理、尽快作出裁决,ICC的做法是将仲裁员的费用与裁决作出速度挂钩。根据ICC在2019年1月1日发布的《在ICC规则下参与仲裁程序指引2019》第126段和第127段,"若仲裁庭能够高效地完成仲裁,仲裁院可以在原定数额的基础上提高仲裁员报酬……如晚于本指引上文第125段所述期限提交裁决书草案,除非仲裁院认可该等迟延系不受仲裁员控制之因素或特殊情况所致,否则,仲裁院可以……减少仲裁员报酬"。

第三节　裁决的形成与作出

一、仲裁裁决的起草

仲裁裁决通常由首席仲裁员或独任仲裁员起草。在三人仲裁庭的情况下，有时候也会出现一位边裁受委托起草裁决的情况，但相对较少。由三名仲裁员组成的仲裁庭审理的案件，仲裁庭可能就案件产生不同意见。若仲裁庭能形成多数意见的，裁决依多数仲裁员的意见作出。若仲裁庭不能形成多数意见的，裁决依首席仲裁员的意见作出。其他仲裁员的书面意见应附卷，并可以附在裁决书后，该书面意见不构成裁决书的组成部分。

二、仲裁裁决的核阅

在中国仲裁实务中，仲裁庭起草完仲裁裁决后，通常要经过仲裁机构的核阅。仲裁机构一般不公开其核阅的具体工作规则。核阅工作一般是由仲裁委员会负责核阅工作的内设部门进行。核阅大致包括三个层面：第一层面是对裁决文字的核阅，确保文字、数字、计算、标点符号等不出现错误，表述规范；第二层面是对裁项的核阅，确保仲裁裁决与仲裁请求一一对应，没有遗漏或超裁；第三层面是审查裁决书认定的事实是否清楚、说理是否充分，适用法律是否准确。

仲裁机构核阅发现问题后，会向仲裁庭提出修改意见。这种意见既可能是程序上的，也有可能是实体上的问题。仲裁机构还会特别注意避免同类案件出现不同裁决的情况。仲裁庭一般会慎重对待仲裁机构提出的修改意见。

对仲裁庭起草的裁决进行核阅这一制度并非中国仲裁机构独有，ICC 及 SIAC 等国际仲裁机构也有仲裁裁决的核阅制度。比如，《ICC 规则 2017》第 34 条明确规定："仲裁庭应在签署裁决书之前，将其草案提交仲裁院。仲裁院可以对裁决书的形式进行修改，并且在不影响仲裁庭自主决定权的前提下，提醒仲裁庭注意实体问题。裁决书形式未经仲裁院批准，仲裁庭不得作出裁决。"

三、专家咨询委员会

一些仲裁委员会下设专家咨询委员会，负责就重大疑难问题向仲裁庭提供咨询意见，供仲裁庭参考。以贸仲为例，《中国国际经济贸易仲裁委员会章程》第 17 条第 1 款第 1 项规定，专家咨询委员会，负责就仲裁案件程序和实体等疑难问题进行研究并提供咨询意见。

仲裁机构的专家咨询委员会不一定有成文的工作规则，有的话也不一定公开。从少数几个可以查询到的仲裁机构专家咨询委员会的工作规则[①]可以看出：专家咨询委员会的委员一般由仲裁委员会聘任，视仲裁机构规模不同，专家咨询委员会的委员人数不等；专家咨询委员会的咨询程序，既可以由仲裁庭申请启动，也可以由仲裁委员会视情况启动；专家咨询委员会作出的咨询意见对仲裁庭具有指导作用。

仲裁机构的专家咨询委员会可以为仲裁程序和实体上的重大疑难问题提供咨询意见，但专家咨询委员会制度也存在不可避免的缺陷：第一，专家咨询委员会从本质上影响了仲裁庭的独立性，违背了当事人的意思自治，破坏了仲裁程序的自愿性原则。虽然仲裁机构一般不强制要求仲裁庭采纳专家咨询委员会的意见，但客观情况是，一旦专家咨询委员会介入某个仲裁案件，仲裁庭出于各种因素的考虑，绝大多数情况下会遵循专家咨询委员会的意见作出裁决。在仲裁程序中，审阅案件材料、参与庭审、直面案件当事人的是仲裁庭，而非专家咨询委员会。仲裁庭理应是对案件最为了解的裁判者，更是依据当事人的意思自治所选定或指定的裁判者，仲裁庭的裁判权利不应该被让渡给专家咨询委员会。第二，很多仲裁机构的专家咨询委员会没有公开公示的工作规则，处于监管的盲区。实践中不乏专家咨询委员会被仲裁委员会滥用的情况。专家咨询委员会的咨询程序既可以由仲裁庭申请启动，也可以由仲裁委员会视情况启动。理论上，仲裁机构有可能通过启动专家咨询委员会的咨询程序的方式来影响案件裁决结果，从而变相剥夺仲裁庭的裁判权。

国内不少观点认为对于一些重大、疑难案件，专家咨询委员会的存在有必要性。但无论如何，专家咨询委员会的角色应该仅限于就某特定的、纯粹法律适用问题提出专家咨询意见。专家咨询程序不应该涉及案件事实，更不应讨论裁决本身。

四、仲裁裁决的签名和盖章

《国际商事仲裁示范法》第 31 条第 1 款规定："裁决应当以书面作出，并应当由仲裁员签名。在有一名以上仲裁员的仲裁程序中，仲裁庭全体成员的多数签名即可，但须说明缺漏任何签名的理由。"这里将重点讨论裁决"须说明缺漏任何签名的理由"这一要求。

遗漏签名的原因可能是仲裁员在裁决草案定稿后突然死亡、丧失行为能力或长时间失踪，也可能是因为仲裁员拒绝签署仲裁裁决。在起草《国际商事仲裁示范法》

---

① 公开途径可以查询到的专家咨询委员会工作规则包括襄阳仲裁委员会印发的《专家咨询委员会工作规则》、宜昌仲裁委员会印发的《宜昌仲裁委员会专家咨询委员会》以及济宁仲裁委员会的《济宁仲裁委员会专家咨询委员会工作规则》，等等。

时，曾有代表建议删除裁决“须说明缺漏任何签名的理由”的要求。当时的工作组主席 Mr. Loewe 回应：要求裁决说明缺漏任何签名的理由代表了两种极端做法的妥协，一种极端做法是只要有多数仲裁员达成意见，即可以作出裁决；另一种极端做法则是要求全部仲裁员都在裁决上签字。在某些特殊情况下，比如仲裁员去世、生病、长时间失踪或拒绝签署裁决，第二种要求就不可能达到。而且，若裁决遗漏某个仲裁员签字，当事人本就可以要求仲裁庭做出解释。因此，他认为有必要保留《国际仲裁商事示范法》裁决“须说明缺漏任何签名的理由”这一要求。① 经过讨论，裁决“须说明缺漏任何签名的理由”这一要求最终得以保留。实践中，遗漏仲裁员签字的原因还可能是仲裁员未参与仲裁庭合议的过程，或者是没有机会参与仲裁裁决的起草，要求裁决“须说明缺漏任何签名的理由”，间接降低出现这种情况的概率。总体而言，要求裁决“须说明缺漏任何签名的理由”有其必要性和合理性。

《国际商事仲裁示范法》的文本构成新加坡《国际仲裁法》的一部分，因此新加坡《国际仲裁法》也有裁决“须说明缺漏任何签名的理由”这一法律要求。在新加坡曾有一宗撤销 ICC 仲裁裁决案件，案件中针对裁决“需说明缺漏任何签名的理由”这一问题有所讨论。该案中，三名仲裁员中有一名仲裁员 A 未在裁决中签字，仲裁裁决中并未就该仲裁员未签字的理由做出说明，仅有一段提到“A 不同意仲裁庭多数观点的意见”。后来，仲裁庭主动对裁决进行更正，补充：“仲裁员 A 因不同意多数仲裁员的意见而拒绝在仲裁裁决上签字”。但是，A 仍旧没有在补正的裁决上签字。仲裁庭和 ICC 秘书处将这一补正定性为《ICC 规则 2017》第 36 条第 1 款②中的针对“誊抄、计算、打印错误或者其他类似性质的错误”的细微修改，强调仲裁庭在原仲裁裁决中只是“不注意地、非故意地”漏掉了后来添加了这一句话。另外，《国际商事仲裁示范法》第 33 条规定：“（1）（a）当事一方可在通知当事另一方后可请求仲裁庭更正裁决书中的任何计算错误，任何誊写或打印错误或任何类似性质的错误……（2）仲裁庭可在作出裁决之日起三十天内主动更正本条第（1）款（a）项所指的任何错误。”③仲裁庭和 ICC 秘书处也表明这是符合《国际商事仲裁示范法》第 33 条的修改。反对的观点

---

① Howard M. Holtzmann and Joseph Neuhaus, A Guide to the UNCITRAL Model Law on International Commercial Arbitration: Legislative History and Commentary 857 (Kluwer Law International; Kluwer Law International 1989).

② 《ICC 规则 2017》第 36 条第 1 款规定：“1. 仲裁庭可以自行更正裁决书中的誊抄、计算、打印错误或者其他类似性质的错误，但该等更正必须在裁决书作出之日后三十天内提交仲裁院批准。”

③ 该条款原文为：“(1)(a) a party, with notice to the other party, may request the arbitral tribunal to correct in the award any errors in computation, any clerical or typographical errors or any errors of similar nature… (2) The arbitral tribunal may correct any error of the type referred to in paragraph (1)(a) of this article on its own initiative within thirty days of the date of the award.”

则认为:加上"仲裁员A因不同意多数仲裁员的意见而拒绝在仲裁裁决上签字"这一修改不属于《国际商事仲裁示范法》第33条允许的计算或文书表述上的修改。而且,如果这份补正裁决如果是有效的,把补正裁决作为仲裁裁决的一部分,那么补正裁决上仍然没有A仲裁员的签字,补正裁决仍没有对A仲裁员在本次补正裁决上未签字作任何解释和说明,同样违反新加坡《国际仲裁法》关于仲裁员签名的规定。这一争议是对"须说明缺漏任何签名的理由"的有益探讨,值得关注。

从ICC的案例回到中国的仲裁实践。《仲裁法》第53条规定:"裁决应当按照多数仲裁员的意见作出,少数仲裁员的不同意见可以记入笔录。仲裁庭不能形成多数意见时,裁决应当按照首席仲裁员的意见作出。"第54条规定:"……裁决书由仲裁员签名,加盖仲裁委员会印章。对裁决持不同意见的仲裁员,可以签名,也可以不签名。"也就是说,《仲裁法》没有要求将缺漏仲裁员签名的理由写入裁决书,《仲裁法》只提到"少数仲裁员的不同意见可以记入笔录"。

《上仲规则2018》与《仲裁法》基本一致,其第53条第4款规定:"裁决书由仲裁员签名并加盖仲裁委员会印章。对裁决持不同意见的仲裁员,可以签名,也可以不签名。"

《贸仲规则2019》的要求较《仲裁法》严格一些,其第48条第6款规定:"仲裁庭不能形成多数意见的,裁决依首席仲裁员的意见作出。其他仲裁员的书面意见应附卷,并可以附在裁决书后,该书面意见不构成裁决书的组成部分。"第7款规定:"除非裁决依首席仲裁员意见或独任仲裁员意见作出并由其署名,裁决书应由多数仲裁员署名。持有不同意见的仲裁员可以在裁决书上署名,也可以不署名。"也就是说,贸仲要求不同意见的仲裁员出具书面意见并附卷,而不仅仅是《仲裁法》规定的"少数仲裁员的不同意见可以计入笔录"这一标准。但同样贸仲也没有要求其他仲裁员的不同意见必须要写入裁决书或附在裁决书后。而无论如何,该书面意见不构成裁决书的组成部分。

《北仲规则2019》的要求则更严格一些,其第49条第3款规定:"裁决书由仲裁员签名。对裁决持不同意见的仲裁员,可以签名,也可以不签名;不签名的仲裁员应当针对裁决出具个人意见。本会将其个人意见随裁决书送达当事人,但该意见不构成裁决书的一部分。"可见,北仲不仅要求不签名的仲裁员针对裁决出具个人意见,还规定不签名的仲裁员的个人意见应随裁决书送达当事人,但该意见不构成裁决书的一部分。实践中,北仲仲裁员既不签字也拒绝对裁决出具个人意见的情况极少。在可以查询到的个别案例[①]中,有当事人一方以仲裁员未在裁决上签字也未出具书面意

---

① 比如,(2019)粤01民特1012号案。

见为由向法院申请撤销裁决，法院最终没有据此撤销裁决。但毕竟不签名的仲裁员需要针对裁决出具个人意见且应随裁决书送达当事人是该仲裁规则的明确要求，仲裁员未出具书面意见的，存在裁决被法院撤销的风险。北仲可能有必要对该条规定加以完善，例如不签名的仲裁员不出具个人意见的，由北仲出具说明随裁决书送达当事人。

最后需要注意，《仲裁法》第 57 条规定："裁决书自作出之日起发生法律效力。"也就是说，裁决书是否送达，不影响裁决书生效。裁决书自作出之日起发生法律效力。

第四节　裁前告知程序

国内个别仲裁机构，比如马鞍山仲裁委员会，在裁决作出前会履行裁前告知程序。裁前告知程序是指仲裁庭作出合议结果后，由仲裁机构的办案秘书将仲裁庭对证据和案件事实的认定、适用法律及主要裁决结果向当事人告知并制作笔录，并给当事人一定时间让其充分论证，提出意见并可请求重新合议。仲裁庭收到当事人意见后会认真充分地考虑，如认为当事人的意见合理、适当，可以重新合议。

裁前告知程序尚无法律规定，在中国的仲裁实务中被应用的不多，但不失为一种有意义的尝试。希望马鞍山仲裁委员会的探索能为全国仲裁机构的仲裁实践创新提供有益参考，当然也要考虑这一程序可能带来的其他问题，如仲裁的效率、败诉方可能采取的措施等（如加速转移财产）。

第五节　裁决书的送达

一、裁决书的送达方式

裁决书的送达，是指仲裁机构按照法定程序和方式，将仲裁裁决书送交当事人的安排。

裁决书的送达方式是送达的重要内容，《仲裁法》对此并未明确规定，各仲裁委员会根据其仲裁规则送达裁决书。实践中直接送达和邮寄送达是仲裁委员会较常采用的送达方式。

直接送达，又称交付送达，是指仲裁机构将裁决书直接送交受送达人签收。直接送达是最基本的送达方式，也是实践中最常见的送达方式之一。

邮寄送达是指仲裁机构将裁决书通过邮寄、快递等方式向受送达人送达。《贸仲规则 2015》第 8 条第 1 款规定:“有关仲裁的一切文书、通知、材料等均可采用当面递交、挂号信、特快专递、传真或仲裁委员会仲裁院或仲裁庭认为适当的其他方式发送。”

裁决书的送达还有两种值得关注的送达方式:一是公告送达,二是留置送达。

公告送达是中国民事诉讼文书送达的重要形式之一。目前中国仍有不少仲裁机构的仲裁规则中保留公告送达的方式。有观点认为仲裁程序中进行公告送达带有浓厚的民事诉讼色彩,而且公告送达会在一定程度上会拖延仲裁程序的进行,同时,公告送达也与仲裁的保密性相违背。贸仲和北仲均取消了公告送达。其中,北仲在解释其 2008 年版《仲裁规则》时提到[①]:“取消公证和公告送达是仲裁规则关于送达方式规定的重要变化。鉴于商事仲裁‘送达企图’的国际通行惯例能否适用于国内案件当时争议较大,2004 规则参照民事诉讼中的留置和公告送达方式,采用了这种暂时的变通措施解决有关国内案件的送达问题。这种送达方式在实践中逐渐受到质疑,认为可能违反仲裁保密性原则,而且浪费人力、物力,导致仲裁程序拖延,有违仲裁的经济、高效原则。”

有些仲裁机构还规定了留置送达。留置送达是指受送达人拒绝接受仲裁裁决书时,送达人依法将裁决书留置在受送达人的住所,即视为送达。

本章涉及的送达规则同样适用于仲裁程序中其他文件的送达。

二、商事仲裁中的“送达企图”原则

《国际商事仲裁示范法》确立了“送达企图”原则,具体而言,该法第 3 条第 1 款规定:“(1)除非当事人另有约定:(a)任何书面通信,经当面递交收件人,或投递到收件人的营业地点、惯常住所或通信地址的,或经合理查询不能找到上述任一地点而以挂号信或能提供作过投递企图的记录的其他任何方式投递到收件人最后一个为人所知的营业地点、惯常住所或通信地址的,视为已经收到;(b)通讯视为已于以上方式投递之日收到。”

北仲在 2004 年修改仲裁规则时首先对于国际商事案件的送达采用“送达企图”规定,即“经合理查询不能找到受送达人的营业地点、经常居住地或者其他通信地址而以邮寄、专递的方式或者能提供投递记录的其他任何方式投递给受送达人最后一个为人所知的营业地点、经常居住地或者其他通信地址,即视为已经送达。”2008 年的仲裁规则进一步将这种送达方式扩展适用到所有案件。《北仲规则 2019》第 71 条第 3 款规定:“经合理查询不能找到受送达人的营业地点、注册地、居住地、身份证载

---

① 王红松:《北京仲裁委员会仲裁规则修改说明》(2008),载 http://www.bjac.org.cn/news/view.asp?id=3592,最后访问日期:2020 年 5 月 21 日。

明地址、户籍地址、当事人约定的送达地址或者其他通讯地址而以邮寄、专递的方式或者能提供投递记录的其他任何方式投递给受送达人最后一个为人所知的营业地点、注册地、居住地、身份证载明地址、户籍地址、当事人约定的送达地址或者其他通讯地址，即视为已经送达。”

《贸仲规则2015》第8条第3款规定：“向一方当事人或其仲裁代理人发送的仲裁文件，如经当面递交收件人或发送至收件人的营业地、注册地、住所地、惯常居住地或通讯地址，或经对方当事人合理查询不能找到上述任一地点，仲裁委员会仲裁院以挂号信或特快专递或能提供投递记录的包括公证送达、委托送达和留置送达在内的其他任何手段投递给收件人最后一个为人所知的营业地、注册地、住所地、惯常居住地或通讯地址，即视为有效送达。”

根据以上规定，经合理查询不能找到一方当事人的准确地点的，只要以“送达企图”的方式送达至最后地址并留有送达记录的，即视为有效送达。贸仲和北仲的仲裁规则均要求当事人采取“送达企图”的方式进行送达必须记录。

三、裁决书送达对当事人履行裁决的影响

针对当事人履行裁决的期限，有些裁决书表述为“应当于本裁决书送达之日起×日内履行完毕”，另一些则表述为“应当于本裁决书作出之日起×日内履行完毕”。中国法律和仲裁规则对仲裁裁决中当事人履行裁决期限的行文没有具体的要求和规定。

在实务操作中，不少仲裁机构采用前一种表述。一是考虑到如果裁决书没有送达，当事人不知晓裁决结果，客观上无履行可能；二是诉讼中法院采取送达主义判断判决的生效，仲裁裁决的强制执行最终又依赖法院实现，受制诉讼中一些规定的限制（如大多数法院在受理强制执行仲裁裁决申请时要求申请人提交“送达证明”），如果仲裁裁决写成自作出之日起算履行期限，会带来和法院操作不一致的麻烦。反过来讲，如果裁决书送达不顺利，当事人的履行期限也会相应顺延。

也有仲裁机构采用后一种表述。这种操作的理由是：裁决作出的时间是确定的。相应地，履行期限也可以确定。如果从裁决书送达之日起算，在送达困难的情况下，尤其是在当事人主观故意规避送达的情况下，对申请人一方有所不公。如果采用“应当于本裁决书作出之日起×日内履行完毕”这种表述，在撰写仲裁裁决的时候仲裁庭需要把送达的时间考虑进去，适当延长履行期限。

第六节　仲裁费用的承担

《仲裁法》第54条规定：“裁决书应当写明仲裁请求、争议事实、裁决理由、裁决结

果、仲裁费用的负担和裁决日期……”

仲裁费用的承担,是指仲裁费用由哪方当事人承担以及如何承担。仲裁费用的承担对双方当事人的利益有着直接影响,是一个比较重要的仲裁法问题。

首先,仲裁费用的承担是由仲裁庭来决定的。尽管《仲裁法》允许当事人在仲裁协议中自由约定仲裁费用的承担问题,但实务中当事人很少进行约定或仅原则约定由败诉方承担。因此,仲裁庭应当在仲裁裁决书或调解书中写明双方当事人最终应当支付的仲裁费用。与中国《仲裁法》一致,世界上大部分国家的仲裁法及仲裁机构的仲裁规则都作了此规定。例如,英国《1996 年仲裁法》第 61 条第(1)款规定:“在不违背当事人约定的前提下,仲裁庭可在当事人之间裁决仲裁费用的分担。”①德国《民事诉讼法》第 10 编第 1057 条规定:“(1)除非当事人另有约定,仲裁庭应以裁决的方式决定仲裁费用在当事人之间的分担……”

其次,对于仲裁机构收取的费用,包括仲裁机构管理费、仲裁员报酬及其他实际费用等,无论当事人是否提出了此项请求,仲裁庭都应当依职权作出由哪一方承担的决定。对于当事人自己支出的费用(如律师费),当事人有必要提出请求,包括具体金额和相应证据。没有提出此项请求,将被视为放弃该请求权,仲裁庭对此种费用不会予以考虑。

关于仲裁费用的承担,国外有以下几种模式:

1. 英国模式

以英国为代表的国家遵循“费用依附于结果”(Costs Follow the Event)的原则。根据这一原则,败诉方通常要承担胜诉方全部的包括律师费在内的仲裁费用。这一原则能够使胜诉方在纠纷解决中所支出的费用得到最大限度的补偿,从而实现自然正义。英国《1996 年仲裁法》第 61 条规定:“……(2)除非当事人另有约定,仲裁庭应裁决承担仲裁费用的一般原则是:仲裁费用的承担应符合案件结果,除非仲裁庭认为根据具体情况一方当事人承担全部或部分仲裁费用是不合适的。”②这一模式可以称为败诉方承担原则,德国、法国、加拿大、澳大利亚等国在其民事立法中都采用了这一原则,例如,德国《民事诉讼法》第 10 编第 1057 条规定:“(1)仲裁庭应遵照其遵循义务的裁量权作出决定且考虑到案件的具体情况,特别是仲裁的结果……”此种“费用依附于结果”原则是世界大多数国家仲裁法采用的一项原则。然而,该原则并非严格

---

① 该条款原文为:“The Tribunal may make an award allocating the costs of the arbitration as between the parties, subject to any agreement of the parties.”

② 该条款原文为:“(2) Unless the parties otherwise agree, the tribunal shall award costs on the general principle that costs should follow the event except where it appears to the tribunal that in the circumstance this is not appropriate in relation to the whole or part of the costs.”

适用。仲裁费用的承担问题最终仍然属于仲裁庭的自由裁量权之内。国际仲裁员在决定仲裁费用的承担问题时，会考虑多种因素，例如当事人在仲裁过程中的表现，以及各方当事人仲裁请求被仲裁庭接受的程度，而非仅仅考虑哪方当事人胜诉。总之，若仲裁庭不予认可某一方当事人的请求或抗辩的，该方当事人通常会承担对方当事人支出的部分费用。

2. 美国模式

美国的做法是主张当事人各自承担各自的包括律师费在内的仲裁费用。采纳这一原则的原因是：(1)诉讼的结果通常是不确定的，让败诉方遭受费用惩罚是不公平的；(2)面对承担对方律师费的风险，经济力量弱小者会因这种担心而放弃仲裁，其合法权益得不到保护；(3)“费用依附于结果”原则将增加仲裁成本，当事人的费用支出会大大增加。①

这一做法是美国法院在民事诉讼中采取的通行做法，也为美国国内的仲裁所接受和使用。然而，由于仲裁庭有权决定费用承担的问题，因此美国的做法尚未受到国际仲裁的采用。此外，有学者经研究认为，“近年来美国仲裁的实践和各州法院的判例显示，这一规则正在悄然发生变化。有些州允许在国际仲裁中裁决律师费的承担……在一些州，即使仲裁庭未裁决律师费用，当事人仍可以向法院起诉要求仲裁的败诉方承担……此外，美国的国际仲裁中允许仲裁庭具备裁决费用的权力。”②

以上是国际上关于仲裁费用承担的模式。中国关于仲裁费用的承担的规定与国际通行规则基本类似，具体有以下几个原则：

1. 仲裁庭决定原则

对于仲裁费用中的案件受理费和案件处理费(机构费用和仲裁员报酬)，仲裁庭应依职权作出由哪一方承担的决定。而对于当事人实际支出的其他费用，包括律师费等，当事人需提出请求，并提供相应的证据，仲裁庭才会就此项请求作出裁决。否则仲裁庭不应主动作出裁决。《贸仲规则 2015》第 52 条规定：“(一)仲裁庭有权在裁决书中裁定当事人最终应向仲裁委员会支付的仲裁费和其他费用。(二)仲裁庭有权根据案件的具体情况在裁决书中裁定败诉方应补偿胜诉方因办理案件而支出的合理费用。仲裁庭裁定败诉方补偿胜诉方因办理案件而支出的费用是否合理时，应具体考虑案件的裁决结果、复杂程度、胜诉方当事人及/或代理人的实际工作量以及案件的争议金额等因素。”《北仲规则 2019》第 52 条规定：“(一)仲裁庭有权在裁决书中确定各方当事人应当承担的仲裁费用和实际发生的其他费用，包括但不限于鉴定费用、

---

① 参见叶青主编：《中国仲裁制度研究》，上海社会科学院出版社 2009 年版，第 224 页。

② 姚俊逸：《论仲裁费用》，对外经济贸易大学 2003 年硕士学位论文。

评估费用、审计费用等……(四)仲裁庭有权根据当事人的请求在裁决书中裁定败诉方补偿胜诉方因办理案件支出的合理费用……”

2. 败诉方承担原则

仲裁费用原则上由败诉方承担,这是世界各国仲裁法普遍采用的一项原则,也是中国仲裁费用承担的最基本原则。《仲裁委员会仲裁收费办法》第 9 条规定:“仲裁费用原则上由败诉的当事人承担。”此原则体现了补偿胜诉方、惩罚败诉方的功用。败诉方被仲裁庭确定为违约方,由于违约方的违约行为致使纠纷发生,因此法律上规定仲裁费用由败诉方承担,符合公平正义理念。

《贸仲规则 2015》第 52 条第 2 款和《北仲规则 2019》第 51 条第 4 款也体现了这一原则。对于合理费用的范围,《贸仲规则 2015》第 52 条第 2 款规定:“……仲裁庭裁定败诉方补偿胜诉方因办理案件而支出的费用是否合理时,应具体考虑案件的裁决结果、复杂程度、胜诉方当事人及/或代理人的实际工作量以及案件的争议金额等因素。”《北仲规则 2019》第 52 条第 4 款则明确规定胜诉方的合理费用包括但不限于:“……律师费、保全费、差旅费、公证费等。仲裁庭在确定上述费用时,应考虑案件的裁决结果、复杂程度、当事人或代理人的实际工作量以及案件的争议金额等有关因素。”

3. 按比例承担原则

仲裁实践中,许多案件并没有完全的胜诉方或败诉方,而是双方当事人的诉求都有一定的合理性,也都有违约情形,都要承担一定的责任。在此类案件中,就不能简单采用败诉方承担仲裁费用原则,而是应按照双方各自责任所占的比例来进行分配。《仲裁委员会仲裁收费办法》第 9 条规定:“……当事人部分胜诉、部分败诉的,由仲裁庭根据当事人各方责任大小确定其各自应当承担的仲裁费用的比例。当事人自行和解或者经仲裁庭调解结案的,当事人可以协商确定各自承担的仲裁费用的比例。”

4. 程序拖延的费用

除“由败诉方承担”的通行原则外,《北仲规则 2019》第 52 条第 3 款引入了一条额外的承担费用的原则,旨在防止当事人故意拖延程序(故意拖延的当事人会承担多余的费用)。该条规定:“当事人有本规则第二十三条第(七)款规定的情形,[①]或者有其他违反本规则的情形导致案件审理程序拖延的,其仲裁费用承担不受前款规定的

① 《北仲规则 2019》第 23 条第 7 款规定:“当事人在获知仲裁庭组成情况后聘请的代理人与仲裁员形成应予回避情形的,视为该当事人放弃就此申请回避的权利,但其他当事人就此申请回避的权利不受影响。因此导致仲裁程序拖延的,造成回避情形的当事人承担由此发生的费用。”

限制。因程序拖延导致其他费用发生或者增加的,还应承担其他相应的费用。”

5. 申请人预付原则

类似于诉讼费用,仲裁费用采取的是先收费后服务的模式,以保障仲裁机构和仲裁员处理案件付出劳动能获得费用和报酬。虽然仲裁费用最终由败诉方承担或按比例承担,但是在仲裁裁决作出之前,并不能确定双方当事人的责任负担,而由申请人和被申请人共同负担的做法也不现实。因此,几乎所有仲裁机构都采取申请人预付仲裁费用的做法。《仲裁委员会仲裁收费办法》第 4 条第 1 款也明确规定:“申请人应当自收到仲裁委员会受理通知书之日起 15 日内,按照仲裁案件受理费表的规定预交案件受理费。被申请人在提出反请求的同时,应当按照仲裁案件受理费表的规定预交案件受理费。”仲裁庭在作出裁决时,会写明仲裁费用最后由谁负担。仲裁费用由被申请人全部或部分负担的,被申请人应当按照仲裁裁决在履行期限内向申请人给付相应款项。

第七节　中 间 裁 决

商事仲裁中通常将中间裁决与最终裁决、部分裁决并列作为仲裁裁决的三种类型。但由于中国仲裁法律和仲裁规则多未对中间裁决的内涵和外延作出界定,理论及实务界对于中间裁决可以涉及的事项及效力等颇有争论。

《仲裁法》未明确规定中间裁决制度。《仲裁法》第 55 条规定:“仲裁庭仲裁纠纷时,其中一部分事实已经清楚,可以就该部分先行裁决。”实践中一般扩大理解认为“先行裁决”包括部分裁决和中间裁决。

考察“中间裁决”的适用情形,可以看一下国际上知名仲裁机构的仲裁规则。《SIAC 规则 2016》第 1.3 条规定:“在本规则中:‘裁决’包括部分裁决、中间裁决或终局裁决以及紧急仲裁员作出的裁决……”第 30.1 条规定:“当事人申请禁令或者提出其他临时救济的,仲裁庭可以发出命令或者作出裁决,给予认为适当的救济。仲裁庭有权命令请求救济的一方当事人提供与申请救济有关的适合的担保。”《HKIAC 规则 2018》第 35.1 条也规定:“仲裁庭可就不同事项、在不同时间、就各方当事人作出单个或多个分别的临时裁决、中间裁决、部分裁决或最终裁决……”

由此可知,在国际仲裁实践中,中间裁决多适用于临时措施或紧急措施的情形。由于《仲裁法》没有对“中间裁决”作出明确的规定,落实到实务中难免不那么顺畅。目前仅有个别仲裁机构在摸索适用中间裁决制度,北仲即是其中之一。《北仲规则 2019》第 50 条第 2 款规定:“仲裁庭认为必要或者当事人申请经仲裁庭同意时,仲裁庭可以就案件争议的程序问题或者实体问题作出中间裁决。”第 62 条第 1 款继续规定:"根据当事人申请,仲裁庭可以依据有关法律决定采取其认为适当的临时措施,采取临时措施的决定可以以仲裁庭决定、中间裁决或者有关法律认可的其他方式作出……"

从北仲披露的数据来看,中间裁决的适用集中在有关仲裁协议效力、仲裁主体资格异议、实体上的先决事项、裁决范围事项等方面。举例而言,《仲裁法》第 20 条第 1 款规定了"当事人对仲裁协议的效力有异议的,可以请求仲裁委员会作出决定或者请求人民法院作出裁定。一方请求仲裁委员会作出决定,另一方请求人民法院作出裁定的,由人民法院裁定",在北仲的实践中,对仲裁协议效力作出认定的就可以中间裁决的形式作出。

中间裁决是否和终局裁决一样具有强制执行力和终局性在实践中看法不一。此外,当事人是否有权向法院申请撤销中间裁决,在实践中也引起诸多争议。[①] 这些不确定性给中间裁决制度的推广带来了不利的影响。

如果想要推广中间裁决制度,《仲裁法》有必要对"中间裁决"的概念作出厘清,同时相关的法律、司法解释或规范性文件也有必要明确"中间裁决"的效力,以及明确人民法院司法审查的范围是否包括中间裁决。

第八节 部分裁决

《仲裁法》也未明确规定部分裁决制度,仅在第 55 条规定,"仲裁庭仲裁纠纷时,其中一部分事实已经清楚,可以就该部分先行裁决。"实践中一般理解认为"先行裁决"包括部分裁决。《贸仲规则 2015》第 50 条第 1 款规定:"仲裁庭认为必要或当事人提出请求并经仲裁庭同意的,仲裁庭可以在作出最终裁决之前,就当事人的某些请求事项先行作出部分裁决。部分裁决是终局的,对双方当事人均有约束力。"《北仲规则 2019》第 50 条第 1 项规定:"仲裁庭认为必要或者当事人申请经仲裁庭同意时,仲裁庭可以在最终裁决作出前,就当事人的某些请求事项作出部分裁决。"

由此可知,部分裁决是针对当事人仲裁申请中提出的已经审理清楚的部分仲裁请求而作出的,部分裁决是终局性裁决,和最终裁决具有相同的效力。仲裁庭作出部分裁决后,一方不履行部分裁决中的义务,另一方有权向法院申请强制执行部分裁决。举例而言,在某些建设施工合同纠纷中,虽然案件标的大,也为单个建设工程施

---

① 有的当事人向法院提出撤销中间裁决,法院多认为中间裁决不在法院对仲裁裁决的司法审查范围内而不予受理,但也有法院进行受理并进行了审查。比如,在北京市第三中级人民法院(2014)三中民特字第 02009 号案中,法院在受理了申请人提出的撤销北京仲裁委员会(2013)京仲中裁字 0012 号中间裁决的申请后,经过审查认为不构成《仲裁法》第 58 条的情形,驳回了当事人的申请。

工合同所涵盖,但一个大的项目下有很多相互独立可以拆分结算的子项目。如果双方当事人同意配合进行工程结算,仲裁庭可以建议就逐步完成结算的子项目先作出部分裁决,而不必要等到整个工程都完成结算再作出一个终局裁决。

第九节　按照和解协议或经过调解达成协议制作的裁决书

《仲裁法》第49条规定:"当事人申请仲裁后,可以自行和解。达成和解协议的,可以请求仲裁庭根据和解协议作出裁决书。"第51条规定:"仲裁庭在作出裁决前,可以先行调解。当事人自愿调解的,仲裁庭应当调解。调解不成的,应当及时作出裁决。调解达成协议的,仲裁庭应当制作调解书或者根据协议的结果制作裁决书。"根据上述规定,在仲裁程序中,当事人自行和解达成和解协议,或者经过仲裁庭调解成功达成协议的,仲裁庭都可以制作裁决书。其中,经过调解达成协议的也可以选择制作仲裁调解书。本书第二十四章对仲裁调解书有详细介绍,此处不再赘述。

根据《仲裁法》第54条的规定,"裁决书应当写明仲裁请求、争议事实、裁决理由、裁决结果、仲裁费用的负担和裁决日期。"但就各方当事人达成和解协议的情况,该条规定"各方当事人可以在和解协议中约定仲裁裁决书中无需写明争议事实和裁决理由"。也就是说,只要当事人同意,按照和解协议制作的裁决书的内容较一般的裁决书可以更简略,无须写明争议事实和裁决理由。《北仲规则2019》第48条第2款和《贸仲规则2015》第49条第3款均规定,当事人协议不写明争议事实和裁决理由的,以及按照双方当事人和解协议的内容作出裁决书的,可以不写明争议事实和裁决理由。这样的安排可以有效化解矛盾,高效解决纠纷。

第十节　仲裁庭对裁决的解释

无论是中国《仲裁法》、最高院的司法解释,还是贸仲、北仲等仲裁机构的仲裁规则,都没有规定仲裁庭对仲裁裁决的解释权力或者义务。中国法律仅仅规定仲裁庭有权对仲裁裁决进行补正。这是中国《仲裁法》及仲裁实务有待进一步完善之处。

相比之下,其他国家或者地区就仲裁庭对裁决进行解释普遍作出明确的规定。比如:《国际商事仲裁示范法》第33条之(b)规定:"如果当事人各方有此协议,当事人一方可以在通知当事人另一方后请求仲裁庭对裁决书的具体一点或一部分作出解释。如果仲裁庭认为此种请求合理,它应在三十天内作出改正或加以解释。解释应构成裁决的一部分。”[①]根据前述规定，仲裁庭对裁决作出解释应满足以下条件：(1)当事人有协议，约定可以在裁决作出后要求仲裁庭就特定问题进行解释。(2)当事人一方需通知另一方，其将依据当事人之间的协议请求仲裁庭对特定文件进行解释。(3)当事人一方需向仲裁庭提出申请，请求对仲裁裁决的具体一点或一部分作出解释。(4)仲裁庭认为当事人一方关于解释仲裁裁决的具体一点或一部分的请求合理。

同样，《瑞士国际仲裁规则》第35条也对仲裁庭解释仲裁裁决作出明确规定。该条规定：“1.在收到裁决后的三十天内，当事人任何一方，可请求仲裁庭对裁决予以解释，并通知对方当事人。仲裁庭可以设定通常不超过三十日的期限以便对方当事人对此请求发表意见。2.解释需在收到请求后的四十五日内以书面形式作出。该解释构成裁决的组成部分并适用本规则第三十二条第二款至第六款的规定。”

第十一节　漏裁、文字及计算错误的处理

一、仲裁庭对裁决的更正

《仲裁法》第56条规定：“对裁决书中的文字、计算错误或者仲裁庭已经裁决但在裁决书中遗漏的事项，仲裁庭应当补正；当事人自收到裁决书之日起三十日内，可以请求仲裁庭补正。”这是《仲裁法》关于漏裁、文字及计算错误的处理规定。

《仲裁法》对漏裁、文字及计算错误的前述规定较为简单。贸仲和北仲的仲裁规则对《仲裁法》第56条作了更为细化的规定。

《贸仲规则2015》第53条规定：“（一）仲裁庭可以在发出裁决书后的合理时间内自行以书面形式对裁决书中的书写、打印、计算上的错误或其他类似性质的错误作出更正。（二）任何一方当事人均可以在收到裁决书后30日内就裁决书中的书写、打印、计算上的错误或其他类似性质的错误，书面申请仲裁庭作出更正；如确有错误，仲裁庭应在收到书面申请后30日内作出书面更正。（三）上述书面更正构成裁决书的组成部分，应适用本规则第四十九条第（四）至（九）款的规定。”第54条规定：“（一）如果裁决书中有遗漏事项，仲裁庭可以在发出裁决书后的合理时间内自行作出补充裁决。（二）任何一方当事人可以在收到裁决书后30日内以书面形式请求仲

---

① 该条款原文为：“(b) if so agreed by the parties, a party, with notice to the other party, may request the arbitral tribunal to give an interpretation of a specific point or part of the award. If the arbitral tribunal considers the request to be justified, it shall make the correction or give the interpretation within thirty days of receipt of the request. The interpretation shall form part of the award.”

裁庭就裁决书中遗漏的事项作出补充裁决;如确有漏裁事项,仲裁庭应在收到上述书面申请后30日内作出补充裁决。(三)该补充裁决构成裁决书的一部分,应适用本规则第四十九条第(四)至(九)款的规定。”贸仲的前述规定较《仲裁法》第56条更为细致,主要体现在仲裁庭作出更正和补充裁决的期限上。《仲裁法》并未规定仲裁庭应当在何时完成更正和补充裁决。对如此重要事项,交由法律层面规定要比留给仲裁规则更妥。

《北仲规则2019》第53条规定:“(一)对裁决书中的文字、计算错误或者仲裁庭意见部分对当事人申请仲裁的事项已经作出判断但在裁决主文遗漏的,仲裁庭应当补正。裁决书对当事人申请仲裁的事项有遗漏的,仲裁庭应当作出补充裁决。(二)当事人发现裁决书中有前款规定情形的,可以自收到裁决书之日起30日内,书面请求仲裁庭补正或者作出补充裁决。(三)仲裁庭作出的补正或者补充裁决,是原裁决书的组成部分。”

比较贸仲和北仲的以上规则,两者有细微区别:对于仲裁裁决有遗漏事项的,贸仲的仲裁规则规定仲裁庭应当作出补充裁决。对于裁决书对当事人申请仲裁的事项有遗漏的,北仲则规定原则上仲裁庭应作出补充裁决。但是,如果“仲裁庭意见部分对当事人申请仲裁的事项已经作出判断但在裁决主文遗漏的”,仲裁庭采用的是补正的方式,而非作出补充裁决的方式。

最高院(2005)民四他字第51号《关于是否裁定撤销承德仲裁委员会仲裁裁决的请示的复函》中明确,如果仲裁裁决书中有遗漏事项,仲裁庭无权撤销已经生效的原裁决。仲裁庭应当作出补充裁决,该补充裁决是原裁决书的组成部分。

较之其他仲裁机构,ICC在裁决书的更正方面有略不一样的规定。根据ICC于2019年1月1日发布的《在ICC规则下参与仲裁程序指引2019》第165段,“若仲裁庭根据仲裁规则第36条第(1)款自行决定更正裁决书,其应当向各方当事人及秘书处告知其更正意愿,并给予各方当事人一个提交书面意见的时限。”也就是说,在仲裁庭自行决定作出裁决更正的情况下,ICC要求给当事人发表意见的机会,体现了对当事人的尊重。ICC邀请当事人发表意见的做法值得国内的仲裁机构借鉴。

二、法院可要求仲裁庭对裁决进行更正

除了上述法律和仲裁规则的规定以外,根据《仲裁裁决执行规定》,在申请仲裁裁决的强制执行程序中,如果法院认为裁决书有漏项或者文字、计算错误的,可以告知仲裁庭更正。具体而言,《仲裁裁决执行规定》第4条规定:“对仲裁裁决主文或者仲裁调解书中的文字、计算错误以及仲裁庭已经认定但在裁决主文中遗漏的事项,可以补正或说明的,人民法院应当书面告知仲裁庭补正或说明,或者向仲裁机构调阅仲裁

案卷查明。仲裁庭不补正也不说明,且人民法院调阅仲裁案卷后执行内容仍然不明确具体无法执行的,可以裁定驳回执行申请。”

第十二节 公开仲裁裁决之国际新动向

保密性是仲裁程序的基本原则之一,保密性常常被认为是仲裁相对于诉讼最大的优势,这样的考虑也成为很多当事人选择仲裁而非诉讼的一个首要原因。同样地,仲裁裁决也具有保密性。

ICC 在 2019 年 1 月 1 日发布了《在 ICC 规则下参与仲裁程序指引 2019》。该《指引》第Ⅲ条 D 项“Publication of Awards”要求:除非当事人协议排除,从 2019 年 1 月 1 日起,所有的裁决书可以在不少于发出后的两年予以公布。当事人可以约定在一定期限内,任何一方对裁决书的公布提出异议,或要求对公布的裁决书处理或编辑后方可公布。在此情形下,该裁决书将不被公布或根据当事人的协议予以处理或编辑。当事人应当在收到裁决书和裁决书被公布之前,将收到仲裁院秘书局通知该项异议权及实施途径。如果当事人之间存在保密协议,仲裁院秘书局应当取得当事人的特别同意。在某些行业或敏感的案件中,仲裁院秘书局也可以对寻求该特别同意的事项另行作出决定,免除公布裁决书。

根据 ICC 的上述《指引》,仲裁裁决的保密性原则可能被颠覆。由于目前该做法尚没有广泛推广,实际效果还未可知。但 ICC 作为知名的国际仲裁机构,其经验和尝试很有可能会被其他国际仲裁机构效仿,仲裁裁决的公开有可能是未来的趋势之一。

我们目前尚未见到国内的仲裁机构有公开仲裁裁决之尝试。

第二十四章　仲裁调解

第一节　仲裁调解制度概述

一、仲裁与调解

现代民商事纠纷的解决机制呈现多元化特征。各国的民事诉讼程序虽然起到了根本性和基础性的保障功能，但越来越多的民商事纠纷当事人选择通过谈判、调解、仲裁等非诉讼纠纷解决机制（或称替代性纠纷解决机制）处理争议。一方面是由于在商业往来中，当事人通过非对抗性机制解决争议有助于缓和双方之间矛盾，维系长期商业关系和利益；另一方面是由于替代性纠纷解决机制具有灵活度大、程序高效等优势，更加符合现代商业社会的需求。

仲裁与调解本质上是两种不同的替代性纠纷解决机制。虽然仲裁与调解均引入第三方解决当事人之间的争议，但仲裁与调解在性质、实践操作和结果上均有差异。

在中国现行法律规定下，仲裁是指平等主体之间通过达成书面仲裁协议的方式，将经济合同纠纷和其他财产权益纠纷提交依法设立的仲裁委员会，由双方选定或者仲裁委员会指定独立、公正的仲裁员对该纠纷进行审理并作出终局的仲裁裁决的一种争议解决机制。仲裁裁决对双方具有法律约束力，一方当事人不履行仲裁裁决的，另一方当事人可以向人民法院申请强制执行。

调解是一种由中立第三方担任调解员并协助争议当事人寻求争议解决方案的程序，具有以下几方面特征：（1）以自愿调解为原则，即调解程序的启动与进行取决于双方当事人的一致同意，当事人享有是否使用调解程序的自由，可以在调解过程中的任何时候中止或终结调解程序；（2）调解的客体具有开放性，可不受调解申请书范围的限制，双方当事人在调解过程中可以对关联问题一并处理；（3）在调解成功的情况下，当事人之间将会形成一份具有合同效力的和解（调解）协议。需要注意的是，在中国现行法律规定和司法制度下，和解协议仅具有契约性，本身不具有强制执行力。但在符合相关仲裁委员会的仲裁规则或是民事诉讼的相关规定的情况下，和解协议可以转化为具有强制执行力的仲裁裁决书、仲裁调解书或其他相应法律文书。

中国于2019年8月签署了《新加坡调解公约》。根据该公约,经调解形成的国际和解协议在满足一定条件时具有强制执行力,和解协议一方当事人可依赖和解协议向中国人民法院寻求救济。《新加坡调解公约》尚未对中国发生效力,中国需要制定和调整相应立法,以适应该公约在中国的落地。①

二、"仲调结合"模式

"仲调结合"是指融合仲裁程序与调解程序的复合型纠纷解决模式。根据具体结合方式,"仲调结合"模式可以分为以下几种类型:②(1)仲裁前调解,是指当事人在仲裁条款或仲裁协议中将调解作为仲裁的前置性程序,当事人达成调解协议则无须启动仲裁程序;(2)调解后确认,是指尚未达成仲裁协议的当事人经调解达成和解协议后,请求仲裁委员会根据载有仲裁条款的和解协议制作仲裁调解书或仲裁裁决书;(3)调解后仲裁,是指尚未达成仲裁协议的当事人经调解未能达成和解协议,而后签订仲裁协议并将案件交付仲裁解决;(4)仲裁中调解,是指当事人根据仲裁协议提起仲裁程序,在仲裁过程中,双方选择由仲裁庭或仲裁委员会调解中心等调解;(5)仲裁后调解,一般发生在执行仲裁裁决过程中,双方当事人经由执行法院调解而达成执行和解协议。本节主要讨论调解后确认和仲裁中调解这两种类型。

(一)调解后确认

《仲裁法》第49条规定:"当事人申请仲裁后,可以自行和解。达成和解协议的,可以请求仲裁庭根据和解协议作出裁决书,也可以撤回仲裁申请。"第51条规定:"仲裁庭在作出裁决前,可以先行调解。当事人自愿调解的,仲裁庭应当调解。调解不成的,应当及时作出裁决。调解达成协议的,仲裁庭应当制作调解书或者根据协议的结果制作裁决书……"可见,中国现行法律没有明确规定双方当事人可以在和解或调解达成和解协议后,再提起仲裁并请求仲裁委员会根据和解协议制作仲裁调解书或裁决书,这与中国目前商业调解方面的立法缺失有关。

不过,中国一些仲裁委员会在仲裁规则中对此作出了规定。例如,《贸仲规则2015》第47条规定:"……(十)当事人在仲裁程序开始之前自行达成或经调解达成和解协议的,可以依据由仲裁委员会仲裁的仲裁协议及其和解协议,请求仲裁委员会组成仲裁庭,按照和解协议的内容作出仲裁裁决……"又如,《上仲规则2018》第48条第1款规

① 参见孙巍:《〈联合国关于调解所产生的国际和解协议公约〉立法背景及条文释义》,法律出版社2018年版。

② 参见江伟、肖建国:《仲裁法》(第3版),中国人民大学出版社2016年版,第215页。

定:“双方当事人在申请仲裁前,已通过协商或调解达成和解协议或调解协议的,可以依据当事人达成的由仲裁委员会仲裁的仲裁协议,向仲裁委员会申请立案,并请求仲裁委员会组成仲裁庭,由仲裁庭按照和解协议或调解协议的内容制作调解书或裁决书……”再如,《济仲规则2018》第44条规定:“当事人要求按和解协议的内容制作调解书或裁决书的,经仲裁庭审查,符合法律规定的,由仲裁庭根据协议内容制作调解书或裁决书……”但是,由于缺少法律的明确规定,前述安排在实践中可能存在一定风险。例如,北京高院在(2013)高执复字第104号案中认为:“本案‘调解协议’是双方在申请仲裁之前签订的,仲裁过程中没有调解过程,故济南仲裁委作出仲裁调解书没有法律依据,仲裁程序违反法律规定。”据此,北京高院裁定不予执行该仲裁调解书。

(二)仲裁中调解

仲裁中调解指当事人将争议事项提交仲裁后,在仲裁过程中选择调解。仲裁中调解一般可由仲裁委员会设立的调解中心或者其他调解机构进行,在中国也可由仲裁庭主持进行。例如,《北仲规则2019》将仲裁中调解区分为仲裁庭调解和独立调解,分别规定在第43条和第44条。第43条第1款规定:“仲裁庭可以根据当事人的请求或者在征得当事人同意的情况下按照其认为适当的方式进行调解。”第44条规定:“(一)案件审理过程中,当事人可以自行和解或者依据《北京仲裁委员会调解中心调解规则》的规定向本会调解中心申请由调解员进行调解。(二)调解达成和解协议的,当事人可以共同要求组成仲裁庭依据该和解协议的内容制作调解书或者裁决书。由此产生的相关费用,由当事人承担。”

SIAC和新加坡国际调解中心(SIMC)在2014年推出了“仲裁—调解—仲裁”的一种仲裁与调解相结合的机制。这种机制是考虑到已开始仲裁程序的当事人可能在仲裁程序过程中有意愿进行调解而产生的。根据“仲裁—调解—仲裁”机制,当事人在将争议提交SIAC仲裁后,可以搁置仲裁程序,并在SIMC进行调解。如果调解成功,原SIAC仲裁庭会根据经调解的和解协议作出合意裁决并终结仲裁程序;如果调解未成功,原SIAC仲裁程序将继续进行。[①] 需要注意的是,“仲裁—调解—仲裁”机制是基于SIAC及SIMC这两个完全独立的机构共同运行的,所需的仲裁员及专业调解人员将分别由两机构根据各自的相关规则独立指定。除非双方当事人另行约定,仲裁员及专业调解人员应是不同的。[②]

---

① 具体规则参见《SIAC - SIMC AMA Protocol》。

② 参见胡宪、黄一文:《仲裁与调解相结合制度中第三方资助的应用:一种定制化系统性争议解决方案》,第七届“中伦杯”全国国际商事仲裁征文大赛论文。

在中国目前的仲裁实践中,仲裁中调解主要表现为由仲裁庭调解的模式,这一模式来源于《仲裁法》第51条的规定:“仲裁庭在作出裁决前,可以先行调解。当事人自愿调解的,仲裁庭应当调解。调解不成的,应当及时作出裁决。调解达成协议的,仲裁庭应当制作调解书或者根据协议的结果制作裁决书……”在仲裁庭调解模式下,仲裁员通常同时担任调解员的角色。

中国仲裁庭调解模式在国际仲裁实践中被称为“东方经验”。随着中国仲裁国际化程度的加深,中国对仲裁庭调解的规定和实践操作也引起了各国对仲调结合模式的热议,主要有支持和反对两种观点。

支持者认为,第一,仲裁和调解这两种争议解决方式存在相同之处,仲裁庭调解具有可能性。具体而言:(1)仲裁和调解都需要依赖双方当事人的自愿才可以启动,当事人意思自治原则是仲裁和调解的共同基础;(2)仲裁和调解都属于争议的非公力救济方式。仲裁员和调解员都属于非权力主体,不依靠任何公权力处理争议;(3)仲裁和调解都由中立第三者居中处理争议;(4)仲裁和调解都遵循一定的程序规范,以保障当事人的程序利益和实体利益。第二,出于商业交易的需要,仲裁庭调解可以减少花费,并可加快争议的最终解决。由于仲裁员同时担任调解员,如调解失败,其可以迅速转换为仲裁员的角色,对案件进行审理并作出裁决。[①] 第三,在仲裁庭调解模式下,双方当事人达成合意的可能性更高。当调解失败后,调解员可以仲裁员的身份作出有约束力的仲裁裁决,这实际上是让仲裁员综合运用“中介”“判断”“强制”三种行动策略,[②]以促进双方当事人积极地形成合意,故也有学者将其称为“挥着大棒的调解”。[③]

反对者则认为,仲裁与调解是具有本质区别的两种程序,其解决争议的运行机制不应混淆,仲裁庭调解会暴露出一定弊端。第一,仲裁庭调解模式是对自然公正原则或正当程序原则的侵害。[④] 仲裁员在担任调解员时需要同当事人进行单方交流,在这一过程中对方当事人没有机会进行评论,如果将单方交流时掌握的信息直接或间接地用于以后的仲裁,可能在程序上构成不能容忍的重大违规。英国有学者指出:“使律师们最疑虑的是仲裁员私下与各方当事人交替密谈。我们公正概念的根本所在,是有权知道和能够回答对方的问题。仲裁中调解怎么能保障公正呢?调解加仲裁的

---

① 参见胡军辉、赵毅宇:《论仲调结合在“一带一路”商事纠纷解决中的运用》,载《南华大学学报》(社会科学版)2018年第4期。

② 参见[日]棚濑孝雄:《纠纷的解决与审判制度》,王亚新译,中国政法大学出版社2004年版,第84～99页。

③ 参见[英]西蒙·罗伯茨、[英]彭文浩:《纠纷解决过程:ADR与形成决定的主要形式》,刘哲玮、李佳佳、于春露译,北京大学出版社2011年版,第390页。

④ 参见康明:《商事仲裁中调解的机理》,2020年1月,载方达律师事务所微信公众号。

程序可能会使当事人在心目中对调解员（仲裁员）产生疑问，怀疑调解员（仲裁员）会有真实的或感觉上的偏向，特别是在调解的过程中调解员（仲裁员）特别肯定一种意见或者提出一个建议性的意见时，就很有可能引起当事人的上述疑问。”①第二，仲裁庭调解模式可能导致程序失控。调解程序的非正式性和灵活性使当事人很难控制仲裁程序的进行，而仲裁员以调解员身份获取的信息对调解失败后制作裁决时的影响也无法依靠后续的仲裁程序完全消除。②

考虑到中国的法律传统和实践，应当肯定仲裁庭调解模式的合理性和现实意义。第一，仲裁庭调解模式符合中国纠纷解决的社会背景和文化传统。受儒家观念的影响，中国具有“礼之用，和为贵”的文化传统。调解因契合了中华民族“以和为贵”的传统道德和处事方式，为传统儒家思想“息诉止讼”的社会治理观念所推崇和承袭。在民事诉讼领域，《民事诉讼法》将调解作为法院行使审判权的方式之一，并且设置了先行调解的原则。法官引导当事人平等自愿自主解决纠纷，解决方案体现当事人双方的共同意志，在调解的过程中逐渐化解当事人恩怨，最终实现案结事了。因此，有法官认为调解是诉讼效益最大和社会效果最佳的解决方式，也是解决执行难和息诉难的有效途径。③ 在仲裁过程中，仲裁庭邀请或者引导当事人通过调解解决争议并不超越仲裁员的职责范围，商事纠纷的双方当事人对仲裁员进行调解这一实践通常也是可以接受的。第二，考虑到中国目前社会经济生活发展迅速、随之而来的经济纠纷数量越来越多，仲裁庭调解模式可以有效提高争议解决的效率、使双方当事人以更低的成本取得双赢的纠纷解决效果。从实践结果看，近几年中国仲裁委员会每年以调解（包括和解）结案的比例可以达到30%甚至更高，④且少有当事人提出异议和不满。这也反映出中国仲裁庭调解模式确实具有现实意义和价值。

不过，反对者对仲裁庭调解模式的担忧也确有道理。仲裁庭调解如何确保程序和实体的公正，需要从制度设立和调解实践两方面共同规制。从制度设立角度看，可

---

① 大卫·埃利奥特：《调解/仲裁：充满危险不是充满机会？》，载英国皇家御准仲裁学会，1996年8月第62卷第3号期刊。转引自唐厚志：《正在扩展着的文化：仲裁与调解相结合或与解决争议替代办法（ADR）相结合》，载《中国对外贸易》2002年第2期。

② 参见王生长：《仲裁与调解相结合制度研究》，对外经济贸易大学2001年博士学位论文。

③ 沈德咏：《实践证明“调解优先、调判结合”原则可行有效》，载中国法院网：https://www.chinacourt.org/article/detail/2011/03/id/443491.shtml，最后访问日期：2020年2月11日。

④ 参见贸仲：“2017年，以调解和解方式结案的案件数为69,450件，占受案总数的29%，较2016年的121,527件58%的调解率，案件数减少了52,077件，调解下降了29个百分点”，载《中国国际商事仲裁年度报告（2017）》，第13页；“2016年，以调解和解方式结案的案件数为121,527件，占受案总数的58%……”，载《中国国际商事仲裁年度报告（2016）》，第13页。另参见北仲：“2018年以调解形式结案631件，占总结案数的15.30%，比上一年度同期增加104件，增长率19.73%”，载《北京仲裁委员会2018年度工作报告》；“2019年以调解形式结案的比例为18.27%……”，载《北京仲裁委员会2019年度工作报告》。

以设置仲裁庭调解模式的具体操作规则,制定适用于仲裁庭调解模式的监督机制并健全相应救济机制。[①] 从调解实践角度看,仲裁庭应充分运用调解技巧,保证仲裁庭的独立性和调解的公正性。

首先,仲裁庭应当明确告知双方当事人,调解程序的目的是促使双方当事人达成和解方案,当事人应重点讨论和解金额、和解条件等,而不能将调解程序作为第二次发表请求或答辩意见的机会。

其次,仲裁庭全员应参加调解程序,确保仲裁员之间能够相互提醒,共同引导调解程序。

再次,仲裁庭应注意整体把握调解进程,积极引导、灵活应对。既要稳妥推进和解进程,也要防止当事人不当利用调解程序二次发表意见。

最后,仲裁庭在调解时应注意以下原则:(1)自愿原则。调解不是仲裁中的必经程序,仲裁过程中是否采取调解方式解决纠纷,应当由当事人自己决定,仲裁庭不得强迫或变相强迫当事人进行调解。在调解过程中当事人不仅可以随时同意由仲裁庭对案件进行调解,而且可以随时终止调解程序。对于调解基础不复存在的案件,仲裁庭不应继续调解,而应及时恢复仲裁程序,避免出现无限期调解的情况。调解协议的内容必须通过双方当事人协商并自愿达成。仲裁庭可以提供参考意见,帮助和引导当事人达成协议,但不得强迫或变相强迫当事人接受其意见。(2)独立原则。虽然仲裁中调解具有较高灵活性,仲裁员与调解员的身份角色重合,但无论是仲裁员还是调解员均需要保持独立、公正的态度,不得偏袒甚至代表某一方当事人的观点和利益。(3)合法原则。为了达到理想的妥协,双方当事人需要互谅互让,但谅解应以公平合理合法为原则,不得违反国家有关法律法规,不得损害国家,集体或他人的合法权益。[②]

第二节　仲裁庭调解模式在中国和其他国家的规定与实践

一、仲裁庭调解模式的规定

(一)中国法律及仲裁规则规定

《仲裁法》第51条规定:“仲裁庭在作出裁决前,可以先行调解。当事人自愿调解

---

① 参见胡军辉、赵毅宇:《论仲调结合在“一带一路”商事纠纷解决中的运用》,载《南华大学学报》(社会科学版)2018年第4期。

② 参见虞文君:《刍议仲裁调解制度》,载中国法院网:https://www.chinacourt.org/article/detail/2012/06/id/529964.shtml,最后访问日期:2020年2月11日。

的,仲裁庭应当调解。调解不成的,应当及时作出裁决。调解达成协议的,仲裁庭应当制作调解书或者根据协议的结果制作裁决书。调解书与裁决书具有同等法律效力。”该条为我国仲裁庭调解模式提供了法律支撑。

中国主要仲裁委员会均在各自仲裁规则中规定了仲裁庭调解。例如,《贸仲规则2015》第47条对仲裁中调解作了专门规定,该条载明:“(一)双方当事人有调解愿望的,或一方当事人有调解愿望并经仲裁庭征得另一方当事人同意的,仲裁庭可以在仲裁程序中对案件进行调解。双方当事人也可以自行和解。(二)仲裁庭在征得双方当事人同意后可以按照其认为适当的方式进行调解。(三)调解过程中,任何一方当事人提出终止调解或仲裁庭认为已无调解成功的可能时,仲裁庭应终止调解。(四)双方当事人经仲裁庭调解达成和解或自行和解的,应签订和解协议。(五)当事人经调解达成或自行达成和解协议的,可以撤回仲裁请求或反请求,也可以请求仲裁庭根据当事人和解协议的内容作出裁决书或制作调解书。(六)当事人请求制作调解书的,调解书应当写明仲裁请求和当事人书面和解协议的内容,由仲裁员署名,并加盖‘中国国际经济贸易仲裁委员会’印章,送达双方当事人。(七)调解不成功的,仲裁庭应当继续进行仲裁程序并作出裁决。(八)当事人有调解愿望但不愿在仲裁庭主持下进行调解的,经双方当事人同意,仲裁委员会可以协助当事人以适当的方式和程序进行调解。(九)如果调解不成功,任何一方当事人均不得在其后的仲裁程序、司法程序和其他任何程序中援引对方当事人或仲裁庭在调解过程中曾发表的意见、提出的观点、作出的陈述、表示认同或否定的建议或主张作为其请求、答辩或反请求的依据……”

《北仲规则2019》第43条规定:“(一)仲裁庭可以根据当事人的请求或者在征得当事人同意的情况下按照其认为适当的方式进行调解。(二)调解达成协议的,当事人可以撤回仲裁申请,也可以请求仲裁庭根据调解协议的内容制作调解书或者裁决书。(三)调解书应当写明仲裁请求和当事人协议的结果。调解书由仲裁员签名,加盖本会印章,送达各方当事人。调解书经各方当事人签收即发生法律效力。(四)对于调解书中的文字、计算错误或者类似错误,仲裁庭应当补正。当事人也有权在签收调解书后30日内要求补正。调解书的补正为调解书的组成部分,经送达当事人后生效。(五)调解不成的,任何一方当事人均不得在之后的仲裁程序、司法程序和其他任何程序中援引对方当事人或仲裁庭在调解过程中的任何陈述、意见、观点或建议作为其请求、答辩或者反请求的依据。”

《深国仲规则2019》第48条规定:“(一)如果各方当事人有调解意愿,仲裁庭可以在仲裁程序中主持调解。当事人同意由仲裁庭调解的,主持调解的仲裁员在其后的仲裁程序中可以继续履行仲裁员职责,除非当事人另有约定或者适用法律另有规定。(二)仲裁庭可以按照其认为适当的方式进行调解。经征得当事人同意,调解可以由仲裁庭全部或部分成员主持。(三)一方当事人申请案外人参加调解,所有当事人以及该案外人书面同意的,仲裁庭可以通知案外人参加调解。(四)在调解过程中,任何一方当事人提出终止调解或仲裁庭认为已无调解成功的可能时,应停止调解。(五)当事人经调解达成和解的,可以撤回仲裁请求或反请求,也可以请求仲裁庭依照和解协议的内容作出裁决书或调解书。(六)如果调解不成功,任何一方当事人均不得在其后的仲裁程序、司法程序或其他任何程序中援引当事人、仲裁员在调解过程中的任何陈述、意见、观点、建议或主张作为支持其请求、答辩或反请求的依据。"

《广仲规则》第64条规定:"(一)根据当事人的请求或者征得当事人同意,仲裁庭可以适当的方式进行调解,当事人也可以自行和解。(二)任何一方当事人在调解过程中提出终止调解,仲裁庭应当终止调解,继续进行仲裁程序。(三)调解达成协议的,当事人可以撤回仲裁申请或者反请求,也可以请求仲裁庭根据调解协议的内容制作调解书或者裁决书。调解书与裁决书具有同等法律效力。(四)调解书应当载明仲裁请求和当事人协议的结果。调解书由仲裁员签名,加盖公章,送达各方当事人。经各方当事人签收即发生法律效力。(五)调解书存在文字、符号、图表、计算、打印错误或者类似错误的,参照本规则第七十五条第(一)、(三)、(四)款规定办理。(六)调解不成的,任何一方当事人不得在其后的仲裁程序以及其他程序中援引对方当事人或者仲裁庭在调解过程中的陈述、意见、观点或者建议作为其申请、答辩或者反请求的依据。"

各仲裁规则虽然对仲裁庭调解规定的详略程度不同,但基本原则和程序要求是一致的。

(二)外国对仲裁庭调解模式的借鉴与引入

随着中国仲裁国际化的深入,仲裁庭调解模式也为越来越多的外国立法及国际仲裁机构所借鉴与引入。

例如,澳大利亚2010年在修订《商事仲裁法》时,增加了关于仲裁员担任调解员的规定。《商事仲裁法》第27D条规定:"An arbitrator may act as a mediator in proceedings relating to a dispute between the parties to an arbitration agreement if (a) the arbitration agreement provides for the arbitrator to act as mediator in mediation proceedings (whether before or after proceeding to arbitration, and whether or not continuing with the arbitration); or (b) each party has consented in writing to the arbitrator so acting."(仲裁员可与仲裁协议双方之间的争议有关的程序中担任调解员,前提是:(a)仲裁协议规定仲裁员在调解程序中(无论在开始仲裁之前或之后,也无论仲裁程序是否继续)可以担任调解员;或(b)各方均已书面同意仲裁员如此行事。)"An arbitrator acting as a mediator (a) may communicate with the parties collectively or separately; and (b) must treat information obtained by the arbitrator from a party with whom he or she communicates separately as confidential, unless that party otherwise agrees or unless the provisions of the arbitration agreement relating to mediation proceedings otherwise provide."(担任调解员的仲裁员(a)可以与当事人进行共同或单独交流;(b)仲裁员必须将其与当事人单方沟通取得的信息视作保密信息,除非该当事人同意或仲裁协议中有关调解程序中有另行规定。)澳大利亚学者评价道①:"在2010年新法案中,仲裁中的调解有以下特点:第一,当事人双方必须书面表示同意仲裁员参与调解;第二,作为调解员,仲裁庭可以和各方单独交流,除非各方另外有约定,调解员必须对在这个过程中获得的任何信息保密;第三,调解可以在各方同意的前提下终止,当事人一方自愿可以退出,也可以基于调解员决定而终止;第四,仲裁员调解之后,如果继续作为仲裁员进行后续程序,各方事先或者调解结束后必须提交书面同意意见,以确保对于仲裁员后续的行动不能有任何抗议;第五,如果各方没有表示同意,则需要指定新的仲裁员来接替后续工作;第六,在调解停止以后继续进行仲裁之前,仲裁员必须向所有各方披露在调解中获取所有的保密信息。"

又如,新加坡2012年《国际仲裁法》第17条规定了仲裁员担任调解员的情形,即"If all parties to any arbitral proceedings consent in writing and for so long as no party has withdrawn his consent in writing, an arbitrator or umpire may act as a conciliator."(如果仲裁程序的各方均同意且没有任何一方撤回此同意,仲裁员可以担任调解员。)该条同时规定,担任调解员的仲裁员可以与双方当事人单独或共同进行交流。在与当事人单方交流时,除该方同意外,仲裁员应就交流过程中取得的任何信息保密。同时,该条规定任何一方当事人不得仅以仲裁员曾担任调解员为由对仲裁程序提出异议。

再如,《JCAA规则2019》第58条对仲裁中调解作出了规定,第59条对仲裁员担任调解员作出了特殊规定:"The Parties may agree in writing to appoint an arbitrator assigned to the same dispute as a mediator, and refer the dispute to mediation proceedings under the Commercial Mediation Rules of the JCAA. If the Parties do so, the Parties shall not challenge the arbitrator based on the fact that the arbitrator is serving or has served as a mediator."(各方可以书面形式指定本案仲裁员担任调解员,并将争议根

---

① 杨睿:《解读仲裁调解相结合新模式 探索争议解决多元化新发展——"仲裁中的调解之国际发展现状"研讨会暨调解员小组沙龙成功举办》,载 http://www.bjac.org.cn/news/view?id=2969,最后访问日期:2020年2月12日。

据JCAA商事调解规则提交调解程序。如果各方如此行事,各方不应以仲裁员正在或曾经担任调解员为由对仲裁员提出异议。)该条同时规定,双方当事人如希望将争议提交仲裁员调解的,必须提交共同书面申请,仲裁员应当中止仲裁程序。此外,仲裁员应披露每一次和当事人单独沟通或会面的情况,但不需要披露具体交谈内容。如双方经调解达成和解协议的,可以请求仲裁员制作仲裁裁决书。如果双方调解失败的,仲裁员应当及时恢复仲裁程序。

二、仲裁庭调解模式的实践

多数仲裁规则对仲裁庭调解方式赋予较大自由裁量权,规定仲裁庭可以适当的方式进行调解。从实践角度出发,仲裁庭调解一般有以下三种方式:第一,面对面调解,即仲裁庭与双方当事人共同讨论和解方案,这种方式使用较少。第二,背对背调解,即仲裁庭先单独听取一方当事人意见,了解该方当事人的观点、依据、意向和解方案和金额等,然后再单独听取另一方当事人意见,了解和解方案和金额等。之后,仲裁庭结合对案件的判断,引导双方当事人形成一个折中方案。中国仲裁庭最常使用背对背调解这种方式。第三,倡议调解,即仲裁庭只提出调解倡议,之后给予当事人一定的时间自行和解,仲裁庭并不实际参与协商过程,只等和谈结果。在这种方式下,仲裁庭需要注意不得强迫或变相强迫当事人调解,避免给当事人留下负面印象。如双方确实没有和解的基础,仲裁庭应当尽快恢复仲裁程序,审理案件并作出裁决。

需要注意的是,仲裁庭在调解过程中一般不做记录,仲裁秘书不会将当事人在调解过程中的陈述记录在笔录当中。这主要有两方面的考虑:[①]第一,当事人在调解过程中的陈述,如调解失败的,不得作为后续仲裁程序的依据。因此,调解过程不应做记录。第二,从高效、便捷、节约成本的角度考虑,也没有必要在调解过程中对商谈内容进行记录或录音。

如双方当事人调解成功并达成和解协议的,当事人一般有几种选择。第一,申请人撤回仲裁申请(包括撤回反请求)。如果当事人在达成和解协议后已经自动履行,或者能够在较短时间内自动履行和解协议,申请人可以向仲裁委员会提交撤案申请,由仲裁委员会作出撤案决定。第二,根据《仲裁法》第51条的规定,双方当事人申请仲裁庭根据和解协议制作仲裁调解书或者仲裁裁决书。

《仲裁法》第52条第1款规定:"调解书应当写明仲裁请求和当事人协议的结果。调解书由仲裁员签名,加盖仲裁委员会印章,送达双方当事人。"第54条规定:"裁决书应当写明仲裁请求、争议事实、裁决理由、仲裁费用的负担和裁决日期。当事人协

① 康明:《商事仲裁中调解的机理》,载方达律师事务所2020年1月微信公众号。

议不愿写明争议事实和仲裁理由的,可以不写……”可见,仲裁调解书与裁决书需要记载的内容是不同的。①

实践中,仲裁调解书一般由三部分构成:(1)仲裁的程序内容。这部分一般包括对下列内容的描述:仲裁依据、适用的仲裁规则、仲裁的启动、各类仲裁文书的送达概述和送达情况、开庭情况等。(2)简述申请人的仲裁请求以及争议事项。仲裁调解书对争议事项的描述的简要性是仲裁调解书区别于裁决书的一大特点。这种特点一是由调解的效率性要求决定的,二是因为仲裁调解书应当以反映当事人观点的一致为重,对争议事项的淡化处理具有安抚当事人心理的作用。(3)当事人协议的结果。这部分是整个仲裁调解书最重要的内容。

实践中,有时当事人通过调解达成和解协议的内容可能超出了当事人仲裁请求事项甚至仲裁协议范围。这样的和解协议能否被制作成仲裁调解书或裁决书?部分仲裁员担心如果该问题处理得不够慎重,可能涉嫌超裁。中国现行法律对此没有规定,仲裁委员会的仲裁规则也没有表示出明朗的态度。诉讼调解方面的法律规定对这个问题具有参考价值。最高院《关于人民法院民事调解工作若干问题的规定》第9条规定:“调解协议内容超过诉讼请求的,人民法院可以准许。”此外,既然双方当事人达成和解协议并同意仲裁庭根据和解协议制作调解书,可以认为双方当事人将超出仲裁请求甚至仲裁协议范围的内容一并交予仲裁庭处理,是其真实意思表示。因此,对于当事人超出仲裁请求甚至仲裁协议范围达成的调解协议,只要是当事人对自己合法权益的处分,不违反法律、行政法规的强制性规定,不损害国家、社会或第三人的合法权益,仲裁庭应予以承认,并相应制作调解书或裁决书。

第三节　撤销或不予执行仲裁调解书

根据《仲裁法》的规定,仲裁调解书经双方当事人签收后,即发生法律效力。仲裁调解书与仲裁裁决书具有同等法律效力。

实践中,多数当事人在达成和解协议并申请仲裁委员会制作仲裁调解书后能够主动履行,但有时当事人可能反悔或拒不履行调解书。此时,则会出现申请法院执行仲裁调解书,以及申请撤销或不予执行仲裁调解书的情况。当事人申请执行仲裁调解书的规则与申请执行仲裁裁决是相同的,本节主要论述申请撤销和不予执行仲裁调解书的问题。②

---

① 有关仲裁裁决书的内容请阅本书“仲裁裁决”一章。

② 仲裁裁决的执行与司法审查,请见本书“仲裁裁决的执行”和“仲裁的司法审查”章节。

一、不予执行仲裁调解书

关于当事人能否向法院提出不予执行仲裁调解书,理论界存在两种观点:一种观点认为,仲裁调解书与裁决书具有同等法律效力。调解书生效后,当事人不能就同一纠纷再次申请仲裁,也不能向法院起诉。与裁决书相同,法院赋予当事人申请执行仲裁调解书的权利,同时应当赋予当事人申请撤销或不予执行仲裁调解书的权利。[①] 另一种观点认为,仲裁调解书对双方当事人具有法律拘束力,当事人应当履行,当事人事后在执行程序中提出不予执行抗辩的,法院不应支持。

《仲裁法司法解释》采取了后一种观点,其第 28 条规定:“当事人请求不予执行仲裁调解书或者根据当事人之间的和解协议作出的仲裁裁决书的,人民法院不予支持。”

最高院对申请不予执行仲裁调解书作出的限定性规定,主要出于以下考量[②]:第一,尊重当事人意思自治。法院认为,既然仲裁调解协议的达成是当事人意思合意的结果,当事人自应积极履行该协议。当事人事后再提出不予执行的抗辩,有悖诚信原则,故应不予支持。另外,为了充分保障当事人意思表示真实及自主权,《仲裁法》第 52 条规定当事人在仲裁调解书签收前可以反悔,这一规定足以充分保障当事人的意思自治。限制当事人提出不予执行抗辩的规定也正是在上述程序保障的基础上设立的。第二,在立足国情的基础上,顺应弱化法院对民商事仲裁司法监督的国际趋势,探索建立符合中国国情的仲裁司法监督模式。最高院在该条的设置上,综合考量调解的特殊法律性质,在不予执行审查方面,最后适当放宽对仲裁调解书司法监督的尺度。

二、撤销仲裁调解书

《仲裁法》和《民事诉讼法》规定了当事人可以向人民法院申请撤销仲裁裁决,但未提及仲裁调解书。中国现行其他法律法规及司法解释等也未明确规定当事人是否可以申请撤销仲裁调解书,在理论界和司法实践中出现了两种观点。

第一种观点对《仲裁法》的规定作了扩大解释,并依据撤销仲裁裁决书的标准对撤销仲裁调解书进行审查。例如,广东省高级人民法院(2018)粤民终 1868 号民事裁定书认为:“结合《中华人民共和国仲裁法》第五十一条关于仲裁调解书与仲裁裁决

① 参见马永双、宋晓丽:《论仲裁协议效力》,载《河北法学》2005 年第 9 期。

② 参见沈德咏、万鄂湘主编,最高人民法院研究室、民事审判第四庭编著:《最高人民法院仲裁法司法解释的理解与适用》,人民法院出版社 2015 年版,第 232 ~ 233 页。

书具有同等法律效力的规定，仲裁调解书亦可纳入司法审查的范围。一审裁定关于当事人不得申请撤销仲裁调解书的认定于上述法律的理解与适用方面存在错误，本院予以纠正。”又如，江西省高级人民法院（2019）赣民特2号裁定书认为：“调解书与裁决书具有同等法律效力。可见，仲裁调解与仲裁裁决均属于仲裁处理争议的方式，当事人对仲裁调解书的合法性提出异议，人民法院对此类案件应予受理，并参照申请撤销仲裁裁决的相关规定进行程序审查。故一审裁定认为本案不属于人民法院受理案件的范围，继而不予审理，该认定不妥，予以纠正。”

第二种观点则认为，法院应严格适用《仲裁法》和《民事诉讼法》关于撤销仲裁裁决的规定。由于相关条款未明确赋予当事人申请撤销仲裁调解书的权利，当事人的申请没有法律依据。有学者认为，仲裁裁决书反映的是作为独立第三方的仲裁庭的意志，而仲裁调解书则是当事人就争议事项达成的协议。立法机关建立仲裁裁决书的撤销制度，是为了救济受到不公正、不合法的仲裁裁决侵害的当事人。但在通过仲裁调解解决纠纷从而制作仲裁调解书的情况中，仲裁庭只是忠实地记载当事人就争议问题达成的协议。仲裁庭的准司法权对于当事人的协议内容并没有产生实质的影响，也一般不会侵害当事人的利益。[①] 此外，《仲裁法司法解释》明确规定法院不予支持当事人申请不予执行仲裁调解书，就是在有意地限制对仲裁调解书的司法审查。撤销仲裁调解书和不予执行仲裁调解书的逻辑以及情形是基本相同的，既然人民法院不审查不予执行仲裁调解书，那么自然也不应审查撤销仲裁调解书。

在《最高人民法院研究室关于人民法院应否受理当事人提起的申请撤销仲裁调解书之诉问题的研究意见》[②]中，最高院认为法院不应受理当事人提起的申请撤销仲裁调解书之诉。主要原因在于：“（1）人民法院受理当事人申请撤销仲裁调解书并无法律依据。人民法院应否受理某类案件的问题，涉及人民法院司法权力的行使，应当有明确的法律依据。虽然《仲裁法》第五十一条第二款规定了仲裁调解书与裁决书具有同等的法律效力，但是根据《仲裁法》第五十八条第一款规定，人民法院裁定撤销的只能是仲裁裁决书，法院无权裁定撤销仲裁调解书或裁定不予执行仲裁调解书。‘法无禁止即自由’是西方传统法律中的经典谚语，但它只是对公民的私权而言，只要法律没有禁止的，公民都可为之。对公权而言，则是另一个准则：‘法无授权即禁止’，凡是未经法律授权的均不得为。人民法院作为行使国家司法权的主体，其审判权力必

---

① 参见廖永安、张庆霖：《论仲裁调解书撤销制度的确立》，载《烟台大学学报》（哲学社会科学版）2011年第2期。

② 陈龙业：《最高人民法院研究室关于人民法院应否受理当事人提起的申请撤销仲裁调解书之诉问题的研究意见》，载张军主编：《司法研究与指导》（2012年第2辑）（总第2辑），人民法院出版社2012年版，第90～94页。

须依据法律进行。有关诉讼程序方面的规定,应属强制性规定的范畴,不可轻易扩张解释。法律未授权人民法院行使撤销仲裁调解书的权利,人民法院就不得超越法律规定行使。(2)从减少对当事人意思自治的职权干预、坚持仲裁司法监督有限原则而言,人民法院也不应受理当事人提起的申请撤销仲裁调解书之诉。仲裁司法监督有限原则是合理处理司法权与仲裁权的一项重要原则。将司法对仲裁的监督限制在一定范围内,避免审判权对于仲裁的干预过大,体现了对当事人意思自治的保护,有利于仲裁事业的发展。"

部分省市法院的实践与最高院前述研究意见一致。例如,浙江高院(2012)浙民再字第49号民事裁定书认为:"我国《仲裁法》仅对当事人可以向法院申请撤销仲裁裁决的具体情形做了规定,没有规定仲裁调解书的撤销问题。当事人向法院申请撤销仲裁调解书缺乏法律依据,不属于人民法院立案受理的范围,应裁定不予受理,已经受理的,应裁定驳回申请。"又如,北京四中院(2018)京04民特541号民事裁定书认为:"《中华人民共和国仲裁法》并未明确规定当事人可以向人民法院申请撤销仲裁调解书。本案中,新旅居公司和李连冬请求本院撤销的是北京仲裁委员会作出的第0216号调解书,该调解书是根据仲裁当事人达成的和解协议制作的,并不是北京仲裁委员会作出的裁决书。新旅居公司和李连冬要求本院撤销该调解书,尚缺乏明确的法律依据。"与前述裁定书类似的观点另可见(2017)辽02民特132号民事裁定书、(2016)粤18民特41号民事裁定书。

由于最高院的研究意见并不能作为正式法律渊源,最高院对于法院是否应一概拒绝受理当事人申请撤销仲裁调解书的案件,应作出进一步明确,以统一司法观点和实践操作。值得注意的是,在2018年1月起实施的《仲裁司法审查规定》中,仲裁司法审查案件类型包括申请撤销仲裁裁决书案件,而未明确包括申请撤销仲裁调解书案件。此外,当仲裁调解书确实存在错误(如违反法律法规的强制性规定、损害第三人利益、代理人未经授权签署调解书等)时,如何赋予当事人或第三人救济的权利和途径,也需要立法和司法的进一步规制。

第二十五章　仲裁的司法审查

仲裁的司法审查即法院对仲裁协议和仲裁裁决行使司法监督权。有观点认为，仲裁的自身特点决定了其健康有序发展必须依赖于司法的监督与支持。[①] 例如，仲裁以不公开审理为原则，以公开审理为例外。这一制度特点有利于保护当事人的商业秘密、维护当事人商业信誉，但也容易引发对仲裁公正性的质疑。[②] 也有观点认为，商事仲裁之所以能够存在并发挥法律效力，本质是法院让渡司法权的结果，因此，法院对仲裁协议和仲裁裁决进行司法监督具有合理性。[③]

2017 年年底，最高院颁布《仲裁司法审查规定》。该司法解释第 1 条明确了中国内地（大陆）法院仲裁司法审查案件的具体类型，包括申请确认仲裁协议效力案件，申请执行和撤销中国内地（大陆）仲裁机构的仲裁裁决案件，申请认可和执行香港、澳门和台湾地区仲裁裁决案件，申请承认和执行外国仲裁裁决案件等。本章将从仲裁司法审查的法律依据、管辖、报核制度、审限规定、后果等方面，结合典型案例，对中国内地（大陆）的仲裁司法审查制度进行介绍。

第一节　仲裁裁决司法审查的法律依据

针对国内仲裁裁决、涉外仲裁裁决、国际仲裁裁决的司法审查，中国内地（大陆）法院分别适用不同的司法审查标准，现分别归纳如下。

---

① 参见张勇健、任雪峰、梁颖：《〈关于仲裁司法审查案件报核问题的有关规定〉及〈关于审理仲裁司法审查案件若干问题的规定〉的理解与适用》，载《人民司法（应用）》2018 年第 4 期。

② 参见沈伟：《中国仲裁司法审查制度——缘起、演进、机理和缺陷》，载《上海法学研究》集刊 2019 年第 17 卷，总第 17 卷。

③ 同上。

一、国内仲裁裁决司法审查的法律依据

(一)具体规定

国内仲裁裁决司法审查主要依据《仲裁法》第58条关于撤销仲裁裁决的规定、《民事诉讼法》第237条第2款、第3款关于不予执行仲裁裁决的规定。

《仲裁法》第58条规定:"当事人提出证据证明裁决有下列情形之一的,可以向仲裁委员会所在地的中级人民法院申请撤销裁决:(一)没有仲裁协议的;(二)裁决的事项不属于仲裁协议的范围或者仲裁委员会无权仲裁的;(三)仲裁庭的组成或者仲裁的程序违反法定程序的;(四)裁决所根据的证据是伪造的;(五)对方当事人隐瞒了足以影响公正裁决的证据的;(六)仲裁员在仲裁该案时有索贿受贿,徇私舞弊,枉法裁决行为的。人民法院经组成合议庭审查核实裁决有前款规定情形之一的,应当裁定撤销。人民法院认定该裁决违背社会公共利益的,应当裁定撤销。"

《民事诉讼法》第237条第2~4款规定:"被申请人提出证据证明仲裁裁决有下列情形之一的,经人民法院组成合议庭审查核实,裁定不予执行:(一)当事人在合同中没有订有仲裁条款或者事后没有达成书面仲裁协议的;(二)裁决的事项不属于仲裁协议的范围或者仲裁机构无权仲裁的;(三)仲裁庭的组成或者仲裁的程序违反法定程序的;(四)裁决所根据的证据是伪造的;(五)对方当事人向仲裁机构隐瞒了足以影响公正裁决的证据的;(六)仲裁员在仲裁该案时有贪污受贿,徇私舞弊,枉法裁决行为的。人民法院认定执行该裁决违背社会公共利益的,裁定不予执行。裁定书应当送达双方当事人和仲裁机构。仲裁裁决被人民法院裁定不予执行的,当事人可以根据双方达成的书面仲裁协议重新申请仲裁,也可以向人民法院起诉。"

2018年1月1日起施行的最高院《仲裁司法审查规定》第17条第1款再次明确:法院对申请执行中国内地仲裁机构作出的非涉外仲裁裁决案件的审查,适用《民事诉讼法》第237条的规定。

2018年3月1日起施行的最高院《仲裁裁决执行规定》通过第13~16条对《民事诉讼法》第237条第2款第2~5项规定的人民法院不予执行仲裁裁决情形的含义进行了更为具体的解释。

《仲裁裁决执行规定》第13条规定:"下列情形经人民法院审查属实的,应当认定为民事诉讼法第二百三十七条第二款第二项规定的'裁决的事项不属于仲裁协议的范围或者仲裁机构无权仲裁的'情形:(一)裁决的事项超出仲裁协议约定的范围;(二)裁决的事项属于依照法律规定或者当事人选择的仲裁规则规定的不可仲裁事项;(三)裁决内容超出当事人仲裁请求的范围;(四)作出裁决的仲裁机构非仲裁协

议所约定。”

《仲裁裁决执行规定》第14条规定:“违反仲裁法规定的仲裁程序、当事人选择的仲裁规则或者当事人对仲裁程序的特别约定,可能影响案件公正裁决,经人民法院审查属实的,应当认定为民事诉讼法第二百三十七条第二款第三项规定的‘仲裁庭的组成或者仲裁的程序违反法定程序的’情形。当事人主张未按照仲裁法或仲裁规则规定的方式送达法律文书导致其未能参与仲裁,或者仲裁员根据仲裁法或仲裁规则的规定应当回避而未回避,可能影响公正裁决,经审查属实的,人民法院应当支持;仲裁庭按照仲裁法或仲裁规则以及当事人约定的方式送达仲裁法律文书,当事人主张不符合民事诉讼法有关送达规定的,人民法院不予支持。适用的仲裁程序或仲裁规则经特别提示,当事人知道或者应当知道法定仲裁程序或选择的仲裁规则未被遵守,但仍然参加或者继续参加仲裁程序且未提出异议,在仲裁裁决作出之后以违反法定程序为由申请不予执行仲裁裁决的,人民法院不予支持。”

《仲裁裁决执行规定》第15条规定:“符合下列条件的,人民法院应当认定为民事诉讼法第二百三十七条第二款第四项规定的‘裁决所根据的证据是伪造的’情形:(一)该证据已被仲裁裁决采信;(二)该证据属于认定案件基本事实的主要证据;(三)该证据经查明确属通过捏造、变造、提供虚假证明等非法方式形成或者获取,违反证据的客观性、关联性、合法性要求。”

《仲裁裁决执行规定》第16条规定:“符合下列条件的,人民法院应当认定为民事诉讼法第二百三十七条第二款第五项规定的‘对方当事人向仲裁机构隐瞒了足以影响公正裁决的证据的’情形:(一)该证据属于认定案件基本事实的主要证据;(二)该证据仅为对方当事人掌握,但未向仲裁庭提交;(三)仲裁过程中知悉存在该证据,且要求对方当事人出示或者请求仲裁庭责令其提交,但对方当事人无正当理由未予出示或者提交。当事人一方在仲裁过程中隐瞒己方掌握的证据,仲裁裁决作出后以己方所隐瞒的证据足以影响公正裁决为由申请不予执行仲裁裁决的,人民法院不予支持。”

在(2018)京04民特72号裁定书中,北京四中院认为,由于《仲裁法》第58条与《民事诉讼法》第237条的规定基本一致,故《仲裁裁决执行规定》对不予执行仲裁裁决情形作出的具体解释,也适用于申请撤销国内仲裁裁决的案件。

此外,《仲裁司法审查规定》第18条规定:“《中华人民共和国仲裁法》第五十八条第一款第六项和《中华人民共和国民事诉讼法》第二百三十七条第二款第六项规定的仲裁员在仲裁该案时有索贿受贿,徇私舞弊,枉法裁决行为,是指已经由生效刑事法律文书或者纪律处分决定所确认的行为。”

(二)现有规定存在的问题

法院在审理申请撤销仲裁裁决案件或者申请不予执行仲裁裁决案件时,对当事人依据《仲裁法》第58条第1款第4~5项,《民事诉讼法》第237条第2款第4~5项,即“裁决所根据的证据是伪造的”与“对方当事人向仲裁机构隐瞒了足以影响公正裁决的证据的”提出的申请进行审查时,实质是对仲裁案件进行实体审查。其中,对“伪造证据”是否成立的判断,实质是对仲裁庭证据审查采信权力的干涉。针对是否隐瞒了足以影响公正裁决的证据,何为“足以影响公正裁决”无疑是实体审查,而“隐瞒证据”的提法,与通常“谁主张,谁举证”的一般原则相背离。因为不负担举证责任的一方当事人不应存在“隐瞒证据”的问题。上述实体审查的规定严重危及仲裁的权威性和一裁终局制度。同时,还有观点认为,此种制度安排也可能会使国内仲裁案件当事人为规避此种过严的裁决审查机制而刻意为案件寻找涉外连接因素。① 因为针对涉外仲裁裁决,无论是申请撤销还是申请不予执行,“裁决所根据的证据是伪造的”与“对方当事人向仲裁机构隐瞒了足以影响公正裁决的证据的”均不是法定申请理由。

我们以案例具体说明实践中法院依据《仲裁法》第58条第1款第4~5项,《民事诉讼法》第237条第2款第4、5项进行司法审查时可能存在的问题。

在(2018)黔01民特66号案件中,陈某以仲裁所依据的证据是伪造的、仲裁程序违反法定程序为由,申请撤销贵阳仲裁委员会作出的(2017)贵仲裁字第179号裁决。该裁决要求被申请人一向申请人偿还担保代偿款及逾期付款利息,其他被申请人就上述还款义务与被申请人一承担连带责任。陈某作为仲裁案件的被申请人之一,主张其未在《反担保书》《股东会决议》上签字,而这两份文件为作出裁决的重要证据,故陈某认为其不应为仲裁被申请人一的债务承担连带责任。在撤裁案件审理中,陈某申请对《反担保书》《股东会决议》涉及的其签名的真实性进行鉴定,并且主张其未收到任何仲裁文件,因此仲裁程序违法(因仲裁程序中未出席庭审,自然也无从申请鉴定)。经鉴定,相关鉴定机构认为《反担保书》《股东会决议》中陈某的签名均是伪造的。尽管贵阳市中级人民法院认为,贵阳仲裁委员会采用邮政快递方式送达仲裁法律文书,而陈某多次拒接邮递员电话,这一事实应视为贵阳仲裁委员会已依法履行了告知义务。因此,陈某提出的仲裁程序违法的主张没有依据。但是,贵阳市中级人民法院仍然以裁决书依据的证据是伪造的为由,裁定撤销仲裁裁决。

---

① 参见宋连斌、傅攀峰、陈希佳:《中国商事仲裁年度观察(2016)》,载北京仲裁委员会、北京国际仲裁中心编:《中国商事争议解决年度观察2016》,中国法制出版社2016年版。

仲裁案件中,如果仲裁机构充分履行送达义务而当事人拒不出席庭审,是当事人对自身权利的处分。在上述案件中,法院认定仲裁机构已用恰当的方式履行了告知义务。此时,陈某缺席庭审是对自身权利的处分,即其放弃了在仲裁程序中对关键证据申请笔迹鉴定的权利。在嗣后的撤裁程序中法院准许陈某的鉴定申请并最终依据鉴定意见撤销仲裁裁决,可能并不妥当。如果当事人都可以在无合理理由未出席仲裁庭审的情况下,向法院主张裁决所根据的证据是伪造的,要求撤裁并提出鉴定申请,长此以往,仲裁制度的程序正义和效率价值将受到严重损害。

在(2018)沪01民特508号案件中,陈某某申请撤销上仲(2017)沪仲案字第1142号裁决,依据是"裁决的事项不属于仲裁协议的范围或者仲裁委员会无权仲裁"及"对方当事人隐瞒了足以影响公正裁决的证据"。在仲裁案件中,陈某某作为被申请人未到庭。仲裁庭依据申请人上海某公司提供的双方于2016年5月11日签订的《房屋买卖协议》,裁决陈某某配合上海某公司办理房屋过户手续并承担仲裁费用。陈某某在申请撤裁的案件中新提供双方于2016年5月3日签订的《房屋买卖协议》、《借款合同》及相应债权公证文书等证据材料。上海一中院认为上述材料对于涉案房屋价格、房款支付条件以及本案是否涉及刑事犯罪的认定具有重要影响。据此,依据《仲裁法》第58条第1款第5项之规定,裁定撤销仲裁裁决。

在上述案件中,陈某某未出席庭审,也是对自身权利的处分。法院依据"对方当事人向仲裁机构隐瞒了足以影响公正裁决的证据"裁定撤销裁决,可能也值得商榷。但是,如果直接将"裁决所根据的证据是伪造的""对方当事人向仲裁机构隐瞒了足以影响公正裁决的证据的"从申请撤裁及不予执行的法定事由中删除,可能并不完全符合中国国内仲裁实践。理由在于,这些撤裁及不予执行事由的设立,可能是考虑到中国仲裁机构数量较多,水平参差不齐的情况。因此,为保障当事人的合法权益,或有必要保留上述申请撤裁及不予执行的法定事由。但是,为减少上述法定申请事由对仲裁制度程序正义及效率价值带来的负面影响,应在个案实体正义与仲裁制度价值中寻找平衡点,对立法予以精细化,明确当事人在何种情况下无权以"裁决所根据的证据是伪造的""对方当事人向仲裁机构隐瞒了足以影响公正裁决的证据的"为由申请撤销或不予执行仲裁裁决。例如,当事人无合理理由未参与仲裁程序,其后无权以这两个法定事由申请撤裁或不予执行。

二、涉外仲裁裁决司法审查的法律依据

涉外仲裁裁决司法审查主要依据《仲裁法》第70条关于撤销涉外仲裁裁决的规定、第71条关于不予执行涉外仲裁裁决的规定,以及《民事诉讼法》第274条关于涉外仲裁裁决不予执行的规定。

《仲裁法》第 70 条规定:“当事人提出证据证明涉外仲裁裁决有民事诉讼法第二百五十八条[①]第一款规定的情形之一的,经人民法院组成合议庭审查核实,裁定撤销。”

《仲裁法》第 71 条规定:“被申请人提出证据证明涉外仲裁裁决有民事诉讼法第二百五十八条[②]第一款规定的情形之一的,经人民法院组成合议庭审查核实,裁定不予执行。”

《民事诉讼法》第 274 条规定:“对中华人民共和国涉外仲裁机构作出的裁决,被申请人提出证据证明仲裁裁决有下列情形之一的,经人民法院组成合议庭审查核实,裁定不予执行:(一)当事人在合同中没有订有仲裁条款或者事后没有达成书面仲裁协议的;(二)被申请人没有得到指定仲裁员或者进行仲裁程序的通知,或者由于其他不属于被申请人负责的原因未能陈述意见的;(三)仲裁庭的组成或者仲裁的程序与仲裁规则不符的;(四)裁决的事项不属于仲裁协议的范围或者仲裁机构无权仲裁的。人民法院认定执行该裁决违背社会公共利益的,裁定不予执行。”

上文提到的 2018 年 1 月 1 日起施行的《仲裁司法审查规定》第 17 条第 2 款规定:“人民法院对申请执行我国内地仲裁机构作出的涉外仲裁裁决案件的审查,适用《中华人民共和国民事诉讼法》第二百七十四条的规定。”该条规定重申了涉外仲裁裁决的司法审查依据是《民事诉讼法》第 274 条。

将国内仲裁裁决的司法审查标准和涉外仲裁裁决的司法审查标准相比较可知,除就仲裁裁决是否违反社会公共利益进行审查,法院对涉外仲裁裁决仅审查程序问题,不做实体审查。

三、国际仲裁裁决司法审查的法律依据

对在《纽约公约》缔约国领土内作出的国际仲裁裁决,司法审查标准主要适用《纽约公约》第 5 条关于拒绝承认和执行外国仲裁裁决的规定。

《纽约公约》第 5 条规定:“一、裁决唯有于受裁决援用之一造向声请承认及执行地之主管机关提具证据证明有下列情形之一时,始得依该造之请求,拒予承认及执行:(甲)第二条所称协定之当事人依对其适用之法律有某种无行为能力情形者,或该项协定依当事人作为协定准据之法律系属无效,或未指明以何法律为准时,依裁决地所在国法律系属无效者;(乙)受裁决援用之一造未接获关于指派仲裁员或仲裁程序之适当通知,或因他故,致未能申辩者;(丙)裁决所处理之争议非为交付仲裁之标的

---

① 此处的“民事诉讼法第二百五十八条”在 2012 年修订《民事诉讼法》时变为第 274 条。

② 同上。

或不在其条款之列，或裁决载有关于交付仲裁范围以外事项之决定者，但交付仲裁事项之决定可与未交付仲裁之事项划分时，裁决中关于交付仲裁事项之决定部分得予承认及执行；（丁）仲裁机关之组成或仲裁程序与各造间之协议不符，或无协议而与仲裁地所在国法律不符者；（戊）裁决对各造尚无拘束力，或业经裁决地所在国或裁决所依据法律之国家之主管机关撤销或停止执行者。二、倘声请承认及执行地所在国之主管机关认定有下列情形之一，亦得拒不承认及执行仲裁裁决：（甲）依该国法律，争议事项系不能以仲裁解决者；（乙）承认或执行裁决有违该国公共政策者。"

对于在《纽约公约》非缔约国领土内作出的国际仲裁裁决，根据最高院《执行纽约公约的通知》，依据《民事诉讼法》第283条规定的互惠原则办理。

四、港澳台地区仲裁裁决司法审查的法律依据

中国内地（大陆）法院对港澳台地区仲裁裁决的司法审查分别适用《内地与香港相互执行仲裁裁决的安排》第7条、《内地与澳门相互认可和执行仲裁裁决的安排》第7条、《认可和执行台湾地区仲裁裁决的规定》第14条关于不予执行仲裁裁决的规定。其中，《内地与香港相互执行仲裁裁决的安排》《内地与澳门相互认可和执行仲裁裁决的安排》是内地与两个特别行政区达成的互相认可和执行仲裁裁决的安排。而2015年7月开始施行的《认可和执行台湾地区仲裁裁决的规定》是我国大陆法院认可与执行台湾地区仲裁裁决的规定。

《内地与香港相互执行仲裁裁决的安排》第7条、《内地与澳门相互认可和执行仲裁裁决的安排》第7条与《认可和执行台湾地区仲裁裁决的规定》第14条的规定大致借鉴《纽约公约》第5条的规定，我们在此只列举《内地与香港相互执行仲裁裁决的安排》第7条。

《内地与香港相互执行仲裁裁决的安排》第7条规定："在内地或者香港特区申请执行的仲裁裁决，被申请人接到通知后，提出证据证明有下列情形之一的，经审查核实，有关法院可裁定不予执行：（一）仲裁协议当事人依对其适用的法律属于某种无行为能力的情形；或者该项仲裁协议依约定的准据法无效；或者未指明以何种法律为准时，依仲裁裁决地的法律是无效的；（二）被申请人未接到指派仲裁员的适当通知，或者因他故未能陈述意见的；（三）裁决所处理的争议不是交付仲裁的标的或者不在仲裁协议条款之内，或者裁决载有关于交付仲裁范围以外事项的决定的；但交付仲裁事项的决定可与未交付仲裁的事项划分时，裁决中关于交付仲裁事项的决定部分应当予以执行；（四）仲裁庭的组成或者仲裁庭程序与当事人之间的协议不符，或者在有关当事人没有这种协议时与仲裁地的法律不符的；（五）裁决对当事人尚无约束力，或者业经仲裁地的法院或者按仲裁地的法律撤销或者停止执行的。有关法院认定依执

行地法律，争议事项不能以仲裁解决的，则可不予执行该裁决。内地法院认定在内地执行该仲裁裁决违反内地社会公共利益，或者香港特区法院决定在香港特区执行该仲裁裁决违反香港特区的公共政策，则可不予执行该裁决。”

第二节 涉外仲裁协议效力司法审查的适用法律

一、涉外仲裁协议效力司法审查的适用法律

涉外仲裁协议效力司法审查的法律适用的主要依据为《仲裁法司法解释》第16条、《法律适用法》第18条、《法律适用法司法解释》第14条以及《仲裁司法审查规定》第14～15条。

2006年施行的《仲裁法司法解释》第16条规定：“对涉外仲裁协议的效力审查，适用当事人约定的法律；当事人没有约定适用的法律但约定了仲裁地的，适用仲裁地法律；没有约定适用的法律也没有约定仲裁地或者仲裁地约定不明的，适用法院地法律。”

2011年开始施行的《法律适用法》第18条规定：“当事人可以协议选择仲裁协议适用的法律。当事人没有选择的，适用仲裁机构所在地法律或者仲裁地法律。”

2013年开始施行的最高院《法律适用法司法解释》第14条规定：“当事人没有选择涉外仲裁协议适用的法律，也没有约定仲裁机构或者仲裁地，或者约定不明的，人民法院可以适用中华人民共和国法律认定该仲裁协议的效力。”

2018年开始施行的《仲裁司法审查规定》第14条规定：“人民法院根据《中华人民共和国涉外民事关系法律适用法》第十八条的规定，确定确认涉外仲裁协议效力适用的法律时，当事人没有选择适用的法律，适用仲裁机构所在地的法律与适用仲裁地的法律将对仲裁协议的效力作出不同认定的，人民法院应当适用确认仲裁协议有效的法律。”第15条规定：“仲裁协议未约定仲裁机构和仲裁地，但根据仲裁协议约定适用的仲裁规则可以确定仲裁机构或者仲裁地的，应当认定其为《中华人民共和国涉外民事关系法律适用法》第十八条中规定的仲裁机构或者仲裁地。”

综上，中国现行法律法规对于涉外仲裁协议效力司法审查适用法律的规定为：首先适用当事人约定的法律；在当事人未约定仲裁协议适用法的情况下，应适用仲裁机构所在地或仲裁地法律，且在仲裁机构所在地或仲裁地法律对仲裁协议认定不同的情况下，适用认定仲裁协议有效的法律；若当事人未约定仲裁机构或仲裁地，或者约定不明的，则适用法院地法确认涉外仲裁协议效力。

二、涉外仲裁协议效力司法审查适用法律应当关注的问题

涉外仲裁协议效力司法审查的适用法律有三个问题值得关注：第一，合同中约定

的适用实体争议的法律不能理解为确认仲裁协议效力适用的法律,除非缔约方已明确申明。第二,不应通过最密切联系原则确定涉外仲裁协议效力所适用的法律。第三,当事人约定的涉外仲裁协议所适用的法律不受《民法典》第467条第2款规定的限制。现将三个问题简要分析如下:

第一,合同中约定的适用实体争议的法律不能理解为确认仲裁协议效力适用的法律,除非缔约方已明确申明。《仲裁司法审查规定》第13条对这一问题予以明确:"当事人协议选择确认涉外仲裁协议效力适用的法律,应当作出明确的意思表示,仅约定合同适用的法律,不能作为确认合同中仲裁条款效力适用的法律。"在此之前,最高院《第二次全国涉外商事海事审判工作纪要》第58条对这一问题亦予以明确:"当事人在合同中约定的适用于解决合同争议的准据法,不能用来确定涉外仲裁条款的效力。当事人在合同中明确约定了仲裁条款效力的准据法的,应当适用当事人明确约定的法律;未约定仲裁条款效力的准据法但约定了仲裁地的,应当适用仲裁地国家或者地区的法律。只有在当事人未约定仲裁条款效力的准据法亦未约定仲裁地或者仲裁地约定不明的情况下,才能适用法院地法即我国法律作为确认仲裁条款效力的准据法。"

第二,不应通过最密切联系原则确定涉外仲裁协议效力所适用的法律。经常出现的错误是法院或当事人通过最密切联系原则确定涉外商事合同适用的某国法律,并以该国法律判断仲裁协议的效力。最高院对此数次发表意见。最高院《第二次全国涉外商事海事审判工作纪要》第49条规定:"人民法院按照最密切联系原则确定的涉外商事合同应适用的法律,是指有关国家及地区的实体法规范,不包括冲突规范和程序法规范。"同样观点又在2005年8月17日最高院(2005)民四他字第36号《关于张伟诉福建省福大包装设备厂买卖合同纠纷一案人民法院能否受理的请示的复函》以及2005年9月9日最高院(2005)民四他字第40号《关于日中经济信息投资咨询公司诉宁波奇峰企业有限公司加工合同纠纷一案人民法院能否受理的请示的复函》中出现。

第三,《民法典》第467条第2款的规定与仲裁协议效力适用法律的关系。《民法典》第467条第2款规定:"在中华人民共和国境内履行的中外合资经营企业合同、中外合作经营企业合同、中外合作勘探开发自然资源合同,适用中华人民共和国法律。"当事人约定的仲裁协议所适用的法律是否受前述规定的限制?在张家港星港电子公司与博泽国际公司中外合作经营合同纠纷案①中,最高院在(2006)民四他字第1号《关于确认仲裁协议效力请示的复函》中就仲裁协议效力的法律适用与《合同法》第

---

① 万鄂湘主编:《涉外商事海事审判指导》(2006年第1辑),人民法院出版社2006年版,第82页。

126条第2款(同《民法典》第467条第2款——编者注)规定的关系作了解释:“《中华人民共和国合同法》第一百二十六条第二款规定的‘在中华人民共和国境内履行的中外合资经营企业合同、中外合作经营企业合同、中外合作勘探开发自然资源合同,适用中华人民共和国法律’,是对解决合同实体争议的准据法作出的规定,并非对认定合同仲裁条款效力的准据法作出的规定。我国法律并未强制规定在确认中外合资经营合同中仲裁条款的效力时必须适用我国的法律作为准据法。”

第三节　仲裁司法审查的管辖法院

一、申请确认仲裁协议效力之管辖法院

根据《仲裁法司法解释》第12条的规定,如果一份仲裁协议为国内仲裁协议,当事人应向仲裁协议约定的仲裁机构所在地的中级人民法院申请确认仲裁协议效力;仲裁协议约定的仲裁机构不明确的,由仲裁协议签订地或者被申请人住所地的中级人民法院管辖。申请确认涉外仲裁协议效力的案件,由仲裁协议约定的仲裁机构所在地、仲裁协议签订地、申请人或者被申请人住所地的中级人民法院管辖。涉及海事海商纠纷仲裁协议效力的案件,由仲裁协议约定的仲裁机构所在地、仲裁协议签订地、申请人或者被申请人住所地的海事法院管辖;上述地点没有海事法院的,由就近的海事法院管辖。

2018年1月1日施行的《仲裁司法审查规定》未再区分国内仲裁协议与涉外仲裁协议,而是规定针对所有仲裁协议效力的司法审查,均可由下列任一有管辖权的法院管辖:仲裁协议约定的仲裁机构所在地、仲裁协议签订地、申请人住所地、被申请人住所地的中级人民法院或者专门人民法院。由于《仲裁法司法解释》与《仲裁司法审查规定》位阶相同,当它们均对仲裁协议效力司法审查的管辖作出规定且存在不一致时,应当适用较新的规定。就申请确认海事海商纠纷仲裁协议效力的案件,上述两个司法解释对司法审查的管辖法院规定相同。

另外,根据《涉外民商事案件管辖规定》,审查涉外仲裁协议效力的法院应当具有涉外民商事案件管辖权。

二、申请撤销、执行国内仲裁裁决、涉外仲裁裁决之管辖法院

根据《仲裁法》第58条的规定,申请撤销国内仲裁裁决、涉外仲裁裁决的案件,由仲裁机构所在地的中级人民法院管辖。

根据《仲裁法司法解释》第29条的规定,当事人申请执行仲裁裁决案件,由被执

行人住所地或者被执行的财产所在地的中级人民法院管辖。

根据2018年3月1日起施行的《仲裁裁决执行规定》,当事人申请执行仲裁裁决(包括国内仲裁裁决和涉外仲裁裁决)案件,由被执行人住所地或者被执行的财产所在地的中级人民法院管辖。符合下列条件的,经上级人民法院批准,中级人民法院可以参照《民事诉讼法》第38条的规定指定基层人民法院管辖:(1)执行标的额符合基层人民法院一审民商事案件级别管辖受理范围;(2)被执行人住所地或者被执行的财产所在地在被指定的基层人民法院辖区内。

同时《仲裁裁决执行规定》明确:被执行人、案外人对仲裁裁决执行案件申请不予执行的,负责执行的中级人民法院应当另行立案审查处理;执行案件已指定基层人民法院管辖的,应当于收到不予执行申请后3日内移送原执行法院另行立案审查处理。

此外,由于中国实行涉外民商事案件的集中管辖制度,根据最高院《第二次全国涉外商事海事审判工作纪要》第6条,受理申请撤销、执行涉外仲裁裁决案件的法院应当具有涉外民商事案件管辖权。

三、申请承认(认可)与执行外国仲裁裁决、港澳台地区仲裁裁决之管辖法院

根据《民事诉讼法》第283条的规定,外国仲裁裁决的承认和执行,由被执行人住所地或者其财产所在地的中级人民法院管辖。同时,根据《涉外民商事案件管辖规定》,该受理法院应当具有涉外民商事案件管辖权。

《仲裁司法审查规定》第3条特别规定:"外国仲裁裁决与人民法院审理的案件存在关联,被申请人住所地、被申请人财产所在地均不在我国内地,申请人申请承认外国仲裁裁决的,由受理关联案件的人民法院管辖。受理关联案件的人民法院为基层人民法院的,申请承认外国仲裁裁决的案件应当由该基层人民法院的上一级人民法院管辖。受理关联案件的人民法院是高级人民法院或者最高人民法院的,由上述法院决定自行审查或者指定中级人民法院审查。外国仲裁裁决与我国内地仲裁机构审理的案件存在关联,被申请人住所地、被申请人财产所在地均不在我国内地,申请人申请承认外国仲裁裁决的,由受理关联案件的仲裁机构所在地的中级人民法院管辖。"

在中源船务有限公司、康纳航运有限公司申请承认和执行外国仲裁裁决案①中,申请人向天津海事法院申请承认伦敦海事仲裁员协会(以下简称LMAA)作出的裁决。申请人选择法院的依据是,天津海事法院受理的另一宗案件与上述LMAA裁决所涉案件存在关联,且被申请人住所地、被申请人财产所在地均不在中国内地。本案

① 参见(2018)津72民特2号。

中,申请人向天津海事法院申请称,2015年3月6日,申请人与被申请人签订航次期租合同,以"伊莲娜"轮承运一批钢材自中国天津新港运至埃及杜姆亚特港。2015年5月,船舶抵达目的港后,收货人因发现货损向被申请人提起货损索赔。被申请人为避免船舶被扣押,向收货人提供了担保,并根据租约在LMAA向申请人提起仲裁。2016年11月1日,仲裁庭三位仲裁员作出了仲裁裁决,裁决申请人应对货损承担责任,并承担相关法律费用。由于仲裁双方未能就货损赔偿的合理金额、法律费用的合理金额达成一致,康纳航运有限公司请求作出进一步裁决。上述仲裁庭于2017年3月20日作出第二仲裁裁决,对赔偿数额作出裁定。申请人在本案中请求天津海事法院裁定承认2017年3月20日的第二个裁决在中华人民共和国领域内具有法律效力。

本案纠纷所涉运输事项,托运人为天津市天钢国际贸易有限公司。申请人作为原告,以托运人为被告,以被申请人为第三人,已向天津海事法院提起追偿诉讼,天津海事法院已予立案,案号为(2016)津72民初501号。被申请人在该案及本案中均对涉案裁决真实性及有效性予以认可,对本案中申请人证据真实性予以认可,并已对裁决义务予以履行。

天津海事法院经审查认为,依据《仲裁司法审查规定》第3条,"外国仲裁裁决与人民法院审理的案件存在关联,被申请人住所地、被申请人财产所在地均不在我国内地,申请人申请承认外国仲裁裁决的,由受理关联案件的人民法院管辖"。因其受理的(2016)津72民初501号案与本案有关联,故其可以受理审查本案。对本案的审查,应当适用《纽约公约》的规定。本案被申请人未就《纽约公约》第5条第1款拒绝承认和执行情形提出抗辩,法院亦未发现存在该公约第5条第2款规定的违反可仲裁性和公共政策的情形,以及中国缔约保留事项。因此,天津海事法院裁定承认该外国仲裁裁决效力。

就我国港澳台地区仲裁裁决而言,根据《内地与香港相互执行仲裁裁决的安排》,在内地申请认可与执行香港仲裁裁决,由被申请人住所地或者财产所在地的中级人民法院管辖。根据《内地与澳门相互认可和执行仲裁裁决的安排》,在内地申请认可与执行澳门仲裁裁决,由被申请人住所地、经常居住地或者财产所在地的中级人民法院管辖。根据《认可和执行台湾地区仲裁裁决的规定》,在大陆申请认可和执行台湾地区仲裁裁决的案件,由申请人住所地、经常居住地或者被申请人住所地、经常居住地、财产所在地中级人民法院或者专门人民法院受理。

第四节　仲裁司法审查的逐级上报制度和审限制度

一、仲裁司法审查的逐级上报制度简介

涉外和国际仲裁裁决的司法审查上报制度源于1989年1月31日最高院颁布的《关于建立经济纠纷大案要案报告制度的通知》。根据该通知的规定,凡有国际影响的案件、涉外、涉台案件及涉港、澳的重大典型案件或者涉港、澳诉讼标的在人民币200万元以上的案件,各高级人民法院均需将受案和审结情况上报至最高院。该司法解释已被最高院《废止部分司法解释和司法解释性质文件(第九批)的决定》废止。

最高院通过1995年8月28日施行的《与涉外仲裁及外国仲裁事项有关问题的通知》,第一次以司法解释的形式明确提出涉外仲裁及国际仲裁司法审查的逐级上报制度。其后,最高院又通过1998年4月23日施行的《撤销涉外仲裁裁决有关事项的通知》、2000年4月17日施行的《审理和执行涉外民商事案件应当注意问题的通知》进一步明确、强调了涉外仲裁及国际仲裁司法审查逐级上报制度。2008年1月印发的最高院《全国涉港澳商事审判工作纪要》第28条专门规定了香港和澳门作出的仲裁裁决在内地申请认可和执行程序中应遵守逐级上报制度。

2018年1月1日,最高院《仲裁司法审查报核规定》开始实施。该司法解释首次对国内仲裁司法审查的报核制度作出明确规定。在该司法解释发布之前,除个别地方高级人民法院制定了关于仲裁裁决司法审查的内部报请制度外,①相关司法解释、法律未对这一问题作出明确规定。

《仲裁司法审查报核规定》第8条规定:“本规定自2018年1月1日起施行,本院以前发布的司法解释与本规定不一致的,以本规定为准。”《仲裁司法审查报核规定》成为仲裁司法审查案件法院内部报核的主要依据。

根据前述司法解释的规定,目前中国内地(大陆)对涉外及国际仲裁的司法审查逐级上报制度要求如下:

1. 法院受理涉外涉港澳台地区商事、海事案件,如果发现当事人在合同中订有仲裁协议或者事后达成仲裁协议,法院认为该仲裁协议无效、失效或者内容不明确无法执行的,在决定受理起诉之前,必须报请本辖区所属高级人民法院进行审查;如果高级人民法院同意受理,应将其审查意见报最高院。在最高院未作答复前,可暂不予

---

① 参见《北京市高级人民法院关于对撤销国内商事仲裁裁决案件进行上报审查的通知(试行)》,载北京法院审判信息网:http://www.bjcourt.gov.cn/article/newsDetail.htm;jsessionid=644442B38D88D2C78DC9F79EB1B51DC5?NId=25000152&channel=100014002&m=splc,最后访问日期:2019年3月21日。

受理。

2. 各中级人民法院或者专门人民法院办理涉外、涉港澳台地区仲裁司法审查案件,经审查拟认定仲裁协议无效,不予执行或者撤销内地仲裁机构的仲裁裁决,不予认可和执行香港、澳门、台湾地区仲裁裁决,不予承认和执行外国仲裁裁决,应当向本辖区所属高级人民法院报核;高级人民法院经审查拟同意的,应当向最高院报核。待最高院审核后,方可依最高院的审核意见作出裁定。

根据前述司法解释的规定,目前中国对国内仲裁的司法审查逐级上报制度要求如下:

1. 各中级人民法院或者专门人民法院经审查拟认定仲裁协议无效,不予执行或者撤销中国内地仲裁机构的仲裁裁决,应当向本辖区所属高级人民法院报核;待高级人民法院审核后,方可依高级人民法院的审核意见作出裁定。

2. 高级人民法院经审查拟同意中级人民法院或者专门人民法院认定仲裁协议无效,不予执行或者撤销中国内地仲裁机构的仲裁裁决,在下列情形下,应当向最高院报核,待最高院审核后,方可依最高院的审核意见作出裁定:(1)仲裁司法审查案件当事人住所地跨省级行政区域;(2)以违背社会公共利益为由不予执行或者撤销中国内地仲裁机构的仲裁裁决。

在中国各级、各地区法院审判水平参差不齐的情况下,仲裁司法审查案件报核制度使法院对仲裁司法审查的标准趋于统一,有利于减少错案发生,最终有利于促进仲裁事业在中国健康发展。

但我们也注意到,《仲裁司法审查报核规定》只明确"仲裁协议无效"需要报核,应当将"仲裁协议不成立"或"不存在仲裁协议"也纳入法定需报核的情形。另外,受案法院在逐级上报时如何描述案件实际情况以及是否充分、准确反映当事人观点都有可能影响上一级法院的判断。法院的逐级上报是法院内部程序,当事人及代理人没有参与的机会,这导致逐级上报程序不透明、不公开。在未来司法改革中,应给予当事人及其代理人适当参与报核程序的机会。

另外,值得一提的是,最高院于 2017 年 5 月 22 日在法院系统内部下发了《仲裁司法审查案件归口办理有关问题的通知》,要求各级法院审理涉外商事案件的审判庭作为专门业务庭负责办理仲裁司法审查案件。即当事人申请确认仲裁协议效力的案件,申请撤销中国内地(大陆)机构仲裁裁决的案件,申请认可和执行香港、澳门和台湾地区仲裁裁决的案件,申请承认和执行外国仲裁裁决等仲裁司法审查案件,由各级人民法院专门业务庭办理。最高院此举有利于统一裁判尺度,维护当事人合法权益,促进仲裁事业健康有序发展。

二、仲裁司法审查的审限制度简介及反思

就申请确认仲裁协议效力案件,中国目前未规定具体的审查期限。实践中,法院多在一两个月内作出裁定。但如果涉及向上级法院请示的问题,法院作出裁定的时间较难预测。

就仲裁裁决的司法审查,《仲裁法》第60条规定:"人民法院应当在受理撤销裁决申请之日起两个月内作出撤销裁决或者驳回申请的裁定。"

《仲裁裁决执行规定》第12条规定:"人民法院对不予执行仲裁裁决案件的审查,应当在立案之日起两个月内审查完毕并作出裁定;有特殊情况需要延长的,经本院院长批准,可以延长一个月。"

最高院《承认和执行外国仲裁裁决收费及审查期限的规定》第4条规定:"当事人依照纽约公约第四条规定的条件申请承认和执行外国仲裁裁决,受理申请的人民法院决定予以承认和执行的,应在受理申请之日起两个月内作出裁定,如无特殊情况,应在裁定后六个月内执行完毕;决定不予承认和执行的,须按最高人民法院法发〔1995〕18号《关于人民法院处理与涉外仲裁及外国仲裁事项有关问题的通知》的有关规定,在受理申请之日起两个月内上报最高人民法院。"

《认可和执行台湾地区仲裁裁决的规定》第13条规定:"人民法院应当尽快审查认可台湾地区仲裁裁决的申请,决定予以认可的,应当在立案之日起两个月内作出裁定;决定不予认可或者驳回申请的,应当在作出决定前按有关规定自立案之日起两个月内上报最高人民法院。"

《内地与香港相互执行仲裁裁决的安排》第5条规定:"申请人向有关法院申请执行内地或者香港特区仲裁裁决的期限依据执行地法律有关时限的规定。"

《内地与澳门相互认可和执行仲裁裁决的安排》第6条规定:"申请人向有关法院申请认可和执行内地或者澳门特别行政区仲裁裁决的期限,依据认可和执行地的法律确定。"

根据上述规定,申请撤销、不予执行仲裁裁决、承认及执行外国仲裁裁决、认可及执行台湾地区仲裁裁决案件的审理期限为受理案件之日起两个月内。就申请认可及执行香港裁决、澳门裁决的期限,法律规定为"依据认可和执行地的法律规定"。但问题在于,香港裁决和澳门裁决认可和执行期限应当参照什么规定,似乎并不明确。司法实践中,既有在较短时间内就出具认可和执行裁定的情况,如(2018)津02认港1号、(2016)京04认港1号,也有超过半年的,如(2016)苏01认港1号,甚至有两年多才出具认可和执行裁定的情况,如(2016)京04认港2号。

另外,对于拟裁定撤销、不予执行、不予承认(认可)和执行仲裁裁决,会涉及向上

级法院请示的问题。虽然某些类型案件规定了应向上级法院请示的最晚时间(如两个月),但并未规定高级人民法院、最高院对请示作出批复的期限。实践中,最高院作出此类批复的时间有少于1个月的情况,如(2006)民四他字第43号;也有超过6个月的情况,如(2008)民四他字第28号。高级人民法院、最高院作出批复的时间决定了案件受理法院最终作出裁定的时间。一日不作出裁定,涉案当事人的权利便一日处于未决状态。

综上,在未来的司法改革中,有必要在法律法规中对仲裁司法审查案件的审限予以明确统一规定(目前《仲裁司法审查规定》并未作出规定),保证法院对仲裁司法审查的效率,防止低效的司法审查对仲裁制度造成负面影响。同时,根据《仲裁司法审查报核规定》,不同类型的仲裁司法审查案件都可能出现需要向上级法院请示的情况。因此,还有必要对受理法院的报请时限、上级法院的批复时限作出明确统一规定。

除此之外,针对申请撤裁的案件,有必要明确限制当事人撤回申请的次数。《仲裁司法审查规定》第19条规定:"人民法院受理仲裁司法审查案件后,作出裁定前,申请人请求撤回申请的,裁定准许。"《仲裁裁决执行规定》第7条第1款规定:"被执行人申请撤销仲裁裁决并已由人民法院受理的……执行法院应当裁定中止执行……"实践中,有当事人利用上述规定在申请撤裁一段时间后、法院作出裁定前撤回申请。之后反复这一程序,直至拖满法定6个月撤裁期限,从而达到中止、拖延执行程序的目的。此种做法严重损害当事人合法权益,威胁中国仲裁事业的健康发展。

第五节 仲裁裁决司法审查的后果/结果

仲裁裁决经司法审查后,如果存在法定事由,则根据仲裁裁决类型及存在问题的不同,裁决可能面临被撤销(部分撤销)、法院通知仲裁庭重新仲裁、不予执行、不予承认(认可)和执行等结果。

一、撤销、部分撤销仲裁裁决

国内仲裁裁决有《仲裁法》第58条、涉外仲裁裁决有《民事诉讼法》第274条情形的,经当事人申请,管辖法院有权作出撤销仲裁裁决的裁定。如果一份仲裁裁决事项超出了仲裁协议约定的范围或者不属于当事人申请仲裁的事项,经当事人申请,且经法院查证属实的,法院应当撤销仲裁裁决中的超裁部分。如果超裁部分与其他裁决事项不可分的,法院应当撤销仲裁裁决。①

依据《仲裁法》第59条,当事人申请撤销仲裁裁决的,应当自收到裁决书之日起6个月内提出,否则人民法院不予受理。另外,法院审查撤销、部分撤销仲裁裁决申请的案件必须组成合议庭进行审理。

二、重新仲裁

(一)法院通知国内仲裁的仲裁庭重新仲裁

《仲裁法》第61条规定法院受理撤销仲裁裁决的申请后,认为可以由仲裁庭重新仲裁的,法院可以通知仲裁庭在一定期限内重新仲裁,并可裁定中止撤销程序。仲裁庭拒绝重新仲裁的,法院应当裁定恢复撤销仲裁程序。但具体在哪些情况下法院可以通知仲裁庭重新仲裁,而不是撤销仲裁裁决,《仲裁法》并未明确。

《仲裁法司法解释》第21条明确了法院可以通知仲裁庭限期重新仲裁的两种情形,即仲裁裁决所根据的证据是伪造的,或者对方当事人隐瞒了足以影响公正裁决的证据的。需要注意的是,法院通知仲裁机构重新仲裁仅限于以上两种情形。② 一般情况下,如果仲裁程序违反法定程序,不宜重新仲裁。因为仲裁程序违反了当事人的约定或者仲裁规则的规定,而导致严重影响当事人的权利时,仲裁庭已经失去了当事人的信任,如果仍由该仲裁庭重新仲裁,则仲裁程序因当事人的不信任和不配合将进展困难。即使重新作出仲裁裁决,当事人能够信服的可能性仍极小。而且,仲裁程序的违反,势必将导致仲裁程序从错误之点重新开始,就不再是对原仲裁裁决的更正,而是全新的仲裁。因此,仲裁程序违反法定程序的,以不重新仲裁为宜。③

(二)法院通知涉外仲裁的仲裁庭重新仲裁

对涉外仲裁裁决在何种情况下可以由法院通知仲裁庭重新仲裁,到目前为止,尚没有法律、司法解释予以明确。根据上文分析,由于法院通知仲裁庭重新仲裁通常仅限于“仲裁裁决所根据的证据是伪造的”以及“对方当事人隐瞒了足以影响公正裁决的证据的”两种情形,因此涉外仲裁原则上以不重新仲裁为宜。从现有案例分析,仅极特殊的涉外仲裁裁决可以由法院通知仲裁庭重新仲裁。

---

① 最高院《关于我国仲裁机构作出的仲裁裁决能否部分撤销问题的批复》、《仲裁法司法解释》第19条以及最高院《第二次全国涉外商事海事审判工作纪要》第78条。

② 参见陆效龙、吴兆祥:《〈关于适用《中华人民共和国仲裁法》若干问题的解释〉的理解与适用》,载《涉外商事海事审判指导》(2006年第2辑),人民法院出版社2007年版,第276页。

③ 参见沈德咏、万鄂湘主编,最高人民法院研究室、民事审判第四庭编著:《最高人民法院仲裁法司法解释的理解与适用》,人民法院出版社2007年版,第196页。

如果一份涉外仲裁裁决中当事人名称列示错误,而根据仲裁规则又无法更正的,法院可以要求仲裁机构重新仲裁。在中国电子进出口北京公司申请撤销贸仲(2006)中国贸仲京裁字第0012号裁决案中,贸仲将作为仲裁被申请人之一的“北京神州特信科技有限责任公司”的名称错误地列为“北京神州特信科技发展有限公司”。最高院在《关于中国电子进出口北京公司申请撤销中国国际经济贸易仲裁委员会(2006)中国贸仲京裁字第0012号裁决一案的请示的复函》中表示:在仲裁裁决存在的上述错误已无法根据本案仲裁所适用的仲裁规则的规定进行更正的情况下,仲裁机构愿意通过重新仲裁的方式解决上述问题,应当认为属于“可以由仲裁庭重新仲裁的”情形。

在确定一宗涉外仲裁案件中仲裁庭违反仲裁规则是应撤销仲裁裁决还是通知仲裁庭限期重新仲裁时,法院可能会以仲裁庭违反仲裁规则的严重程度进行判断。在四川华航建设有限公司申请撤销成都仲裁委员会(2003)成仲案字第468号仲裁裁决案中,仲裁申请人主张的法律关系性质和民事行为的效力与仲裁庭的认定不一致时,仲裁庭未按照仲裁规则的规定告知当事人可以变更仲裁请求,而是直接自行代替当事人变更了请求,并作出裁决,且未给被申请人重新指定举证期限,违反了仲裁规则。最高院在《关于四川华航建设有限公司申请撤销仲裁纠纷一案的请示的复函》中认为:此案裁决具有应予撤销的情形。但从仲裁庭违反仲裁规则的情况看,尚未严重到撤销该裁决的程度。所以应通知仲裁庭重新仲裁,并中止撤销程序。

如果仲裁裁决是在一方当事人没有得到指定仲裁员和进行仲裁程序通知的情况下作出的,该仲裁裁决应当予以撤销,而不是重新仲裁。在黑龙江鸿昌国际货物运输代理有限公司与福建省轮船总公司、美国连捷海运有限公司(TRANSMARINE INC)申请撤销中国海事仲裁委员会仲裁裁决案中,中国海事仲裁委员会的仲裁裁决是在鸿昌公司没有得到指定仲裁员和进行仲裁程序通知的情况下作出的。天津海事法院和天津市高级人民法院均认为应当由中国海事仲裁委员会重新仲裁。最高院在《关于黑龙江鸿昌国际货物运输代理有限公司申请撤销中国海事仲裁委员会仲裁裁决案的复函》中要求撤销该仲裁裁决。

(三)法院通知仲裁庭重新仲裁的几个程序问题

从《仲裁法》第61条我们可以得出关于重新仲裁程序问题的六点结论:

第一,法院是启动重新仲裁程序的第一关。法院没有通知仲裁庭重新仲裁的,仲裁庭不得重新仲裁。

第二,是否决定通知仲裁庭重新仲裁是法院一项职权,但此项职权的行使并非是强制性的。《仲裁法》第61条使用的是“可以”一词,即在可以撤销仲裁裁决也可以通知重新仲裁时,由法官自由裁量决定是否重新仲裁。

第三,无须当事人申请重新仲裁,法院通知重新仲裁也无须征得当事人同意。

第四,法院仅依职权通知仲裁庭重新仲裁,而无权强制要求仲裁庭重新仲裁,最终是否重新仲裁仍取决于仲裁庭。仲裁庭可以重新仲裁,也可以拒绝重新仲裁。需注意的是,进行重新仲裁的仲裁庭就是原仲裁庭,而非另行组成的仲裁庭。

第五,法院通知仲裁庭重新仲裁应当说明应予重新仲裁的理由。《仲裁法》并未要求法院在通知重新仲裁时要说明重新仲裁的理由。但在实践中,经常出现这样一种情况,人民法院通知仲裁庭重新仲裁,但未说明理由,仲裁庭接到通知后不知道该如何进行重新仲裁。[①] 为此,《仲裁法司法解释》第 21 条明确要求法院应当在重新仲裁的通知中说明重新仲裁的具体理由。

第六,仲裁庭在人民法院指定的期限内开始重新仲裁的,法院应当裁定终结撤销程序;未开始重新仲裁的,法院应当裁定恢复撤销程序。当事人对重新仲裁裁决不服的,可以在重新仲裁裁决书送达之日起 6 个月内依据《仲裁法》第 58 条规定向法院申请撤销。[②]

三、不予执行国内仲裁裁决、涉外仲裁裁决

如前所述,国内仲裁裁决的不予执行适用《民事诉讼法》第 237 条第 2 款,涉外仲裁裁决的不予执行适用《民事诉讼法》第 274 条。如果被执行人提出仲裁裁决有该条所列法定情形之一的,经人民法院组成合议庭审查核实,裁定不予执行。

根据《仲裁裁决执行规定》,被执行人向人民法院申请不予执行仲裁裁决的,应当在执行通知书送达之日起 15 日内提出书面申请,负责执行的中级人民法院应当另行立案审查处理。逾期申请的,人民法院应当裁定不予受理。

被执行人申请不予执行仲裁裁决,对同一仲裁裁决的多个不予执行事由应当一并提出。不予执行仲裁裁决申请被裁定驳回后,再次提出申请的,人民法院不予审查,但有新证据证明存在"裁决所根据的证据是伪造的""仲裁员在仲裁该案时有贪污受贿,徇私舞弊,枉法裁决行为的"情形的除外。

关于申请撤销仲裁裁决与不予执行仲裁裁决程序的衔接问题。从法律规定来看,两种程序的申请事由基本相同,如果当事人同时启动两个程序,可能会产生重复审查的问题,在一定程度上影响执行效率。为此,《仲裁裁决执行规定》确定了以下规

---

① 参见沈德咏、万鄂湘主编,最高人民法院研究室、民事审判第四庭编著:《最高人民法院仲裁法司法解释的理解与适用》,人民法院出版社 2007 年版,第 200 页。

② 《仲裁法司法解释》第 22 ~ 23 条。

则:(1)在撤销或不予执行仲裁裁决审查中,当事人的申请被驳回后,其又以相同事由启动另一救济程序的,法院不予支持。(2)当两个救济程序同时启动时,应以撤销仲裁的审查程序优先,此时受理不予执行申请的法院应当裁定中止不予执行的审查。如仲裁裁决被撤销或者决定重新仲裁的,执行法院的执行程序应当裁定终结,对不予执行申请的审查程序亦应终结;如驳回撤销仲裁裁决申请或者申请人撤回撤销仲裁裁决申请的,应当恢复对不予执行申请的审查。(3)如果被执行人同时启动了两个审查程序,又撤回撤销仲裁裁决申请的,应视为其一并撤回了不予执行仲裁裁决的申请,应终止对其提出的不予执行申请的审查。

另外,值得特别关注的问题是,法院裁定不予执行国内仲裁和涉外仲裁裁决后,被不予执行的仲裁裁决效力如何,以及当事人应如何采取进一步的救济措施。

《民事诉讼法》第237条第5款及第275条规定:"仲裁裁决被人民法院裁定不予执行的,当事人可以根据双方达成的书面仲裁协议重新申请仲裁,也可以向人民法院起诉。"如果仲裁裁决被不予执行,该仲裁裁决无效,原仲裁协议也随之失效,争议各方应重新达成仲裁协议后向仲裁机构申请仲裁,否则应向法院起诉。[①]《民事诉讼法司法解释》也确认了这一观点。其中第478条规定:"……人民法院裁定不予执行仲裁裁决后……当事人可以就该民事纠纷重新达成书面仲裁协议申请仲裁,也可以向人民法院起诉。"《仲裁裁决执行规定》第22条第2款亦作了相同规定。

四、不予承认(认可)和执行外国仲裁裁决、港澳台地区仲裁裁决

如果一份仲裁裁决是在《纽约公约》缔约国内作出的,中国法院根据《纽约公约》第5条审查仲裁裁决是否应予承认和执行。如果具备第5条第1款规定的情形,且经当事人申请不予承认和执行的,或者具备第5条第2款规定的情形的,中国法院可以拒绝承认和执行该仲裁裁决。

如果一份裁决是在非《纽约公约》缔约国内作出的,中国法院应根据中国与该国之间签订的条约办理,如无该等条约,则按照互惠原则办理。

需要注意的是,当一份外国仲裁裁决被中国法院裁定不予承认和执行时,该仲裁裁决仅不具有在中国内地法域内被承认和强制执行的法律效力,但并不必然无效。该裁决可能在其他国家被承认和执行。

根据《内地与香港相互执行仲裁裁决的安排》第7条、《内地与澳门相互认可和执行仲裁裁决的安排》第7条与《认可和执行台湾地区仲裁裁决的规定》第14条,如

① 参见葛行军:《简述仲裁司法监督与仲裁制度的完善》,载《涉外仲裁司法审查》,法律出版社2006年版,第7页。

果存在被申请人提出的该条所列法定情形，或者内地（大陆）法院认定争议事项不能以仲裁解决的，或者内地（大陆）法院认定在内地认可和执行该仲裁裁决违反内地（大陆）法律的基本原则或者社会公共利益的，不予认可和执行该仲裁裁决。

五、仲裁司法审查裁定属于终局裁定

当事人就法院作出的裁定提起上诉、再审，检察机关提起抗诉是当事人寻求进一步司法救济的通常程序。但是，根据《仲裁司法审查案件规定》第20条，人民法院在仲裁司法审查案件中作出的裁定，除不予受理、驳回申请、管辖权异议的裁定外，一经送达即发生法律效力。当事人申请复议、提出上诉或者申请再审的，人民法院不予受理。同时，检察机关也无权就仲裁司法审查裁定提起抗诉。[①]

第六节　仲裁协议有无的典型案例分析

是否存在仲裁协议是法院进行仲裁司法审查的重点，因此，我们将最高院的一些典型案例集中在本节进行分析、介绍。这些案例中有些是因不存在仲裁协议导致裁决被撤销或不予执行，有些是法院认为仲裁协议并未排除法院管辖权而被法院受理，有些是认为仲裁协议已排除法院管辖权故而法院不应予以受理。

一、仲裁协议中的“may”与“if any”

在下述案例中，最高院在审查仲裁协议有效性时，认为使用了“if any”这一表述的仲裁协议未排除诉讼管辖，而使用“may”的仲裁协议清楚地表达了选择仲裁的意思表示。当然这一认定是否正确值得商榷。

在通利萨摩亚船务有限公司与恒新贸易有限公司、福建融谊投资发展有限公司航次租船合同纠纷管辖权异议案[②]中，福建融谊投资发展有限公司（下称融谊公司）向法院提出管辖异议，认为因存在仲裁协议，通利萨摩亚船务有限公司（下称萨摩亚公司）无权就滞期费向法院起诉。本案为航次租船合同纠纷。在本案中，萨摩亚公司作为出租人，恒新贸易有限公司（下称恒新公司）作为承租人，融谊公司作为担保人签订《租船确认书》，约定由萨摩亚公司的船舶MV TC GOLD运载55,000公吨散装煤炭。煤炭装船发运并抵达卸货港后，萨摩亚公司主张发生滞期费68,719.11美元。

---

① 最高院《关于人民检察院对撤销仲裁裁决的民事裁定提起抗诉人民法院应如何处理问题的批复》、最高院《关于人民检察院对不予撤销仲裁裁决的民事裁定提出抗诉人民法院应否受理问题的批复》。

② 贺荣主编：《涉外商事海事审判指导》（2016年第1辑），人民法院出版社2017年版，第49页。

由于恒新公司、融谊公司拒绝支付滞期费,萨摩亚公司遂起诉至法院。融谊公司在答辩期间向一审法院提出管辖权异议。融谊公司认为,根据《租船确认书》第 17 条的约定,本案纠纷应在香港仲裁,因此应裁定驳回原告起诉或移送仲裁。

《租船确认书》第 17 条约定,"G/A ARBITRATION IF ANY TO BE SETTLED IN HONGKONG WHITH ENGLISH LAW TO APPLY, 如果仲裁在香港并适用英国法律"。最高院认为这一约定仅是双方当事人对于涉案纠纷提起仲裁时的仲裁地点和所适用法律作出的特别约定,不构成双方之间唯一的纠纷解决方式,并未排除诉讼管辖。即当事人向有管辖权的法院就本案提起诉讼,法院应当予以受理。

在安徽省合肥联合发电有限公司诉阿尔斯通发电股份有限公司建设工程合同纠纷案[①]中,最高院认为"may"没有"或裁或审"的意思表示,仲裁协议有效。本案中,原告与被告签订 EPC 合同,原告因被告违反其在 EPC 合同项下的义务,起诉至安徽省高级人民法院请求判令被告赔偿一定数额的违约金等费用。EPC 合同中约定的争议解决条款为"...any party to the dispute may refer the dispute for arbitration by the Arbitration Institute of the Stockholm International Chamber of Commerce in accordance with the UNICITRAL Arbitration Rules adopted by the United Nations General Assembly on 15 December 1976. "安徽省高级人民法院经审理认为,上述争议解决条款并未排除诉讼,拟受理原告的起诉,并将这一情况向最高院请示。

最高院认为,从本案当事人在合同中约定的仲裁协议内容看,其仲裁的意思表示明确;亦有明确的仲裁事项,没有超出法律规定的仲裁范围,而且选定了明确的仲裁机构,故该条款是明确有效可以执行的。英文仲裁协议中的"may"主要作用于主语,其含义是指"任何一方"(any party)都可以提起仲裁,而不应理解为"既可以提起仲裁,也可以提起诉讼"。

就上述两宗案例,如果某仲裁条款只提及仲裁,而没有提到诉讼,那么无论用"may"还是"if any"都应当理解为当事人约定排除法院管辖,将争议提交仲裁解决。关于这一问题的具体分析详见本书第四章"仲裁协议"。

二、租约并入提单:需明确并入仲裁条款方能使仲裁条款约束提单持有人

国际贸易中,在根据租船合同签发提单的情况下,船主通常具有双重身份:对于承租人而言,船主是出租人,受租船合同的约束;对于非租船合同当事人的其他提单持有人而言,船主是承运人并受提单约束。船主为避免对承租人承担与对提单持有

---

① 万鄂湘主编、最高人民法院民事审判第四庭编:《中国涉外商事海事审判指导与研究》(2003 年第 2 卷)(总第 5 卷),人民法院出版社 2003 年版,第 67 ~ 69 页。

人不同的义务和责任，通常在提单上载明将租约并入提单。由此引发的问题是，租船合同条款并入提单是否意味着租船合同中的仲裁协议也并入提单？对此，最高院在《涉外商事海事审判实务问题解答（一）》第98条中表明了观点："租船合同条款有效并入提单后，承运人和提单持有人（非托运人）的关系属于提单运输法律关系，而非租船合同法律关系。除非在并入条款中明示，租船合同中的仲裁条款、管辖权条款及法律适用条款并入提单，否则这些条款不能约束非承租人的提单持有人。"

在德宝海运株式会社、哈池曼海运公司与上海森福实业有限公司管辖异议案[①]中，因租约并入条款未能明示租约中的仲裁协议也并入提单，最高院认为该仲裁协议不能约束提单持有人。本案中，德宝海运株式会社（下称德宝株式会社）与作为租船人的住友公司签订了一份租约（2007年12月27日），约定德宝株式会社在2008年1月1日至12月31日间，至少为住友公司提供9个航次的运输服务。并且，该合同第16条第10款约定："共同海损和仲裁：在伦敦进行，适用英国法。"德宝株式会社于2008年8月23日签发的编号为GIHJ－5701号的海运提单正面载明了起运港和目的港，并同时载有租约并入条款"本次运输在德宝株式会社和作为租船人的住友公司于2007年12月27日在日本东京签订的租约下进行，除运费费率和支付条款外，此租约中的无论何种性质的所有条款适用于并约束与本运输有关的当事方的权利"。

之后，上海森福实业有限公司因海上运输合同纠纷向武汉海事法院起诉德宝株式会社和哈池曼海运公司，两被告提出管辖权异议，认为由于涉案海运提单正面记载，涉案航次是在德宝株式会社和作为租船人的住友公司于2007年12月27日签订的租约下进行的，故上海森福实业有限公司应受到提单载明适用的租约条款的约束。由于涉案租约中已经约定了伦敦仲裁，故武汉海事法院对本案不享有管辖权。

最高院认为，因上海森福实业有限公司不是租约的当事人，涉案提单虽然将租约条款并入提单，但没有关于租约中的仲裁协议并入提单的明示记载，因此涉案租约中的仲裁协议不能约束上海森福实业有限公司。

在下述韩进船务有限公司申请承认和执行英国仲裁员罗伯特·嘉仕福特（Robert Gaisford）作出的仲裁裁决案[②]中，虽然涉案提单明确写明了租船合同的法律适用和仲裁协议都并入提单，但因合同当事人未在合同上签章，且韩进船务有限公司（下称韩进公司）无法提供租船合同文本及附件经当事人其他方式确认的证据。因此，最高院认为无法明确韩进公司提供的合同就是并入提单条款的租船合同，故依据《纽约

---

① 参见（2010）民四他字第52号。

② 参见万鄂湘主编、最高人民法院民事审判第四庭编：《涉外商事海事审判指导》（2006年第2辑）（总第13辑），人民法院出版社2007年版，第75页。

公约》第2条裁定对案涉裁决不予承认和执行。

本案中,广东富虹油品有限公司(下称富虹公司)(作为买方)与路易达孚亚洲有限公司(Louis Dreyfus Asia Pte Ltd.)(作为卖方)签订销售合同约定:买方向卖方购买散装巴西大豆,价格条件为成本加运费,卖方不负责卸货(CFR FO),信用证方式付款,信用证应准许接受租船合同提单等。随后,富虹公司申请广东发展银行湛江分行开出以卖方为受益人的不可撤销的跟单信用证,信用证约定可接受租船合同提单。

韩进公司所属的"韩进大马"轮在巴西桑托斯港装运了富虹公司进口的大豆。泛大西洋运输公司作为该轮船长的代理为该批货物签发了一式三份正本提单,该提单正面记载:"本提单同租船合同一起使用(To be used with charter - parties)。"该提单没有载明承运人的名称,提单经托运人科迈实业公司背书后,由富虹公司持有。

在该轮卸货前,富虹公司经检验发现"韩进大马"轮第1至7舱的大豆部分霉变受损。随后,富虹公司向广州海事法院申请诉前扣押"韩进大马"轮,要求韩进公司提供500万美元的担保。同日,广州海事法院经审查裁定准许了富虹公司的财产保全申请,在湛江港扣押了该轮。中国再保险(集团)公司为"韩进大马"轮的所有人向富虹公司及货物的保险人中国平安财产保险股份有限公司深圳分公司提供了一份担保函。同日,富虹公司接受了上述担保函,并申请广州海事法院解除扣押,广州海事法院亦于同日作出解除扣押船舶命令,解除了对"韩进大马"轮的扣押。

韩进公司根据提单及租船合同文本中的仲裁协议,指定英国仲裁员罗伯特·嘉仕福特对其与富虹公司之间的货损争议进行仲裁。随后,韩进公司向广州海事法院请求承认与执行英国仲裁员罗伯特·嘉仕福特作出的仲裁裁决。

韩进公司在申请承认与执行本案仲裁裁决时,向广州海事法院提供了一份包运合同文本及其附录。但上述合同文本及其附录均没有载明合同所应适用的法律,也均无所涉当事人路易达孚公司与中散运输有限公司的签章。韩进公司没有提供证据证明上述合同文本及其附录的内容由所涉的上述双方当事人采用签章以外的其他方式一致确认。

最高院认为,本案所涉提单虽然在正面载明了"与租船合同一并适用",且在背面条款中载明"提单正面所注明的租船合同中的所有条件、条款、权利和除外事项,包括法律适用和仲裁条款,都并入本提单",但韩进公司不能证明其所提交的包运合同就是提单所载明的租船合同,而且该包运合同的当事人并非韩进公司,因此应认定该包运合同没有并入提单,包运合同文本中的仲裁协议也没有并入提单,韩进公司与富虹公司之间不存在书面仲裁协议。因此,韩进公司提出承认和执行仲裁裁决的请求不符合《纽约公约》第2条的相关规定,故应拒绝承认与执行英国仲裁员罗伯特·嘉仕福特在英国作出的仲裁裁决。

三、仲裁协议独立生效的前提:当事人已达成合意

实践中,当双方当事人未就合同条款达成一致,可能面临的问题是,合同中的仲裁条款(特别是当事人未在协商过程中对该仲裁条款提出异议或者修改意见时)能否约束双方当事人。在新加坡益得满亚洲私人有限公司申请承认及执行外国仲裁裁决案①中,最高院认为,仲裁协议独立生效的前提是当事人已就通过仲裁解决争议达成合意。

本案中,新加坡益得满亚洲私人有限公司(下称益得满公司)与无锡华新可可食品有限公司(下称华新公司)就买卖可可豆的合同通过传真展开磋商。具体而言,益德满公司于 1992 年 1 月 12 日向华新公司发送商务询证,内容包括货物种类、重量、质量标准、单价等。1 月 13 日,益得满公司又传真给华新公司一份函件,内容为:对昨天所发业务确认函的进一步说明,"根据你方指示,我们将安排装船前取样来分析 FFA 指标"。1 月 14 日华新公司王耀清分别在益德满公司 12 日、13 日发来的传真上签名,其中对 1 月 12 日的传真未作改动,将 1 月 13 日传真中的 FFA 取样分析"我方将安排新加坡 SGS 对样品进行分析"的要约改为"装船前取样和分析需由新加坡 SGS 进行操作,且 FFA 指标 <1.75%"。之后,双方又进行了多轮磋商,但因对价格、付款条件、货物检测方式等条款未能达成一致,合同未能最终签订。

益德满公司要求华新公司赔偿因其不履行 1 月 14 日签字同意的商业确认书造成的损失,并表示将通过提起仲裁解决纠纷,而华新公司表示双方并未最终签订合同,索赔无从谈及,双方亦未约定仲裁。

该合同写明的争议解决方式为提交英国伦敦可可协会有限公司(即 C. A. L,下称伦敦可可协会)仲裁。据此,益德满公司向伦敦可可协会提起仲裁。同年 4 月 30 日华新公司收到伦敦可可协会的仲裁通知后,于 5 月 12 日回复伦敦可可协会已收到寄来的有关仲裁资料,并表示双方未达成合同。同年 7 月 13 日伦敦可可协会作出仲裁裁决,认为买方(华新公司)和卖方(益得满公司)之间存在一项契约,此项契约对买方有拘束力,裁决买方应付卖方货物价差损失及利息。由于华新公司未履行仲裁裁决,益得满公司向无锡市中级人民法院申请承认及执行该外国仲裁裁决。在无锡市中级人民法院审查期间,被申请人华新公司请求法院不予承认和执行。

最高院认为,仲裁条款或者仲裁协议独立生效的前提,是有关当事人就通过仲裁解决争议达成合意。本案中,根据益德满公司与华新公司之间的来往传真,双方当事

---

① 参见万鄂湘主编、最高人民法院民事审判第四庭编:《中国涉外商事海事审判指导与研究》(2003 年第 3 卷)(总第 6 卷),人民法院出版社 2004 年版,第 97 页。

人之间未就购买可可豆事宜产生的争议达成通过仲裁解决的合意。故伦敦可可协会以益德满公司单方拟定的仲裁协议仲裁有关纠纷缺乏事实和法律依据。人民法院应拒绝承认与执行本案仲裁裁决。

最高院在上述案件中的认定具有合理性。对本案的具体分析详见本书第四章“仲裁协议”。

四、保险人行使代位求偿权通常受被保险人与第三者之间仲裁协议约束

实践中,当事人通过投保海洋货物运输保险,使保险公司对货物在运输过程中可能因自然灾害和意外事故发生的经济损失承担赔偿责任。由此引发的问题是,运输合同当事人/提单持有人作为被保险人获得赔付后,保险人行使代位求偿权时,运输合同/提单中的仲裁协议能否约束保险人?这一问题的实质是保险人是否受被保险人与第三者之间仲裁协议的约束。

正如《九民纪要》第98条所述:“被保险人和第三者在保险事故发生前达成的仲裁协议,对行使保险代位求偿权的保险人是否具有约束力,实务中存在争议……”具体而言,最高院在一些案例中认为,由于保险人并非协商订立案涉合同仲裁协议的当事人,故仲裁协议并非保险人的意思表示,除非保险人明确表示接受,否则该仲裁协议不约束保险人。[①] 但也有地方法院认为保险人应受被保险人与第三者之间仲裁协议的约束。[②] 为统一裁判观点,《九民纪要》第98条规定:“……被保险人和第三者在保险事故发生前达成的仲裁协议,对保险人具有约束力。考虑到涉外民商事案件的处理常常涉及国际条约、国际惯例的适用,相关问题具有特殊性,故具有涉外因素的民商事纠纷案件中该问题的处理,不纳入本条规范的范围。”

在国内案件中,被保险人和第三者在保险事故发生前达成的仲裁协议,对行使保险代位求偿权的保险人具有约束力;而在具有涉外因素的民商事纠纷案件中,涉外民商事纠纷案件的管辖确定,常常与国家主权、司法合作、国际条约、国际惯例等密切相关,相关问题具有特殊性,需要考虑的因素也比较复杂,故《九民纪要》没有对涉外民商事纠纷中“保险人是否受被保险人与第三者之间仲裁协议约束”这一问题给出明确

---

① 参见最高院《关于中国人民财产保险股份有限公司深圳市分公司诉广州远洋运输公司海上货物运输合同货损纠纷一案仲裁条款效力问题的请示的复函》《关于中国太平洋财产保险股份有限公司北京分公司诉北京中远物流有限公司、天津振华国际船舶代理有限公司、尼罗河航运私有有限公司海上货物运输合同保险代位求偿权纠纷所涉仲裁条款效力问题的请示的复函》以及最高院(2017)最高法民辖监2号。

② 参见江苏高院(2015)苏商辖终字第00101号、上海海事法院(2016)沪72民初1058号、上海高院(2017)沪民辖终29号。

结论。[1] 下述案件若依据《九民纪要》第 98 条的规定,裁判结果可能有所不同。

在中国人民财产保险股份有限公司深圳市分公司诉广州远洋运输公司案[2]中,中国人民财产保险股份有限公司深圳市分公司(下称财产保险公司)起诉称,广州远洋运输公司(下称远洋运输公司)作为 M/VLIANG SHANV. 41(“凉山”轮)的船东实际承运了一批鱼粉,从秘鲁到广州黄埔。泛远船务(香港)有限公司作为船东的代理人签发了涉案指示提单。货物抵达黄浦新港后,在卸货过程中,发现大量货物发热、结块和变质。提单持有人即被保险人深圳市华联粮油贸易有限公司(下称深圳华联)向原告财产保险公司索赔。财产保险公司委托了香港南华公证行登轮检验,经理算,损失金额为人民币 3,031,453.47 元。财产保险公司向深圳华联实际赔付了人民币 2,988,453.57元。后财产保险公司行使代位求偿权,要求被告远洋运输公司承担违约责任、赔偿损失。财产保险公司在起诉时未提供涉案提单的背面条款。远洋运输公司收到应诉通知书和起诉状之后,提出管辖权异议,认为提单的背面条款记载涉案纠纷应当在伦敦仲裁,请求驳回原告的起诉。财产保险公司补充提交的涉案三份提单的背面均有仲裁协议:任何因本提单引起的托运人、承运人、承租人和/或收货人之间的争议,根据 1979 年《仲裁法》,由 Mr. Alan Burbidge 独任仲裁员在伦敦仲裁。任何索赔需在卸货后 12 个月内提交仲裁。三份提单正面还记载:2003 年 1 月 8 日签订的租约中的所有条款、条件、权利和除外责任以及仲裁协议和任何附件都并入本提单。所有因义务引起的争议,包括承运人和货主之间就提单项下的货损责任发生的争议,均适用 2003 年 1 月 8 日签订的租约中的条款。

最高院认为,本案提单仲裁协议是订立海上货物运输合同当事人为仲裁解决纠纷而订立的有效仲裁协议。作为保险人的原告,依据保险合同在赔付被保险人即提单持有人深圳华联提单项下的货物损失后,依法取得向作为承运人的被告请求赔偿货物损失的代位求偿权利。但由于保险人不是协商订立仲裁协议的当事人,仲裁协议并非保险人的意思表示,除非保险人明确表示接受,否则提单仲裁协议对保险人不具有约束力。本案争议发生后,保险人并未与承运人达成新的仲裁协议,因此本案提单仲裁协议不应约束保险人。

本案如果适用《九民纪要》第 98 条的规定,首先需要考虑的问题是,案件是否为国内案件,是否具有涉外因素。《法律适用法司法解释》第 1 条规定:“民事关系具有下列情形之一的,人民法院可以认定为涉外民事关系:(一)当事人一方或双方是外国

---

① 参见刘贵祥主编:《〈全国法院民商事审判工作会议纪要〉理解与适用》,人民法院出版社 2019 年版,第 509 页。

② 参见万鄂湘主编、最高人民法院民事审判第四庭编:《涉外商事海事审判指导》(2005 年第 2 辑)(总第 11 辑),人民法院出版社 2006 年版,第 141 页。

公民、外国法人或者其他组织、无国籍人；（二）当事人一方或双方的经常居所地在中华人民共和国领域外；（三）标的物在中华人民共和国领域外；（四）产生、变更或者消灭民事关系的法律事实发生在中华人民共和国领域外；（五）可以认定为涉外民事关系的其他情形。"本案中，发生货损的鱼粉从秘鲁运至广州，可能符合上述规定中的第4项"产生、变更或者消灭民事关系的法律事实发生在中华人民共和国领域外"。如果能确认这一点，则需根据最高院《〈全国法院民商事审判工作会议纪要〉理解与适用》的解读，从国家主权、司法合作、国际条约、国际惯例等角度综合考虑案件管辖、法律适用等复杂问题。[①] 如果判定为国内案件，因被保险人深圳华联与第三者远洋运输公司之间的仲裁协议是保险事故发生前签订的，故该协议可以约束保险人。

五、合资经营合同的仲裁协议不能约束合营企业（非签约方）

在青岛华翔精密技术有限公司与青岛华强达工贸有限公司、青岛恒运物流有限公司（第三人）股东不履行出资义务纠纷案[②]中，最高院认为，因合营企业不是合资经营合同的签约方，故合资经营合同的仲裁协议不能约束合营企业。本案基本案情是：青岛华翔精密技术有限公司（下称华翔公司）由青岛保税区华强国际贸易有限公司（下称华强公司）、日本国有限会社北条理化学研究所及日本国竹内铁工株式会社三方共同出资设立。合营企业成立后，华强公司将其在合营企业占有的35%股权全部转让给了青岛华强达工贸有限公司（下称华强达公司）。由于华强达公司未履行出资义务，合营企业华翔公司直接向华强达公司提起诉讼，要求其按照合资经营合同的约定履行出资义务或者赔偿损失。华强达公司以合资经营合同含有有效的仲裁协议，本案应提交仲裁为由提出管辖权异议的抗辩。

最高院认为，在合营企业成立之后，合资一方未按合资经营合同履行出资义务的行为，既损害了合资他方的权益，也损害了合资经营企业的权益。在合资他方未依约对违约方提请仲裁或者诉讼的情况下，合营企业有权以自己的名义提起诉讼，要求未履行出资义务的一方股东承担民事责任。因合营企业不是合资经营合同的签约主体，未参与订立仲裁协议，因此，合资经营合同中的仲裁协议不能约束合营企业。对于本案纠纷，合营企业华翔公司直接向合营企业所在地的青岛市中级人民法院提起诉讼并不违反相关法律规定。同样，由于华强达公司是受让华强公司在合营企业中的股份之后作为股东进入合营企业的，各方当事人在进行股权转让时未明确约定是

---

① 参加刘贵祥主编：《〈全国法院民商事审判工作会议纪要〉理解与适用》，人民法院出版社2019年版，第509页。

② 参见万鄂湘主编、最高人民法院民事审判第四庭编：《涉外商事海事审判指导》（2005年第1辑）（总第10辑），人民法院出版社2005年版，第82页。

否受合资经营合同中仲裁协议的约束。因此,合资经营合同中的仲裁协议对受让方华强达公司没有法律约束力。华强达公司以合资经营合同含有有效的仲裁协议为由认为本案应提交仲裁的主张没有法律依据,其管辖权异议依法不能成立,应予驳回。

六、法人被吊销营业执照后仍受仲裁协议约束

当法人被吊销营业执照后,其法人资格尚未消灭。法人对外签订合同中的仲裁协议对该法人仍具有约束力。为清理债权债务的目的,应由法人本身或清算小组提起仲裁,法人的设立人不是适格的提起仲裁的主体。

高福忠申请撤销贸仲(2002)贸仲裁字第0237号仲裁裁决案[①]的基本案情是:1995年2月28日,芜湖市龙桥宾馆(下称龙桥宾馆)与高福忠签订了《关于中外合作经营龙桥宾馆合同书》,约定龙桥宾馆提供其宾馆客房部餐饮部的8层楼以及水、电、通信等全部配套设施,由高福忠统一管理、自主经营、自负盈亏,使用权10年。高福忠无论经营盈亏如何,确保向龙桥宾馆交纳经营管理费、折旧费、综合费,并约定了具体数额。1995年5月5日,双方进一步签订《中外合作经营芜湖龙桥宾馆有限公司合同书》,共同投资成立合作企业芜湖龙桥宾馆有限公司,利润分配、出资及经营方式等按照1995年2月28日合同约定办理。合作经营合同第17章规定:"合营各方因执行本合同而发生争议,应本着友好精神协商解决,如协商不能解决,可提请中国国际贸易促进委员会对外经济贸易仲裁委员会按该地的仲裁程序进行仲裁。此裁决为终局裁决,各方应遵守执行。仲裁费用由败诉一方负责。"同日,双方签署了合作企业章程。

1996年龙桥宾馆未办理企业法人年检。1997年11月7日,芜湖市工商行政管理局公告吊销龙桥宾馆营业执照。

1998年3月28日,龙桥村委会与高福忠签订《关于中外合作经营龙桥宾馆的补充合同书》,约定了双方进一步合作的事宜,并将该补充合同作为龙桥宾馆与高福忠1995年2月28日所签订的合作经营合同的补充,"与原合同具有同等的法律效力"。

1999年9月20日,龙桥村委会与芜湖龙桥宾馆有限公司签订《补充协议》,约定在原合同条款的前提下,下调高福忠上交的管理费数额。

2001年8月31日,龙桥村委会根据《中外合作经营芜湖龙桥宾馆有限公司合同书》第17章的约定,以高福忠为被申请人,向贸仲提请仲裁,请求裁决高福忠偿还拖欠经营管理等费用262万元;终止合作经营合同,收回龙桥宾馆及其全部配套设施的

---

① 参见万鄂湘主编、最高人民法院民事审判第四庭编:《中国涉外商事海事审判指导与研究》(2003年第2卷)(总第5卷),人民法院出版社2003年版,第62页。

使用权等。2002 年 8 月 6 日，仲裁庭作出裁决：被申请人向申请人偿付拖欠的经营管理等费用人民币 3,385,000 元；终止合作经营合同等。

高福忠向北京二中院申请撤销贸仲作出的上述裁决。最高院认为：仲裁协议是以协议双方的合意为前提的，只有仲裁协议的主体受仲裁协议的约束。虽然仲裁协议当事方龙桥宾馆被吊销营业执照，但龙桥宾馆作为企业法人尚未消灭，其在法律程序上仍具有主体资格。如果本案仅涉及《中外合作经营芜湖龙桥宾馆有限公司合同书》项下债权债务的纠纷，龙桥村委会作为龙桥宾馆的开办单位，为清理龙桥宾馆债权债务的目的，只能以龙桥宾馆或其清算组织的名义提起仲裁，以龙桥村委会自身的名义提起仲裁主体不适格。此外，不能依据《中外合作经营芜湖龙桥宾馆有限公司合同书》中的仲裁协议裁决其他合同引发的争议，不能超越仲裁协议解决争议的范围。因此，应认定龙桥村委会与高福忠之间不存在仲裁协议，仲裁裁决应予撤销。

七、代理人与第三人达成的仲裁协议约束被代理人

在代理人有权代理或构成表见代理的情况下，其与第三人达成的仲裁协议约束被代理人。在中国外运南京公司申请不予承认及执行伦敦最终仲裁裁决案[①]中，1995 年 7 月 14 日，新加坡的租船经纪人 Raffles Shipbrokers（下称 Raffles）传真给德国鲁道夫 · A. 奥特克公司（下称奥特克公司）的经纪人 Shchiffahares and Befrachtungs gesellschaft Wagener & Gerg（GmbH & CO）KG（tuj tq Petromar）（下称 Petromar）一份租约条款。7 月 17 日，Petromar 将租用船舶 TANJAJACOB（坦加杰克）号的意见和条件（下称租船合同概要）传真给新加坡的共同经纪人 Raffles。租船合同概要中载明了租船人为中国外运南京公司（下称南京外运）、装载条款等，另外载明了租约条款第 1 ~ 32 条进行的修改/增加/变化，租船合同格式为 ASBATANKVDY（该格式条款第 24 条对仲裁事项作了规定）。同日，Raffles 将与上述内容相同的条款和条件传真给南京外运的经纪人丸红国际石油公司（MIPCO，下称丸红公司）和奥特克公司。7 月 18 日，丸红公司将此租船概要传真给南京外运，船舶船东为奥特克公司，船名“TANJAJACOB”号。7 月 19 日，南京外运传真给丸红公司航次指令，但其中内容未涉及仲裁协议。同日，丸红公司将此航次指令传真给 Raffles，Raffles 又将此航次指令传真给 Petromar 公司。

7 月 20 日，共同经纪人 Raffles 将一份正式租船合同送交 Petromar 公司，由 Petromar 交奥特克公司签署。奥特克公司签署了该租船合同，该合同规定承租人南京外

---

① 参见万鄂湘主编、最高人民法院民事审判第四庭编：《中国涉外商事海事审判指导与研究》（2002 年第 1 卷）（总第 3 卷），人民法院出版社 2002 年版，第 133 页。

运,船东为奥特克公司,船名 TANJAJACOB 号,第一部分 K 条规定:"共同海损理算地点和仲裁地点为伦敦。"合同上有奥特克公司在船东处签字,丸红公司在承租人南京外运处签字。

1995 年 7 月 19 日,奥特克公司所属"TANJAJACOB"轮抵达新加坡,7 月 20 日,船长发出书面准备就绪通知书。7 月 24 日,租船人南京外运在新加坡的经纪人丸红公司通知船东的租船经纪人 Petromar 取消租船合同,以 7 月 24 日传真为证。7 月 31 日,奥特克公司改变租船计划同英国石油公司签订租船合同,替代该运输合同。奥特克公司向南京外运提出书面索赔未果。

1995 年 9 月 1 日,奥特克公司在伦敦申请仲裁,并指定约翰 · 阿伦 · 斯科非尔德(John Schofield)为仲裁员。之后,奥特克公司就仲裁员作出的裁决向武汉海事法院申请承认与执行。南京外运抗辩称,其与奥特克公司之间未签订成立任何租船合同,也未签订成立任何仲裁条款或协议,所以仲裁裁决对南京外运无约束力。丸红公司作为中间经纪人在未得到南京外运的授权及认可的情况下擅自使用其名义与申请人签订租船合同,对南京外运没有约束力,丸红公司冒用他人名义签订合同的后果应由自己承担。

最高院认为:鉴于本案南京外运的所有活动都是通过其经纪人丸红公司进行的,因此应当认定丸红公司是被申请人的代理人,被申请人应当受丸红公司代其签订的租船合同的约束。南京外运签发航次指令的行为是一种履行合同的行为,该行为表明奥特克公司与南京外运之间有租船合同。因为本案租船合同和租船合同概要中均含有仲裁协议,所以应当认定奥特克公司与南京外运之间存在仲裁协议,本案仲裁裁决不具有不予承认和执行的情形。

八、未及时提出管辖异议视为接受仲裁管辖

在清华同方股份有限公司、清华同方光盘股份有限公司申请撤销(2002)贸仲裁字第 0095 号仲裁裁决案[①]中,最高院认为当事人全程参与仲裁程序,未提出管辖异议,应视为接受仲裁管辖。

本案中,清华同方股份有限公司(下称同方股份)、清华大学光盘国家工程研究中心(下称光盘中心)与鱼谷由佳(旅日华侨,长居日本)三方签订《赠与及相关领域合作合同》,约定:三方在中国信息数字化、集约化领域开展广泛、深入的多种形式的合作,包括鱼谷由佳向同方股份、光盘中心无偿赠送先进的科研开发、制作、生产和应用

---

① 参见万鄂湘主编、最高人民法院民事审判第四庭编:《中国涉外商事海事审判指导与研究》(2003 年第 2 卷)(总第 5 卷),人民法院出版社 2003 年版,第 50 页。

设备。合同约定,鱼谷由佳向光盘中心赠送 DVD 制作及部分应用系统设备,向同方股份赠送 DVD 生产设备。合同第 21 条约定,“本合同履行过程中发生争议,二方应通过友好协商解决。协商不成,任何一方可提交中国国际贸易经济仲裁委员会按照该会的《仲裁规则》进行仲裁解决。仲裁裁决是终局的,对各方具有约束力。在仲裁过程中,除有争议的部分外,本合同的其他内容应继续履行”;合同第 26 条第 5 款约定:“甲方(鱼谷由佳)赠与乙方(光盘中心)的机器设备,在乙方改制建设成为清华同方光盘股份有限公司后,视为甲方赠与清华同方光盘股份有限公司的机器设备。本合同中乙方所有的未尽事宜,由清华同方光盘股份有限公司继续完成。”

鱼谷由佳认为其履行了赠与义务后,同方股份、光盘中心以及承继光盘中心的清华同方光盘股份有限公司(下称光盘股份)未按合同约定的内容履行赠与附加义务,已构成违约。鱼谷由佳于 2001 年 2 月 23 日以同方股份、光盘股份为被申请人,向贸仲申请仲裁。仲裁请求为:撤销对两被申请人的赠与,由被申请人返还财产,赔偿损失。同方股份、光盘股份在裁决作出后向北京二中院申请撤销上述裁决。其中,光盘股份的申请理由之一为:《赠与及相关领域合作合同》中的仲裁协议对其没有约束力。北京二中院就光盘股份未在仲裁程序中提出管辖异议是否意味着接受仲裁管辖这一问题,向最高院请示。

最高院认为:光盘股份并非争议合同的一方当事人,但其以当事人的身份参加了整个仲裁程序,并进行了实体答辩,且至仲裁庭最终作出仲裁裁决也未就管辖权问题提出异议。在此情况应认定光盘股份已经接受了仲裁庭对本案的管辖,且其已经丧失了在对仲裁庭管辖提出异议的权利。

第七节 仲裁司法审查其他典型案例分析

一、当事人不存在导致外国仲裁裁决不予承认和执行

因当事人不存在而导致外国仲裁裁决不予承认和执行极为罕见,但却偶有发生。这一不予承认和执行的逻辑容易理解:既然被执行人不存在,仲裁的一方当事人就不存在,仲裁协议无效。典型案例是赛百味国际有限公司申请承认和执行国际争端解决中心国际仲裁庭作出的 50114T0017107 号仲裁裁决案①。在该案中,赛百味国际有限公司(下称赛百味公司)主张北京萨伯威餐饮有限公司(下称萨博威公司)违反双方 2005 年 1 月 5 日签订的特许经营加盟协议,故向国际争端解决中心国际仲裁庭申

① 参见(2008)民四他字第 47 号。

请仲裁。裁决作出后，赛百味公司作为申请人向北京二中院申请承认执行国际争端解决中心国际仲裁庭作出的50114T0017107号仲裁裁决，申请执行内容包括萨伯威公司必须去除赛百味的标志并停止使用所有涉及赛百味公司三明治业务的商号、商标、服务标识、符号、色彩、构图、印刷品及广告形式，并按特许经营加盟协议第8(e)款的要求，将操作手册退还赛百味公司等。

法院经审理后查明，2005年1月5日，刘丹梅以“北京萨伯威餐饮有限公司”的名义与赛百味公司签订特许经营加盟协议，刘丹梅向赛百味公司报批的店址为北京市朝阳区亚运村汇宾大厦B座2层。但北京市工商行政管理局企业登记数据库没有“北京萨伯威餐饮有限公司”的注册登记记录。而在汇宾大厦1层有“北京百味妙思餐饮管理有限公司亚运村店”，负责人为刘丹梅。刘丹梅亦是北京百味妙思餐饮管理有限公司的法定代表人。最高院认为：本案所涉被申请人北京萨伯威餐饮有限公司并未在中国工商行政管理机关注册登记，因此，中国法院无法根据《纽约公约》的规定承认和执行本案所涉仲裁裁决。故本案应当裁定驳回申请人的申请。

二、当事人缔约的行为能力对仲裁协议有效性的影响

《仲裁法》第17条规定：“有下列情形的，仲裁协议无效……(二)无民事行为能力人或者限制民事行为能力人订立的仲裁协议……”《纽约公约》第5条规定：“裁决唯有于受裁决援用之一造向声请承认及执行地之主管机关提具证据证明有下列情形之一时，始得依该造之请求，拒予承认及执行：(甲)第二条所称协定之当事人依对其适用之法律有某种无行为能力情形者……”根据前述规定，如果一份国内或者涉外仲裁协议的缔约一方当事人无行为能力或为限制行为能力，则该仲裁协议无效。而如果一份外国仲裁裁决指向的仲裁协议中缔约一方当事人无行为能力，则法院可以拒绝承认及执行该仲裁裁决。

这里需要说明的是，根据联合国贸易法委员会秘书处编写的UNICITRAL Secretariat Guide on the Convention on the Recognition and Enforcement of Foreign Arbitral Awards(New York, 1958)(《纽约公约指南》)，《纽约公约》并未对“无行为能力”作出定义。行为能力通常是指以自己的名义并代表自己采取行动和签订协议的法律能力。[①] 尽管如表见代理、无权代理等代理权限的问题不同于严格意义上的行为能力问题，但部分国家的法院认为《纽约公约》中无行为能力的抗辩可以扩大适用至法律实

① See UNICITRAL Secretariat Guide on the Convention on the Recognition and Enforcement of Foreign Arbitral Awards (New York, 1958), 2016 Edition, p. 135.

体被无权代理的情形。[①] 实践中，在依据《纽约公约》审理承认与执行外国仲裁裁决的案件时，最高院持有的正是这一观点。另外，《内地与香港相互执行仲裁裁决的安排》第7条对不予执行裁决情形的规定与《纽约公约》第5条类似，最高院在审查是否执行香港裁决时，同样认为无行为能力的抗辩可以扩大适用至无权代理的情形。

在英国嘉能可有限公司申请承认和执行英国伦敦金属交易所仲裁裁决案[②]及香港享进粮油食品有限公司申请执行 HKIAC 仲裁裁决案[③]中，最高院认为：自然人未经公司正当授权，擅自对外签约，应认定该自然人对签约一事无行为能力，其仲裁协议应属无效。

在英国嘉能可有限公司申请承认和执行英国伦敦金属交易所仲裁裁决案中，重庆机械设备进出口公司职员孙健与英国嘉能可有限公司签订合同。孙健在"代表"公司签订本案合同时未经授权且公司也未在该合同上加盖印章。最高院认为：上述做法缺乏代理关系成立的形式要件，事后重庆机械设备进出口公司对孙健的上述行为明确表示否认。同时孙健的签约行为也不符合两公司之间以往的习惯做法，不能认定为表见代理。孙健不具代理权，其"代表"公司签订的合同应当认定为无效合同，其民事责任不应由重庆机械设备进出口公司承担。同理，孙健"代表"公司签订的仲裁协议亦属无效，其法律后果亦不能及于重庆机械设备进出口公司。因此，法院应当拒绝承认与执行依据本案合同仲裁协议作出的仲裁裁决。

在香港享进粮油食品有限公司申请执行 HKIAC 仲裁裁决案中，安徽粮油食品进出口（集团）公司（下称安徽粮油公司）系海南高富瑞工贸有限公司（下称海南高富瑞公司）的股东。本案所涉合同是海南高富瑞公司总经理张根杰利用职务便利，采取剪取、粘贴、复印、传真等违法手段，盗用安徽粮油公司圆形行政公章，以安徽粮油公司的名义与香港享进粮油食品有限公司（下称享进公司）签订的。由于张根杰没有得到安徽粮油公司的明确授权，采用违法的手段盗用其印章签订合同，且事后未告知安徽粮油公司，更未得到追认。根据当事人的属人法即中国内地相应的法律规定，张根杰无权代理安徽粮油公司签订合同，即其不具备以安徽粮油公司名义签订合同的行为能力，相应地，其亦不具有以安徽粮油公司名义签订合同中仲裁协议的行为能力。由于本案所涉仲裁协议是张根杰通过欺诈手段签订的，因此，根据本案仲裁地法即香港

---

① See UNICITRAL Secretariat Guide on the Convention on the Recognition and Enforcement of Foreign Arbitral Awards (New York, 1958), 2016 Edition, pp. 137 – 138.

② 参见万鄂湘主编、最高人民法院民事审判第四庭编：《中国涉外商事海事审判指导与研究》(2001 年第 1 卷)(总第 1 卷)，人民法院出版社 2001 年版，第 67 页。

③ 参见万鄂湘主编、最高人民法院民事审判第四庭编：《涉外商事海事审判指导》(2004 年第 1 辑)(总第 7 辑)，人民法院出版社 2004 年版，第 36 页。

的法律,该仲裁协议也应认定无效。故根据《内地与香港相互执行仲裁裁决的安排》第 7 条第 1 款第 1 项的规定,应不予执行本案仲裁裁决。

值得注意的是,在上述案件中,最高院在审查外国仲裁裁决、香港仲裁裁决时,就超越代理权限签订的仲裁协议效力这一问题,依据缔约人不具有缔约行为能力,认定仲裁协议效力存在瑕疵,不予承认(认可)涉案裁决。相比之下,中国法院审查中国内地仲裁裁决、仲裁协议时,一般并不从缔约人是否有行为能力的角度论述这一问题,而是直接认定超越代理权签订的仲裁协议,本人未予追认时,该仲裁协议不对本人发生效力。如在曾凡聪与重庆银钢科技(集团)有限公司合同纠纷案[①]中,重庆一中院认为,“本案审查的重点在于曾凡聪与银钢公司之间是否存在合法有效的仲裁协议。本案中,由于涉案外销合同均系曾凡聪的代理人贺勇以曾凡聪的名义与银钢公司所签订,而合同中又明确约定有争议提交贸仲委西南分会仲裁的相关条款,那么该仲裁协议是否对曾凡聪发生效力,则涉及曾凡聪的代理人贺勇与银钢公司签订的涉案外销合同是否属于超越代理权限的问题,如果贺勇属于超越代理权限,且未得到曾凡聪的追认,那么相关仲裁协议就不能生效。”

三、违反仲裁规则

仲裁庭是否违反仲裁程序是法院司法审查的另一个重点。如果发生仲裁庭违反仲裁规则的情形,法院有权撤销仲裁裁决、通知仲裁庭重新仲裁、不予执行仲裁裁决、不予承认和执行国际仲裁裁决。有关法律依据如下:(1)《仲裁法》第 58 条第 1 款第 3 项、第 61 条之规定;(2)《民事诉讼法》第 237 条第 2 款第 3 项、第 274 条第 1 款第 3 项之规定;(3)《纽约公约》第 5 条第 1 款(d)项之规定;(4)《内地与香港相互执行仲裁裁决的安排》第 7 条第 1 款第 4 项之规定;(5)《内地与澳门相互执行仲裁裁决的安排》第 7 条第 1 款第 4 项之规定;(6)《认可和执行台湾地区仲裁裁决的规定》第 14 条第 1 款第 4 项之规定。

最高院公布的以下典型案例对研究法院在仲裁庭违反仲裁规则问题上的司法审查尺度较有帮助:

(一)未按仲裁规则送达当事人

在黑龙江鸿昌国际货物运输代理有限公司申请撤销中国海事仲裁委员会仲裁裁

---

① 参见(2015)渝一中法民特字第 01349 号。

决案[①]中,在被申请人工商注册地址已经变更,且在仲裁庭用以送达仲裁文书的特快专邮因收件人“迁移新址不明”被退回的情况下,仲裁庭仍向原地址进行送达,而未采取向工商行政管理机关查询这一最通常的合理查询方法,导致仲裁裁决在被申请人未得到仲裁通知的情况下作出,违反了仲裁规则,仲裁裁决被撤销。

在河南联创置业有限公司申请撤销贸仲(2003)深国仲结字第05号裁决案[②]中,贸仲将仲裁规则、仲裁员名册、仲裁申请书及附件等仲裁文件送达至郑州市经三路63号。而该地址除上述公司以外,还有其他两家公司。前述仲裁文件被另一家的员工签收。法院认为由于该员工在签收时未经申请人授权,其签收行为亦未经申请人的追认,故该签收产生的法律后果不能由申请人负担,即贸仲未在法定期限内将仲裁文件送达至适格的被送达人,即该送达不符合有效送达的要件。最终,贸仲(2003)深国仲结字第05号裁决书被深圳中院撤销。

(二)未给予仲裁规则规定的答辩期

在大连某集团有限公司申请撤销贸仲(2003)贸仲裁字第0398号裁决案[③]中,贸仲于2003年12月26日向上述公司函寄仲裁及组庭通知,确定本案适用2000年10月1日起施行的仲裁规则中的简易程序审理。仲裁规则中第66条是关于简易程序答辩期的规定,“被申请人应在收到仲裁通知书之日起30日内向仲裁委员会提交答辩书及有关证据文件”。但仲裁庭于同年12月30日即答辩期尚未届满时就作出了裁决,影响了当事人答辩权利的行使。最高院认为应重新仲裁。

(三)未经当事人同意书面审理

在台湾桦庆塑胶制品有限公司申请撤销贸仲(2002)贸仲裁字第0039号裁决案[④]中,仲裁庭在审理案涉合作经济合同纠纷时,未经当事人同意即对台湾桦庆塑胶制品有限公司提出的反请求进行书面审理,违反了仲裁规则的规定。最高院认为上述情况属于当时施行的1991年《民事诉讼法》第260条第1款规定的“仲裁程序与仲裁规则不符”的情形,因此依法应当予以撤销仲裁裁决。

---

① 参见万鄂湘主编、最高人民法院民事审判第四庭编:《涉外商事海事审判指导》(2004年第1辑)(总第7辑),人民法院出版社2004年版,第41页。

② 参见(2003)深中法民二初字第164号民事裁定书,载 http://www.lawyee.net/Case/Case_Display.asp? RID=72415&KeyWord,最后访问日期:2013年4月16日。

③ 参见万鄂湘主编、最高人民法院民事审判第四庭编:《涉外商事海事审判指导》(2005年第2辑)(总第11辑),人民法院出版社2006年版,第113页。

④ 参见万鄂湘主编、最高人民法院民事审判第四庭编:《中国涉外商事海事审判指导与研究》(2003年第3卷)(总第6卷),人民法院出版社2004年版,第122页。

（四）仲裁员应回避而未回避

仲裁员的回避制度有助于当事人监督仲裁员的行为，确保仲裁程序公平进行。应当回避而未回避的仲裁员作出的仲裁裁决的公正性会受到当事人质疑。在上海高院关于北京市温榆河高尔夫球俱乐部有限公司申请撤销仲裁裁决请示案①中，最高院认为仲裁过程中首席仲裁员发表了不恰当的言论，有损其作为仲裁员的公正性和独立性。依据《贸仲规则 2000》，该仲裁员应当回避而未回避。因此，最高院撤销了仲裁裁决。

（五）代替当事人变更仲裁请求并作出裁决

在四川华航建设发展有限公司申请撤销与王忠诚之间的（2003）成仲案字第 468 号裁决案②中，仲裁申请人王忠诚与被申请人四川华航建设有限公司（下称华航公司）签订《联合开发协议书》，约定王忠诚向华航花园项目投入开发资金 250 万元，华航公司保证在开发资金投入之日起 6 个月时支付本金及封顶利润 166.8 万元。到期后华航公司没有偿还资金及利润。2003 年 9 月 3 日，王忠诚向成都仲裁委员会申请仲裁。仲裁庭在审理后认为，双方当事人在联营商事活动中对风险承担的意思表示，不符合最高院《关于审理联营纠纷案件若干问题的解答》第 4 条中"联营活动应遵循共负盈亏，共担风险的原则"的规定。因此，就 0128 号协议书，虽名义是"联合开发协议书"，约定王忠诚注入资金，用于华航公司持有的第一期华航公司城市花园别墅小区项目进行联合开发，但实际应为借款协议。仲裁庭根据这一认定作出裁决。

最高院认为，在仲裁案件申请人主张的法律关系性质和民事行为效力与仲裁庭认定不一致时，仲裁庭未按照仲裁规则的规定告知当事人可以变更仲裁请求，而是直接自行代替当事人变更请求并作出裁决，且未给被申请人重新指定举证期限，因此可以认定仲裁庭的裁决程序与仲裁规则不符。故应依照《仲裁法》第 61 条的规定，通知仲裁庭重新仲裁并裁定中止撤销程序。若仲裁庭拒绝重新仲裁，则可以恢复撤销程序，以仲裁程序与仲裁规则不符为由，撤销该裁决。

（六）违反审限规定

在日本信越化学工业株式会社申请承认与执行日本商事仲裁协会东京 04－05

① 参见万鄂湘主编、最高人民法院民事审判第四庭编：《涉外商事海事审判指导》（2010 年第 2 辑）（总第 21 辑），人民出版社 2010 年版，第 204 页。

② 参见万鄂湘主编、最高人民法院民事审判第四庭编：《涉外商事海事审判指导》（2005 年第 2 辑）（总第 11 辑），人民法院出版社 2006 年版，第 125 页。

号仲裁裁决案[①]中,仲裁适用《日本商事仲裁协会商事仲裁规则》。前述《仲裁规则》第53.1条规定:"仲裁庭认为仲裁程序已进行得完全充分,可以进行裁决并决定终结审理程序时,仲裁庭应在作出该决定之日起5周内作出仲裁裁决;如果因为案情复杂或其他原因,仲裁庭认为有必要时,可以适当延长该期限,但不得超过8周。"而本案实际情况是,2005年7月7日,仲裁庭决定接受日本信越化学工业株式会社变更仲裁请求的申请,并结束审理。2005年8月31日,仲裁庭宣布延后20天即2005年9月20日作出仲裁裁决,而实际作出仲裁裁决的日期为2006年2月23日。即在决定结束审理之后,仲裁庭没有依照《仲裁规则》的规定按期作出仲裁裁决。另外,《仲裁规则》第53.2条规定:"仲裁庭在前款审理终结时,应把将要作出裁决的期限通知当事人。"仲裁庭在告知当事人将于2005年9月20日作出仲裁裁决后,直至实际作出裁决的2006年2月23日,没有按照《仲裁规则》的规定再次决定延期并通知当事人。因此,该仲裁程序构成了《纽约公约》第5条第1款乙项规定的"受裁决援用之一造未接获关于指派仲裁员或仲裁程序之适当通知,或因他故,致未能申辩者"[②]。同时,最高院认为,"当事双方在合同中约定:由本协议产生和与本协议相关的所有纠纷在双方无法协商解决的情况下,根据《日本商事仲裁协会商事仲裁规则》在日本东京进行仲裁。当事双方在合同中选择仲裁作为处理争议的方式,并明确约定了适用《日本商事仲裁协会商事仲裁规则》,因此,该《仲裁规则》中的有关内容已经成为当事人协议的一部分。"故最高法院认为该仲裁程序存在《纽约公约》第5条第1款丁项规定的"仲裁机关之组成或仲裁程序与各造间之协议不符,或无协议而与仲裁地所在国法律不符者"的情形。

(七)违反一裁终局的规定

在江智锋申请撤销上仲(2004)沪裁(经)字第1068号裁决案[③]中,申请人江智锋与被申请人上海南阳建筑安装工程有限公司于2004年3月3日达成仲裁协议,约定因2003年6月26日、7月16日双方签订的"工程协议及装潢装饰工程协议"发生的一切纠纷,任何一方均可提请上仲装饰装修争议仲裁中心按其仲裁规则进行仲裁。同日,根据江智锋的仲裁申请书,上仲组成独任仲裁庭,就江智锋与上海南阳建筑安

① 参见(2007)民四他字第26号。

② 最高院这里似乎误解了《纽约公约》第5条第1款乙项的含义。本案涉及的问题是在调查阶段结束后,仲裁庭未能通知当事人延期作出仲裁裁决。这一行为不足以认定被申请执行人未能在仲裁庭上进行申辩。

③ 参见万鄂湘主编、最高人民法院民事审判第四庭编:《涉外商事海事审判指导》(2005年第2辑)(总第11辑),人民法院出版社2006年版,第132页。

装工程有限公司仲裁协议项下的纠纷进行了审理，并根据双方调解协议出具了(2004)沪裁(经)字第1062号调解书。调解书的主要内容为：双方于2003年6月26日签订的工程协议及2003年7月26日签订的装潢装饰工程协议终止履行；上海南阳建筑安装工程有限公司已将上述工程量的价款提请上仲指定的审价单位进行审价，工程款应以审价单位的审定价为结算依据，多退少补；审价费用先由双方各付一半，如审价结果高于24万元，审价费用由江智锋负担，审价费用低于24万元，审价费用由上海南阳建筑安装工程有限公司负担等。此后，上海南阳建筑安装工程有限公司以江智锋未履行调解书为由，依据2004年3月3日双方签订的仲裁协议，于2004年4月13日向上仲装饰装修争议仲裁中心提起仲裁申请，请求：(1)由仲裁庭指定委托审价单位对装潢工程进行审价；(2)江智锋根据审价结果支付工程款和其他费用；(3)审价鉴定费按(2004)沪裁(经)字第1062号调解书确定的原则承担。上仲装饰装修争议仲裁中心受理上海南阳建筑安装工程有限公司的仲裁请求后，仍由审理(2004)沪裁(经)字第1062号仲裁案件的仲裁员组成独任仲裁庭，适用简易程序对本案进行了仲裁，并于2004年11月5日作出(2004)沪裁(经)字第1068号裁决书，裁决江智锋支付上海南阳建筑安装工程有限公司工程款人民币139,357元、工程审价鉴定费人民币2000元。最高院认为，《仲裁法》第9条第1款、《上海仲裁委员会装饰装修争议简易程序仲裁规则(试行)》第8条、第9条均规定，仲裁实行一裁终局的制度，调解书与裁决书具有同等法律效力。上仲在就本案所涉纠纷作出(2004)沪裁(经)字第1062号调解书之后，又就相同当事人之间的同一纠纷作出(2004)沪裁(经)字第1068号裁决书，违反了《仲裁法》和《上海仲裁委员会仲裁规则》有关一裁终局的规定，裁决应予撤销。

最高院在不予承认日本商事仲裁协会东京07－11号仲裁裁决案的请示的复函①中重申了这一立场。在该案中，信越化学工业株式会社(下称信越会社)与江苏中天科技股份有限公司(下称中天公司)签订《长期销售及采购协议》(下称《长期协议》)，约定中天公司自2003年1月1日起每月按2000公斤量(另有除外情形)向信越会社购买匹配型单膜光纤预制棒，自协议起始日起5年内持续有效。2003年10月9日，双方约定将协议期限修改为从2004年1月1日至2008年12月31日。2005年1月1日，商务部对从日本进口的常规单膜光纤全部征收46%的反倾销税。中天公司于2003年11月20日致函信越会社，希望重新协商合同价格，否则只能选择解除2001年11月27日签署的《长期协议》，但遭到信越会社的拒绝，中天公司遂对《长期协议》不予履行。

---

① 参见(2010)民四他字第32号。

2004 年 4 月 12 日,信越会社向日本东京商事仲裁协会申请仲裁,日本东京商事仲裁协会仲裁庭作出 04 - 05 号裁决,认为申请人寻求其自 2004 年 1 月至 2005 年 7 月的损失是合理的行为。然而,2005 年 7 月底之后,在双方失去信任关系的情况下,允许信越会社继续索赔其遭受的损失似乎有失公平。最终,仲裁庭裁决:(1)被申请人必须支付申请人金额 1,520,000,000 日元,并按照每年 6% 的利率支付上述金额的利息,利息计算期间为从本仲裁立案之日(2004 年 4 月 12 日)起至完全支付之日止。(2)本裁决书所附之《计算表》已列明本仲裁案件的全部费用及其在双方之间的分摊……

2007 年 8 月 22 日,信越会社再次依据双方的《长期协议》向日本商事仲裁协会东京仲裁机构提出仲裁申请,要求中天公司赔偿 2005 年 8 月至 2008 年 3 月的合同期间违约而产生的损失赔偿等。仲裁庭审理后作出 07 - 11 号仲裁裁决,认定双方已正式签署《长期协议》,但中天公司从一开始就拒绝履行,明显违约;中天公司的违约行为是因为产品的市场价格发生突然的急剧下降而非任何有意或不当行为;虽然原仲裁庭在最初裁决中宣告《长期协议》不再依其条款执行,但信越会社遭受了一定的财务损失,即在本次仲裁的相关期限(即 2005 年 8 月至 2008 年 3 月)内因违约所导致的利润损失,所以判定对本次仲裁所涉时期内产生的一定损害给予赔偿是公正合理的。综上,裁定中天公司向信越会社支付 6.4 亿日元,作为从 2005 年 8 月 1 日至 2008 年 3 月 31 日合同期间的实际损害赔偿金,并按年利率 6% 支付从 2008 年 3 月 28 日起至付清款项之日止的利息。

信越会社向南通市中级人民法院提出申请承认上述 07 - 11 号裁决。最高院认为,日本商事仲裁协会仲裁庭在 07 - 11 号裁决前曾作出 04 - 05 仲裁裁决,该裁决驳回了信越会社关于确认 2004 年 1 月至 2008 年 12 月 31 日的《长期协议》可履行的仲裁请求,其理由为自 2005 年 7 月后双方当事人之间已丧失信任关系、允许信越会社继续请求 2005 年 8 月之后的损失不公平。信越会社在本次仲裁中的请求是 2005 年 8 月至 2008 年 3 月的违约损失。因此,本次仲裁事项与前次仲裁程序中信越会社关于协议可履行的请求属同一仲裁事项,构成重复受理。仲裁终局的原则在本案当事人之间的仲裁协议(条款)中作出了明确约定,07 - 11 号裁决的作出违反了该原则,构成仲裁程序与当事人协议不符,应适用《纽约公约》第 5 条第 1 款丁项之规定予以拒绝承认。

(八)仲裁庭以补充裁决撤销原仲裁裁决

在北京鹏华经济技术发展公司与英属韦津岛好运有限公司申请撤销仲裁裁

决案[①]中,仲裁庭在作出裁决后,又作出补充裁决,并以补充裁决撤销在先裁决。最高院认为:有关法律与仲裁规则仅授权仲裁委员会可以就程序和遗漏事项作出补充裁决,没有授权仲裁委员会撤销其已经作出、送达且生效的仲裁裁决。承德仲裁委员会在对同一纠纷已经作出仲裁裁决的情况下,又作出撤销原裁决的补充裁决缺乏法律依据。同时,这一做法也不符合《承德仲裁委员会仲裁规则》的规定,属于《民事诉讼法》第 260 条第 1 款第 3 项[②]规定的"仲裁庭的组成或者仲裁的程序与仲裁规则不符"的情况,法院可以据此撤销仲裁裁决。但是,同样可以通过通知仲裁庭重新仲裁的方式纠正上述违反仲裁程序的行为(以补充裁决撤销原裁决)。根据本案所涉仲裁裁决的实际情况,应当根据《仲裁法》第 61 条的规定,通知仲裁庭在一定期限内重新仲裁,并裁定中止撤销程序。如果仲裁庭拒绝重新仲裁的,应当裁定恢复撤销程序,依法一并撤销该两仲裁裁决。

(九)仲裁庭指定的鉴定机构不具有鉴定资质

在克林顿公司申请强制执行佛山仲裁委员会(1998)佛仲字第 04 号仲裁裁决案[③]中,CLINTON ENGINEERING LIMITED(下称克林顿公司)与广州市东峻房地产有限公司(下称东峻公司)根据双方签订的《机电工程协议书》中的仲裁协议,将纠纷提交佛山仲裁委员会进行仲裁。东峻公司与克林顿公司在仲裁委员会委托鉴定机构之前,对鉴定机构的选定有明确的要求,即不同意选择广州以及佛山的鉴定机构。在仲裁委员会委托注册地在佛山辖区之内的广东德正会计师事务所之后,东峻公司对该情况及鉴定资质曾经提出了异议。现有证据显示:广东德正会计师事务所不具备工程质量与工程造价项目的鉴定资质。

最高院认为,《仲裁法》第 44 条、《佛山仲裁规则》第 56 条均规定:仲裁庭对案件涉及的专门性问题认为需要鉴定的,可以交由当事人约定的鉴定部门鉴定;也可以交由仲裁庭指定的鉴定部门鉴定。在双方当事人共同委托仲裁庭指定鉴定机构时,仲裁庭可以依法以及依照仲裁规则作出指定,但该指定有一个基本的前提与限制:仲裁庭必须在对相关项目有鉴定资质的鉴定机构中进行选择。鉴定机构资质方面的要求,有关法律、仲裁规则虽未明确加以限定,但却是有关法律以及仲裁规则对鉴定结论作为证据的程序合法性方面隐含的必然要求。在鉴定机构缺乏法定资质的情况

---

① 参见万鄂湘主编、最高人民法院民事审判第四庭编:《涉外商事海事审判指导》(2006 年第 1 辑)(总第 12 辑),人民法院出版社 2006 年版,第 73 页。

② 即 2012 年修改后的《民事诉讼法》第 274 条第 1 款第 3 项。

③ 参见万鄂湘主编、最高人民法院民事审判第四庭编:《涉外商事海事审判指导》(2005 年第 1 辑)(总第 10 辑),人民法院出版社 2005 年版,第 50 页。

下,可以认定裁决存在《民事诉讼法》规定的"仲裁的程序与仲裁规则不符的"情形。综上,本案仲裁裁决应当不予执行。

四、不具有可仲裁性

可仲裁性是指依对其适用的法律,某一争议是否可以通过仲裁解决的问题。如果可以,该争议即具有可仲裁性,否则,即不具有可仲裁性。[①]

《仲裁法》第3条规定了不能通过仲裁程序解决的争议,包括:婚姻、收养、扶养、监护、继承纠纷,以及应当由行政机关处理的行政争议。

在EXPERT ASSBGTS LIMITED和RESISTORTECHNOLOGY LIMITED申请撤销(2004)中国贸仲京裁字第0222号裁决案[②]中,仲裁申请人EXPERT ASSETS LIMITED(下称EA公司)和RESISTORTECHNOLOGY LIMITED(下称RT公司)于2003年8月11日依2003年合资合同中的仲裁协议向贸仲提出仲裁申请,要求被申请人江苏华源药业有限公司(下称江苏华源公司)依照2003年合资合同,对EA公司和BT公司之间的股权转让行为放弃优先收购权,并配合完成全部转让手续等。江苏华源公司提出反请求,认为由于EA公司没有增资到位,1997年股权重组协议应予终止执行,EA公司的股权比例和注册资本应被依法作相应的扣减,请求按照实际出资情况确认双方的股权比例。仲裁庭支持了申请人EA公司和BT公司的部分仲裁请求,认为:本案股权转让/放弃优先购买权条款是一合法有效条款,江苏华源公司应在董事会作出同意股权转让的决议后配合EA公司、RT公司完成有关转让的报批手续。仲裁庭亦支持了江苏华源公司提出的部分仲裁反请求,裁决确认EA公司未增资到位、其股权比例作相应扣减,依据实际出资情况确认各方当事人的股权比例。

最高院认为,该裁决书第4项所涉"97股权重组协议",系合资公司江苏江山制药有限公司原四方股东靖江葡萄糖厂、江苏省医药保健品进出口(集团)公司、香港钟山有限公司与EA公司于1997年5月22日签订的"关于股份重组的协议"。根据商务部2003年4月4日印发的《关于江苏江山制药有限公司修改合同章程的批复》,现合资公司江苏江山制药有限公司的股东为江苏华源药业有限公司、江苏省医药保健品进出口(集团)公司、EA公司、RT公司及靖江市新兰生物化工有限公司,各自所占股份比例分别为42.05%、3.75%、28.6%、23.78%及2%。因此,靖江葡萄糖厂、香港

① 参见矫镭、王晓琼:《国际商事仲裁司法审查中公共政策和可仲裁性问题探析》,载万鄂湘主编、最高人民法院民事审判第四庭编:《涉外商事海事审判指导》(2004年第3辑)(总第9辑),人民法院出版社2005年版,第172页。

② 参见万鄂湘主编、最高人民法院民事审判第四庭编:《涉外商事海事审判指导》(2006年第1辑)(总第12辑),人民法院出版社2006年版,第90页。

钟山有限公司已经退出了合资公司江苏江山制药有限公司，且经商务部批准的股份比例亦与“97股权重组协议”确定的股份比例不同。由于本案所涉仲裁案件当事人为EA公司、RT公司及江苏华源药业有限公司三方，合资公司的另两个股东江苏省医药保健品进出口（集团）公司和靖江市新兰生物化工有限公司并未参加仲裁程序，上述仲裁裁决第4项对“97股权重组协议”的效力及执行作出认定并裁决已退出合资公司的靖江葡萄糖厂、香港钟山有限公司仍按“97股权重组协议”前的股份比例持有合资公司的股份，不仅超出了仲裁当事人请求的范围，而且影响了案外人的合法权益。该裁项中有关EA公司与江苏华源药业有限公司股份比例的裁决，亦改变了国家审批机关批准的股份比例，属于仲裁庭无权仲裁的情形。综上，裁决应予撤销。

五、违反公共政策（社会公共利益）

在对仲裁裁决进行司法审查时，常有当事人以仲裁裁决违反公共政策（社会公共利益）为由申请撤销或不予执行仲裁裁决、不予承认（认可）和执行仲裁裁决，法院亦可依职权主动审查。有关法律依据如下：

1.《仲裁法》第58条第3款、《民事诉讼法》第237条第3款、第274条第2款之规定；

2.《纽约公约》第5条第2款乙项之规定；

3.《内地与香港相互执行仲裁裁决的安排》第7条第3款之规定；

4.《内地与澳门相互执行仲裁裁决的安排》第7条第3款之规定；

5.《认可和执行台湾地区仲裁裁决的规定》第14条第2款之规定。

中国现行法律法规并未对“公共政策”作出明确定义。《纽约公约》也未对“公共政策”作出明确界定。2015年，IBA为探究不同法系国家对“公共政策”的理解，邀请超过40个法系国家的报告人（主要为当地法官、律师等司法从业者）就公共政策在该国的定义、类型、表现形式等问题撰写了相应的国别报告。① 这些国别报告的内容包

---

① See *Report on the Public Policy Exception in the New York Convention*, https://www.ibanet.org/Document/Default.aspx? DocumentUid = C1AB4FF4 - DA96 - 49D0 - 9AD0 - AE20773AE07E. 这40多个法系国家分别为：阿尔巴尼亚（Albania）、阿根廷（Argentina）、澳大利亚（Australia）、比利时（Belgium）、加拿大（Canada）、智利（Chile）、中国（China）、哥伦比亚（Colombia）、埃及（Egypt）、英格兰（England）、芬兰（Finland）、法国（France）、德国（Germany）、希腊（Greece）、印度尼西亚（Indonesia）、以色列（Israel）、意大利（Italy）、日本（Japan）、肯尼亚（Kenya）、黎巴嫩（Lebanon）、墨西哥（Mexico）、黑山（Montenegro）、尼日利亚（Nigeria）、巴基斯坦/印度（Pakistan/India）、巴拉圭（Paraguay）、秘鲁（Peru）、波兰（Poland）、葡萄牙（Portugal）、罗马尼亚（Romania）、俄罗斯（Russia）、塞尔维亚（Serbia）、新加坡（Singapore）、斯洛伐克（Slovakia）、西班牙（Spain）、瑞典（Sweden）、瑞士（Switzerland）、荷兰（The Netherlands）、土耳其（Turkey）、乌克兰（Ukraine）、阿拉伯联合酋长国（United Arab Emirates）、美国（United States）、乌拉圭（Uruguay）、委内瑞拉（Venezuela）、越南（Vietnam）。

括,针对执行仲裁裁决或撤销仲裁裁决,其所在法系的国内法院如何界定公共政策,以及公共政策的概念在此两种情况下是否存在区别;针对国内裁决与国际裁决,法院是否会适用不同的公共政策规则。[①]

IBA 基于收到的国别报告,发布了《关于〈纽约公约〉中公共政策例外的报告》。根据该报告,包括中国在内的绝大多数法系未对"公共政策"作出法定定义。[②] 在具体适用方面,根据最高院高晓力法官撰写的《中国国别报告》,在中国的司法实践中,"公共政策"的概念在仲裁裁决执行程序与撤销程序中不做区分。[③] 另外,中国当前立法中不存在国际公共政策与国内公共政策的概念区分。[④] 即就仲裁裁决的司法审查,不区分适用于涉外仲裁裁决、外国仲裁裁决、港澳台地区仲裁裁决的公共政策与适用于国内仲裁裁决的公共政策。

根据《中国国别报告》,中国法院在界定公共政策时较为谨慎,并且未对公共政策的种类进行详细分类。[⑤] 目前已有的案例中,公共政策的外延包括法律原则(the Principle of the Law)、社会根本利益(Fundamental Interests of the Society)、国家安全(Safety of the Country)、主权(Sovereignty)、公序良俗(Good Social Customs)等。[⑥]

最高院在是否违反公共政策的认定上通过案例向我们传达三个明确的信息:(1)违反中国法律规定不必然认定为违反公共政策;(2)违反中国部门规章不必然认定为违反中国公共政策;(3)与中国法院作出的已生效裁判文书的既判力相冲突是对中国公共政策的违反。

(一)违反中国法律规定不必然认定为违反公共政策

在 ED&F 曼氏(香港)有限公司申请承认和执行英国伦敦糖业协会第 158 号仲裁

---

① See *Report on the Public Policy Exception in the New York Convention*, p. 2, https://www.ibanet.org/Document/Default.aspx?DocumentUid=C1AB4FF4-DA96-49D0-9AD0-AE20773AE07E.

② See *Report on the Public Policy Exception in the New York Convention*, p. 2, https://www.ibanet.org/Document/Default.aspx?DocumentUid=C1AB4FF4-DA96-49D0-9AD0-AE20773AE07E.

③ See *CHINA*, p. 2, https://www.ibanet.org/Document/Default.aspx?DocumentUid=F9566370-9C65-469F-9141-76F97C39F1CC.

④ See CHINA, p. 2, https://www.ibanet.org/Document/Default.aspx?DocumentUid=F9566370-9C65-469F-9141-76F97C39F1CC.

⑤ See *CHINA*, p. 2, https://www.ibanet.org/Document/Default.aspx?DocumentUid=F9566370-9C65-469F-9141-76F97C39F1CC.

⑥ See *CHINA*, p. 2, https://www.ibanet.org/Document/Default.aspx?DocumentUid=F9566370-9C65-469F-9141-76F97C39F1CC. 注:此处原文为"...the principle of the law, fundamental interests of the society, safety of the county, sovereignty, or good social customs...",其中,"safety of the county"可能系笔误,实际应为"safety of the country"。

裁决案[①]中，最高院认为：依照中国有关法律规定，境内企业未经批准不得擅自从事境外期货交易。当事人未经批准从事境外期货交易的行为，依照中国法律应当认定为无效。但违反中国法律的强制性规定不能完全等同于违反中国的公共政策。依据中国法律应认定合同无效，但国际仲裁裁决一方当事人依据合同赔偿另一方损失的，不能以违反公共政策为由拒绝承认和执行该等裁决。

（二）违反中国部门规章不必然认定为违反中国公共政策

在株式会社 J&D IB 申请承认外国仲裁裁决案[②]中，涉案担保人作为中国公民在对外提供担保后，未按国家外汇管理局的相关规定办理境外担保的批准及登记手续。最高院认为：涉案当事人的对外担保行为并不违反中国法律、行政法规的强制性规范。同时，本案仅为个案，承认及执行案涉仲裁裁决不应认定为违反中国公共政策。何况涉案当事人作为担保人在承担担保责任后，依法可向相关主债务人主张权利，其合法权益可以另循法律途径获得保护。

（三）与中国法院作出的生效裁判文书既判力相冲突是对中国公共政策的违反

在塞尔维亚海慕法姆公司、MAG 国际贸易公司及列支敦士登苏拉么媒体有限公司申请承认及执行 ICC 仲裁裁决案中，最高院认为承认与执行该案仲裁裁决将违反中国公共政策。[③] 2002 年至 2004 年间，济南永宁制药股份有限公司（下称永宁公司）以合资公司济南海慕法姆制药有限公司（下称海慕法姆公司）租赁其土地、财产但未支付租赁费为由，向中国法院分别提起四起诉讼。除其中一起诉讼永宁公司撤诉外，中国法院对其余案件均作出要求海慕法姆公司支付相关租金并返还部分租赁财产的判决。

后海慕法姆公司的部分股东以永宁公司为被申请人在 ICC 提起仲裁。仲裁庭认定，鉴于合资合同约定了永宁公司应出租案涉土地，故土地租赁相关争议明显落入合资合同仲裁协议的范围，应提交仲裁解决，不应由中国法院管辖。基于这些认定，仲裁庭最终裁决永宁公司向申请人承担损害赔偿责任。后海慕法姆公司向中国法院申请承认与执行该裁决。山东省高级人民法院经审查认为，依据《纽约公约》规定，本案仲裁裁决应不予承认及执行。理由是：(1) 仲裁裁决否认了法院的管辖权，损害了中

---

① 参见万鄂湘主编、最高人民法院民事审判第四庭编：《涉外商事海事审判指导》(2004 年第 1 辑)（总第 7 辑），人民法院出版社 2004 年版，第 12 页。

② 参见(2016)最高法民他 38 号

③ 参见宋建立：《公共政策在仲裁司法审查中的适用》，载《人民司法》2018 年第 1 期。

国的司法主权;(2)否定了法院已经作出的判决的效力,同样损害了中国的司法主权;(3)违反了《民事诉讼法》的基本原则;(4)本质上是不公平的仲裁裁决。最高院认为仲裁裁决侵犯了中国的司法主权和中国法院的司法管辖权,由此违反了中国的公共政策。因此,仲裁裁决不应被承认与执行。

另有一例在香港作出的裁决也因既判力问题被撤销:Wicor Hold－ing AG 申请承认与执行 ICC 仲裁裁决案[①]。该案中,涉案裁决是 ICC 指定的独任仲裁员在香港作出的仲裁裁决。Wicor Hold－ing AG 在裁决作出后向泰州市中级人民法院申请执行该裁决。最高院认为,根据《香港裁决在内地执行的问题通知》,人民法院应当依照《内地与香港相互执行仲裁裁决的安排》的规定对本案进行审查。江苏高院在审理 Wicor Hold－ing AG 与泰州浩普投资有限公司就同一《中外合资泰州华威绝缘材料有限公司合资合同》产生的另一纠纷时,于 2012 年 12 月 11 日作出(2012)苏商外辖终字第 0012 号民事裁定,认定涉案仲裁协议无效,该裁定已经发生法律效力。而涉案仲裁裁决是在认定涉案仲裁协议有效的前提下作出的,在内地执行该仲裁裁决将与人民法院的上述生效裁定相冲突,违反内地社会公共利益,故人民法院可根据《内地与香港相互执行仲裁裁决的安排》第 7 条第 3 款的规定裁定不予执行涉案仲裁裁决。

中国法院在审查仲裁裁决是否违反公共政策时,表现出较为谨慎的态度。到目前为止,除上文讨论的既判力问题,只有很少的案件因违反公共政策被裁定不予执行。其中一件是美国制作公司和汤姆·胡莱特公司诉中国妇女旅行社演出合同纠纷仲裁裁决案[②]。在该案中,最高院认为:美方在演出活动中演员违背合同协议约定,不按报经中国文化部审批的演出内容进行演出,演出了不适合中国国情的“重金属歌曲”,违背了我国的社会公共利益,造成了很坏的影响。因而不予执行贸仲(94)贸仲字第 0015 号裁决。在本案中认定执行仲裁裁决将构成违反公共政策之理据,与当时的社会背景和意识形态相关。以现在的眼光看贸仲的仲裁裁决,即便执行也未必损害中国的社会公共利益。

六、违反区域间合作协议

在法院受理承认和执行国际仲裁裁决程序中,被执行人有时会依照仲裁地(国)与中国间法域合作协议,提出仲裁程序或裁决违反法域间合作协议,请求不予承认和

① (2016)最高法民他 8 号。

② 参见葛行军:《简述仲裁司法监督与仲裁制度的完善》,载韩健主编:《涉外仲裁司法审查》,法律出版社 2006 年版,第 12 页。

执行。如果被执行人的异议成立,法院应当不予承认和执行。

在香港东丰船务有限公司申请强制执行香港海事仲裁裁决案①中,申请执行人未提供相关书面证据证明被执行人接到了另行指定仲裁员的适当通知,也没有证据证明仲裁庭向被执行人发出仲裁开庭的书面通知。最高院认为:根据《内地与香港相互执行仲裁裁决的安排》第 7 条第 1 款第 2 项的规定,被申请人未接到指派仲裁员的适当通知,或者因他故未能陈述意见的,应裁定不予执行仲裁裁决,故本案裁决不应予以执行。

在俄罗斯伏尔加—第聂伯航运公司申请执行俄罗斯联邦乌里扬诺夫斯克州仲裁法院 8 份裁决案②中,申请人申请承认与执行的俄罗斯联邦乌里扬诺夫斯克州仲裁法院裁决,是在被申请人未到庭的情况下作出的。最高院认为:根据 1993 年 11 月 14 日生效的《中华人民共和国和俄罗斯联邦关于民事和刑事司法协助条约》第 17 条第 2 款第 2 项之规定,应当证明未出庭的一方已经合法传唤。俄罗斯联邦乌里扬诺夫斯克州仲裁法院仅出具《证明书》证明开庭审理的日期和地点已通过"应有的途径"通知了被申请人,但未能明确其送达的具体方式。故这一证明是不充分的。此外,该法院亦未能证明申请人申请执行的裁决已经合法送达给了被申请人。鉴于上述情况,可以认定申请人提出司法协助申请手续不齐全。

第八节　排除或变更仲裁司法审查的适用及标准

一、能否协议排除仲裁司法审查的适用

中国法律没有赋予当事人通过约定排除仲裁司法审查的权利。一些国际仲裁机构的仲裁规则规定当事人将争议提交该机构仲裁,视为放弃司法审查。但实际上,上述仲裁规则是否导致当事人丧失将仲裁裁决提交司法审查的权利,取决于仲裁地法律的相关规定。

《LCIA 规则 2014》第 26. 8 条规定:"Every award (including reasons for such award) shall be final and binding… the parties also waive irrevocably their right to any form of appeal, review or recourse to any state court or other legal authority, in so far as such waiver shall not be prohibited under any applicable law."

---

① 参见万鄂湘主编、最高人民法院民事审判第四庭编:《涉外商事海事审判指导》(2006 年第 2 辑)(总第 13 辑),人民法院出版社 2007 年版,第 89 页。

② 参见万鄂湘主编、最高人民法院民事审判第四庭编:《涉外商事海事审判指导》(2005 年第 2 辑)(总第 11 辑),人民法院出版社 2006 年版,第 157 页。

《ICC规则2017》第35条第6款规定:“凡裁决书对当事人均有约束力。通过将争议提经本仲裁规则仲裁,各当事人负有毫无迟疑地履行裁决的义务,并且在法律许可的范围内放弃任何形式的追索权,但以该放弃为有效做出为条件。”[①]国际商会出版物 The Secretariat's Guide to ICC Arbitration 对此的解读是,上述规则意味着当事人同意放弃或排除将仲裁裁决提交任何形式的审查的权利,但这一意思表示是否有效通常取决于仲裁地法律对此的规定。[②] 尽管多数法域的相关法律不允许当事人放弃向法庭申请撤销仲裁裁决的权利,但确有一些法域允许当事人这样做。[③] 如瑞士国际私法(Swiss Law on Private International Law)第192条规定:“当事人可以协议放弃申请撤销仲裁裁决的权利……”

二、能否协议变更仲裁司法审查标准

司法审查标准法定是指法院对仲裁的司法审查标准只能依照公约、法律规定的标准进行。中国法律并没有赋予当事人约定变更仲裁司法审查标准的权利。法院不得依照当事人事先约定的标准对仲裁进行司法审查,也不得依照当事人约定适用的仲裁规则中规定的司法审查标准进行审查。

仲裁司法审查标准法定的典型案例是香港七好(集团)有限公司申请部分撤销深仲(2002)深仲裁字第641号裁决案[④]。在该案中,深圳中院倾向于认为:仲裁当事人约定由深仲仲裁,而《深仲规则2001》第五章第76条规定了撤销仲裁事由,其中包括伪造证据、隐瞒重要证据。由此推断,当事人约定的涉外仲裁司法审查标准包括审查是否伪造证据、隐瞒重要证据。法院应尊重当事人的意思表示,审查当事人是否伪造证据、隐瞒重要证据。[⑤]

广东省高级人民法院不同意深圳中院的意见,遂请示最高院。最高院在《关于香港七好(集团)有限公司申请部分撤销(2002)深仲裁字第641号裁决一案的请示的复函》[(2004)民四他字第26号]中回复:“对仲裁裁决进行司法审查是我国法律赋

---

① 这里的英文原文为:“Every award shall be binding on the parties. By submitting the dispute to arbitration under the Rules, the parties undertake to carry out any award without delay and shall be deemed to have waived their right to any form of recourse insofar as such waiver can validly be made.”官方中文版《ICC规则2017》将“be deemed to have waived their right to any form of recourse”翻译为“放弃任何形式的追索权”,更准确的理解为“放弃就仲裁裁决寻求任何形式的救济(即寻求司法审查、干预)”。

② See Jason Fry, Simon Greenberg, Francesca Mazza, *The Secretariat's Guide to ICC Arbitraiton*, ICC Publication No. 729E, p. 346.

③ Ibid.

④ 参见万鄂湘主编、最高人民法院民事审判第四庭编:《涉外商事海事审判指导》(2004年第3辑)(总第9辑),人民法院出版社2005年版,第65页。

⑤ 《深仲规则2011》已删去了关于仲裁撤销事由的规定。

予人民法院的职责。我国法律没有赋予当事人约定撤销仲裁裁决审查标准的权利，因此，人民法院对是否应当撤销有关仲裁裁决进行审查应当严格依照法律规定进行，不能以当事人选择的仲裁规则中有关撤销仲裁裁决范围的规定，进而认定当事人选择了撤销有关仲裁裁决的审查标准，并以该标准对仲裁裁决进行审查。”最高院通过该案例明确了仲裁司法审查标准法定这一观点。

从比较法的角度看，美国最高法院在 Hall Street Assocs. , LLC v. Mattel, Inc. 案中认为：“FAA’s（US Federal Arbitration Act）statutory grounds for vacatur were exclusive and the statutory grounds for prompt vacatur and modification may not be supplemented by contract. ”[①]即认为当事人无权通过合同约定修改联邦仲裁法中规定的撤裁事由。但美国也有一些州的仲裁法允许当事人协议变更仲裁裁决司法审查的范围，如得克萨斯州仲裁法允许当事人协议扩大仲裁裁决司法审查的范围。[②]

根据英国《1996 年仲裁法》，法院可以从以下几方面审查仲裁裁决：（1）是否具有管辖权（第 67 条）；（2）是否存在影响仲裁庭、仲裁程序和仲裁裁决的严重不正当情形（Serious Irregularity）（第 68 条）；（3）仲裁裁决的法律适用问题。第 68 条通过列举的方式具体解释了什么是严重不正当情形，如仲裁程序不符合双方当事人约定。根据英国《1996 年仲裁法》第 67 ~ 69 条的规定，当事人不能排除法院从是否具有管辖权、是否存在严重不正当情形的角度审查仲裁裁决，但可以约定法院无权审查裁决的实体法律问题。

---

① Hall Street Assocs. , LLC v. Mattel, Inc. , 552 U. S. 576 (U. S. S. Ct. 2008).

② “Under Texas Arbitration Act, parties may contractually expand scope of judicial review of an arbitral award; but an arbitration agreement providing that a judge would review the award by flipping a coin would be unenforceable.” Nafta Traders, Inc. v. Quinn, 339 S. W. 3d 84 (Tex, 2011).

第二十六章　仲裁裁决的执行

第一节　国内[1]仲裁裁决和涉外仲裁裁决的执行

一、管辖法院

国内仲裁裁决和涉外仲裁裁决执行的管辖法院经过了几次比较重大的调整。1991 年《民事诉讼法》规定了执行国内仲裁裁决的地域管辖,即国内仲裁裁决的执行由被执行人住所地或者被执行财产所在地人民法院管辖,[2]对级别管辖则语焉不详。相比之下,1991 年《民事诉讼法》明确了执行涉外仲裁裁决的地域管辖和级别管辖,即由被申请人住所地或者被执行财产所在地的中级人民法院管辖。[3] 国内仲裁裁决的执行曾因法律未明确级别管辖出现过混乱。彼时,基层人民法院和中级人民法院曾出现相互推诿均不受理的情况,也出现过不分执行标的金额都可以受理的情况。

为解决这一问题,1998 年最高院在《关于执行工作若干问题的规定》第 10 条规定:"仲裁机构作出的国内仲裁裁决、公证机关依法赋予强制执行效力的公证债权文书,由被执行人住所地或被执行的财产所在地人民法院执行。前款案件的级别管辖,参照各地法院受理诉讼案件的级别管辖的规定确定。"前述司法解释明确了国内仲裁裁决执行案件的级别管辖,解决了 1991 年《民事诉讼法》关于国内仲裁裁决级别管辖规定不明引发的管辖混乱问题。

第二次仲裁裁决执行管辖法院调整出现在 2006 年。2006 年 9 月 8 日生效的《仲裁法司法解释》重新规定了仲裁裁决执行的管辖问题。《仲裁法司法解释》第 29 条规定:"当事人申请执行仲裁裁决案件,由被执行人住所地或者被执行的财产所在地的中级人民法院管辖。"该条规定统一了国内仲裁裁决和涉外仲裁裁决执行的地域管辖和级别管辖。

---

① 因为中国内地(大陆)与我国港澳台地区的仲裁裁决制度差异较大,有分述之必要,故为了论述方便,本节的"国内"仅指中国内地(大陆),关于我国港澳台地区仲裁裁决的执行将在下节中论述。

② 1991 年《民事诉讼法》第 207 条第 2 款。

③ 1991 年《民事诉讼法》第 259 条。

2006年《仲裁法司法解释》关于管辖的调整是为解决撤销与不予执行仲裁裁决的冲突。[①] 1991年《民事诉讼法》第217条规定了执行法院享有在执行程序中对仲裁裁决进行司法审查的权利。如果出现法定情形，执行法院有权裁定不予执行仲裁裁决。实务中，执行仲裁裁决的法院可能是基层人民法院，也可能是中级人民法院，有时甚至是高级人民法院。1994年《仲裁法》第58条则规定了申请撤销仲裁裁决的管辖法院是仲裁委员会所在地的中级人民法院。"实践中经常会出现这种情况，有当事人向仲裁委员会所在地的中级人民法院提出撤销仲裁裁决，法院根据《仲裁法》第五十八条的规定作出驳回申请的裁定。裁定作出后，被申请人不自觉履行仲裁裁决所确定的义务，申请人向基层法院申请强制执行，被申请人又提出不予执行仲裁裁决的申请，经该基层法院执行机构审查认为，依照《民事诉讼法》第二百一十七条第二款的规定，裁定对该仲裁裁决不予执行。"[②]

2006年《仲裁法司法解释》第29条统一了仲裁裁决执行的级别管辖，与撤销仲裁裁决的法院管辖级别一致。结合该司法解释第26条之规定（当事人向人民法院申请撤销仲裁裁决被驳回后，又在执行程序中以相同理由提出不予执行抗辩的，人民法院不予支持），可防止基层人民法院重复审查中级人民法院有关撤销仲裁裁决的理由，符合一般审级设置原理。[③]

第三次仲裁裁决执行管辖法院调整出现在2018年。2018年3月1日生效的《仲裁裁决执行规定》对国内和涉外仲裁裁决执行的管辖问题进行了调整。《仲裁裁决执行规定》第2条规定："当事人对仲裁机构作出的仲裁裁决或者仲裁调解书申请执行的，由被执行人住所地或者被执行的财产所在地的中级人民法院管辖。符合下列条件的，经上级人民法院批准，中级人民法院可以参照民事诉讼法第三十八条的规定指定基层人民法院管辖：（一）执行标的额符合基层人民法院一审民商事案件级别管辖受理范围；（二）被执行人住所地或者被执行的财产所在地在被指定的基层人民法院辖区内；被执行人、案外人对仲裁裁决执行案件申请不予执行的，负责执行的中级人民法院应当另行立案审查处理；执行案件已指定基层人民法院管辖的，应当于收到不予执行申请后三日内移送原执行法院另行立案审查处理。"根据《仲裁法司法解释》第29条，仲裁裁决执行案件，在级别上由中级人民法院管辖，在地域上由被执行人住所地或者被执行的财产所在地人民法院管辖。《仲裁裁决执行规定》第2条对此作了一定程度的调整，即经上级人民法院批准，中级人民法院可参照《民事诉讼法》第38

① 参见沈德咏、万鄂湘主编，最高人民法院研究室、民事审判第四庭编著：《最高人民法院仲裁法司法解释的理解与适用》，人民法院出版社2007年版，第251、252页。

② 同上，第253页。

③ 同上，第254页。

条的规定[①],指定基层人民法院管辖仲裁裁决执行案件。

最高院调研发现,随着社会经济和仲裁事业的蓬勃发展,当事人依仲裁裁决或仲裁调解书申请法院执行的仲裁裁决执行案件数量逐年增多,而不同地区仲裁发展明显不均衡,导致仲裁裁决执行案件的数量地区差异较大。从近几年仲裁裁决执行案件统计来看,案件主要分布于广东、浙江、江苏、福建、上海、北京等地。其中,广东一省近三年来受理的仲裁裁决执行案件数量达到10万件以上,占全国总数的近1/5;而海南、西藏、青海等地收案量较低。经最高院对仲裁裁决执行案件数量较多的地区进一步调研发现,仲裁裁决执行案件数量多,但大部分案件执行标的额并不大,与当前一审民商事诉讼案件执行的级别管辖标准脱节。对于一些管辖范围较广的中级人民法院来说,也不便执行。实践中,为了便于执行,已经有不少中级人民法院将一些涉案标的额较小的仲裁裁决案件指定到基层人民法院执行。[②]

由于执行仲裁裁决案件与执行普通民事判决案件差异不大,且申请国内仲裁财产保全的管辖法院为基层人民法院,如果大量标的额不大的仲裁裁决案件在中级人民法院执行,在一定程度上也不利于其对整个辖区执行管理工作的有效开展。因此,综合各地法院的意见并结合执行实践,《仲裁裁决执行规定》原则上仍保持原由中级人民法院管辖的规定不变,但允许各地法院根据实际情况适当调整级别管辖。[③]

综上,目前无论是国内仲裁裁决执行案还是涉外仲裁裁决执行案,原则上仍由中级人民法院管辖,各地法院可根据自身情况并结合《民事诉讼法》第38条的规定调整由基层人民法院管辖。需要注意的是,根据《第二次全国涉外商事海事审判工作纪要》第6条的规定,中国涉外仲裁裁决执行案的管辖法院,应为有权受理涉外商事案件的中级人民法院。[④] 实践中,并非所有中级人民法院都有权受理涉外商事案件,[⑤]因此对于特定的涉外仲裁裁决执行案件的管辖问题,建议申请执行人提前与相关中

① 《民事诉讼法》第38条第1款规定:"上级人民法院有权审理下级人民法院管辖的第一审民事案件;确有必要将本院管辖的第一审民事案件交下级人民法院审理的,应当报请其上级人民法院批准。"

② 参见刘贵祥、孟祥、何东宁、林莹:《〈关于人民法院办理仲裁裁决执行案件若干问题的规定〉的理解与适用》,载《人民司法》2018年第13期。

③ 同上。

④ 《第二次全国涉外商事海事审判工作纪要》第6条规定:"当事人申请确认涉外仲裁协议效力的案件,由申请人住所地、被申请人住所地或者仲裁协议签订地有权受理涉外商事案件的中级人民法院管辖;申请执行我国涉外仲裁裁决的案件,由被申请人住所地、财产所在地有权受理涉外商事案件的中级人民法院管辖;申请撤销我国涉外仲裁裁决的案件,由仲裁机构所在地有权受理涉外商事案件的中级人民法院管辖;申请承认与执行外国仲裁裁决的案件,由被申请人住所地或者财产所在地有权受理涉外商事案件的中级人民法院管辖。"

⑤ 参见郭宝霞:《开封中院获批一审涉外民商事案件管辖权》,载开封市中级人民法院网:http://kfzy.hncourt.gov.cn/public/detail.php?id=9415,最后访问日期:2020年5月26日。

级人民法院咨询确认是否具有涉外商事案件管辖权、能否受理案件。

二、申请执行文件

当事人申请强制执行国内仲裁裁决或者涉外仲裁裁决，应向管辖法院提交下列文件：

1. 执行申请书。执行申请书中应当写明申请执行的理由、事项、执行标的，以及申请执行人所了解的被执行人的财产状况。[①] 在执行实务中，由于被执行人的财产信息可能随时增减变化，而再因此变更执行申请书又不实际。所以，我们通常建议当事人随执行申请书一并提交一份财产信息或线索清单，列明被执行人财产状况。随着被执行财产的增减变化，可以进一步补充提交财产信息或线索清单。

2. 生效仲裁裁决书的副本及其复印件。

3. 仲裁裁决送达对方当事人的证明。

4. 申请执行人的身份证明。如果申请人是中国公民，应当出具居民身份证复印件；如果申请人是中国法人或其他组织，应当提交法人证书或组织机构代码证书复印件、法定代表人或负责人身份证明书并加盖公章。如果申请人是境外个人的，应向法院提交申请人的护照。如果申请人是境外机构的，应提交经公证、认证的申请人境外设立及存续的登记证明文件，以及申请人的法定代表人身份证明书。如申请人所属国家或者地区实行法定代表人制度，应提交业已登记的法定代表人的身份证明。如果申请人所属国家或者地区不实行法定代表人制度，应由申请人的权力机构指定一位自然人为申请人的法定代表人，代表申请人全权处理强制执行程序的全部事宜。

5. 继承人或权利承受人申请执行的，应当提交继承或承受权利证明文件。

6. 申请人委托律师代理执行程序的，还应提交授权委托书、律师事务所函和律师执业证复印件。授权委托书应当由委托人签章，并写明代理人的权限。委托代理人代为放弃、变更民事权利，或代为进行执行和解，或代为收取执行款项的，应当有委托人的特别授权。如果该授权委托书系境外形成的，需办理公证、认证。

三、申请执行的期限

根据《民事诉讼法》第239条之规定，申请执行的期间为2年。申请执行时效的中止、中断，适用法律有关诉讼时效中止、中断的规定。前款规定的期间，从法律文书规定履行期间的最后一日起计算；法律文书规定分期履行的，从规定的每次履行期间的最后一日起计算；法律文书未规定履行期间的，从法律文书生效之日起计算。

---

① 参见《关于执行工作若干问题的规定》第20条。

依据上述规定,申请执行的期限从裁决确定的义务履行期间的最后一日开始起算。然而,在涉外仲裁中,被执行人及其财产可能不在中国境内。此时,申请执行人就需向有管辖权的外国法院申请执行。假定两年之后申请人才发现被执行人或其财产位于国内,此时若以申请人超过申请执行的期限为由拒绝执行其裁决,不符合公平的理念。最高院在2014年12月18日发布的指导案例37号中明确指出,在上述情形下,申请执行的期限从发现被执行人或者其财产位于中国境内之日起算。

申请执行人在申请执行期间内要求被执行人履行仲裁裁决确定的义务的,或者被执行人承诺履行债务的,执行期间中断,并重新计算。根据《民事诉讼法司法解释》第483条,申请执行人超过申请执行时效期间向人民法院申请强制执行的,人民法院应予受理。被执行人对申请执行时效期间提出异议,人民法院经审查异议成立的,裁定不予执行。被执行人履行全部或者部分义务后,又以不知道申请执行时效期间届满为由请求执行回转的,人民法院不予支持。这意味着如果被执行人未对申请执行时效期间提出异议,则人民法院不应主动审查,更不能以此为由裁定不予执行。

第二节 我国香港、澳门、台湾地区仲裁裁决的执行

一、我国香港地区仲裁裁决的执行

(一)管辖法院

根据《内地与香港相互执行仲裁裁决的安排》第1条、第2条的规定,以及最高院《涉外民商事案件管辖规定》第3条、第5条之规定,在中国内地受理香港地区仲裁裁决强制执行的管辖法院是被执行人住所地或者被执行财产所在地的享有涉外案件管辖权的中级人民法院。被申请人住所地或者财产所在地在内地不同的享有涉外案件管辖权的中级人民法院辖区内的,申请人可以选择其中一个人民法院申请执行裁决,不得分别向两个或者两个以上人民法院提出申请。"被执行人的住所地或者财产所在地,既在内地又在香港特区的,申请人不得同时分别向两地有关法院提出申请。只有一地法院执行不足以偿还其债务时,才可就不足部分向另一地法院申请执行。两地法院先后执行仲裁裁决的总额,不得超过裁决数额。"

(二)申请文件

根据《内地与香港相互执行仲裁裁决的安排》第3条的规定,申请人向中国内地管辖法院申请执行香港地区仲裁裁决,应当提交:(1)执行申请书;(2)仲裁裁决书;(3)仲裁协议。

根据《内地与香港相互执行仲裁裁决的安排》第 4 条的规定，执行申请书的内容应当载明下列事项：(1)申请人为自然人的情况下，该人的姓名、地址；申请人为法人或者其他组织的情况下，该法人或其他组织的名称、地址及法定代表人姓名；(2)被申请人为自然人的情况下，该人的姓名、地址；被申请人为法人或者其他组织的情况下，该法人或其他组织的名称、地址及法定代表人姓名；(3)申请人为法人或者其他组织的，应当提交企业注册登记的副本。申请人是外国籍法人或者其他组织的，应当提交相应的公证和认证材料；(4)申请执行的理由与请求的内容，被申请人的财产所在地及财产状况。

执行申请书应当以中文文本提出，裁决书或者仲裁协议没有中文文本的，申请人应当提交正式证明的中文译本。

（三）申请执行的期限

在中国内地，除针对《纽约公约》项下外国仲裁裁决的认可和执行的期限有专门规定外，对其他国际仲裁裁决的申请认可和执行的期限没有单独规定。香港为中国的特别行政区，不是单独的《纽约公约》缔约方。根据《内地与香港相互执行仲裁裁决的安排》第 5 条的规定，申请执行香港地区仲裁裁决的期限依据内地法律有关时限的规定，故应参考适用与其最为近似的《纽约公约》项下外国仲裁裁决的申请承认和执行期限。

《执行纽约公约的通知》第 5 条规定："申请我国法院承认及执行的仲裁裁决，仅限于《1958 年纽约公约》对我国生效后在另一缔约国领土内作出的仲裁裁决。该项申请应当在民事诉讼法（试行）第一百六十九条规定的申请执行期限内提出。"《民事诉讼法（试行）》第 169 条第 1 款则规定："申请执行的期限，双方或者一方当事人是个人的为一年；双方是企业事业单位、机关、团体的为六个月。"前述期限就是国内诉讼判决或国内、涉外仲裁裁决的申请执行期限。现行《民事诉讼法》第 239 条规定申请执行的期限为两年，且申请执行的时效的中止、中断，适用关于诉讼时效的规定。《民事诉讼法司法解释》第 547 条进一步明确："当事人申请承认和执行外国法院作出的发生法律效力的判决、裁定或者外国仲裁裁决的期间，适用民事诉讼法第二百三十九条的规定。当事人仅申请承认而未同时申请执行的，申请执行的期间自人民法院对承认申请作出的裁定生效之日起重新计算。"

综上，认可和执行我国香港地区仲裁裁决的期限为两年。当事人仅申请认可而未同时申请执行我国香港地区仲裁裁决的，裁决被认可后，申请执行该裁决的期限从该认可裁定生效之日起重新计算两年，并应适用中止、中断的规定。

(四)《内地与香港相互执行仲裁裁决的安排》的缺陷

1. 认可[①]程序的缺失与不明

《内地与香港相互执行仲裁裁决的安排》未明确规定认可程序,这与中国内地(大陆)法院对于外国仲裁裁决以及我国台湾地区和我国澳门地区仲裁裁决的认可(承认)和执行程序不甚相同。

尽管如此,许多仲裁实务人士仍然认为认可程序是执行香港仲裁裁决的先决条件。理由之一为最高院发布的《民事案由规定》中包括"申请认可和执行香港特别行政区仲裁裁决"。此外,在申请执行香港地区仲裁裁决的案例中,亦有法院认为申请人应先向中国内地法院申请认可香港地区仲裁裁决。

例如,在深圳中院(2017)粤 03 执异 97 号执行裁定书中,深圳中院驳回了三申请执行人强制执行香港地区仲裁裁决的申请。深圳中院认为:内地之外仲裁裁决如需在内地申请强制执行,必须先向人民法院申请承认[②]。根据《民事诉讼法》第 283 条的规定,国外仲裁机构的裁决,需要中华人民共和国人民法院承认和执行的,应当由当事人直接向被执行人住所地或者其财产所在地的中级人民法院申请,人民法院应当依照中华人民共和国缔结或者参加的国际条约,或者按照互惠原则办理。根据《民事诉讼法司法解释》第 546 条的规定,对外国法院作出的发生法律效力的判决,当事人应当先向人民法院申请承认。人民法院经审查,裁定承认后,再根据《民事诉讼法》第三编的规定予以执行。故香港仲裁机构作出的仲裁裁决如需在中国内地法院申请强制执行,必须先向人民法院申请承认(认可)。《内地与香港相互执行仲裁裁决的安排》未就香港仲裁机构作出的仲裁裁决在内地申请承认(认可)事宜作出规定,并不代表无须申请承认(认可)。深圳中院认为本案涉及 HKIAC 作出的 HKIAC/13043 号仲裁裁决,未经人民法院认可即申请强制执行,不符合法律规定,故对三申请执行人的强制执行申请予以驳回。[③]

然而,在一些案例中,我们又看到了相反的裁判观点。例如,上述案例中深圳中院驳回三申请执行人的强制执行申请后,2018 年 3 月,三申请人再次向武汉市中级人民法院(下称武汉中院)申请认可和执行 HKIAC/13043 号仲裁裁决,武汉中院于

---

① 在中国内地(大陆),相关法律、司法解释对于外国仲裁裁决使用的是"承认"一词,而对于我国台湾地区、澳门地区仲裁裁决使用的是"认可"一词。这一做法旨在强调我国台湾地区和澳门地区的特殊地位。但在实践中,一些法院有时将认可、承认混用。

② 本案案涉仲裁裁决为香港仲裁裁决,应使用"认可"而非"承认"一词。——作者注

③ 参见深圳中院(2017)粤 03 执异 97 号裁定书、武汉中院(2018)鄂 01 认港 1 号裁定书和武汉中院(2019)鄂 01 执异 387 号裁定书。

2018 年 4 月 11 日受理了三申请人的申请并于 2018 年 11 月 9 日进行听证。听证期间，武汉中院向三申请人释明，认为根据《内地与香港相互执行仲裁裁决的安排》中的相关规定，本案无须先进行申请认可的前置程序，三申请人可持香港仲裁裁决直接向法院申请执行。经武汉中院向三申请人释明并通知执行庭应当直接受理执行申请后，三申请人同意直接申请执行。三申请人于 2018 年 12 月 13 日向武汉中院提交了撤回认可香港仲裁裁决的申请书，武汉中院于同日作出（2018）鄂 01 认港 1 号民事裁定，准许三申请人撤回认可香港仲裁裁决的申请。后武汉中院向被执行人发出（2019）鄂 01 执 2 号执行通知书。被申请人向武汉中院提出执行异议，武汉中院审理认为：因被执行人未履行香港国际仲裁中心 HKIAC/13043 号仲裁裁决确定的义务，三申请人持上述仲裁裁决书向武汉中院申请执行，符合《内地与香港相互执行仲裁裁决的安排》第 1 条“在内地或者香港特区作出的仲裁裁决，一方当事人不履行仲裁裁决的，另一方当事人可以向被申请人住所地或者财产所在地的有关法院申请执行”的规定，并无不当。同时，武汉中院依据《内地与香港相互执行仲裁裁决的安排》第 2 条“上条所述的有关法院，在内地指被申请人住所地或者财产所在地的中级人民法院，在香港特区指香港特区高等法院”的规定，以（2019）鄂 01 执 2 号案受理三申请人的执行申请并未违反上述规定。本案中，根据《内地与香港相互执行仲裁裁决的安排》立法目的和相关规定可见，三申请人可以直接向武汉中院申请执行香港地区仲裁裁决，而非先经申请承认认可后才能申请强制执行。被执行人如认为执行香港地区仲裁裁决致其合法权益受到侵害的，应当根据《内地与香港相互执行仲裁裁决的安排》第 7 条规定提出申请，而非主张申请执行人先经内地法院审查程序裁定认可后方能立案执行。①

又如，在某钢铁有限公司申请执行云南某矿业有限公司等仲裁裁决案中，昆明市中级人民法院直接受理了申请人对于执行香港国际仲裁中心仲裁裁决的申请。承办法官在随后的评论意见中提到本案在进入执行程序后，就是否需要认可程序存在两种意见。最终法院同意依据《内地与香港相互执行仲裁裁决的安排》第 1 条的规定，当事人可以直接执行香港地区仲裁裁决，无须先行经过认可程序。②

根据《民事诉讼法司法解释》第 546 条的规定③，外国仲裁裁决只有经过法定的

---

① 参见深圳中院（2017）粤 03 执异 97 号裁定书、武汉中院（2018）鄂 01 认港 1 号裁定书和武汉中院（2019）鄂 01 执异 387 号裁定书。

② 参见国家法官学院、中国人民大学法学院编：《中国审判案例要览：2010 商事审判案例卷》，中国人民大学出版社 2012 年版，第 450～454 页。

③ 《民事诉讼法司法解释》第 546 条规定：“对外国法院作出的发生法律效力的判决、裁定或者外国仲裁裁决，需要中华人民共和国法院执行的，当事人应当先向人民法院申请承认。人民法院经审查，裁定承认后，再根据民事诉讼法第三编的规定予以执行。当事人仅申请承认而未同时申请执行的，人民法院仅对应否承认进行审查并作出裁定。”

承认程序,才能在中国法域具有法律效力,而不是自动产生法律效力,当事人仅申请执行外国仲裁裁决的,人民法院应当告知其必须提交承认申请。但是,《民事诉讼法司法解释》并未对我国香港、澳门、台湾地区的仲裁裁决在中国内地(大陆)执行前是否必须经过认可程序作出明确规定。就此问题,《内地与澳门相互认可和执行仲裁裁决的安排》和《认可和执行台湾地区仲裁裁决的规定》均规定了认可程序,唯我国香港地区仲裁裁决的认可程序未予明确,导致不同法院裁判意见的分歧。

从学理上看,承认(认可)仲裁裁决和执行仲裁裁决是两个有区别但又有密切联系的概念。承认(认可)外国(域)仲裁裁决,意味着外国(域)仲裁裁决得到了内国法院的确认,使裁决效力在该国得到认可,即获得对裁决既判力的司法宣示,以排除对方在该国申请撤销裁决的可能性,内国法院也不得在以后的诉讼中作出与该裁决冲突的判断。执行外国(域)仲裁裁决则是内国法院运用强制力,强制当事人履行外国(域)仲裁裁决。承认(认可)是执行的前提条件,如果没有对外国(域)仲裁裁决的承认(认可),执行就失去了基础。从目前的法律规定和最高院的相关司法解释来看,司法实践已经基本确认了外国仲裁裁决、台湾地区裁决和澳门裁决在内地(大陆)申请执行前须经过承认或认可程序。对于香港仲裁裁决尽管未予以明确规定,但上述程序顺序在最高院的相关司法裁判意见中仍有迹可循。在最高院(2013)执监字第202号案件中,最高院认为:“根据《最高人民法院关于内地与香港特别行政区相互执行仲裁裁决的安排》第七条以及《最高人民法院关于香港仲裁裁决在内地执行的有关问题的通知》之规定,上述仲裁裁决在内地申请执行必须经过相关司法程序的审查,被人民法院承认(注:原文如此)后才能予以执行”;在(2016)最高法民他63号复函中,最高院在答复北京高院时提到:“……《最高人民法院关于内地与香港特别行政区相互执行仲裁裁决的安排》只规定了内地与香港特别行政区相互执行仲裁裁决的内容,但相互执行仲裁裁决仍应进行认可审查。”由此可见,对于香港仲裁裁决而言,先申请认可后再申请执行或同时申请认可和执行,应当是更符合法律逻辑和法律程序的一种路径。①

另外,《仲裁司法审查案件规定》第1条规定:“本规定所称仲裁司法审查案件,包括下列案件:……(四)申请认可和执行香港特别行政区、澳门特别行政区、台湾地区仲裁裁决案件……”从该最新司法解释的表述措辞来看,似乎也认为香港仲裁裁决存在认可程序。

2. 禁止申请人分别向两地法院申请执行仲裁裁决

依据《内地与香港相互执行仲裁裁决的安排》第2条的规定,若被申请人的财产

① 参见上海国际仲裁中心:《内地法院认可和执行香港裁决的程序问题》,载“上海国际仲裁中心”微信公众号,2019年12月10日。

所在地既在内地又在香港地区，申请人只得选择其中一地的法院申请执行裁决；只有在一地法院执行不足以偿还其债务时，才可就不足部分向另一地法院申请执行。这一规定招致学界和实务界的广泛批评，其使被申请人可趁机转移或隐藏其财产。相比之下，《纽约公约》关于申请人可同时分别向被申请人不同的财产所在地法院申请执行仲裁裁决的规定对于申请执行人更为有利。

二、我国澳门地区仲裁裁决的认可和执行

（一）管辖法院

根据《内地与澳门相互认可和执行仲裁裁决的安排》第 1 条、第 2 条和《涉外民商事案件管辖规定》第 3 条、第 5 条之规定，在中国内地受理申请强制执行我国澳门地区仲裁裁决的管辖法院是被执行人住所地、经常居住地或者被执行财产所在地的享有涉外案件管辖权的中级人民法院。但与香港地区仲裁裁决的执行不同的是，当事人可以分别向两地法院提出申请，且如果提出此申请的，两地法院都应当依法进行审查。予以认可的，采取查封、扣押或者冻结被执行人财产等执行措施。[①] 仲裁地法院应当先进行执行清偿；内地法院在收到澳门地区法院关于经执行债权未获清偿情况的证明后，可以对申请人未获清偿的部分进行执行清偿。两地法院执行财产的总额，不得超过依据裁决和法律规定所确定的数额。

与《内地与香港相互执行仲裁裁决的安排》相比，《内地与澳门相互认可和执行仲裁裁决的安排》赋予了申请人分别向两地法院申请查封、扣押、冻结被申请人财产的权利。这一规定使被申请人隐藏转移其财产变得更为困难，也对申请人更加有利。

（二）申请文件

根据《内地与澳门相互认可和执行仲裁裁决的安排》第 4 条的规定，申请人向中国内地管辖法院申请认可和执行仲裁裁决的，应当提交以下文件或者经公证的副本：

1. 申请书；
2. 申请人身份证明；
3. 仲裁协议；
4. 仲裁裁决书或者仲裁调解书。

上述文件没有中文文本的，申请人应当提交经正式证明的中文译本。

根据《内地与澳门相互认可和执行仲裁裁决的安排》第 5 条的规定，申请书应当

---

① 《内地与澳门相互认可和执行仲裁裁决的安排》第 3 条。

包括下列内容：

1. 申请人或者被申请人为自然人的，应当载明其姓名及住所；为法人或者其他组织的，应当载明其名称及住所，以及其法定代表人或者主要负责人的姓名、职务和住所；申请人是外国籍法人或者其他组织的，应当提交相应的公证和认证材料；

2. 请求认可和执行的仲裁裁决书或者仲裁调解书的案号或识别资料和生效日期；

3. 申请认可和执行仲裁裁决的理由及具体请求，以及被申请人财产所在地、财产状况及该仲裁裁决的执行情况。

申请理由通常包括裁决结果及被申请人未履行裁决的事实。具体请求是指申请人请求法院采取的具体措施。

（三）申请认可和执行的期限

申请认可和执行澳门仲裁裁决的期限为两年，当事人仅申请认可而未同时申请执行澳门仲裁裁决的，裁决被认可后，申请执行该裁决的期限从该认可裁定生效之日起重新计算两年，并应适用中止、中断的规定。这与申请认可和执行香港仲裁裁决相同，此不赘述。

三、我国台湾地区仲裁裁决的认可和执行

（一）管辖法院

我国大陆和我国台湾地区并未像内地和香港地区、澳门地区一样就相互认可执行仲裁裁决签署协议，而是以各自制定相应规定的形式实现仲裁裁决的相互认可和执行。目前，确定我国大陆对台湾地区仲裁裁决认可和执行的规定是最高院 2015 年 6 月 29 日发布的《认可和执行台湾地区仲裁裁决的规定》。与前文所述关于执行香港地区、澳门地区仲裁裁决管辖法院的规定不同，根据《认可和执行台湾地区仲裁裁决的规定》第 4 条的规定，申请人可以选择的管辖法院范围更广，包括申请人住所地、经常居住地或者被申请人住所地、经常居住地、财产所在地中级人民法院或者专门人民法院。申请人向两个以上有管辖权的人民法院申请认可的，由最先立案的人民法院管辖。

（二）申请文件

根据《认可和执行台湾地区仲裁裁决的规定》第 7 条的规定，申请人向大陆管辖法院申请认可和执行台湾地区仲裁裁决，应当提交以下文件或者经证明无误的副本：

1. 申请书；

2. 仲裁协议；

3. 仲裁判断书、仲裁和解书或仲裁调解书。

申请书应当记明以下事项：

1. 申请人和被申请人姓名、性别、年龄、职业、身份证件号码、住址（申请人或者被申请人为法人或者其他组织的，应当记明法人或者其他组织的名称、地址、法定代表人或者主要负责人姓名、职务）和通信方式；

2. 申请认可的仲裁判断书、仲裁和解书或者仲裁调解书的案号或者识别资料和生效日期；

3. 请求和理由，理由通常包括仲裁裁决的结果以及被申请人未履行裁决的事实；

4. 被申请人财产所在地、财产状况及申请认可的仲裁裁决的执行情况；

5. 其他需要说明的情况。

根据《认可和执行台湾地区仲裁裁决的规定》第 9 条的规定，申请人申请认可和执行台湾地区仲裁裁决，应当提供相关文件，证明该仲裁裁决的真实性。申请人可以申请人民法院通过海峡两岸调查取证司法互助途径查明台湾地区仲裁裁决的真实性；人民法院认为必要时，也可以就有关事项依职权通过海峡两岸司法互助途径向台湾地区请求调查取证。

（三）申请认可和执行的期限

《认可和执行台湾地区仲裁裁决的规定》第 19 条规定："申请人申请认可和执行台湾地区仲裁裁决的期间，适用民事诉讼法第二百三十九条的规定。申请人仅申请认可而未同时申请执行的，申请执行的期间自人民法院对认可申请作出的裁定生效之日起重新计算。"此外，申请人同时提出认可和执行我国台湾地区仲裁裁决申请的，人民法院先按照认可程序进行审查，裁定认可后，由人民法院执行机构执行。

第三节　根据《纽约公约》申请承认和执行外国仲裁裁决

一、中国对《纽约公约》的"互惠保留"和"商事保留"

《纽约公约》于 1987 年 4 月 22 日对中国生效。在加入《纽约公约》时，中国做了互惠保留声明和商事保留声明。"互惠保留"是指中国只承认和执行在缔约国领土内作出的仲裁裁决。"商事保留"是指中国只承认和执行就契约和非契约性商事法律关系争议作出的仲裁裁决。[1]

根据最高院《关于加入〈纽约公约〉的通知》,"契约性和非契约性商事法律关系"是指由于合同、侵权或者根据有关法律规定而产生的经济上的权利义务关系,如货物买卖、财产租赁、工程承包、加工承揽、技术转让、合资经营、合作经营、勘探开发自然资源、保险、信贷、劳务、代理、咨询服务和海上、民用航空、铁路、公路的客货运输以及产品责任、环境污染、海上事故和所有权争议等,但不包括外国投资者与东道国政府之间的争端。

凡不属以上互惠保留和商事保留例外情形的,仲裁当事人有权依照《纽约公约》的规定,向中国有管辖权的法院申请承认和执行国际商事仲裁裁决。

二、管辖法院

根据《执行纽约公约的通知》第3条之规定,在中国申请法院承认和执行在另一缔约国领土内作出的仲裁裁决,由仲裁裁决的一方当事人提出。对于当事人的申请应由下列地点的中级人民法院受理:(1)被执行人为自然人的,为其户籍所在地或者居所地;(2)被执行人为法人的,为其主要办事机构所在地;(3)被执行人在中国无住所、居所或者主要办事机构,但有财产在中国境内的,为其财产所在地。即前述规定的管辖法院有选择次序,只有当申请人在中国没有住所、居所或者主要办事机构的,才应由被执行财产所在地的法院管辖。

《民事诉讼法》第283条规定:"国外仲裁机构的裁决,需要中华人民共和国人民法院承认和执行的,应当由当事人直接向被执行人住所地或者其财产所在地的中级人民法院申请……"该规定将被执行人住所地或者其财产所在地的中级人民法院的管辖列为并列关系,不再区分次序。

2018年1月1日起施行的《仲裁司法审查案件规定》第3条规定:"外国仲裁裁决与人民法院审理的案件存在关联,被申请人住所地、被申请人财产所在地均不在我国内地,申请人申请承认外国仲裁裁决的,由受理关联案件的人民法院管辖。受理关联案件的人民法院为基层人民法院的,申请承认外国仲裁裁决的案件应当由该基层人民法院的上一级人民法院管辖。受理关联案件的人民法院是高级人民法院或者最高人民法院的,由上述法院决定自行审查或者指定中级人民法院审查。外国仲裁裁决与我国内地仲裁机构审理的案件存在关联,被申请人住所地、被申请人财产所在地均不在我国内地,申请人申请承认外国仲裁裁决的,由受理关联案件的仲裁机构所在地的中级人民法院管辖。"第4条规定:"申请人向两个以上有管辖权的人民法院提出申请的,由最先立案的人民法院管辖。"

---

① 参见韩德培主编:《国际私法新论》,武汉大学出版社1997年版,第789页。

据此，申请承认外国仲裁裁决的管辖法院在"被执行人住所地或者其财产所在地的中级人民法院"的基础上，又增加了受理关联案件的中级人民法院、受理关联案件的基层人民法院所对应的中级人民法院、受理关联案件的高级人民法院、最高人民法院或其指定的中级人民法院，以及受理关联案件的仲裁机构所在地的中级人民法院。《仲裁司法审查案件规定》解决了被申请人住所地、财产所在地均不在中国境内，基于审理关联案件的一些需要，申请人又需要中国法院申请承认外国仲裁裁决的效力时无法确定管辖法院的问题。

在《仲裁司法审查案件规定》下，一些此前无法被承认的外国仲裁裁决有了新的申请承认途径。举例而言，在广州海事法院审理的(2014)广海法他字第2号瑞士海运服务公司申请承认外国仲裁裁决案中，瑞士海运服务公司以粤裕丰国际有限公司为被申请人向广州海事法院申请承认LMAA仲裁裁决，案涉合同担保人(出具了履约保函)被申请人位于广州海事法院辖区。广州海事法院审理后认为：虽然仅申请承认外国仲裁裁决，但仍应符合承认与执行外国仲裁裁决的管辖规定，申请人未证明被申请人的住所位于广州海事法院辖区或者在辖区内拥有可供执行的财产，担保人提供的履约担保不属于被执行财产，故驳回执行申请。根据《仲裁司法审查案件规定》的规定，前述案件的潜在解决途径为：申请执行人可根据履约保函对被申请人提起诉讼，以该诉讼案件为关联案件，进而向相关法院申请承认外国仲裁裁决。

《仲裁司法审查案件规定》实施后，已有申请人据此向法院申请承认外国仲裁裁决。根据天津海事法院审理的(2018)津72民特3号民事裁定书，申请人取得LMAA仲裁裁决后，向天津海事法院申请承认该仲裁裁决。被申请人是一家利比里亚共和国公司，在中国无住所地、无财产。天津海事法院受理的(2016)津72民初501号案与本案有关联，天津海事法院依据《仲裁司法审查案件规定》第3条受理审查了本案，并最终承认本案LMAA仲裁裁决在中华人民共和国领域内具有法律效力。

需要注意的是，并非所有的中级人民法院均有权管辖外国仲裁裁决的承认与执行案件。根据最高院《涉外民商事案件管辖规定》第3条之规定，前述受理《纽约公约》项下承认和执行外国仲裁裁决的申请的管辖法院必须具有涉外案件管辖权。

三、仲裁员不得直接申请执行仲裁员费用

外国仲裁裁决载明当事人向仲裁员支付仲裁员费用的，因仲裁员不是仲裁裁决的当事人，其无权申请承认与执行该裁决中有关仲裁员费用的部分，但有关仲裁员可以单独就仲裁员费用以仲裁裁决为依据向有管辖权的人民法院提起诉讼。①

---

① 参见《第二次全国涉外商事海事审判工作纪要》第84条。

四、申请文件

根据《纽约公约》第4条之规定,当事人申请承认和执行外国仲裁裁决,应向管辖法院提交以下文件:(1)经正式认证的裁决正本或经正式核对的副本;(2)仲裁协议正本或经正式核对的副本;(3)如果仲裁裁决或者仲裁协议不是用中文作成,申请承认和执行裁决的当事人应该提交中文译文。译文应该由官方或宣过誓的译员或外交或领事代理人核实。

在仲裁实务中,申请人还需提供中文的承认和执行仲裁裁决申请书、申请人的身份证明文件。申请书应当包括下列内容:(1)申请人或者被申请人为自然人的,应当载明其姓名及住所;为法人或者其他组织的,应当载明其名称及住所,以及其法定代表人或者主要负责人的姓名、职务和住所;申请人是外国籍法人或者其他组织的,应当提交相应的公证和认证材料;(2)请求承认和执行的仲裁裁决书或者仲裁调解书的案号和生效日期;(3)申请承认和执行仲裁裁决的理由及具体请求,以及被申请人财产所在地、财产状况及该仲裁裁决的执行情况。

五、申请承认与执行的期限

如前所述,申请承认与执行外国仲裁裁决的期限为两年。实践中,申请承认和执行外国仲裁裁决的期限存在一些特殊情况,简要总结如下:

(一)先申请承认后申请执行外国仲裁裁决的,申请执行期限自法院对承认申请作出的裁定生效之日起重新计算

对于先申请承认外国仲裁裁决后,再申请执行外国仲裁的期限问题,最高院(2013)民四他字第43号《关于对国外仲裁机构的裁决申请承认和申请执行是否应一并提出问题的请示的复函》第3条载明:“西安市中级人民法院于2009年12月7日裁定承认涉案外国仲裁裁决,泰普克公司于2010年1月27日申请执行该仲裁裁决,西安市中级人民法院审查是否执行该仲裁裁决,应当适用当时施行的《中华人民共和国民事诉讼法(2007)》。依照《中华人民共和国民事诉讼法(2007)》第二百一十五条第一款的规定,申请执行的期间为二年;申请执行时效的中止、中断,适用法律有关诉讼时效中止、中断的规定。西安市中级人民法院裁定承认仲裁裁决后,泰普克公司申请执行该仲裁裁决的期限从该裁定生效之日起重新计算。泰普克公司申请执行该仲裁裁决,并未超过《中华人民共和国民事诉讼法(2007)》规定的二年申请执行期限。西安市中级人民法院以泰普克公司申请执行超过《中华人民共和国民事诉讼法(2007)》规定的申请执行期限为由,裁定不予受理,适用法律不当,应予纠正。”后《民

事诉讼法司法解释》第547条进一步明确:“当事人申请承认和执行外国法院作出的发生法律效力的判决、裁定或者外国仲裁裁决的期间,适用民事诉讼法第二百三十九条的规定。当事人仅申请承认而未同时申请执行的,申请执行的期间自人民法院对承认申请作出的裁定生效之日起重新计算。”

(二)申请承认外国仲裁裁决是否受期限约束尚无定论

申请承认外国仲裁裁决是否受期限约束,实践中尚无定论。根据《最高人民法院民事诉讼法司法解释理解与适用》对《民事诉讼法司法解释》第547条的释义,“审判实践中应当注意的是,对于身份、婚姻关系等外国法院确权判决或判项,不存在执行问题,当事人申请承认的,不应受本条规定的申请执行期间的限制。”除该特别提示外,《最高人民法院民事诉讼法司法解释理解与适用》未说明还有其他不受申请执行期限约束的情况。据此似乎可以反推出,对于外国商事仲裁裁决,申请承认也应受两年期限约束。此外,最高院在(2004)民四他字第32号《关于裁定不予承认和执行英国伦敦仲裁庭作出的塞浦路斯瓦赛斯航运有限公司与中国粮油饲料有限公司、中国人民财产保险股份有限公司河北省分公司、中国人保控股公司仲裁裁决一案的请示的复函》和(2006)民四他字第35号《关于彼得·舒德申请承认及执行美国仲裁委员会裁决一案的请示的复函》中,对于超期限申请承认和执行外国仲裁裁决的情况,均认为应不予承认和执行。

然而,最高院在(2006)民四他字第47号《关于申请人瑞士邦基有限公司申请承认和执行英国仲裁裁决一案的请示的复函》又认为,本案仲裁协议有效,仲裁程序合法,裁决应当予以承认;如果超过申请执行期限(本案事实情况为超过申请执行期限),则应依法驳回执行申请。

(三)外国法院对仲裁裁决的审理不构成申请期限中断或延长的理由

最高院(2004)民四他字第32号《关于裁定不予承认和执行英国伦敦仲裁庭作出的塞浦路斯瓦赛斯航运有限公司与中国粮油饲料有限公司、中国人民财产保险股份有限公司河北省分公司、中国人保控股公司仲裁裁决一案的请示的复函》认为:本案中英国高等法院对仲裁裁决异议案件的审理与裁决不构成申请人申请承认和执行仲裁裁决期限中断或延长的理由。根据《民事诉讼法》第219条关于申请执行期限的规定,本案申请人塞浦路斯瓦赛斯航运有限公司申请承认和执行伦敦仲裁裁决,已超过6个月申请执行期限,应不予承认和执行。

(四)当事人因重大疫情等不可抗拒的正当理由耽误申请期限的,申请期限应予顺延

最高院(2006)民四他字第35号《关于彼得·舒德申请承认及执行美国仲裁委员

会裁决一案的请示的复函》认为:当事人因防治"非典"耽误申请执行期限的,人民法院按照《民事诉讼法》第76条(现为第83条)的规定予以顺延。[①] 美国仲裁委员会于2002年5月30日作出仲裁裁决书。根据目前查明的事实,虽然北京受"非典"疫情影响,但考虑疫情影响因素后,申请人迟至2003年10月30日才向人民法院提出承认及执行仲裁裁决的申请,超过了法定期限,对于其申请应予驳回。根据该案,对于重大疫情等不可抗拒的正当理由影响申请人及时申请承认和执行外国仲裁裁决的特殊情况,计算申请期限时应当予以考虑并根据实际情况适当延长,特殊情况消除后,申请人应当在期限内及时提出申请。

(五)对于没有履行期限的裁决书,应给予当事人一个合理的履行期限,从仲裁裁决送达当事人第二日起计算较为合理

根据最高院(2006)民四他字第47号《关于申请人瑞士邦基有限公司申请承认和执行英国仲裁裁决一案的请示的复函》,申请人于2004年12月8日收到涉案仲裁裁决复印件传真和电子邮件。而申请人向广州海事法院提出申请承认和执行涉案仲裁裁决的时间是2006年1月26日。最高院审查后回复认为:申请执行的期限,双方是法人或者其他组织的为6个月,从法律文书规定履行期间的最后一日起计算。本案裁决书并无履行期限的内容,应当给予当事人一个合理的期限。故可以从申请人收到裁决书正本或者正式副本之日起计算申请人申请执行的期限。

此外,最高院(2001)法民二32号《关于麦考·奈浦敦有限公司申请承认和执行仲裁裁决一案请求的复函》亦指出:申请承认及执行的期限应从法律文书规定的履行期限的最后一日起算。如裁决书没有关于履行期限,应给当事人一个合理的履行期限,故从仲裁裁决送达当事人第二日起计算较为合理,而不应从仲裁裁决作出之日起计算申请承认及执行的期限。

根据上述两案例,对于没有履行期限的裁决书,应给当事人一个合理的履行期限,从仲裁裁决送达当事人第二日起计算较为合理。

(六)申请承认和执行期限内提出申请但资料不齐全的,如能在合理时间补正,则应当受理

对于在强制执行申请期限内提出申请,而申请人提供的资料不齐的情况,最高院(2004)民四他字第6号《关于不予执行国际商会仲裁院10334/AMW/BWD/TE最终

---

① 《民事诉讼法》第83条规定:"当事人因不可抗拒的事由或者其他正当理由耽误期限的,在障碍消除后的十日内,可以申请顺延期限,是否准许,由人民法院决定。"

裁决一案的请示的复函》中认为:在申请强制执行期限内申请强制执行国际仲裁,如果提交的资料不完备,法院不应直接裁定拒绝承认和执行,而应明确告知当事人,并限定一个合理的时间让其补正,如其在限定的合理期限内拒绝补正,则应考虑以其申请不符合立案条件为由驳回其申请。

（七）仲裁裁决作出时被申请人在中国无住所或财产,但申请人一直未怠于行使权利的,可自申请人发现被申请人在中国的财产后重新起算申请承认和执行的期限

需特别注意的是,如果外国仲裁裁决的被申请人在中国大陆无住所或财产,即中国大陆法院对申请承认和执行该外国仲裁裁决无管辖权时,后续被申请人又在中国内地(大陆)取得了财产,申请期限如何计算的问题。上海高院在(2016)沪认复3号民事裁定书中的裁判要旨值得参考。在前述裁定书中,上海高院认为:在台湾台北地方法院作出判决时,申请人的住所地、经常居住地以及被申请人的住所地、经常居住地及财产所在地均不在大陆,因此人民法院对此并没有管辖权,申请人无法向人民法院申请承认和执行。之后,申请人并未怠于行使申请执行权,而是多次向台湾地区法院申请执行。直至2014年9月17日,因被申请人无财产可供执行,故台湾地区台北地方法院对此案终结执行。在台湾地区台北地方法院出具的民事执行处函中亦载明,被申请人陈述其无海外投资。2015年4月,申请人通过委托调查,才得知被申请人在大陆的财产线索。因此,申请人并非主观上不愿或怠于行使权利,其申请认可和执行台湾地区法院民事判决的期间符合法律规定。换言之,如果申请人并非主观上不愿或怠于行使权利,而是此前中国大陆法院无管辖权,在申请承认和执行期限后被申请人又在中国大陆取得财产的,人民法院也可能接受申请人的申请,并裁定承认和执行该等情况下的外国仲裁裁决。该案与本章节上文提到的最高院发布的关于申请执行涉外仲裁裁决的指导案例37号仲裁裁决执行复议案的裁判要旨相似。

第四节　非公约裁决或非商事关系仲裁裁决的承认和执行

一、承认和执行非公约裁决或非商事关系仲裁裁决的途径

由于中国在加入《纽约公约》时已经作了“互惠保留”和“商事保留”,《纽约公约》成员国内作出的非商事仲裁,或在非《纽约公约》成员国作出的仲裁裁决都不适用《纽约公约》规定,而应适用《民事诉讼法》。

根据2017年《民事诉讼法》第283条之规定,如果一份外国仲裁裁决不适用《纽

约公约》，则根据中国与仲裁裁决作出地国家之间缔结的双边或多边司法协助协议办理；如果没有缔结该等协议的则按照互惠原则办理。

长久以来，中国司法实践一直将《民事诉讼法》中规定的互惠原则理解为“事实互惠”的原则。事实互惠指外国法院判决在中国法院得到承认和执行的前提是该外国法院所在国已有承认和执行中国法院判决的先例，否则拒绝予以承认和执行。[①] 举例而言，在武汉中院审理的（2015）鄂武汉中民商外初字第 00026 号案中，武汉中院认为：申请人在向本院递交申请承认和执行申请书时，已向本院提交经证明无误的美国加利福尼亚州洛杉矶县高等法院作出的编号 EC062608 判决副本及中文译本，符合申请承认和执行外国法院判决的形式要件。因美国同中国之间并未缔结也未共同参加相互承认和执行民事判决的国际条约，申请人的申请应否予以支持应依据互惠关系原则进行审查。经审查，申请人提交的证据已证实美国有承认和执行中国法院民事判决的先例存在，可以认定双方之间存在相互承认和执行民事判决的互惠关系。

随着“一带一路”倡议的推进，中国法院适用互惠原则的条件也随之宽松。2017 年 6 月 8 日，在中国广西南宁举行的第二届中国—东盟大法官论坛通过了《南宁声明》，其中第 7 项规定：“尚未缔结有关外国民商事判决承认和执行国际条约的国家，在承认与执行对方国家民商事判决的司法程序中，如对方国家的法院不存在以互惠为理由拒绝承认和执行本国民商事判决的先例，在本国国内法允许的范围内，即可推定与对方国家之间存在互惠关系。”该项共识采取了“推定互惠”的标准，即只要没有证据证明东盟成员国曾有以互惠为由拒绝承认和执行中国法院判决的先例，则推定两国之间存在互惠关系。这是对过往司法实践中采取“事实互惠”即要求外国法院有承认和执行中国判决事实的观点的重大转变。对互惠原则的把握更为宽松，理论上为更多的外国仲裁裁决提供了在中国法院寻求承认和执行的渠道。[②]

此外，实务中一般认为法院并没有主动证明符合互惠原则的义务，申请人需要自行举证证明外国法院承认并执行过中国法院或仲裁机构作出的生效判决、裁定或仲裁裁决。

二、管辖法院

2017 年《民事诉讼法》第 283 条规定：“国外仲裁机构的裁决，需要中华人民共和国人民法院承认和执行的，应当由当事人直接向被执行人住所地或者其财产所在地的中级人民法院申请……”根据前述规定，非公约裁决或非商事关系仲裁裁决的承认

---

① 参见李旺：《国际民事诉讼法》，清华大学出版社 2003 年版，第 137 页。

② 参见高晓力：《中国法院承认和执行外国仲裁裁决的积极实践》，载《法律适用》2018 年第 5 期。

和执行的管辖法院应为被执行人住所地或被执行人财产所在地的享有涉外案件管辖权的中级人民法院。

三、申请文件和期限

非公约裁决或非商事关系仲裁裁决的承认和执行申请文件及申请期限与前面的《纽约公约》项下承认和执行仲裁裁决的申请文件、申请期限基本一致,不再赘述。

第五节　执行措施和执行期限

一、执行措施

执行过程中进行的财产保全措施与本书“仲裁财产保全”章节所述的财产保全措施一致,此处不再赘述,本节仅简单介绍银行账户款项的冻结和划拨、非现金的动产或不动产处置等执行措施。

对被执行人在银行或其他金融机构账户内的款项,执行法院可以冻结或直接划拨至法院账户,再由法院账户向申请执行人发放执行案款。

对被执行人非现金的动产或不动产的变现处置,法院应当委托拍卖机构进行拍卖。被执行财产无法拍卖、不适于拍卖或者当事人双方同意不需要拍卖的,法院可以交由有关单位变卖或自行组织变卖。①

法院对拍卖、变卖的财产原则上应当先委托资产评估单位进行评估。被执行人也可以申请对被执行财产自行变卖,法院可以准许,但应当监督被执行人按照合理价格在指定期间内进行,并控制变卖的价格。

如果被执行财产经拍卖、变卖等方式仍不能变现的,人民法院可以准许将被执行财产进行以物抵债。如果申请执行人不同意以物抵债,又无其他可供执行财产的,法院有权终结本次执行。

此外,被执行人不能清偿债务,但对本案以外的第三人享有到期债权的,人民法院可以依申请执行人或被执行人的申请,向第三人发出履行到期债权通知书,履行通知必须直接送达第三人。第三人对履行到期债权有异议的,应当在收到履行通知后15日内向执行法院提出。第三人在履行通知指定的期间内提出异议的,人民法院不得对第三人强制执行,对提出的异议不进行审查。②

---

① 《关于执行工作若干问题的规定》第46条。

② 《关于执行工作若干问题的规定》第61条。

二、执行期限

人民法院执行生效法律文书的期限是6个月，即法院应当在执行立案之日起6个月内执行结案，但中止执行的期间应当扣除。确有特殊情况需要延长的，由本院院长批准。① 在执行实务中，法院超过执行期限结案的情况很常见。为了加强法院执行监督，2017年《民事诉讼法》第226条规定："人民法院自收到申请执行书之日起超过六个月未执行的，申请执行人可以向上一级人民法院申请执行。上一级人民法院经审查，可以责令原人民法院在一定期限内执行，也可以决定由本院或者指令其他人民法院执行。"对前述规定中的"未执行"应当理解为"未依法实施相应的执行行为"或"未依法采取相应执行措施"。例如，查明被执行人有可供执行的财产后，法院不依法及时予以查封，查封后不依法及时进行拍卖，等等。诸如上述这些应当在执行程序中依法实施的执行行为，人民法院未及时实施超过6个月期限的，申请执行人就可以向上一级人民法院申请执行。②

第六节　执行异议和执行异议之诉程序

一、概述

如前文所述，人民法院在执行程序中可采取强制执行措施，对被执行人的财产予以处置。若当事人、利害关系人认为执行行为违反法律规定，或案外人认为其对执行标的享有排除执行的所有权或其他实体权利的，可向人民法院提出异议。

二、执行异议

2017年《民事诉讼法》第225条规定："当事人、利害关系人认为执行行为违反法律规定的，可以向负责执行的人民法院提出书面异议。当事人、利害关系人提出书面异议的，人民法院应当自收到书面异议之日起十五日内审查，理由成立的，裁定撤销或者改正；理由不成立的，裁定驳回。当事人、利害关系人对裁定不服的，可以自裁定送达之日起十日内向上一级人民法院申请复议。"第227条规定："执行过程中，案外人对执行标的提出书面异议的，人民法院应当自收到书面异议之日起十五日内审查，理由成立的，裁定中止对该标的的执行；理由不成立的，裁定驳回……"《执行程序若

---

① 《关于执行工作若干问题的规定》第107条。

② 参见黄松有主编：《〈中华人民共和国民事诉讼法〉修改的理解与适用》，人民法院出版社2007年版，第136页。

干问题解释》第15条规定："案外人对执行标的主张所有权或者有其他足以阻止执行标的转让、交付的实体权利的，可以依照民事诉讼法第二百零四条①的规定，向执行法院提出异议。"《执行异议和复议规定》第1条规定："异议人提出执行异议或者复议申请人申请复议，应当向人民法院提交申请书……"

上述《民事诉讼法》及相关司法解释的规定为提出执行异议确定了程序上的框架，简要概述如下：

（一）提出执行异议的主体

依据《民事诉讼法》第225条、第227条，当事人、利害关系人或案外人均可在执行过程中向法院提出异议。

至于何为"利害关系人"，《执行异议和复议规定》第5条规定："有下列情形之一的，当事人以外的公民、法人和其他组织，可以作为利害关系人提出执行行为异议：（一）认为人民法院的执行行为违法，妨碍其轮候查封、扣押、冻结的债权受偿的；（二）认为人民法院的拍卖措施违法，妨碍其参与公平竞价的；（三）认为人民法院的拍卖、变卖或者以物抵债措施违法，侵害其对执行标的的优先购买权的；（四）认为人民法院要求协助执行的事项超出其协助范围或者违反法律规定的；（五）认为其他合法权益受到人民法院违法执行行为侵害的。"

（二）提出执行异议的理由

根据《执行异议和复议规定》第7条的规定，当事人、利害关系人认为执行过程中或者执行保全、先予执行裁定过程中的下列行为违法提出异议的，人民法院应当依照《民事诉讼法》第225条规定进行审查：

1. 查封、扣押、冻结、拍卖、变卖、以物抵债、暂缓执行、中止执行、终结执行等执行措施；

2. 执行的期间、顺序等应当遵守的法定程序；

3. 人民法院作出的侵害当事人、利害关系人合法权益的其他行为。

被执行人以债权消灭、丧失强制执行效力等执行依据生效之后的实体事由提出排除执行异议的，人民法院应当参照《民事诉讼法》第225条规定进行审查。除《执行异议和复议规定》第19条②规定的情形外，被执行人以执行依据生效之前的实体事

---

① 根据2017年《民事诉讼法》，本条提及的第204条已经变更为第227条。

② 《执行异议和复议规定》第19条规定："当事人互负到期债务，被执行人请求抵销，请求抵销的债务符合下列情形的，除依照法律规定或者按照债务性质不得抵销的以外，人民法院应予支持：（一）已经生效法律文书确定或者经申请执行人认可；（二）与被执行人所负债务的标的物种类、品质相同。"

由提出排除执行异议的,人民法院应当告知其依法申请再审或者通过其他程序解决。

对于案外人,根据《执行异议和复议规定》第 8 条的规定,案外人可基于实体权利对执行标的提出排除执行异议。此外,《执行程序若干问题解释》规定案外人对执行标的主张所有权或其他足以阻止执行标的转让、交付的实体权利的,可向法院提出异议。

对案外人的异议,人民法院应当按照下列标准判断其是否系权利人:

1. 已登记的不动产,按照不动产登记簿判断;未登记的建筑物、构筑物及其附属设施,按照土地使用权登记簿、建设工程规划许可、施工许可等相关证据判断;

2. 已登记的机动车、船舶、航空器等特定动产,按照相关管理部门的登记判断;未登记的特定动产和其他动产,按照实际占有情况判断;

3. 银行存款和存管在金融机构的有价证券,按照金融机构和登记结算机构登记的账户名称判断;有价证券由具备合法经营资质的托管机构名义持有的,按照该机构登记的实际投资人账户名称判断;

4. 股权按照工商行政管理机关的登记和企业信用信息公示系统公示的信息判断;

5. 其他财产和权利,有登记的,按照登记机构的登记判断;无登记的,按照合同等证明财产权属或者权利人的证据判断。

案外人依据另案生效法律文书提出排除执行异议,该法律文书认定的执行标的权利人与依照前款规定得出的判断不一致的,依照《执行异议和复议规定》第 26 条①规定处理。

值得注意的是,金钱债权执行中,买受人对登记在被执行的房地产开发企业名下的商品房提出异议,符合下列情形且其权利能够排除执行的,人民法院应予支持:②

1. 在人民法院查封之前已签订合法有效的书面买卖合同;

2. 所购商品房系用于居住且买受人名下无其他用于居住的房屋;

3. 已支付的价款超过合同约定总价款的50% 。

---

① 《执行异议和复议规定》第 26 条规定:"金钱债权执行中,案外人依据执行标的被查封、扣押、冻结前作出的另案生效法律文书提出排除执行异议,人民法院应当按照下列情形,分别处理:(一)该法律文书系就案外人与被执行人之间的权属纠纷以及租赁、借用、保管等不以转移财产权属为目的的合同纠纷,判决、裁决执行标的归属于案外人或者向其返还执行标的且其权利能够排除执行的,应予支持;(二)该法律文书系就案外人与被执行人之间除前项所列合同之外的债权纠纷,判决、裁决执行标的归属于案外人或者向其交付、返还执行标的的,不予支持。(三)该法律文书系案外人受让执行标的的拍卖、变卖成交裁定或者以物抵债裁定且其权利能够排除执行的,应予支持。金钱债权执行中,案外人依据执行标的被查封、扣押、冻结后作出的另案生效法律文书提出排除执行异议的,人民法院不予支持。非金钱债权执行中,案外人依据另案生效法律文书提出排除执行异议,该法律文书对执行标的的权属作出不同认定的,人民法院应当告知案外人依法申请再审或者通过其他程序解决。申请执行人或者案外人不服人民法院依照本条第一、二款规定作出的裁定,可以依照民事诉讼法第二百二十七条规定提起执行异议之诉。"

② 参见《执行异议和复议规定》第 29 条。

金钱债权执行中,对被查封的办理了受让物权预告登记的不动产,受让人提出停止处分异议的,人民法院应予支持;符合物权登记条件,受让人提出排除执行异议的,应予支持。①

承租人请求在租赁期内阻止向受让人移交占有被执行的不动产,在人民法院查封之前已签订合法有效的书面租赁合同并占有使用该不动产的,人民法院应予支持。承租人与被执行人恶意串通,以明显不合理的低价承租被执行的不动产或者伪造交付租金证据的,对其提出的阻止移交占有的请求,人民法院不予支持。②

(三)提出执行异议的形式

《民事诉讼法》规定异议人应以书面形式提出执行异议。根据《执行异议和复议规定》第 1 条,异议人提出执行异议,应当向人民法院提交申请书。申请书应当载明具体的异议或者复议请求、事实、理由等内容,并附下列材料:

1. 异议人或者复议申请人的身份证明;
2. 相关证据材料;
3. 送达地址和联系方式。

(四)提出执行异议的时间

根据《执行异议和复议规定》第 6 条,当事人、利害关系人依照《民事诉讼法》第 225 条规定提出异议的,应当在执行程序终结之前提出,但对终结执行措施提出异议的除外。案外人依照《民事诉讼法》第 227 条规定提出异议的,应当在异议指向的执行标的执行终结之前提出;执行标的由当事人受让的,应当在执行程序终结之前提出。

(五)执行异议的受理

根据《执行异议和复议规定》第 2 条,执行异议符合《民事诉讼法》第 225 条或者第 227 条规定条件的,人民法院应当在 3 日内立案,并在立案后 3 日内通知异议人和相关当事人。不符合受理条件的,裁定不予受理;立案后发现不符合受理条件的,裁定驳回申请。执行异议申请材料不齐备的,人民法院应当一次性告知异议人在 3 日内补足,逾期未补足的,不予受理。

此外,根据《执行异议和复议规定》第 3 条,执行法院收到执行异议后 3 日内既不立案又不作出不予受理裁定,或者受理后无正当理由超过法定期限不作出异议裁定

---

① 参见《执行异议和复议规定》第 30 条。

② 参见《执行异议和复议规定》第 31 条。

的,异议人可以向上一级人民法院提出异议。上一级人民法院审查后认为理由成立的,应当指令执行法院在3日内立案或者在15日内作出异议裁定。

三、案外人执行异议之诉

案外人的实体权利并不因法院执行庭驳回案外人执行异议而丧失。案外人提出执行异议主要涉及案外人是否对执行标的享有任何实体性权益,而法院对执行异议的审查只是处理这一问题的初步阶段,审查结果也不会直接影响案外人的实体权利。

因此,《民事诉讼法》第227条规定:"……案外人、当事人对裁定不服……可以自裁定送达之日起十五日内向人民法院提起诉讼。"《执行异议和复议规定》第16条第2款进一步规定:"人民法院依照民事诉讼法第二百二十七条规定作出裁定时,应当告知相关权利人提起执行异议之诉的权利和期限。"这一规定确立了案外人提起执行异议之诉的程序框架:

(一)提起执行异议之诉的当事人

根据《民事诉讼法司法解释》第304条的规定,提出执行异议的案外人、当事人对执行异议裁定不服,自裁定送达之日起15日内可向人民法院提起执行异议之诉,为执行异议之诉的原告。

根据《民事诉讼法司法解释》第307条的规定,案外人提起执行异议之诉的,以申请执行人为被告。被执行人反对案外人异议的,被执行人为共同被告;被执行人不反对案外人异议的,可以列被执行人为第三人。

根据《民事诉讼法司法解释》第308条的规定,申请执行人提起执行异议之诉的,以案外人为被告。被执行人反对申请执行人主张的,以案外人和被执行人为共同被告;被执行人不反对申请执行人主张的,可以列被执行人为第三人。

(二)提起执行异议之诉的条件

根据《民事诉讼法司法解释》第305条的规定,案外人提起执行异议之诉,除符合《民事诉讼法》第119条[①]规定外,还应当具备下列条件:(1)案外人的执行异议申请已经被人民法院裁定驳回;(2)有明确的排除对执行标的执行的诉讼请求,且诉讼请求与原判决、裁定无关;(3)自执行异议裁定送达之日起15日内提起。

---

① 《民事诉讼法》第119条规定:"起诉必须符合下列条件:(一)原告是与本案有直接利害关系的公民、法人和其他组织;(二)有明确的被告;(三)有具体的诉讼请求和事实、理由;(四)属于人民法院受理民事诉讼的范围和受诉人民法院管辖。"

根据《民事诉讼法司法解释》第306条的规定，申请执行人提起执行异议之诉，除符合《民事诉讼法》第119条①规定外，还应当具备下列条件：(1)依案外人执行异议申请，人民法院裁定中止执行；(2)有明确的对执行标的继续执行的诉讼请求，且诉讼请求与原判决、裁定无关；(3)自执行异议裁定送达之日起15日内提起。

(三)执行异议之诉的目的

依据《执行程序若干问题解释》第17条的规定，案外人提起执行异议之诉目的在于：对执行标的主张实体权利，以及请求对执行标的停止执行。

(四)提起执行异议之诉的期限

依据《民事诉讼法》第227条之规定，案外人应在法院驳回执行异议的裁定送达之日起15日内提起执行异议之诉。这一期限不得中止、中断或延长。若案外人未能在上述期限内起诉的，则视为放弃提出异议的权利。

(五)执行异议之诉的管辖与处理

《民事诉讼法司法解释》第304条规定："……案外人、当事人对执行异议裁定不服，自裁定送达之日起十五日内向人民法院提起执行异议之诉的，由执行法院管辖。"第310条规定："人民法院审理执行异议之诉案件，适用普通程序。"第312条规定："对案外人提起的执行异议之诉，人民法院经审理，按照下列情形分别处理：(一)案外人就执行标的享有足以排除强制执行的民事权益的，判决不得执行该执行标的；(二)案外人就执行标的不享有足以排除强制执行的民事权益的，判决驳回诉讼请求……"第313条规定："对申请执行人提起的执行异议之诉，人民法院经审理，按照下列情形分别处理：(一)案外人就执行标的不享有足以排除强制执行的民事权益的，判决准许执行该执行标的；(二)案外人就执行标的享有足以排除强制执行的民事权益的，判决驳回诉讼请求。"据此可以看出：

执行法院有权管辖执行异议之诉。由于执行异议之诉的结果会直接影响执行程序，因此执行法院对此享有管辖权更为合理。这也同样有利于有关当事人出席诉讼。

执行异议之诉属于诉讼，因此应由执行法院组成审判庭按照审判程序进行审理。

法院可以判决驳回或支持案外人的诉讼请求，这取决于案外人提出的理由是否

---

① 《民事诉讼法》第119条规定："起诉必须符合下列条件：(一)原告是与本案有直接利害关系的公民、法人和其他组织；(二)有明确的被告；(三)有具体的诉讼请求和事实、理由；(四)属于人民法院受理民事诉讼的范围和受诉人民法院管辖。"

成立。若理由成立的,则不得执行该执行标的。

案外人执行异议之诉的判决如同其他民事判决一样,可以上诉。

(六)执行标的被查封、扣押、冻结前作出的另案生效法律文书与排除执行异议的关系

根据《执行异议和复议规定》第26条的规定,金钱债权执行中,案外人依据执行标的被查封、扣押、冻结前作出的另案生效法律文书提出排除执行异议,人民法院应当按照下列情形,分别处理:(1)该法律文书系就案外人与被执行人之间的权属纠纷以及租赁、借用、保管等不以转移财产权属为目的的合同纠纷,判决、裁决执行标的归属于案外人或者向其返还执行标的且其权利能够排除执行的,应予支持。(2)该法律文书系就案外人与被执行人之间除前项所列合同之外的债权纠纷,判决、裁决执行标的归属于案外人或者向其交付、返还执行标的的,不予支持。(3)该法律文书系案外人受让执行标的的拍卖、变卖成交裁定或者以物抵债裁定且其权利能够排除执行的,应予支持。

金钱债权执行中,案外人依据执行标的被查封、扣押、冻结后作出的另案生效法律文书提出排除执行异议的,人民法院不予支持。

非金钱债权执行中,案外人依据另案生效法律文书提出排除执行异议,该法律文书对执行标的权属作出不同认定的,人民法院应当告知案外人依法申请再审或者通过其他程序解决。

第七节 执行不能转破产

一、概述

实践中,有相当一部分案件的被执行人实际上已经处于资不抵债的状态,或已经处于吊销或停止营业的状态。在这种情况下,法院很难通过正常途径执行仲裁裁决,只能裁定终结本次执行,申请执行人的权利迟迟得不到落实。

加快完善执行与破产衔接机制,让债务人丧失清偿能力的案件从执行程序转入破产程序,可以彻底清除执行积案,在一定程度上可以缓解执行难问题。

对于法院而言,通过破产程序终局性消灭被执行人的主体资格,更多执行案件会通过破产程序得到彻底消解,从而释放被无谓消耗的司法资源。对于债权人而言,通过破产程序可以避免个别清偿,使债务人的财产在债权人之间公平清偿。对于被执行人而言,通过破产程序,对被执行人资产和负债的梳理以及对外债权的催收、资产

变现等,使被执行人剩余财产价值最大化。

二、执行不能转破产的申请主体和管辖

根据《民事诉讼法司法解释》第 513 条的规定,在执行中,作为被执行人的企业法人符合《企业破产法》第 2 条第 1 款[①]规定情形的,执行法院经申请执行人之一或者被执行人同意,应当裁定中止对该被执行人的执行,将执行案件相关材料移送被执行人住所地人民法院。即执行不能转破产的申请主体为申请执行人之一或者被执行人。

《执行案件移送破产审查意见》第 3 条规定,执行案件移送破产审查,由被执行人住所地人民法院管辖。在级别管辖上,为适应破产审判专业化建设的要求,合理分配审判任务,实行以中级人民法院管辖为原则、基层人民法院管辖为例外的管辖制度。中级人民法院经高级人民法院批准,也可以将案件交由具备审理条件的基层人民法院审理。

三、执行案件移送破产审查的条件

根据《执行案件移送破产审查意见》第 2 条的规定,执行案件移送破产审查,应同时符合下列条件:(1)被执行人为企业法人;(2)被执行人或者有关被执行人的任何一个执行案件的申请执行人书面同意将执行案件移送破产审查;(3)被执行人不能清偿到期债务,并且资产不足以清偿全部债务或者明显缺乏清偿能力。

根据《执行案件移送破产审查意见》第 4 条和第 5 条的规定,执行法院在执行程序中应加强对执行案件移送破产审查有关事宜的告知和征询工作。执行法院采取财产调查措施后,发现作为被执行人的企业法人符合《企业破产法》第 2 条规定的,应当及时询问申请执行人、被执行人是否同意将案件移送破产审查。申请执行人、被执行人有权利(而非义务)同意移送破产审查。申请执行人、被执行人均不同意移送且无人申请破产的,执行法院应当按照《民事诉讼法司法解释》第 516 条[②]的规定处理。执行案件承办人认为执行案件符合移送破产审查条件的,应提出审查意见,经合议庭评议同意后,由执行法院院长签署移送决定。

---

① 《企业破产法》第 2 条第 1 款规定:“企业法人不能清偿到期债务,并且资产不足以清偿全部债务或者明显缺乏清偿能力的,依照本法规定清理债务。”

② 《民事诉讼法司法解释》第 516 条规定:“当事人不同意移送破产或者被执行人住所地人民法院不受理破产案件的,执行法院就执行变价所得财产,在扣除执行费用及清偿优先受偿的债权后,对于普通债权,按照财产保全和执行中查封、扣押、冻结财产的先后顺序清偿。”

四、执行案件的移送和破产审查

根据《民事诉讼法司法解释》第513条、第514条和第515条的规定:(1)执行转破产时,执行法院应将执行案件相关材料移送被执行人住所地人民法院。(2)被执行人住所地人民法院应当自收到执行案件相关材料之日起30日内,将是否受理破产案件的裁定告知执行法院。不予受理的,应当将相关案件材料退回执行法院。(3)被执行人住所地人民法院裁定受理破产案件的,执行法院应当解除对被执行人财产的保全措施。被执行人住所地人民法院裁定宣告被执行人破产的,执行法院应当裁定终结对该被执行人的执行。被执行人住所地人民法院不受理破产案件的,执行法院应当恢复执行。

根据《执行案件移送破产审查意见》第6条、第7条和第8条的规定:(1)为减少异地法院之间移送的随意性,基层人民法院拟将执行案件移送异地中级人民法院进行破产审查的,在作出移送决定前,应先报请其所在地中级人民法院执行部门审核同意。(2)执行法院作出移送决定后,应当于5日内送达申请执行人和被执行人。申请执行人或被执行人对决定有异议的,可以在受移送法院破产审查期间提出,由受移送法院一并处理。(3)执行法院作出移送决定后,应当书面通知所有已知执行法院,执行法院均应中止对被执行人的执行程序。

根据《民事诉讼法司法解释》第516条和《执行案件移送破产审查意见》第4条的规定,当事人不同意移送破产或者被执行人住所地人民法院不受理破产案件的,执行法院就执行变价所得财产,在扣除执行费用及清偿优先受偿的债权后,对于普通债权,按照财产保全和执行中查封、扣押、冻结财产的先后顺序清偿。企业法人的其他已经取得执行依据的债权人申请参与分配的,人民法院不予支持。

五、受移送法院不予受理或驳回申请的处理

受移送法院作出不予受理或驳回申请裁定的,应当在裁定生效后7日内将接收的材料、被执行人的财产退回执行法院,执行法院应当恢复对被执行人的执行。

受移送法院作出不予受理或驳回申请的裁定后,人民法院不得重复启动执行案件移送破产审查程序。申请执行人或被执行人以有新证据足以证明被执行人已经具备了破产原因为由,再次要求将执行案件移送破产审查的,人民法院不予支持。但是,申请执行人或被执行人可以直接向具有管辖权的法院提出破产申请。

六、执行案件移送破产审查的监督

《执行案件移送破产审查意见》对执行案件移送破产审查的监督也进行了规定。

《执行案件移送破产审查意见》第21条规定:“受移送法院拒绝接收移送的材料,或者收到移送的材料后不按规定的期限作出是否受理裁定的,执行法院可函请受移送法院的上一级法院进行监督。上一级法院收到函件后应当指令受移送法院在十日内接收材料或作出是否受理的裁定。受移送法院收到上级法院的通知后,十日内仍不接收材料或不作出是否受理裁定的,上一级法院可以径行对移送破产审查的案件行使管辖权。上一级法院裁定受理破产案件的,可以指令受移送法院审理。”

七、执转破程序实施困境的原因分析①

第一,启动程序问题。根据《企业破产法》第7条的规定②,破产程序的启动采取单一的“依申请主义”,只有债权人、债务人以及清算责任人可以提起破产申请。对于债权人而言,启动破产程序的利益驱动不足。破产企业基本已无财产可供执行,启动破产程序付出的时间和精力过大,执行转破产很可能是“空转”,或者面临“替他人做嫁衣”的风险。对于债务人而言,一些债务人选择转移财产逃避债务,不会主动申请破产。此外,债务人对于破产存在负面认识,不愿将企业推向破产。对于清算责任人而言,由于清算制度未落实到位,即使企业已经成为空壳,股东、高管仍不愿意清算或破产,且不会因此受到处罚;相反,如果破产过程中查出高管未尽勤勉义务,还可能追究个人责任。

第二,执行参与分配制度不当。参与分配制度体现了“先到先得”的原则,即只在取得执行依据的债权人之间分配。但破产程序适用于所有债权人,因此破产会稀释现有取得执行依据债权人的债权。

第三,执转破衔接不畅。法律法规和司法解释对于执行部门与破产审判部门之间如何衔接的规定都较为原则。实践中,不同法院之间,同一法院执行部门与破产审判部门之间衔接不畅的问题仍然存在。同时,大量执行案件由基层法院负责办理,但在基层法院受理执转破案件前,按规定需要逐级向高院报批,涉及上下级法院的多个部门,花费时间往往较长。

第四,地方保护主义对执转破造成一定障碍。企业破产必然带来职工安置和招商成果考核不良等结果,因此不少地方政府对于企业破产持谨慎态度。

---

① 参见潍坊市中级人民法院课题组、姜树政、叶伶俐:《关于完善执行转破产程序的调研报告》,载《山东审判》2017年第1期。参见湖州市中级人民法院课题组、何新等:《优化执转破审判工作 助力“基本解决执行难”——浙江湖州中院关于执行转破产案件审判工作的调研报告》,载《人民法院报》2019年1月31日,第8版。

② 《企业破产法》第7条规定:债务人有本法第2条规定的情形,可以向人民法院提出重整、和解或者破产清算申请。债务人不能清偿到期债务,债权人可以向人民法院提出对债务人进行重整或者破产清算的申请。企业法人已解散但未清算或者未清算完毕,资产不足以清偿债务的,依法负有清算责任的人应当向人民法院申请破产清算。

第二十七章　仲裁中的第三方资助

第一节　第三方资助概述

一、定义

第三方资助，是指第三方机构为案件当事人全部或部分提供案件中发生的相应费用，之后依据裁判结果获得经济回报的制度安排。[①] 第三方资助起源于英美法系国家，之后逐渐在大陆法系国家兴起和发展。[②] 广义的第三方资助包括法律费用保险、债权转让、无追索权的融资，等等。

“法律费用保险”包括纠纷前保险（Before the Event Insurance）与纠纷后保险（After the Event Insurance）。前者通常是在引发纠纷的事件发生前投保，承保范围是当事人自己的诉讼/仲裁费用；而后者是在纠纷产生后投保，承保范围是败诉后需要承担的对方的诉讼/仲裁费用。[③] 法律费用保险的承保范围通常只包含律师费和与证据有关的费用，且保险公司不会介入纠纷的解决过程。

“债权转让”是指债权人在不违反法律和公共政策的前提下，通过协议将债权全部或部分转让给第三人，由第三人对债务人进行追偿。[④]

“无追索权的融资”，又称“无追索权的基于案件费用的投资”，是指投资者在对案件、被资助人等情况进行详细的尽职调查后，与当事人签订融资协议，支付当事人全部或部分诉讼/仲裁费用、律师费、鉴定费等所有在案件进行中可能发生的费用，并

---

① 参见 REPORT OF THE ICCA – QUEEN MARY TASK FORCE ON THIRD – PARTY FUNDING IN INTERNATIONAL ARBITRATION，https://www. arbitration – icca. org/media/10/40280243154551/icca_reports_4_tpf_final_for_print_5_april. pdf，最后访问日期：2020 年 2 月 16 日。

② 参见张光磊：《第三方诉讼融资：通往司法救济途径的商业化路径》，载《中国政法大学学报》2016 年第 3 期。

③ 参见 REPORT OF THE ICCA – QUEEN MARY TASK FORCE ON THIRD – PARTY FUNDING IN INTERNATIONAL ARBITRATION，https://www. arbitration – icca. org/media/10/40280243154551/icca_reports_4_tpf_final_for_print_5_april. pdf，最后访问日期：2020 年 2 月 16 日。

④ 参见章曦：《论国际仲裁中的第三方融资及投资人的自我监管》，载《北京仲裁》2015 年第 3 期。

在当事人的请求获得支持后，投资者按照融资协议的约定获得投资报酬的争议解决融资方式。如果当事人败诉，则当事人无须向投资者赔付或偿还其投资款。换言之，投资者以承担当事人全部或部分的诉讼/仲裁成本及风险为代价，获得诉讼/仲裁请求的部分潜在经济价值。

狭义的第三方资助是指无追索权的融资。本书所讨论的仲裁中的第三方资助，主要指的是这种融资方式。另外，应当说明的是，第三方资助并不是只适用于仲裁的融资制度，诉讼中也存在第三方资助。本节所讨论的第三方资助的制度功能等，如无特别说明，也适用于第三方资助在诉讼中的情况。

二、制度功能

第三方资助主要针对没有资助就无法提起仲裁的申请人，或虽有能力负担仲裁成本，但出于降低运营成本和商业风险等原因而需要资助的申请人（一般为公司），以及符合前述情形的提起反请求的被申请人。① 基于此，第三方资助具有以下制度功能。

首先，第三方资助可以免去申请人对于仲裁成本的顾虑，继而可以避免申请人因高昂的成本而放弃仲裁或接受不利的和解后果，推动个案正义。尤其在国际商事仲裁中，案件通常标的额巨大，仲裁费、律师费、专家证人费都是不菲的开支，同时案件处理的时间跨度往往很大。争议久拖不决，相应成本不断增加。诸多因素使国际仲裁对于当事人而言成本高、负担重。因此，第三方资助对国际仲裁有非常重要的意义。② 实践中，有些投资者甚至出资维持申请人的正常运营以保证申请人不因主体资格丧失而无法继续主张权利。③

其次，第三方资助可以分担申请人仲裁请求不被支持的风险。在一些情况下，申请人有能力提起仲裁并负担相应成本，但可能担心如果仲裁请求未得到支持，已支出的成本变成新的损失。通常，第三方资助的投资者会承诺，申请人败诉时无须将投资款返还。第三方资助为申请人分担了仲裁请求不被支持的风险，而投资者可以通过整体投资策略分散风险。

最后，第三方资助可以聚集小额争议，形成集团优势。集团仲裁的可行性在学界及实务界仍具有较大争议。仅从当事人不愿因小额纠纷提起仲裁的角度，第三方资

---

① 参见汤霞：《第三方资助国际投资仲裁费用担保的必要性标准研究》，载《国际经济法学刊》2019 年第 3 期。

② 参见陈友春：《浅谈构建我国商事仲裁的第三方资助制度》，载《法制与社会》2019 年第 1 期。

③ Aren Goldsmith & Lorenzo Melchionda, Third – Party Funding in International Arbitration: Everything you ever wanted to know (but were afraid to ask), 1 (1) Int' l Bus. I. L. 53(2012).

助或能解决这一问题,从促进个案正义的角度推动社会公平正义。

三、第三方资助存在的质疑和回应

第三方资助制度从产生之初即面临较大争议,引发实务界及学界关于其合法性与正当性的思考。相关的质疑和回应主要有以下几点:

首先,有观点认为第三方资助违反普通法“禁止帮讼”的传统。“禁止帮讼”的原则起源于中世纪的英国。确立这一原则最初是为防止一些贵族利用自己的名誉为一些恶意甚至欺诈诉讼背书,提高诉请的可信度。这一原则被普通法系的美国、澳大利亚等国家继承,并不断演进。

关于这一点,相关的回应是,进入现代社会,禁止帮讼原则最初产生的社会原因已不复存在。20 世纪 90 年代,诉讼领域的第三方资助起源于普通法系的澳大利亚,并很快在其他普通法系国家得到发展。①

其次,有观点认为第三方资助中签订的资助协议可能违反禁止高利贷的法律共识。通常,狭义的第三方资助是指无追索权的基于案件费用的投资行为。但在一些投资者与当事人签订的资助协议中,可能存在固定回报的约定,即无论案件结果如何,投资者都能得到固定数额的高额回报。这一约定名为投资,实为借贷。

关于这一点,相关的回应是,可以通过立法明确第三方资助协议中,无视案件后果的固定高额回报约定无效。这样能从一定程度上避免第三方资助协议沦为高利贷协议。更为重要的是,应建立健全市场机制,对第三方资助中的投资者进行规范化管理。一个良好运行的第三方资助市场,可以有效避免第三方资助制度变为高利贷的合法外衣。

再次,有观点认为第三方资助可能会诱使当事人恶意诉讼甚至引发滥诉,原因是第三方资助使当事人不用担心负担太多成本,促使一些本来没有机会进入诉讼、仲裁的案件启动相应程序。

关于这一点,相关的回应是,第三方资助投资者在评估和筛选潜在可投资案件时,主要会从以下方面予以分析:(1)案件所能带来的价值和潜在收益;(2)案件双方的财务状况;(3)案件的胜诉可能性。② 因此,投资者投资的案件,很多是具有一定胜诉可能性且胜诉后有可能得到执行的案件,而不会是毫无根据的恶意诉讼或滥诉。如果第三方资助制度的确使很多此类案件进入诉讼、仲裁程序,也不应从滥诉的角度

---

① 参见张光磊:《第三方诉讼融资:通往司法救济途径的商业化路径》,载《中国政法大学学报》2016 年第 3 期。

② 参见张蓓蓓、胡宪:《中国第三方资助市场概述》,载 http://www.sohu.com/a/222247588_708255,最后访问日期:2020 年 2 月 16 日。

看待这一问题，而是应反思现有诉讼/仲裁制度的启动门槛是否过高，是否给权利人主张权利设置了不合理的障碍。

最后，还有观点认为，由于第三方资助者和当事人的利益存在不同，第三方资助制度可能使个案出现不公平的情况。具体而言，第三方资助者逐利的本质，可能使其过度介入案件、控制案件，并作出违背当事人意愿的决策。如当事人希望通过和解的方式尽早结案，但第三方资助者认为裁决结案很有可能使其获得更多利益。

针对这一问题的回应是，或许需要通过立法限制第三方资助者介入案件的权利，平衡第三方资助者和当事人之间的利益。

四、第三方资助协议的重要条款

（一）费用资助及回报补偿条款

费用资助条款是第三方资助的核心条款之一，是被资助者与投资者关于资助费用的具体约定。常见的类型包括投资者可与当事人约定由投资者承担所有诉讼/仲裁费用，或按一定比例承担，或为承担费用设置一个封顶，超过封顶限额，则投资者不再承担之后发生的费用。

回报补偿条款也是第三方资助协议中的必备条款，主要内容是约定投资者有权从被资助人获得的胜诉裁决中分享一定的金额。常见的类型为投资者按比例分享胜诉金额，或者在胜诉时投资者获得约定倍数的投资款项，有时双方也会约定回报封顶金额。

（二）程序控制条款

程序控制条款是第三方资助协议的常见条款，旨在赋予非案件当事人的投资者对案件程序一定的控制权以保护投资者的资金安全，尽可能提高盈利可能性。有学者依据控制程度的不同，将控制条款分为“轻度控制型”与“深度控制型”。[①]“轻度控制型”的投资者对争议解决程序的介入十分有限，一般仅包括对案件具体情况、诉讼策略、胜诉可能性的知情权等。投资者不能参与到案件相关决策程序中，包括律师选择、诉讼策略制定、是否和解等。“深度控制型”的投资者不仅对案件进展有知情权，在律师选择、诉讼策略制定、和解谈判，甚至是否最终签订和解协议等方面，都享有话语权。投资者甚至被视为代理律师的客户。[②] 在投资者深度控制案件的情况下，随之

---

① 参见吴维锭：《诉讼中的第三方资助协议研究：域外经验与中国选择》，载《时代法学》2019 年第 2 期。

② 同上。

而来的是一系列复杂的问题。例如,由于投资者和当事人利益不完全相同,当二者利益出现冲突时,律师应优先为何种利益服务?但是,完全禁止投资者介入案件,显然是不现实的,这仍然是一个各方利益平衡的问题。

第二节 仲裁中第三方资助的特殊问题

一、投资者的保密义务

仲裁的保密性被认为是仲裁程序的重要优势之一。仲裁法及各仲裁机构的仲裁规则中基本规定了保密义务。例如,《北仲规则 2019》第 26 条规定:"(一)仲裁不公开审理。当事人协议公开的,可以公开,但涉及国家秘密、第三人商业秘密或者仲裁庭认为不适宜公开的除外。(二)不公开审理的案件,当事人及其代理人、证人、仲裁员、仲裁庭咨询的专家和指定的鉴定人、本会的有关人员,均不得对外界透露案件实体和程序进行的情况。"保密义务在第三方资助中的问题是,投资者是否为负有保密义务的一方。由于第三方资助协议的特点,投资者应享有对仲裁程序、结果的知情权。如前所述,根据投资者介入案件程度的不同,投资者甚至有可能参与仲裁策略的决策。但对于被申请人,申请人将案件进展及结果向投资者透露可能构成对保密义务的违反。投资者有可能不当利用其在本案中知道的被申请人的信息。另外,投资者本身对当事人提供的信息能否做到完全保密更多依靠自律,实践中仍不乏资助方借资助或筛选信息为由进行案源公开与基本信息披露。[①] 如有的第三方资助机构在其微信公众号中发布拟投资的案源信息,招揽代理律师。尽管资助机构已对案件当事人信息做了技术性处理,但其中仍不乏案件细节,这可能引发当事人对投资者是否遵守保密义务的质疑。

实践中,香港在发布的《第三者资助仲裁实务守则》中,对这一问题的规定为:"2.8 A third party funder will observe the confidentiality and privilege of all information and documentation relating to the arbitration and the subject of the funding agreement to the extent that Hong Kong law, or other applicable law, permits."大意为:就与仲裁及资助协议所涉事项相关的一切信息和文件,出资第三者须在香港法律或其他适用法律准许的情况下履行保密义务。在这一规定下,第三方资助者负有较为广泛的保密义务。但违反《第三者资助仲裁实务守则》并不会直接导致法律责任,《第三者资助仲裁实务守则》的存在能否产生实际效果,有待实务验证。

---

① 参见张蓓蓓、胡宪:《中国第三方资助市场概述》,载 http://www.sohu.com/a/222247588_708255,最后访问日期:2020 年 2 月 16 日。

二、披露义务

仲裁中与第三方资助相关的披露义务主要是指受资助方的披露义务及仲裁员的披露义务。

就受资助方的披露义务，主要问题是受资助方是否有义务向仲裁庭及对方当事人披露第三方资助的存在以及第三方资助的具体信息。如果仲裁庭不知晓第三方资助的存在，显然也就无法履行相应的披露义务。

仲裁员的公正和独立是仲裁程序的基本要求。第三方资助进入仲裁后，需要考虑的是仲裁员是否有义务披露其和投资者的关系，以及哪种关系可能会影响仲裁员公正审理。例如，某位仲裁员是第三方资助投资者的常年法律顾问，或者在该投资者资助的其他案件中担任代理律师等，这种关系是否需要披露，是否会影响仲裁员公正审理。

实践中，已有一些国际机构或法域率先尝试对仲裁中与第三方资助相关的披露义务作出规定。

我们在本书"仲裁庭"一章中介绍了国际律师协会发布的《IBA 利益冲突指引》。这一指引对仲裁中与第三方资助相关的披露义务亦作出规定，在国际仲裁界有较大影响。根据《IBA 利益冲突指引》，与仲裁裁决有直接经济利益关系的第三方资助者可能被视为与仲裁当事人有同等地位；①当事人有义务披露第三方资助者与仲裁员的关系；②如果仲裁员是第三方投资者的经理、董事或监事，或对第三方资助者有控制性影响，则属于仲裁员必须要回避的红色清单的情形。③ 但《IBA 利益冲突指引》未规定如果当事人认为第三方资助者与仲裁员不存在任何联系，是否需要主动披露存在第三方资助。

香港 2017 年修订后的《仲裁条例》在第 98T 条确立了被资助人的披露义务④，要求被资助人有义务在仲裁开始之时(如此时已经订立资助协议)，或者资助协议订立后 15 日内(如该协议在仲裁开始后才订立)，对仲裁庭或对方当事人书面披露第三方资助的存在。披露的内容包括已订立资助协议的事实和第三方资助人的名字。如资

---

① 参见 2014 IBA Guidelines on Conflicts of Interest on International Arbitration, General Standard 6(b) and Explanation to General Standard 6(b)。

② 参见 2014 IBA Guidelines on Conflicts of Interest on International Arbitration, General Standard 7(a) and Explanation to General Standard 7(a)。

③ 参见 2014 IBA Guidelines on Conflicts of Interest on International Arbitration, Non – Waivable Red List, para. 1.2。

④ 参见"609 章《仲裁条例》"，载香港特别行政区政府律政司官网：https://www.elegislation.gov.hk/hk/cap609！sc@2019 – 12 – 19T00:00:00？xpid = ID_1546568934779_001，最后访问日期：2020 年 2 月 16 日。

助协议提前终止，被资助人还需披露资助关系已经结束的事实和结束的日期。

新加坡在2017年1月通过立法允许第三方资助行为后，对《法律职业（执业行为）规则2015》予以修订，规定法律职业者必须向法庭、仲裁庭以及其他当事方披露第三方资助协议的存在以及第三方资助人的身份，此项披露应在纠纷解决程序开始之时（如此时已订立第三方资助协议）或者第三方资助协议订立之后尽可能快地完成（如该协议在纠纷解决程序开始后才订立）。[①] 可见，新加坡对案件代理律师课以第三方资助的披露义务，这不失为一种值得借鉴的立法思路。

第三节　第三方资助在中国的实践及展望

有观点认为，中国目前的仲裁制度对于第三方资助有很强的兼容性。[②] 具体而言，首先，中国没有"禁止帮讼"的传统理论。其次，中国允许律师收取风险代理费，而此种收费方式本身可看作一种争议解决融资方式。另外，相较国际仲裁程序，中国的仲裁制度没有太多复杂的程序安排，因此第三方资助制度对中国仲裁现有程序产生的影响较小。[③] 例如，在国际仲裁中，仲裁费用担保作为一种仲裁中的临时措施，其作用是保证被申请人在胜诉后，能够从申请人处得到因仲裁支出的费用的补偿。[④] 在第三方资助进入仲裁后，需要考虑的问题是，第三方资助是否加强了仲裁费用担保的必要性。原因是在第三方资助介入的案件中，申请人的经济状况可能较为一般，或许使仲裁费用担保这一临时措施更具必要性。这一问题目前存在较大争议。但在中国的仲裁实践中，主要仲裁机构普遍采取的是申请方全额预缴仲裁费用的方式，且仲裁费并非按小时收取（除北仲收费新规规定当事人可以约定按小时收取外），加之大多数案件中被申请人律师费的额度有限，很少会出现仲裁费用金额高到申请人无法承担的情况。仲裁费用担保这一临时措施本身在中国目前的国内、涉外仲裁程序中不太有适用的场合，也就没有必要在第三方资助的语境下讨论仲裁费用担保的必要性。因此，中国仲裁法及机构仲裁规则无须就第三方资助中的仲裁费用担保问题另行修改或创设规则。综上，中国仲裁制度对第三方资助有亲和性的说法确实有一定依据。

---

① 参见 Legal Profession（Professional Conduct）Rules 2015，Singapore Status Online，https://sso.agc.gov.sg/SL/LPA1966－S706－2015？DocDate＝20180209#pr49A－，最后访问日期：2020年2月16日。

② 参见王雪华、刑媛等：《中国商事仲裁年度观察（2018）》，载北京仲裁委员会、北京国际仲裁中心编：《中国商事争议解决年度观察（2018）》，中国法制出版社2018年版。

③ 同上。

④ 参见汤霞：《第三方资助国际投资仲裁费用担保的必要性标准研究》，载《国际经济法学刊》2019年第3期。

一、国内仲裁机构的探索

目前,中国仲裁机构未针对普通商事仲裁适用第三方资助作出明确规定,但已有仲裁机构就国际投资仲裁案件中的第三方资助在制度和规则层面上进行探索。

《中国国际经济贸易仲裁委员会国际投资争端仲裁规则(试行)》第 27 条对贸仲管理的国际投资仲裁案件中第三方资助的定义、披露及相应后果作出规定:“(一)在本规则中,‘第三方资助’是指当事人以外的自然人或实体协议承担参与争议的一方当事人在仲裁程序中的全部或部分费用的情形。(二)获得第三方资助的当事人应在签署资助协议后,毫不迟延地将第三方资助安排的事实、性质、第三方的名称与住址,书面告知对方当事人、仲裁庭及管理案件的投资争端解决中心或香港仲裁中心。仲裁庭也有权命令获得第三方资助的当事人披露相关情况。(三)在就仲裁费用和其他相关费用作出裁决时,仲裁庭可以考虑是否存在第三方资助的情形,以及当事人是否遵守第(二)款的规定。”

《北仲投资仲裁规则》第 39 条规定:“(一)‘第三方资助’是指并非争端当事人的个人或实体(‘第三方资助人’)向仲裁程序的一方当事人或当事人的关联方或代理人提供资金或其他相当于资金的支持以进行仲裁活动。(二)一方当事人存在第三方资助安排的,应向另一方当事人、仲裁庭和本会提交书面通知,充分披露:1. 第三方资助的存在;2. 第三方资助人及其实际控制人(如有)的身份;3. 在仲裁员已被选定或指定的情况下,第三方资助人及其实际控制人(如有)与仲裁员之间的关系(如有);4. 第三方资助人是否曾承诺承担对该方当事人不利的费用责任。……(五)仲裁庭在决定仲裁费用和其他费用的承担时,可以考虑存在第三方资助这一因素,以及接受资助的一方当事人是否遵守了第(二)、(三)、(四)款的要求。如第三方资助人未承诺承担对该方当事人不利的费用责任,仲裁庭在必要时可以要求接受资助的当事人提交适当的费用担保。”

上述两个规则采用的均是广义的第三方资助的定义,这一定义未将资助者获益作为第三方资助的特性。单纯的资助者不带有与被资助者共享胜诉收益的意思表示,故或许不应与商业第三方资助者受制于相同的管制。[①] 贸仲香港仲裁中心发布的《第三方资助仲裁指引》则强调了第三方资助者基于仲裁结果获益的特性。该指引第 1.2 条规定:“本指引所指的资助源于自然人或法人(‘资方’)。资方对一个仲裁案件享有的或将享有的、获法律认可的利益仅源于其与该仲裁案件一方的当事人(‘受资

① 参见张蓓蓓、胡宪:《中国第三方资助市场概述》,载 http://www.sohu.com/a/222247588_708255,最后访问日期:2020 年 2 月 16 日。

方')的有关安排。基于该安排,资方向受资方直接或间接提供资金或其他实质性的支持,以期获得仲裁裁决带来的直接经济利益。"

二、市场数据及行业监管

2016年是国内第三方资助机构设立的元年,2017年则是这些机构市场开拓和扩张的一年。[①] 目前,在深圳、上海等城市已出现了近十个规模较大的第三方资助商业机构。在资助案件数量方面,截至2017年12月底,帮瀛法务共审核了700多件拟投项目,签约投资60多宗案件,已签约案件合同标的额总计超过73亿元。[②] 鼎颂商事争议解决支持平台2017年报显示,2017年该机构新增投资案件405件,相较2016年同比增长57倍,同时该机构也开始在批量案件投资上进行尝试,并取得了较好的效果。[③] 除了以上分别起步于北京、上海、深圳的行业先行者之外,新的类似模式的资助方也如雨后春笋般不断出现在一些省级中心城市,如武汉、长沙、成都、广州。[④]

中国目前尚未出台针对第三方资助机构的监管性规范文件。英国的监管模式为对第三方资助机构的准入条件、投资行为准则、资本充足率设置准入门槛。[⑤] 澳大利亚目前通过第248号监管指南(Regulatory Guide 248:Managing Conflicts of Interests, Guide 248)对第三方资助中可能引发的道德风险进行监督,主要体现为要求第三方资助人和律师必须向客户披露他们之间可能存在的"联系"。[⑥] 但澳大利亚学界有观点认为,随着第三方资助市场的快速发展,248号监管指南已不足以规范第三方资助中可能出现的道德风险,基于此,应制定一整套完整的第三方资助行业规范,由独立的机构进行监管。上述监管模式及其发展或可为将来中国制定行业监管规范提供借鉴。

三、亚洲其他法域的实践

对第三方资助性质的界定,会影响立法者对第三方资助制度的态度。具体而言,如果将第三方资助协议视为纯私法领域的协议,则私法遵循的"法无禁止即自由"应当适用。但如果认为商事仲裁的实质是法院让渡部分司法权,商事仲裁与社会秩序、公共利益亦有很大关系,则仲裁中的第三方资助也需要考虑公法领域的价值取

---

① 参见王雪华、刑媛等:《中国商事仲裁年度观察(2018)》,载北京仲裁委员会、北京国际仲裁中心编:《中国商事争议年观察(2018)》,中国法制出版社2018年版。

② 同上。

③ 同上。

④ 同上。

⑤ 参见陈文婧:《商业第三方资助诉讼的中国实践及域外经验借鉴》,载《商业研究》2019年第4期。

⑥ 同上。

向。下述香港地区、新加坡的做法可以为中国内地构建第三方资助制度的路径提供参考。

2017 年 6 月,香港地区通过立法,允许在仲裁中适用第三方资助。在就第三方资助征求公众意见时,香港地区法律改革委员会第三方资助仲裁分委会收到了 73 份反馈意见,其中绝大多数赞成对第三方资助产业进行规制,但就应当采取法律规制还是行业自治,反馈意见支持上述两种不同治理模式的人数基本持平。① 鉴于第三方资助在香港地区尚处于早期发展阶段,香港法律改革委员会最终建议,前三年对第三方资助产业奉行"轻触式"(light touch)的规制原则,建议授权机构制定第三方投资者应当遵守的实务守则。②

新修订的香港《仲裁条例》首先就第三方资助协议的合法性作出规定,即仲裁中的第三方资助协议不违反普通法的助讼罪(包括普通法的包揽诉讼罪)及唆讼者罪(第 98K 条),助讼的侵权法律责任(包括包揽诉讼的侵权法律责任)亦不适用于仲裁中的第三方资助协议(第 98L 条)。③ 但是,法律中规定的其他可能因违反公共政策或因其他原因而不合法的情形,适用于仲裁中的第三方资助协议(第 98M 条)。④

就应当采取法律规制还是行业自治,《仲裁条例》接受了香港法律改革委员会的建议,授权机构制定实务守则。《仲裁条例》第 98P 条规定:"(1)获授权机构可发出实务守则,列出在通常情况下,期望出资第三者在进行与第三者资助仲裁相关的活动方面,须遵从的常规和标准。(2)获授权机构可修订或撤销实务守则……"⑤2018 年 12 月 7 日,香港政府第 9048 号公告公布,律政司司长郑若骅作为《仲裁条例》下的获授权机构,行使《仲裁条例》第 98P 条下的权利,发布《第三者资助仲裁实务守则》(Code of Practice for Third Party Funding of Arbitration)。

2017 年 1 月,新加坡国会通过民法修正案,允许第三方提供资金,协助索偿方承担费用,并分享胜诉所得赔偿。民法修正案仅就第三方资助作了原则性的规定,该法第 5B(8)条授权新加坡法律部就第三方资助人须具备的条件、可适用第三方资助的纠纷解决程序的类型、规范第三方资助人及被资助人的行为等问题进行补充性立

---

① See The Law Reform Commission of Hong Kong, Report – Third Party Funding for Arbitration, October 2010, para 2.2 (3), https://www.hkreform.gov.hk/en/docs/rtpf_e.pdf,最后访问日期:2020 年 2 月 16 日。

② See The Law Reform Commission of Hong Kong, Report – Third Party Funding for Arbitration, October 2010, para 2.10, https://www.hkreform.gov.hk/en/docs/rtpf_e.pdf,最后访问日期:2020 年 2 月 16 日。

③ 参见"609 章《仲裁条例》",载香港律政司官网:https://www.elegislation.gov.hk/hk/cap609! sc@2019-12-19T00:00:00? xpid=ID_1546568934779_001,最后访问日期:2020 年 2 月 16 日。

④ 同上。

⑤ 同上。

法。[①] 该修正案同时对违反补充性立法的法律后果作出规定:如果第三方资助人违反补充性立法中关于资助人资质的要求,则其在第三方资助协议中的权利将无法强制执行。[②]

根据上述授权,新加坡法律部于2017年2月21日制定了《新加坡第三方资助规则2017》。这一规则的主要内容包括:澄清了民法修正案有关第三方资助的规定的适用范围,即适用于国际仲裁程序、国际仲裁所引起的或与之相关的诉讼程序、国际仲裁所引起的或与之相关的调解程序、在新加坡《国际仲裁法》下承认与执行外国仲裁裁决等程序,从而将第三方资助的适用范围暂时限定在国际仲裁领域。同时,《新加坡第三方资助规则2017》明确了第三方资助人必须具备的条件:一是以第三方资助为主营业务,二是实缴资本不低于五百万美元或其他等额资产。[③]

上述两个法域都是近年刚刚通过立法明确允许仲裁中的第三方资助并建立相关配套制度。其共同之处是首先通过立法对第三方资助的合法性予以肯定,因为这两个法域都有"禁止帮讼"的传统。不同之处是,香港地区只在立法中对比较一般性的问题作出规定,如投资者、受资助方、第三方资助协议的定义。就具体制度的实施细则,立法规定由获授权的机构制定,如目前公布的《第三者资助仲裁实务守则》。就这一守则的效力,根据香港《仲裁条例》第98S条的规定,违反守则本身并不导致该人在司法或其他程序中被起诉,但是违反守则规定的行为可以在法庭或仲裁庭中作为证据。如果遵守或违反守则规定的行为与法庭或仲裁庭正在裁判的问题相关,则法庭或仲裁庭应考虑遵守或违反守则规定的相关情况。[④] 新加坡虽然也只是在民法典中规定了第三方资助的原则性问题,但就其他细化的制度问题,新加坡民法典授权法律部制定相关法律。

上述不同的构建第三方资助制度的路径,对于构建中国内地的第三方资助制度具有参考意义。世界范围内,许多主要国际仲裁地都已经构建或开始构建第三方资助制度。仲裁中的第三方资助势必得到越来越多国家的认可和规范。

---

① 参见 Civil Act, Singapore Status Online, https://sso.agc.gov.sg/Act/CLA1909#pr5B-,最后访问日期:2020年2月16日。

② 参见 Civil Law (Third-party Funding) Regulations 2017, Singapore Status Online, https://sso.agc.gov.sg/SL-Supp/S68-2017/Published/20170224,最后访问日期:2020年2月16日。

③ Ibid.

④ 参见"609章《仲裁条例》",载香港律政司官网:https://www.elegislation.gov.hk/hk/cap609!sc@2019-12-19T00:00:00?xpid=ID_1546568934779_001,最后访问日期:2020年2月16日。

图书在版编目(CIP)数据

中国商事仲裁法律与实务 / 孙巍著. -- 2版. -- 北京：法律出版社，2020
ISBN 978-7-5197-4880-7

Ⅰ. ①中… Ⅱ. ①孙… Ⅲ. ①仲裁法-研究-中国
Ⅳ. ①D925.704

中国版本图书馆CIP数据核字(2020)第160644号

中国商事仲裁法律与实务(第二版)
ZHONGGUO SHANGSHI ZHONGCAI FALÜ YU SHIWU
(DI-ER BAN)

孙 巍 著

责任编辑 慕雪丹 章 雯
装帧设计 汪奇峰

出版 法律出版社
总发行 中国法律图书有限公司
经销 新华书店
印刷 天津嘉恒印务有限公司
责任印制 胡晓雅

编辑统筹 法商出版分社
开本 710毫米×1000毫米 1/16
印张 29.75
字数 549千
版本 2020年9月第2版
印次 2020年9月第1次印刷

法律出版社/北京市丰台区莲花池西里7号(100073)
网址/www.lawpress.com.cn
投稿邮箱/info@lawpress.com.cn
举报维权邮箱/jbwq@lawpress.com.cn
销售热线/400-660-8393
咨询电话/010-63939796

中国法律图书有限公司/北京市丰台区莲花池西里7号(100073)
全国各地中法图分、子公司销售电话：
统一销售客服/400-660-8393/6393
第一法律书店/010-83938432/8433
西安分公司/029-85330678
重庆分公司/023-67453036
上海分公司/021-62071010/1636
深圳分公司/0755-83072995

书号：ISBN 978-7-5197-4880-7
定价：158.00元
(如有缺页或倒装，中国法律图书有限公司负责退换)